海南省自然科学基金项目(编号:412105)

项目名称:基于 HST－TOD 的海南城乡一体化立体综合开发模式
　　　　研究

协同性旅游规划

——构筑职·住·游协同发展的旅游综合体

黎兴强 著

人民出版社

责任编辑:陈寒节

装帧设计:朱晓东

图书在版编目(CIP)数据

协同性旅游规划——构筑职·住·游协同发展的旅游综合体/
　黎兴强 著. –北京:人民出版社,2016.1
ISBN 978 – 7 –01 –015433 – 6

Ⅰ.①协…　Ⅱ.①黎…　Ⅲ.①旅游规划 – 研究　Ⅳ.①F590.1

中国版本图书馆 CIP 数据核字(2015)第 256355 号

协同性旅游规划
XIETONGXING LÜYOU GUIHUA

——构筑职·住·游协同发展的旅游综合体
黎兴强　著

人民出版社 出版发行
(100706　北京市东城区隆福寺街99 号)

北京龙之冉印务有限公司印刷　新华书店经销

2016 年1 月第1 版　2016 年1 月北京第1 次印刷
开本:710 毫米×1000 毫米1/16　印张:24.5
字数:361 千字　印数:0,001—1,500 册

ISBN 978 – 7 – 01 – 015433 – 6　定价:58.00 元

邮购地址:100706　北京市东城区隆福寺街99 号
人民东方图书销售中心　电话:(010)65250042　65289539
版权所有·侵权必究
凡购买本社图书,如有印刷质量问题,我社负责调换。
服务电话:(010)65250042

自 序

　　旅游业已成为当今世界上发展规模最大、发展最快的产业之一。我国已迈入以旅游、娱乐、体育健身、文化传播、社区服务为主的"休闲经济"新时代。国内和国际游客数量稳步上升,2013年我国旅游市场规模达34亿人次,其中国内旅游32.5亿人次,入境过夜游客5500多万人次,出境旅游达9730万人次,城乡居民人均出游率达2.5次。据测算,2013年我国旅游直接就业人数为2278万人,占全国就业总人数的3%;加上带动的间接就业,旅游就业总数约占全国就业总人数的8.4%。据不完全统计,2013年我国旅游直接投资达5144亿元人民币,同比增长26.6%。由旅游直接投资带动的相关产业和领域的投资则更为庞大。可见,旅游消费已经成为我国城乡居民日常生活的重要组成部分。然而,旅游是一种对自然资源高需求、高消耗的生活方式,是影响旅游目的地生态环境的重要因素。因此越来越多的人希望旅游开发能成为一种有计划受控制的行为以提高其效用,同时又能避免规划失败而造成严重的问题。众所周知,旅游规划开发的目的不仅仅是为人们提供一种社会活动空间,更重要的是还肩负着促进经济增长、创造更多的就业岗位和改善居民生活质量以及维护人文与生态环境永续发展等重要使命。随着旅游业席卷世界各地,不仅新的旅游开发区要规划,现已开发的旅游区也存在进一步改进提高和加强生态环境保护的需要。和其他部门一样,保证资源的长期使用的协同性旅游开发的迫切性已越来越受到重视,这种开发能加强对某个地区的人文与自然生态环境的保护,而不是破坏。

本书的目标是能够为目前的旅游(度假)区、景区和乡村旅游的规划理念与手段提供一种新的视角及一些改进的方法。我相信,只有当研究机构和规划设计行业充分发挥他们的社会责任感,利用科学研究及规划设计经验,更好地聆听并满足大众的需求时,可持续发展才能真正地被贯彻下去,同时,研究者和规划师应像其他行业一样应用科学研究方法作为创新的基础。

永续发展、紧凑发展和绿色发展已成为时代的潮流,作为贯彻这一思想之一的协同性旅游规划对于人们的经济社会活动有着深远的影响,这一点已经越来越清晰了,因此,我们需要秉持回归旅游本源理念,倡导旅游规划理论与方法的创新及应用,科学应用 EDL 协同规划方法,追求旅游开发中的"职·住·游"协同发展极大化。根据近年来空间规划的经验,尤其是旅游开发规划失败的经验,现在对于如何有效地遏制"新增旅游建设用地"透支"旅游资源",处理好土地开发与经济、生态、公平、宜居等利益相关者的关系,以促进旅游项目开发的利益最大化,已经形成了一些基础理论与方法。当然规划是一个延续的、动态维护的过程,尤其是它已受到来自快速发展的、以高铁为主干的立体交通网络及信息时代下的大数据的影响,以及在这个过程中规划理论、方法和具体技术都会不断发生调整的影响。本书主要介绍了一套对旅游目的地社会需求负责任的、协同的、可包容性的,符合旅游开发规划要求的理论与方法以及不同层面的旅游规划应用案例。

在这领域有所建树并非一项简单的工作,更何况这种研究只是刚刚开始。本书综合了作者13年来关于区域分析与规划、城市规划原理、旅游地产策划等课程的教学笔记,近年来为国家和地方各级政府部门、企事业单位做旅游规划和政府咨询的经验,以及他人对规划的评述。本书介绍的协同性旅游规划理论与方法力图成为一个集建筑、城乡规划和园林景观生态等方面的规划设计思想、理论和方法于一身的实用性理论与方法,而近年来在这个理论与方法体系框架内的研究成果较为鲜见。本书的主旨在于谋求旅游规划与人文历史、自然生态环境、"职·住·游"协同发展三者的相互结合,协同包括生态、经济、公平和宜居在内的各方面利益的包容性发展,让当地社会更广泛地参与到旅游开发规划之中,使旅游开发融入当地整体开发规划和政策制定之中。全书将协同性规划理论与方法运用于不同尺度的旅游开发。从区域性乡村旅游到小规模的生态旅游(度假)区以及具有区域性作用的旅游综合体,开发的协同性取决于规划是否充分地考虑了一个地区的人文与自然生态环境、经济和社会因素,以及规划是否得到了有效实施和进行持续有效的精明增长管理。我完成本书,希望更多的读者能够轻松地找到您所需要的相关信息。

本书的内容适用于各方面的人士,包括制定、审阅和实施规划的旅游规划师和政府官员、大学旅游管理专业、城乡规划专业的师生及其他专业对旅游规划有兴趣的学生,人数正在增长的制定规划的咨询顾问,以及其他参与旅游规划和实施引导及控制的人员。鉴于旅游规划的复杂和多学科性质,一本书是不可能囊括所有规划理论与方法的,读者可能还需要从其他参考资料上获取更多的思路和信息。同时作者深知,这一领域中还有许多的研究要做,还有许多的未知等待我们去探索,作者和他的研究团队正坚持不懈地进行着新项目的研究,继续尝试快速高效地传播知识。我期待您的反馈、评论及建议,这将帮助我们进行陆续的研究。希望您喜欢这本书,更重要的是,期待您能在实践中运用本书中所提到的规划设计策略和规划设计手段。最后,希望本书能起到抛砖引玉之效用,能对业界有所裨益,更希望旅游规划理论与方法随着旅游改革的不断深入而得到完善、充实与提升。

黎兴强

海南大学政治与公共管理学院

2015 年 9 月 10 日星期四

致 谢

有很多的人和团体为本书的成功出版做出了贡献。首先感谢海南白沙龙溪旅业投资有限公司的鼎力支持,该公司在我的研究过程中起着重要的作用,为我完成本书打下基础,如果没有该公司信赖与包容,我将无法完成关于海南白沙黎族自治县邦溪付俄岭森林生态旅游区总体规划的研究。也非常感谢白沙黎族自治县细水乡人民政府的王国理先生、林金妹女士和周良先生等多位政府官员和热心人士,感谢他们在完成细水乡规划全覆盖编制过程中提出富有建设性的规划建议及予以工作上的大力支持。我还要感谢海南省住建厅、海南华都城市设计有限公司为本书提供规划案例及其他资料。

感谢海南大学政治与公共管理学院的同事们,特别是院长张治库教授,是他一直在支持和鼓励着我。感谢为本书的插图和文献资料的收集所做大量工作的同学和朋友:吴良忠、佘倩楠、周嫦、张广胜、李泽慧、马林、贺妍、黄志兵等。

我的研究受益于在海南大学攻读旅游管理硕士学位期间作为我第一导师的田良教授,学生我致以衷心的感谢,感谢是恩师给予我关于本书主要观点"职·住·游"协同发展理念的启发。

最后,感谢我的朋友和家人,尤其是我的夫人王萍女士,还有我年过九旬的父母,感谢他们在本书创作期间的耐心和给予我的鼓励。

本书内容结构及如何使用本书

纵观全书,其内容结构为:

第一章 总论 论述本书的研究背景、目的与意义,旅游规划文献述评及探讨如何编制一个优秀的旅游规划方案;在重新审视旅游规划的基础上,讨论旅游及旅游规划研究方法以及本书的主要内容框架。

第二章 后现代视角的协同性旅游规划 基于后现代主义发展理念阐释的基础上,阐述协同性旅游规划概念、主要特征,以及协同性旅游规划与传统旅游规划的异同。

第三章 协同性旅游规划理论体系框架 在回顾相关理论的基础上,试图概括或融合永续发展、紧凑发展和绿色发展三者的核心理念,构建包容性发展棱锥模型、回归城市理论和协同规划理论体系框架,以及进一步阐述协同性旅游规划理论要点及其理论意义。

第四章 可协同性的旅游规划新方法 在相关文献回顾总结的基础上,根据协同性规划理论,着重构建和阐明"职·住·游"协同规划方法、EDL 协同规划方法及其效用评价指标体系。

第五章 HST - TOD:旅游地域空间协同发展模式 概述高铁发展状况及变化趋势,阐述 TOD、HST - TOD 的内涵及其空间组织模式,借鉴国外 HST - TOD 成功案例,结合实际,分析海南环线高铁重要节点的空间结构组织模式,指出应用 HST - TOD 模式的实际意义。

第六章 构筑基于 HST - TOD 的协同性旅游综合体 重点探讨旅游项目开发中的"职·住·游"协同发展极大化的实现途径及实现 EDL 协同发展

的协同性旅游规划技术方法。

第七章 协同性旅游综合体规划与建设——来自海南儋州市白马井滨海新区海花岛的实证分析 以实践案例为研究对象,实证协同性旅游规划理论与方法在旅游度假区、景区规划设计中的应用。

第八章 结论与展望 总结归纳了本书主要观点及创新之处,指出不足之处及后续研究的工作思路。

那么,如何使用本书呢?

由作者去告诉别人该如何阅读一本书,这似乎有点牵强。但因为这是我写的书,我想告诉大家我觉得该怎么阅读这本书效果最好。

首先,先泛读本书目录和翻翻那些图表,有个大致的感觉,或者选读某一章的内容摘要,然后再从第 1 章总论开始阅读。请记住要一边读,一边做章节后面的思考题。千万不要跳过这些思考题,急着去读下面更精彩的部分,要抵制住这个诱惑。如果您能有个好搭档来一起做这些思考题,那就再好不过了。我希望你们能够深入地去谈论、去辩论、去探讨你们对规划有关问题的回答。我还希望您能把回答写下来,让这本书成为您的一份个人记录。不管是整整齐齐地写还是草草地写,抑或是写了又改,改了又涂,关键是要把您的回答写下来。

其二,希望您能运用本书中提到的协同性旅游规划理论与方法,致力于促进旅游规划发展,解决实际工作中遇到的问题,但愿能成就您伟大的雄心壮志。我写这本书的动机是为旅游规划研究、组织编制和实施管理提供一本参考书,尽量给出一个理解协同性旅游规划理论与方法的总体框架,帮助您确定和从事规划研究。这个体系框架包括对编制一个优秀的旅游规划方案做出一个综合的叙述;一个与人的文脉、自然的机理相应相关的叙述;一个运用多学科规划理论与方法联系到具体行动的叙述。

最后,期待您的反馈、评论及建议且希望您喜欢这本书,并推荐给你的家人和朋友。

目 录

第一章 总论

本章以理解"规划内涵"为主线,着重讨论:旅游规划与其他空间规划之间的关系及"多规合一"的发展理念;在论述旅游规划发展动态的基础上,阐述旅游与旅游规划研究的方法以及进一步提出如何编制一个优秀的旅游规划方案,继而提出本书的总体框架——协同性旅游规划研究的目的、意义、方法和内容。

第一节 如何理解旅游规划

科学家不是依赖于个人的思想,而是综合了数千人的智慧,所有的人想一个问题,并且每人做它的部分工作,添加到正建立起来的伟大知识大厦之中。——欧内斯特·卢瑟福

一、规划的诠释

根据《新华字典》,"规划(planning)"可拆开为"规"和"划"来理解,见表1。显然,规划是一个被广泛使用的术语,如人生规划、经济规划、社会规划、城乡规划、海洋规划等等,可以说规划行为是一项无处不在的人类活动。不同领域的学者给"规划"下了不同的定义,以下是几个较有代表性的定义。

表1　关于"规划"的释义一览表

内涵分解	"规"字含义	"划"字含义
1	"规则、法规、常规",意指规划编制与实施管理中应遵循的法规、标准和规范。	"划水、划船",意指采取规划以促进社会经济和环境的永续发展。
2	"格局、范围",意指划定规划区的范围以达到适宜的规模。	"谋划、策划",意指对未来发展的科学合理判断。
3	"规劝、规矩",意指对规划方案的调整以达到有机秩序的状态。	"合算、划算",意指规划中追求社会、经济和环境利益最大化。
4	"圆规、两脚规",意指规划制图中画圆形、正方形和三角形等的仪器。	"划分、划时代",意指要分层次进行规划且具有划时代意义。
规划内涵	意为"筹划、计划",尤指比较全面的长远的发展计划。	

　　霍尔(Peter Hall)在《城市与区域规划》一书中认为,"规划通常兼有两种含义:一是指刻意去实现的某些任务;二是指为实现某些任务把各种行动纳入某些有条理的流程中,前者是说规划所包括的内容,后者是说规划通过什么手段来实现。"

　　因斯克普(Edward Inskeep)在《旅游规划:一种综合性的可持续的开发方法》一书中就阐明了规划的涵义,他认为"广义上讲,规划就是为了实现某些目标而对未来的一种安排。规划有很强的预测色彩,因为它力图描述(绘)未来,当然这种描述(绘)往往是大致的,因为很多因素是无法准确预测的。"

　　迈克劳林(I. B. Mcloughlin)认为"规划就是建立一整套广泛且具体的目标,并通过对个人和集团的行为进行管理和控制,以减少其消极外部性同时引导物质环境产生积极影响"。

　　张凌云,刘威在《旅游规划理论与实践》一书中认为,"规划是对一系列行动进行选择的决策过程,是一个收集和分析有关资料和信息的过程,也是因势利导地对规划进行连续、动态维护的过程。"

　　尽管上述定义各有所侧重和延伸,但"规划"的涵义可以从可行性、一致性和传递性等3个方面的特征予以理解:一、规划是人们以事实基础认识为开端,以预定目标为导向,在明确规划任务的前提下,规划师通过对规划区及其周边环境的未来发展做出预测性的判断以试验和评价预定目标的可行性,进而对规划区未来发展图景作出科学的描述(绘);二、注重规划行动序列和规划成果内容的一致性,即通过有组织、有意识和连续的尝试,以及多方案比较以选择最佳的方案或方法来实现预定目标;三、规划是一种对事实存在或即将发生的物质和社会空间环境进行不断控制和引导的动态维护过程,这种过程的内在逻辑在于后向传递性,即上位规划或上一项行动决策引发下位规划或下一项行动决策,最终导致预定目标的实现。简言之,规划作为一项无处不在的人类活动,是指编制一个条理清晰、有步骤的行动方案,使预定目标得以实现。它的主要技术成果是规划说明书、文本、图件和附件,在规划说明书中适当地附有统计预测、数学描述、定量评价以及说明规划方案各部分关系的图解。图件是准确描绘规划对象的具体形象的蓝图,主要包括实体模型和概念模型,是现代规划必不可少的形象技术表现方式。

由于规划是一项综合性的、系统性的工程,这不仅涉及自然科学的范畴,还属于社会科学范畴。例如,建筑师建造的房屋,无论采用什么形式,总是有形的物质成果,但规划师的成果不一定是物质性的,他们更关心的也许是决策过程:为什么提出某一目标? 谁的决策? 至于实现目标的最后成果(物质规划),却往往被放在第二位了。因此,在规划过程中不得不考虑协同性规划的重要性。

二、旅游规划——空间规划的范畴
(一)空间规划和中国空间规划网络
传统空间规划

20世纪80年代末以来,以德国为代表的许多发达国家在地域空间开发层面上更加注重空间发展的整体性和协调性,逐步将各种形式的规划统合成为一种整合的、协调的和战略性的公共管理体系。首先在欧洲大陆国家把这种具有整合和协调空间发展功能的规划体系称为空间规划(spatial planning),后来成为诸多发达国家对不同地域层次规划体系的统称。传统空间规划认为规划的目标指向是实现经济增长,地域空间只是一个普通的生产要素的聚集区或生产区,市场机制可以实现空间资源的优化配置,从而实现永续发展。基于这种理解,传统的空间规划主要作为一种部门性的规划,关注土地和空间地域的开发和利用管理,作为"对非理性的理性控制"空间规划一直被视为市场失效的一种补救手段①②③。可见,传统空间规划就是注重空间地域的规划,是指设定空间发展框架和原则,以引导空间开发和基础设施的布局,它包括开发战略、规划项目、政策,以及规划时限和管制等,是永续发展不可缺少的公共管理工具,具有战略性、综合性和协调性的特点,类似于我国的区域发展规划。

中国空间规划网络

新中国成立以来,在高度集中的计划经济体制下,中国空间规划的主要任务是配合国家社会经济计划所确定的发展目标所进行的全国性经济区划和重点项目建设的空间规划在我国进行生产力布局上逐步形成了"空投式镶嵌型"的空间经济格局④。至 20 世纪 80 年代初由国家计委下属的国土规划局负责编制"全国国土规划(纲要)",并在随后的二个国家"五年计划"中得到了部分实施。这个时期的空间规划基本适应了国民经济发展的需要,但未能充分发挥空间规划的作用。随着《中华人民共和国城乡规划法》(2008)和 2013 年 10 月 1 日施行的《中华人民共和国旅游法》(2013)及其相配套法规,如《省域城镇体系规划编制审批办法》(2010)、《城市、镇控制性详细规划编制审批办法》(2011)、《城市用地分类和规划建设用地指标标准》(2012)等一系列法律法规的颁布施行,我国已逐步形成较为成熟的

---

① 张伟,刘毅,刘洋:《国外空间规划研究与实践的新动向及对我国的启示》,《地理科学进展》2005 年第 24 卷第 30 期,第 79—90 页。

② Healey P,Khakee A,Motte A,et al. Making strategic spatial plans:Innovation in Europe[M]. London: UCL Press,1997.

③ 樊杰:《对我国国土规划几个主要问题的重新认识》,《地理研究》1993 年第 12 卷第 1 期,第 56—63 页。

④ 周建明,罗希:《中国空间规划体系的实效评价与发展对策研究》,《规划师》1998 年第 14 卷第 4 期,第 109—112 页。

空间规划体系,如由国土资源部主导的"国土规划(土地利用总体规划)",国家发展和改革委员会主导的"主体功能区规划(区域规划)",住建部主导的"城乡规划",国家旅游局主导的"旅游规划",国家海洋局主导的"海洋规划"等等,这些规划试图从不同级别、不同层次和不同专业深度对国土空间实现控制和引导。但是多部门主导、各自为政的规划行政体系、编制体系和运作体系容易造成规划实施中对空间控制与引导取向上的严重错位,再加上法规体系的不健全和规划技术体系相对滞后,使得我国空间规划面临着诸多亟待解决的问题:空间规划不同层次之间的脱节;空间总体规划与部门规划之间的矛盾;空间规划管理的混乱以及空间规划的可操作性较差等。

产生上述问题的原因有经济体制、经济发展水平、规划管理以及空间规划体系理论与方法的不完善等诸多方面。上述问题导致的主要后果是:空间资源的利用效率低下;城乡社会经济发展不平衡加剧;交通、公共安全问题增多;自然生态环境恶化所导致的极端天气频频出现等。与传统的空间规划不同,本书所谓的空间规划,泛指国家和地方各级政府在一定时期内根据国家和地方战略需要,组织制定的各项规划所形成的规划网络的总称(见图1),是各级政府统筹安排区域空间开发、优化配置空间资源、调控经济社会发展的重要手段。其目的是制定(描绘)一个更加合理的土地使用及其关联空间资源优化配置的蓝图,以包容、平衡环境保护和社会发展两个需求,达成协同性发展的总体目标。

在现代,空间规划已成为政府实现改善生活质量、管理资源和保护环境、合理利用土地、平衡地区间经济社会发展等广泛目标的基本工具(王向东,刘卫东,2012)[1]。在中国,空间规划的编制绝大多数是"自上而下"的模式,各级空间规划对应着不同等级的空间范围,上级为纲指导下级,下级规划制定目标是对上级规划目标的分解和具体落实。各级空间规划之间的关系主要表现为3种类型:直接的单一的关系,直接的多数关系和交叉关系[2]。目前中国

---

[1] 王向东,刘卫东:《中国空间规划体系:现状、问题与重构》,《经济地理》2012年第32卷第5期,第7—15,29页。

[2] 杨志恒:《中国空间规划体系框架构想》,《科学与管理》2011年第5期,第5—9页。

空间规划
- 国民经济和社会发展
  - 全国国民经济和社会发展规划
  - 省级国民经济和社会发展规划
  - 市级国民经济和社会发展规划
  - 县级国民经济和社会发展规划
  - 区域规划 | 专项规划
- 主体功能区规划
  - 全国主体功能区规划
  - 省级主体功能区规划
- 城乡一体化规划
- 城乡规划
  - 城镇体系规划
    - 全国城镇体系规划
    - 省域城镇体系规划
    - 市域城镇体系规划
    - 县域城镇村体系规划
  - 城市规划
    - 城市总体规划 → 市（县）域城镇体系、城市中心城区规划
    - 城市分区规划
    - 城市详细规划 → 城市控制性详细规划、城市修建性详细规划
  - 建制镇规划
    - 城镇总体规划
    - 城镇详细规划 → 城镇控制性详细规划、城镇修建性详细规划
  - 乡（集镇）规
    - 乡总体规划
    - 乡建设规划
  - 村庄规划
    - 村庄总体规划
    - 村庄建设规划
  - 市镇（景观）设计　区域景观设计、城市（镇）设计则贯穿于整个空间规划的全过程，以营建高品质城
- 土地利用总体规划
  - 全国土地利用总体规划
  - 省级土地利用总体规划 → 省级土地整治规划
  - 市级土地利用总体规划 → 市级土地整治规划
  - 县级土地利用总体规划 → 县级土地整治规划
  - 乡镇级土地利用总体规划
- 旅游规划
  - 旅游发展规划
    - 全国旅游业发展规划
    - 区域旅游业发展规划
    - 地方旅游业发展规划 → 省级旅游业发展规划、市级旅游业发展规划、县级旅游业发展规划
  - 旅游区规划
    - 旅游区总体规划
    - 旅游区详细规划 → 旅游区控制性详细规划、旅游区修建性详细规划
- 海洋规划
- ……

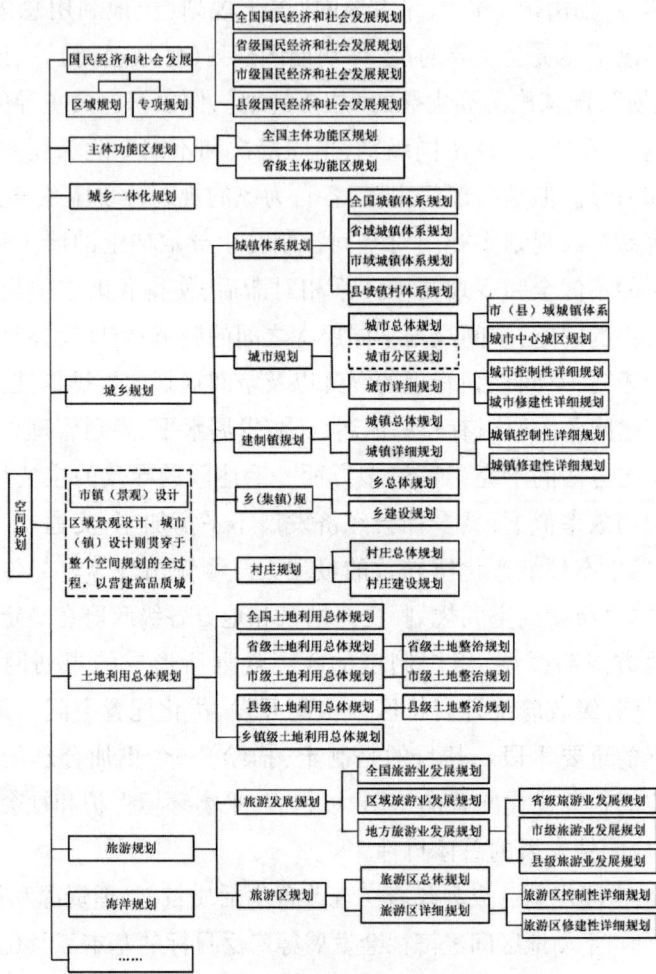

图1　中国空间规划网络

空间规划网络主要涉及经济和社会发展规划、区域规划(包括江河流域规划)、土地利用总体规划(国土规划)、城乡规划、旅游规划、海洋规划,以及农业、工业、交通等专项规划。各类空间规划对规划区呈全覆盖之势,存在着互补、共享、排斥等多种相互作用的方式和关系。2015年9月,中共中央、国务院印发的《生态文明体制改革总体方案》中明确指出,"空间规划是

国家空间发展的指南、可持续发展的空间蓝图,是各类开发建设活动的基本依据。空间规划分为国家、省、市县(设区的市空间规划范围为市辖区)三级。""……支持市县推进'多规合一',统一编制市县空间规划,逐步形成一个市县一个规划、一张蓝图。"

从中国当前及未来发展总体战略来看,在各类空间规划中影响最为广泛、最具执行力的空间规划主要有5种:国家发展与改革委员会主管的经济和社会发展规划、国土资源部主管的土地利用总体规划、住房与城乡建设部主管的城乡规划、国家旅游局主管的旅游规划和国家海洋局主管的海洋规划。事实上,中国的空间规划体系正是以五规为主体的多级规划体系,因此,有必要进一步理清旅游规划与其他四规之间的关系,明确各自在空间规划体系中的地位和作用。

(二)传统旅游规划→协同性旅游规划理念的转变

传统意义上的旅游规划,是指对未来某个地区旅游业的发展方向、产品开发、宣传促销及环境保护等一系列重要事项的总体安排,它对该地区旅游业的发展具有宏观指导和动态调控作用①。其实质就是根据市场环境的变化情况和永续发展的时代要求,对与区域旅游业发展有关的空间资源如土地、人力、资金、景观等进行优化配置,具体包括对旅游投资的正确引导、对旅游经济要素的合理配置和对影响公共利益、公共安全的主要空间资源进行有效地控制以及相关部门的分工协作等。其任务是为实现既定的旅游发展目标而预先谋划的行动部署,也是一个不断地将人类价值付诸行动的实践过程。主要任务包括(吴人韦,2000):在市场条件下合理配置旅游资源;超常规划地提升旅游产品的质量;落实相关部门的协作;切实保障旅游可持续发展。

从制定旅游规划的出发点来看,旅游规划的根本目的就是促进空间资源的优化配置、旅游系统的协同发展、风险问题的规避调整,以实现旅游目的地永续发展。旅游规划包括旅游发展规划和旅游区规划(见图1)。以旅

---

① 吴必虎:《区域旅游规划原理》,中国旅游出版社2002年,第27—41页。

游规划子网络为例,旅游区规划按功能要求、内容深度以及实施控制和引导的目的分为总体规划和详细规划,其中详细规划进一步细分为控制性详细规划和修建性详细规划,以加强项目开发的引导和控制。

本书所谓的协同性旅游规划,是指在从事空间开发规划与建设活动的过程中,通过应用科学的规划理念与先进的技术方法,制定和实施规划,实现"职·住·游"协同发展(Jobs – Housing and Tours Synergy of Development,JHTSD)极大化,使经济增长和社会进步以及生态环境质量的改善同步进行,达到经济、社会、生态环境协同发展的目的(详见第二章)。

三、旅游规划与其他规划的关系
(一)与国民经济与社会发展规划关系

《国务院关于加强国民经济和社会发展规划编制工作的若干意见(国发〔2005〕33 号)》中明确指出,"国民经济和社会发展规划是国家加强和改善宏观调控的重要手段,也是政府履行经济调节、市场监管、社会管理和公共服务职责的重要依据。"国民经济和社会发展规划按行政层级分为国家级规划、省(区、市)级规划、市县级规划;按对象和功能类别分为总体规划、专项规划、区域规划。总体规划是国民经济和社会发展的战略性、纲领性、综合性规划,是编制本级和下级专项规划、区域规划以及制定有关政策和年度计划的依据,其他规划要符合总体规划的要求。专项规划是以国民经济和社会发展特定领域为对象编制的规划,主要包括:农业、水利、能源、交通、通信等方面的基础设施建设,土地、水、海洋、煤炭、石油、天然气等重要资源的开发保护,生态建设、环境保护、防灾减灾,科技、教育、文化、卫生、社会保障、国防建设等公共事业和公共服务,需要政府扶持或者调控的产业,国家总体规划确定的重大战略任务和重大工程,以及法律、行政法规规定和国务院要求的其他领域。专项规划是总体规划在特定领域的细化,也是政府指导该领域发展以及审批、核准重大项目,安排政府投资和财政支出预算,制定特定领域相关政策的依据。

区域规划是以跨行政区的特定区域国民经济和社会发展为对象编制的

规划,是总体规划在特定区域的细化和落实。跨省(区、市)的区域规划是编制区域内省(区、市)级总体规划、专项规划的依据。国家总体规划、省(区、市)级总体规划和区域规划的规划期一般为5年,可以展望到10年以上。市县级总体规划和各类专项规划的规划期可根据需要确定。

旅游规划是对国民经济与社会发展规划的细化与落实。其目标指向是促进旅游产业融合健康的发展,以适应旅游市场变化、居民消费升级和产业结构调整的必然要求,对扩大就业、增加收入和提高居民生活质量,推动三大产业协同发展和改善生态环境具有重要作用和意义。

(二)与城乡规划关系

城乡规划是指一定时期内各级政府根据国民经济与社会发展规划、主体功能区规划等上位规划的总体要求,统筹安排城乡发展建设空间布局,保护人文与自然生态环境,合理利用自然资源、维护社会公正与公平的综合部署与具体安排,具有重要的公共政策属性。城乡规划包括城镇体系规划、城市规划、镇规划、乡规划和村庄规划(见上文的图1)。相对于其他空间规划而言,城乡规划是"点网"规划,主要是对国家和地区上的城乡居民点——各级中心城市、镇、乡和村庄等构成的网络展开研究,以建成区内的空间组织为重点着眼于行政辖区或更大区域范围内的城乡建设和发展,其空间发展战略和发展方向亦为其他规划提供编制依据。城乡规划的对象是整个城乡社会,它主要考虑的是城乡范围内空间资源配置及居民点内部发展,体现的是城乡居民的利益和要求,但也要统筹考虑国民休闲度假需求。旅游规划的任务则是为旅游者服务的,体现旅游者对旅游景观和旅游服务设施的要求,所以旅游规划关注的是城乡的外向性,规划的关键点是城乡区域外的游客市场的诉求,其规划对象是旅游业。例如,2009年海南国际旅游岛上升为国家战略,与旧版的《海口城市总体规划(2005—2020)》相比,新版的《海口城市总体规划(2011—2020)》更加关注的是城市的外向性。即新版规划根据"海南国际旅游岛建设"的总体要求,把海口城市职能划分为"岛内中心职能和岛外专业职能",其外向性更加突出——把"旅游度假胜地"建设提升到专业性、战略性高度,表现为城市二元复合型职能的特征(表

2）。正如美国著名旅游规划学者冈恩(Gunn C. A)所说："旅游业起源于游客对旅游的欲望,终止于这种欲望的满足;……规划作为对未来的预测,处理可预见的事件,是唯一能使旅游业获得好处的方法。"可以说,规划师决不能无视游客的需求,而应当根据客源市场、游客消费的发展趋势来合理配置空间资源。

表 2　新旧两版《海口城市总体规划》外向性比较一览表

比较指标	旧版规划(2005—2020)	新版规划(2011—2020)
城市性质	海南省省会,热带海岛生态旅游度假胜地和宜居城市,国家南海海洋研发和综合产业开发基地,国家历史文化名城。	海南省省会,我国旅游度假胜地,国家历史文化名城。
城市主要职能	·海南省政治中心,省级党政军机关所在地。 ·海南省经济中心,省级金融保险、商务办公、重要商业服务设施所在地;高新技术产业园区、保税物流园区、产品研发与生产基地。 ·海南省文化中心,省级文化体育、新闻出版、广播电视、会展会议、高等院校、科研机构等机构所在地。 ·热带滨海旅游度假胜地,海南历史文化展示基地,海南旅游综合服务基地。 ·具有热带海岛风光和优良生态环境的理想居住地。 ·海南省综合交通枢纽,进出海南岛的主要门户。 ·国家开发南海海洋资源战略基地。	1. 岛内中心职能 ·海南省政治中心。省级党政军机关所在地。 ·海南省经济中心。省级金融保险、商务办公、重要商业服务设施所在地;高新技术产业园区、保税物流园区、产品研发与生产基地。 ·海南省交通枢纽,省内主要的客流和物流集散地。 ·海南省文化中心。省级文化体育、新闻出版、电视广播、会展会议、高等院校、科研机构等机构所在地。 2. 岛外专业职能 ·热带滨海旅游度假胜地、海南历史文化展示基地,海南旅游综合服务基地。 ·海南省对外交通枢纽,中国大陆和东南亚国家进出海南的港口和航空门户。 ·国家开发南海海洋资源战略基地。

资料来源:根据新旧两版《海口城市总体规划》整理。

　　由此可见,城乡规划的对象是整个城乡社会,最终目的是创造很好的社会经济发展环境和改善城乡关系。因此,旅游规划与城乡规划的规划对象、规划内容虽然不同,前者以规划旅游地、旅游业发展为任务,后者以规划城乡空间发展为任务,但两者的规划目的并不冲突,都是为了获得美好的未来(薛莹,2004)①。在面向区域与城市发展时,旅游规划与城乡规划之间是局

---

① 薛莹:《旅游规划与城市规划的协同发展》,《中国旅游报》2004 – 10 – 15。

部与总体,从属与统领的关系;但并不意味着城乡规划对旅游规划具有绝对的、不可否定的权威。旅游规划尊重城乡的总体发展思想,尊重城乡土地使用规划、基础设施规划与生态环境规划等,坚持的原则是尽可能地将旅游发展思想融入城乡相关行业的发展中,尽可能地对区域与城市资源进行再利用,避免出现城乡发展以旅游为中心的局面,而是旅游以城乡为中心;反过来,城乡规划应该尽可能地体现民主原则,尽可能全面、综合地考虑城乡的未来发展方向,尽可能地吸纳区域与城市旅游发展的合理性设想,在用地、基础设施、生态环境保护等方面为城乡发展与旅游发展规划共享空间。基于此,面向城乡发展时,旅游规划与城乡规划应该相互衔接、协调一致。

(三)与土地利用总体规划关系

2009 年 1 月国土资源部发布施行的《土地利用总体规划编制审查办法》中明确指出,"土地利用总体规划是实行最严格土地管理制度的纲领性文件,是落实土地宏观调控和土地用途管制,规划城乡建设和统筹各项土地利用活动的重要依据。各地区、各部门、各行业编制的城市、村镇规划,基础设施、产业发展、生态环境建设等专项规划,应当与土地利用总体规划相衔接。"国土资源部 2014 年 5 月 22 日发布且于同年 9 月 1 日起实施的《节约集约利用土地规定》中规定,"国家通过土地利用总体规划,确定建设用地的规模、布局、结构和时序安排,对建设用地实行总量控制。土地利用总体规划确定的约束性指标和分区管制规定不得突破。下级土地利用总体规划不得突破上级土地利用总体规划确定的约束性指标。"

土地利用总体规划是"面域"规划,规划的对象是规划区域范围内全部土地,对土地利用结构和布局等进行统筹安排与用途管制,通过强调土地数量指标控制进行有效的空间引导,对其他规划,如城乡规划、旅游规划等提出的设想落地具有保障或约束性作用。

(四)与海洋规划关系

人类进入了海洋时代

自 20 世纪 90 年代以来,随着《联合国海洋法公约》的生效和《21 世纪议程》的实施,海洋在全球的战略地位日趋突出。为了抢占海洋时代的新优势,美国、俄罗斯、加拿大、澳大利亚、日本、韩国、印度等国都相继提出了面向 21 世纪的国家海洋发展战略。如韩国制订了《海洋韩国——21 世纪战略》,日本大力实施"海洋立国"规划。而随着全球化进程的加速,世界经济布局也日益向沿海地区聚集,海洋产业已经成为世界经济发展新的增长点,总产值由 1980 年的不足 2500 亿美元迅速上升到本世纪的一万多亿美元。仅以美国为例,作为海洋大国,美国海洋线长 22680 公里,其专属经济区海域总面积达到 340 万平方公里,海洋及相关产业已成为美国经济支柱之一。2002 年以来,美国海洋直接相关的产业总产值每年都超过 1000 亿美元,创造的就业机会在 200 万个以上,美国沿海地区每年经济产值总计超过 1 万亿美元,在国内生产总值中占有约十分之一的比重。与此同时,全球人口的趋海性也进一步增强,约 65% 集中在海岸带地区。人类从未像现在这样依赖海洋,也从未像现在这样对海洋寄予巨大期望。

21 世纪是海洋的世纪,我国既是陆地大国,也是海洋大国,拥有广泛的海洋战略利益。经过多年发展,我国海洋事业总体上进入了历史上最好的发展时期。2010 年海洋生产总值达到 3.8 万亿元,占国内生产总值比重达到 9.6%,已经成为国民经济的重要组成部分①。这些成就为我们建设海洋强国打下了坚实基础。我们要着眼于中国特色社会主义事业发展全局,统筹国内国际两个大局,坚持陆海统筹,坚持走依海富国、以海强国、人海和谐、合作共赢的发展道路,通过和平、发展、合作、共赢方式,扎实推进海洋强国建设。

海洋规划与海洋旅游业发展

海洋规划是指在一定时期内拥有海洋主权或管辖权的国家和地区对海洋开发、利用、治理、保护活动进行统筹安排的战略方案和指导性计划,是国家经济与社会发展规划体系的重要组成部分,是海洋综合管理的重要手段②。制定海洋规划,对于保障海洋开发活动有序有度进行、促进海洋经济

---

① 国家海洋局:《2010 年中国海洋经济统计公报》,2011 年第 3 期。
② 刘佳,李双建:《我国海洋规划历程及完善规划发展研究初探》,《海洋开发与管理》2011 年第 5 期,第 8—10 页。

和海洋事业持续健康发展、推动国民经济和社会发展大局,具有极其重要的意义。

近年来,我国海洋规划得到了国家重视并逐步加强,国务院陆续批准实施了《全国海洋功能区划》(2002 年)、《全国海洋经济发展规划纲要》(2003 年)、《国家海洋事业发展规划纲要》(2008 年)、《全国海岛保护规划》(2012)等一系列国家级海洋规划;在海洋规划研究方面也取得了一定进展,提出了将海洋规划划分为国际综合性海洋计划、国家层面海洋规划、省(市)级海洋规划及地级市域海洋规划等 4 种区域类型,对海洋经济发展规划的进行监测评估,提出了陆地规划与海洋规划需同时开展,以及海洋规划要具有可操作性,并开展广东省海洋规划体系的策略研究等等,但是从我国海洋规划的编制、管理和研究来看,还缺少从整体性和系统性角度出发,把海洋规划作为一个有机整体进行管理,使得海洋规划从时间序列上有步骤,内容覆盖上要全面。

海洋旅游是以海洋为旅游场所,以探险、观光、娱乐、运动、疗养为目的的旅游活动形式。我国拥有面积大于 500 平方米的海岛 7300 多个,海岛陆域总面积近 8 万平方千米,海岛岸线总长 14000 多千米。按海区分布统计,渤海区内海岛数量占总数的 4%,黄海区占 5%,东海区占 66%,南海区占 25%。按离岸距离统计,距大陆岸线 10 千米之内的海岛数量占总数的 70%,10—100 千米的占 27%,100 千米之外的占 3%。我国海岛广布温带、亚热带和热带海域,生物种类繁多,不同区域海岛的岛体、海岸线、沙滩、植被、淡水和周边海域的各种生物群落和非生物环境共同形成了各具特色、相对独立的海岛生态系统,一些海岛还具有红树林、珊瑚礁等特殊生境;海岛及其周边海域自然资源丰富,有港口、渔业、旅游、油气、生物、海水、海洋能等优势资源和潜在资源。但是,目前我国海岛开发与保护面临的主要问题是:海岛生态破坏严重;海岛开发秩序混乱;海岛保护力度不足;海岛经济社会发展滞后[1]。

---

[1] 国家海洋局:《全国海岛保护规划(2011－2030)》2012 年。

　　海洋旅游业是世界海洋经济的最大产业之一,海洋经济的发展,离不开海洋旅游业的发展。可以说海洋经济发达的国家,海洋旅游业大致在其中起着非常关键的作用。当前,海洋旅游业发展呈现出以下3大特点:一是海洋旅游在世界旅游业中占有举足轻重的地位并且呈现强势增长态势。在全世界旅游收入排名前25位的国家和地区中,沿海国家和地区有23个,这些国家和地区的旅游总收入占到全世界的近70%。二是海洋旅游在各国国民经济中所占地位日趋重要。在西班牙、希腊、澳大利亚、印度尼西亚等国,海洋旅游业已经成为国民经济的重要产业或支柱产业,在热带、亚热带的许多岛国,海洋旅游业已成为最主要的经济收入来源,有的甚至占到国民经济比重的一半以上。三是热带和亚热带目的地在世界海洋旅游中占主导地位,形成了一批世界级海洋旅游目的地。目前最具市场影响力的世界级海洋旅游目的地主要包括地中海地区、加勒比海地区和东南亚地区,南太平洋地区和南亚地区正在迅速成为世界海洋旅游的新热点。

　　2014年8月21日,中国正式颁布了《国务院关于促进旅游业改革发展的若干意见》(以下简称《若干意见》),这是继《国务院关于加快发展旅游业的意见》、《国民旅游休闲纲要(2013—2020年)》和《中华人民共和国旅游法》颁布实施以来,党中央、国务院对旅游业改革发展做出的又一重大部署。《若干意见》中提出"要积极发展海洋旅游"。因此,海洋规划要融入旅游规划的内容,把海洋旅游建设纳入海洋开发总布局之中,以加强对海洋旅游产业的规划和指导,进一步优化海洋产业结构,提高海洋旅游经济增长质量,使海洋旅游产业成为国民经济的支柱产业。首先,要提高海洋旅游资源开发能力,着力推动海洋旅游经济向质量效益型转变。让海洋旅游经济成为新的增长点。其次,要坚持开发和保护并重、污染防治和生态修复并举,科学合理开发利用海洋资源,维护海洋自然再生产能力。让我国海洋生态环境有一个明显改观,让人民群众吃上绿色、安全、放心的海产品,享受到碧海蓝天、洁净沙滩。第三,要从源头上有效控制陆源污染物入海排放,加快建立海洋生态补偿和生态损害赔偿制度,开展海洋修复工程,推进海洋自然保护区建设。

随着海洋旅游开发的不断深入，转变海洋经济发展方式、提高海洋旅游资源利用效率、保护海洋生态环境等，都需要处理好海洋规划与旅游规划、城乡规划等空间规划的关系，以实现海洋空间资源的合理利用。

四、"五规"协同发展的构想

2009年12月1日起颁布实施的《国务院关于加快发展旅游业的意见》中明确规定："……编制和调整城市总体规划、土地利用规划、海洋功能区划、基础设施规划、村镇规划要充分考虑旅游业发展需要。"这是国家在制定发展的政策措施中第一次提出涉及"多规"协同发展的根本要求，之后的2013年的《旅游法》、2014年的《若干意见》和2014年的《关于开展市县"多规合一"试点工作的通知》中也重点强调了"多规"协同（表3），提出了整体法规政策方面的安排，对旅游业持续健康发展具有重要作用与意义。2015年4月，住建部与海南省政府签署合作协议，联合开展《海南省总体规划》编制工作，海南成为全国首个在全省范围内开展"多规合一"探索的省份。根据协议，海南省将制定《海南省总体规划》，全面梳理并统筹协调解决经济社会发展规划、土地利用规划、城乡规划等各类规划之间的矛盾，形成引领全省建设发展的"一张蓝图"。统筹安排覆盖全省的生产、生活、生态空间要素，避免资源浪费和同质化、重复建设，为全国作出示范。

所谓的"多规合一"，是指以国民经济和社会发展规划为依据，强化城乡建设、土地利用、环境保护、文物保护、林地保护、综合交通、水资源、文化旅游、社会事业等各类规划的衔接，确保"多规协同"以合理划分生态、生产和生活"三生"空间，明确各类用地的开发边界、规模等约束性空间参数和开发强度，并在统一的空间信息平台上建立控制线体系，以实现优化国土空间布局、有效配置空间资源、提高政府空间管控水平和治理能力的目标。

"多规合一"并非只搞一个规划，而是以理顺各类规划空间管理职能为主旨，以在有坐标的一张图上叠加融合各类、各专业、各行业规划的空间信息为路径，实现各类规划衔接一致。"多规合一"旨在推动国民经济和社会发展规划、城乡规划、土地利用规划、生态环境保护规划等多个规划的相互

表3   中国现行法规政策涉及"多规"协同内容条款一览

施行时间	法规政策文件	协同内容条款
2009.12.01	国务院关于加快发展旅游业的意见	· 旅游基础设施和重点旅游项目建设要纳入国民经济和社会发展规划; · 编制和调整城市总体规划、土地利用规划、海洋功能区划、基础设施规划、村镇规划要充分考虑旅游业发展需要。
2013.10.01	中华人民共和国旅游法	· 第17条 第1款国务院和县级以上地方人民政府应当将旅游业发展纳入国民经济和社会发展规划。 · 第19条 旅游发展规划应当与土地利用总体规划、城乡规划、环境保护规划以及其他自然资源和文物等人文资源的保护和利用规划相衔接。 · 第20条 各级人民政府编制土地利用总体规划、城乡规划,应当充分考虑相关旅游项目、设施的空间布局和建设用地要求。规划和建设交通、通信、供水、供电、环保等基础设施和公共服务设施,应当兼顾旅游业发展的需要。
2014.08.09	国务院关于促进旅游业改革发展的若干意见	· 在城乡规划中要统筹考虑国民休闲度假需求; · 编制和调整土地利用总体规划、城乡规划和海洋功能区规划时,要充分考虑相关旅游项目、设施的空间布局和建设用地要求,规范用海及海岸线占用。
2014.8.26	国家发展改革委等四部委关于开展市县"多规合一"试点工作的通知	· 决定联合开展市县"多规合一"试点工作。 · 探索经济社会发展规划、城乡规划、土地利用规划、生态环境保护等规划"多规合一"的具体思路,研究提出可复制可推广的"多规合一"试点方案,形成一个市县一本规划、一张蓝图。

融合,解决现有这些规划自成体系、内容冲突、缺乏衔接协调等问题。"多规合一"的价值取向是实现国土空间集约、高效、可持续利用,也是改革政府规划体制,建立统一衔接、功能互补、相互协调的空间规划体系的重要基础。

理想中"五规"之间关系应该是互为参照、相互制衡、彼此衔接。经济社会发展规划相对于土地利用总体规划和城乡规划是总体构想与空间落实、宏观指导与微观实现的关系,土地利用总体规划相对于国民经济和社会发展规划以及城乡规划是资源约束与战略目标、全局控制与相互参照的关系,城乡规划相对于国民经济和社会发展规划、土地利用总体规划是职能定位与发展导向、内部优化与外围控制的关系。旅游规划是上述规划中的一部分内容。海洋规划与上述规划的关系体为包容和被包容的关系。(图2)。

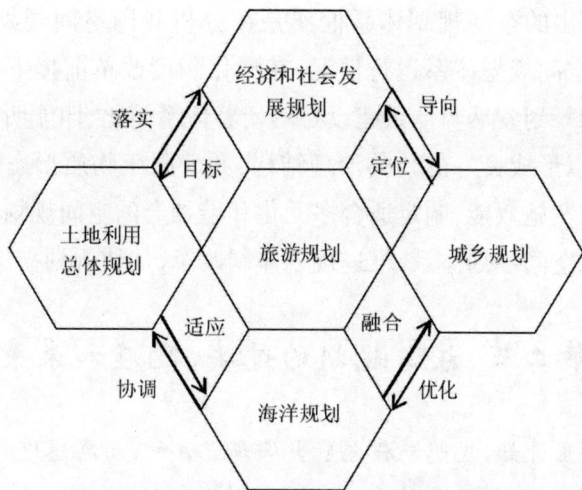

图2 中国"五规"协同发展构想示意

在实际工作中,"五规"之间尚未形成相互牵制、互为依仗的平衡状态,却存在诸多重叠与冲突。这是由于"五规"同为区域发展重要领域,是相辅相成的,而非作为独立领域存在。根据城市规划,在一个大型居住区周边计划建设学校和商场等配套;而根据土地规划,选址地块是农用地而不是商业用地,导致学校和商场无法建设。这种由于不同政府部门之间"规划打架"带来的效率低下和规划浪费现象,在中国一些城市并不罕见。长期以来,经济与社会发展规划、城乡规划、土地利用规划、生态规划分别由发改委、住建部、国土部、环保部等四个部门负责编制,"规划打架"现象屡见不鲜,导致城市建设空间管理无序、土地利用率低、生态环境失衡等问题严重。根据广东省当局 2013 年的统计,广州市因为城乡规划和土地规划"两规打架"导致无法使用或使用成本过高的地块约29 万个,面积达 935.8 平方公里。中山大学规划设计研究院院长李立勋指出,"在同一个城市空间上,各个政府部门分头做规划,彼此之间缺乏协调甚至在规划要求上相互冲突,导致了开发的混乱和建设成本的增加,这是中国当前的空间规划存在的一个重大弊端。"

本书所提出的空间规划体系框架是在分析我国空间规划现状的基础上,结合国外空间规划体系运行情况,在深化制度改革前提下提出的构想,认为今后空间规划发展与体系建设必然朝着体系简化、职能明确、行动有序的方向前进,以形成良好的公共治理结构,并着眼于物质形态环境的改善,提高空间规划实施效能,制定适合多元化和谐社会的空间规划体系,尤其是尽快建立国家空间规划体系,推进规划体制改革,加快规划立法工作。

第二节 旅游规划的过去、现在和未来

历史从哪里开始,思想进程也应当从哪里开始,而思想进程的进一步发展不过是历史过程在抽象的、理论上前后一贯的形式上的反应。——恩格斯

一、旅游规划的发展历程

(一)国外旅游规划发展

旅游规划是旅游业发展的产物。在国外,旅游业的发展可分为两个时期:二战以前时期,旅游作为西方发达国家富裕阶层的生活方式具有一定的规模,但中下阶层少有问津;二战后时期,西方发达国家大生产、大消费生活方式确立,廉价组团旅游出现,参加旅游的人数越来越多,出游的距离越来越远[1]。由于旅游产业的快速发展,经济、社会和环境的平衡关系被打破[2],有关旅游规划的需求也日益强烈。

早在 20 世纪 30 年代,美国学者从土地使用角度切入旅游规划的早期工作是规范的旅游规划研究的起始标志[3]。而真正意义上的现代旅游规划

---

① 保继刚:《旅游地理学》,高等教育出版社 1999 年版。
② Rose, Edgar A. Philosophy and Purpose in Planning[C]. In the Spirit and Purpose of Planning, 2nd ed. , M. J. Burton(ed.), London: Hut chinson, 1984;31 – 65.
③ 郭来喜:《中西融通互鉴,加快旅游规划体系建设》,《国外城市规划》2000 年第 3 期,第 34 页。

是源于 1959 年的夏威夷规划①。20 世纪 70 年代前,旅游规划并不是一个独立的领域,仅仅只是包含在城市规划中②。到二十世纪七八十年代,由于旅游规划的不合理,立法的不足和旅游组织的无效性导致很多旅游规划的失败③。此后,许多国家开始采用全面和综合的规划,希望通过控制旅游的发展去减轻不可预测的社会经济和环境影响,避免潜在问题的发生④,并认为旅游规划应该从规划先行转向旅游政策的制定和战略规划以及社区旅游规划⑤,从这一时期开始,国外已逐步形成了较为完善的旅游规划理论与方法。概括起来,大致有门槛规划法、综合规划法、系统规划法、依托社区规划法、生态旅游规划和可持续旅游规划等理念。最近,信息技术发展也在推动虚拟旅游等的发展⑥。

(二)国内旅游规划发展

中国旅游规划是伴随着改革开放的不断深入而展开的。在过去的 30 余年里,中国旅游规划经历了"概念式思想启蒙"→"百家争鸣"→"政府主导型战略"→"规范化、市场化"4 个阶段⑦。在"十五"期间,国家旅游局已经高度重视旅游产业发展规划的编制,完成了《中国旅游业发展"十五"规划和 2015 年、2020 年远景目标纲要》的编制,并相继出台了《旅游发展规划管理办法》、《旅游规划设计单位资质认定暂行办法》、《旅游规划通则》,这

① 吴人韦:《旅游规划的发展》,《经济地理》2000 年第 3 期,第 102—103 页。

② Costa,J. AN emerging tourism planning paradigm? A comparative analysis between town and tourism planning[J]. International Journal of Tourism Reasearch. 2001(3):425 – 441.

③ Word Tourism Organization(WTO). Physical planning and area development:guide for local planner [S].1980.

④ Inskeep,E. Tourism planning:An emerging specialiazation[J]. Journal of American Planning Association. 1988,54,(3):360 – 372.

⑤ 贾婷婷,蔡君:《国外旅游规划的发展历程及主要规划方法评述》,《河北林业科技》2010 年第 1 期,第 32—35 页。

⑥ 顾朝林,张洪 等:《旅游规划理论与方法的初步探讨》,《地理科学》2003 年第 1 期,第 52—59 页,

⑦ 董观志,张银铃:《中国旅游业、旅游学和旅游规划的 30 年述评》,《人文地理》2010 年第 3 期,第 1—4 页。

些规定和标准标志着中国旅游规划开始走上规范化、标准化的轨道①。中国旅游规划相关理论与方法的研究也由最先主要以介绍和借鉴西方先进的规划理论与方法转向国际化、市场化的应用和提升的战略性层面上。

二、旅游规划研究述评

(一)国外旅游规划研究

自 1959 年夏威夷旅游规划算起,现代旅游规划已有近 53 年的发展历史②。20 世纪 60 年代,法、英等国家相继出现了正式的旅游规划。随后,世界旅游组织(WTO)出版了《综合规划》(Integrated Planning)和《旅游开发规划明细录》(Inventory of Tourism Development Plans)两个重要性的旅游开发文件,从此开创了旅游规划国际化的新时代。《综合规划》是为发展中国家提供的一本技术指导手册,《旅游开发规划明细录》则汇集了对 118 个国家和地区旅游管理机构和旅游规划的调查③。目前国外旅游规划已经形成了较为完善的理论与方法体系。从现有文献及结合本书议题研究的角度上看,国外研究集中在以下 6 个方面:

旅游规划基本理论与方法研究。如 Gunn 的《旅游规划》、Murphy 的《旅游:社区方法》和 Douglas Pearce 的《旅游开发》④,Richard Butler et al. 的《旅游新的变化:人、地、过程》⑤,以及因斯克普的《旅游规划:一种综合性的可持续的开发方法》和《国家和地区旅游规划》。他们在论著里深入地揭示了旅游规划的内涵,提出了一系列指导旅游规划的理论,其中就有著名的门

---

① 范业正,胡清平:《中国旅游规划发展历程与研究进展》,《旅游学刊》2003 年第 6 期,第 25—30 页。
② 吴人韦:《旅游规划的发展历程与发展趋势》,《农村生态环境》2000 年第 16 卷第 1 期,第 38—40 页。
③ 陶犁等:《旅游地理学》,云南大学出版社 1995 年版,第 11 页。
④ 范业正,陶伟,刘锋:《国外旅游规划研究进展及主要思想方法》,《地理科学进展》1998 年第 3 期,第 86—92 页。
⑤ Richard Butler and Douglas Pearce. Change in Tourism:People,Places,P rocesses[M]. Routledge,1995.

槛理论、旅游地生命周期理论和旅游可持续发展的方法等。

旅游用地评价及其空间形态变化过程研究。国外关于研究旅游用地评价的文献并不多,只有少数学者从景观角度对其进行研究[1],而对于旅游用地的内容,方法等方面研究少有涉及。关于空间形态变化过程研究,Greer等(1979)提出游憩型土地利用随离开客源地的距离变化的一般模式[2];Andreas Papatheodorou(2004)从经济地理的角度提出了一种新的旅游理论模型[3],该模型生动地说明了市场、空间及度假地发展之间的相互作用,短期的模型还分析了原旅游地区、核心旅游地、度假地三者之间的关系。

永续发展及生态旅游规划研究。永续发展及生态旅游规划问题一直是西方学者们关注的热点。Filion(1992)[4]and Durst(1988)[5]等认为通过提高全社会资源价值的意识,营造保护自然资源的氛围,扩大外资和资本投入,可以达到保护野生动物种群和栖息地,最终实现生态旅游开发对自然环境保护的目的。Inskeep则提出了环境和可持续发展方法[6],Füssel(2007)[7]和Regina Scheyvens(2011)[8]提出关于应对和适应气候变化的旅游规划的研究,等等。

---

① 保继刚等:《旅游地理学》,高等教育出版社1993年版,第7页。

② Greer,T and Wall,G. Recreational Hinterlands:A Theoretical and Empirical Analysis[J]. In Wall,G.(ed),Recreational Land Use in Southern Ontario,Department of Geography Publication Series University of Waterl,1979,14:227 –245.

③ Andreas Papatheodorou. Exploring the Evolution of Tourism Resorts[J]. Annals of Tourism Research,2004,31(1):219 –237.

④ Filion FL. The Role of National tourism Associations in the Preserving of t he Environment in Afica[J],J. T ravel Res. ,1992,13(4):7 –12.

⑤ Durst PB,Ingram CD. Nature – oriented Tourism Promotion by Developing Countries[J]. Tourism Management,1988,9(1):39 –43.

⑥ Edward Inskeep. Tourism Planning:An Integrated and Sustainable Development Approach[M]. The Hugne:Van Nostrand Reihold,1991.

⑦ H. M. Füssel. Adaptation Planning for Climate Change:Concepts,Assessment Approaches,and Key Lessons[J]. Sustain Science,2007(2):265 –275.

⑧ Regina Scheyvens. The Challenge of Sustainable Tourism Development in the Maldives:Understanding the Social and Political Dimensions of Sustainability[J]. Asia Pacific Viewpoint,2011(2):148 –164.

绿色发展及低碳旅游研究。Natalia Tabatchnaia – Tamirisa 等(1997) [1] 在夏威夷用投入—产出的方法对旅游者的能源需求进行了评估,探索了能源利用与旅游目的地之间的联系。Susanne Becken(2003)[2]认为改变旅游者的出行方式可以很大程度上降低其能源需求及碳排放量。Joe Kelly 与 Peter W. Williams(2007)[3]将旅游地温室气体排放归纳为三个主要方面:旅游地内部的排放(包括旅游地内所有建筑、设施和交通等)、旅游从业人员上下班交通排放和旅游者从客源地到旅游地的交通排放,为旅游地的管理和决策提供了有效方法。2009 年 11 月 7 日,斐济旅游局提出低碳旅游、"清洁旅游"的发展目标,成为全球第一个号召低碳旅游的国家。Tzu – Ping Lin(2010)[4]指出政府部门应采取积极管理措施,通过价格调整的方法,增加交通负载因子,引导游客从使用私家车出行转向使用公共交通工具出行,以及选择离居住地较近的旅游目的地,这样可以有效地降低旅游交通的碳排放,实现绿色出行。

旅游开发相关利益主体价值观的研究。Wesley 等(1987)[5]的研究结果表明当地居民会因不同的特殊事件形成不同的同盟,大部分居民对旅游用地的开发是持消极态度的。Lew(1996)[6]对印第安保留地的旅游用地开发做了研究,他认为在开发的过程中应注意各部落之间的文化差异,实施更多的部落旅游管理措施。之后,国外学者们重点研究与旅游区相关者的态度

---

[1] Natalia Tabatchnaia – Tamirisa, Matthew K. Lokc, PingSun Leung, Ken A. Tucker. Energy and Tourism in Hawaii[J]. Annals of Tourism Research, 1997, 24(2):390 – 401.

[2] Susanne Becken, David G. Simmons, Chris Frampton. Energy use associated with different travel choices [J]. Tourism Management, 2003, 24(3):267 – 277.

[3] Joe Kelly, Peter W. Williams. Modelling Tourism Destination Energy Consumption and Greenhouse Gas Emissions: Whistler, British Columbia, Canada[J]. Journal of Sustainable Tourism, 2007, 15(1):67 – 90.

[4] Tzu – Ping Lin. Carbon dioxide emissions from transport in Taiwan's national parks[J]. Tourism Management, 2010, 31(2):285 – 290.

[5] Wesley S. Roehl and Daneiel R. Fesenmaier. Tourism Land UseConflict in the United States [J]. Annals of Tourism Reserach, 1987, 15(3):471 – 485.

[6] Alan A Lew. Tourism Management on American Indian Lands in the USA[J]. Tourism Management, 1996, 17(5):355 – 365.

问题。如 Yalcln Kuvan 等(2005)[1]研究了土耳其贝莱克度假城中的居民对旅游用地开发的态度。Abby Liu(2006)[2]的研究结果表明当地旅游用地的开发并没有充分重视当地的能力建设,同时主客体之间的文化差异也阻碍了当地居民参与旅游用地的开发。

高铁对沿线区域旅游发展、土地利用空间功能和结构等影响研究。如,Roger Vicker. Elan(1997)[3]指出交通系统缺乏真正的网络化发展,区域发展可能会向主要的有网络服务的大都市中心集聚,进而促使人口、经济等空间要素进一步集中(Komnei Sasak et al. 1997;Oskar Froidh 2008)[4][5]。这种集中的趋势促使沿线区域与城市快速发展,并进一步影响土地使用结构的空间变化。Kingsley E. Haynes(1997)[6]认为高铁的作用力使区域联系和区域工业综合体的空间相互作用方式发生变化。这种变化的结果是高铁把多个城市连接在一起,并在一定程度上把连接在一起的城市带转变为一个扩张的功能区域或者说是整体经济走廊(U. Blum K,1997)[7]。这种急剧扩张的结果是导致大尺度城市空间形态及其用地功能布局向多功能、复合化的空间结构推进,尤其是高铁将极大地促进高铁站点周围酒店业的发展及城市

① Yalcln Kuvan and Perran Akan. Residents′ Attitudes Toward General and Forest – related Impacts of Tourism:the Case of Belek,Antalya[J]. Tourism Management,2005,26(5):691 – 706.

② Abby Liu. Tourism in Rural Areas:Kedah,Malaysia [J]. Tourism Management,2006,27(5):878 – 889.

③ Roger Vickerman. High – speed Rail in Europe:Experience and Issues for Future Development[J]. The Annals of Regional Science,1997,31(1):21 – 38.

④ Komei Sasak,i Tadahiro Ohash,i Asao Ando. High – speed Rail Transit Impact on Regional Systems: Does the Shinkansen Contribute to Dispersion? [J]. The Annals of Regional Science,1997,31(1):77 – 98.

⑤ Oskar Froidh. Perspectives for a future high – speed train in the Swedish domestic travel market[J]. Journal of Transport Geography,2008(4):268 – 277.

⑥ Kingsley E Haynes. Labor Markets and Regional Transportation Improvements:the Case of High – speed Trains[J]. The Annals of Regional Science,1997,31(1):57 – 76.

⑦ Blum U,Haynes K E,Karlsson C. Introduction to the Special Issue:The Regional and Urban Effects of High – speed Trains[J]. The Annals of Regional Science,1997,31(1):1 – 20.

旅游的增长(P. Rietveld et al. 2001)[1]。

　　国外旅游规划经过多年的发展已日渐成熟,形成了比较系统的规划理论和方法。它们之间并不矛盾,只是研究角度的不同,促成多学科交叉融合而已。目前,在众多的理论与方法中永续发展的空间规划思想在旅游规划中起着主流脉络的作用,它代表着当代旅游规划思想的主流[2]。

　　近年来,面对日益突出的生态环境问题,如资源耗竭、生态破坏、生物多样性减少以及极端天气频频发生等,国外诸多学者已做了较为深入的研究,但从现有与本书有关文献研究的内容来看主要集中于:

　　快速交通网络对城市地区、旅游区以及产业发展的研究。如,高铁对沿线地区开发、旅游产业发展的影响等。

　　旅游规划基本理论方法深化与应用方面研究。如自1968年B.马列士在南斯拉夫南亚德里亚地区的规划中首次将门槛分析(threshold analysis)方法直接应用于旅游开发以来,门槛分析法至今还是旅游规划的主要方法之一。Murphy在运用生态社区方法[3]时,引入了系统理论的分析方法,并在作系统分析的同时,着重考虑4个基本部分:人们的活动发生在特定的时空条件下有规律的行为模式;交通,如媒体、信息领域和运输三类;空间、活动和交通发生的空间;时间因子。他认为,要控制一个动态系统,必须知道它不同发展阶段的产出,这样有利于能把规划和管理合成在一起。

　　旅游永续发展的研究。尤其是社会文化与生态环境问题越来越成为旅游开发的主题,如低碳旅游、旅游用地开发相关主体、碳排放等等。从国外现有的成果上看,仍然缺乏与新时期城乡规划学、协同学等理论交叉应用与提升方面的研究,主要有新城市主义中的TOD理论、紧凑城市理论、协同理论等。对低碳旅游的研究仅局限于旅游区碳排放、开发模式等方面的研究,

---

①　Rietveld P, Bruinsma F R, van Delft H T. Economc impacts of high speed trains: Experiences in Japan and France: expectations in The Netherlands[J]. Research Memorandum, 2001(20): 1 – 28.

②　范业正,陶伟,刘锋:《国外旅游规划研究进展及主要思想方法》,《地理科学进展》1998年第3期,第86—92页。

③　Peter E. Murphy. Tourism: A Community Approach[M]. Methuen & Co. Ltd. New York and London. 1985.

较少结合休闲、宜居等理论融合与应用的研究。

(二)国内旅游规划研究

中国真正的旅游规划是 20 世纪 80 年代后伴随大众旅游业发展而产生的,是在全国各地旅游发展浪潮驱动下诞生的。30 余年来,中国旅游规划研究主要集中体现在以下几个方面。

国内学者介绍和总结国外主要规划理论与方法研究。范业正于 1998年和 2000 年分别在《国外旅游规划研究进展及主要思想方法》①和《国外旅游地规划的现代理论和技术方法》②两篇文章中,介绍了国外旅游地规划中一些著名的理论与实用的技术方法。如旅游地生命周期理论、旅游产品生命周期理论,门槛理论等;一些方便有效的方法,如 SWOT 分析,组合分析,名义组技术的应用。刘峰(2001)③指出,在规划编制过程中,把各种学科的科学理论与政府决策者的经验结合起来,形成一个官、商、产、学、研"五位一体"的系统集成环境,并通过政府意志、科学理论、专家经验集成的整体优势来寻求旅游规划有关问题的正确答案。

旅游规划创新研究。如刘峰④,刘滨谊⑤,顾朝林等⑥认为旅游规划创新应包括理论创新、内容创新、技术创新、人才创新和组织创新等 5 个方面。如刘峰主张"旅游规划三元论";马勇等(2007)⑦认为区域旅游规划的创新应从规划理念、内容体系、方法技术、过程管理、规划主体和政策保障等 6 个方面着手(图 3)。

旅游规划类型和模式研究。范业正,胡清平(2003)⑧将中国旅游规划

① 范业正,陶伟,刘锋:《国外旅游规划研究进展及主要思想方法》,《地理科学进展》1998 年第 3期,第 86—92 页。

② 范业正:《国外旅游地规划的理论与技术方法》,《国外城市规划》2000 年第 3 期,第 2—6 页。

③ 刘峰:《新时期中国旅游规划创新》,《旅游学刊》2001 年第 5 期,第 49—54 页。

④ 刘滨谊:《旅游规划三元论:中国现代旅游规划的定向·定性·定位·定型》,《旅游学刊》2001年第 5 期,第 55—58 页。

⑤ 刘峰:《新时期中国旅游规划创新》,《旅游学刊》2001 年第 5 期,第 49—54 页。

⑥ 顾朝林,张洪等:《旅游规划理论与方法的初步探讨》,《地理科学》2003 年第 1 期,第 52—59 页。

⑦ 马勇,肖智磊,卢桂芳:《区域旅游规划的创新思考》,《旅游科学》2007 年第 3 期,第 37—43 页。

⑧ 范业正,胡清平:《中国旅游规划发展历程与研究进展》,《旅游学刊》2003 年第 6 期,第 25—30 页。

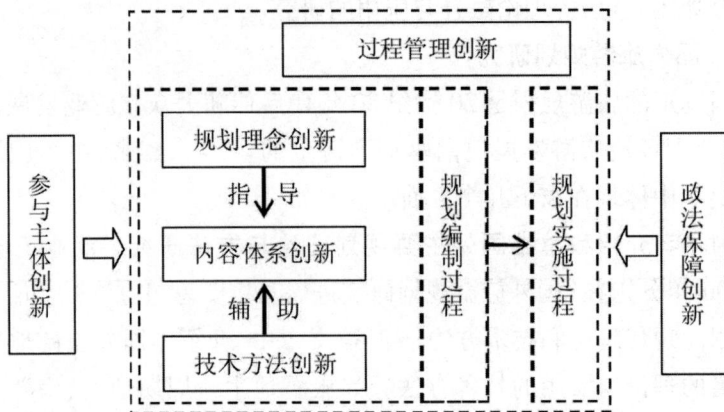

图 3 区域旅游规划创新途径层次结构图

（马勇,肖智磊,卢桂芳,2007）

分成事业型、事业向产业过渡型、产业型三个阶段,以及创汇导向型、资源导向型、市场导向型和产品导向型规划 4 个类型。王旭科等(2007)①认为旅游规划可构建一种两维规划运行模式(图 4),这一模式有助于解决旅游区规划人文思想与技术的次序颠倒、前后冲突与互不关联的问题。

永续发展及低碳旅游研究。 早在 1997 年,我国台湾的坪林就创建了台湾首个低碳旅游示范区②。在我国大陆,刘啸(2009)首次提出低碳旅游概念③④,并结合北京郊区的实际情况,提出了相应的低碳旅游发展理想模式⑤。之后,刘笑明(2011)⑥认为可以通过旅游环境、设施、旅游消费 3 个方

① 王旭科,赵黎明:《旅游区规划的城镇化问题及其对策研究》,《人文地理》2007 年第 6 期,第 94—97 页。
② 黄文胜:《论低碳旅游与低碳旅游景区的创建》,《生态经济》2009 年第 11 期,第 100—103 页。
③ 刘啸:《论低碳经济与低碳旅游》,《中国集体经济》2009 年第 13 期,第 154—155 页。
④ 黄文胜:《论低碳旅游与低碳旅游景区的创建》,《生态经济》2009 年第 11 期,第 100—102 页。
⑤ 刘啸:《低碳旅游:北京郊区旅游未来发展的新模式》,《北京社会科学》2010 年第 1 期,第 42—46 页。
⑥ 刘笑明:《低碳旅游及其发展研究》,《商业研究》2011 年第 2 期,第 175—179 页。

维度	前期	中期	后期	时间轴 →
宏观战略	旅游区总体规划/旅游区概念性规划			旅游规划师 旅游规划师主持,城市、建筑、园林设计师等配合协作
微观战略		旅游区控制性详细规划	修建性详细规划/单体设计	城市、建筑、园林设计师设计,旅游规划师审核

空间轴 ↓

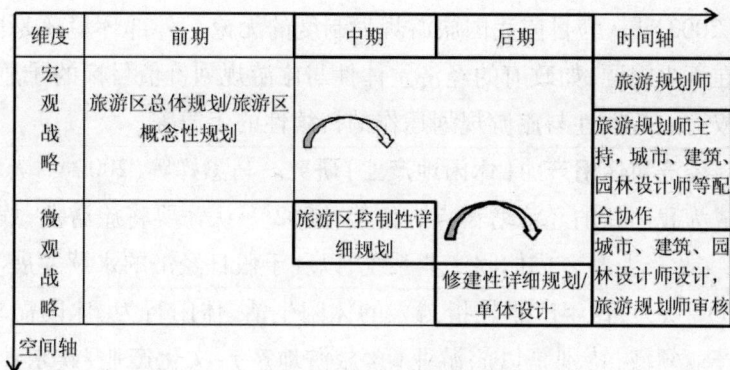

图4　旅游区规划两维规划运行模式

（王旭科,赵黎明,2007）

面的低碳化推动低碳经济发展。蔡萌等(2010)[1]认为低碳旅游强调运用低碳技术,建设低碳旅游吸引物,建构低碳旅游社区,营造低碳旅游体验环境,倡导低碳旅游消费方式,是在生态文明理念导向下的一种新的旅游发展方式。唐承财等(2011)[2]认为,低碳旅游的发展有助于推动我国旅游业的节能减排与永续发展。同时指出政府部门、旅游目的地、旅游企业和旅游者是我国发展低碳旅游涉及到的4大核心利益相关主体。

旅游规划体系及其相关方面研究。中国迄今尚无成熟的旅游规划体系,如在法规体系方面缺乏主干法——旅游规划法。尽管近年来国内学者在这个问题上也做了一些相关的研究,取得了较好的成果,如张宏等人(2010)[3]对旅游规划编制体系的深入分析以及黎兴强(2011)[4]构建的中国旅游规划体系新框架等。但中国旅游规划体系仅分为法规体系、行政体系和运作体系3个子体系,缺乏对旅游规划技术体系的分类与深入研究。李

---

① 蔡萌,汪宇明:《低碳旅游:一种新的旅游发展方式》,《旅游学刊》2010年第1期,第13—17页。
② 唐承财,钟林生,成升魁:《我国低碳旅游的内涵及可持续发展策略研究》,《经济地理》2011年第5期,第862—867页。
③ 张宏,毛卉,刘伟:《旅游规划编制体系研究》,《地域研究与开发》2010年第3期,第82—87页。
④ 黎兴强:《中国旅游规划体系新框架的探讨》,《旅游学刊》2011年第11期,第112—119页。

永文等(2002)①认为目前我国旅游规划制度的无论是外部环境还是内部环境都存在不少问题,如政府的经济主体性与旅游规划价值目标的矛盾;政府领导人权力的短期性与旅游规划运作的持续性的矛盾等。

休闲经济和休闲产业(休闲地产业)研究。马惠娣等(2000)②认为休闲产业将成为我国新的经济增长点。何静(2002)③认为要将旅游业、娱乐业、服务业、文化产业整合成休闲产业系统,以利于假日经济的永续发展。王晓杰(2006)④认为,休闲产业是指与人的休闲生活、休闲行为、休闲需求密切相关的产业领域,特别是以旅游业(含旅游地产)、文化产业、娱乐业、服务业和体育业为主构成的经济形态和产业系统,是一个产业群或产业链,已成为国民经济发展的重要支柱产业。

在休闲地产研究方面,潇琦(2008)⑤认为休闲地产是指依托项目周边良好的自然生态环境,把房地产和房地产以外的其他产业资源进行嫁接,并在社区生活配套设施中导入休闲、健身、娱乐、益智等多元概念,使居住者有足够的条件享受休闲生活。金细簪等(2008)⑥认为休闲度假旅游地产的开发必须注意以下几个方面:依托一定的休闲旅游资源;旅游地产具有特色文化;符合休闲度假需求的房产品;有较好的投资回报与升值想象空间;旅游配套设施与旅游总体环境必须良好;开发企业有较好的信用。

---

① 李永文,李瑞:《中国旅游规划的制度环境及其创新探讨》,《旅游学刊》2002年第3期,第26—30页。
② 马惠娣,王国政:《休闲产业应是我国新的经济增长点》,《未来与发展》2000年第4期,第39—41页。
③ 何静:《休闲产业与假日经济的可持续发展》,《商业经济与管理》2002年第8期,第52—55页。
④ 王晓杰:《中国产业结构变迁中的休闲产业》,《中国市场》2006年第44期,第94页。
⑤ 潇琦:《威海国际海景城如何打造休闲旅游地产创新模式》,《北京房地产》2008年第4期,第98—101页。
⑥ 金细簪,虞晓芬:《休闲度假旅游地产的崛起与需求特点》,《经济论坛》2008年第2期,第62—63页。

高铁对城市空间格局、旅游经济、环境等的研究。如张楠楠等①②③④⑤从城市经济、区域影响、空间格局演变、环境等角度进行系统分析高铁对于城市发展的影响,且普遍认为,高铁会促进商务旅游与城市旅游的发展,带动旅游目的地产业转型升级,影响旅游产业要素的集聚,引发旅游企业区位布局的变化。王缉宪等(2011)⑥指出高铁的发展对中国城市空间演变带来更深远的影响,并提出高铁对城市影响之分析方法的基本框架、指标体系和适合本研究的高铁站分类。

周玲强等(2010)⑦基于 CNKI 的文献检索与分析结果表明,2000 年以来我国旅游规划研究领域的热点问题主要集中在生态旅游、区域旅游、GIS 技术、乡村旅游、可持续发展、西部旅游和利益相关者这 7 个方面,且各热点问题之间相互关联,互相渗透。总而言之,当前我国学术界对旅游规划的研究表现为多学科支撑、多角度切入以及新概念、新技术不断被引入的特点;与此同时,不同问题的研究进展又各不相同:有些尚处于概念引入和理论介绍的定性研究阶段,而有些则已经或正在向变量分析的层面挺进。

吴承照(2009)⑧则认为,旅游规划的时代特点要突出表现在旅游规划的价值观、旅游规划方法、旅游规划体系与制度、旅游规划职业上,旅游业可持续发展与资源的可持续利用与旅游规划语言的建立是旅游规划科学化、

① 张楠楠,徐逸伦:《高速铁路对沿线区域发展的影响研究》,《地域研究与开发》2005 年第 3 期,第 32—36 页。
② 戴帅,程楠:《高速铁路对城镇群及中小城市发展的影响》,《规划师》2011 年第 7 期,第 7—12 页。
③ 王欣,邹统钎:《高速铁路网对我国区域旅游产业发展与布局的影响》,《经济地理》2010 年第 7 期,第 1189—1195 页。
④ 孙婷:《高速铁路对城市发展的影响》,《现代城市研究》2008 年第 7 期,第 82—87 页。
⑤ 殷平:《高速铁路与区域旅游新格局构建:以郑西高铁为例》,《旅游学刊》2012 年第 12 期,第 47—53 页。
⑥ 王缉宪,林辰辉:《高速铁路对城市空间演变的影响:基于中国特征的分析思路》,《国际城市规划》2011 年第 7 期,第 16—23 页。
⑦ 周玲强,张文敏:《2000 年以来我国旅游规划研究领域热点问题综述》,《浙江大学学报(人文社会科学版)》2010 年第 2 期,第 135—143 页。
⑧ 吴承照:《中国旅游规划 30 年回顾与展望》,《旅游学刊》2009 年第 1 期,第 13—18 页。

职业化最主要的学术前沿。

　　由此可见,近期及未来一定时期国内旅游规划研究主要集中于低碳旅游内涵、低碳旅游消费方式(谢园方等,2010)①②③,旅游开发永续发展和创建低碳旅游区和景区案例研究(黄文胜,2009)85 等几个方面,对发展低碳、紧凑型旅游区和休闲、宜居型的度假社区的研究将成为众多学者的关注点。尽管胡英清(2008)④、王国新(2006)⑤、吴必虎(2010)⑥等对休闲旅游,以及李丽萍,郭宝华(2006)⑦、徐新,范明林(2010)⑧等对宜居城市相关理论已做了一些研究,但仅集中于泛休闲旅游和宜居城市概念、方式等方面的研究,缺乏低碳、休闲、宜居理念在旅游发展中的研究,以及对永续发展、绿色发展和紧凑发展等核心理念的融合提升研究,即低碳、休闲和宜居(3L 理念)和 3D、3E 理念的协同发展研究等等。正如王旭科,赵黎明(2007)⑨在《旅游区规划的城镇化问题及其对策研究》文中指出,当前不少旅游区规划存在城镇化现象,其根本原因是"技术主义"崇拜下"科学主义"泛滥所导致的"人文主义"的缺失,应采取的对策是强化人本—生态主义规划观,维护自然肌理的有机生长,实施规划决策制度化,构建两维规划运行模式等。

　　从目前国内外相关领域的研究可以看出,国内研究多集中旅游规划内

①　谢园方,赵媛:《国内低碳旅游研究进展及启示》,《人文地理》2010 年第 5 期,第 27—31 页。
②　蔡萌,汪宇明:《低碳旅游:一种新的旅游发展方式》,《旅游学刊》2010 年第 1 期,第 13—17 页。
③　蔡萌,汪宇明:《基于低碳视角的旅游城市转型研究》,《人文地理》2010 年第 5 期,第 23—35,74 页。
④　胡英清:《中国休闲旅游发展研究新进展》,《广西民族大学学报哲学社会科学版》2008 年第 30 卷第 4 期,第 140—143 页。
⑤　王国新:《浅谈我国休闲旅游与休闲产业、休闲社会的发展关系》,《旅游学刊》2006 年第 11 期,第 8—9 页。
⑥　吴必虎,黄萧婷:《休闲度假城市旅游规划》,中国旅游出版社 2010 年版。
⑦　李丽萍,郭宝华:《关于宜居城市的几个基本问题》,《重庆工商大学学报(西部论坛)》2006 年第 3 期,第 54—58 页。
⑧　徐新,范明林:《紧凑城市:宜居、多样和可持续的城市发展》,上海人民出版社 2010 年版,第 33 页。
⑨　王旭科,赵黎明:《旅游区规划的城镇化问题及其对策研究》,《人文地理》2007 年第 6 期,第 94—97 页。

涵、理论与方法的借鉴与应用,旅游开发模式、问题对策等方面的研究。如吴必虎先生在其著作中系统探讨了旅游规划的理论方法,提出昂普(RMP)分析法,即旅游资源分析(R)、旅游市场分析(M)和产品分析(P)为核心的旅游规划方法。但国内方法论研究定性较多,定量不足,感性成分居多,加之旅游规划的多学科专业性,决定了旅游规划研究还需要更多理论的引入和方法的借用,以助于旅游规划科学性、前瞻性、时效性和可操作性的实现①。最近两年开始涉及低碳旅游、旅游产业融合方面的研究,但研究成果相对较少,且缺乏从交叉学科视角(主要包括城乡规划学,建筑学、旅游规划等宜居环境科学)对旅游规划研究,尤其是对已迈入"高速时代"的中国来说,快速交通网络的进一步完善及人们出行方式的逐渐转变,对综合性旅游产业发展及其土地开发的变化影响极大。规划学科(含旅游规划学)研究的内容核心是土地使用规划与设计,而架起用地使用框架的是大运量、快速的城乡交通网络。尽管近几年来,国内学者也对高铁影响下的城镇空间变化等相关的问题进行了较为系统的研究,但对于基于高铁沿线与其站点周边旅游开发及其关联产业融合等的相对研究不足。

在国外研究方面,张立生(2004)②对《Annals of Tourism Research》文献分析,总结了国外旅游研究的 10 个热点问题:旅游行为和心理研究、旅游市场、文化旅游、旅游效应、旅游管理与决策、生态环境与旅游、战争政治与旅游、旅游组织与旅游业发展、探险旅游与旅游安全、旅游伦理。近年来,高铁对旅游业发展的影响所引起的相关问题,已成为国内外诸多学者们高度关注的焦点,然而从现有文献成果看并不系统,多集中于高铁对区域旅游空间的演变、经济效益及交通方式之间的竞争、旅游建设用地功能变化、公共交通导向开发(TOD)理论等方面,缺乏全面系统的基于 HST - TOD 的协同性旅游规划理念与实践应用方面的研究。

---

① 章锦河:《中国旅游规划研究的成熟与完善》,《旅游学刊》2008 年第 8 期,第 9—10 页。
② 张立生:《近期国外旅游学研究进展——〈Annals of Touirsm Research〉文献分析》,《旅游学刊》2004 年第 3 期,第 82—86 页。

第三节 多学科介入研究的旅游与旅游研究方法的选择

为了避免虚假的和片面的知识,业已分化的社会科学学科及其分支需要共同合作,这就有必要来一个研究方法和研究视野的转变,那就是给予多学科间的合作研究更加广阔的空间。——诺贝尔奖获得者纲纳·谬达尔(Karl Gunnar Myrdal)

一、旅游与旅游研究

旅游是指人的活动以及由此活动所引发的现象与关系的总和,是人们有目的观察和感知与日常生活相融合的一种世界性的方式。最早始于西方的关于旅游现象的学术研究至今在国外已逾百余年。二战结束后旅游研究的中心从欧洲转向北美,在旅游研究方法上开始呈现出多学科渗透的学术特点(董培海,李伟,2013)①。目前国际旅游研究在理论和知识模型方面已形成较为成熟的科学研究范式和价值观体系。中国旅游研究经过 30 多年的发展,已经取得了较为丰硕的成果,旅游业已然成为带动中国经济和景观发展的核心要素之一,旅游研究已成为学术领域的一门与现实联系密切,引起社会广泛关注的学问。尤其是受到来自政府部门、学界、业界以及普通民众的重视(依绍华,2011)②。总而言之,通过过去 10 年的努力,中国旅游研究已经成熟,他们已经超越了 20 世纪 80 年代和 90 年代狭隘的经济、纯应用和技术的方法,除了经济和商业管理之外开始把旅游业作为一个包括地理、生态和社会文化流的系统进行分析(Trevor Sofield,陈胜容,2014)③。

从研究方法上看,西方学术界运用最多的研究方法是数理统计方法和构造模型方法,而国内学术界最为常用的研究方法是描述性方法和概念性

---

① 董培海,李伟:《国内当前旅游学术研究中的"问题意识"缺失之我见》,《北京第二外国语学院学报》2013 年 5 月,第 7—14 页。
② 依绍华:《旅游学科研究进展及当前研究热点领域》,《旅游学刊》2011 年 5 月,第 22—29 页。
③ Trevor Sofield,陈胜容:《对中国学者旅游研究的反思》,《旅游学刊》2014 年 2 月,第 7—9 页。

方法①。中国旅游研究方法存在的问题是：定量研究的滥用与不恰当使用；定性研究不规范；旅游研究过于注重为政府或企业服务的行业应用研究，导致对规范研究方法的轻视②。

由于我国旅游业发展一直是受政府主导，所以我国的旅游学术研究带有鲜明的问题导向，对于当时的旅游业发展起到了一定的指导作用。但这一时期的旅游研究普遍缺少学术规范，从学术研究的视角看，有些问题其实不属于学术问题或科学问题，有的充其量只能算做科普和科学常识（张凌云，2014）③。

中国改革开放以来，许多城市和地区粗放型工业化和过度的旅游城镇化所产生的负面效应如日渐严重的空气污染不再局限于城市而是覆盖了大面积的农村、中国传统节假日的交通拥堵问题、生活节奏加快等。这些迫在眉睫的旅游问题需要研究工作来提供解决方法。然而，这不仅仅是旅游带来的问题，学者们应该把这些问题同其他问题联系起来。如此说来，在中国或其他地方，未来的旅游研究将不仅依靠于旅游研究学者如何成功地使其他研究者或一大部分利益相关者受益，更要在某种程度上关注那些亟待解决的社会问题，而旅游问题也许是其中的一部分，同时也是解决方案中要考虑的因素之一。

旅游研究在此过程中承担着重要的使命，它一方面要为人们提供更好的回归富有人文气息和与自然生态的场所和更多就业机会，同时也要为城乡一体化的顺利推进提供技术和理念支持。可以预见，一种呼唤回归旅游本源，重视永续、紧凑和绿色的协同发展以及强调生物、文化多样性保护的旅游研究思潮，将会在未来的数十年内影响旅游研究与论述。

---

① 曹振杰，王寿鹏：《中外旅游研究内容比较与中国旅游研究发展趋势——基于 Annals of Tourism Research 与〈旅游学刊〉的理论文献》，《内蒙古财经学院学报》2009 年 2 月，第 85—90 页。

② 惠红：《关于我国旅游研究方法的思考》，《旅游学刊》2010 年 12 月，第 10—11 页。

③ 张凌云：《理论的贫困：旅游学术研究的"规范"与"创新"》，《旅游学刊》2014 年 1 月，第 12—13 页。

二、旅游研究的时空视角和多学科介入的必要性

（一）旅游学科研究的时空视角

（1）旅游学科研究的社会现象与学科属性。众所周知，旅游研究是一个应用性较强的社会科学领域，其发展演化并不能脱离于旅游发展所出现的种种现象及问题（陈钢华，保继刚，2011）①。这些社会现象和社会问题广泛涉及到人类学、心理学、历史学、地理学、民俗学、文化学、经济学、管理学、城乡规划学、建筑学、风景园林学和景观生态学等多个学科的内容。旅游学研究的核心正是对旅游这一社会现象和问题的科学阐释和理性引导（陶玉霞，2014）②。那么，如何认清旅游学这门正在发展中的新兴学科的发展趋势呢？从学科演变的历史来看，学科划分并不是事先按照研究对象、研究方法分门别类的演绎结果，而是根据各领域知识的进展程度归纳形成的，因而很难从研究对象和方法来判断一个领域能否发展成为学科。但从学科发展的历史进程来看，学科的划分是随着知识的积累不断发展变化的，总体上日益走向学科类型的多样化和学科治学的专门化，其中，社会的变迁又起到了非常关键的作用（宋子千，2014）③。就像社会科学在其建立的初期，学术界曾经认为它是一门综合性的单一科学，但后来的学科发展证明这一认识是不恰当的。

（2）旅游研究的跨学科的思维：时空视角。由于社会现象和社会问题的复杂多样，加之社会分工越来越细，社会科学开始分化，专门化的趋势越来越明显，经济学、政治学、人类学、社会学、法学等主要社会学科先后按自身规律发展成为独立的学科（袁曦临，2011）④。从事旅游方面研究的工作者都承认：旅游既是一种经济现象，也是一种文化现象，同时又是一种社会

---

① 陈钢华，保继刚：《国外中国旅游研究进展：学术贡献视角的述评》，《旅游学刊》2011 年 2 月，第 28—35 页。

② 陶玉霞：《旅游本质辨析与学科体系构建再思考》，《旅游论坛》2014 年 1 月，第 17—21 页。

③ 宋子千：《以多学科研究的充分发展促进旅游学科成长》，《旅游学刊》2014 年 3 月，第 22—30 页。

④ 袁曦临：《人文社会科学学科分类体系研究》，南京大学博士论文，2011 年。

现象。这样一来,旅游研究就需要跨学科的思维——时空视角。目前旅游学科正处于从多学科经过交叉学科向跨学科过渡的阶段(谢彦君,李拉扬,2013)[1],时空视角作为一种创新的旅游研究方法,可能会起到为不同学科在旅游研究问题上的融合与交流搭建桥梁的作用(左冰,2006)[2]。正如诺贝尔奖获得者纲纳·缪尔达尔(KarlGunnar Myrdal)所说,"为了避免虚假的和片面的知识,业已分化的社会科学学科及其分支需要共同合作,这就有必要来一个研究方法和研究视野的转变,那就是给予多学科间的合作研究更加广阔的空间。"

(二)多学科介入旅游研究的必要性

(1)研究任务与内容的需要。旅游学作为一门社会科学,其研究对象是"离开其惯常居住地而外出的旅游者、为其提供服务的旅游业以及旅游者和旅游业双方的活动对东道地的各种影响",即艾斯特定义中"由于非定居者的旅行和逗留而引起的现象和关系的总和"[3]。其核心是旅游现象研究,即探讨旅游活动的形态、结构和活动要素,从而确定这个活动的性质,主要包括旅游活动的发生原因、基础、性质、运行手段和社会影响等。为此,旅游学研究的主要任务是:阐述旅游的本质和属性,揭示旅游活动的产生、发展和经济、社会及生态环境等发展的关系;研究旅游系统演化的基本规律及系统各组成部分,如功能、结构和组织之间的关系;研究旅游活动及旅游业所产生的各种经济、社会和环境等效能;研究旅游行政组织和旅游法规政策的重要性及其作用。旅游学研究的内容是:旅游的内在本质与外在特征;旅游系统的基本要素及其相互关系;旅游产业结构调整与旅游企业经营管理;旅游发展对经济、社会及环境所带来的影响;旅游组织机构和旅游政策法规。概括地说,旅游学研究的内容可以分为旅游的商业研究和旅游的非商

① 谢彦君,李拉扬:《旅游学的逻辑:在有关旅游学科问题的纷纭争论背后》,《旅游学刊》2013年1月,第21—29页。
② 左冰:《旅游学研究的时空视角:一种概念性理论框架》,《桂林旅游高等专科学校学报》2006年1月,第18—23+43页。
③ 李天元:《旅游学概论(第六版)》,南开大学出版社2010年版。

业研究两个部分。旅游的商业研究着眼于旅游产业发展、经营管理和经济利益,但要与人文学科结合在一起研究人类文化背景与社会历史情境对旅游产业、经营管理的影响。旅游的非商业研究,着重考察旅游的溢出效应,尤其是对生态环境和社会的消极影响,而对这些影响的研究也需要与城乡规划学、社会学、环境科学、生态学等进行相互合作。由此,随着时间的推移中央政策的大方向将带来更多扩大旅游研究议题的机会,越来越多的行政辖区将设法应对增加的环境及其他问题,并逐渐需要更多跨学科的合作以达到预期的结果。(Trevor Sofield,陈胜容,2014)①。

(2)国际化视野的需要。由于旅游业的迅猛发展,旅游研究视角各异,良莠不齐,但旅游研究的视野要国际化,要把中国旅游研究纳入到国际旅游研究的公共平台。即使是中国本土化的旅游研究问题,也要放在全球化公共知识平台上进行研究,否则研究的贡献和知识价值将会大打折扣。因为只将研究立足于中文文献或中国国内旅游学界的研究进展,可能错失较为丰富的国际旅游学界的文献,甚至重复研究已有成熟答案、不是研究问题的问题,造成研究资源、人力、物力的浪费。

从多个角度分析,未来的中国旅游研究将不仅仅是中国国内旅游学界的自然关注和使命,还将是国际旅游学界的重要任务。这一时代发展的趋势要求中国本土旅游学者更多地在国际学术平台上从事学术创新活动。因为中国的旅游现象和问题发生在中国特定的文化和社会制度环境中,从东方文化视角对这些现象和问题的研究与诠释可以更有效地补充我们对一般意义上旅游发展的知识。如果中国本土旅游学者能够有更为开阔的研究视野,并保持自己的研究视角,他们将拥有东西方两个学术传统和知识体系,并成为未来旅游理论与方法创新的主力军(黄松山,2014)②。

(3)弱化经济功利性的需要。旅游研究既是一项科学挑战,又是一种社会建构,并有一种伦理责任③。人们最初是从经济的角度来认识旅游现

---

① Trevor Sofield,陈胜容:《对中国学者旅游研究的反思》,《旅游学刊》2014年2月,第7—9页。
② 黄松山:《中国旅游研究的"视野"与"视角"》,《旅游学刊》2014年1月,第8—10页。
③ 曹国新:《旅游研究方法的要求、规范与意义》,《旅游学刊》2007年3月,第5—6页。

象和旅游学的,30多年来中国旅游研究和旅游业一样,开发重于管理,这与一个国家或地区经济发展阶段的特点是分不开的。随着旅游业不断走向成熟,人们对旅游体验的要求不断提高,由物质开发建设转向物质＋社会发展建设将映射到旅游研究中来,旅游研究者们必须树立"旅游求真"目标价值体系,就是要为国家和社会提供旅游产品的管理、旅游资源的持续利用,提供科学研究的基础。

由于受社会大背景的影响,旅游开发经济利益最大化的价值取向十分突出,旅游开发的终极关怀就是经济利益的最大化。但旅游活动的本质属性是其"社会属性",无度的对经济利益的追逐,对旅游业的可持续发展是十分有害的。从理论意义上讲,学术工作是知识创新活动,其终极目标是"求真",秉持宇宙万物"协同共生"理念,探索人类社会的和谐发展。但在现实中,学术活动作为人类高级智力活动,不可能完全做到价值中立、完全求真,不可避免地要服务于一些人的价值观,而排斥另一些人的价值观。也就是说,学术活动不可能完全中立于人类社会价值和政治体系之外(黄松山,2014)。因为我们所处的社会是一个流动的社会,旅游就是流动社会的直接表征和推动力(苏晓波,2012)①。旅游所涉及的人、资本、信息和文化,时时刻刻处于一个流动的状态,在不同的时间和空间上不断融合、斗争,以及妥协。这种流动状态既揭示了现代社会的动态和复杂,也为旅游研究人员提供了绝好的视角来认识整个社会。因此,旅游的研究旨在尽量弱化经济功利性,避免旅游资源恶性消耗、环境破坏和旅游地生命周期短暂,其目标价值取向是为创造一个低碳、休闲、宜居的高品质休闲空间提供理论和技术支撑。

三、旅游研究方法的思维方式选择与创新

(一)旅游研究方法阶段划分及其应用的多维性

(1)旅游研究方法的阶段划分。科学的本质是研究,而从事科学研究

---

① 苏晓波:《旅游研究的边界》,《旅游学刊》2012年12月,第15页。

要讲究方法。"方法（method）"一词最早源于希腊文"methodos（ετσοδο?）"，其含义是"遵循某种道路"，表示"方向法则"之义。一般是指科学认识主体在探索自然现象、自然过程及揭示自然规律活动中所应用的方法，其目的是将构思新想法的主观过程置于富有挑战和质疑性的逻辑框架之中以形成客观认识[1]。简言之，科学研究方法是指学术活动过程中解决问题所遵循的途径和使用的手段，即按照问题的逻辑关系为研究设想设计研究步骤，运用科学技术手段和表达方式对研究对象进行验证、评价、分析的过程，其使用过程反映了研究者的逻辑思维过程、问题认知水平和问题解决能力（王娟，张广海，2013）[2]。根据该定义，旅游学研究方法大体经历3个阶段：传统思辨阶段、定量研究阶段、定性定量研究相结合阶段，目前西方旅游研究的主导范式仍是定量研究，但也有大量的定性研究的拥护者们在极力倡导定性方法（张宏梅，陆林，2010）[3]。

（2）旅游研究方法应用的多维性。旅游学研究方法在应用中可以被理解为一种可操作的程序，具有一定方式、过程和步骤，内部之间存在规律性或逻辑性的联系，也可以被看作是达到某一目标的途径，它并不一定具有一般所认为的操作性，而可以是一种想法或构思，但是它可以引导某一旅游项目走向成功或失败。就旅游研究方法而言，可以理解为为了实现旅游目标而选择的途径、采取的策略、确定的程序和使用的工具及技术的综合，它由方法路线、战略方法、规划程序和技术方法4个不同层次和不同的规划方法组成。但从知识生产的"异质性"来看，由于研究者的研究方法论方面所存在的偏好和取向，导致跨学科整合过程中必然存在着差异、张力和冲突，因为不同的认识论背景、不同的科学目标、不同的理论概念和方法论工具箱，都将导致人们在观察经验世界时做出不同的选择，即研究方法的多维性选择。

---

① [英]大卫·福特：《生态学研究的科学方法》，肖显静，林祥磊译，中国环境科学出版社2012年版，第38页。
② 王娟，张广海：《旅游研究方法的演进与创新》，《旅游研究》2013年4月，第11—18页。
③ 张宏梅，陆林：《国内旅游研究方法的初步分析》，《旅游学刊》2004年3月，第77—81页。

（二）研究方法选择的基本思路

（1）研究始于问题。一种自然现象或社会现象的出现，通常会引起学者们的兴趣，对之加以研究，通过研究发现问题，探讨规律，提出假说，形成理论以至创建学科（王健，2012）①。可见，旅游学的学科属性及旅游学方法论是旅游学科建设中重要的基础性问题（吴小天，曲颖，2012）②。方法论既不是科学哲学，也不是某一种或某几种具体的研究方法。方法论的概念有以下几个要点：其一，方法论是指在一项研究中从思考问题到提出问题、分析问题、解决问题，直到陈述作者观点，形成理论的系统过程；其二，方法论实际上是理论骨架，用以支持理论，使之得以自圆其说，方法论是有因果关系的逻辑思维方式，其关键因素是逻辑；其三，方法论还涉及知识和智能的关系问题。旅游学方法论只能在旅游研究过程中形成，在研究完成后才能做出系统的、完整的解释（王健，2012）。英国近代唯物主义哲学家、思想家和科学家弗朗西斯·培根（Francis Bacon）说，"跛足而不迷路能赶过虽健步如飞但误入歧途的人，……知识本身并没有告诉人怎样运用它，运用它的方法乃在书本之外。"这句话告诉我们，思路良好的研究方法能够使得我们更好的发挥运用天赋的才能，而拙劣的方法则可能阻碍才能的发挥。诚然，任何问题的研究都要借助科学的研究方法，方法思路是否得当影响着研究结论是否可信。

"那又如何？"常被视为一个不礼貌的问题，但却是一个有针对性和深入性的问题，也是做学问的第一步。爱因斯坦说，"当一种思维方式有问题时，就绝不能还用同样的思维方式来解决这个问题，提出一个问题往往比解决一个问题更加重要，因为解决问题也许仅仅是一个数学上或实验上的技能而已，而提出新的问题，新的可能性，从新的角度去看待旧的问题，却需要有创造性的想象力，而且标志着科学的真正进步。"著名学者梁启超先生说："能够发现问题，是做学问的起点，若凡事不成问题，那便无学问可言

① 王健：《以理性思维构建旅游学科》，《旅游学刊》2012年9月，第91—98页。
② 吴小天，曲颖：《关于旅游学几个基础问题的探讨》，《地理与地理信息科学》2012年2月，第80—83页。

了。……所有发明创造,皆由发生问题得来"。

(2)以事实为基础的实验和试验。美国著名地理学家威廉·郑奇把科学研究划分为3个要素:逻辑、可观察的事实及理论。逻辑包括数学,并与符号之间的关系有关。逻辑体系对于真实世界不作任何陈述。可观察事实的确定必须有助于使用,因为只有确切描述怎样进行观察,我们才能识别某一特定事实。理论是逻辑体系和可使用的确定事实的结合。理论是科学的心脏,因为科学的理论是打开现实中各种不解之迷的钥匙。从本质上说,科学研究过程是逻辑思维与非逻辑思维交互作用的过程。思维是人们认识世界的必然方式,对科学研究具有重要的意义。人类为了求得生存与发展,就需要了解和掌握客观世界中万事万物的基本性质及其相互联系的基本规律,而思维就是人类为实现这一目的所不可缺少的智力机能。科学研究目的在于对事物和现象更加客观准确、深入全面的认识,而达到此目的的顶层方式,首先必经人的高级思维,科学认识是科学思维的产物(马耀峰,高军,2012)①。通常的情况是,非逻辑思维开拓思路,逻辑思维最终完成,逻辑思维与非逻辑思维交织在一起应用,并通过对假说进行检验归化及不断实践验证理论的科学性(图5)。

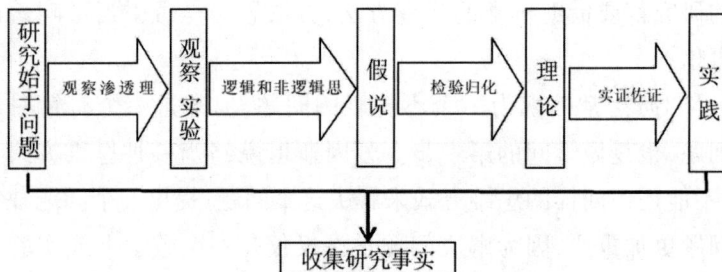

图5 旅游研究方法选择的基本思路

根据图5,旅游科学研究中的逻辑分析过程,是一个概念化、系统化、理

---

① 马耀峰,高军,李创新:《时空思维之旅游研究应用与启示》,《旅游学刊》2011年8月,第16—25页。

论化和不断实践的过程,这一过程贯穿旅游科学研究的始终,从研究问题的概念化、系统化,到研究内容的逻辑关系的检验归化,到成果表达的理论化及推广应用(实证和佐证),无不需要良好的研究方法的支持。

(三)旅游研究方法的思维方式选择

(1)研究方法多学科选择的价值取向。旅游学是研究旅游对旅游目的地的经济、社会及环境等方面影响的科学。依绍华(2011)认为旅游主要研究领域和内容包括旅游营销、旅游经济影响与需求预测、旅游规划和社区参与、城市旅游、主题公园、旅游与自然环境:可持续旅游/生态旅游、原住民旅游/少数民族旅游等6个方面。作为一门科学,旅游学是随着近代旅游的出现而产生的,并随着旅游业的发展而不断完善。2014年9月4日国务院副总理汪洋在2014北京香山旅游峰会上的主题演讲:关于"加强城市旅游合作做大旅游市场蛋糕"中特别提到"我们要利用互联网、云计算、在线翻译等先进技术,建设智慧旅游城市,扩大旅游与金融、商务、信息、交通、餐饮等方面的融合,为游客观光、购物、休闲、度假提供更为人性化、专业化、规范化的服务"。

因此,旅游研究需要多学科介入,这主要为了解决旅游知识生产专业化与知识需求综合化的矛盾(谢彦君,李拉扬,2013)。多学科介入有利于"为各个介入学科丰富自身的研究领域、拓展自身的研究视野、补充自身的研究内容提供了一种新的可能性。但就旅游研究的现实发展来说,要摆脱对相关学科理论的简单应用,一方面要深入了解相关学科理论,另一方面要加强对旅游产业实践特别是整合性、基础性、普遍性命题的深刻把握。只有这样才能真正从"旅游"研究转变到"旅游学"的研究,进而形成旅游学理论体系(宋子千,2014)。

(2)研究方法的时空思维。传统的旅游科学研究,囿于观念范围,以定性研究为主,借助逻辑推理方法,其价值取向是观念的,而非实用的。随着旅游业的蓬勃发展以及大数据时代的到来,以数学方法为核心的量化方法

已在旅游研究中的应用成为一股潮流。例如,河南理工大学毕剑教授
(2014)①通过对《旅游学刊》2003—2012年所刊载的1322篇文章进行统计
与分析,发现:从2008年以后运用复杂数理统计的定量文章比例明显超过
定性文章且持续增大,这种旅游研究的方法转向不仅对旅游研究本身带来
深刻影响,同时也使众多不具备数理统计知识的旅游学者深感困惑,招致强
调体验、理解、意义与人文性的传统研究者的反对。毕剑教授认为旅游研究
方法的发展,需要旅游学术期刊和旅游学者以富于创新的精神,通过对不同
学科知识的视域融合、方法综合和技术合作,从而推动旅游学科的健康发展
和成熟。这是因为旅游已由单纯的经济产业转变为一种社会文化现象,加
上定量分析不能完全反映问题本质和意义,定性研究有逐渐受到重视的趋
势。定性研究主要应用在与旅游相关的社会、文化和环境等领域,研究范式
以案例研究为主,代表性研究成果包括:主/客关系、旅游对文化的影响、旅
游对民间艺术的影响等(依绍华,2011)。

众所周知,旅游研究学术价值的重要之处在于习得的经验教训以及研
究成果的可重复性。而不仅仅在于统计测验的重要性,况且许多论文的撰
写都需要它(Geoffrey Wall,孟凯,2014)②。近年来,伴随着互联网、3S技术
(GPS、GIS、RS),以及智能手机的迅速发展,人文社会科学领域的研究数据
获取与处理已经出现了新的趋向。主要包括:利用软件对网络数据进行挖
掘;利用GPS或LBS设备,结合GIS或网络日志来采集与分析居民行为数
据;利用网络地图对获取的数据进行可视化开发。这些技术可以作为大数
据时代旅游时空间行为研究数据的重要来源,将有利于扩大研究的范围,并
增加旅游规划研究结果的精确性。同时,大数据时代旅游时空间行为研究
正面临着人类活动、旅游空间、信息技术等多种环境的不断变化和转型,在
利用网络数据挖掘和新信息设备采集的方式来获取研究数据,运用传统研

---

① 毕剑:《我国旅游研究的方法转向及学术困惑——以2003—2012年〈旅游学刊〉为例》,《旅游论坛》2014年1月,第22—26页。

② Geoffrey Wall,孟凯:《一个旅行学者眼中的中国旅游研究》,《旅游学刊》2014年1月,第6—8页。

究方法进行分析的同时,还应注重新方法的探索来应对日益复杂的旅游问题。因此,将定性方法和定量方法结合起来使用的"混合方法"比用一种方法被许多学者认为是能更好地理解研究问题。惠红(2010)[1]认为,旅游研究应以旅游现象或旅游经历为中心,综合采用定性与定量、实证与演绎、客位与主位等研究方法。原因是:旅游研究重点应更多地放在以观察或实验为基础的研究上,并开展精心计划的实地考察工作;用更加开明的态度接受研究方法的多样性,以保证方法适用于所研究的问题,而不能假定所有研究都必须有定性研究或定量研究的优势;研究结果的阐述和说明方面更需要齐心合力——混合方法的使用。

综观前人的研究历程,任何学科的发展都大体上分为 3 个阶段:简单抽象、孤立深入和高度综合,也即与前文所述的传统思辨阶段、定量研究阶段、定性定量研究相结合阶段[2]。国内的旅游研究大体处在第二阶段向第三阶段过渡的时期,相应地,在研究对象上出现多元化趋势,在研究方法上呈现定性定量相结合趋势。同时,还需要在学科层面推动多学科方法的交叉与融合,继续加强居民时空行为和旅游空间研究方法的探索,为可协同性的旅游开发与建设提供依据。可见,在人文社会科学的研究中,旅游是涉及各学科、各理论视野与各研究路径最为广泛的领域之一(张敦福,阿克巴尔,2012)[3]。

(3)研究的多学科方法融合。由于旅游活动涉及旅游商品与服务的购买与消费、供给与需求,因而与经济学、管理学、营销学等密切相关;旅游活动包括旅游目的地与游客之间的彼此交往、理解、互动和影响,因而与社会学、人类学、文化研究不可分割;旅游活动关涉时间、空间的变迁与转换,因而与环境科学、历史学、地理学、地缘政治学交融在一起,等等。可见,旅游

① 惠红:《关于我国旅游研究方法的思考》,《旅游学刊》2010 年 12 月,第 10—11 页。
② 吴巧红:《从社会学理论的发展看旅游研究范式的确立》,《旅游学刊》2010 年 11 月,第 9—11 页。
③ 张敦福,阿克巴尔:《旅游研究:以问题为中心,而非以学科为分界》,《旅游学刊》2012 年 10 月,第 6—7 页。

学是一门综合性学科,它需要运用多个学科的理论认识旅游现象中所包含的诸多要素,因此不可避免与多个学科存在某种联系。然而,在充满流动性和复杂性的社会,如何就同一领域开展研究? 一个可取的路径就是问题为导向的(problem - focused)方法。按照这个思路和做法,将各地研究者汇聚在一起的不是某个或某几个学科;相反,引领这些研究者汇聚在一起的是他们所提出的问题以及他们研究的主题(张敦福,阿克巴尔,2012)。例如,旅游研究应以旅游现象或旅游体验为中心,全盘考虑"职"(就业·收入·旅游业)、"住"(住房·社区·房地产业)、"游"(闲暇·游憩·休闲业)的协同发展;综合采用定性与定量、实证与演绎、客位与主位等混合研究方法(图6)①,深入系统分析永续发展中的生态、经济、公平(简称3E)、紧凑发展中的设计、密度、多样性(简称3D)和绿色发展中的低碳、休闲、宜居(简称3L)协同发展的客观规律(黎兴强,田良,2014)②;同时,定量方法要在定性方法的基础上进行,保证定量方法的科学性,不必过度追求统计回归分析与模型的构造。

同时,随着旅游学科的不断成熟,经济学、社会学、管理学、城乡规划学、建筑学、环境科学、生态学、人类学、心理学等的知识也不断地被应用到旅游学科的研究中,形成了旅游研究的多学科基础(图7)。过去,由于旅游应用性研究较多而基础理论性研究较少。但是,近些年来出现了一个值得注意的趋势,这就是基础理论性研究的数量和研究质量都在提高。其原因在于,越来越多的研究人员逐渐意识到,不能长期停留在就事论事的研究层次上,应用研究需要基础理论的指导,需要从理论研究中找到根据(王健,2012)。

(四)多学科介入旅游研究的方法创新

(1)关键概念、基本分类和基础统计的夯实与创新。创新更多时候是发现一个新结构、新要素,它与其他既有研究沟通交锋而达成共识。具有显

---

① 谢祥项,刘人怀:《论系统论与综合集成法在旅游科学研究的应用》,《系统科学学报》2012年2月,第93—96页。

② 黎兴强,田良:《回归城市:一种适应气候变化的空间规划新概念》,《现代城市研究》2014年1月,第42—49页。

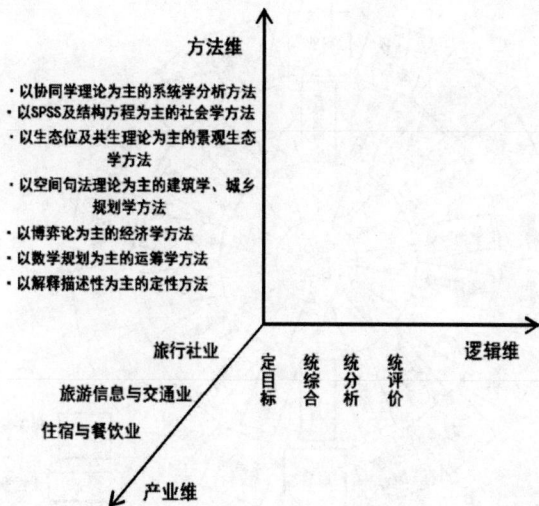

图6 旅游研究的三维结构

（资料来源：谢祥项，刘人怀，2012，有修正）

著交叉性特点的旅游研究与其他研究一样，应在韦伯的"价值中立"与哈贝马斯的"交往理性"的基本原则与逻辑指导下，去认知问题，推动知识积累，避免沟通不利造成的混战①。关键概念、基本分类、基础统计的共识推动能形成有效知识积累，并为统计工作提供前导基础，具体在旅游研究方面的任务主要是推动旅游定义，分类界定中关于移动性、愉悦性、闲暇性、过夜性与否的分类及测度。

（2）大数据时代数据分析方法的创新。因此，"大数据"的核心价值在哪里？维克托·迈尔—舍恩伯格进一步指出，大数据的精髓在于我们分析信息时的3个转变，这些转变将改变我们理解和组建社会的方法：第一个转变就是，在大数据时代，我们可以分析更多的数据，有时候甚至可以处理和某个特别现象相关的所有数据，而不再依赖于随机采样；第二个转变就是，

---

① 于海波：《人文社会科学跨学科交叉研究的创新与边界——以旅游研究为例》，《旅游学刊》2014年12月，第93—100页。

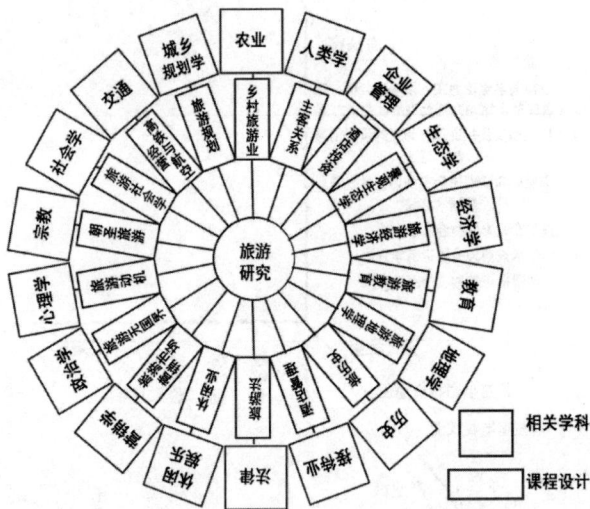

图7　旅游研究与学科、研究方法的选择

（资料来源：戈尔德耐等，2003：23；依绍华，2011，有修正）

研究数据如此之多，以至于我们不再热衷于追求精确度，适当忽略微观层面上的精确度会让我们在宏观层面上拥有更好的洞察力；第三个转变因为前两个转变而促成，即我们不再热衷于寻找因果关系，却能敏锐地发现正在发生或即将发生的事。

　　旅游研究的数据搜集针对的是相对于二手汇总数据的第一手数据而言的，通常是由研究者调查取得。旅游研究的数据搜集要建立在规范性的基础上，即保证数据的信度和效度，要求数据具有真实性、有效性、可比性和延续性。数据搜集方法的规范性要求决定了数据搜集本身就是一项极为专业性的研究工作。数据搜集的规范性是抽样的科学性与可操作性的统一，是数据采集设计的科学性与可操作性的统一，是数据搜集方法的专业性与沟通大众化的统一，是数据采集的详细性与简洁性的统一，是数据采集的整体性与灵活性的统一。此外，数据搜集还要保证研究者对调查对象意愿和隐私的尊重。因此，在数据搜集规范的要求和制约下，怎样取得这些对立性原则的统一，使得数据搜集可操作，就成了具体研究方法的创新。在旅游研究方面,旅游研究数据类型从原本的文本和数值型数据已经扩展到图像、影音、广告、邮票、互联网网络相关内容等不同的多元数据类型;数据搜集方法从传统的文本、案例搜集扩展到访谈以及参与式观察等方法,如田野调查、行为民族志方法、焦点小组法和神秘顾客法等体验类融入方法,旅游研究方法的范式宽泛了很多,具有一定的创新性。

在当前的信息化时代背景下,与原有的数据调查相比,大数据时代的数据挖掘潜力得到前所未有的重视。我国工程院院士李国杰指出,大数据对科研范式乃至科研思维都提出挑战,美国《连线》杂志主编克里斯·安德森(Chris Anderson)的"理论已终结"的惊人断言值得思索,数据洪流使(传统)科学方法变得过时,获得海量数据和处理这些数据的统计工具的可能性提供了理解世界的一条完整的新途径。但在大数据时代的今天,如何实现大数据共享? 促进科研工作者以科研共同体组织身份争取大数据资料的合理使用权,以增强大数据挖掘分析能力。正如阿里巴巴集团创始人马云先生在接受《与卓越同行》主持人吴小莉采访时指出,"数据时代的核心不是分析数据,而是分享数据,就是你把原始数据交给比你聪明的人去处理,去不断放大数据的价值。"

无论是汇总型一手数据还是调研类二手数据都需要进行数据分析,数据分析阶段常可以对同一组数据交叉使用几种数据处理的方法。所有的数据处理方法如果是统计类的都要严格遵守统计学对于不同类型数据处理的要求。统计计量方法对于数据的处理无论指标与模型多么复杂,终归都是对数据进行描述与推断。定量数据处理方法分析技术需要扎实的应用统计学和数学基础,而不同的计算机软件则是实现数据分析的技术工具。如果数据增加了地理范围或时间时序,则可进行更多的方法组合创新。数据分析方法的创新一般不会来自旅游研究本身,而应来自应用数学、统计计量、地理分析创新方法的引进。

第四节 如何编制一个优秀的旅游规划方案

规划科学是最大的效益,规划失误是最大的浪费,规划折腾是最大的忌讳。——国家主席习近平

一、旅游规划面临的机遇与挑战

(一)中国传统文化面临的机遇与挑战

旅游史概述

"旅游"一词最早出现在南朝沈约(441—513 年)的《悲哉行》,其中载有"旅游媚年春,年春媚游人"的诗句。追溯历史,远古就有嫘祖"好远游"的记载,后人奉之为"行神"。在我国文献中出现与"旅游"一词意义相通的"观光"一词是在春秋战国时期。早在这个时期,我国旅行活动形式就已趋多样化,出现了带有一定休闲娱乐色彩和文化内涵的旅游活动。这时的旅游活动有天子的游猎之旅,士大夫的讲学、修学与游说之旅,等等。并且也是在这个时期,产生了对后世旅游活动发展有着重要影响的儒家比德审美观①和道家崇尚自然的审美观②等有关旅游审美的思想文化。经过秦汉时期旅行的进一步发展,中国古代旅游活动在魏晋南朝时期趋于成熟并具有一定的广度与深度。此期间观光旅游、宗教旅游、科考旅游等逐渐兴盛,旅游形式与内容更加丰富多彩,山水游、玄游、仙游、释游等旅游风行于当时的上层社会,给旅游赋予了逍遥旷达风格与浓厚的哲学色彩。这一时期的旅游审美,摆脱了"比德说"伦理附会的儒家审美传统,建立了崇尚自然、天人合一、身心自由的清新审美理论(如"畅神说"等)。这意味着这时的旅游意识已经趋于成熟,旅游内涵已经趋于完整,旅游已具有审美属性、消遣属性

---

① 在中国人的思维习惯中,"梅兰菊竹"不仅是自然界中的 4 种植物,而且是 4 种君子人格的象征。这种将自然之物比德之意的"比德"思想是中华民族传统的思维方式。

② 论语《子罕》篇记载:"子在川上曰,逝者如斯夫,不舍昼夜。"不舍昼夜的水引起孔子对书的欣赏,这说明孔子在欣赏自然景物时将物与人的精神特质相结合的审美观照方式。

和文化属性,体现出"异地身心自由体验"的旅游本质。唐宋以后,旅游更是繁荣发展,山水文化、园林文化、饮食文化、书画文化等与旅游、休闲相关的文化发展在世界上可谓是登峰造极(方百寿,2000;曹诗图,2013)①②。

我国旅游历史十分悠久,旅游文化底蕴深厚、博大精深。汉内斯·阿尔文说,"人类要生存下去,就必须回到25世纪之前,去汲取孔子的智慧。"

机遇与挑战

文化是指是一个民族的精神价值和生活方式。传统文化是中华民族传统社会的整体精神价值系统和生活方式。十七大报告中所渗透的治国理念,正是吸取了中国传统重视以德治国的经验,同时又体现了时代的精神。从中西方社会发展的经验教训中我们可以看到:和谐社会虽然不能仅仅建立在道德教育的基础上,但是忽视道德教育要构建和谐社会也同样是不可能的。

钱穆认为,"中国传统文化,虽是以人文精神为中心,但其终极理想,则尚有一天人合一之境界。此一境界,乃可于个人之道德修养中达成之。"正如袁行霈所说:"不要用实用主义的态度对待国学,如果仅仅从国学中寻找对工商管理、金融、经济、公关等有用的技巧和方法,那就太简单化了。其精华部分能丰富我们的精神世界,增强民族的凝聚力,协调人和自然的关系以及人和人的关系,能促使人把自己掌握的知识和技术用到造福于人类的正道上来,这是人文无用之大用,也是国学无用之大用。"

因此,我们要学习和传承中华民族文化命脉,吸纳外域文明精华,将中国人高超的人生意境与西方高超的科学精神完美结合,创造出中华民族灿烂的先进文化,建设共有精神家园——一个高品质的休闲度假空间。

(二)中国旅游业发展的机遇与挑战

中国旅游业随着改革开放的进程不断发展壮大。如今,中国正在由世界旅游大国向世界旅游强国迈进,形成了上下重视、多方参与的旅游发展格

① 方百寿:《中国旅游史研究之我见》,《旅游学刊》2000年2月,第70—73页。
② 曹诗图:《试论我国旅游科学研究的文化自觉、自信与自强》,《北京第二外国语学院学报》2013年11月,第1—8页。

局,旅游业综合贡献不断提高,产业地位不断上升,由国民经济新的增长点提升到国民经济的重要产业,乃至战略性支柱产业,在推进经济建设、政治建设、文化建设、社会建设和生态文明建设"五位一体"的国家总体布局中发挥着重要作用。2014 年 8 月 21 日国务院印发的《关于促进旅游业改革发展的若干意见》(以下简称《意见》)。《意见》明确提出深化旅游改革、提升旅游发展动力的要求,也提出了一些具体措施,这为地方各级政府旅游业的改革发展创造了环境和条件。

2009 年 12 月 1 日国务院印发的《关于加快旅游业发展的意见》中提出,"到 2015 年,我国旅游市场规模进一步扩大,国内旅游人数达 33 亿人次,年均增长 10%,旅游业总收入年均增长 12% 以上,旅游业增加值占全国GDP 的比重提高到 4.5%,并力争到 2020 年基本达到世界旅游强国水平。"世界旅游组织也预测,中国在 2020 年或 2018 年将成为世界上最大的旅游目的地国家。中国旅游业已然驶入快车道。2013 年,我国三大旅游市场总规模超过 33 亿人次,其中,有将近 20 亿的国内旅游人次足以说明旅游业的重要性,它是基础设施发展和农村经济发展的驱动力,是就地提供就业机会和收入来源,从而抑制农村的人口过度涌入城市的重要工具,是创造经济效益,为地方文化、饮食和习俗带来价值的重要手段。例如一些村庄依靠自身的遗产和历史成为旅游景点,这种变化,可以说是现代化的力量给中国这样正处于改革转型期的国家的任何一个地方带来类似的变化,而旅游业只是转型中的一方面而已(Chris Ryan,2014)。面对如此庞大的市场和日益增长的消费需求,我国旅游业发展也面临转型升级的现实需要。尤其是旅游开发正在向集约节约和环境友好等利好方面转型,旅游产品正在向观光、休闲、度假并重转变。在新的消费环境下,旅游者更加强调游览的品质,不再满足于简单的走马观花。同时,随着老龄社会的逐步走近,老年、民俗、养生、医疗旅游等细分旅游市场理所当然地应该受到高度重视。旅游是兼具物质和精神双重特征的消费行为。

1992 年我国批准的 12 个国家级旅游度假区大都采用"先旅游,后房产"的开发理念,通过运用"共生、催生、伴生、融生"等一种或几种发展模式对资源的开发利用,极大地提升了土地价值,从而带动了以观光体验、度假居住为主的综合性旅游业的快速发展。

a. 共生模式,主要是指以特色、丰富自然资源为内生或依托下进行的大型旅游度假项目开发的模式,这是目前国内旅游房地产最主要的开发方式,如三亚亚龙湾。

b. 催生模式是指略乏特色自然资源的旅游度假项目,通过不断的提升自身产品的品质以弥补原有特色缺陷的一种开发模式,它通常以主题公园和高尔夫度假项目开发为主要催生手段。如深圳华侨城。

c. 伴生模式是指以提高人文景观资源的实际使用价值为先导,伴以创造出多元化盈利的大型旅游度假项目的一种开发模式,它具有多样性文化展示和混合居住功能的集中有序的有机聚落。如琼海博鳌,上海南汇。

d. 融生模式实质上是指旅游产业融合模式,它是以观光体验、商务办公、会展功能为主的产业和相关产业的准确定位,以带动地区的大型综合性房地产项目开发的一种新型模式。如产业新城、生态农业观光、会展商务等。

2011 年底,全国各类旅游景区景点达到两万多处[1],与目前全国小城镇的数量相当。旅游景点信息来自国家旅游局网站公布的数据,截至 2013 年年底,共有 1222 个 4A 级及以上景点,其中 5A 级景点 170 个,4A 级景点 1052 个。东部沿海与东北 13 个省有 499 个,中部 6 个省份有 358 个,西部 12 个省份有 365 个。4A 级及以上旅游景点主要集中于东中部省份,河南、安徽、北京、山东、广东 4A 级景区数量位居前五[2]。中国旅游研究院对最近

---

[1] 赵超,钱春弦:《旅游法:千呼万唤始出来》,新华网,(2012 - 08 - 27)[2012 - 09 - 01]. http://news. xinhuanet. com/legal/2012 - 08/27/c_112862648. htm.

[2] 蒋海兵,刘建国,蒋金亮:《高速铁路影响下的全国旅游景点可达性研究》,《旅游学刊》2014 年 7 月,第 58—67 页。

一年来的景区发展环境、景区消费主体市场需求、消费偏好与服务质量、景区投资、景区经营景气水平、景区业政策法规动态以及景区发展趋势等进行了调查研究,发布了《中国旅游景区发展报告(2014)》(以下简称报告)。报告主要发现如下:

a. 目前国内游客和入境游客对景区服务质量评价的满意度指数分别为 7.40 和 7.42,略低于 2013 年游客总体满意度指数 7.49。景区游客的主体分布在距景区 300 公里以内的范围内,比例达到 55%。选择游览观光作为主要旅游目的的游客数量占总游客数量的 51%。

b. 休闲度假、文化旅游是景区旅游投资的新亮点。2013 年,各地旅游景区大项目投资也明显增加,投资 100 亿元以上的项目达 127 个。社会资本加速进入旅游业,成为旅游投资的最大主体。其中,民间资本成为景区投资的主力,约占 57%;休闲度假类景区成为旅游投资的重点,约占 61%;东部地区成为景区投资的热点,约占 65%。

c. 传统景区如黄山、西湖、长城、故宫、兵马俑等持续吸引广大游客的同时,以华侨城、海昌、长隆等为代表的主题公园越来越受到游客特别是年轻人的欢迎,以乌镇、古北水镇、宽窄巷子等文化休闲度假景区越来越成为资本追逐的对象,而迪斯尼、环球影城等项目也是受到市场强烈关注。

d. 随着市场经济的发展,以及国家法律法规的出台,旅游景区的经营与管理日渐规范,创新型经营管理模式成为旅游景区最为关切的问题。从景区经营的角度,主要涉及景区的形象设计、产品创新与市场营销;从景区管理的角度,主要包括景区基础管理制度和具体管理模式和方法等。

e. 景区业政策法规方面,《国民旅游休闲纲要(2013—2020年)》、《中华人民共和国旅游法》的颁布和实施,标志着 2013 年是具有里程碑意义的一年,也是中国旅游法制体系显著完善的一年。

根据世界旅游及旅行理事会(WTTC)初步测算,中国旅游及旅行业在未来几年有望实现 10.4% 的年增长率,到 2020 年,中国将成为世界第四大旅游业发展经济体。旅游区是旅游产业发展的主要组成部分,它给"行"到旅游目的地的游客提供"吃、住、娱、购"以及可意象的"游"赏空间。"旅游"为我们带来巨大财富的同时,它又是一种对自然资源高需求、高消耗的生活方式,是影响旅游目的地生态环境的重要因素。中国旅游研究院院长戴斌指出,当前,我国旅游业正在从大众化发展的初级阶段向中高级阶段的演化进程中。为适应国民大众旅游需求的新变化,"推动观光、休闲和度假旅游协调发展"成为大众旅游和国民休闲时代的新战略。这要求景区业着眼于更多的老百姓参与进来,同时着力构建更加多元、更多层次的景区发展体系。

当前我国已进入了高铁时代,高铁网的建设必将对我国旅游业的发展与布局产生重大影响。预计 2015 年 12 月 20 日,海南在建中的西环高铁即将与正在运营的东环高铁实现"合拢"(见图 8)。

届时,这种以"田"字形为主骨架的海陆空立体交通网络将对海南城乡发展产生重大影响,尤其是环线高铁的建成将对沿线重要节点地区及其周边区域旅游发展产生"推进器"的作用——使区域原有的产业发展特征改变或形成新的产业带。这种产业结构性的变化促使高铁沿线重要结节点产生结点效应、端点效应与空格点效应(王欣,邹统钎,2010)[①]。可以预见,海南环线高铁将极大地促进高铁站点,如儋州市洋浦站周围旅游地产业、酒店业、商务办公等旅游产业融合的快速发展,以及推动白马井滨海城区城乡居民点及高铁站点周边地区用地高密度和混合使用的开发,形成区域的新发展节点产生不同的影响。

因此,海南要把握《国务院关于促进旅游业改革发展的若干意见》为契

---

① 王欣,邹统钎:《高速铁路网对我国区域旅游产业发展与布局的影响》,《经济地理》2010 年第 7 期,第 1189—1195 页。

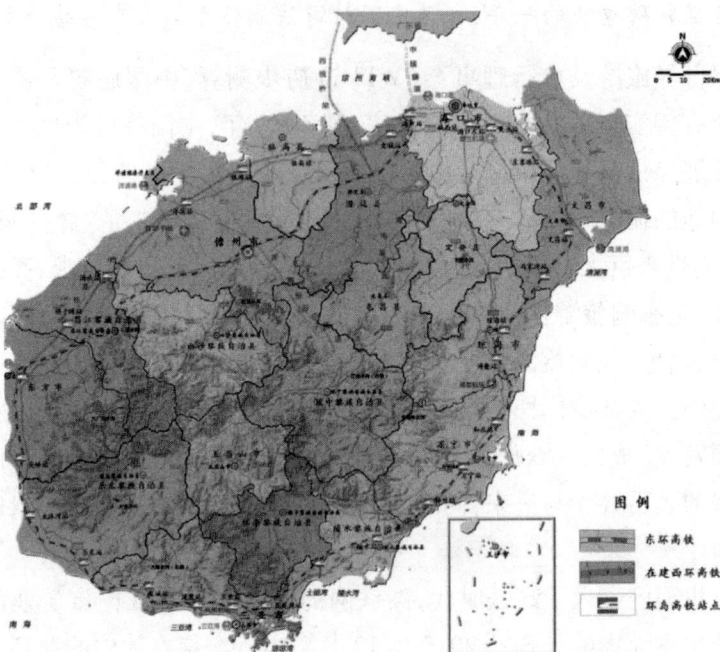

图8　海南"田"字形的立体化交通规划示意图

机,以旅游改革创新为动力,构建旅游产业发展新格局。通过实施软硬件建设打造一流旅游环境,力争实现旅游产业的全面转型升级,促进旅游振兴与繁荣。第一,发挥市场在旅游资源配置中的决定作用,实现科学旅游观。海南先行先试,积极探索新形势下旅游产业发展的体制机制创新模式。先后在环线高铁主要节点城市(旅游区)开展旅游产业试点城市和生态旅游实验区示范工程(如海南儋州市滨海新区海花岛旅游综合体),力争在旅游体制机制方面取得新突破。第二,以市场为导向,创新和提供多元化旅游产品以满足日益增长的后现代游客需求。面对不断扩大的旅游消费和休闲度假走进人民群众日常生活的新形势,未来海南将针对当前旅游消费向观光、休闲、度假并重转变的趋势,积极发展休闲度假旅游,深度开发体育、养生、医疗、森林、海洋、邮轮游艇等旅游产品内涵,实现旅游与一二三产业的融合发展,积极培育新型旅游业态;结合新型城镇化建设,大力发展森林旅游、温泉旅游、乡村旅游和海岸、江岸、河岸旅游,通过举办旅游商品创意设计大赛等活动,打造一批具有示范作用的样板项目,尤其要把黎苗族文化元素贯穿于旅游消费全过程、各环节,不断创新文化旅游产品。同时,规划建设好旅游目的地基础设施,大力开发老年、民俗、养生、医疗旅游,组织夏令营、冬令营、研学旅行等,做强做大旅游市场主体,不断提高旅游产业整体竞争力。第三,发掘市场潜在动力,着力培育大型旅游企业集团。海南应抓紧培育大型旅游企业集团,引进一批国内外著名大型旅游企业、投资机构、国际知名酒店和旅游集团管理服务品牌到海南省投资兴业。重点打造国际旅游岛集散地和国家"后花园"旅游品牌,吸引更多国内外游客聚集海南。

(三)旅游规划发展面临的机遇与挑战

第一,是来自于旅游目的地自然生态环境恶化和文化多样性缺失的挑战。

近年来旅游开发弱化乡土生境系统日益加剧:公共资源在一些风景区成为私有者的"天堂",临水而建的各处豪宅肢解了作为公众资源的城市景观。商业化、城镇化和私有化侵蚀风景名胜区的现象愈演愈烈,缺乏法律规范、重开发、轻保护的管理模式凸显风景区保护的困境①。同时我国旅游业发展面临的约束还来自市场的不完善、政策的不配套、中介的不成熟,尤其是来自旅游开发企业经营理念、手段、方式的落后(余艳琴,赵峰,2003)②。海南大学符国基教授(2006)③指出旅游是一种对自然资源高需求、高消耗的生活方式,是影响旅游目的地生态环境的重要因素。卞显红,王苏洁

---

① 刘国政,熊湘怡,孙彬等:《旅游开发"地产先行"风景名胜惨遭破坏》,《经济参考报》(2010 - 08 - 06)[2012 - 04 - 10]. Hhttp://dz. jjckb. cn/www/pages/webpage2009/html/2010 - 08/06/content_15130. htm? div = - 1.

② 余艳琴,赵峰:《我国旅游房地产发展的可行性和制约因素分析》,《旅游学刊》2003 年第 5 期,第 74—77 页。

③ 符国基:《海南省外来旅游者生态足迹测评》,《资源科学》2006 年第 5 期,第 145—151 页。

(2003)[①]进一步阐明,旅游生态环境破坏的病根之一就在于旅游空间发展的无序、旅游规划布局的不合理及对旅游资源的过度开发。当前区域之间、具体项目之间等的旅游竞争越来越激烈,旅游规划所面临的问题亦日趋凸显,就旅游发展规划而言,现在各地区旅游发展面临的问题主要体现为:产品开发问题、体制管理问题、产品定位与营销问题等,但这些问题都不是通过现有理论知识和常规思维方式可以解决的问题[②]。

　　因此,如何有效地遏制"新增旅游建设用地"透支"特色景观资源",处理好土地开发与经济、生态、公平、宜居等利益相关者的关系,避免项目建设破坏自然、人文资源,以提升度假空间品质,促进闲暇经济主导下的综合性旅游产业的永续发展,是当前中国旅游规划亟需解决的紧迫问题之一。旅游城镇化是指旅游作为推动城镇化的一种动力,引导人口向城市集中的过程[③]。就海南而言,在国际旅游岛建设的推动下,海南旅游城镇化发展迅速,经济总量明显增加。但是,快速旅游城镇化所带来的全省城乡建设用地急剧增长的同时,建设用地供需矛盾仍然突出[④]。海南省政府于 2011 年颁布实施的《全省重点旅游景区和度假区规划建设若干意见》中明确指出全省 17 个重点旅游景区和度假区[⑤]规划建设与管理不容乐观。即"当前全省旅游景区和度假区开发建设仍存在规划开发进度不一,规划和开发建设起点不高,建设内容同质化现象较为明显,配套服务不完备,产品体系不合理,

---

① 卞显红,王苏洁:《城市旅游空间规划布局及其生态环境的优化与调控研究》,《人文地理》2003年第 18 卷第 5 期,第 75—79 页。

② 洪基军:《旅游规划已步入创意时代》,《旅游学刊》2013 年 10 月,第 8—11 页。

③ 陆林:《旅游城镇化:旅游研究的重要课题》,《旅游学刊》2005 年 4 月,第 10 页。

④ 黎兴强:《包容性发展棱锥模型对海南后现代旅游房地产开发的启示》,《海南大学学报(人文社会科学版)》2012 年 3 月,第 94—101 页。

⑤ 海南省 17 个重点旅游景区和度假区包括:儋州东坡文化园、海口国家地质公园、海口国家湿地公园、文昌航天科技主题公园、文昌木兰头国际体育休闲园、定安南丽湖/白玉蟾风景区、琼海博鳌国际会展及文化产业园、万宁石梅湾/神州半岛休闲度假区、万宁兴隆旅游度假区、陵水黎安港旅游区、三亚海棠湾"国家海岸"休闲度假区、三亚亚龙湾国家旅游度假区、乐东莺歌海度假旅游区、昌江棋子湾度假养生区、昌江霸王岭旅游区、五指山民族风情园和保亭七仙岭温泉旅游度假区。

文化科技含量低,旅游景区和度假区的综合管理水平不高等问题"。主要表现在:一、由于没有制定规划或规划没有得到有效执行,旅游地的空间结构、建筑物的风格体量与旅游地的文脉不协调,降低了原有历史文化的观赏价值。很多旅游景点成为现代化城镇中的一个个文化孤岛、环境孤岛,使旅游景点失去了原有的特色。二、旅游建设用地的开发建设与城市建设不协调。公共基础设施和社会服务设施建设滞后,满足不了实际需求。

在交通方式发生显著变化的条件下,海南旅游产业及与其相对应的旅游市场的日常休闲度假、商务活动、周末休闲的范围都将大大扩展。从产品层面,高铁会引发旅游产品结构的升级换代,引发旅游产品开发方向的转变,也会催生新的旅游业态。从消费层面,旅游者的交通、住宿、餐饮、游览、娱乐、购物等消费在旅游总消费中的比例将发生变化,随之对应的旅游产业结构也将发生变化。

第二,是来自于"大数据时代"诸多确定与不确定因素对旅游发展的影响。

什么是"大数据(bigdata)"呢?《大数据时代》的作者、英国牛津大学维克托·迈尔—舍恩伯格(Viktor Mayer – Schnberger)教授认为,大数据是当今社会所独有的一种新型能力,它以一种前所未有的方式,通过对海量数据进行分析,获得有巨大价值的产品和服务,或深刻的洞见。大数据同时也是人们获得新的认知、创造新的价值的源泉,是改变市场、组织机构以及政府与公民关系的方法。

简言之,大数据是指不用随机分析法这样的捷径,而采用所有数据的方法,是人们用它来描述和定义信息爆炸时代产生的海量数据。今天,各行各业都在探讨大数据时代的机遇与挑战。大数据作为云计算、物联网之后 IT行业又一大颠覆性的技术革命,与信息化、智能化、数字化以及智慧城市建设息息相关,把握大数据的背景、特点、趋势,对于更好地推进智慧城市建设具有重要的意义。

大数据的内涵与特征大数据又被称为巨量数据、海量数据、大资料等,指的是所涉及的数据量规模巨大,以至于无法在合理的时间内通过人工截取、管理、处理并整理成为人类所能解读的信息。这些数据来自方方面面，比如传感器采集的气候信息、网站上的帖子、数字照片和视频、购物交易记录、手机 GPS 信号等。尽管尚无统一定义，但这些无比庞大的数据被称为"大数据"。大数据具有 4 个特征：一是数据量大，大数据的起始计量单位至少是 P(1000 个 T)、E(100 万个 T)或 Z(10 亿个 T)；二是数据类型繁多，包括网络日志、音频、视频、图片、地理位置信息等等，因而对数据的处理能力提出了更高的要求；三是价值密度相对较低，信息海量但是要完成数据的价值"提纯"难度较大；四是巨大的数据价值，包括商业价值、社会价值、科研价值等。

大数据的价值与应用 大数据带来的巨大应用价值正渐渐被认可与接受，它通过技术的创新与发展，以及数据的全面感知、收集、分析、共享，对科学研究、经济建设、社会发展和文化生活等各个领域正在产生革命性的影响。美国已经明确将大数据提升为国家战略，我国的很多部门、机构已经在研究大数据、运用大数据。目前大数据在互联网、电子商务以及咨询管理等方面已经有了一定的探索应用。在互联网领域，百度已经致力于开发自己的大数据处理和存储系统，腾讯依靠大数据技术实现了广告精准投放、大数据精准移动推送、助力手游精细化运营等功能；在电子商务领域，阿里巴巴和淘宝网等电子商务企业都把大数据作为自己核心的竞争力，利用大数据来分析人们购物的需求，制定定点广告和营销策略；在咨询管理领域，发达国家和许多知名企业都已开始利用大数据进行市场预测、计划制定、销售管理等。

今天，我们进入了互联网时代，旅游业发生了什么？在过去，游客的出行主要依靠旅行社，出行方式、出行时间、游览线路都有相对的固定模式。这是因为当时信息不对称。现在，我们出行依靠互联网，特别是移动互联网。旅游产品可以依托互联网由部分要素供应商提供，催生了自助游。线上预定、分享、投诉、查询等都可以通过互联网实现，这也是互联网时代的旅游需求。根据中国互联网络信息中心(CNNIC)发布的《第 33 次中国互联网络发展状况统计报告》统计，截至 2013 年 12 月，我国网民规模达 6.18 亿人,全年共计新增网民 5358 万人,互联网普及率为 45.8%;手机网民数量为 5.0 亿,较 2012 年底增加 8009 万人,网民中使用手机上网的人群占比由 2012 年底的 74.5% 提升至 81.0%,手机网民规模继续保持稳定增长。网络开始成为人类社会经济发展不可或缺的平台,并全面影响着居民活动、企业经营、科技研发以及政府管理,从而使获取大量反映旅游地空间组织和游客行为特征的网络数据(社交网络、主题网站、搜索引擎等)成为可能。同时,基于定位功能的移动信息设备(GPS、智能手机、IC 卡等)技术的逐渐成熟,也提供了较为精确的居民位置信息,中国的"大数据"时代已经到来。

　　阿里巴巴集团创始人马云先生在接受《与卓越同行》主持人吴小莉采访时谈到:"数据时代的核心不是分析数据,而是分享数据。信息时代是基于我比别人聪明的基础上面的,你收集了很多数据,然后你编好以后给别人,这称之为信息处理过的;数据是相信别人比我聪明,你把原始数据交给别人了,让比你聪明的人去处理,数据还很有意思的一个现象,数据是越用越值钱,……我觉得这是我们对数据的理解。"

　　那么,"大数据"的核心价值在哪里?维克托·迈尔—舍恩伯格进一步指出,大数据的精髓在于我们分析信息时的 3 个转变,这些转变将改变我们理解和组建社会的方法:第一个转变就是,在大数据时代,我们可以分析更多的数据,有时候甚至可以处理和某个特别现象相关的所有数据,而不再依赖于随机采样;第二个转变就是,研究数据如此之多,以至于我们不再热衷于追求精确度,适当忽略微观层面上的精确度会让我们在宏观层面上拥有更好的洞察力;第三个转变因为前两个转变而促成,即我们不再热衷于寻找因果关系,却能敏锐地发现正在发生或即将发生的事。

　　30 多年来,中国旅游业主要是以标准化奠定了发展基础的话,那么在信息技术革命和大数据时代,智慧旅游正在推动旅游业业态创新、产业重构。主要体现为:①由于现代信息技术的发展,以前酒店提供打印、传真等服务的商务中心已经失去意义,而移动网络又成为必需品;②旅游景区吸引游客的本质内核在于吸引游客的参与和互动体验,信息化建设将极大拓宽旅游业参与和互动的方式,提升旅游景区内涵。相应地,旅游景区的发展也将极大提升游客服务水平,更好地体现游客为本的宗旨;③互联网提升了旅游景区的营运效率,降低营运成本。信息化将改变游客组织方式,为跨地区、跨领域的景区提供整合、联盟的全新发展视角,提升景区开发运营的集约化水平,有助于产业组织的变革、推动大型旅游集团产生。同时,信息技术的应用也会改变组织演化方式,为旅游景区间合作提供了广阔的想象空间,推动了旅游企业信息化工作,引导景区成立合作联盟,推动旅游企业集团化发展。

互联网时代,为游客出行提供了极大方便,游客凭一部手机就可以在几分钟甚至几秒钟内预约好整个行程,机票、酒店、门票等一网打尽。但另一方面,随着互联网的日益普及,有别于这种以科技为支撑的网络服务,以人工服务和极致服务为特色的"私人定制"将更显珍贵,且实践证明这种极致服务受到了越来越多的高端客户的青睐。这类游客的年龄大都在25—45岁之间,有固定收入,有一定的旅行品鉴能力,资金较充裕,不喜欢常规线路,对自己的旅行有独到的想法和需求,这为传统旅行社提供了另一个巨大的市场空间。可见,信息技术和"大数据时代"的到来正加速改变着人们的生活、居住、工作与休闲方式,导致空间流动性产生复杂变化,需要更加"包容"的旅游空间组织、旅游规划技术体系以及旅游管理系统作为支撑。

第三,是来自于呵护祖国"后花园"和引领"旅游业改革创新"的重大挑战。

从目前旅游业的相关国家政策及旅游业发展角度而言,比如说,《国务院关于加快发展旅游业的意见》(2009 - 12 - 01)明确提出:"强化大旅游和综合性产业观念,把旅游业作为新兴产业和新的经济增长点加以培育、重点扶持";在《国务院关于推进海南国际旅游岛建设发展的若干意见》(2009 - 12 - 31)中确定把海南岛作为"我国旅游业改革创新的试验区";在《国民旅游休闲纲要(2013—2020年)》中提出,到2020年,基本落实职工带薪年休假制度及基本建成与小康社会相适应的现代国民旅游休闲体系。

　　海南国际旅游岛上升为国家战略,其意义不仅仅是促进海南发展模式的战略转型,更表现为通过海南岛的进一步开放,为新时期国家参与全球竞争与合作探索积累新的经验,推进我国新一轮的全方位对外开放。一定程度上讲,建设海南国际旅游岛事关国家科学发展和改革开放的全局。国际旅游岛战略是对海南未来一段时期发展的综合性部署,内容涵盖了总体要求、生态文明建设、旅游业发展与管理、现代服务业发展、现代农业发展与城乡一体化、基础设施、社会建设、新型工业发展、政策保障措施等方面,是一个丰富的完整体系。具体可分为国际、国家和海南省三个层面的战略意义和内容要求(图9)①。

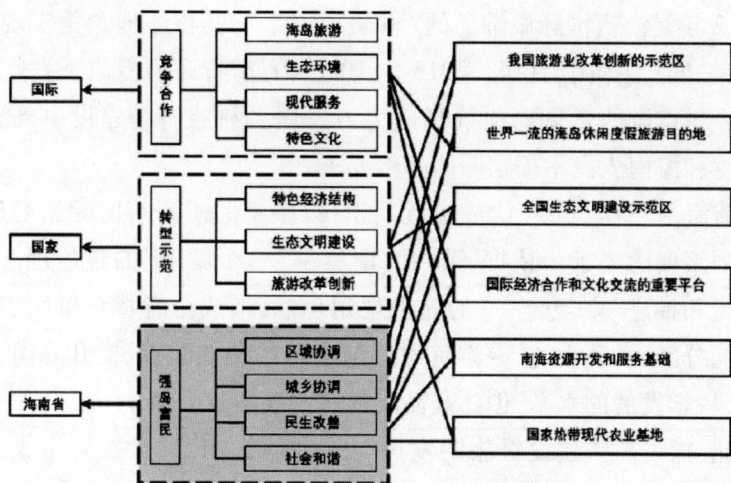

图9　国际旅游岛的战略要求与任务(李建飞,2012)

　　在国际层面,主要是代表我国在海岛旅游、生态环境、现代服务和特色文化4个方面参与国际竞争与合作。在国家层面,海南国际旅游岛的建设是国家的发展转型示范区,需要在经济发展方式转变、生态文明建设和旅游

---

① 李建飞:《国家战略下海南跨越式发展的图景与路径》,《城市规划》2012年第36卷第3期,第20—27页。

业改革创新方面先行先试,改革创新积累经验。在海南层面,国际旅游岛建设的根本目的在于"强岛富民",通过国际旅游岛建设实现区域协调、城乡协调、民生改善和社会和谐。海南肩负着呵护祖国"后花园"和引领"旅游业改革创新"的重大责任,我们不但要做好"园丁"份内的工作,更要把握机遇,准确定位,科学规划,以适应交通方式改变、产业升级等不断变化的要求。同时也是进一步落实好国家"十二五"规划纲要中提出的"从严控制各类建设占用耕地,单位国内生产总值建设用地下降30%",以及新时期"编制和调整城市总体规划、土地利用规划、村镇规划等要充分考虑旅游业发展需要"的这一重大课题(《国务院关于加快发展旅游业的意见2009》)。

2012 年是海南国际旅游岛的"科学规划年",其核心理念是实现"绿色崛起"——低碳、休闲、宜居。2013 年 10 月,海南省政府专门下发《关于加快发展乡村旅游的意见》,明确指出大力发展乡村旅游是建设中外游客的度假天堂和海南人民幸福家园的必然要求。

目前海南全省上下已达成一致共识:以国家关于海南国际旅游岛建设发展规划纲要的要求为依据,秉持海南就是"一个城市"的整体理念,强化规划先行和推进"多规合一"的先进规划理念,形成全省特色鲜明、布局合理的功能分区,实现土地、旅游资源等与项目的最佳配置,提升海南整体科学规划、科学发展的水平,创建高品质的旅游度假目的地。

因此,探讨高铁建设对旅游发展与规划的影响,以及如何建成起一个"低碳、休闲、宜居"的、"职·住·游"协同发展的高品质旅游度假空间,已成为我国高铁大规模建设背景下的一项十分迫切的课题。随着我国旅游开发活动与产品供给数量剧增,如何有效地遏制新增旅游建设用地透支自然与人文资源,促进闲暇经济主导下的综合性旅游产业的永续发展。本书认为秉持回归城市理念,科学合理地运用协同性旅游规划理论与方法以及不断追求"职·住·游"协同发展极大化,是海南乃至中国旅游项目开发的目标价值取向,也是适应气候变化的主要手段之一。

二、我们需要编制一个优秀的旅游规划方案

(一)旅游规划"落地"面临的困境

随着旅游业的快速发展,旅游规划已经成为各级政府加快推进旅游产业发展的重要参考依据,开发者也希望通过旅游规划达到项目顺利申报和指导实际开发的目的。但在实践中,部分旅游规划成果不能满足相关的要求,导致规划浪费。例如,部分旅游规划成果,没有达到城乡规划范畴的控制性详细规划和修建性详细规划成果的深度要求,不符合发改、住建、国土、环境等部门关于项目申报的要求、不符合国家有关城乡规划、建筑设计的标准和规范,无法与国家土地政策和规划建设程序对接,无法与所在地社会经济文化及城乡规划对接,无法与所在地近期建设计划和土地利用总体规划对接。

吴必虎指出,过去编制的很多旅游规划,超过一半左右没有被很好地实施,造成这一现象的原因主要有三方面:一是规划本身质量不高,不符合当地的情况或空洞无物;二是受政府领导意志影响,经常换一任领导就重新编制一次规划;三是旅游规划的实施内容涉及非常广泛的部门,而具体实施者旅游局常因缺少监督实施的能力或授权而使规划被搁置。

然而,中国旅游项目经常与历史文化遗存、当地居民设施、优美自然山水共存并用,因此在涉及到旅游城镇建设、景区景点规划设计时,往往会按照比常规城市规划、建筑和景观设计更高的标准,或者按照特殊标准进行设计。与一般城市规划、乡村规划和工业规划设计不同,当地自然人文特色、游客量、游客瞬间最大量、游客文化背景、年龄构成、旅游方式等旅游规划要素,都会极大影响规划设计的最终成果。就这一点也正是旅游规划难以"落地"的主要原因。

(二)通用规划诊断模式

一个优秀的规划应当体现旅游规划在三个层面上的最基本功能:规划信息系统、规划方案编制和规划监测评价,即适用"调查—分析—规划—评估"的通用规划诊断模式。《中华人民共和国旅游法》(以下简称《旅游

法》)通过衔接、框架、评估三个层面对旅游规划的科学性作了刚性约束,这是一个好的旅游规划的基础。当然一个优秀的规划方案必须高质量地有效地表达愿景和其他设定的方向性目标(目标和政策)。如一个地区的旅游发展规划方案的核心目标应包括:

　　　　a.在共识的基础上,提供一个可以激发行动的未来旅游发展愿景;

　　　　b.提供事实、目标和政策,用于将这个愿景转化为物质层面的开发模式;

　　　　c.将长期考量和短期行动结合起来,以创造一个永续、紧凑、绿色(简称 EDL)协同发展的未来发展模式;

　　　　d.展示一幅旅游发展的"宏伟蓝图",它与发展大趋势和当地政府所在区域(而且可能是全球的)的利益紧密联系在一起。

(三)多阶段过程形成的规划类型

　　根据《旅游法》的规定,旅游规划基本上分为两种类型:一种是由各级政府组织编制的区域或城市旅游发展规划或总体规划,该规划为我们提供了对未来旅游发展和具体项目开发决策的总体指引,属于战略性规划。另一种是旅游资源集中、旅游产业密集的旅游开发管理规划,也就是各类自然生态、历史遗产和文化创意景区的旅游开发管理规划,该规划是旅游发展规划或总体规划的深化与补充,属于实施性规划。因此,旅游规划属于空间规划体系的范畴,具有产业规划、资源规划、环境规划等多种规划特性,旅游规划还要同时规划客源地、目的地和中介媒介等系统。因此,除了旅游发展规划和旅游开发管理规划外,还要根据实际情况制定旅游区控制性详细规划和修建性详细规划,以及相配套的旅游设施规划、旅游线路规划等专项规划。

　　吴必虎(2013)[①]认为,"不同类型的旅游规划,横向上涉及众多资源类

---

① 　吴必虎:《旅游规划的自由与约束:法规、标准与规范》,《旅游学刊》2013 年 10 月,第 4—5 页。

型和主管机构,面临多重法规、标准限制和技术要求;纵向上研究范围、规模大小和设计深度也是千差万别,从战略分析、创意策划、规划设计到更细分的专门研究"。"要做好一部旅游规划,规划人员至少要充当好背景研究和未来预测的科学家、平衡多方利益主体的政治家、富于激情与创意的艺术家等多重角色。"

(四)规划质量的评价准则

旅游业是一个边界相对模糊,其与其他产业关联度非常高,综合带动性非常强的产业。据分析,在《国民经济行业分类》中的 122 个产业部门中有 5 个产业部门与旅游业有密切直接后向联系,8 个部门与旅游业有较密切直接后向联系,80 个部门与旅游业有直接后向联系,仅有 29 个部门与旅游业无直接后向联系。针对这样一个特殊的产业,如果简单用传统部门规划的角度来编制、看待旅游规划,必然造成与上位规划衔接的问题和与相关规划抵牾的问题。因此,编制一个有作用的规划,其关键点就在于能让我们了解规划的质量。一个优秀的规划方案将提供给人们一个令人信服和清晰的未来,这会增加在旅游竞争中规划方案的影响力。菲利普,戴维等人(2006)在《城市土地使用规划》一书中指出,确定和评价规划的质量时,首要的工作是考虑两个关键性的概念范畴(本书结合旅游规划的内涵,对下述内容有改动)。

(1)内部质量

内部质量是指涉及规划方案关键组成部分的内容和形式。内部质量相关联的评价准则体现在一个规划方案的以下 4 个方面。

1)问题和愿景的陈述

这一部分要理清公众所普遍持有的公共价值理念、共同关注的问题、主要旅游资源和潜在影响着未来旅游发展的走向。它包括一个对于未来旅游发展是一个什么样子的愿景描述? 其关键点包括:

a.是否对规划期内将发生的变化、趋势及其所产生的影响有基本的评估?

b.是否对旅游地区预期的发展所面临的机遇与挑战有所描述？

c.是否审视地方政府当前或潜在面临的问题与困难？

d.是否能用语言描绘出一个总体图景,确定本地区希望成为什么样的旅游目的地？希望看起来是什么样子？

2) 事实基础

规划中的事实基础将重新校验和进一步拓展在前一部分中所指出的事实。在这个过程中,一些议题和问题将去伪存真,而其他一些议题和问题将会显示出来。事实基础应当包括以下两个基本属性。

A. 描述和分析地方规划权限的要点

A.1 现状和未来的游客数量和旅游经济收入

A.2 现状旅游资源、未来旅游资源需求和当前为未来储备的旅游资源数量

A.3 现状(和未来需要的)服务于旅游人口和经济的服务设施和基础设施(包括安全设施)

A.4 生态环境状况,代表宝贵但脆弱的自然和人文资源以及土地使用的物质约束

B. 鉴别和解释事实所使用的方法

B.1 为表达信息而使用的图纸是否清晰、恰当和全面？

B.2 集成了的数据图表是否适合所分析的规划区域且有意义？

B.3 是否使用事实来支持议题的推导与解释？

B.4 是否使用事实来支持政策方向的推导与解释？

B.5 导出事实的方法是否有出处？

B.6 数据是否有出处？

B.7 基础的空间数据是否充足？

B.8 政府投资的项目是否得到严格核实与验证？

B.9 项目是否明确地域规划政策结合？

3）目标和政策框架

这部分的内容界定和详细说明了基于旅游发展的价值观、问题和预期基础上的各种目标。与此同时，提供了能够指引行动以达到目标的种种政策。目标是对于一个地区未来旅游发展期望达到某种状态的广义表达。它可以从一个愿景的总体描述开始，继而细化分析各种需求和预期。制定政策作为必须遵守的准则，用以指导公共和私人决策在本地区预想的旅游资源利用和发展模式上进行。例如，政策将指明未来旅游资源开发（或者再开发）的类型、选址、时机、密度、功能形式以及其他特征来帮助我们实现目标。即目标和政策框架的表述。

a. 是否清晰表明了目标？

b. 当政策明确地与一个（或者几个）目标有关时，它们是否保持内在的一致性？

c. 政策是否紧密联系一个特定行动或者开发工具？（如减少洪水威胁—含糊；降低洪水泛滥区的开发密度—详细）。

d. 政策是强制性的（例如应当、应该、需要、必须……），而不是建议性的（例如考虑、可能也许…）。

4）规划提案

规划提案部分将在旅游区域、旅游区或者景区和景点的特定意图上展示或者解释永续未来的形式；提出一整套开发管理手段和行动来实现这个形式；并且确定一个程序来监测和评价设施效果，衡量旅游发展的相关环境的变化，以便于更新、调整方案和实施手段。规划提案由空间设计、开发管理程序和监控程序组成。

A. 空间设计

空间设计确定的是二维和三维的问题，包括了旅游资源利用、基础设施、交通和开放空间的网络。规划师通过特定的空间设计技术、建筑方式与管理技巧，使规划场地（项目）从周边区域中分离出来，并被设计来减少无序的(旅游)体验和培育消遣的艺术。这部分的核心文件包括:旅游资源分析(评价)图、旅游(客源)市场分析图、旅游产业发展规划图、总体规划图、道路交通规划图、功能分区图等其他专业规划图、近期建设规划图等。空间设计的主要内容应重点考虑:

A.1 规划是否有未来旅游资源利用规划(含土地使用规划)总图?

A.2 是否考虑三大设施发展?

A.3 是否与周边旅游景区、景点协同发展?

A.4 规划范围是否满足未来旅游发展要求?

A.5 规划是否以旅游体验为根基,以旅游功能为核心?

A.6 规划是否以旅游营销为导向,以旅游策划为统筹①?

A.7 确定的规划范围内是否考虑"职·住·游"协同发展的实现路径,主要包括:就业·收入·旅游业协同发展;住房·社区·旅游地产业协同发展;闲暇·游憩·休闲旅游业协同发展?

B. 实施

这个程序说明了应如何实施规划,以达到它们的目标。诚然,一个优秀的规划,一定是可实施的规划,做规划的目的就是为了要实现它。因此,这部分的内容应包括以下6个方面。

B.1 是否确定了实施规划的行动?

B.2 是否将这些行动划分了优先度?

B.3 是否对实施设定了时间进度表?

B.4 是否明确了应当对政策的实施承担责任的组织?

B.5 是否明确了实施所需要的资金来源?

B.6 是否对规划动态维护和更新有一个时间表?

C. 监测与评估

---

① 罗兹柏:《旅游规划的特殊性与专业依托探讨》,《旅游学刊》2014 年 5 月,第7—9 页。

该过程追踪规划的实施和绩效,看规划是否满足了要求、缓解了问题、达到了目标。也就是说,看实施旅游规划的水平,旅游资源利用及其配套开发在多大程度上符合规划,各种(量化的)目标完成情况如何。基于监测的结果,规划的效率将得到持续的评估和阶段性更新。监测与评估关键点包括:

C.1 目标是否得到量化(例如60%的中老年游客)?

C.2 在每一个目标中是否都包含指标(例如过夜游客年均增长10%)?

C.3 是否明确了监测/或提供数据的机构?

C.4 当监测的环境发生变化时,是否有一个动态维护和更新规划的时间表?

(2)外部质量

外部质量是指规划相关的工作范围和涵盖面满足当地的实际情况。一个规划是否适应地方情况的评价准则,取决于一些关键特征,这些特征必须表明该规划的作用和影响是否达到了最大化。这些准则包括以下4点。

1)认同和鼓励运用规划

在设计规划方案时,我们应鼓励认同规划方案作为运用机会出现时的重要开发引导文件。具体包括以下几点:

a.规划是否生动形象,并有强制性的行动程序来推动人们实现它?

b.规划是否呈现一个简明扼要、行动导向的议程(例如提供多少优先度区别、不同的行动序列,来兑现已经明确的解决方案)?

c.规划是否对多个备选的行动过程做出说明,以加强应对复杂旅游环境时的灵活性和适应性?

d.是否解释法律环境对规划的要求(例如国家/地方的规定,明确在法律上最应该优先得到满足的议题)?

e.是否有规划需要的行政管理权限?

2）建立对规划方案的明确观点和清晰理解

规划产生的过程应当其他政府单位和相邻旅游区的设想相协调,并得到他们的理解。规划应当清晰地阐明它是如何提供有用信息的,并在逻辑上论证它们提出的议题和潜在的解决方案符合当地情况。这些解释可以与多方政府部门的工作和职权范围相适应。那些能够被政府官员和利益相关者清晰理解的规划能够在最大程度上吸引旅游公共资源对规划的认同和支持。这也将强化旅游开发过程中对旅游资源的利用和发展政策进行民主决策和实施的可能。这部分的内容应包括以下几点:

　　a.是否有包含有内容的详细表格(不仅仅是章节列表)?

　　b.是否包含术语表和名词解释?

　　c.是否有一个执行摘要?

　　d.在议题、目标和政策之间是否相互参照?

　　e.语言使用是否通俗易懂(避免蹩脚、不合语法、冗长、充斥行话、含糊的语言)?

　　f.是否使用了清晰的图示(例如图表、图片)?

　　g.空间信息是否在图纸上标注清楚?

　　h.是否包括了规划的支撑材料(视频、CD、GIS、网站)?

3）简述规划范围内互为支撑的行动

规划成功地实施并能产生最终的影响,需要有在各个方面采取相互支持的行为群体。例如公共工程设施的服务机构决定为满足未来发展需求延伸的各种管线,就必须与地方政府的相关规划决策相协调。因此,如果规划能够清楚地确定旅游资源开发和使用变化的政策方面存在哪些相互依赖的行动,那将极大地提高规划政策实施和达成目标的胜算。这部分的内容表达应包括:

　　a.是否解释了与横向的地方规划和项目之间的关联?

　　b.是否解释了与纵向的国家和相关上位的规划政策和项目之间的关系?

　　c. 是否解释了政府间协作的程序,以确保服务和基础设施的提供、生态系统的保护和减灾(洪水)?

4)为正式和非正式参与者(或者机构)的参与提供条件

旅游是人的一种生活方式,旅游权应与劳动权、教育权、医疗权、居住权一样成为基本权利的重要组成部分。我国政府正逐步将旅游休闲列为国民的权利,并落实和完善带薪休假制度。随着我国社会经济的不断发展和人民生活水平的稳步提高以及全民休闲时代的到来,旅游已成为人们的一种生活方式,旅游已成为我国居民的重要需求和公民的基本权利,旅游越来越关系到大众的切身利益和根本利益,逐步成为国计民生的重要组成部分。对此,规划应当说明在规划准备阶段有哪些重要参与者进入了公共参与程序。这包括:

　　a. 是否说明了规划准备过程中牵涉的组织和个人?

　　b. 是否解释了为什么牵涉这些组织和个人?

　　c. 这些牵涉到的利益相关者是否代表了政策和行动将影响到的所有群体?

　　d. 是否解释了所有使用的参与方法?

　　e. 是否解释了这些相关者的参与对于我们优先的规划行为会产生什么影响?

　　f. 是否描述了规划的演进,包括它对游客和本地区利益相关群体的影响?

　　g. 是否解释了规划能够得到的公共机构的介入和支持(三大设施、经济发展、开放空间)?

　　h. 是否与最广泛的利益相关者构成合作?

(3)潜在的限制因素

创造高质量的规划并不容易。一般性的障碍有:缺乏事实基础、在监测和实施方面缺乏资源储备以及阅读和理解困难。

第五节 本书研究的意义、目的、方法和思路

想象力比知识更重要,因为知识是有限的,而想象力概括着世界上的一切,推动着进步,并且是知识进化的源泉。严格地说,想象力是科技工作者提高科学思维能力不可缺少的重要一环。——爱因斯坦

一、研究意义、目标和关键性问题

(一)研究意义

国务院于 2009 年 12 月 1 日颁布的《国务院关于加快发展旅游业的意见》中提出,"把旅游业培育成国民经济的战略性支柱产业和人民群众更加满意的现代服务业","加强规划和法制建设,……编制和调整城市总体规划、土地利用规划、海洋功能区划、基础设施规划、村镇规划要充分考虑旅游业发展需要。"这无疑给中国旅游规划研究提出了更高的要求。2010 年 12 月 31 日,国务院办公厅颁布了《国务院关于推进海南国际旅游岛建设发展的若干意见》明确把海南岛作为"我国旅游业改革创新的试验区"。紧接着,海南省政府颁布实施的《海南国际旅游岛建设发展规划纲要(2010 – 2020)》中明确了"到 2020 年,旅游服务设施、经营管理和服务水平与国际通行的旅游服务标准全面接轨,海南旅游的国际知名度、美誉度大大提高,旅游产业的规模、质量、效益达到国际先进水平,初步建成世界一流的海岛休闲度假旅游胜地。"2013 年海南省政府颁布的《海南省人民政府关于加快发展乡村旅游的意见》中明确了乡村旅游发展目标:"到 2015 年,培育若干个文化突出、特色鲜明、设施配套的乡村旅游产业项目和乡村旅游目的地,打造 50 个特色鲜明的旅游风情小镇、100 个风情村,发展到 100 个 A 级乡村旅游点,争取实现海南全省接待乡村旅游游客 1015 万人次,旅游业收入 30 亿元,带动直接就业人数超过 8 万人,间接就业人数 40 万人。"这些文件的颁布实施标志着我国旅游业已进入快车道,协同性旅游规划研究意义重大。

理论与方法意义　对国内外旅游规划的相关理论与方法作了较为系统的总结和提升,主要包括基于永续发展、绿色发展、紧凑发展的包容性发展理论,协同学理论、空间句法理论和 HST – TOD 理论等,秉持雅典宪章、马丘比丘宪章等"四大宪章"的指导思想和中国朴素的"天人合一、万物协同共生"理念,尝试性地提出了协同性旅游规划理论体系框架和协同规划方法体系框架("职·住·游"协同规划方法与 EDL 协同规划方法及其效用评价指标体系),旨在进一步丰富和提升传统旅游规划理论与方法。

现实意义　以海南儋州市滨海新区海花岛旅游综合体规划与建设和白沙黎族自治县细水乡城乡总体规划两个规划个案为研究对象,重点探讨协同性规划理论与方法在旅游开发中的应用。这对促进旅游产业升级,推动国际旅游岛建设中的"职·住·游"协同发展,以及实现营建低碳、休闲、宜居的 3L 总体愿景提供了规划理论和技术方法支撑及策略性参考。

(二)研究的目标

在总结和借鉴国内外旅游规划相关理论及成果案例的基础上,应用包容性、永续发展理论、紧凑城市、协同学等理论要点,探讨高铁建设背景下的协同性旅游规划理论与方法。其研究目标为:快速交通背景下的高铁沿线旅游开发不破坏地方独特的、宜人的旅游资源;新增旅游建设用地使用过程中不造成新的生态、经济和社会问题;力推基于 HST – TOD 的"职·住·游"协同发展极大化;注重旅游产业融合发展,通过协同性旅游规划引导土地混合使用,以促进地区经济发展方式的转变;通过较大规模的实践与实证,在为地方经济发展尽微薄服务的同时,也为规划理论与方法的进一步充实与提升提供实证、佐证数据,当然也期望为我国的相关研究提供一定参考。

本书研究的主要目的是,为以高铁为主干的快速交通网络的旅游地发展提供规划技术支撑和土地使用方面的策略性参考,以达到旅游度假空间建成的 3L 整体愿景。

(三)拟解决的几个主要问题

首先,如何准确理解和界定"协同性旅游规划"的定义,其与"永续发展"、"紧凑发展"、"绿色发展"和"低碳旅游"有没有本质上的联系?"包容性发展棱锥模型、回归城市理念、'职·住·游'协同发展及 EDL 协同发展理论与方法体系框架"的建构能否对此作出科学合理的诠释? 以上的假设是本书关注的重点,虽然已有诸多学者对包容性发展、协同发展相关理念已做了较为深入的研究,但协同性发展的旅游规划理论与方法,以及基于永续发展、紧凑发展和绿色发展的"EDL 协同发展"理念的相关文献甚为鲜见。协同性发展理念直接反映新城市主义、精明增长和增长管理等理念和观点,代表的是一种规划创新的发展趋势,对保护环境、遏制城乡建设用地蔓延等起到积极的作用。本书以如何理解"规划"和如何编制一个优秀的旅游规划方案为出发点,尝试从多学科介入旅游与旅游规划研究的视角,重点探讨基于包容性发展棱锥模型、协同学等理论的协同性旅游规划理论与方法,以及 EDL 协同规划理论与方法在后现代旅游规划发展中应用。

其次,如何有效地遏制"新增旅游建设用地"透支"旅游资源",处理好土地开发与经济、生态、公平、宜居等利益相关者的关系,以适应气候变化?本书关注以高铁为主干的快速交通网络的发展趋势,探讨海南环线高铁导向的旅游空间发展模式,试图通过基于 HST – TOD 模式的多样性、紧凑和步行友好的旅游区的规划与建设,以创建极富吸引力的高品质旅游空间,那么其他方面的价值需求也将随之实现。

第三,应用协同性旅游规划理论与方法,能否促进旅游项目开发的"职·住·游"协同发展极大化? 本书注重土地开发中的旅游产业融合理念,运用协同学、紧凑城市等理论与方法,构建 EDL 协同规划理论与方法体系框架,并以海南儋州市滨海新区海花岛旅游综合体规划和白沙黎族自治县细水乡城乡总体规划两个案例为研究对象,实证、佐证协同性旅游规划理论与方法在旅游发展过程中的"职·住·游"协同发展极大化的实现路径。

二、研究思路、方法和技术路线

(一)研究的总体思路

在文献综述的基础上,通过对旅游规划发展状况进行归纳和比较,提出和阐述协同性旅游规划的概念、内涵与特征。由此进一步阐述 HST - TOD 的空间结构模式及协同性旅游规划的基础理论。其次,在相关理论框架及 HST - TOD 的指导下,探讨基于协同理论的回归城市理念及其实现的方法。第三,更进一步阐述应用 EDL 协同发展的规划与设计方法是实现职·住·游协同发展极大化的有效途径。第四,基于上述理论与方法,提出协同性旅游规划新维度。最后,通过实证研究,验证理论与方法的科学性和可操作性。研究的思路可概括为"理论与方法研究、应用与创新研究、实践与验证研究"3 个层面。

(二)研究方法

文献研究法 通过历遍国内外旅游规划相关文献及低碳、休闲、宜居的有关文献。了解旅游规划发展状况,以及低碳、休闲、宜居的研究进展。最大限度地实现先进理论、方法与海南乃至中国实际的有机结合。在此基础上,进一步深化和明确协同性旅游规划的基础理论,如永续发展、紧凑发展、绿色发展等,主要提出了包容性发展棱锥模型、回归城市理论、EDL 协同发展的旅游规划方法。

比较研究法 比较方法是对彼此有某种联系的事物进行对照,从而揭示它们的共同点和差异点的一种科学方法。通过比较,揭示客观对象之间的异同,是人类认识客观事物最原始、最基本的方法。通过比较分析协同性旅游规划与传统旅游规划,TOD 和 HST - TOD 的区别,在得出比较结论的基础上,确定提供一个可以激发行动的、鼓舞人心的基于回归城市理念的空间规划概念性框架;通过系统分析(法)事实、目标和政策,将这个理念转化成为土地包容性使用的技术方法;然后基于理论与方法研究的基础上,进行较大规模的实践与实证分析,以期规划与建设一个"职·住·游"协同发展极大化的 3L 旅游度假空间。

跨学科综合系统分析法 在理论研究方面,由于旅游规划发展涉及诸多复杂因素的综合作用。因此本书的研究是一个多学科相互渗透、相互融合的过程,它涉及到多门学科,如旅游地理学、旅游经济学、旅游开发规划与管理学、城乡规划学、休闲旅游地理学、建筑学等等。对此本书主要议题的研究必须要有全方位、综合性、辩证性的方法指导。在实证与实践研究方面，主要应用系统分析法对旅游发展中的"职·住·游"协同发展极大化的主要影响因素的相互关系进行系统分析，如空间资源（地形地貌、水文状况、人口、交通设施等）、经济要素、社会现象等，以及对其各种不确定因素对"职·住·游"协同发展的组织结构体系、功能状态和可能的变化进行深入归纳分析，考量环境制约因素，例如空气质量和水质量，植物类型及其分布，或是野生物种的分布等。在此基础上，构建数学模型、空间模型分析，反复验证，提出协同性旅游规划新维度。尤其是空间模型是旅游科学理论与现实实验之间必要的中介，是旅游科学抽象的产物，它把旅游研究对象的本质属性和最基本的过程以最纯粹的形式甚至以某种极限的形式呈现。

试验和实证研究法 在进行理论研究的同时，注意将理论和实践相结合，选取目前具有典型意义的旅游规划项目——以海南儋州市滨海新区海花岛旅游综合体规划、海南白沙黎族自治县细水乡城乡总体规划为研究个案，重点实证协同性旅游规划理论与方法的科学性和实际应用价值。例如：一、以细水乡乡域为主要研究对象，利用地形图、遥感影像、土地使用数据等多种数据源，应用 ARCGIS、湘源控规 6.0 等计算机分析与绘图技术，对规划地块进行高程、坡度等地理数据分析，建立与其相对应的多种空间分析模型，分析道路交通、自然资源、经济社会等要素对该旅游区土地使用的影响作用及验证 ELD 协同发展对旅游建设用地开发的综合效能。二、以儋州市滨海城区的大宗新增旅游项目建设用地为研究对象，应用协同性旅游规划理论与方法，进一步确定该旅游区不同时期旅游开发就是模式、开发规模、容量标准和开发策略等，为海花岛旅游综合体旅游项目开发提供技术支撑与策略性参考。

（三）研究技术路线

根据研究思路的逻辑关系，本书研究技术路线为"选题论证——设计概念框架——确定研究问题——确定研究内容和方法——进行研究——得出结论"（见图 10）。

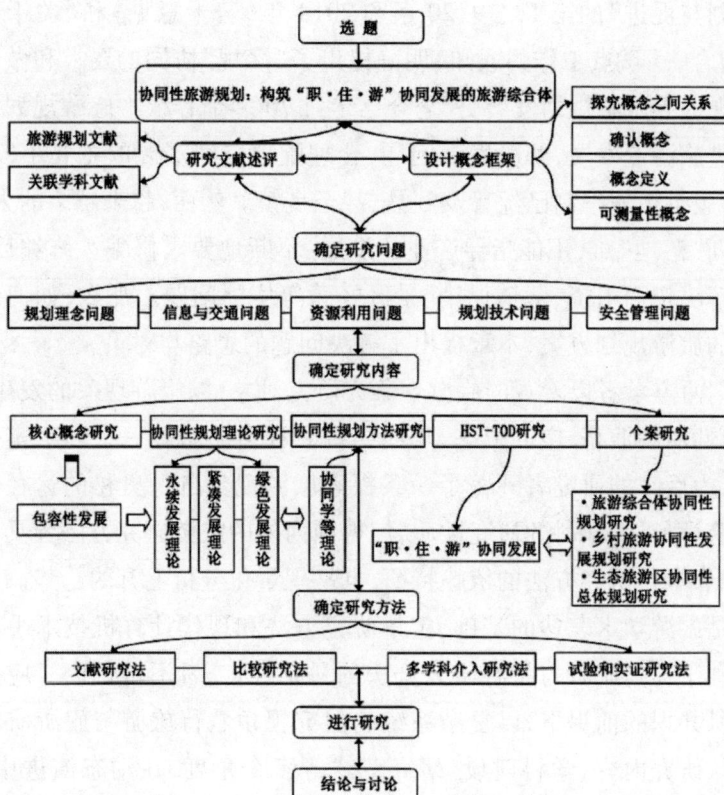

图 10　研究技术路线

第六节　小结

随着旅游爆发式增长,其越来越成为人们生活中不可或缺的重要内容,越来越关系到大众的切身利益和根本利益。2012 年 12 月 1 日由国务院发布的《服务业发展"十二五"规划》(以下简称《规划》)。《规划》明确乡村旅游发展、旅游精品建设、红色旅游发展和海南国际旅游岛建设为"十二五"期间旅游规划发展的 4 大重点。2009 年《意见》、2013 年《旅游法》"第三章旅游规划与促进"的第17、19、20条和2014年《若干意见》和《关于开展市县"多规合一"试点工作的通知》明确提出了"多规"协同的要求和做法。

纵观世界旅游规划发展史,至今已走过70多个春秋。旅游规划已被公认是促进旅游业发展,解决发展问题,合理配置空间资源的主要手段之一。在中国,旅游规划编制已经普及到县、甚至乡镇。然而,越来越多的人认为,旅游规划"落地"难,不能指导产业的发展,不断地要求修编。修编后发觉,仍不能解决招商引资、营销促销、景区经营等实际问题。那么,如何编制一个优秀的旅游规划方案,本章提出了解决问题的思路与对策。

早期西方学者以宏观的旅游现象为研究对象,以旅游现象的发生、基础性作用、性质的演替、空间形态、功能结构和社会关系等一系列事实作为研究范畴,为后来的研究者开辟了一条探索旅游现象自身奥秘的途径。旅游学科的跨学科、多学科的研究性质,使得国内外的旅游研究方法皆具有对母学科、相邻学科研究方法的依赖特征,且呈现量化分析上升的趋势。定性研究方法是旅游学术表达的基础,定量研究方法和现代计算机技术手段的采用则有利于提高旅游与旅游研究方法的科学性,二者不可偏废。应在建立基本学科共识的前提下,以复杂系统的研究视角看待旅游与旅游研究方法体系。从研究内容、学科建设、研究范式等多个角度,在动态演进中创新。通过母学科、相邻学科方法借鉴以及提高统计水平和学术刊物质量等辅助手段,逐步推动旅游研究不断采用科学的方法设计、过程分析和表述方式,促使旅游学科从"前科学"向"常规科学"转变。从旅游与旅游研究方法发展的历程来看,旅游研究的动力是理论与方法创新研究和实践的结合与互动。

目前国内旅游研究方法则存在创新性不足、研究范式单一、缺乏系统性等问题。旅游研究方法体系建设,应根据旅游研究的多学科、跨学科特质,从研究内容、学科建设和研究范式视角,建设基于复杂系统的研究方法体系,逐步提高旅游研究的科学肌理,实现旅游研究方法从模仿创新到创造创新的演进。

因此,随着快速交通方式的转变,加强协同性旅游规划理论、方法与实践的应用研究,突出旅游规划在区域社会经济发展中的地位和作用,改变规划中重市场轻设施、重物质轻社会、整体强专项弱的倾向,充分发挥规划对旅游基础设施和公共服务功能的体现,无疑是解决如何规划与建设一个"低碳、休闲、宜居"的、"职·住·游"协同发展的高品质旅游度假空间这一重大问题的有效途径之一。

关键词

规划;空间规划;旅游规划;城乡规划;土地利用总体规划;国民经济和社会发展规划;多规合一;大数据;旅游规划方案;研究方法

思考题

1.旅游(规划)学科能独立成为一门学科吗,它是一门多学科的复合体,还是一个跨多学科的研究领域?请说明理由。

2.对于旅游发展地区而言,制定一个优秀的旅游规划方案将意味着什么?谈谈你所熟悉的《某地区旅游发展规划》的总体看法。

3.大数据的特征是什么,它给全球或地区旅游规划发展带来哪些机遇与挑战?

4.试述空间规划体系(网络)中"五规"或"多规合一"协同发展的关系。

第二章 后现代视角的协同性旅游规划

本章将重点阐述后现代主义的旅游发展观对旅游规划发展的影响,首先指出后现代主义产生的社会背景、定义和概述后现代旅游发展观,进而讨论现代旅游规划与管理存在的问题及后现代视角的旅游规划发展去向;最后在上述基础上,结合协同学的基本原理(详见本书第3章),提出协同性旅游规划的概念性框架、定义和特征。

第一节 后现代主义的旅游发展观

不难看出,我们所处的这一时代仍是一个行将分娩的时代,一个向新纪元转变的时代……搅扰着既定秩序的无聊与烦躁,关于某种尚未知晓的事物的蒙昧征兆,所有这一切都是变化即将来临的前奏。——黑格尔

一、什么是后现代主义

(一)产生的社会背景

现代民族国家的产生,肆意掠夺式的工业革命的出现,以及全球范围内的现代战争带来的恐怖,都是造成"现代状态"的重要原因。美国著名哲学家乔·霍兰德在《后现代精神和社会观》一文中指出,第一次工业革命所展示出的最终目的是将人类从自然和宗教的束缚下解放出来。它最终追求的是建立一个完全自动化的科学世界。其根本的目的是解决人类的所有问题,并取消所有的自然限制,这让现代人的"同一性"暴露无遗——被"特别地个体化了"。工业革命以后,科技的进步使人类在征服自然的道路上频

奏凯歌,理性文明与信息技术改变着人们生活,也预示着一个新的时代的到来。在这样的背景下,各种社会问题集中性地爆发:人口膨胀、贫富分化、经济衰退、自然灾害,交通堵塞,甚至还包括核战争的威胁,这些问题时刻困扰着人们的生活,也促成了人们对"现代"发展的反思。今天,社会学家们普遍认为,私人生活领域"脱离了公共机构",使处于个人和国家之间的中间机构已在很大程度上被弱化了。这使我们失去了在一个完整的世界中所有的那种安全感和在宇宙中的自我方位感,然而,从前现代的启蒙运动中我们却获得了维护人类尊严和权利的观念。现在,我们已经失去了不受核灾难威胁的未来,并且正在失去地球生物圈的生态支持系统。由于对现代合理性的执迷不悟,我们正在做着将导致人类自我毁灭的非常荒谬的蠢事。

面对如此糟糕的境况,我们该如何消除对现代意识的焦虑和引起这些焦虑的恼人的现实状况呢? 美国著名哲学家大卫·雷·格里芬(D. R. Griffin)在《后现代精神》①一书中认为,人类最明智的做法也许正是站在后现代的坐标系中提出新的问题:

一、生态智慧

1. 当我们认识到我们只是自然的一部分而非自然的主宰之后,我们应以何种方式对待人类社会?

2. 我们怎样才能在地球的生态和资源限度内生存下去,用我们的技术知识去迎接高效能经济的挑战?

3. 我们怎样才能在城乡之间建立起一种更好的关系?

4. 我们怎样才能保障人类以外的物种的权利?

5. 我们怎样才能促进农业生产?

6. 我们怎样才能在所有的生活领域内进一步推广生物中心(biocentric)论智慧?

二、基层民主

---

① [美]大卫·雷·格里芬(D. R. Griffin):《后现代精神》,王成兵译,中央编译出版社1997年版,第47—58页。

7.我们怎样才能建立起能够允许并鼓励我们去控制影响我们生活的各种政策的制度？

8.我们怎样才能保证议员对他们的选民完全负责？

9.我们怎样才能建立起一种计划机制，使它能允许公民去培养并满足他们自己在政策和消费方面的偏好？

10.我们怎样才能鼓励和帮助"中介性机构"——尊重自我调节的系统家庭、邻里组织、教会群体、志愿者协会、族裔俱乐部——去恢复由现在的政府执行的一些功能？

11.我们怎样才能从民众富有朝气、自愿参加公益行动、对社区负责等这些美国的传统中重新学会最好的洞察力？

三、个人责任和社会责任

12.我们怎样才能用提高人类尊严的方式来消除痛苦？

13.我们怎样才能促使人们采取一种能促进他们自身健康的生活方式？

14.我们怎样才能拥有一种由公共社区控制的教育系统，使其能够有效地把学术技巧、生态智慧、社会责任感和个体成长传授给我们的孩子？

15.我们怎样才能在不诉诸法律诉讼的情况下解决个人之间以及群体与群体之间的冲突？

16.我们怎样才能担负起减少社区犯罪率的责任？

17.我们怎样才能鼓励诸如简朴和节制这类价值观念？

四、非暴力

18.作为一个社会，我们怎样才能取消目前各种类型的(从家庭到街道，从国家到世界)的暴力事件？

19.我们怎样才能毋需去天真地等待别国的情愿而把核武器从地球上消除掉？

20.我们怎样才能最富建设性地采用非暴力手段去反对那些我们所不同意的行动和政策，并在此过程中减少导致暴力事件的偏激和自私？

五、权力分散化

21.我们怎样才能恢复个人、组织、社区和地区的权利和责任？

22.我们怎样才能促进地区性文化而非某种独霸天下的单一文化的繁荣?

23.我们怎样才能建立一个非集权的民主社会,通过各种政治、经济和社会机构,把权力落实到最小的并且是有效、可行的单位(最接近于家庭)?

24.我们怎样重新设计我们的机构,才能使我们在社区之外的国家层次上所需要做出的决策和金钱管理更少?

25.我们怎样才能把社区和地区的自治需要同在某些事务上进行适当的集中管理的需要统一起来?

六、社区性经济

26.我们怎样才能重新设计我们的工作结构,以促进雇员所有制和工作场所的民主?

27.我们怎样才能形成新型的经济活动和新的经济结构,以保证我们用人道的、自由的、生态学的,并且对社区负责的方式来使用我们的新技术?

28.我们怎样才能建立起针对所有人的基本的经济保障形式?

29.我们怎样才能超越狭隘的"工作伦理"观念,重新定义"工作"、"职业"和"收入",使之能反映出正在发生变化的经济?

30.我们怎样才能重构我们的收入分配模式,使其能够反映人们所创造的除正式的货币经济之外的其他财富(例如赡养父母、管理家务、修整园圃和社区义务劳动等)?

31.我们怎样才能对公司的规模及其权力的集中程度加以限制而又不影响它的高效率和技术革新?

七、后家长制价值观

32.我们怎样才能用更具合作性的相互协作方式来取代那种宣扬支配和控制的文化伦理?

33.我们怎样才能鼓励人们关心那些他们所属群体之外的人?

34.我们怎样才能超越性别和其他差异建立起一种相互尊重的积极负责的关系?

35.我们怎样才能鼓励既尊重理性又尊重感情的丰富多彩的政治文化?

36. 我们怎样才能做到目的和手段并重、过程和结果并重？

37. 我们怎样才能学会既尊重外在的活动，又尊重作为生活之组成部分的内心沉思？

八、尊重多元性

38. 我们怎样才能做到使每个人对所有人负责，从而尊重文化、伦理、种族、性别、宗教和精神上的多元性？

39. 我们怎样才能呼唤回归个人尊严、民主参与和自由公正这些我们国家中最美好的、共享的理想？

九、全球性责任

40. 我们怎样去真诚地援助第三世界①的群众性团体？

41. 我们从这些团体中能学到什么东西？

42. 我们怎样才能帮助其他国家实现食品和其他必需品的自给自足？

43. 我们怎样才能在维持足够的防御力量的条件下削减防务预算？

44. 我们怎样才能建立新的全球秩序以促进这十项绿色价值观？

45. 我们怎样才能在毋需制造另一个庞大的民族国家的情况下重新安排世界秩序？

十、未来焦点

46. 我们怎样才能劝导人民和各种机构用长远的战略眼光而不是从狭隘的私利出发去看待问题？

47. 我们怎样才能做出明智的抉择，使得新技术的使用对社会有益，并按照这种抉择来塑造我们的社会？

48. 我们怎样才能引导我们的政府和其他机构去履行它们的经济责任？

49. 我们怎样才能使生活质量的提高而非无休止的经济增长成为未来关注的焦点？

那么，对于我们在现代技术统治的庞大结构中的自我丧失感和无力感，

---

① 第一世界指工业资本主义国家，这些国家都经历了 19 世纪的工业革命。美国是第一世界的中心。第二世界以苏联为中心，它指那些工业化共产主义国家，这些国家在 20 世纪上半叶完成了它们的工业革命。第三世界指那些目前正处在工业革命中的非洲、亚洲和拉丁美洲地区。

我们还能做什么呢？新出现的绿色运动抑或生态文明对后现代的政治主张作了世界范围的表达，即非常强调生态区域主义——一场通过提高人们对区域的生态、文化、经济特点的认识来培养他们"活得惬意"的感觉的运动。上述49条的绿色运动政纲支持社区对政府、商务、食品分配、教育、宗教、空间规划、娱乐活动以及家庭生活的参与，以此来抵制现代同一性的不良倾向。

（二）后现代主义定义和特征

后现代主义的概念

20世纪60年代初，随着科技和经济的迅速发展，现代西方社会进入了后工业社会阶段，而现代西方文化也经历了一次次新的裂变，随之全面推进到后现代主义时期。

"后现代主义"含义最早见于1934年出版的《1882—1923年西班牙、拉美诗选》中。最初是用来表达"现代主义"内部发生的"逆动"。西方社会学者一般将"后现代主义"界定为：一种社会思潮或文化运动；一种文化逻辑或文化支配；一种文化领域中正在发生的各种变迁；一种文化和知识现象。其表现为对秩序、总体性的理性体系的背叛，对不确定性、异质文化的尊重与追求。1987年兰德曼出版社的《兰德曼英语语言词典》将后现代主义（Post - modemism）定义为："20世纪70年代以来，在艺术、文学领域发展而来的一种对现代主义原则、实践的反拨（reaction）或抛弃（rejection）的思潮"。最新版《牛津英语词典》则将后现代主义定义为："一种艺术、文学作品或建筑学思潮，以背离或抛弃认可的、传统的风格和价值为特征（佟立，2003）①。"这两部具有权威性的词典，更倾向于将后现代主义定义为一种思潮，并且都突出强调在艺术、文学、建筑领域对现代主义或传统的反拨和抛弃。冯俊及弗兰西斯·弗·西博格等人认为虽然"后现代"不是一个具体的时间概念，但它仍然有时间上的规定，它是相对于"现代"而言的，按照后现代主义者和哈贝斯等人的共同理解"现代"，从历史时期上讲是指从文艺

---

① 佟立：《西方后现代主义哲学思潮研究》，天津人民出版社2003年版。

复兴开始,经启蒙运动至 20 世纪 50 年代,实际上是指西方资本主义从产生、发展到走向现代化的过程,"现代化过程"是指商品化、城镇化、官僚机构化和理性化的过程,这些过程共同构成了"现代世界"。简单地说,现代主义强调科学观念的传播以及人文主义思潮的发展,科学至上可以说是现代主义的代名词。而现代主义中"现代性"的主导精神在于借助科学的魅力确立清晰的边界,良好的秩序,进行准确地归类。现代主义是颂扬形式理性、法则、严格的边界设定、整齐划一和普遍性的时代。后现代性则被说成是偏爱多元、暧昧、模糊、不确定性、偶然和转瞬即逝的事物。后现代性则拥护人性和文化之多元化,以及同一社会内部和不同社会之间个人的利益、价值和信仰千差万别,并且不再强调"以人为中心",而且鼓励人与自然融合,和谐共处的观念(王伊洛,张金岭,2004)[①]。

综上所述,"后现代主义"的核心理念可以概括为以下几点:第一,反对理性。后现代主义认为,以理性和逻辑建立起来的规则具有先验性和绝对性,会抑制个人情感的释放,进而影响人类想象力和创造力的发挥。第二,反对同一性、整体性。如果一切按理性模式运行,那么必将出现同一的结果,这必将压制多元化和个性化。第三,反对中心主义。人类不可能也不应该是自然的核心,世间万物自有其内在的价值,应该在尊重自然的前提下,重构人类的生活风格。这些后现代主义的思想,不仅影响到了人们对生活和社会的认识,更改变了饱受"现代之苦"的传统旅游习惯(刘海洋,2014)[②]。

后现代主义的特征

可以说,现代性强调"一元性、等级性和确定性",后现代性则主张"多元性、包容性和不确定性"。"现代性"强调全球一体化,导致文化被同化,多样性逐渐减少,而后现代性更多地强调整体、系统和统一的思想转向强调地方性知识、碎片、融合,鼓励"他者性"与"差异"发展,确保地方的文化特

[①] 王伊洛,张金岭:《关于游的后现代话语》,《东岳论丛》2004 年第 5 期,第 60—65 页。
[②] 刘海洋:《沙漠旅游兴起与后现代主义思潮》,《社会科学战线》2014 年 2 月,第 261—262 页。

性不会随着全球化的思潮而消失,导致各种文化被同化(黄焕辉,2013)①。
"后现代性"更多的是强调文化多元性,强调主流与非主流文化之间不必要
的统一,认为个性化、地方化发展才是未来文化发展的主流。可见,后现代
性不再强调文化品位和价值的等级性,而是提倡模糊高雅文化与大众文化
之间的界限,倡导雅俗共赏,彰显包容。现代性与后现代性的差异参见表
4。其主要特征为:

表4　现代主义与后现代主义的社会文化差异

比较指标	现代主义	后现代主义
社会	社会已经发展到一个由阶级、性别、种族、职业和财富组成的体系中	传统的社会结构被打破,社会的阶级差别和界限正在逐步减弱,跨越各民族、阶级、职业和宗教的界限在逐步消除
经济	资本主义经济的增长和扩张,导致大量的生产和消费,全世界范围内,给工业化发达国家与其他国家之间带来了巨大差异	全球一体化,使资本流动速度加快,地方差异化和经济一体化形成了新的矛盾
文化	社会文化转型,由宗教到非宗教文化,流行文化刚涌现,伴随着的是具有相似品味和同质群体大众市场的发展	不同地区社会文化相互交融,流行的文化呈现相似性,大众文化与"高等"文化相互融合
思想	强调理性的思维方式的发展,注重逻辑性和权威性,认为任何问题有唯一答案	拒绝现代主义千篇一律的思想和论调,任何群体都有权利用自己的声音表达想法,确保这些声音的真实性和合法性是后现代主义立场的保证
关键词	a 形式 b 距离 c 设计 d 目的 e 在场 f 集中 g 确定性 h 等级制 i 作品 j 超越	a 反形式 b 参与 c 机遇 d 游戏 e 不在场 f 分散 g 不确定性 h 无政府状态 i 内在性

资料来源:(潘秋玲,丁蕾,2007)②

　　非理性和非现代性 后现代主义最为显著的特征莫过于对理性主义和
激进主义的否定和批判。因此,后现代主义反对当代理性主义的恶性发展
所导致的疯狂的科学拜物教,痛感当代人精神世界的沦落和生活中的美好
价值意义的缺失,因而要求发展一种有道德价值的、创造性的、多元的价值
世界观;大力倡导非理性主义,拒斥一切现代性的理论,对现代性的观念、理

---

① 黄焕辉:《后现代主义视角下杭州旅游发展研究》,《浙江大学硕士论文》2013 年。
② 潘秋玲,丁蕾:《后现代社会下的旅游新趋势》,《人文地理》2007 年 5 月,第 24—28 页。

论以及理性加以解构和摧毁。

地方性与多元性 相对于现代主义强调全球化发展,这导致文化被同化,多样性逐渐减少。而后现代主义更多地强调整体、系统和统一的思想转向强调地方性知识、碎片、融合,鼓励"他者性"与"差异"发展,确保地方的文化特性不会随着全球化的思潮而消失,导致各种文化被同化。同时,后现代主义更多的是强调文化多样性的重要性,强调主流文化与非主流文化之间不需要统一,个性化、地方化发展才是未来文化发展的王道。后现代主义是以多元性、边缘性、不确定性、怀疑性、差异性等为主要标志的。在后现代,人们生活在平面的、多元的、边缘的、现时的、瞬息万变的时空中,没有什么是永恒不变的。后现代主义创造性的树立有利于人们思维方式的转变,有利于人们从单一的、僵化的思维方式向多元的思维风格转变,从封闭的思维方式向开放性思维方式转变,从传统的形而上学的纵向思维方式转向后现代的横向思维方式。

包容性与非经济性 后现代主义不再强调按等级中品位和价值不同将文化划分为高雅文化、大众文化,文化不因欣赏的人的不同而被划分为三六九等,而是提倡消除高雅文化与大众文化之间的边界,倡导雅俗共赏。后现代主义强调非经济性,不允许社会上为了追求经济利益而不受道德的约束,更反对经济凌驾于文化之上,反对由于经济因素使得文化充满"铜臭味",而是强调文化之间的包容性,百家争鸣、百花齐放。后现代主义认为现代社会的明显特征就是经济主义。表现在:经济至上的观点,认为社会应当从属于经济,而不是经济从属于社会,道德观被经济观所代替;把人看成是经济动物,把人的欲望看成是人的本性,把不断满足人的欲望作为经济活动方式;认为经济增长以及无限丰富的物质商品可以解决所有的人类问题。而后现代主义强调的是非经济主义,强调社会的非经济属性,不允许社会上不受道德约束而追求自我利益的做法,也不鼓励破坏生活价值准则的东西。

弱中心性和强个体性 现代主义一个最主要的特征就是强调人的主体性。一切事物以人为中心,从人的欲望出发,无处不显功利主义,强调人应该征服自然,而忽略了人与自然、人与人之间的互动,和平共处。后现代主义强调以人为主体的弱中心化鼓励人与人之间、人与自然之间,乃至人与世界之间都是平等的,人只是自然的一部分,不能凌驾于自然之上,应和谐共处,实现可持续发展。后现代主义认为个人主义是现代主义的突出特征之一,而个人主义往往过于突出个人的能动性和中心性,个人的本质被异化。它鼓励自私自利和纵欲无度,导致了人类对自然的独裁和霸权。而后现代主义在更多的方面,则批判了陈腐的个人主义,主张用人与自然的和谐相处取代对自然的一味征服。后现代主义试图消除艺术与生活之间的界限,认为美的消费无处不在,任何事物都可以成为美的消费品、艺术的消费品。而且现在还存在很多很受欢迎的模仿文化,而其带来的消费也是不可限量。

二、后现代旅游发展观

(一)后现代旅游的内涵

旅游业正是后工业社会典型的服务性产业之一,而休闲旅游正是服务性经济和闲暇经济的共同发展的产物,它不仅得力于后工业社会的发展而发展,同时也促进了后工业社会的发展。更重要的是旅游受后现代文化的影响,正在发生着内容和形式上的双重转变(黄菊,刘世明,2011)[1]。黄晨晨(2014)151[2]认为旅游目的地的发展,如果刻意追求后现代的形式,往往会掉入形式的陷阱中;对旅游目的地来说,给游客带来的身心愉悦和自由才是后现代的意义。

左晓斯认为,"后现代旅游"(postmodern tourism)内涵包括了多种表现形式:传统大众旅游的替代品、自然相关(nature – related)和环境导向(environment – oriented)的度假、超现实的构造物和主题公园。后现代旅游的演化遵循两条脉络展开:模拟的和他者的。模拟的后现代旅游(the simulational postmodern tourism)聚焦于超现实的体验(hyper real experience),指向具

---

① 黄菊,刘世明:《后现代文化对休闲旅游的影响》,《河北大学学报(哲学社会科学版)》2011 年 6 月,第 146—151 页。
② 黄晨晨:《后现代主义视角下旅游目的地选择行为的解读》,《旅游学刊》2014 年 7 月,第 3—5 页。

有典型后现代风格的主题公园和其他人造景观;他者的后现代旅游(the other postmodern tourism)以追求本真性(authenticity)为主旨,指向具有前现代风格或特征的自然环境、荒原僻境、文化遗产、原始部落、乡村意象(左晓斯,2008)。

侯满平等(2009)认为,后现代旅游是针对现代旅游而言,后现代旅游更多地是对现代旅游存在问题的思考与摒弃,并对现代旅游发展中值得借鉴的东西加以弘扬。后现代旅游强烈批判现代旅游中存在的功利性思想与过度严重的"商业化"现象,强调旅游应是一种人与自然和谐相处、突出人的情感性,强化从人的内心出发,注重人随心所欲的心态,并借此来重构旅游的本质。

后现代游客推崇象征消费和信仰消费,并且这两种消费方式已经成为现在乃至今后旅游消费行为研究的重点(胡俊,2007)。而这两种消费动机所表现出来的旅游消费行为具体形式有:探险旅游、文化旅游和宗教旅游等。可见,后现代旅游观是一种积极、生态、多元、差异化的可持续发展的旅游观(周婷,2010)。其核心观念是从商业化、快节奏、走马观花式的旅游形式向生命价值与体验、个人情感的回归。从出游赏景、娱乐放纵的现代旅游向求知性、体验性、情感化为主的新型旅游转变。旅游者从自身旅游欲望出发,追求有别于日常生活的差异化、他人日常性,注重参与性、体验性,同时,注重旅游地原始文化但也乐于接受虚拟现实或事物的,强调人与人、人与自然和谐相处的可持续新型旅游(黄焕辉,2013)[1]。

伴随着休闲时代的到来,旅游消费会出现10种消费趋势:大众化、休闲化、学习化、远程化、预约化、理性化、多元化、体验化、精神化、短期化(王琪延,2006)[2]。其中大众化、休闲化、体验化将成为主流。后现代旅游的消费倾向:消费需求的情感化、消费内容的个性化、消费价值的体验化、消费方式的主动化、消费意识的绿色化、消费动机的求美化。

---

[1]　黄焕辉:《后现代主义视角下杭州旅游发展研究》,浙江大学硕士论文,2013 年。
[2]　王琪延:《休闲时代旅游消费的十大趋势》,《旅游学刊》2006 年10 月,第7—9 页。

随着快速、高效、经济的大众交通方式的发展,不断增多的可支配收入,以及更多社会自由时间的保证,旅游成为现代社会中生活的重要方式。

旅游资源和环境都具有不可再生的特性,一旦破坏就难以恢复,因此,要树立新的资源观和环境观,建立环保旅游理念,同时,运用多元化的思维方式,提高目的地居民的参与性。后现代旅游是对现代旅游在休闲、交往和审美中表现出来的工具理性和功利主义的严厉批判后提出来的一种旅游新主张,它的实质是以一种开放的、随心所欲的、游戏的心态对待旅游中的多元文化、多种选择和多种路径来破解现代旅游的公共性,剥掉其商业化的外衣,回归到旅游的本来面目,重建休闲、交往与审美的经验论本质,在对外界不可预知的尝试中体验生命的色彩,从而重建旅游的想象力和创造力。在旅游价值上,后现代旅游进行没有深度的平面尝试,既不再追求或消解旅游背后的形象意蕴,也不再关注稳重的文化深度(表5)。

表5 现代主义与后现代主义的旅游内涵的差异

比较指标	现代旅游	后现代旅游
时间	特定的时间	日常大部分时间
空间	远离日常活动空间	存在于日常活动空间中
旅游吸引物	客观给定的实体	复制创造的实体与抽象的虚拟
游客体验	具体的,注重与日常体验不同的新奇感受,寻求与日常活动区别的差异感受	抽象的,强调主观的差异感受,注重想象力及自我感官体验的塑造
实质内涵	固定的,绝对的	不断变化的,相对的

资料来源:潘秋玲,丁蕾,(2007),有修正

(二)后现代旅游的特征

后现代主义思潮是一种行动和参与的艺术,艺术不再是静观的对象。旅游更是摒弃了传统的浮光掠影、走马观花式,而是一种行动、参与式的体验活动。真正旅游的乐趣存在于每次不可重复的参与之中,存在于每次"行动"中所产生的经历中。这种新的旅游观念来自于旅游者渴望不同生活方式的叠加,让人们看到一种别样的生活态度,即我动故我在。这意味

着,旅游者的价值观、出游心态和情绪将会发生很大的变化(亓圣美, 2006)①。旅游者也会把选择体验消费当作建构和展示自我认同的一种方式,他们不仅积极的从事生活经验的审美,而且总是以审美的方式呈现自己的日常生活。他们甚至"把直接的体验移入到令人眩目的影像世界中,以便代替他们建立自己的生活,……接受了通过景观消费量、影像、外观、款式来定义自身的心理学"(贝斯特,2002)。可见,后现代消费文化给人们带来的,主要是一种日常生活的审美体验、欲望的表达和自由情感的宣泄(费塞斯通,2000)。

与"商业化"越来越重的现代旅游相比,后现代旅游具有自己的特征(黄焕辉,2013,有修正):

多元化性 随着物质消费需求的不断饱和,工业化时代的大众产品消费转向文化产品及其他优质产品的消费,与此同时,消费者对业余时间更是情有独钟。国家尽可能去满足消费者日益增长的对蕴含着文化和美学因素的精美产品的多种需求团。休闲旅游的消费者更加注重将休闲、娱乐和文化的融合,既有商品消费,又有文化消费,形成一种多元化消费,消费者这一新行为特点使传统旅游的消费空间得到极大的扩展。后现代旅游者不再简单地为了出游而出游,他们强调自己的个性,全面享受生命的快乐,强调人的本能欲望,尤其是感官享受,甚至是反叛性的冲动自由,具体表现:离开、出走、漫游。因此,后现代旅游更注重游客的感受,后现代旅游更注重游客的感受,整个旅游过程中从游客角度出发,寻求游客与旅游目的地达成心灵上的共鸣,最大限度地满足游客情感上的需求,从这种意义上说,后现代的旅游不仅仅是追求商业利益的行为,更重要地是满足游客抒发情感的需求。

真实性 后现代旅游强调的真实性主要包括两方面:一是原真性,二是虚拟真实;原真性,主要是针对旅游地原生文化的"本真性",即旅游地在开发时保持其"本地化"文化,而非一味模仿、照搬照抄别人的东西,这也是后

现代旅游所向往的;虚拟真实强调通过氛围的营造来满足游客的需求,使其获得真实性的感受。从消费者身份来看,旅游曾经是仅限于富裕阶层的享乐活动,属于一种奢侈生活享受。随着收入水平提高,越来越多普通消费者习惯节假日出游。尽管他们收入仍然有限,受教育程度也不高,消费者倾向于选择能得到自由放松,悠闲快乐的景区旅游,而不是去学习历史,接受教育。这些景区在历史、文化的积淀方面较为薄弱,降低了消费者旅游的文化门槛,更加偏重于娱乐休闲。比如在澳大利亚的黄金海岸,富人穷人、受过教育和没受过教育的人,都能裸体、平等地享受阳光和海水带来的快乐。

微生活 这里的"微生活"与最初是网络流行语应区别对待,百度百科将"微生活"解释为:随着微博等新媒介的兴起,人们的生活发生"微""秒"的变化,在网络化的基础上使生活"短、平、快"。此处的"微生活"与后现代旅游强调的新生活方式,第二生活空间相对应,后现代旅游不仅仅是一种简单地出游,然后回来的过程,而且强调这个过程是一种别样的生活方式,旅游者充分融入其中,感受与自己日常生活不一样的"日常生活",而不是刻意营造的,充满商业氛围的旅游环境。

慢节奏 与"快节奏"、"走马观花"的现代旅游形成鲜明对比,后现代旅游不是简单参观名胜古迹,而是强调深入体验、感受当地风土人情,享受慢节奏的旅行方式,与现实追求效益至上的生活形成鲜明对比。

个性化 注重本能需求。更多的消费者的审美价值观觉醒,不再耽于意义和目的的拷问,不再单方面关心历史性、政治性的主题精神和终极价值,呈现出更多的非理性倾向,开始从传统旅游的学习性、教育性意义转向,变得更加乐于体验旅游过程的意义和价值,在这个过程中,让个性得以发展,全面享受生命的快乐,强调人的本能欲望,尤其是感官享受,甚至是反叛性的冲动自由的表现:离开、出走、漫游。有更多的人在休闲旅游的过程中表现出比平常更加热衷于美食、酒精、歌舞、赌博,甚至是酗酒、吸毒、色情、群居、漫游……过放荡的生活。后现代旅游者已经厌恶了传统组团观光游千篇一律的人造景观、固定的旅游线路、单调的旅行方式,期待个性化的旅游方式,这个与后现代旅游者特立独行的特征相吻合,后现代旅游者向往反常规、不拘一格的旅行方式。后现代旅游者希望为自己量身定做的旅行方式，根据自己的兴趣而定制"专项旅游"。

体验化 后现代旅游的旅游者强调整个旅游过程自己能亲身参与其中、体验参与的乐趣，而不是简单地当个旁观者在旁进行观看，整个体验过程，后现代旅游者强调扮演与现实生活中自己不一样的角色，从中获得不一样的乐趣，而不是自己在旁边被动地接受。因此，后现代旅游开发过程中，也更重视参与性、体验性的项目，充分挖掘旅游目的地本地的文化体验，如风俗、特色美食等等。詹姆斯·H.吉尔摩与约瑟夫·派恩认为，体验是以服务为舞台、以商品为道具，围绕消费者创造出值得消费者回忆的活动。消费是一个过程，消费者是这一过程的"产品"，当过程结束的时候，记忆将长久保存对过程的"体验"。消费者愿意为这类体验付费，因为它美好、难得、非我莫属、不可复制、不可转让、转瞬即逝……它的每一瞬间都是一个"唯一"（蒋素梅，2006）[①]。后现代的旅游消费者的消费重心不再是观光，而是参与其中，投入到活动，共同创造记忆。

生态性 后现代旅游强调人与自然和谐相处，强调在旅游开发过程中加强对自然资源、生态环境的保护，特别是在景区建设过程中，后现代旅游重视环境的保护，而不是一味追求经济效益，而肆无忌惮地开发，疯狂地建设满足游客方便的索道、盘山公路等破坏生态的行为。同时作为后现代旅游者，他们也向往亲近自然，体验自然之美，感受自然的韵味，而不是简单地游览名山大川。与后现代主义的"返璞归真""保持原真性"相比，信息化的融合使现代旅游充分运用高科技，以更为舒适和方便快捷的体验来满足旅游者的多样化需求，这说明现代旅游本身所具有的大众化、商品化、标准化在一定程度上影响旅游者群体的分化。

然而，旅游者的行为由于受经济社会等各种因素的影响并非千篇一律向具有后现代特征的方向发展，而是分化为不同的群体，既有停留并追求

---

① 蒋素梅：《休闲旅游的特征及女性休闲旅游吸引策略研究》，《昆明大学学报》2006年2月，第64—66页。

"现代"旅游形式的大众群体,也有紧随社会形态发展的后现代群体,这其中既涉及宏观环境及供给方的因素,也包括旅游者自身即需求方的因素。

(三)后现代旅游发展的新动向

2013 年我国旅游市场规模达 34 亿人次,其中国内旅游 32.5 亿人次,入境过夜游客 5500 多万人次,出境旅游达 9730 万人次,城乡居民人均出游率达 2.5 次。2013 年,我国旅游总消费超过 3 万亿元人民币,相当于社会消费品零售总额的 10.8%,占居民消费总支出的 12%。旅游消费已经成为城乡居民日常生活的重要组成部分。据不完全统计,2013 年我国旅游直接投资达 5144 亿元人民币,同比增长 26.6%。由旅游直接投资带动的相关产业和领域的投资则更为庞大。据测算,2013 年我国旅游直接就业人数为 2278 万人,占全国就业总人数的 3%;加上带动的间接就业,旅游就业总数约占全国就业总人数的 8.4%。其中,具备资格的导游人员就超过 90 万人。预计到 2020 年,我国境内旅游总消费将达到 5.5 万亿元,城乡居民年人均出游将达到 4.5 次,国内旅游市场将达到 60 亿人次。

去哪儿网首席运营官彭笑玫介绍,去哪儿网的梦想是通过技术手段,帮助传统旅游企业的体制优化,为消费者提供一个端到端的解决方案,致力于改变消费者预订行为。去哪儿网的预订数据显示,港澳、三亚五星级度假酒店、云南、福建等客栈型度假酒店,还有一些特色酒店,预订量都明显增加。去哪儿网预订量最高的有广东长隆、香港迪士尼、澳门和新加坡的金沙酒店等,这些都是休闲度假型酒店,而中国目前的酒店多数为商务型。从这些数据变化,我们可以看到国民旅游消费习惯的改变,看到现有基础设施与消费需求之间的落差。目前,在线业务在机票行业的渗透率是 60%—70%,在酒店行业的渗透率是 10%—15%,在度假产品的渗透率为 3%—5%,有着巨大的市场前景。但是,传统旅游行业的信息化程度较低,信息化程度最好的是航空行业。我们希望与各地旅游管理部门和旅游企业合作,开发适合旅游消费者需求的创新产品。

我国正处于经济转型、结构调整时期,旅游投资结构呈现新的特点:一是旅游大项目明显增加。2013 年,全国投资 100 亿元人民币以上的旅游大项目达 127 个,今年上半年增加到 151 个;二是投资主体以民营企业为主。2013 年我国旅游直接投资 5144 亿元,民营企业实际投资 2935 亿元,占旅游投资总额的 57%,民间资本已经成为旅游投资的主力军;三是投资领域以大型复合景区为主。2013 年具有观光、休闲、度假等复合型功能的景区,实际完成投资 3116 亿元,占旅游投资总额的 61%,成为旅游投资的重点领域;四是东部地区仍然是旅游投资的热点区域,约占旅游投资总量的 65%;五是网络旅游、在线旅游投资明显增加,成为旅游投资的亮点。由于在线旅游成长性好,已成为风险投资重点关注和投向的领域。

　　在国外的许多旅行分享日志或关于后现代旅游目的地的介绍中,多数将自己标榜为"后现代旅游者"的游客认为后现代旅游多具以下特征:"古怪的地方、大多数人在计划旅程时不会考虑";"标新立异、不受欢迎的地方,如带有人文主义色彩的地方";"感兴趣的人群往往是好奇心强的和虚无主义的艺术家,目的地则是完全适合人居的环境、主题公园";"喜欢在安全范围内感受宏大的、外来的、危险的和具有英雄主义情结的事物";"关注快速变化的娱乐活动""注重个别的、个人的体验""注重体验经历的真实性""并没有足够的旅行全球的时间""旅游凝视"(齐飞,2014)[1]。

　　全球化、信息化为消费文化提供了更多离散性的选择机会。由于后现代主义往往暗含着将现实转化为影像和符号化的商品,因此大众消费文化充斥着休闲、娱乐、放松、享受、刺激、追求时尚、方便、快捷、一次性使用、强调自我等超现实(hyper reality)、享乐主义、世俗化等迎合市场需求的典型特征,从而获得更为广泛的关注。现代主义影响下的旅游市场呈现出标准化、均质性、确定性的特征,比如固化的旅游线路供给、固化的景区游览线路等。后现代主义影响下的消费动机和方式则强调对传统旅游秩序和规则的摧毁与崩塌,表现为新旅游资源的挖掘、新目的地的发现、新旅游时尚和新文化消费价值观(钟士恩,章锦河,2014)[2]。关于后现代旅游发展动向我们

---

[1]　齐飞:《旅游消费者行为:后现代主义下的趋同与分化》,《旅游学刊》2014 年 7 月,第 11—12 页。

[2]　钟士恩,章锦河:《从古镇旅游消费看传统性与现代性、后现代性的关系》,《旅游学刊》2014 年 7 月,第 5—7 页。

可以归纳为以下 3 点：

理性与非理性将长期并存　由于后现代文化呈现出两种流派，分别代表了两种不同的世界观，意味着对消费、对服务，也同样存在两种不同的态度。第一种是理性派休闲旅游：这类休闲旅游在旅游环境方面注重人与自然的和谐，关注生态平衡，倡导低碳旅游，有环境保护的责任心和使命感；在个人方面，关注生存状态，重视休闲与健康，热心运动和娱乐；在文化方面，对历史、宗教等传统的文化抱有兴趣，力求通过休闲旅游增长知识、了解社会、丰富社会经验；比如：自然风光旅游、民俗文化旅游、文化名城旅游等等。第二种是非理性派休闲旅游，这类旅游主要是建立在后现代文化基础上，对人的本能需求的肯定，为消费者提供休闲项目。让消费者崇尚及时行乐、寻欢猎奇、耽于享乐、寻找感官刺激或情感快乐的需求得到满足，比如博彩旅游、情色旅游等等。这两种流派的旅游将会在未来的发展中进一步融合，取长补短，来适应游客的多元化需求。正如我们看到，诸多的文化名城设置了博彩项目、娱乐设施，甚至是红灯区；而以娱乐、博彩等为核心诉求的景区，也加强自然环境的打造、寻找文化渊源、发展音乐、舞蹈、电影等文化艺术。而这样的发展方向同时会进一步强化消费者大众化的趋势，更多的参与到休闲旅游中。

多元性的矛盾性统一　后现代休闲旅游不仅是建设性和反叛性的矛盾统一，而且还存在着多方面的矛盾统一。从游客需求来看，需求将进一步呈现出多样化，观光学习、社交运动、娱乐休闲等。从文化方面来看，将是古代文明与现代文明、东方文明与西方文明的水乳交融。从旅游环境来看，他们将会集多种矛盾的元素于一身，且紧密融合，高度统一：位置大都会处于都市与乡村之间，靠近都市，比邻乡村；环境将是陆地与水体兼具，终年流水，植被优良；风格是古典与现代融合，古典的视觉效果，现代的感官享受；形式上封闭与开放皆备，胜景可观，私密可藏；时间上模糊了黑暗与白昼，夜晚灯红酒绿、通宵达旦，白天宁静怡人；在气氛上造成寂静与喧哗共存的状态，即有闲静宜人，又有歌舞升平。这样的休闲旅游是男性与女性普适的，也是老少咸宜的。

由海南省旅游委与省邮政公司联合举办的海南国际旅游市场数据库营销推广活动日前在海口市举办,海南以明信片形式直接将美丽海南寄给俄罗斯、韩国、新加坡、美国、德国、澳大利亚等6个客源市场。据介绍,近年来,海南省旅游委积极开展联合协作和强化促销,采取了针对不同国家游客的出游习惯及喜好,设计不同旅游主题的推广策略。此次推广活动主要以俄罗斯、韩国、新加坡、美国、德国、澳大利亚等6个国家为目标,其中针对俄罗斯游客,重点展示滨海度假、中医理疗、中华美食、温泉疗养、良好的生态、纯净的自然、独特的中国文化及民族文化;针对韩国游客,重点展示登山、婚庆蜜月、高尔夫、潜水等旅游产品。根据6个国家不同的宣传主题,此次活动共推出6款内容不同的明信片,并以数据库营销方式向全球潜在游客发出"海南欢迎您"的旅游邀请,吸引更多游客发现海南、体验海南、享乐海南,同时也将进一步提升海南旅游在国际市场上的整体形象和知名度、美誉度和市场竞争力。

深度体验与参与创造继续深化 旅客除了深度投入旅游的各个环节带来的感受,更重要的是,旅客自己将成为旅游项目的一部分,对旅游进行了个性化的认知和再创造。比如说,香港旅游已经成为了部分游客的购物旅游,芭堤雅如今也是自由释放的情色旅游,美丽的水城阿姆斯特丹也是成为同性恋们的蜜月胜地……这些旅游城市已经被带着不同目的的游客,具有不同身份的游客,不断创造着独特的旅游价值。游客对这些旅游地点的认知是千差万别,带有强烈感性色彩和主观性判断,这是说明了这种参与创造的成果。随着旅游的发展,后现代文化的深入,这种趋势也将继续深化。

第一,旅游的开发应该从开发商主导转变成游客主导。开发商应重视对游客本能需求的满足,加强前期的游客需求研究,合理开发休闲项目,兼顾可持续发展;而不是只重视开发成本,简单的评估项目的前期投入和短期收益。

第二,休闲旅游以景为主体转变成以人为主体。传统的旅游开发以"景"(选景、造景、营销景)为主导,而后现代休闲旅游是以人为核心的活动,选择目标客群、设置休闲旅游设施,在营销过程中传播游客体验价值。

第三,旅游的开发应该从传统文化主导转变成后现代文化主导。开发商要加深对后现代文化的认识,敏锐感知文化动态,深度挖掘游客休闲旅游的潜在需求,大力发展大众需要的休闲项目;而不是沉溺于精英文化的自恋情节中,盲目搜寻厚重的传统历史,抬高游客休闲旅游的门槛。

全球旅游在后现代文化背景下正在迅猛发展,而中国的后现代旅游也早已起步,不仅在香港的购物旅游和澳门博彩旅游能看到休闲旅游的繁荣,还能从丽江游客安逸闲适、悠然自得的神情中读到中国休闲旅游的气息。中国休闲旅游正在文化嬗变中逐渐变革,中国的游客、开发商、服务商也以各自的方式,适应着后现代文化,也享受着后现代文化带来的空气和阳光。中国丰厚的传统文化资源享誉世界,中国的传统旅游业在世界上也举足轻重,我们将看到中国休闲旅游必将在全球的休闲旅游发展史上再次占据重要地位。

第二节 后现代主义的旅游规划发展去向

一旦过去被认为理所当然的事情受到了挑战,我们就当聚集我们的资源,准备进行新的希望之旅。——雷蒙德·威廉姆斯

一、后现代主义的旅游规划发展

(一)什么是后现代主义规划

引发关于后现代主义规划的争论的起因,是 1981 年在佛罗里达州建成的海滨新城。Seaside 新城位于佛罗里达州西北部的海岸地带(图 11)。

规划设计师是 Andres Duany 和 Elizabeth PlaterZyberk 夫妇,由于两人经常联名发表作品,一般被称呼为 DPZ。Seaside 新城占地面积约 32.4 公顷,是一个以旅游、会议为主的新城。全城共有 350 户住家、总量为 200 床位的旅馆、会议中心及休憩设施。由于是夏季家族用的度假村,常住人口约 50 人,到了夏季人口增加数倍。社区内的多数住宅在所有者不在时被出租。此外,社区内还有 150 多栋供租用的小住宅,在这里可以得到与旅馆同样的

图 11 Seaside 新城区位图

图片来源:google earth(2013 年 3 月 29 日影像,有修正)

服务。社区内还设置有 3 处开放式游泳池、6 处网球场,及餐厅、超市、时装商店等服务设施(图 12)。

图 12 Seaside 新城平面图

图片来源:google earth(1999 年 1 月 16 日影像,有修正)

　　按设计人 DPZ 的说法,这个小城的规划意图是:"重现传统的美国小城镇"。

　　规划设计者将商店、事务所、大的公园及集会场所等公共设施布置在社区中心,居民从自己的住宅步行就可以轻松地到达社区中心,这样将尽可能减少对小汽车的依赖度,使社区内任何一处距社区中心,都在步行 5 分钟可达的距离。

　　住宅沿街布局,形成一个沿街的立面景观。由街道围合的每个街区的尺度设定在 70×80 米以下,街道呈格子状布局,并与既存的道路网相连结。社区内的道路网不仅考虑到交通功能,设计中充分考虑了步行与自行车的利用条件。街道两侧还布置了小汽车停车位。社区内除一般道路网之外,还设置了与一般道路分离的步行者专用道路网。建筑物按种类实行规制。编制了设计图例,分为沿街建筑立面图例与建筑图例 2 种。

　　Seaside 新城的规划设计打破了当前美国郊区新城习见的分散式住宅加购物中心的布局,建立了一个紧凑尺度的传统城市的模式:市政府及中心广场,有轴线、分等级的空间构图,众多的小广场作为次级公共中心,以图恢复传统的街道生活及公共交往(图 12)。在建筑单体上,设计人在每幢住宅底层的临街一面设计了有纱窗的前阳台(sereened front poreh),企图重现小镇居民在自家阳台和邻居闲谈交往的传统。Seaside 新城作为代表性的新传统社区(neotraditional community)建成后,受到了高度的评价,泰晤士杂志曾赞赏它为"近 10 年来最好的设计"。

　　Seaside 新城中新传统社区强化社区意识,优先确保公共空间,注重生态系统的保护,尽可能地保留社区内自生的植物,创造地域的特色的同时,突出地域建筑的独特风格,达到地域自然与人文生态回归社区本源(图 13)。

　　就 Seaside 新城的规划理念和规划(建设)功能、结构和空间形态来说,后现代主义规划的核心在于多元性和包容性,它强调尊重自然、顺应自然、保护自然的理念,重视社区参与,凸显社会公平与正义。DPZ 一开始就树立陆地海洋、河湖林和居民的活动是一个生命共同体的理念,按照城市生态系

图 13　Seaside 新城景观生态结构图

图片来源:google earth(2013 年 3 月 29 日影像,有修正)

统的整体性、系统性及其内在规律,统筹考虑自然生态、人文历史等各要素、山上山下、地上地下、陆地海洋以及河流流域上下游,进行 EI 整体保护和视觉景观廊道的精心设计,增强 Seaside 新城的生态系统循环能力,维护生态平衡,而这也正是其区别于现代主义规划的关键所在。

(二)后现代旅游规划发展的态势

坚持节约资源和保护环境是我国的基本国策,旅游规划应当以建设美丽中国为目标,以正确处理游客、当地居民与自然关系为核心,以解决旅游地生态环境领域突出问题为导向,保障国土生态安全,改善旅游环境质量,提高旅游资源利用效率,推动形成游客、住民与自然和谐发展的旅游城镇化新格局。

后现代旅游规划应当包括旅游业发展的总体要求和发展目标,旅游资源保护和利用的要求和措施,以及旅游产品开发、旅游服务质量提升、旅游文化建设、旅游形象推广、旅游基础设施和公共服务设施建设的要求和促进措施等内容。同时也要与土地利用总体规划、城乡规划、环境保护规划以及其他自然资源和文物等人文资源的保护和利用规划相衔接。各级地方人民政府编制土地利用总体规划、城乡规划,应当充分考虑相关旅游项目、设施的空间布局和建设用地要求。规划和建设交通、通信、供水、供电、环保等基础设施和公共服务设施,应当兼顾旅游业发展的需要。对自然资源和文物等人文资源进行旅游利用,必须严格遵守有关法律、法规的规定,符合资源、生态保护和文物安全的要求,尊重和维护当地传统文化和习俗,维护资源的区域整体性、文化代表性和地域特殊性,并考虑军事设施保护的需要。有关主管部门应当加强对资源保护和旅游利用状况的监督检查。

二、旅游规划与管理发展面临的困境

后现代主义是交通与信息技术时代的产物。随着人类信息知识的空前膨胀,计算机和大数据的广泛运用,科技高视阔步导致了合法化危机。这一状况反过来深刻地规范着人类的心理机制和行为模式,导致一种反文化、反美学、反文学的极端倾向(王岳川,1992)[①]。这种"合法化危机"主要表现为:现代旅游呈现"快餐式"发展;旅游规划缺乏个性化,同质化严重;旅游产品过于单一,多样性不足;旅游景区游客超容量,生态破坏严重;旅游目的地"本土化"文化缺失,商业化严重等5个方面。

(一)现代旅游呈现"快餐式"发展

随着科学技术发展,工作压力的增大,现在的人们生活建立一个高节奏的现代社会之中。在这个社会中,人们的生活程式化、人际关系疏远化、工作刻板化。现代主义的理性主义、工具主义、福特主义的力量渗透进了社会的各个角落,旅游逐步现代化、商品化、雷同化(左晓斯,2005)。从旅游者的角度:生活在"快节奏"、"高效率"都市中的人们,面临着工作、生活等压力,期待出游,但由于时间、金钱等限制,游客最终盲目地希望能以最短的时间、最廉价的方式游览更多地方,这就是传统意义上的大众旅游模式,这种"走马观花"式的旅游,已成为了现代旅游的主要方式。特别是到节假日,各地旅游景区"井喷"现象从某种意义上也是游客这种追求"效率"的思想

---

① 王岳川:《后现代主义文化研究》,北京大学出版社出版1992年版,第5页。

所导致的。从旅游投资者的角度：旅游投资者追求投资额少、投资回报期短、回报率高。因此，在旅游投资时，过度追求效益，往往在注重眼前利益，在观光景区、运动游乐项目、休闲街区、度假酒店、文化演艺、旅游基础交通设施等旅游相关项目的投资不足，而更多地是借助旅游投资的幌子，变相投资旅游地产，借助旅游地产市场需求大，投资回报迅速，快速回收成本，获得高额利润。从旅游产品设计的角度：旅行社在设计旅游线路时，利用游客出游时间有限的特点，打出"快旅慢游"的幌子，在游线安排上，表面上增加了相关的旅游景点，实质上在各个点的逗留时间缩短，只是变相的"走马观花"式的游玩。同时，旅行社为了降低成本，获得较高的利润，在游线安排上减少了需门票的景点，而增加免费的大众景点，并且增设购物点，通过游客的购物获得相应回扣，来获得高额利润。

　　总之，整个旅游行业在现代社会高节奏的压力下，出现了盲目追求低成本、回报期短、高效益的商业运作模式。使得整个旅游行业本该是提供休闲、慢节奏的生活方式，出现了畸形发展，形成了"快餐式"旅游发展模式。

（二）旅游规划缺乏个性化同质化严重

　　后现代主义推崇个性化、差异性，而反对现代主义的同质化、整体性。然而目前，国内的旅游规划更多地是在抄袭、模仿，导致整个旅游规划同质化严重，缺乏个性化。随着经济的发展，旅游业在国民经济的地位日益重要，而旅游规划开发是旅游业发展的前提，因此，现在旅游规划的重要性已被各级地方政府认可，作为各地旅游发展的主导部门，各级地方政府大力发展旅游业，抓旅游规划。然而由于被眼前利益所迷惑，各级地方政府对旅游规划缺乏深刻认识。更多的是看到什么项目盈利，就要求在规划中插入该项目。忽略了大区域内的同一类型的项目过多会导致恶性竞争。当然旅游规划更多地是来源于旅游规划的专家学者，然而一些专家学者在做旅游规划时，缺乏市场意识，纯粹追求规划的效率，忽略当地的地脉和文脉，对具体项目并没有从自然环境、地方特色出发，整个规划过程中并没有对具体旅游资源、旅游客源市场进行仔细地调研与分析，更谈不上对旅游地具体的情况进行定位分析，导致整个旅游规划没有触及规划的精髓。

(三)旅游产品过于单一,多样性不足

后现代主义游客更多地是强调积极主动参与旅游,个性多元化的旅行方式。然而现代旅游产品多为"走马观花"的观光旅游产品,游客出门旅游就是简单地看景、看表演等,缺乏参与性的旅游产品。而且旅游线路的设计也全部由旅行社加以安排,一条游线设计出来,其他旅行就直接利用,缺乏创新意识,导致整个旅游线路千篇一律,对游客缺乏吸引力。同时,整个旅游产品的设计过程充斥着商业化的气息,一味地追求经济效益,并没有考虑游客的感受,游客更多地是被动的接受。可以说,现代旅游产品更多地是一种变性的商业行为,而缺乏旅游应有的享受、放松等情感需求。

(四)旅游景区游客超容量,生态破坏严重

大卫·格里芬说:"后现代思想是彻底的生态学的。"后现代主义倡导人与自然协同发展,反对消费主义,提倡可持续生存与发展,倡导绿色消费价值观。同时,后现代主义强调"稳态经济"即人类应该努力做到在生态自然系统允许的范围和限度内,在保持生态平衡的前提下从事开发利用自然的活动。然而现代旅游发展过程中,一些旅游景区为了追求经济效益,盲目吸引游客,导致景区游客超容量,生态环境遭到破坏。一些景区,特别是自然资源为主的景区,在旅游开发过程中借景区、景点开发为由,过渡开发旅游地产,导致景区范围内的自然生态、人文历史等资源遭受严重破坏。如三亚市亚龙湾旅游度假区,根据 google earth 影像图分析发现:与 2004 年相比,2014 年该度假区范围内的村庄、部分山地已被开发(图 14),这种开发方式使得这一地区及其周边自然环境遭受破坏,尤其是传统村庄的生产生活方式及其传统文化不复存在,另一方面由于过度的旅游地产开发使得该度假区游客容量过大,直接影响到 5A 级景区的整体质量。还有一些景区,只考虑商业需要,追求经济效益。为了提高景区的流动率,大肆地在自然景区中建设公路、索道等以提高游客的便捷度,加快游客的流动,导致自然景致遭到破坏,整个景区丧失自然美。这些都使得旅游的不合理开发成为不可持续的商业行为。

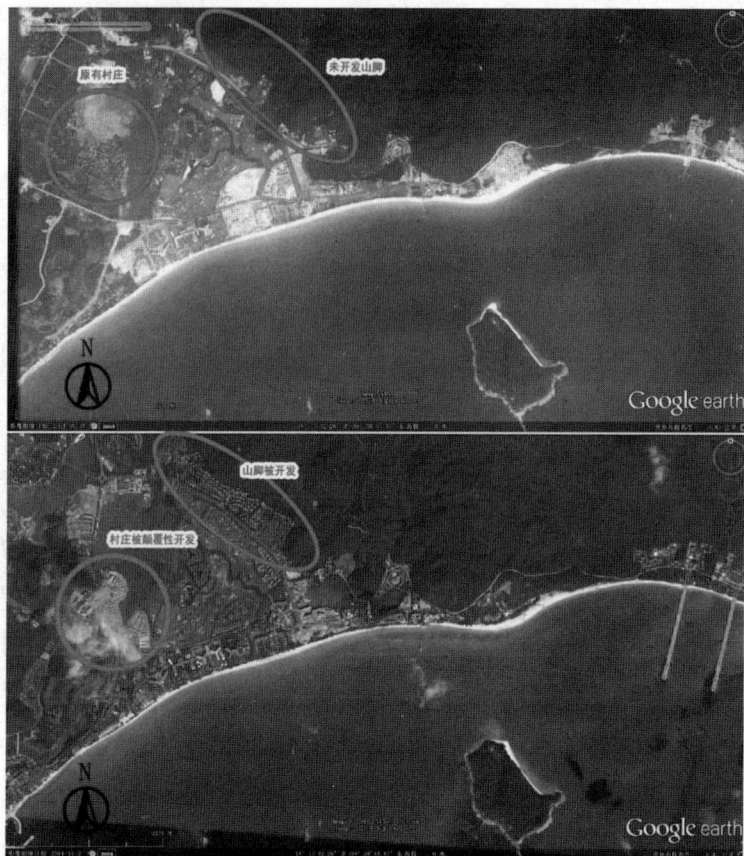

图14   2004 年和 2014 年三亚市亚龙湾旅游度假区开发现状比较分析

片来源：google earth（上下图分别为 2014 年 11 月 2 日和 2014 年 11 月 2 日影像）

（五）旅游目的地"本土化"文化缺失，商业化严重

随着经济的发展，现代社会追求经济全球化，同时，也伴随着文化的同质化，而在文化同质化的过程中，是创造一种共同文化的事业，这都必然是一个忽视地方差异，或者是提炼、综合和混合地方差异的文化使其一致化。而后现代主义强调保持"原真性"，保护"本地化"文化，倡导文化的差异性，同时，"后旅游主义者"向往不同传统的奇异风味。同时，"后旅游主义者"

对事物产生的幕后背景很感兴趣,乐于寻根追底,寻找问题的答案。基于后现代视角,可以发现旅游发展过程中,挖掘"本地化"文化是成功的关键,以迪斯尼乐园为例,迪斯尼公园是风行全球的人造主题公园,它取得成功的最重要原因是立足美国文化,美国文化本身是强势文化,并且还在不断强化中。中国有五千年历史,其文化更有底蕴,更为博大精深,目前旅游开发并未深入挖掘中华民族文化,而只是简单地停留在表面形式的渲染与物质的观赏。旅游收入主要靠门票和场地租赁,外加盲目地引进商业项目,导致文化丧失。一方面,旅游目的地在进行旅游规划时,盲目追求现代化,建设现代化的旅游设施,营造现代化的购物环境,而忽略了本地文化,例如建筑民居、服饰饮食、生活器物等物质文化,礼仪风俗、节庆活动、生活制度等行为文化,这些都是旅游目的地的核心,是旅游目的地的灵魂。然而由于现在旅游规划过程中一味地模仿,导致"本地化"的文化缺失,而且旅游目的地过分追求商业化发展,这使得旅游目的地变相地成为了一个大型的购物商场。另一方面,外来游客将客源的相关文化和生活习惯带到旅游目的地,这让当地居民开阔视野的同时,也导致了当地居民模仿学习外来的或好或坏的文化和习惯,导致当地原有的具有鲜明民族特色、悠久传统的文化逐渐消失。同时,旅游目的地为了吸引游客,将本地文化进行加工,进行商业包装,当地文化"变质",沦为招揽游客的工具。例如一些少数民族地区,婚俗与我们现代的生活环境有很大区别,为了满足游客的好奇心,盲目地将这种婚俗进行商业包装,出现了游客被强迫"被结婚"的现象,商业化严重,导致地方文化特色丧失。

三、后现代视角的旅游规划发展去向

后现代主义背景下,旅游者的行为特点趋向于两方面:一是以逃避主义为主、厌恶当下的"反现代",带有某些抵触现代或反现代前的情绪;二是以谋求自身和社会多元化发展为主的"积极主义后现代",即吸收现代性的优点并克服它的缺点。同时,旅游形式发生转变,从快餐式旅游过渡到兼具主动性、情感化和生态化的休闲娱乐旅游,这从多样化旅游活动(如蜜月旅

行、温泉旅行、学生旅游、探险旅游、残疾人旅游等)参与者的增多和旅游者平均停留时间的增加可以看出。牛玉(2014)[1]指出,在后现代主义背景下,游客审美理念已超出纯艺术的范围,从对功能化审美空间的需求转变为现实生活的回归以及对生活的审美,游客对景观的需求日益高涨,成为历史街区开发不可忽视的重要需求类型。她认为,应从文化(通俗化、多元化、符号化)、休闲(多元化、人性化、体验化)和景观(风貌个性化、生活原真性)需求3个方面剖析历史街区旅游消费需求能够较全面地把握游客心理要素,打造出符合游客要求的后现代历史街区。张健健(2013)[2]认为现代主义规划因为对科学和理性的片面强调,给旅游目的地带来了种种现代性危机,后现代主义规划则通过肯定多元价值、关注场所文脉、强调过程和参与、倡导生态伦理等几个方向的努力,呼唤人性、文化、多元价值的回归,使得人文精神重新成为旅游规划关注的重要方面。因此,现代主义规划向后现代主义规划的转向,集中体现在强调科学理性向强调人文精神的转变。

综上所述,后现代主义的旅游规划发展将走向:多元价值、场所文脉、过程和参与、人性化服务和生态伦理等5个方面。

(一)多元价值方向

现代主义主张用固定不变的逻辑和普遍有效的规律来阐释世界,造成现代旅游规划缺乏对普通“人”的关注,忽视了人的基本需求和社会生活的多样性。后现代主义则不相信人类普遍理性存在的可能,否认启蒙思想家们关于人类社会历史的带规律性的理论和这些理论所隐含的基本哲学前提。后现代主义坚持一种摆脱基础主义的哲学文化。这种哲学将是一种“对话”,没有人能从这种交流对话中被驱逐出去,而且在这种交流对话中,任何人都不拥有特权地位。它对现代主义的抨击,很重要的一个方面就是抨击它纵容一种话语凌驾于其他话语之上。事实上,现代社会中包含了多元化的社会群体和多重归属的社会个体,价值产生的根据、标准和归宿,更

---

[1] 牛玉:《后现代消费需求下的历史街区旅游空间发展创新模式》,《旅游学刊》2014年7月,第9—11页。

[2] 张健健:《后现代城市规划的人文转向》,《北京城市学院学报》2013年3期,第6—11页。

多地依赖于这些主体,反映着不同主体的特点和个性。对多元价值的肯定,其实就是对人的平等的主体地位的充分肯定。每一种价值标准无论对别人来说是否合理,都有它自己主体的客观基础和原因。在这种基础和原因改变之前,这一主体的标准不能与其他标准互相代替。而现代主义试图用某种乌托邦式的蓝图或模型驾驭城市、旅游区的发展,通过单一的组织方式将城市、旅游系统化的动机与人类、自然的生活模式隔离开来,结果必然加剧现代性带来的种种危机。

后现代主义认为后现代社会的特点是复杂、多元和不确定,世界和我们关于这个世界的经验,要远比我们意识到的更加复杂和精巧。所以人们关于场所和来自场所品质的体验,要比"社会精英"对于理想旅游目的地的构思更加多样化和"开放"。和现代主义强调简洁、秩序、统一和整齐不同,后现代主义通常为复杂、多样、差异和多元而欢呼。这些价值观,反映在旅游美学上,可以看到罗伯特·文丘里旗帜鲜明地提出对复杂建筑风格的偏好,他主张"杂乱而有活力胜过明显的统一"。在城市规划方面,这些价值观同样存在于简·雅各布斯对城市复杂性和多样性的观点中。她不仅提出"多样性是大城市的天性",而且主张"如何综合不同的用途,生发足够的多样性以支撑城市文明,是关于城市规划最重要的问题"。总之,旅游规划不应当以一种价值观来压制其他多种价值观,而应当为多种价值观的体现提供可能,旅游规划师就是要表达这些不同的价值判断并为不同的利益团体提供技术帮助。

(二)场所文脉方向

后现代旅游规划思想对文脉主义颇感兴趣,强调在旅游目的地,建筑应与历史进行对话,在注重历史延续性的同时,反哺被现代主义所割裂的历史情感,从而保持持久的城市魅力,使旅游规划设计成为一种追忆历史的思索。人文脉络的旅游规划思想关注场所的个体行为、需要及场所深层次的社会文化价值、生态耦合、人类体验的发掘与继承。在规划时强调场所历史的延续性及环境的协调性,遏制旅游开发规模的盲目扩张,努力营造出休闲、宜居的人文社会环境。后现代旅游规划思想在规划中具有"话语"与

"叙事"的特征,认为"建筑叙述了某一事件的必然性,它以风格样式表述了实践活动,它作为一门艺术,表达了受制约的象征行为,它是一种历史语境。"在后现代旅游规划思想的指导下,旅游空间具有了历史特定性,这种历史特定性是植根于习俗的、非理性的,是一种由局部到整体的过渡关系。在"话语"与"叙事"的特征下,产生了空间与场所的规划设计思想。在后现代规划师那里,空间具有了更多的色彩与内涵。

现代主义规划将理性主义和功能主义的标准贯彻得太过彻底,同时作为"精英"的规划师忽视了大众也有审美的生活和"诗意栖居"的愿望。于是,包括清水混凝土、玻璃幕墙在内的包豪斯的标准元素,变成了一种适用于任何地方的风格,而当地的传统、文化、自然环境等因素却被忽视。贝尔在《资本主义文化矛盾》中认为,现代主义的真正问题就是信仰问题。现代主义意识本身充满了空幻,又拒绝同旧的信念相联系。如此局势将我们带入到既无过去又无将来的虚无之中。在旅游地建设中,现代主义拒绝同环境和历史进行对话,并对使用者采取家长式的统治姿态,企图通过机械主义的功能秩序来建设一个"人造的文明新目的地",结果却是抹杀了旅游的多元文化,而用钢筋、水泥堆砌起来一座与人类生活情趣格格不入的"居住机器"。场所理论和文脉主义代表了后现代主义对人文的回归。旅游规划的场所理论,其本质在于对物质空间人文特色的理解。实际上,"空间"是有边界的或者是不同事物之间具有联系内涵的有意义的"虚体",只有当它被赋予从文化或区域环境中提炼出来的文脉意义时才成为"场所"。空间的类型可以根据自身特点分门别类,但每个场所却都是独一无二的,体现出其周围环境的特性或氛围。场所作为复杂的自然中一个具有一定性质的整体,不能以分析的、科学性的概念加以描述。科学原理从既定的事实中抽象,以获得中性的、客观的知识,然而却失去了日常生活的世界。因此,以科学理性为核心的现代主义难以对场所精神形成呼应。人们需要一个相对稳定的场所系统来展现自我、建立社会生活和创造文化。这些需要赋予人工空间一种情感内涵,是一种超物质的存在。所以城市设计者的职责就不仅仅是摆弄空间形式,而是整合包括社会在内的整体环境中的各个部分以创造场所。其目标应该是在物质空间和文化环境之间、现代使用者的需要和愿望之间寻求最合适的方案。因而成功的场所设计经常源于对社会和物质环境最小的干扰而非彻底的改造。

从二十世纪五六十年代开始,城市规划开始向注重场所和文脉的方法转变。第十小组(Team 10)用居住与城市的归属感来重新理解城市,雅各布斯则呼吁重视被现代主义所忽视的都市生活多样性。阿尔多·罗西在其所著的《城市建筑》中提出,城市中的建筑需要融入历史、城市形态和记忆来诠释。舒尔兹指出,建筑与规划的实质目的是探索和最终寻找到地点因素中独特的精神内涵,从而建造出符合特定人群需求的构造。实际上,城市的建造从来就不是在白纸上进行的,而是在历史的渐进和积淀产生的城市背景上进行的。具有文脉意义的城市空间是多元和包容的,它与过去的城市建设和社会发展通过丰富和叠加的混合方式相结合。很明显,这种历经时间变化而自然生成的城市形态,要比完全由外界强加的人工秩序更有生命力,也更能形成了人们对于自己所栖居的场所的依恋。

(三)过程和参与方向

自从文艺复兴以来,西方科学一直采取分析或者还原的方法。这种方法包含一个前提,即知道了局部,就一定知道整体。基于这样一种前提,现代理论追求的是总体性和普遍性,追求用一种总体性的模式来概括社会与知识的各个方面。人们根据局部来描述整体,根据现在来预测未来,根据确定来把握不确定。这种理性主义认知方法表现在现代旅游规划中,就是现代主义相信旅游地建设是可以通过规划加以控制的,并且可以通过规划师掌握的经验和技术来达到建成环境的"理想状态"。所以,旅游规划就演变为一种少数社会精英用以表达他们意志,并以此来控制各类社会群体和个人行为的手段。理性主义认知方法是基于一种单向的矢量思维,最终会造成只重整体不重部分、只重结果不重过程的结果,从而忽视世界的复杂性与多样性。因此,后现代主义提出反基础、反本质、非理性、非中心等观点,热衷于寻求多样性、差异性和不确定性。实际上,旅游空间发展与演变,既不是一个完全自我组织的过程,也不是受人类意识控制干预的单一被构过程,其中充满了各种复杂性和不确定性。因此后现代主义提出,旅游地空间形式是含混的、多变的,旅游地作为一种人为参与主体的多要素复合空间,绝不是因果关系式的直线性理性思维所能完全把握的。

20世纪70年代以来,规划中目标的普遍性受到质疑,因为越来越多的事实显示规划中界定的价值远离普遍的价值,并没有普遍一致的公共利益。于是,过程性和动态性在城市规划中被越来越多地强调。1977年发布的《马丘比丘宪章》也要求,"城市规划师和政策制定者必须把城市看作为在连续发展与变化过程中的一个结构体系",并进一步提出"区域与城市规划是一个动态过程,不仅要包括规划的制定而且要包括规划的实施。"在80年代巴黎拉·维莱特公园规划中,屈米带有解构色彩的方案就推翻了传统规划注重形式的理念,而采用一个开放的架构和基础设施的网络来容纳多种城市事件、活动以及未来变化的可能性。由于旅游规划要服从这样一种多元化和不确定的社会发展过程,所以后现代主义强调,规划师应努力避免用个人的价值与逻辑判断主导具体的规划设计,而应更多地承担推动和协商的作用,鼓励公众参与到规划过程中来,让旅游规划逐渐作为各方面人士共同参与的创造性活动。正如NanEllin在《后现代城市主义》中所说,"城市设计者的作用应该有更少的权威性和更公开的政治性,其目的就是给市民以权力,让他们自己来改善他们的社区和环境。"《马丘比丘宪章》也对公众参与给予了前所未有的高度肯定:"城市规划必须建立在各专业设计人员、城市居民以及公众和政府领导人之间的系统的不断的互相协作配合的基础上"。

因此,在后现代主义看来,旅游规划成为一个过程,而旅游规划方案则变成了一种契约。它不是描述未来若干年旅游发展的蓝图,而是囊括各种条件、诉求和讨论的综合。

(四)人性化服务方向

旅游消费是指旅游者在异地旅游体验的过程中,为了满足其身体、心理、精神的恢复、发展与享受需要,亦即健康幸福的需要而消费的各种物质资料与精神资料的总和,主要涉及"行、住、吃、游、娱、购"等6大方面的物质与服务产品。休闲消费特别是旅游消费无疑是人们消费从生存性消费向发展与享受性消费转型升级的产物，是工业化、城镇化发展引致生产力水平不断提升、人们收入不断增加、休假制度不断完善、旅游休闲意识不断增强的结果。

我国改革开放以来，特别是 20 世纪 90 年代以来，伴随工业化、城镇化进程的加快，大众休闲、大众旅游消费在东南沿海发达地区与内陆大中城市迅速兴起，并经历了 20 世纪 80 年代从回乡探亲、观光游览占主导，到 20 世纪 90 年代以来休闲度假旅游的蓬勃发展。随着我国经济社会的转型发展，国家治理的现代化、民主化、法制化，特别是中央"反腐倡廉"推进，机关、事业、国企单位"三公消费"萎缩，大众的旅游休闲消费将发生深刻变化。一方面将表现为旅游休闲消费私人化特别是家庭化转型，私人企业特别是个体家庭消费将成为主流，从过去一味面向单位公费、高端客户的"高、大、上"攀比炫耀消费转向以家庭为主的"实惠、健康、精致、品质"务实消费，那种带有职位性、集团性、非工资性的，毫无顾忌、毫无节制的"消费主义"将受到抑制，因此，深入调研家庭特别是以 20 世纪 60、70、80 年代为主的中产阶级家庭（35—60 岁）的旅游休闲消费特征，适应并引领家庭旅游休闲消费风尚将成为未来旅游休闲产业发展的风向标。例如，如何有效细分亲朋好友同事结伴、小孩带大人、女人带男人、退休老人旅游休闲消费市场？又如，如何有效把握家庭旅游消费周期性特征，包括从周、月到季、年的时间周期旅游消费特征，从单身，到结婚无小孩、小孩未成年、小孩已成年，再到空巢的家庭生命周期旅游消费特征？还如，如何有效了解自驾一族、健康一族、乐活一族、驴友一族等亚文化群体的旅游消费偏好？等等，不一而足。当然，这也并不排斥对先富者们高端旅游休闲消费市场予以重点关注。另一方面将表现为旅游消费从以单一的观光游览消费为主向以观光、休闲、度假为基础的复合化、多元化旅游消费，乃至未来以健康养生旅游、文化创意旅游消费为主的方向升级，从基础的功能性旅游消费，如"有得吃、有得住、有得行、有得游"，到有档次、有品位的情感性、文化性旅游消费，如"吃有营养、住有品位、行得舒适、游得满意"，加上"休闲有健康、娱乐有文化、购物有特色"方向升级换代。因此,科技创新、文化创意、健康养生等元素的融入,以及服务品质、管理水平、引领能力等方面的提升将成为未来旅游发展方向。

此外,我国东南沿海发达地区与内陆大中城市,特别是珠三角、长三角、环渤海等经济发达地区是中产阶级家庭集聚地,构成我国规模化的旅游市场,不仅是国内而且是海外争夺的旅游目标市场。在当前我国出入境旅游消费支出发生逆转,以及急需以消费拉动我国经济转型升级发展的情况下,这些地区作为我国旅游发展的基础核心目标市场,需要各地特别是中西部地区政府与旅游企业深入调研、准确掌握旅游消费市场变化,创造出更多人性化的旅游服务产品以满足更新后游客的需求,推动我国旅游业健康持续发展。

(五)生态伦理方向

现代性的一个重要特征是人的主体性极度膨胀,"人类中心主义"成为现代人处理人与自然、人与环境关系的一种伦理价值原则。现代性的张扬助长了人类对大自然不计后果地掠夺和开发,而各种负面效应却在悄然向人类袭来,环境污染、生态恶化、资源紧缺、能源枯竭、极端天气……这使得环境问题在20世纪后半期成为西方发达国家面临的最棘手的问题之一,也成为催生后现代思潮的重要原因。二十世纪六七十年代,蕾切尔·卡逊的《寂静的春天》、戈德史密斯的《生存的蓝图》、罗马俱乐部的《增长的极限》等反映生态和环境危机的著作纷纷问世,推动了生态主义思潮和环境保护运动兴起。1969年,宾夕法尼亚大学教授麦克哈格出版了《设计结合自然》一书,在批判"人类中心论"思想的同时,建立了一个区域与城市规划的生态学研究框架。同年,在英国第一本提出系统规划理论的教科书中,麦克洛克林在第一章就描述了人类行为对自然生态系统的影响,以此说明认识人类行为可能对自然环境产生的影响是非常重要的。

后现代主义对生态环境的关注,并不是仅仅停留在技术层面,而是将其与伦理观、价值观联系起来,从而为生态环境问题赋予了浓厚的人文色彩。在后现代主义看来,全球化环境问题的凸现正是现代主体力量狂飙的直接后果。对于"主体性"的过分推崇,正是产生一系列人类生存问题的重要根源,并最终导致人类走向自我毁灭的不归路。当代环境哲学家和伦理学家之间普遍存在着一种共识,那就是当前出现的许多问题都可以归咎于启蒙时代所运用的语言模式。因为这种语言总是宣扬权力,宣扬人对自然的特权,抹杀来自自然的声音。简而言之,这是一种统治性的语言,而我们需要的则是另一种与此完全不同的、关于自然与义务的叙述方式。生态女权主义是这种叙述方式的代表。生态女权主义认为,人如何对待妇女、有色人种和下层阶级,与人如何对待自然环境,这二者之间存在着重要联系。因为正是立足于与动物交往的基础之上,人类才将别人看作另类,从而在人类之间建立起性别、种族、阶层等差异。因此,正确理解人与自然之间的关系也是正确理解人与人之间关系的前提。与信奉二元论的现代主义不同,后现代主义并不认为自己是栖身于充满敌意和冷漠的自然之中的异乡人,他们把其他物种看成是具有其自身经验、价值和目的的存在,因而形成了一种"在家园感"。借助这种在家园感和亲情感,后现代主义用在交往中获得享受和任其自然的态度,取代了现代主义的统治欲和占有欲。珍妮弗·沃尔琪借鉴生态社会主义者、女权主义者、反种族主义者的城市实践,依据她对南加州的研究,提出了"跨物种城市理论"(transspecies urban theory)。这一理论对划分人与动物的标准提出了批判,并且建议人类站在动物的立场上思考。人、动物和自然在城市中的重新融合,可以使人类理解动物的立场和生存方式,从而在特定的环境中跟它们交流,并促成人们采取必要的政治行动来保护动物的自主权和生存空间。沃尔琪在其理论中将差异、反主体、文化多元性、后殖民主义等概念糅合到一起,描绘了一幅后现代眼中的生态城市图景。

第三节 什么是协同性旅游规划

世界的一切事物都有一个发展的过程,发展是通过创新来完成的。一个创新得到认可以后,随即得以普及,也就转化为传统,直到以后有新的创

新来替代它。——赵焕焱

一、协同与协同学概述

协同,按照《辞海》(1979 年版)解释:"协"意思是"和、合,帮助,和谐、协调";"同"意思是"相同、一样,共同、跟、和,齐聚。""协同"是指"同心合力、相互配合"。《后汉书·吕布传》中"将军宜与协同策谋,共存大计"。通俗地讲,"协同"是指协调两个或者两个以上的不同资源或者个体,协同一致地完成某一目标的过程或能力。从实质内容上看,"协同"是指元素对元素的相干能力,表现了元素在整体发展运行过程中协调与合作的性质。协同是系统的各部分按照分工,互相配合去达到共同的目标,它与协调在概念上有细微的区别,协调则针对的是各部分不同的诉求。结构元素各自之间的协调、协作形成拉动效应,推动事物共同前进,对事物双方或多方面言,协同的结果使个个获益,整体加强,共同发展。导致事物间属性互相增强、向积极方向发展的相干性即为协同性(synergy)。可以说,研究世界万物的协同性,便形成了协同理论。

1971 年德国科学家哈肯提出了统一的系统协同学思想,认为自然界和人类社会的各种事物普遍存在有序、无序的现象,一定的条件下,有序和无序之间会相互转化,无序就是混沌,有序就是协同,这是一个普遍规律。协同现象在宇宙间一切领域中都普遍存在,没有协同,人类就不能生存,生产就不能发展,社会就不能前进。在一个系统内,若各种子系统(要素)不能很好协同,甚至互相拆台,这样的系统必然呈现无序状态,发挥不了整体性功能而终至瓦解。相反,若系统中各子系统(要素)能很好配合、协同,多种力量就能集聚成一个总力量,形成大大超越原各自功能总和的新功能。简言之,"协同"主张多维度、系统性的关系协调,是达到和谐共生、利益最大化的前提基础,是一个动态平衡的过程。

二、协同性旅游规划概念的提出

基于"协同"内涵,我们认为,协同性旅游规划是指在从事空间开发规划与建设活动的过程中,通过应用科学的规划理念与先进的设计技术方法,制定和实施规划,实现"职·住·游"协同发展(Jobs - Housing and Tours Synergy of Development,JHTSD)极大化,促进旅游经济增长和社会进步以及生态环境质量的改善同步进行,达到经济、社会与生态环境协同发展的目的。协同性旅游规划的目标价值取向是促使旅游项目开发从功能单一、蔓延无序向功能复合、紧凑有序、"行、住、吃、游、娱、购"协同发展的动态过程,其主要内涵参见图15。

JHTSD 中的 Jobs 指的是"充分就业",旅游项目的开发旨在促进"经济增长",创造更多的就业岗位,如批发零售业、住宿餐饮业等,以增加本地居民的可支配收入和改善工作条件及提高生活质量。在旅游用地使用规划与设计的过程中,应注重土地功能的混合使用以促进旅游产业融合、创造更多的就业岗位,即在一定的规划范围内营建以旅游度假居住为中心,包容"吃、娱、购"等在内的功能复合的、集中有序的旅游综合体。Housing 指的是"供给住房",旅游项目的开发不仅为富裕阶层提供豪华、舒适的住宿设施,还要为本地居民和包容不同收入阶层在内的目标客户群分别提供可负担的住房和经济型度假酒店(公寓)。住房是人的基本生存需要,要实现社会和谐、体现社会包容就必须有效地解决住房分配的公平问题,使弱势群体能够平等、合理地参与社会财富增长的成果,使更多的弱势群体"居者有其屋"。Tours 原意是"观光、旅行",这里指的是"营建高品质休闲度假空间和便捷的可达性交通设施",即包容游客、原始居民的生活方式、传统文化和消费理念等在内的多样性和谐空间和以公交优先、步行友好的立体交通网络。

根据图15,协同性旅游规划要从以旅游6要素为核心的传统旅游观转向以"职·住·游"协同发展极大化的现代旅游观,确立包容性发展在空间开发中的先导作用和地位。在《老子》一书中,他强调了道生一、一生二、二生三,三生万物。道之为物就是道之生物,我们不妨研究物之生道的命题——协同性旅游规划要充分体现"大旅游"背景下旅游6要素"包容共生"的发展理念,树立空间均衡的理念,把握人口、经济、资源环境的协同发

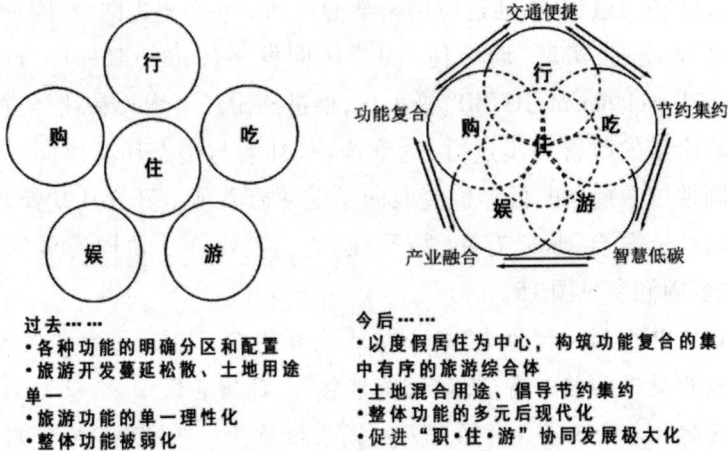

图15 "职·住·游"不协同→协同发展的概念性示意

展,即游客规模、旅游产业结构、增长速度不能超出当地空间资源承载能力和人居环境容量(图16)。

"包容共生"意为既要协调平衡好空间规划中"多规"协同发展之间的关系,又要整体考量休闲与旅游经济时代下,各项旅游规划如何更好地融合旅游业发展的问题,还要研究地域系统中自然的、技术的、社会的、经济的诸因素的相互结合,运用系统分析方法,对客观地域系统进行整体性、协同性、系统性的规划,使旅游需求和供给系统达到一个最佳的结合点——"职·住·游"协同发展极大化,实现区域经济效益、社会效益和环境效益的最优化和永续化。

三、协同性旅游规划与传统旅游规划的比较

传统意义上的旅游规划,在产业层面上更注重产品本身的深层开发,注重的是产品功能;在物质层面上强调物质空间决定论。例如,作为闲暇经济时代的旅游产业,其发展功能是复合的,并由三层产业链的复合来表达,即以旅游业为核心,配合旅游产业的配套产业及旅游促进性相关的关联产业。如同传统的旅游规划相比较,现代旅游规划其基本的追求仍然是为旅游者

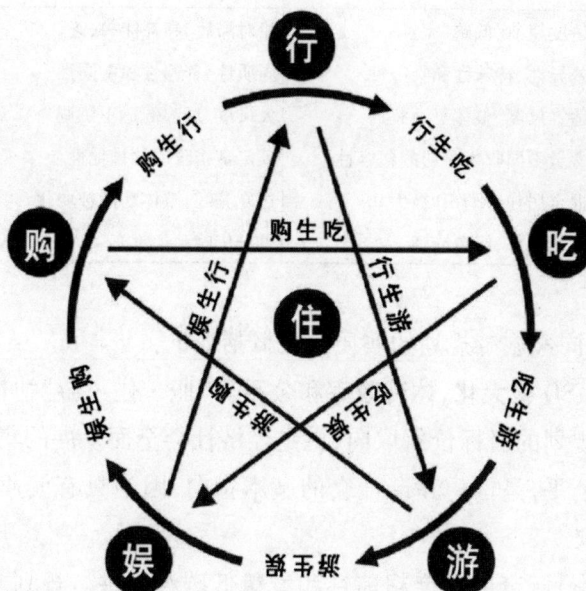

图16 旅游6要素"协同共生"概念性示意

创造时间与空间的差异、文化与历史的新奇、生理心理上的满足①。但相对于传统旅游规划而言，协同性旅游规划更加注重经济、生态、公平和宜居等相互价值观的包容性发展，旨在促进经济的发展、拉动就业与缓解就业压力的同时，力推 JHTSD 极大化。具体内容见表6。

表6 协同性旅游规划与传统旅游规划发展比较一览表

项 目	协同性旅游规划	传统旅游规划
公共资源配置	倡导包容性发展	强调物质空间决定论
开发经营理念	多元复合化、市场综合型	单一理性化、市场主导型
土地使用程度	混合用途、紧凑集约	用途单一、松散蔓延

① 刘滨谊：《旅游规划三元论：中国现代旅游规划的定向·定性·定位·定型》，《旅游学刊》2001年5月，第55—58页。

三大设施配套	适度超前、低碳、完善	相对滞后、高耗能、缺乏
产品特征	差异性、特殊性和唯一性	同质性、普遍性和雷同性
旅游空间品质	适宜尺度、整体舒适宜居	大尺度、局部舒适不协调
目标客户群	考量不同收入阶层的包容性	锁定富裕阶层的排他性
空间结构模式	混合居住、JHTSD 极大化	过度分区、整体功能被弱化
交通组织	步行友好，绿色交通	过分依赖私人汽车

可见，协同性旅游规划的实质含义概括如下：

追求 JHTSD 极大化，体现效率和公平。"职·住·游"协同发展不仅是协同性旅游规划的目标价值取向，也是经济社会全面发展的集中体现，更为凸显效率和公平，是构建和谐社会的基本指向，因为只有就业充分，空间开发才富有意义。

三大设施①配套的适度超前性和智慧低碳经济性。规划与建设适度超前的、低碳经济的三大设施是任何一个国家或地区经济社会得以持续发展的前提，也是吸引项目投资的根本动力，同时建设低碳经济的产业项目及其配套设施会增强区域的对外形象。

空间建设活动与特色景观资源的互存性和共生性。特色景观资源是区域永续发展的先决条件，良好生态环境与区域经济的持续发展具有显著的依赖性和共生性，因此空间开发应注重人与自然的和谐共处。

产品开发的差异性、特殊性和唯一性。在不同国家和地区由于社会、经济、文化等背景不同，区域发展过程中旅游产品的塑造要充分体现产品的特殊性和差异性。例如，旅游规划者及旅游目的地经营者都要遵循产品差异化发展战略进行合理的旅游规划布局②。

目标客户群的多样包容性。多样性是城市的天性，而多样性源于来自

---

① 自 2011 年 1 月 1 日施行的《城市、镇控制性详细规划编制审批办法》（住建部令第 7 号）中首次明确了"基础设施、公共服务设施和公共安全设施的用地规模、范围和管制措施"是地块控制规划中重要的基本内容，其目的是优先考量公共利益和公共安全。
② 陆林，葛敬炳：《旅游城镇化研究进展及启示》，《地理研究》2006 年第 4 期，第 741—750 页。

不同地方、不同阶层的客户群体。这些群体的不同风俗习惯、生活方式、消费理念等对创建多元化、复合型的可持续城市产生深远的影响。

写意、高品位生活的舒适性和宜居性。 写意、适宜人们休闲商务、度假居住的旅游区是现代旅游发展的必然要求，也是人们追求高质量生活的集中体现。

从协同性旅游规划的本质上看，其发展理念直接反映新城市主义、精明增长和紧凑城市等理念，代表的是一种规划创新的发展趋势，对环境保护、遏制空间开发违规占有公共资源起到积极的作用。例如，旅游规划的理念应由为游客提供观光游览、休闲度假的场所，转变为营造一个充满人文关怀的，包容当地政府、开发商、原住民、游客等在内的和谐共处的人性化旅游社区。

第四节　协同性旅游规划的主要任务和基本内容

一种在我们这个时代达到其顶峰的新兴世界文化，其本身内部产生了一种世界性的危机。所有的资料都似乎表明，这是自上个冰川时期以来发生的第一次全球性危机。所不同的是过去的危机来源于自然，而如今却是来源于人类忙碌的双手和大脑。——刘易斯·芒福德（Lewis Mumford）

一、协同性旅游规划的主要任务

根据前文所述，结合空间规划的协同特征，协同性旅游规划基本任务是：充分准确解读国家和地区国民经济和社会发展等上位规划及有关规划法规政策文件的总体要求，以事实分析为基础，协同相关规划，确定旅游发展性质、目标和规模，合理地、有效地和公平地创造有序的旅游空间环境。其目标是提高国家和地区旅游竞争力，综合平衡旅游规划体系、支撑体系和保障体系的关系，拓展旅游内容的广度与深度，优化旅游产品的结构，保护旅游赖以发展的生态环境，保证旅游地获得良好的效益并促进地方社会经济的发展。

二、协同性旅游规划基本内容

协同性旅游规划应当包括旅游业发展的总体要求和旅游区发展性质、目标和规模,旅游资源保护和利用的要求和及"三区四线"的划定,旅游功能分区及空间发展布局,旅游土地使用规划设计以及旅游产品开发、旅游服务质量提升、旅游文化建设、旅游形象推广、旅游基础设施和公共服务设施建设的要求和促进措施等内容。

旅游规划区范围、旅游建设用地规模、基础设施和公共服务设施用地、水源地和水系、基本农田和绿化(绿道)用地、生态环境保护、自然与历史文化遗产保护以及防灾减灾等内容,应当作为旅游规划的强制性内容。

三、可协同性旅游规划编制的要求

编制要以国家和地区社会经济发展战略为依据,以旅游业发展方针、政策及法规为基础,与城乡规划、土地利用总体规划和海洋规划相适应,与其他相关规划相协调;根据国民经济形势,对上述规划提出改进的要求。

编制要坚持以旅游市场为导向,以旅游资源为基础,以旅游产品为主体,经济、社会和生态环境效益可持续发展的指导方针。

编制要突出地方特色,注重区域协同,强调空间一体化发展,避免近距离不合理重复建设,加强对旅游资源的保护,减少对旅游资源的浪费,倡导低碳旅游。

编制鼓励采用先进方法和技术。编制过程中应当进行多方案的比较,并征求各有关行政管理部门的意见,尤其是当地居民的意见。

编制工作所采用的勘察、测量方法与图件、资料,要符合相关国家标准和技术规范。技术指标,应当适应旅游业发展的长远需要,具有适度超前性。技术指标参照相关技术规范标准选择和确立。

第五节 小结

后现代主义更多地是对现代主义、对工业化发展带来的问题进行思辩，它是"快餐式"现代社会的发展到一定阶段的自然过渡。后现代主义更多地强调"包容性"，突出"低碳、休闲、宜居"的生产、生活理念。后现代旅游规划将更多地强调把就业、居住和旅游3者相融合，这也为未来旅游规划发展指明了方向。本章正是基于后现代主义的视角对未来旅游规划发展进行探讨，这将为不同层面的旅游规划发展提供相应的理论与方法的参考。纵观人类历史发展的历程，人文精神随时在与使人类偏离正确发展轨道的各种思想进行斗争。因此，对于正处在现代化、城镇化关键时期的我国来说，吸取西方旅游规划的经验和教训，将人文精神作为旅游规划的基本价值准绳，对于提高我国城市建设水平，实现社会、文化、生态的可持续发展有着深远的意义。

我国已迈入以旅游、娱乐、体育健身、文化传播、社区服务为主的"休闲经济"新时代。旅游规划的目的不仅仅是为人们提供一种社会活动空间，更重要的是还肩负着促进经济增长、旅游产业融合，创造更多的就业岗位和维护生态环境永续发展等重要使命。

传统意义上旅游规划正因为它对经济价值的过度追求，强调"物质空间决定论"，而促成了诸多项目建设用地过度"透支"空间自然资源，进而导致生态环境恶化、地区经济衰退，如旅游目的地生命周期缩短的恶性循环。反之，协同性旅游规划的目标价值取向则是力求实现"职·住·游"协同发展极大化，任务是力图将旅游规划的研究和实践还原到旅游规划是面向人的一种经济、社会和生态环境协同发展的动态过程，其描绘的终极蓝图是多元的、有序的、复合的地域空间综合体。这个综合体的演化过程应是：物质空间→休闲空间→艺术化空间→人性化空间。

文化，cultura，原指人为的耕作、培养、教育而成的东西，是与自然存在的事物相对而言的。1871年人类学家泰勒在《原始文化》中首先提出文化的定义,"文化……是包括全部知识、信仰、艺术、道德、法律、风俗以及作为社会成员的人所掌握和接受的任何其他的才能和习惯的复合体"。

关键词

现代主义;后现代主义规划;后现代旅游发展观;协同性旅游规划;"职·住·游"协同发展

思考题

1. 试比较现代主义和后现代主义文化的差异。

2. 什么是协同性旅游规划,它的主要特征是什么?

3. "职·住·游"协同发展的价值取向是什么?

4. 如何理解旅游6要素的协同共生关系?

5. 协同性旅游规划的主要任务与实质性内容是什么?

6. 从空间布局形态的视角,试比较三亚市亚龙湾旅游度假区与佛罗里达州 Seaside 新城的异同。

第三章 协同性旅游规划理论体系框架

前文第二章概述了协同性旅游规划的概念、特征以及与传统旅游规划的区别。本章的主要内容是讨论协同性旅游规划理论性及其体系框架。首先根据协同性旅游规划的实质含义，回顾与总结现有的规划相关理论以此做为协同性旅游规划的基础理论，这些理论包括永续发展、紧凑发展和绿色发展等思想理念；中国古代朴素的规划理论；新三论之一的协同学理论。其二，根据上述基础理论要点，提出由包容性发展棱锥模型理论、回归城市理论和EDL协同发展理论组成的协同性旅游规划理论体系框架。

第一节 复杂性科学理论发展概述

成功的科学家往往是兴趣广泛的人。他们的独创精神可能来自他们的博学。……多样化会使人的观点新鲜，而过于长时间钻研一个狭窄的领域则易使人愚钝。——贝弗里奇（Willian. Ian Beardmore Beveridge）

一、什么是复杂性科学理论

复杂性科学是研究复杂系统行为与性质的科学。它的研究重点是探索宏观领域的复杂性及其演化问题。它涉及数学、物理学、化学、生物学、计算机科学、经济学、社会学、历史学、政治学、文化学、人类学和管理科学等众多学科。之所以被称为复杂性科学，似乎有多种理由，其中之一是由于它具有统一的方法论——整体论或非还原论。因此，复杂性科学被称为整体论科学或非还原论科学，也有人把它看作是与简单性科学相对立的科学。

　　复杂性科学的发展历史大致划分为 3 个阶段[1]：第一阶段是研究存在，在这阶段，复杂性科学的主要成就表现为：一般系统论，控制论和人工智能；第二阶段是研究演化，在此期间产生的主要复杂性科学理论有：耗散结构理论、协同学、超循环理论、突变论、混沌理论、分形理论和元胞自动机理论；第三阶段是综合研究阶段，进入第三阶段后，复杂性科学研究不再是分门别类地进行，而是打破了以前的学科界线，进行综合研究，而且也有了专门从事复杂性科学研究的机构——美国的圣塔菲研究所。在第三阶段，复杂性科学的研究对象是复杂系统，主要研究工具是计算机，隐喻和类比成为研究方法。主要新老经典复杂科学理论见表 7。

表 7　主要新老经典复杂科学理论概述一览表

理论名称	创立者	代表作	理论要点	应用领域
系统论（Systems theory）1932 年	美籍奥地利人、理论生物学家 L. 贝塔朗菲（Von. Bertalanffy）	《一般系统理论基础、发展和应用》1968 年。	1. 系统论是具有逻辑和数学性质的一门科学。它用数学方法定量地描述系统功能和结构，寻求并确立适用于一切系统的原理、方法和数学模型。 2. 系统是指由若干要素以一定结构形式联结构成的具有某种功能的有机整体。系统强调整体与局部、局部与局部、整体与外部环境之间的有机联系，具有整体性、动态性和目的性三大基本特征。 3. 系统论运用完整性、集中性、等级结构、终极性、逻辑同构等概念，研究适用于一切综合系统或子系统的模式、原则和规律，并力图对其结构和功能进行数学描述。	为现代科学发展提供了理论和方法，也为解决现代社会中的政治、经济、军事、文化等方面的各种复杂问题提供了方法论的基础，其观念正渗透到经济社会的各个领域。

---

[1]　金吾伦，郭元林：《复杂性科学及其演变》，《复杂系统与复杂性科学》2004 年 1 月，第 1—5 页。

控制论 (Cybernetics theory) 1948 年	诺伯特 维纳 (Norbert Wiener)	《控制论——关于在动物和机器中控制和通讯的科学》1948 年	1. 控制论是一门研究机器、生命社会中控制和通讯的一般规律的科学,是研究动态系统在变的环境条件下如何保持平衡状态或稳定状态的科学。 2. 一个通信系统总是根据人们的需要传输各种不同的思想内容的信息,一个自动控制系统必须根据周围环境的变化,自己调整自己的运动,具有一定的灵活性和适应性。通信和控制系统接收的信息带有某种随机性质,具有一定的统计分布,通信和控制系统本身的结构也必须适应这种统计性质,能对一类在统计上预期要收到的输入做出统计上令人满意的动作。 3. 是控制论运用信息、反馈等概念,通过黑箱系统辨识与功能模拟仿真等方法,研究系统的状态、功能和行为,调节和控制系统稳定地、最优地趋达目标。控制论充分体现了现代科学整体化和综合化的发展趋势,具有十分重要的方法论意义。	综合研究各类系统的控制、信息交换、反馈调节的科学,是跨及人类工程学、控制工程学、通讯工程学、计算机工程学、社会学等众多学科的交叉学科,其应用领域极为广泛。
信息论 (A Theory of Communication) 1948 年	美国数学家克劳德·香农(Claude Shannon)	《通讯的数学原理》(1948)和《噪声下的通信》1949 年。	1. 信息论是专门研究信息的有效处理和可靠传输的一般规律的科学。也是运用概率论与数理统计的方法研究信息、信息熵、通信系统、数据传输、密码学、数据压缩等问题的应用数学学科。信息系统就是广义的通信系统,泛指某种信息从一处传送到另一处所需的全部设备所构成的系统。 2. 信息论以通信系统的模型为对象,以概率论和数理统计为工具,从量的方面描述了信息的传输和提取等问题。信息论的研究领域扩大到机器、生物和社会等系统,发展成为一门专门利用数学方法来研究如何计量、提取、变换、传递、存贮和控制各种系统信息的一般规律的科学。 3. 香农在他的著作中,阐明了通信的基本问题,给出了通信系统的模型,提出了信息量的数学表达式,并解决了信道容量、信源统计特性、信源编码、信道编码等一系列基本技术问题。	应用于编码学,密码学与密码分析学,数据传输,数据压缩,检测理论,估计理论,政治学(政治沟通)等学科领域。
耗散结构理论 (A Theory of Dissipative Structure) 1969 年	比利时物理学家、理论物理学家伊·普·戈金(Ilya Prigogine)	1969 年由普里戈金在一次化理论和物理学里亚"理论物理学和生物学"的国际会议上正式提出。	1. 该理论揭示了复杂系统中的自组织运动规律的一门具有强烈方法论功能的新兴学科,其理论、概念和方法不仅适用于自然现象,同时也适用于解释社会现象。 2. 一个远离平衡态的非线性的开放系统(不管是物理的、化学的、生物的乃至社会的、经济的系统)通过不断地与外界交换物质和能量,在系统内部某个参量的变化达到一定的阈值时,通过涨落,系统可能发生突变即非平衡相变,由原来的混沌无序状态转变为一种在时间上、空间上或功能上的有序状态。这种在远离平衡的非线性区形成的新的稳定的宏观有序结构,由于需要不断与外界交换物质或能量才能维持,因此称之为"耗散结构"。	主要应用于物理学、天文学、生物学、经济学、哲学等领域。但只有把它与系统科学方法的其他理论(系统论、信息论、控制论、协同论、超循环论、突变论等)结合起来,才能充分发挥其应有的作用。

协同论（ synergetics） 1971 年	西德著名物理学家哈肯（Hermann Haken）。	《协同学导论》1977 年	1. 主要研究远离平衡态的开放系统在与外界有物质或能量交换的情况下，如何通过自己内部协同作用，自发出现时间、空间和功能上的有序结构。 2. 协同论以现代科学的最新成果——系统论、信息论、控制论、突变论等为基础，吸取了结构耗散理论的大量营养，采用统计学和动力学相结合的方法，通过对不同的领域的分析，提出了多维相空间理论，建立了一整套的数学模型和处理方案，在微观到宏观的过渡上，描述了各种系统和现象中从无序到有序转变的共同规律。 3. 协同论的主要内容是协同效应、伺服原理和自组织理论（详见本章第 2 节）。	主要应用于物理现象、化学和生物化学现象、生物现象，甚至用到社会经济的各个领域，如旅游规划、城乡规划等。
突变论（Catastrophic Change theory）1972 年	法国数学家勒内·托姆（ René Thom）	《结构稳定性和形态发生学》1972 年。	1. "突变"一词为强调变化过程的间断或突然转换的意思。在自然界和人类社会活动中，除了渐变的和连续光滑的变化现象外，还存在着大量的突然变化和跃迁现象，如岩石的破裂、桥梁的崩塌、地震、海啸、细胞的分裂、生物的变异、人的休克、情绪的波动、战争、市场变化、企业倒闭、经济危机等。 2. 突变理论研究的是从一种稳定组态跃迁到另一种稳定组态的现象和规律。它指出自然界或人类社会中任何一种运动状态，都有稳定态和非稳定态之分。在微小的偶然扰动因素作用下，仍能够保持原来状态的是稳定态；而一旦受到微扰就迅速离开原来状态的则是非稳定态，稳定态与非稳定态相互交错。非线性系统从某一个稳定态（平衡态）到另一个稳定态的转化，是以突变形式发生的。 3. 突变理论是用形象的数学模型来描述连续性行动突然中断导致质变的过程，这一理论与混沌理论（Chaos Theory）相关，尽管它们是两个完全独立的理论，但现在突变理论被普遍视作混沌理论的一部分。	突变论可以被用来认识和预测复杂的系统行为。突变理论作为研究系统序演化的有力数学工具，能较好地解说和预测自然界和社会上的突然现象，在数学、物理学、化学、生物学、工程技术、社会科学等方面有着广阔的应用前景。
混沌论（ Chaostheory）1963 年	美国气象学家爱德华·诺顿·洛伦茨（Edward Norton Lorenz）	《混沌：开创新科学》1987 年	1. 该理论认为，非线性系统具有的多样性和多尺度性，它解释了决定系统可能产生随机结果。 2. 是一种兼具质性思考与量化分析的方法，用以探讨动态系统中，如人口移动、化学反应、气象变化、社会行为等无法用单一的数据关系，而必须用整体、连续的数据关系才能加以解释及预测之行为。 3. 在混沌系统中，初始条件的微小变化，可能造成后续长期而巨大的连锁反应。此理论最为人所知的论述之一是"蝴蝶效应"："一只蝴蝶在巴西轻拍翅膀，会使更多蝴蝶跟着一起振翅，最后将有数千只的蝴蝶都跟着那只蝴蝶一同挥动翅膀，结果可以导致一个月后在美国德州发生一场龙卷风。" 4. 1960 年代，美国数学家 Stephen Smale 发现，某些物体的行径经过某种规则性的变化之后，随后的发展并无一定的轨迹可寻，呈现失序的混沌状态。	混沌学与相对论、量子力学同被列为 20 世纪的最伟大发现之一。理论的最大的贡献是用简单的模型获得明确的非周期结果。在气象、航空及航天等领域的研究里有重大的作用。

| 分形论
（（Fractal
Theory）
1975 年 | 美籍数
学家芒
德勃罗
（B. B.
Mandelbrot
） | 《英国
的海岸
线有多
长——
统计自
相似和
分数维
度 》
1967 年 | 1. 分形理论的最基本特点是用分数维度的视角和数学方法描述和研究客观事物，也就是用分形分维的数学工具来描述研究客观事物。
2. 分形具有不规则、支离破碎等意义。曼德布罗特曾经为分形下过两个定义：一是满足 Dim(A) > dim(A)的集合 A 称为分形集。其中. Dim(A) 为集合 A 的 Hausdoff 维数（或分维数），dim(A)为其拓扑维数。一般说来 Dim(A)不是整数，而是分数。二是部分与整体以某种形式相似的形称为分形。
3. 分形理论跳出了一维的线、二维的面、三维的立体乃至四维时空的传统藩篱，更加趋近复杂系统的真实属性与状态的描述，更加符合客观事物的多样性与复杂性。 | 分形理论的产生使人们用新的观念、方法来处理非线性世界的难题，揭示复杂事物的背后所隐藏的规律，其主要应用于自然科学、工程技术、社会经济和文化艺术等领域。 |

资料来源：主要根据百度百科、搜狗百科和中国知网的相关文献成果整理得出。

二、复杂性科学理论发展趋势

世界著名科学家，空气动力学家钱学森是我国最早重视复杂性科学研究的第一人。他从 20 世纪 80 年代就洞察到这一科学新方向的重要性，以他为核心，聚集了一批力量，以开放的复杂巨系统（OCGS）理论为学术旗帜开创了中国复杂性研究之先河，被人称之为钱学森学派[①]。以钱学森为首的这个中国复杂性研究集体的工作还在继续深入。复杂性研究在中国越来越受到重视。

无论是系统理论、协同理论、混沌理论还是超循环理论，都是一种方法论，是人们认识自然探索自然的有效手段，它们必将对包括旅游规划在内的自然科学和社会科学研究产生深远影响。当然中国复杂性研究获得成果的希望还在科技界和工程界，我们期待着他们有重大的创新突破。

第二节 协同性旅游规划基础理论

2012 年 2 月一个"未来地球过渡小组"搞了一份框架文件："未来地球：

---

① 苗东升：《复杂性研究的现状与展望》，《系统辩证学学报》2001 年第 9 卷第 4 期，第 3—9 页。

全球可持续发展研究"①。框架文件强调:"人类的影响是如此之大,以至于它可能对地球系统造成急剧的、不可逆转的变化,这种变化将严重影响经济发展和人类福祉。"面对这样严重的问题,框架文件"要求我们不仅要认知实现地球功能的各种过程和生命进化的模式和驱动力,还要知道如何管理和调控我们的行为。"而实现对人类行为的调控,就"需要一个新的研究领域以深化我们的知识,并帮助我们理解和实现转型。这一领域应专注于科学、技术、制度、经济和人类行为等多方面的、实现全球可持续性的办法和选择,并帮助我们做出应对全球环境变化的决策。"——陆大道

一、永续发展的 3E 理念

(一)永续发展的内涵

1972 年在斯德哥尔摩举行的联合国人类环境研讨会上首次提出了永续发展(sustainable development)②的理念,其核心议题是共同界定人类在缔造一个健康和富生机的环境上所享有的权利。1987 年世界环境与发展委员会界定了永续发展的定义,该定义强调了代际平等的目标——当代和子孙后代的所有人都能够通过努力实现高标准的生活质量,而无需超出责任系统的承载能力。换句话说,就是指经济、社会、资源和生态环境的协同发

---

① "未来地球计划(Future Earth)"(2014—2023)的目的是为应对全球环境变化给各区域、国家和社会带来的挑战,加强自然科学与社会科学的沟通与合作,为全球可持续发展提供必要的理论知识、研究手段和方法。该计划通过科学家、政府、企业、资助机构、用户等利益攸关者"协同设计、协同实施、协同推广"(co - design, co - production, co - delivery)科研成果和解决方案,增强全球可持续性发展的能力,应对全球环境变化带来的挑战。国际"未来地球计划"设置了 3 个研究方向:(1)动态地球(Dynamic Planet);(2)全球发展(Global Development);(3)向可持续发展的转变(Transition to Sustainability)。同时,提出增强 8 个关键交叉领域的能力建设:(1)地球观测系统;(2)数据共享系统;(3)地球系统模式;(4)发展地球科学理论;(5)综合与评估;(6)能力建设与教育;(7)信息交流;(8)科学与政策的沟通与平台。该计划特别强调了面向地球环境管理决策的多学科交叉合作研究。

② sustainable development 之前多译"可持续发展",从字面意义来看,"可持续"更侧重强调"持续发展"的能力,而"永续"更强调将"持续发展"作为目标,是一个不断推进的过程。十七大报告中明确指出,"要让人们在良好生态环境中生产生活,实现经济社会永续发展",由此引发了一场关于"永续发展"理念的讨论。本书译为"永续发展"。

展。1992 年 6 月,联合国在里约热内卢召开的"环境与发展大会",通过了以永续发展为核心的《里约环境与发展宣言》、《21 世纪议程》等文件。随后,中国中央政府编制了《中国 21 世纪人口、资源、环境与发展白皮书》,首次把永续发展战略纳入我国经济和社会发展的长远规划。1997 年的中共十五大把永续发展战略确定为我国"现代化建设中必须实施"的战略。

(二) 永续发展的 3E 概念

永续发展的理念是人们在对西方工业化的反思基础上,解构"现代性"的过程中提出来的。现代精神在人与自然的关系上,宣扬"人类中心主义"主张"二元论",把自然看成是人类征服、占有、利用、控制的对象,人地对立①。从永续发展的本质上看,它强调的是生态、经济、公平(ecology、economy、equity,3E)原则,即表现为 3E 彼此之间的冲突:经济发展与生态永续性之间的"资源性冲突";经济增长与机会均等之间的"财产性冲突";生活公平与环境保护之间的"开发性冲突"(Campbell 1996)②。

生态

生态(Eco-)一词源于古希腊语 οικος,原意指"住所(house)"或"栖息地"。生态一词有多种含义,一般是指一切生物的生存状态,以及它们之间和它与环境之间环环相扣的关系。生态的产生最早也是从研究生物个体而开始的,"生态"一词涉及的范畴也越来越广,人们常常用"生态"来定义许多美好的事物,如绿色的、健康的、美的等事物均可冠以"生态"修饰。当然,不同文化背景的人对"生态"的定义会有所不同,多元的世界需要多元的文化,正如自然界的"生态"所追求的物种多样性一样,以此来维持生态系统的平衡发展,社会文化方面的"生态"所崇尚的是人类历史文脉的延续与传承。

1866 年,德国生物学家 E. 海克尔(Ernst Haeckel)最早提出生态学的概念,当时认为它是研究动植物及其环境间、动物与植物之间及其对生态系统

---

① 叶文,谢军:《旅游规划的价值取向》,《人文地理》2003 年第 6 期,第 40—43 页。
② Scott Campbell. Green Cities, Growing Cities, just Cities? Urban Planning and the Contradictions of Sustainable Development[J]. Journal of American Planning Association. 1996,62(3):296-312.

的影响的一门学科。日本东京帝国大学三好学于 1895 年把 ecology 一词译为"生态学",后经武汉大学张挺教授介绍到我国。生态学是研究生物与环境之间相互关系及其作用机理的科学。目前生态学已经发展成为一门较为成熟的学科体系,主要包括分子生态学、种群生态学、城市生态学、景观生态学、旅游生态学、全球生态学等学科。

2007 年党的十七大报告提出:"建设生态文明,基本形成节约能源资源和保护生态环境的产业结构、增长方式、消费模式。"2015 年 4 月,中共中央国务院印发《关于加快推进生态文明建设的意见》中提出:"坚持把绿色发展、循环发展、低碳发展作为基本途径。……保护和修复自然生态系统。"同年 9 月,中共中央国务院印发《生态文明体制改革总体方案》中进一步强调:"生态文明建设不仅影响经济持续健康发展,也关系政治和社会建设,必须放在突出地位,融入经济建设、政治建设、文化建设、社会建设各方面和全过程。"

经济

经济(economy)一词的英文源于古希腊语 οικονομα,οικο 为家庭的意思,νομο 是方法或者习惯的意思,两者综合起来意指治理家庭财物的方法。在西方经济学中,经济学家给经济学下了各种各样的定义,但迄今为止在西方经济学中经济一词还没有一个明确的定义。我们只能从其对经济学的定义中推测出经济的"定义"。这些定义有:经济是人类和社会选择使用自然界和前辈所提供的稀缺资源;经济是指利用稀缺的资源以生产有价值的商品并将它们分配给不同的个人;经济是指将稀缺的资源有效的配置给相互竞争的用途;经济是指个人、企业、政府以及其他组织在社会内进行选择,以及这些选择决定社会性稀缺性资源的使用;经济是指我们社会中的个人、厂商、政府和其他组织进行选择,这些选择决定社会资源被利用;经济是指在经济活动中确定劳动、资本和土地的价格,以及运用这些价格配置资源;经济指社会管理自己的稀缺资源……

简单说,经济就是生产或生活上的节约、节俭,前者包括节约资金、物质资料和劳动等,归根结底是劳动时间的节约,即用尽可能少的劳动消耗生产出尽可能多的社会所需要的成果。后者指个人或家庭在生活消费上精打细算,用消耗较少的消费品来满足最大的需要。总之,经济就是用较少人力、物力、财力、时间、空间获取较大的成果或收益的经济活动的载体形式。

公平

所谓"公平"的"公"为公正、合理,能获得广泛的支持;"平"指平等、平均。是指对一切有关的人公正、平等的对待公平分配。一般是指所有的参与者(人或者团体)的各项属性(包括投入、获得等)平均。《管子·形势解》:"天公平而无私,故美恶莫不覆;地公平而无私,故小大莫不载。"《汉书·杨恽传》:"恽居殿中,廉絜无私,郎官称公平。"《战国策·秦一》:"商君治秦,法令至行,公平无私。"

公平一般是在理想状态实现的,没有绝对的公平。现代社会和道德提倡公平,公平也是各项竞技活动开展的基础。但真正意义上的公平是不存在的,公平一般靠法律和协约保证,由活动的发起人(主要成员)制定,参与者遵守。由此看来,如果规划师仅仅关注其中一个简单的冲突,他们将会忽视其他一系列阻碍规划编制的冲突,因为规划是综合性的,它需要考虑协商性政策方案之间的相互关联性,并且促进公众利益和公共安全。针对永续发展存在的缺陷——没有纳入与建设宜居城镇目标有关冲突,Godschalk(2004)提出了永续棱锥模型(参见本章图24)。

该模型棱锥的各顶点分别代表了生态、经济、公平和宜居等主要价值观,棱锥的每条边则代表了这些价值观之间的相互作用:宜居性与经济增长之间的冲突导致了"增长管理冲突",这种冲突源于人们对不受干预、完全遵循市场原则的开发在多大程度上能够提供高质量的居住环境所持有的不同信仰;宜居性与生态之间的冲突导致了"绿色城市冲突",这源于自然与建成环境哪个更为重要的争论;宜居性与公平之间的冲突导致了"中产阶级化冲突",是保存贫穷的城市街区以维护现有居民的利益,还是对其进行再开发并提升其质量以吸引中产阶级和上层阶级群体回归中心城市所持有的不同信仰①。永续棱锥模型使规划师能够清楚地认识到各种目标的局限性,它们在多大程度上照顾到了不同利益相关者的利益。

二、紧凑发展的3D理念

(一)紧凑城市的内涵

"紧凑"(compact)一词很早就被用来形容城市,大约公元前460年完成的旧约《诗篇》(Psalms)中便将耶路撒冷形容成一个"紧凑"城市("Jerusalem is builded as a city that is compact together")②。而圣经故事里描述的"天国的城市"——大马士革(Damascus,现叙利亚首都)也是一个人口规模达到20万的"紧凑城市(compact city)"③。由于这些城市在人们精神世界中的位置可见"紧凑"一词最开始被用于形容城市时便指代着相对更为美好的境地——尺度宜人、较高密度、生活便利和景观丰富等多重特质的传统城镇④。20世纪60年代后,欧美许多国家为了应对郊区蔓延所带来的诸多问题而提倡的一种集中、紧凑、多样的城市空间形态——紧凑城市。紧凑城市首先由斯坦福大学George. B. Dantzig和Thomas. L. Saaty在1973年出版的专著《紧凑城市:适于居住的城市环境规划》(Compact City:A Plan for a Liveable Urban Environment)中提出。1990年,欧洲社区委员会(Commission of the European Communities)发表《城市环境绿皮书》(Green on the Urban Environment),正式提出"紧凑城市"的概念,并将"紧凑城市"作为"一种解决居住和环境问题的有效途径之一"。认为"紧凑城市"相对密度较高的城市更能减少交通、能源需求以及环境污染,从而更好地保证生活质量和环境状况,因而是更有效地实现城市永续发展的空间策略。

---

① 菲利普·伯克,戴维·哥德沙克等:《城市土地使用规划》,吴志强等译,中国建筑工业出版社2009年版,第40页。
② 旧约Psalms中第122章,被称为"圣城"的耶路撒冷面积大约1平方公里,是犹太教、基督教和伊斯兰教三大宗教的圣地,它在精神意义上的象征作用无可替代。
③ E. W. G. Masterman, Damascus, the Oldest City in the World[J]. The Biblical World, 1898, 12(2):71 –85.
④ 李琳:《紧凑城市中"紧凑"概念释义》,《城市规划学刊》2008年第175卷第3期,第41—45页。

我国正处于城镇化快速发展期,每年有大量的农用地转化为城市建设用地[1],我们必须依据国家18.18亿亩耕地保护红线与确保各省粮食生产能力来进行严格管理。仇保兴(2010)[2]认为,采取最严格的耕地保护策略和紧凑型的城市用地方针是事关我国粮食安全和实现可持续发展的基本策略,任何时期都不能动摇。他认为(2010)[3]从二氧化碳气体排放看,美国人口仅占全球人口的5%,但其排放量与我国相当,而且城市占地规模巨大。尽管我国目前人口数量非常大,但人均排放还不到世界的平均水平,如果我国采取美国式的城镇化发展模式,未来的总排放量将是一个巨大的数字。这种前景当然是非常可怕的,从这个意义上说,我国决不能步美国的城镇化模式后尘,而应坚持紧凑型的城市发展模式和提倡低碳城市的发展模式——目前85%的二氧化碳气体由城市产生。因此,在中国推行紧凑型的城市发展模式能够综合地体现节地、节能、节水、节材为目标的资源节约型、环境友好型社会发展的总体目标,也就是和谐、理性、健康的城镇所要追求的目标[4]。

(二)紧凑发展的3D概念

在紧凑城市理念的指导下,美国著名城市规划师彼得·卡尔索尔普于1993年提出了"公交导向开发模式"(Transit - Oriented Development,TOD),通过规划预先控制轨道交通各节点周边一定范围的土地,其中包含了轨道交通建设所带来的土地增值收益归全民所有的理念[5]。TOD的主要目标是在城市整体尺度上整合公共交通和土地使用的关系,使二者相辅相成。首

---

[1]　根据国土资源部的数据显示,2005年全国城市建设用地24万平米公里,人均城市建设用地130多平方米,远远高于发达国家人均82.4平方米和发展中国家人均88.3平方米,世界上最繁华的城市包括郊区在内,人均占地才112.5平方米。

[2]　仇保兴:《对地方政府"土地财政"的理性分析及兴利除弊之策》,《城市发展研究》2010年第4期,第8—11页。

[3]　仇保兴:《城镇化的挑战与希望》,《城市发展研究》2010年第1期,第1—7页。

[4]　仇保兴:《紧凑度和多样性:我国城市可持续发展的核心理念》,《城市规划》2006年第11期,第18—24页。

[5]　彼得·卡尔索普:《未来美国大都市:生态·社区·美国梦》,郭亮译,中国建筑工业出版社2009年版。

先是提高步行交通、公共交通在居民出行中的利用;其二是采用土地混合使用和多样化建筑设计取代单调的土地使用。

1997 年,罗伯特·克弗尔(Robert Cever)在总结以往 TOD 规划原则的基础上提出了"3D 原则",即密度、设计、多样性(density、design、diversity,3D)的规划原则①(这里,我们将 3D 原则定义为紧凑发展的 3D 理念)。

密度

"密度"的概念起源于物理学领域,它是指每个单位体积中质的量。我们通常使用密度来描述物质在单位体积下的质量。这个概念在建筑、经济和社会等科学领域也经常使用,如城市生活领域用这个概念指单位面积土地上的人或建筑物的数量,表示为建筑密度、容积率、人口密度、经济密度等。经济密度是指 GDP 与区域面积之比。它表征了单位土地面积上经济活动的效率和土地利用的密集程度,一般以每平方公里土地的产值来表示。根据这些标准,"高密度"这个术语只是表示为工作、居住和购物等目标容纳或聚集更多的人,或者在给定面积的地基上建造更多面积的房屋。

设计

根据工业设计师 Victor Papanek 的定义,设计是为构建有意义的秩序而付出的有意识的直觉上的努力。其含义包括:理解用户的期望、需要、动机,并理解业务、技术和行业上的需求和限制;将这些所知道的东西转化为对产品的规划(或者产品本身),使得产品的形式、内容和行为变得有用、能用,令人向往,并且在经济和技术上可行。

随着现代科技的发展、知识社会的到来、创新形态的嬗变,设计也正由专业设计师的工作向更广泛的客户参与演变,以客户为中心的、客户参与的创新设计日益受到关注,客户参与的创新 2.0 模式正在逐步显现。客户需求、客户参与、以客户为中心被认为是新条件下设计创新的重要特征,客户成为创新 2.0 的关键词,客户体验也被认为是知识社会环境下创新 2.0 模式的核心。设计不再是专业规划师、设计师的专利,以客户参与、以客户为

---

① 唐相龙:《新城市主义及精明增长之解读》,《城市问题》2008 年第 1 期,第 87—90 页。

中心也成为了设计的关键词。简单说,设计就是一种"有目的的创作行为",就是"设想、运筹、计划、预算"的一个过程。在西方,大型的设计系统,往往以建筑(architecture)来称呼。这里指的建筑并非具体的建筑学、而是一种抽象的形容。总而言之,设计是把一种计划、规划、设想通过视觉的形式传达出来的活动过程,其主要的任务不只是为生活和商业服务,同时也伴有艺术性的创作。

多样性

多样性一直常见于生态学名词,如,生物多样性、物种多样性、生态系统多样性、遗传多样性、城市多样性、文化多样性等。美国城市评论家简·雅各布斯在《美国的城市的死与生》一书中写道,"多样性是城市的天性"。在城市的发展过程中,城市功用的多样性是一个普遍存在的重要的原则。要理解城市,就必须将功用的多样性作为基本的现象来正确对待。雅各布斯考察了美国的许多城市特别是大城市,得出的结论是:充满活力的街道和居住区都拥有丰富的多样性,而失败的城市地区多样性都明显匮乏。她举了巴尔的摩(Baltimore)作为例子。在这个居住区里,街道两侧是规划单调的公共绿地,由于缺少商业设施,居民叫苦不迭。而且,夜间的街道也令行人非常恐怖。

在任何环境中的任何事物都会存在多样性,宏观来讲,生态环境、社会文化存在多样性。直观来讲,生物种类、商业产品存在多样性;微观来讲,同一物种的遗传基因存在多样性。各种层面的多样性通常会保持动态平衡,其中有些会被淘汰,也会有新生的不同于以往的新形式出现。

生物多样性是对生物系统(biological system)所有组织层次(例如分子、种群、物种、群落、生态系统、生物群区,等等)中生命形式的多样化的统称。因此,多样性是生物系统的基本特征。通常,生物多样性的概念包含3个层次,即遗传多样性(genetic diversity)、物种多样性(species diversity)、生态系统多样性(ecosystem diversity)。另有学者认为还需要加入景观多样性(landscape diversity),作为生物多样性的第四个层次。生物多样性是地球生命经过几十亿年发展进化的结果,是生物系统维持其功能和过程的必要保证,同时也是人类赖以生存和持续发展的物质基础。因此,保护生物多样性有着极为重大的意义。

生态系统多样性是指生物圈内生境、生物群落和生态过程的多样化以及生态系统内部生境差异、生态过程变化的多样性。例如:河流、湖泊、海洋,森林、草原、湿地、戈壁、沙漠等。

文化多样性指一个地区或国家传统风俗、文化的丰富程度。不同文化间的交融可以让人们更具开放性的吸收更丰富的饮食、艺术、娱乐、科技的文化。但部分文化中的差异也可能相互抵触。

2015年4月,中共中央国务院印发《关于加快推进生态文明建设的意见》中提出:"尊重自然格局,依托现有山水脉络、气象条件等,合理布局城镇各类空间,尽量减少对自然的干扰和损害。保护自然景观,传承历史文化,提倡城镇形态多样性,保持特色风貌,防止'千城一面'。"可见,紧凑城市不仅仅是一种集约化、低碳化、人性化的城市发展理论,也是指导城市科学、合理、公平、高效使用土地的理论,蕴含着丰富的土地使用理念、原则和方法[1]。主要体现为土地使用的高密度性、注重生态环境、关注社会公平和倡导人性化4个方面。其优点包括:保护农村地区;对汽车的较少使用以及随之减少的能耗:支持公共交通、步行和自行车使用[2],通过更多地利用公共服务设施和基础设施以更有效地发挥城市的自组织作用,达到复兴内城的目的。

例如,从宏观来看,小汽车导向下快速路促进城市空间蔓延,城市密度、强度从中心城区向外圈层递减,使得公共交通难以组织;中观上城市功能分区明确,使得城市的生活、就业活动范围扩大,出行强度与距离加大;微观上,忽视步行环境的场所设计使得出行向机动车倾斜,步行比例低下[3]。因

---

① 吴正红,冯长春,杨子江:《紧凑城市发展中的土地利用理念》,《城市问题》2012年第1期,第9—14页。

② 李翅:《土地集约利用的城市空间发展模式》,《城市规划学刊》2006年第1期,第49—55页。

③ 周文竹,阳建强等:《城市用地"3D"发展模式研究:一种基于减少机动化需求的规划理念》,《城市规划》2012年第1期,第51—57页。

此,为实现集约型、环境友好、出行畅通的城市增长目标,从宏观到微观,如何应用3D理念,通过项目场地设计来优化土地开发密度,以实现土地多样性用途和倡导公交出行,提高城市运营效率,引导城市减少机动化出行需求,转向以公交需求为导向的合理化用地方向发展,将是城市发展面临的一个关键性问题。3D理念强调通过相对较高强度的开发,保证公共交通必要的密度要求与开发的经济要求,同时以基于传统价值观的行人导向的空间设计和土地混合使用满足人的多样化选择。

三、绿色发展的3L理念

(一)绿色发展的内涵

如果说永续发展是滋养城市健康生长的源泉,紧凑发展是实现城市节约集约的积极手段,那么绿色发展就是城市"发家致富"的秘籍。所谓的绿色发展,是指以新能源和节能环保等低碳经济发展为路径,以扩大就业、提升社会公平为动力,通过技术创新、制度创新、产业转型、新能源开发和紧凑发展等多种手段,实现低碳、休闲与宜居(low - carbon、leisure、liveability,3L)的有机结合、相互促进的综合成果的永续发展模式。

(二)绿色发展的3L理念

低碳

世界石油理事会中国国家委员会青年委员胡森林说,"历史对人的诱惑在于,它总是不动声色地把一些玄机和关节隐藏在草蛇灰线的痕迹中,需要时过境迁之后才能发觉其间隐秘的关联"。

18世纪后半叶,煤炭的大规模利用带来了第一次工业革命。19世纪末到20世纪初,石油催生了汽车时代和电气时代,推动了第二次工业革命。人们一向认为工业革命的核心是技术革命,但深究会发现,前两次工业革命的核心驱动力量其实是能源转型——"去碳化"的初始。

每一次重大能源转型都伴随着一波工业革命,正如著名未来学家杰里米·里夫金所说:"每一个伟大的经济时代都是以新型能源机制的引入为标志"。每次能源转型都会带来生产力的提高,以及经济模式的巨大转变,还会引发整个生产生活方式和社会文化与观念的变革,影响国际关系及政治格局。

纵观历史,人类至今已经历两次大的能源转型。第一次是煤炭取代薪柴成为主要燃料,使蒸汽机得到广泛应用,推动了纺织、钢铁、机械、铁路运输等近代工业的建立和大发展,造就了第一次工业革命。人类社会由农业文明向工业文明进化。英国率先在世界上建立近代工业体系,崛起成为"日不落帝国"。

第二次是石油取代煤炭成为主导能源,电力被发明并得到广泛应用,推动了现代工业的建立和发展,催生了电力、石油、化工、汽车、通信等新的工业部门,还推动了纺织、钢铁、机械、铁路运输等旧的工业部门升级,出现了第二次工业革命。美国在这次变革中抢占先机,率先在世界上建立现代工业体系,石油的广泛利用带来了汽车时代的发展,推动消费主义生活方式成为时尚,并直接影响了两次世界大战的战局,奠定了美国的世界领先地位。

在过去的一个多世纪里,石油成为这个世界的重要主宰力量。依靠大部分时间都充足且廉价的石油,人类创造了辉煌的经济发展奇迹,但围绕石油霸权和利益的争夺也一刻没有停止,国际局势因此动荡不安。不加节制的使用,使得石油即将枯竭等"灾变论"不时在耳边响起,温室气体排放带来的气候变化问题成为全球议题。尤其是近年来,全球气候变化、资源耗竭、生态环境恶化、生物多样性减少等问题日益突出,世界各地极端天气的出现屡见不鲜[①],已经危害到人类的生存环境和健康安全。对于全球气候变化及生态破坏的原因,国际上较为公认的观点是由于人为温室气体排放和毁林、土地利用变化等引起或是显著加快了全球气候变暖。毋庸置疑,碳排放与生态环境、土地利用、城市空间、生活方式等息息相关。低碳经济的

---

① 2012年7月21日,北京市遭遇了历史上罕见的特大暴雨袭击,全市受灾面积16000平方公里,成灾面积14000平方公里,全市受灾人口190万人。全市道路、桥梁、水利工程等基础设施损毁严重。据初步统计全市经济损失近百亿元。许多专家认为,造成这次特大自然灾害的主要原因之一是长期以来城乡规划与建设的不合理导致"城市热岛效应"显著加强,从而加大了降雨强度。

概念正是基于这种背景下提出的,其目的是倡导低碳发展模式,以期减缓气候变化进程,减小气候变化对经济社会发展带来的不利影响。低碳经济由低碳技术、低碳能源、低碳产业、低碳城市和低碳管理5个要素构成,其中低碳城市是低碳经济发展的平台(袁男优,2010)①。

2001年美国生态学家、城市设计师理查德·瑞吉斯特(Richard Register)在他的著作《生态城市:重建与自然平衡的城市》(Ecocities:Rebuilding Cities in Balance with Nature)一书中指出,城市是影响整个地球的人类文明的基石,不过文明已经走上了邪路,尤其表现在环境影响上;城市需要从深扎于土层下的地基到钢筋混凝土的结构按照生态学原理进行重新组织和建设。这充分说明了城乡规划(包括旅游规划)价值理念重新取向的必要性。他提出建设生态城市应遵循的原则是为他人考虑,包括植物、动物和地球本身,这样他人亦会为你考虑。

今天,新的能源革命已成为许多人的共识,但人们对其基本内涵则有不同认识。比较常见的一种说法是:新的能源革命将是新的通信技术和可再生能源相结合,形成能源互联网,在此过程中,新能源技术、智能技术、信息技术、网络技术不断突破,与智能电网相结合,推动第三次工业革命。第三次工业革命的实质内容是倡导低碳理念。从内涵看,低碳理念是绿色发展的核心理念,是在永续发展基础上的一种模式创新,是建立在生态环境容量和资源承载力的约束条件下,将环境保护作为实现永续发展重要支柱的一种新型发展模式。具体包括:一、要将环境资源作为社会经济发展的内在要素,尽可能地减少煤炭石油等高碳能源消耗,减少温室气体排放,达到经济社会发展与生态环境保护双赢的一种经济发展形态;二、要把实现生态、经济、公平和宜居等的永续发展作为绿色发展的目标;三、要把经济活动过程和结果的"低碳化"、"可意象性"、"宜居性"作为绿色发展的主要内容和途径。

休闲

---

① 袁男优:《低碳经济的概念内涵》,《城市环境与城市生态》2010年第23卷第1期,第43—46页。

"休闲(leisure)"源自拉丁语"licere",从词源上看,leisure 可被视作 li-cence(许可)和 liberty(自由)的合成词,亦即"被允许"(to be permitted),意思是指人摆脱生产劳动后的自在生命及其自由体验状态,自在、自由、自得是其最基本的特征。leisure 有两个含义:闲暇、空闲;空闲时间。其词尾"ure"有"离开"之意,也有"暴露"和"怠慢、失败"等含义①。"休闲"不同于一般的"闲暇"、"空闲"、"消闲",而是"从心所欲不逾矩"的自由自在与超越自得②;是一种现实存在,一种文化和一种人类文明程度的标尺③;也是现代社会的一种全新的生活形态和一种特定的生存状态④⑤。换句话说,休闲是一种从容自得的境界,是人的自在生命的自由体验,是一种文化创造、文化欣赏、文化建构的生命状态和行为方式,是人存在的一种状态,是人对幸福和生命意义追求的过程。一般意义上的休闲是指两个方面:一是解除体力上的疲劳,获得生理的和谐;二是赢得精神上的自由,营造心灵的空间。休闲一词的内涵主要包括 4 个方面(黄菊,刘世明,2011)⑥:第一,它是一种自由选择;第二,它是一种自在心境;第三,它是一种自我教化;第四,它是一种生命存在状态。因此,相比旅游而言,休闲更多的是强调时间的空闲性和心态的闲暇性,即是"空闲"的内涵。

休闲旅游是指以旅游资源为依托,以休闲为主要目的,以旅游设施为条件,以特定的文化景观和服务项目为内容,离开定居地而到异地逗留一定时期的游览、娱乐、观光和休息⑦。目前,旅游业发展正步入产品的转型期,由传统的观光旅游逐渐发展为包括休闲在内的多维度旅游趋势——已呈现出

① 《牛津现代高级英汉双解词典》,商务印书馆 1993 年版。
② 潘立勇:《休闲与审美:自在生命的自由体验》,《浙江大学学报(人文社会科学版)》2005 年第 6 期,第 5—11 页。
③ 马惠娣:《休闲产业应是我国新的经济增长点》,《未来与发展》2000 年第 4 期,第 39—41 页。
④ 楼嘉军:《休闲初探》,《桂林旅游高等专科学校学报》2000 年第 11 卷第 2 期,第 5—9 页。
⑤ 张广瑞,宋瑞:《关于休闲的研究》,《社会科学家》2001 年第 16 卷第 5 期,第 17—20 页。
⑥ 黄菊,刘世明:《后现代文化对休闲旅游的影响》,《河北大学学报(哲学社会科学版)》2011 年 6 月,第 146—151 页。
⑦ 刘群红:《发展我国休闲旅游产业问题的若干思考》,《求实》2000 年第 8 期,第 41—43 页。

国内化、家庭化、大众化、多元化、郊区化和高品位化发展态势①。休闲旅游属于高层次的精神活动,它十分强调人与自然的和谐发展,回归自然,返璞归真,是人类天性使然。它是一种通过旅游活动达到自身目的的休闲方式,是休闲活动的一部分②,是现代文明社会中人们的一种迫切要求。

在旅游业中,休闲这种业态对旅游者身心健康、自我发展甚至人生价值的思考,都会产生深刻的影响。比如说,酒店不应是简单的供旅游者消磨空余时间的空间,而应被塑造旅游者旅途生活的一种体验产品,真正把酒店的休闲特质表现出来,因为酒店休闲的功能主要体现在于酒店所营造的氛围和构筑的意境。因此,要从视觉、嗅觉、味觉、触觉、听觉"五觉"角度入手,即通过与旅游者产生共鸣,从而达到放松身心、慰藉心灵的效果,让旅游者消除疲劳,获得精神上的愉悦。

吴必虎,黄萧婷指出,在我国一个工龄在 15 年的社会中坚人士,每年享有 125.29 天的非工作时间(125.29 天 = 11 天节日 + 全年 104.29 天双休日 + 10 天年休假日),也就 125 天完整的休闲时间③。美国著名学者托马斯·占德尔和杰弗瑞·戈比预测,在未来的产业结构中,从事休闲产业的劳动者将占整个社会劳动力的 80%—85%④。根据第 6 次全国人口普查显示,到 2010 年末,全国 65 岁及以上老龄人口约为 1.2 亿人,占全国人口总数的 8.87%。倘若在一年里,他(她)们当中有 1% 的人外出度假或想买一套新房,那么度假或养老型住房至少需求 120 万套(间)左右。可见,这种结构性的变化是推动我国旅游度假型、置业居家型房地产、养老型旅游地产和商业旅游地产快速发展的动因之一。

宜居

宜居,顾名思义就是指适宜人类居住的场所。这里指的是旅游度假区

---

① 胡英清:《中国休闲旅游发展研究新进展》,《广西民族大学学报哲学社会科学版》2008 年第 30 卷第 4 期,第 140—143 页。

② 王国新:《浅谈我国休闲旅游与休闲产业、休闲社会的发展关系》,《旅游学刊》2006 年第 11 期,第 8—9 页。

③ 吴必虎,黄萧婷:《休闲度假城市旅游规划》,中国旅游出版社 2010 年版,第 76—77 页。

④ 托马斯·占德尔,杰弗瑞·戈比:《人类思想史中的休闲》,云南人民出版 2000 年版。

的开发是适宜人们旅游观光、商务办公、休闲度假和适宜居住的。我国的宜居思想源于周代(公元前1046—前256年),与我国的道家的"天人合一"理念、古典园林、风水观的起源密切相关①。《管子·乘马》曰:"因天材,就地利,城郭不必中规矩,道路不必中准绳",指出在城市规划中应考虑"天材"、"地利"等自然要素,规划建设适宜人们工作生活的城市。在我国古典造园艺术方面,1634年清代著名造园师计成撰写的《园冶》一书中提出了古典宜居环境理论,该理论在注重相地、相宅等的同时,也注重考察了解地质地貌,以便营造更舒适的居住条件和环境。吴良镛等人于1993年提出了"人居环境科学"理论框架,为宜居概念的发展做出了巨大的贡献。他们认为人居环境包括建筑、市镇、区域等等,是一个"复杂巨系统",在它的发展过程中,面对错综复杂的自然与社会问题,需要借助复杂性科学的方法论,通过多学科的交叉融合从整体上予以探索和解决。今天我们所熟悉的宜居城市概念是在1996年联合国第二次人居大会上提出的,认为城市应当是适宜居住的人类居住地。直到2005年,国务院在《北京城市总体规划(2004—2020)》的批复中首次提出了"宜居城市"概念,以及同年全国规划工作会议明确要把宜居城市作为城市规划的重要内容,宜居城市的研究才引起国内众多学者的关注。2007年,我国出台的《宜居城市科学评价标准》包括社会文明度、经济富裕度、环境优美度、资源承载度、生活便宜度、公共安全度等6大指标体系近100项分项指标。

在国外,宜居思想可以追溯到古希腊时代(公元前800—146年),柏拉图在其《理想国》中有不少表述,而亚里士多德所倡导的"建设城市的最终目的在于使居民们在其中幸福地生活"的思想已成为经典②。埃比尼泽·霍华德(1898)倡导的"田园城市理论"可谓是近现代宜居理念"之父",该理论不仅奠定了宜居理论的基础,还促进了现代城市规划思想的诞生。之后的1954年,希腊学者道萨迪斯(Doxiadis)提出了人类聚居学的概念,进一步加强了对人类居住环境系统的综合研究。他指出自然(nature)、人(man)、社会(society)、建筑(shells)和基础设施网络(networks)是影响人居环境的5种要素。这些要素共同组成一个既复杂又协同发展的人居环境大系统。

什么样的城市才适宜人类居住呢? 城市的本质就是城市的宜居性,宜居性已经成为发达国家政府主导下新的城市发展观,也是我国城市发展的重要目标和市民生活中关心的重要内容(伍学进,2011)[1]。狭义的宜居城市是指气候条件宜人,生态景观和谐,人工环境优美,治安环境良好,适宜居住的城市,这里的"宜居"仅仅指适宜居住[2]。广义的宜居城市则是指自然环境与人文环境协同发展,经济持续繁荣,社会和谐稳定,文化艺术氛围浓郁,休闲设施舒适齐备,适于人类工作、居住生活和休闲度假的城市,这里的"宜居"不仅是指适宜居住,还包括适宜就业、出行观光及教育、医疗、文化资源充足等内容。

绿色发展是当今城乡发展的主流。以下是海南白沙黎族自治县细水乡城乡总体规划(2012—2030)的规划概述,以此阐述小城镇绿色发展的规划愿景。

细水乡位于白沙县东南部边缘山区,南湾河中游及上游松涛南部区域。西距白沙县中心城区牙叉镇18km,东南与琼中县接壤,东北紧临番加自然保护区及松涛水库毗邻,西南与元门乡交界,西邻牙叉镇。2010年6月8日国家发改委批准实施《海南国际旅游岛建设发展规划纲要》(以下简称《纲要》),《纲要》明确指出,"以五指山、琼中、屯昌、白沙组成的中部组团要在加强热带雨林和水源地保护的基础上,积极发展热带特色农业、林业经济、生态旅游、民族风情旅游等特色旅游项目。重点建设国家森林公园和黎族苗族文化旅游项目。"根据《海南省白沙黎族自治县旅游发展总体规划》要求,白沙县一直按照"绿色环保"定位来规划、建设细水乡,主要从环境资

---

① 伍学进:《论城市的宜居性》,《湖北社会科学》2011年第1期,第47—49页。
② 李丽萍、郭宝华:《关于宜居城市的几个基本问题》,《重庆工商大学学报(西部论坛)》2006年第3期,第54—58页。

源保护与节能减排、规划建设管理水平、基础设施与园林绿化、社会发展水平、建设用地集约性、公共服务水平历史文化保护与特色建设等七个方面对细水乡进行区域规划。可以预见,明确细水乡旅游发展定位,将对白沙县,甚至海南国际旅游岛推广"绿色低碳"起到很好的推动、带动、示范、宣传作用,还将进一步为乡镇探索科学发展、绿色崛起起到标杆的作用。

截至 2011 年底,细水乡域总人口为 6192 人,中心镇区常住人口 866 人,乡域人口密度 26 人每平方公里,人口密度较低,主要分布于卧"T"型的地域空间轴带上(图 17)。

根据本地常住人口预测法,本规划期内,预测细水乡人口成长结果为:至 2015 年,细水乡本地常住人口规模约为 6733 人,其中,城镇人口 1365 人,城镇化率为 20%;至 2020 年,细水乡本地常住人口规模约为 7527 人,其中,城镇人口 2044 人,城镇化率为 27%;至 2030 年,细水乡本地常住人口规模约为 10529 人,其中,城镇人口 4411 人,城镇化率为 42%。

考虑旅游城镇化人口持续增长的影响,本规划期内,预测细水乡综合人口成长结果为:至 2015 年,细水乡域总人口规模约为 6995 人,其中,城镇人口 1627 人(含旅游常住人口 262 人),城镇化率为 23%;至 2020 年,细水乡域人口规模约为 8913 人,其中,城镇人口 3430 人(含旅游常住人口 1386 人),城镇化率为 38%;至 2030 年,细水乡域人口规模约为 12153 人,其中,城镇人口 6035 人(含旅游常住人口 1624 人),城镇化率为 50%。

根据细水乡旅游资源(图 18)、经济和社会条件,该乡应发挥"上游松涛"的资源优势,把本地区建成海南中西部低碳、休闲与宜居的生态现代化的以乐活山水、康体养生、民俗体验为主的低碳旅游小镇,逐步融入"东游细水,西游邦溪,南观元门"的"┕"字形县域旅游发展格局。

根据上述细水乡旅游发展整体愿景和总体发展战略,结合旅游资源开发条件,确定细水乡旅游发展目标定位和发展性质如下:

发展目标定位 基于风光旖旎的"上游松涛"和栩栩如生的狮子岭及静谧幽深的热带雨林的"山、水、林"为一体的自然生态本底,深度挖掘和包容细水特色的黎族风情文化,把细水乡建成"海南中部最具魅力的、集滨水

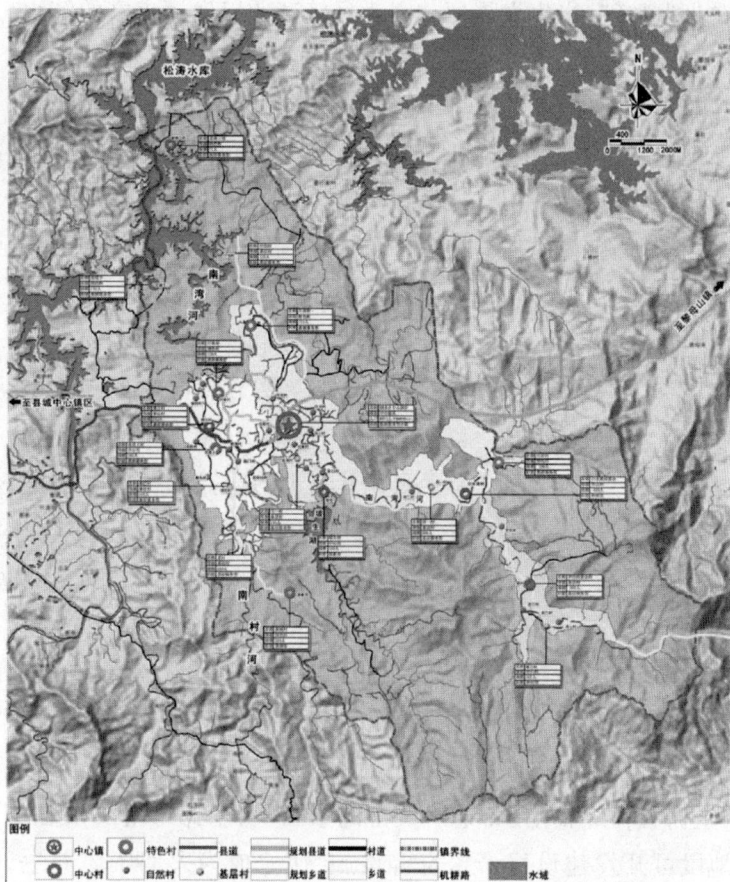

图 17   细水乡规划期末人口分布图（作者自绘）

资料来源:《海南白沙县细水乡城乡总体规划(2012—2030)》

（森林）康体养生、乡野休闲、度假居住为一体的、凸显'湖光山色'的低碳旅游目的地"。

发展性质 白沙县域次一级低碳旅游中心,以发展现代设施农业、滨水（森林）休闲养生业为主的"农、居、旅"协同发展的生态型小镇。

我们认为细水乡应遵循底—图关系原则,重点强调区域自然和人文环境的原生态文化保护,在进行区域经济区划的前提下,以发展夯实生态现代

化低碳农业为基础,衍生发展康体养生经济产业以发挥丰富的滨水、森林旅游资源优势,我们确定细水乡旅游主要开发建设模式为:

特色旅游开发建设模式 = 产业带动型 + 大区小镇型

——产业带动型:以发展休闲农庄、滨水(森林)康体养生和房产露营产业为主。

——大区小镇型:加强与邻近牙叉镇陨石坑、元门乡美女峰等区域性景区的协同发展。

在上述开发模式的基础上,附带主题开发和保护提升型,然后逐步发展成复合型。

——以已建成的老周三黎族风情村庄为撬动点,秉持"反规划"开发理念,以"畅游松涛,乐活细水"为主题开发滨水(森林)康体养生度假区、坡生湖特色养殖休闲农庄和细水"上游松涛"高尔夫项目;在以上三大旅游项目的驱动下,稳步发展生态现代化低碳农业、房车露营、森林探奇等特色产业,逐步形成"农、居、旅"协同发展的多元复合型旅游小镇。

在上述确定的旅游开发建设模式的基础上,结合细水乡域产业区划布局,确定细水乡特色旅游业态开发为以下3种模式:

(1)"上游松涛"和"森林氧吧"景区依托模式。依托细水乡西北部湖光山色的"上游松涛"和东南部森林资源的景区(房车探奇组团),在滨水空间和森林地段可开发建设房产探奇等设施,使之成为人们康体养生,回归自然、休闲、度假、野营和避暑的理想场所。

(2)"休闲农庄"产业依托模式。利用细水乡中部和西北部丰富的农业资源、水利资源(坡生湖可发展特色养殖业),将生态现代低碳农耕文化与休闲体验有机地结合,建设旅游度假设施,发展乡村休闲旅游业,促进村镇农业的转型升级。

(3)乡村休闲康体养生俱乐部模式。根据细水乡的独特旅游资源优势,可建立以下3类以休闲康体养生为主题的俱乐部模式:利用松涛水库、坡生湖水库等建立"休闲渔业俱乐部";依托细水乡西邻南渡江上游区域开发文化休闲类项目,建立"上游松涛国家画院俱乐部";结合细水乡东南部

指标	分级					景源汇总
	一级	二级	三级	四级	五级	
自然景源	0	0	2	4	1	
人文景源	0	1	2	1	1	
分级汇总	0	1	4	5	2	12
分级比例	0	8.33	33.33	41.67	16.67	100.00

图18 细水乡主要旅游资源分布(作者自绘)

资料来源:《海南白沙县细水乡城乡总体规划(2012—2030)》

静谧幽林建立"森林探奇"俱乐部。

土地是人类赖以生存的有限资源,政府部门必须参与土地的分配,在再分配过程中对近期和远期的要求进行平衡,对不同利益集团之间进行平衡。作为开发商在投资开发前,他要对土地使用规划方案有所了解。需要知道周围地区的土地使用性质,他需要知道在其中投资地区附近所进行的经济和社会活动是否有利于开发、经营和获取利润。

对此,要保持发展地区独特的吸引力以满足投资的需求,主要的方法是在土地开发的过程中,要以事实为基础,科学合理地提出土地开发的政策性框架,目的是让当地的自然与文化遗产得到充分地保护和展现。即:要严格"三区四线"的管制来保护城乡不可再生资源,为城镇(旅游区)的永续发展保全有生力量。明确指出:哪些地区应当进行开发以容纳增长;哪些地区应当进行再开发或是重要的内填式开发以容纳变化;哪里不应该进行开发,比如特殊的野生动物栖息地,水质保护问题特别敏感的流域,以及洪水暴雨或地质侵蚀易于对开发造成威胁的地区。在此基础上,估算各项建设用地需求总量,确定开发时序、容量标准和供应策略。这个概念框架实际上是展现未来各级政府及有关部门管理权限内的终极用地使用模式的战略性文件。它的出发点旨在建构共识,提供一个可以激发行动的、鼓舞人心的建设蓝图;之后通过目标细化和详细规划的制定,将这个蓝图转化成为物质层面的可行的某一开发模式。细水乡土地需求总量和平衡控制见图19、表8。

表8 城乡用地汇总表

"两规"协调指标			土地利用现状		土地利用总体规划(2006—2020)		本次规划的土地使用规划(2012—2030)	
序号	用地代码	用地类别	用地面积(公顷)	比例(%)	用地面积(公顷)	比例(%)	用地面积(公顷)	比例(%)
1	H2	区域交通设施用地	41.32	0.17	19.5	0.08	65.21	0.270
2	H3	区域公用设施用地	–	–	–	–	3.68	0.015
3	H13	乡建设用地			11.41	0.05	68.53	0.284
4	H14	村庄建设用地	81.14	0.34	40.41	0.17	85.64	0.355
5	H5	采矿用地			1.2	0.005	1.20	0.005
6	H9	旅游建设用地	–	–	20.84	0.09	43.78	0.182
		其中 镇区	–	–	–	–	10.58	0.044
		其他					33.2	0.138
7		建设用地合计	–	–	–	–	268.04	1.111

序号	代码	类别							
8	E2	耕地		1092.56	4.53	2036.83	8.35	2036.83	8.446
		其中	基本农田	–	–	1350.06	5.54	1350.06	5.598
			一般耕地	–	–	686.77	2.82	686.77	2.848
		牧草地		2166.3	8.98	1266.77	5.19	1081.77	4.486
		林业用地		13713.67	56.86	18913.49	77.55	17100.3	70.908
9	E1	水域		1081.46	4.48	–		1022.31	4.239
10	E9	未利用土地		5939.87	24.63	–		2607.4	10.812
		总规划用地面积		24116.32	100	24388.96	100	24116.32	100

根据表8,至本规划期末,乡建设用地68.53公顷,人均乡镇建设用地135平方米;村庄建设用地85.64公顷,人均村庄建设用地140平方米,其中,合口村委会20.89公顷,罗任村委会15.83公顷,福门村委会35.69公顷,白水港村委会13.23公顷;旅游建设用地43.78公顷(含中心镇区旅游建设用地10.58公顷),人均旅游建设用地135平方米(旅游人口=过夜游客+一日游游客);其他建设用地68.89公顷,其中公墓用地3.33公顷。

四、"协同共生"和"天人合一"理念

(一)"协同共生"理念

在凝集了中国传统文化的"太极图"中(图20),人们一直看到的、印象最深的"太极图"就是两条黑白的"阴阳鱼"。白鱼表示为阳,黑鱼表示为阴。白鱼中间一黑眼睛,黑鱼之中一白眼睛,表示"阳中有阴,阴中有阳"之理。在"无极"圈里,加进了"易",也就是画进了代表"易"的"日、月"二字,即为太极。古代的"日、月"二字,与现代汉字稍有区别,古文日字为〇里装进一个圆点,月字也是一个象形为月中间加一个竖点,日月装进一个(无极)中。由古文月字一分,正好形成一个"S"形。圆(无极)里的"日、月"一边一半,日月中间又各有一点,以黑白一分,就变成了看上去似如两条"鱼"形了。其含义是,"易"为日月;"易"为阴阳。"易"之图变——由"无极"而"太极"——是由一个无极圆圈内装有了古文"日、月"二字,即成了代表"易"之阴阳机理的太极图案。

关于"太极图"之含义,一种认为:太极是指宇宙最初浑然一体的元气。再一种是"虚无本体为太极"。认为"一"为太极,此"一"不是数,而是"无"。还有一种,认为阴阳混合未分为太极,"天地阴阳,古今万物,始终生死之理,太极图尽之"。

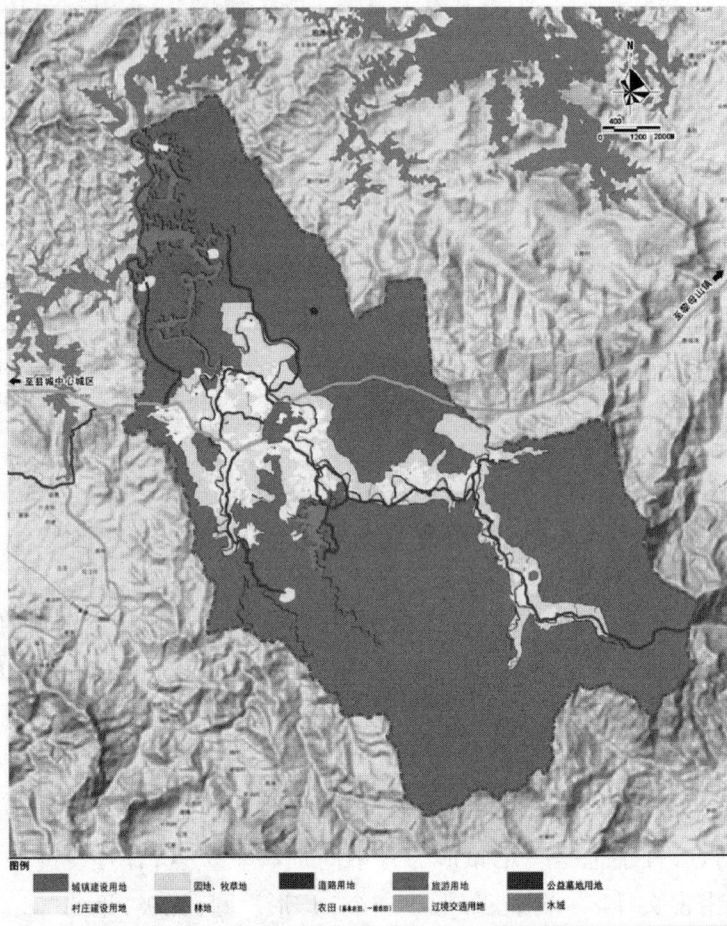

图 19　细水乡乡域土地使用规划图(作者自绘)
资料来源:《海南白沙县细水乡城乡总体规划(2012—2030)》

　　"易经"除了用文字整理了大量的卜筮记录之外,更主要的一点是,具有一套独特的、创新的图示符号。如:用"−"、"˗˗"两种"爻"的符号代表阴阳,组成了八卦。"卦"是卜筮时所用的符号。卦的图示符号,又是如何形成的呢? 一为"取像说"。《周易·系辞下》:伏羲氏"仰则观象于天,俯则观法于地,观鸟兽之文与地之宜,近取诸身,远取诸物,于是始做八卦"。二为据数说。《周易·系辞上》:"据其数,遂定天下之象"。还有"乾坤生六子说"。《周易·说卦》:"认为乾为父,坤为母……"如北京紫禁城的乾清宫、坤宁宫分别是皇上和皇后的寝宫。

图20　不平衡→平衡→不平衡　　　图21　协同共生的太
　　　 的太极图　　　　　　　　　　　 极一八卦图

图片来源:百度图片,有修正

　　根据图21,八卦代表自然界的事物,体现的是"世间万物协同共生理念"。乾:代表天;坎:代表水;艮:代表山;震:代表雷;巽:代表风;离:代表火;坤:代表地;兑:代表泽。乾卦、坎卦、艮卦,震卦、为阳卦,代表属于阳性之事物(天、水、山、雷)。巽卦、离卦、坤卦、兑卦,属阴卦,代表属于阴性之事物(风、火、地、泽)。

　　《易传·乾》曰:"大人者,与天地合其德,与日月合其明,与四时合其序,与鬼神合其吉凶。"合,就是责任担当。而张载所说:"为天地立心,为生民立命,为往圣继绝学,为万世开太平"(《张载语录》),这个责任和担当,就是维护天地万物运行发展的自然性、完整性、连续性,也就是维护人类进化发展的自然性、完整性、连续性(徐诚,寿杨宾,2010)[①]。荀子在《天论》中

① 徐诚,寿杨宾:《"天人合一"及其现代意义》,《青岛科技大学学报(社会科学版)》2010年3月,第8—11页。

说:"大天而思之,孰与物畜而制之!从天而颂之,孰与制天命而用之!望时而待之,孰与应时而使之!因物而多之,孰与聘能而化之!思物而物之,孰与理物而勿失之也!愿于物之所以生,孰与有物之所以成!"主张人不能违反自然规律,使人的行为遵循自然规律来保持人与自然之间的和谐、同一关系。我们人类的生存与发展离不开自然界,自然是人类的生命之源,但是开发利用自然必须以尊重自然客观规律为前提。不能把自然看成与人对立的客观存在,只追求人类经济社会增长,无节制地开发自然资源,会破坏人与自然之间的和谐关系,造成人与自然之间的矛盾。人类应该按自然规律适度开发自然资源,始终保持人与自然的和谐关系,为人类社会的可持续发展创造包容共生的自然环境。

(二)"天人合一"的发展理念

"天人合一"语出北宋张载的《正蒙》,但"天人合一"观念则起源于原始社会的"报",即祭祀上天的意识。"天人合一"的"人"指人事、社会,主要指相对于自然界的人类。"天"的原义指人头,后引申为头上的空间,泛指自然界和自然规律,是与人、人类相对应的概念(熊志辉,2002)①。中国古代哲学家所谓"天人合一",其最基本的涵义就是肯定"自然界和精神的统一"。《周易大传》主张"裁成天地之道,辅相天地之宜"、"范围天地之化而不过,曲成万物而不遗",是一种全面的观点,既要改革自然,也要顺应自然;应调整自然使其符合人类的愿望,既不屈服于自然,也不破坏自然;以天人相互协调为理想(张岱年,1985)②。

"天人合一"思想的形成,导致了中国人的艺术心境完全融合于自然,"崇尚自然,师法自然"也就成为中国园林所遵循的一条不可动摇的原则(吴隽宇,肖艺,2001)③。在这种思想的影响下,中国古典园林把山水、植物

---

① 熊志辉:《中国古代"天人合一"思想对当代人的启示》,《城市规划汇刊》2002年5月,第5—10页及第79页。
② 张岱年:《中国哲学中"天人合一"思想的剖析》,《北京大学学报(哲学社会科学版)》1985年1月,第3—10页。
③ 吴隽宇,肖艺:《从中国传统文化观看中国园林》,《中国园林》2001年3月,第85—87页。

和建筑有机地融合为一体,在有限、紧凑的空间范围内利用自然条件,所造园林源于自然胜过自然——经过加工提炼,把自然美与人工美统一起来,创造出与自然环境协同共生、天人合一的人与自然的和谐美景。

(三)中国古代朴素的城市规划价值观

我国古代风水理论历来重视聚落选址的聚气特征,即聚落所在之处应以地势平阔、前景完整的山环水抱的中心处为佳。这种布局方式更加重视人工环境与自然环境的综合关系,将聚落整体视为环境的中心,通过对于周边环境的选择,营造一个兼具内敛和开放特性的居住环境(图22)。

图22　风水观影响下的中国传统聚落模式

(陈纪凯,2004)①

中国古代城市发展亦可追溯到夏商周时期,在这一阶段奴隶社会发展历程中,城市作为王权与神权相统一的代表在反映统治阶级意志的同时还体现了"天人合一"的自然哲学辩证观,规划中的原始生态主义开始萌芽。城市规划也体现了这样一种哲学思想朴素的"天圆地方"人地观,引导规划中的方格网城市形态的形成,而"王城居中"、"中轴对称"反映了中国古代

---

① 陈纪凯:《适应性城市设计———一种实效的城市设计理论及应用》,中国建筑工业出版社2004年版,第183页。

城市规划中权力至上的以帝王为中心的思想。

一、协同学理论

(一)协同学发展概述

协同理论亦称"协同学"或"协和学",它源于希腊文 synergetics,意指关于"合作的科学",是 20 世纪 70 年代以来在多学科研究基础上逐渐形成和发展起来的一门新兴学科,是系统科学的重要分支理论。协同理论以现代科学的最新成果——信息论、控制论、系统论、耗散结构论等为基础,吸取了结构耗散理论的大量营养,采用统计学和动力学相结合的方法,通过对不同的领域的分析,提出了多维相空间理论,建立了一整套的数学模型和处理方案,在微观到宏观的过渡上,描述了各种系统和现象中从无序到有序转变的共同规律。其创立者是原西德著名物理学家、斯图加特大学教授赫尔曼·哈肯(Hermann Haken)。1971 年他提出协同的概念,1976 年他系统地论述了协同理论,发表了《协同学导论》等著作。哈肯指出,"我把这个学科称为'协同学'。一方面是由于我们所研究的对象是许多子系统的联合作用,以产生宏观尺度上结构和功能;另一方面,它又是由许多不同的学科进行合作,来发现自组织系统的一般原理"[1]。协同论自产生以来,被广泛应用于科学、技术、社会、经济领域,取得了广泛的成果,给现代科学研究提供了新的视角。

(二)协同学理论要点

协同论认为客观世界存在着各种各样的系统,自然界的或社会的、有生命或无生命的、宏观的或微观的系统等等,这些看起来完全不同的系统,却都具有深刻的相似性。协同论指出,对于一种模型,随着参数、边界条件的不同以及涨落的作用,所得到的图样可能很不相同;但另一方面,对于一些很不相同的系统,却可以产生相同的图样。由此可以得出一个结论:形态发

---

① H. 哈肯:《协同学引论:物理学、化学和生物学中的非平衡相变和自组织》,徐锡申等译,原子能出版社 1984 年版,第 67 页。

生过程的不同模型可以导致相同的图样。在每一种情况下,都可能存在生成同样图样的一大类模型。对此,哈肯提出了"功能结构"的概念,认为功能和结构是互相依存的,当能流或物质流被切断的时候,所考虑的物理和化学系统要失去自己的结构;但是大多数生物系统的结构却能保持一个相当长的时间,这样生物系统颇像是把无耗散结构和耗散结构组合起来了。他还进一步提出,生物系统是有一定的"目的"的,所以把它看作"功能结构"更为合适。诚然,系统内一定的功能结构决定了系统的形态(形式),即"形式服从于功能"。

协同理论认为系统有序发展的动力来自系统内部的两种相互作用——竞争和协同。两者的关系是协同理论的基本出发点。竞争和协同作为系统有序演化中的动力,其作用可具体表述为:子系统的竞争使系统趋于非平衡,而这正是系统有序发展的首要条件。子系统之间的协同在非平衡条件下使子系统中的某些运动趋势联合起来并加以放大,从而使之占据优势地位,支配系统整体的有序演化[1]。协同论的理论要点可以概括以下 3 个方面。

协同效应

协同发展是协同内部以及各子系统之间的相互适应、相互协作、相互配合和相互促进、耦合而成的同步、协作与和谐发展的良性循环过程[2]。所谓的协同发展,就是指协调两个或者两个以上的不同旅游资源或者个体,相互协作完成某一目标,达到共同发展的双赢效果。

协同效应是指由于协同作用而产生的结果,是指复杂开放系统中大量子系统相互作用而产生的整体效应或集体效应。任何复杂系统,当在外来能量的作用下或物质的聚集态达到某种临界值时,子系统之间就会产生协同作用。这种协同作用能使系统在临界点发生质变产生协同效应,使系统从无序变为有序,从混沌中产生某种稳定结构。对千差万别的自然系统或

---

① 吴彤:《自组织方法论研究》,清华大学出版社 2001 年版,第 48 页。
② 穆东,杜志平:《资源型区域协同发展评价研究》,《中国软科学》2005 年第 5 期,第 106—113 页。

社会系统而言,均存在着协同作用。协同作用是系统有序结构形成的内驱力。协同效应说明了系统自组织现象的观点。

伺服原理

伺服原理(slaving theory),也称役使原理或支配原理,它是协同论的基本原理及核心内容。阐述这一原理的主要概念是慢变量、快变量和伺服。

协同论认为系统的状态可由一组状态参量来描述,这些状态参量随时间变化的快慢程度是不相同的,当系统逐渐接近于发生显著质变的临界点时,系统的稳定性已经被破坏,这时,系统的变量常常区分为两类:一类变量随时间变化快,以指数形式迅速衰减,驰豫时间很短,被称为快变量,它代表系统的稳定模。另一类变量随时间变化很慢,到达新的稳定状态的驰豫时间很长,甚至趋向无穷,因而被称为慢变量。慢变量在接近临界点时不是迅速衰减,而是缓慢增长,代表不稳定模。在这一过程中,不同的慢变量之间存在一种竞争和协同关系,因为在相同条件下,可能有几个慢变量变得不稳定,这样对于每一个慢变量,当它处于不稳定点时,系统的一个"胚芽状态"与之相联系,最后出现哪种功能或结构,取决于这些慢变量之间的关系、起始条件和随机涨落。因此,慢变量又称为序参量。在快、慢两类变量中,快变量是大量的,而慢变量是少数的,最终将形成少数慢变量支配大量快变量的情形,这就是伺服原理。

伺服原理的核心理念是认为系统内部的各个子系统、参量或因素对系统的影响,是有差异的,不平衡的。快变量不会左右系统演化的进程,慢变量则主宰着系统演化的命运,支配着快变量的行为。运用少数慢变量役使或支配快变量的伺服原理,人们用不着注意所有的变量,所有的因素,而只有抓住寿命长的变量,逐渐忽略寿命短的变量,就能够一步一步地接近序参量。所以应用伺服原理的方法要点为:一、通过比较寿命长短,区分快、慢变量;二、通过分析掌握变量所起作用的演化规律,区分非重要、重要变量;三、通过慢变量的作用把快变量所起的作用整合起来,作为总量之部分合理安置在总作用之中;四、通过慢变量或重要变量所遵循的运动模式寻找能够反映模式有序程度的参量,它就是序参量;五、检查变量和模式之间有无支配与被支配关系,若无支配或被支配关系,则该变量不是序参量,若有支配关系,则可能是序参量;六、在寻求到的多个序参量中,进一步选择占主导地位的主序参量。

自组织原理

自组织是开放的复杂系统的基本属性。自组织的理论含义在于:如果向系统注入能量使得一定的参数达到某个临界值,系统往往会自动形成某种秩序和模型。通俗地讲,当系统演化无需外界的特定干扰、仅依靠系统内部各要素的相互协调便能达到某种目标时,我们说系统是自组织的(许国志,2004)①。自组织是相对于他组织而言的。他组织是指组织指令和组织能力均来自于系统外部,而自组织则指系统在没有外部指令的条件下,其内部子系统之间能够按照某种规则从无序到有序或自动形成新的结构和功能,具有内在性和自生性特点②。自组织原理解释了在一定的外部信息流、能量流和物质流输入的条件下,系统会通过大量子系统之间的协同作用,自发地出现时间、空间和功能的有序结构。这里所说的系统都是由多个子系统构成的,当子系统间相互关联而引起的"协同作用"占到优势的指导地位时,就意味着系统内部已经自发组织起来了,这时协同便处于自组织状态,其宏观及整体上便具有一定的功能及其相应的结构形态。根据热力学第二定律,一个孤立或封闭的系统,熵是单向增加的,即随着时间的推移,系统会变得越来越无序。但是,自组织系统是面向环境的开放系统,它们随时可能与环境交换物质、能量和信息,从而将热力学熵转移到环境。因此,自组织系统有序状态的形成和发展与热力学第二定律并不冲突。

自组织理论包括耗散结构论、协同学、超循环理论、突变论、混沌理论、分形理论、细胞自动机理论(在此基础上发展了广义的细胞自动机理论,即细胞空间理论)、沙堆理论(自组织临界理论)等。这些理论如今构成了阵容强大的自组织学科群。当代旅游科学的前沿领域正在与这些理论发生意

① 许国志:《系统科学》,上海科技教育出版社2000年版。
② 靳景玉,刘朝明:《基于协同理论的城市联盟动力机制》,《系统工程》2006年第10期,第15—19页。

义深远的学术交融。

(三)旅游规划学研究引入协同论的可能性和必要性

可能性

40 余年来,协同论已发展成为研究远离平衡态的开放系统在与外界有物质或能量交换的情况下,如何通过自己内部的协同作用自发地出现时间、空间和功能上的有序结构(陈为邦,蒋勇,吴唯佳,等,2007)[①]。将协同论引入旅游规划研究,用系统的观点研究旅游规划发展问题,对于解决旅游开发过程中出现的综合性、复杂性问题具有现实的意义。

第一,协同论对揭示无生命界和生命界的演化发展具有普适性意义。另外,从协同论的应用范围来看,它正广泛应用于各种不同系统的自组织现象的分析、建模、预测以及决策等过程中。如快速交通系统是旅游系统的关键因素和影响因子之一。出行系统与旅游目的地、旅游市场和支持系统构成旅游系统的 4 大方面[②],同时交通线路是构建旅游系统空间结构的重要因素,例如表征目的地吸引力的引力模型,表征客源市场空间行为的距离衰减规律等,都有密切关系[③]。此外,规划学领域中的旅游城镇化或城市旅游化、土地使用、交通系统等等问题;旅游经济学领域中如旅游区、景区与区域发展、旅游产业结构、技术创新和经济增长等方面的各种协同效应问题;城市社会学领域中的公众参与、社会体制以及社区组织等等问题。因此,把协同论引入旅游规划学研究,必将对规划理论的发展以及对解决现实规划与设计领域中的问题提供一种新的维度。

其次,旅游规划系统是一个复杂性开放系统。例如,旅游规划中的地域系统是一个特定的开放系统,它的构成不仅包括客观物质世界的"自然"成分,也包括人类、经济与政治等人文和社会组分,其中包括有空间概念的组

---

① 陈为邦,蒋勇,吴唯佳等:《制度创新背景下的城市规划》,《城市规划》2007 年第 11 期,第 47—51 页。

② 吴必虎:《旅游系统:对旅游活动与旅游科学的一种解释》,《旅游学刊》1998 年第 1 期,第 21—25 页。

③ 王欣,邹统钎:《高速铁路网对我国区域旅游产业发展与布局的影响》,《经济地理》2010 年第 7 期,第 1189—1195 页。

分或子系统,这些组分之间有着必然的联系,它们的相互作用和协同运动推动着旅游地域系统的一体化进程①。通过协同发展,旅游区内各地域单元(子区域)和要素之间才能协调、共生,自成一体。形成高效的、高度有序化的旅游产业要素整合,加快子系统之间的相互作用和有机整合的进程,从而实现区域内各地域单元和产业要素"一体化"运作的旅游发展模式。

必要性

第一,协同发展是现代旅游发展的必然要求。协同论认为,系统能否发挥协同效应是由系统内部各子系统或组分的协同作用决定的,协同得好,系统的整体性功能就好。如果一个旅游系统内部,游客、原住民、旅游组织、各项空间物质环境等各子系统内部以及他们之间相互协调配合,共同围绕目标齐心协力地运作,那么就能产生 1 + 1 > 2 的协同效应。反之,如果一个旅游系统内部相互掣肘、离散、冲突或摩擦,就会造成整个旅游系统内耗增加,系统内各子系统难以发挥其应有的功能,致使整个系统陷于一种混乱无序的状态。现代旅游发展面临着:一、气候变化、多元化发展、竞争激烈的环境;二、高新技术的出现和更迭越来越快,产品的生命周期越来越短;三、消费者导向的时代已经到来,消费趋向多样化、个性化。这对旅游发展带来了新的挑战,同时由于旅游市场环境的变化加快,游客对旅游服务提出了更高的要求等等。在这样的背景下,旅游规划除了协同好旅游地域内部各子系统之间的关系之外,还需协同一切可以协同的力量来提高规划与建设质量,适应旅游市场日趋剧烈的竞争态势及适应气候变化。

第二,序参量是旅游发展的主导因素。序参量是协同论的核心概念,是指在系统演化过程中从无到有地变化,影响着系统各要素由一种相变状态转化为另一种相变状态的集体协同行为,并能指示出新结构形成的参量。因此,在旅游规划中,尽管影响旅游系统的因素很多,但只要能够区分本质因素与非本质因素、必然因素与偶然因素,关键因素与次要因素,找出从中

---

① 周国忠:《基于协同论、"点—轴系统"理论的浙江海洋旅游发展研究》,《生态经济》2006 年第 7 期,第 114—118 页。

起决定作用的序参量,就能把握整个旅游系统的发展方向。因为序参量不仅主宰着旅游系统演化的整个进程,而且决定着该系统演化的结果。

第三,自组织是旅游系统自我完善的根本途径。协同论的自组织原理旨在解释系统从无序向有序演化的过程,实质上就是系统内部进行自组织的过程,协同是自组织的形式和手段。由此可以认为,旅游系统要想从无序的不稳定状态向有序的稳定状态发展,实现自我完善和发展,自组织是达到这一目的的根本途径。当然。旅游系统要实现自组织过程,就必须具备自组织实现的条件。首先,旅游系统必须具有开放性。能与外界进行物质、能量和信息的交流,确保系统具有生存和发展的活力;其次,旅游系统必须具有非线性相关性,内部各子系统必须协调合作,减少内耗,才能充分发挥各自的功能效应。

第三节 协同性旅游规划理论体系框架

当前中国式旅游规划理论的更新主要涉及以下几点问题:旅游资源的评价模式、旅游产业空间模式、旅游品牌(象征空间、旅游体验、旅游意象)、旅游社区问题、旅游与休闲娱乐、旅游发展创新模式和制度及发展模式设计等。——南京大学张捷教授

一、协同性旅游规划理论框架
(一)协同性旅游规划的目标价值取向
根据本书第3章我们可以知道,协同性旅游规划的目标价值取向是通过对旅游系统6要素的优化设计以实现"职·住·游"协同发展极大化。
(二)协同性旅游规划基本理论框架
旅游规划理论的范畴界定及理论构成问题,不但具有重要的学科意义,也具有指导规划教育及实践的现实意义。当代旅游规划理论面临着3个挑战。第一,规划内容扩张带来的挑战。由于当代旅游规划学科涉及的范畴越来越扩展,内容也越加庞杂,从传统的旅游资源规划理论,到社会文化科

学理论,到全球化理论,到环境及生态理论,都被加入到规划理论中。到底什么才是协同性旅游规划理论? 这已成为本书解决的问题所在。第二,规划理论和规划实践的脱节问题。虽然规划理论在规划教育中占有重要地位,但是在现实生活中,从事具体工作的第一线规划师并没有觉得规划理论(特别是所谓"规划的理论"或"纯规划理论")对他们的日常工作有太多用处。规划教育界(尤其是"纯规划理论"教育部分)与第一线规划工作者之间存在着隔阂。规划实践工作者在学校里读了规划理论,但是毕业后极少再重温规划理论,甚至质疑当时学习规划理论有无必要。但是在相当程度上理论—实践的关系问题仍然存在。第三,旅游规划的理论问题更加复杂,不但面临着理论—实践关系问题,而且由于大部分所谓的"现代旅游规划理论"源于西方,我国旅游规划界还面临着西方规划理论在本国应用的可能性与局限性问题,以及由此引出的建立中国自己的旅游规划理论体系的必要性及实施问题。

由于旅游规划科学面对的旅游系统是一个非常复杂的系统,其理论的创新必须以规划科学方法论为平台,并充分吸收系统科学、地理学、生态学、经济学、管理学和建筑学等学科的理论与方法,在这些学科理论与方法的基础上发展包括历史数据和资料的集成,要素与要素作用的集成,以及对系统中各种旅游区域变化状态的相互关系的集成等的综合集成研究。综合集成的主要目标是自然要素的地域分异和人文要素的地域分异的综合和耦合方法,只有通过这种综合和耦合,才可以认识地球表层的地域分异特征和社会经济发展的可持续性(陆大道,2014)[①]。因此,根据前文所述,协同性旅游规划的主要理论可以归纳为 3 个部分(图 23):一是功能理论,它主要从旅游系统本身,解释旅游的功能和结构,以实现旅游的功能,这通常指旅游规划工作中所应遵循的原理。二是规范理论,它主要是阐明旅游规划中的价值目标和旅游空间形态之间的关系。例如,旅游规划应达到区域整体协调,

---

① 陆大道:《"未来地球"框架文件与中国地理科学的发展——从"未来地球"框架文件看黄秉维先生论断的前瞻性》,《地理学报》2014 年 8 月,第 1043—1051 页。

可持续发展、生态旅游、公正公平之类的价值取向。三是决策理论,它主要是系统地分析旅游目的地的自然、经济、社会和环境等因素,以确定旅游的主导职能(性质)、旅游发展的可能规模和旅游发展方向,这里包括系统的分析方法论,探寻如何进行科学的决策。

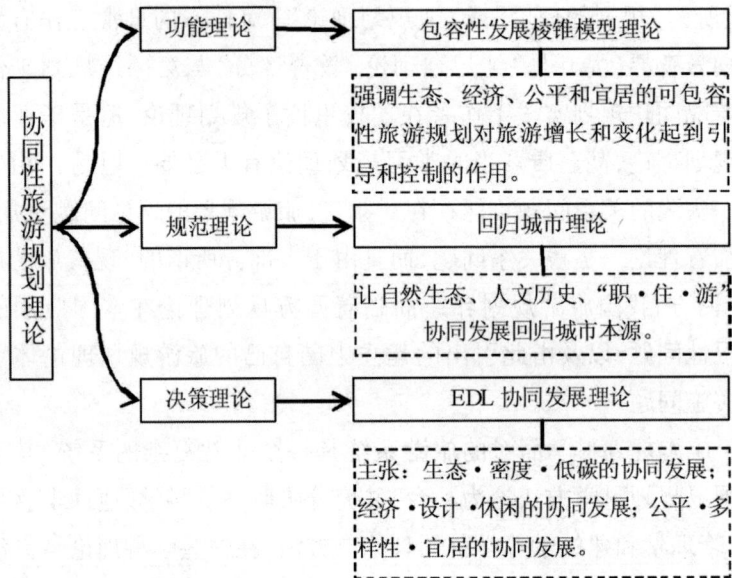

图 23   协同性旅游规划基本理论框架

二、包容性发展棱锥模型理论

(一)包容性发展棱锥模型的建构

包容,《辞海》给出的解释就是"宽容、容纳"的意思,《汉书·五行志下》:"上不宽大包容臣下,则不能居圣位。"明朝李东阳《大行皇帝挽歌辞》:"草木有情皆长养,乾坤无地不包容①。"从实践的角度看,包容还是存在着

---

① 在线辞海查询:《包容的中文意思》(2011 – 04 – 21)[2012 – 04 – 16]. http://www.521yy.com/cihaizaixianchaci/cihai1. asp? kw = % B0% FC% C8% DD&% CC% E1% BD% BB = % D4% DA% CF% DF% B4% C7% BA% A3% B2% E9% D1% AF.

一定的程度与层次性的,至少有三个层次(胡宝平,2010)[①]:最低的一个层次是容忍。意为对于对立面的态度并不是持欢迎态度,只是容许它的存在;第二个层次是宽容。宽容强调的是一种尊重、平等的态度,不主张对抗,而主张和谐。第三个层次也是最高的一个层次是包容。黄祖辉(2011)[②]认为,包容性的范畴至少应该包括经济包容、社会包容、政治包容、文化包容和环境包容等方面。西方现代环境伦理思想也充盈着包容性思想。德国哲学家施韦泽、美国学者 R.卡逊和哲学家泰勒等人指出人类与大自然处于同一个生态系统中,人类只有尊重一切生命有机体,以包容性理念平等对待它们,与大自然和谐共生共存,整个世界才会出现生机勃勃的景象,人类才能更好地建设自己幸福美好的家园[③]。Alison(2011)认为倡导包容(inclusion)、宜居(liveability)和永续发展的旅游规划对城市增长和变化的控制具有重要的作用[④]。由此可见,包容具有一种主动的积极的意愿,体现出以我为主的兼容并蓄和基于复杂环境的适应型成长态势。

2011 年 4 月 15 日,时任国家主席胡锦涛同志在博鳌亚洲论坛 2011 年年会开幕式上创新性地提出了包容性发展的概念,其核心理念是以人为本。"包容性发展"与"包容性增长"[⑤]有所不同:一是将由"增长"转变为"发展",强调以增长为核心的经济社会的全面发展,即更多地关注就业、人居环境质量、生活水平、基本公共服务设施均等化等各个领域在内的包容性发展;二是"经济发展"比"经济增长"问题更为突出,如何显示公平,实现全民在环境共享、资源利用、信息交流、经济生产等各个方面能够享有平等参与

---

① 胡宝平:《关于社会主义核心价值体系:包容性问题的若干思考》,《理论与改革》2010 年第 1 期,第 7—11 页。

② 黄祖辉:《包容性发展与中国转型》,《人民论坛》2011 年第 4 期,第 60—61 页。

③ 邓永芳,池升明:《包容性发展视角下的环境友好型社会建设》,《江西理工大学学报》2012 年第 4 期,第 98—100 页。

④ Alison Todes. Reinventing Planning:Critical Reflections[J]. Urban Forum,2011(22):115 - 133.

⑤ 2007 年,亚洲开发银行就率先提出了"包容性增长(inclusive growth)"的理念,其理念的核心是倡导机会平等的增长,即贫困人口应享有平等的社会经济和政治权利,参与经济增长并做出贡献,并在分享增长成果时不会面临权利缺失、体制障碍和社会歧视。

以及合理共享的机会。共享性是包容性发展的主要特征,可以说,包容性发展本身就是一种共享式发展,其实质就是主张全民共享,携手共进!

空间开发活动是城乡规划建设的主要活动之一,这不仅要协调各主体的经济价值,更为重要的是,生态、社会、经济的协同发展才是空间开发的根本目的,包容性发展应成为旅游规划的核心思想。因此,倡导包容性发展的空间开发必将对我国旅游可持续发展产生积极的影响。根据图 24 永续棱锥模型棱锥的各顶点分别代表了生态、经济、公平和宜居等主要价值观,棱锥的每条边则代表了这些价值观之间的相互作用:宜居性与经济增长之间的冲突导致了"增长管理冲突",这种冲突源于人们对不受干预、完全遵循市场原则的开发在多大程度上能够提供高质量的居住环境所持有的不同信仰;宜居性与生态之间的冲突导致了"绿色城市冲突",这源于自然与建成环境哪个更为重要的争论;宜居性与公平之间的冲突导致了"中产阶级化冲突",是保存贫穷的城市街区以维护现有居民的利益,还是对其进行再开发并提升其质量以吸引中产阶级和上层阶级群体回归中心城市所持有的不同信仰①。永续棱锥模型使规划师能够清楚地认识到各种目标的局限性,它们在多大程度上照顾到了不同利益相关者的利益。

从永续棱锥模型可以看出,棱锥的 4 个顶点代表的是规划的主要目标,而与宜居目标对应的 3 条边线代表了由此引起的冲突,但是它们没有一个能够反映全部 4 个目标,或是同等地解决所有 6 个方面的价值冲突。如果将棱锥的几何重心定义为永续发展的代表,即 4 个目标的平衡,那么这种"平衡"的结果就是所谓的"包容"。由此,我们根据上文的"包容性发展"理念,并基于永续棱锥模型的基础上,建构出包容性发展棱锥模型以弥补永续棱锥模型的不足(见图 25)。

该模型强调的是 3E 和宜居等相互价值观平衡的极大化——包容性发展,主张:一、通过包容性规划来促进经济增长的同时,更加注重经济发展,

---

① 菲利普·伯克,戴维·哥德沙克等:《城市土地使用规划》,吴志强,等译,中国建筑工业出版社 2009 年版,第 40 页。

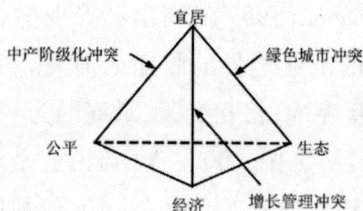

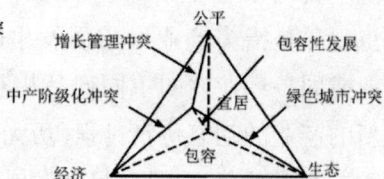

图 24　永续棱锥模型　　　图 25　包容性发展棱锥模型

让所有人都能共享社会经济文明进步的成果;二、在保护自然资源的再生能力的前提下,通过经济增长改善中低收入者的就业、居住等条件,如通过旅游资源的适度开发以增加更多的就业岗位,为中低收入者增加可支配收入和提供可负担住房;三、一旦运用新城市主义、精明增长、公众参与等方法和手段创建出多样性、紧凑和步行友好的城市或旅游景区(景点)形态以及具有吸引力的宜居空间环境,那么其他各方面的价值需求也将随之实现。

（二）应用包容性发展棱锥模型应遵循的几点原则

应用包容性发展棱锥模型应遵循以下 6 点原则:

"底—图关系"原则　俞孔坚,李迪华,韩西丽(2005 年)[①]在《论"反规划"》一文中首次提出了"反规划"理念,其主要含义是以生命土地的健康和安全的名义和以持久的公共利益的名义,而不是从眼前城市土地开发的需要出发来做规划;在提供给决策者的规划成果上体现的是一个强制性的不建设区域,这个强制性的不建设区域是把非建设用地或对维护生态服务功能具有关键性价值的生态基础设施构成城市发展的"底",它定义了未来城市发展"蓝图",并为市场经济下的城市开发提供持续性发展空间。这个"底"包括维护山水格局的整体性和多样性的乡土生境系统,河道及滨水地带的自然形态和湿地系统,城郊防护林体系和城市绿地系统。

旅游产业融合原则　产业融合是产业演化的高级表现形式,孕育着新产

---

① 　俞孔坚,李迪华,韩西丽:《论"反规划"》,《城市规划》2005 年第 9 期,第 64—69 页。

业的诞生。美国学者 Greenstein and Khanna(1997)[1]指出:"产业融合作为一种经济现象是指为产业增长而发生的产业边界的收缩或消失。"它是指不同产业或同一产业内的不同产品相互渗透、相互交叉,最终融为一体,逐步形成新的产业的动态仿真过程(历无畏,王振,2003)[2]。旅游业是现代服务业的重要组成部分,也是世界上发展最快的新兴产业之一,它应利用新技术创造出新产品、新业态,进而开拓新市场,成为产业发展中新的生产力和新的增长点。因此,旅游业的发展应注重与三大产业相互融合(陆林,2011)[3]:与第一产业融合以带动观光农业游、乡村旅游快速发展;与第二产业融合以满足旅游者好奇心和求知欲,以及开通工业产品的销售市场;与住宿与餐饮业、文化产业等第三产业融合以促进闲暇经济的快速健康发展。

区域设施共享和优先配套原则 寻找适合的场址优先配套三大设施,以及在土地政策规划的框架下实现区域性设施共享;保护现有三大设施,新规划建设的设施不破坏周边地区的宜人环境,包括交通的影响以及规划方案可能带来的影响;区域性公共服务设施尽可能设置在设施所服务的旅游城镇化人口高度聚集地区,使步行、自行车和公共交通的安全和便捷到达;涉及三大设施再开发或改变用途的规划方案,将被要求提供足够的替代设施。

多样性和低碳城市原则 保持地形的自然机理及生物的多样性。建设用地的景观价值在于其自然景观连续不断且协调一致的特征,以营建多样性的旅游空间。低碳城市是物质空间设计和建筑质量的最高标准,在空间上有三个尺度可以梳理(潘斌,2009)[4]:一、建筑尺度或场地尺度。要求建筑设计采用生态建筑,且要尊重和延续本土文脉。场地尺度需要能够建立通风、合理的建筑密度和人口密度以及合理的容积率。二、社区或城市尺度。这个尺度的节能减排,最主要还是从城市形态入手,建设"紧凑型城市

---

① Greenstein S, Khanna T. What does industry convergence mean? [C]//David B. Yoffie. Competing in the Age of Digital Convergence[M]. Boston:Harvard Business Press,1997:201 –226.
② 历无畏,王振:《中国产业发展前沿问题》,上海人民出版社 2003 年版,第 102 页。
③ 陆林:《旅游产业发展的新模式:产业融合》,《旅游学刊》2011 年第 5 期,第 6—7 页。
④ 潘斌:《"低碳"对规划的冲击有多大》,《城市规划》2009 年第 12 期,第 79—81 页。

或住区"。三、区域尺度。需要建设大运量快速的公共交通以减少出行对汽车的依存程度,当然也考量一个绿色生态安全格局的问题。

社会公平与正义原则 城市或旅游区的发展要充分考虑和满足人的物质和精神需求、促进人们身心健康发展,保障三大设施及自然景观的共享以显示社会公平正义。在开发中要注意与投资者、驻场地商户、原住民、竞争者等利益相关者广泛合作,积极引导公众参与以实现多赢。

JHTSD 原则 注重土地混合使用,实现职住平衡以及包容游客在内休闲生活方式、文化和消费水平等方面的多样性;按照人体行为及感知范围尺度,提升环境空间的流动性和可意象性;通过整合区域空间景观资源,将景区、度假区和社区融入城市或旅游地区并过渡自然,营建高品质的旅游空间。

三、回归城市理论

(一)发展背景

自从人类一步步从天然的洞穴中走出,我们就越来越多地生活工作在自己筑造的空间里,建筑景观成为呵护我们身心的"第二自然"。每一天,都有一群人从乡村涌向城市;每一天,都有一片土地从乡村变为城市,2008年世界上已有超过半数的人口居住在城市。我国正处于城镇化的快速发展时期,2013 年底,中国城镇常住人口达到 7.31 亿,人口城镇化率提高到53.7%,达到世界平均水平[1]。预计到 2030 年前后将达到 70%。城市作为人类活动中心,其不仅将大量人口从寻找食物和陋居的重担中解脱出来,还展现了人类所有的成功与失败。正如美国麻省理工大学著名的城市规划师凯文·林奇先生所说,"城市可以被看作是一个故事,一个反映人群关系的图示,一个整体和分散并存的空间,一个物质作用的领域,一个相关决策的系列或者一个充满矛盾的领域"[2]。

---

[1] 数据来源:国家统计局。

[2] 凯文·林奇:《城市形态》,林庆怡等译,华夏出版社 2001 年版,第 27 页。

20 世纪城市规划所犯的主要错误之一是建立起单一土地使用功能的城市空间——工业区、商业区、居住区彼此分离①,也包括与旅游区、景区的分离。由于这种过度的城市功能分区,导致低密度郊区的极度蔓延以及由此带来的钟摆式交通所引起的交通堵塞。同时,低密度郊区缺乏足够的基础设施和社会服务设施,而且忽视公共领域,漠视了人文精神和自然环境,促使城市缺乏生机和活力。城市是有生命力的,城市生长存在的意义就在于它有深厚的文化底蕴、特色鲜明的个性和源源不断的活力。1981 年的国际建协《华沙宣言》指出:"人们的生活水准和生活状况各不相同,它们生活在各种各样的地理环境中,气候、社会经济体制、文化背景、生活习惯和价值观念都不一致。因此,他们进一步发展的方式也理应不同。人居环境规划必须充分尊重地方文化和社会需要,寻求人的生活质量的提高。"当然,地方和文化的联系显然是重要的,人们往往乐于在同一地理区域内的各城市中心之间迁移,却不愿迁到国内其他的地方去。这些人对熟悉的文化环境、对故乡的社会准则和特点给予高度积极的评价②。

那么,什么是真正的城市呢? 美国城市评论家简·雅各布斯认为多样性是城市的天性。在她 1961 年出版的著作《美国大城市的死与生》一书中指出,"城市里的多样性,不管是什么样的,都与一个事实有关,即城市拥有众多人口,人们的兴趣、品位、需求、感觉和偏好五花八门、千姿百态"③。因此,无论从经济角度还是从社会角度来看,城市都要让自然生态、人文历史、"职·住·游"协同发展极大化回归城市本源,以此满足人们不同的生活需求。

(二) 回归城市的内涵

根据上文所述,无论是永续发展、紧凑发展,还是绿色发展,它们没有一个能够综合反映转型期的空间规划新概念,或者能综合体现城市发展中的

---

① Rodney R. White. Building the Ecological City[M]. Woodhead Publishing Ltd,2001.
② Kenneth John Button. Urban Economics: Theory and Policy[M]. Macmillan Publishers Limited,1976.
③ 简·雅各布斯:《美国大城市的死与生》,金衡山译,译林出版社 2006 年版,第 147 页。

所有目标,达到"城市,让生活更美好!"①的愿望。协同理论中自组织原理认为,功能混合、紧凑的空间结构,多样性协调的景观特色,多元文化共存,以及就业居住适度均衡的社区,丰富多彩的交往空间和亲切的邻里关系等等,这些都是符合人性的②。对此,我们引入"回归城市"的概念,试图概括或包容永续发展、紧凑发展和绿色发展三者的核心理念,以期为各项空间规划的编制与实施管理提供一种新的概念。回归城市(return to the city)是指以生态、经济、公平的永续发展为基础,以低碳、休闲、宜居的绿色发展为核心内容,通过对土地多样化的混合使用以及应用适宜密度和合理设计等紧凑发展的规划技术手段,实现自然生态、人文历史、"职·住·游"协同发展回归城市本源(图26)。

回归城市理念下的协同性旅游规划主张:一、规划建设与自然生态、人文历史环境融合的旅游区或度假社区,寻求实现社会公正、经济与环境的永续发展,强调社会公正必须建立在经济永续和公平的基础上,而经济永续则依赖于环境的永续。二、旅游规划与建设目标是实现"职·住·游"协同发展极大化。三、由于每个旅游区都是不同的,所以,我们必须寻求适合每个旅游区个性化的永续发展途径。强调旅游规划的制定与实施管理务必融入回归城市理念,极力整合旅游区乃至所处区域的各个方面的力量,实现自然生态、人文历史、"职·住·游"协同发展回归旅游本源。

根据图26,回归城市强调的是"永续发展"、"紧凑发展"和"绿色发展"三者的包容性发展,其实现途径是 EDL 协同发展,前者是后两者的发展基础,"紧凑发展"是实现"绿色发展"的主要方式和手段,其根本目标是实现"职·住·游"协同发展极大化,也是适应气候变化的有效途径之一。根据协同学思想,社会经济系统的良性、稳步发展源自于社会人口的充分就业、住有所居以及适宜人们居住、休闲的高品质空间环境等"序参量"的伺服。由此可见,回归城市理念实际上是不断巩固寿命长的自然生态、人文历史等

---

① 简·雅各布斯:《美国大城市的死与生》,金衡山译,译林出版社2006年版,第147页。

② 仇保兴:《复杂科学与城市的生态化、人性化改造》,《城市规划学刊》2010年第1期,第5—13页。

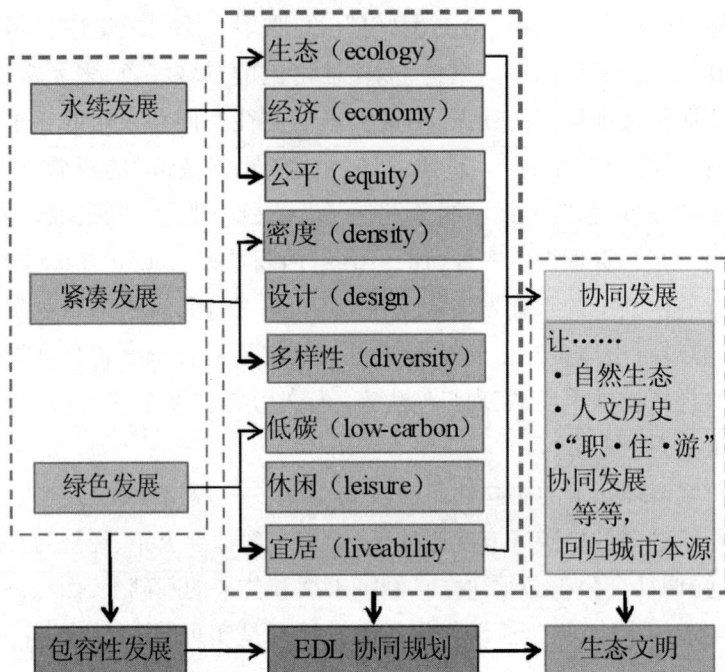

图 26　回归城市的概念性框架

"慢变量",且通过先进有效的规划设计手段指示出新结构形成的参量——
多样性、密度和精美设计,逐步达到低碳、休闲与宜居的 3L 整体愿景。

　　"绿色发展"的前提是规划与建设低碳城市。根据城镇化发展曲线的
趋势判断①,我国还有 30—40 年的城镇化高速发展期,在此期间预计全国每
年有 1500—2000 万农民进入城镇,每年新建建筑约为 20 亿平方米,每个城
市建成区面积平均每年增长 5% 左右,与此对应,我国每年将消耗约占全球
40% 的水泥、35% 的钢铁②。前世界银行首席经济学家尼古拉斯·斯特恩

---

① 仇保兴:《应对机遇与挑战:中国城镇化战略研究主要问题与对策》,中国建筑工业出版社 2009
　　年版,第 98 页。
② 仇保兴:《我国城市发展模式转型趋势:低碳生态城市》,《城市发展研究》2009 年第 8 期,第 1—
　　6 页。

牵头做出的《斯特恩报告》指出,全球以每年 GDP1％的投入,可以避免将来每年 GDP5％—20％的损失,呼吁全球向低碳经济转型。正如上文所述,低碳城市(旅游)是低碳经济发展的平台。低碳城市主要指在保持经济发展的前提下,以降低能源消耗和二氧化碳排放为核心目的和手段,以低碳生产和生活理念为主要内容,并促进新经济形态产生和发展的城市模式①。其与生态城市和花园城市有一定的相近性,但也有不同。生态城市强调的是以人为主的复合生态系统中各要素的运行和相互协调,更偏重于系统层次,而花园城市则更偏重于环境美化方面。低碳城市(低碳旅游)直接以降低排放为目标,侧重于低耗能和新能源的利用,旨在建立一个资源节约型、环境友好型社会,促进能源生态系统的良性发展。

(三)回归城市的必要性

工业革命之前,人们把城市建在如画的山顶(或地势较高的台地),并不是要征服自然或用来欣赏乡间的景观,而是为了向他们的敌人挑战(起到军事防御和综合防灾的作用),以及为发展农业而保护山谷中的水和土地资源②。中国古代的城市规划十分重视因地制宜地规划建设城市,《管子·乘马》曰:"因天材,就地利,城郭不必中规矩,道路不必中准绳",指出在城市规划中应考虑"天材"、"地利"等自然要素,城市格局的确定应遵循自然机理,而不必强求形式的统一与规整,这种规划理念突破了此前城市规划中礼治的桎梏——强调中轴对称。这不仅对于充分利用自然条件营造丰富多彩、各具特色的城市奠定了基本的概念性框架,也是古人强调生态、人文环境回归城市的真实写照。当前我们已主动意识到尊重自然,尊重人性,追求"天人合一"、"顺法自然",主动走科学发展道路,这是中国传统文化中的原始生态观的优势③。秦耀辰等认为紧凑发展的城镇空间结构是节省土

① 余猛,吕斌:《低碳经济与城市规划变革》,《中国人口·资源与环境》2010 年第 7 期,第20—24页。
② Norman F Carver. Italian Hilltowns[M]. Kalamazoo,MI:Documen Press,1995.
③ 仇保兴:《复杂科学与城市的生态化、人性化改造》,《城市规划学刊》2010 年第 1 期,第5—13页。

地资源的关键,有利于为城镇提供大量的绿色空间,避免蔓延式发展①,同时有助于发展公共交通和就近提供就业岗位,减少出行时间和距离,提高城市效率,降低城市三大设施(基础设施、公共服务设施和公共安全设施)的建设成本及增强城市活力,为协同发展创造条件。一般而言,居住地与工作地相邻的人口越多,使用公共交通的人口也就越多,交通堵塞就会越少。

随着生态价值观、包容性发展观的日渐深入人心,旅游规划的目的是为人类提供一种休闲空间,是公益性的,是一种回归的理念将会逐渐为人们理解和接受。

(四)回归城市的路径选择

回归城市的核心内容是绿色发展。绿色发展则以低碳旅游理念为核心,通过合理配置土地、旅游资源、建筑、交通等旅游空间要素,融入回归城市的理念,创造可意象性的休闲、宜居旅游空间。在旅游规划中明确低碳旅游格局、用地、交通与道路系统、产业、居住区等方面内容,可将其分为3个空间尺度:低碳旅游区与区域规划、低碳景区—度假社区规划和低碳企业—家庭规划,其中低碳旅游区与区域格局、土地使用、道路交通系统是旅游区与区域尺度关注的主要方面,支撑着景区/社区和家庭/企业尺度的发展。在以上3个尺度的基础上,应用紧凑发展的3D理念进行旅游的规划与建设,其发展路径为②(参考仇保兴的文章《生态城市使生活更美好》,有修改):

第一,在交通方面,要求编制覆盖整个地区的旅游交通规划,充分体现绿色交通的原则,将提高步行、骑车和使用公共交通出行的比例作为低碳旅游区的整体发展目标,至少减少50%的小汽车出行。

第二,在土地使用方面,要求低碳旅游区内部应当实现混合的观光休闲、娱乐商务和作为游客度假和原住民居住的复合功能体,使本土居民能够就近就业,尽可能减少非可持续的、钟摆式的通勤出行的生成。在服务设施

---

① 秦耀辰,张丽君,鲁丰先等:《国外低碳城市研究进展》,《地理科学进展》2010年第29卷第12期,第1459—1469页。

② 仇保兴:《生态城市使生活更美好》,《城市发展研究》2010年第2期,第1—15页。

上,要求建设可持续的、能够提供包容原住户使用的富裕、健康和愉快地对生活有所帮助的设施。

第三,在绿色基础设施方面,要求低碳旅游区的绿色空间不低于总面积的40%。这40%中,至少有50%是公共的、管理良好的、高质量的绿色、开放空间网络。绿色空间要求具有多功能和多样化,例如可以是社区绿地、湿地、旅游小镇广场等,可以用于游玩和娱乐,能够提供野生憩息功能。

第四,在水资源利用方面,要求低碳旅游区在节水方面具备更为长远的目标。低碳旅游区的开发建设应采用低冲击开发(low impact development)模式,旅游区建设不能对地表径流的原有状况作很大的改变,不会恶化水源质量,社区的地面50%以上是可以透水的;必须实施"可持续的排水系统"(SUDS)和水景观开发利用规划。

第五,在防洪风险管理方面,要求低碳旅游区以合理的工程与非工程措施相结合,尽可能利用现代气象预报等技术,以非工程措施来应对雨洪威胁。

第六,在旅游小镇或度假社区设计方面,无论是街道、公共场所、公园或公共空间都应进行高水平的城市设计,要让生活充满愉悦,充满诗一般的气息。无论是出售或出租住房,无论是商业的或社区职能的建筑都必须通过高质量的建筑设计,这种高质量的设计还应是充满人性的、具有美感的,不能简单盲目地拷贝。

第七,在旅游公共服务设施的建设上,应尽可能吸引国家或区域一流的旅游公共服务机构入驻,迅速提升休闲与宜居水平。

第八,要设置入区旅游产业的单位碳排放门槛。地方环境部门要对所有新建的旅游区和低碳旅游小镇(或度假社区)进行星级绩效评估,对碳排放量水平进行考核。按照以上这些原则,旅游区就能够实现旅游经济增长和3L的协同发展,在永续发展、社会就业、观光写意感等方面都能够取得比较满意的成绩。

四、EDL 协同发展理论

(一)EDL 协同发展概念模型的构建

那么,如何实现旅游发展中的"职·住·游"协同发展极大化呢?我们以永续发展的3E 原则为目标基础,以绿色发展的3L 理念为价值取向,通过应用紧凑发展的3D 技术手段,强调将土地混合使用、建设密度和公共交通导向开发一体考虑,并具有适度的紧凑性以便于公众个体或群体之间的良性互动,创建低碳、休闲、宜居的高品质旅游空间,这就是 EDL 协同发展(图27a)。

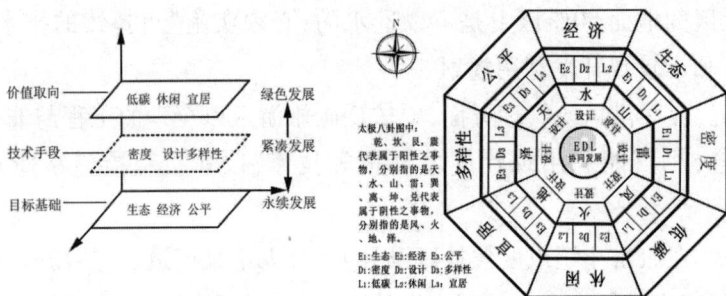

图 27 EDL 协同发展基本
原理示意图(a)

图 27 EDL 协同发展基本
原理示意图(b)

根据"天人合一"和世间万物"协同共生"思想,人恪守生态伦理之道,是有助于天地万物生生不息的。据传夏禹时代,"春三月山林不登斧,以成草木之长;入夏三月川泽不网罟,以成鱼鳖之长。"由此可见,古人极为重视保护(设计)好"生态"本底基础,目的是利于发展"社会经济",这充分说明了我们的祖先早就懂得了应用"紧凑发展"的 3D 技术手段以保持生物多样性及其生长密度,充分体现了"天地万物生生不息"的 EDL 协同发展思想(见本章图27)。在此基础上,我们结合永续发展、紧凑发展和绿色发展的核心理念,构建了 EDL 协同发展基本原理示意图(图27b),即山—生态,水—经济,天—公平;雷—密度,泽—多样性;风—低碳,火—休闲,地—宜居。以上的八项内容之间的协同关系要通过精心的"设计"才得以实现。

这与美国著名规划师约翰·伦德·寇耿,菲利普·恩奎斯特和理查德·若帕波特在《城市营造——21世纪城市规划的9项原则（City Building: Nine Planning Principles for the Twenty–First Century)》一书中所提出的9项规划原则有着殊途同归之处,EDL协同发展基本涵盖了9项规划原则（可持续性、可达性、多样性、开放空间、兼容性、激励政策、适应性、开发强度和识别性),还更多地体现包容共生的协同规划理念（详见第二章图16)。具体的EDL协同规划方法详见第四章的第五节。

EDL协同发展实质是面向绿色发展的生态现代化,其目的是变无序为有序,力推"职·住·游"协同发展极大化。其价值取向是生态、密度和低碳的协同发展;经济、设计和休闲的协同发展;公平、多样性和宜居的协同发展。

根据协同论的思想,协同性旅游规划不仅仅是对单个或单方面旅游要素（如旅游景点、度假住宅、服务设施)的规划,而是对整个系统内各要素的统一协同规划,规划中考虑的要素越全面,旅游地形象等无形要素对旅游系统良性发展的贡献以及系统整体和谐、持续发展能力就越显著[1]（图28)。

可见,旅游目的地区域、旅游景区、旅游吸引物范围、区内路径、出入口通道、相关产业和客源地市场等要素的空间相互关系和形成模式构成了目的地旅游系统地域空间组织模式。

（二）EDL协同发展的实质内涵

一是面向绿色发展的生态现代化。生态现代化是一种发展模式,其特征是非物化、绿色化、生态化、经济与环境双赢[2]。在原始社会,人类依赖自然、崇拜自然,过着自然采集狩猎的生活;进入农业社会,人类开发自然,适应自然,过着"田园城市"的生活;到工业社会,人类开创第一次现代化——改变自然、征服自然,过着"富有但缺乏安全"的生活;随着科技发展,人类

---

① 侯晓丽,董锁成,贾若祥:《旅游规划整合:对"大旅游"内涵的再认识》,《旅游学刊》2005年第4期,第43—50页。

② 何传启:《生态现代化:中国绿色发展之路（摘要)》,《林业经济》2007年第8期,第8—14页。

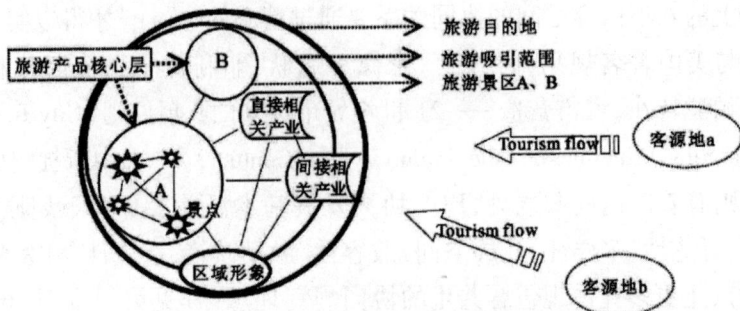

图28　目的地旅游系统构成示意图

（侯晓丽，董锁成，贾若祥 2005）

社会正在由工业社会走向知识社会，实现第二次现代化——守护自然，互利
共生，即人类社会正从经典现代化向生态现代化转变：采用新型的绿色技术
实现社会与环境协调，走经济与生态双赢之路。由此，我们所规划建设的旅
游区要充分考虑人与自然生态、人文历史的协同发展，寻求社会公平正义、
经济与环境的包容性发展，强调社会公正必须建立在经济永续和公平的基
础上，而经济永续则依赖于环境的永续。

　　二是变无序为有序，力推"职·住·游"协同发展极大化。由于旅游地
系统是一个开放的复杂巨系统，具有自组织的基本属性和耗散结构特点，人
为因素与旅游区自组织持续生成的"有序"共同影响着旅游区地域空间结
构的演化。旅游地系统演化的本质是耗散结构的负熵输入过程，系统要素
的非线性作用是其演化动力，并通过基于外部环境和政府主导的中心控制
的系统他组织与基于供给与需求、人地关系、区域协调以及利益主体平衡四
类非线性作用的系统自组织而实现①。作为城乡建设主要活动之一的旅游
项目开发，其根本目标是促进地方经济增长，为开发区域提供更多的就业岗
位，以增加本地居民的可支配收入和改善工作与生活条件；旅游度假区的发
展不仅为富裕阶层提供豪华、舒适的住宿设施，还要为本地居民和包容不同

---

① 赵黎明，杨其元：《旅游城市系统》，华中科技大学出版社 2007 年版，第 65—92 页。

收入阶层在内的目标客户群分别提供可负担的住房和普通商品房;同时还要创建包容游客、原住居民的生活方式、文化观念和消费水平等在内的多样性、高品质的休闲旅游空间。

三是规划建设适应型旅游区。气候变化已经成为了 21 世纪政策制定者、企事业单位和社会团体不容忽视的挑战,这是一个影响各行业各部门的,涉及国家(地区)发展和投资、经济和社会的严峻问题。Füssel(2007)指出人为气候变化与大量的社会和自然风险有着密切的关系,要减少这些风险发生的最基本的社会应对方案是减缓气候变化和适应气候变化[①]。减缓气候变化是指通过减少温室气体的排放或增加碳汇以遏制全球气候变化;适应气候变化是指针对脆弱的生境系统制定一系列行动以响应实际或预期气候刺激(climate stimuli)所带来的变化,其目的是缓和气候变化或资源利用所造成的危害程度。清华大学建筑学院顾朝林教授认为[②],适应气候变化中的"适应"被定义为系统、自然或者人类应对气候变化已有的或可能发生的影响(如海平面上升)所作出的一种调节,以保证在面对已观测到或预测到的气候变化和相关的极端情况时,降低其脆弱性或增加弹性。

要针对气候变化影响和灾难风险管理问题的寻求解决的办法,即力图通过一种有效的方法来建设一个适应型旅游区。所谓适应型旅游区,是指不仅对潜在威胁有实时的了解,而且在未来发展和改良计划的准备和执行过程中都能获取足够的风险信息。适应型旅游区能够从各处,包括国内资本市场,集中和储备金融资源,用于气候变化减缓和适应战略以及对自然灾害(特别是东亚地区易发的地震、洪水和风暴潮)的紧急应对和灾后重建工作。

四是实施行之有效的旅游增长管理。增长管理,也称开发管理,是一套有计划的政府行为,通过对私人和公共开发的规模、类型、设计、速度和成本进行干预,以实现公共利益和公共安全。鉴于与未来气候变化有关的灾难

---

① H. – M. Füssel. Adaptation Planning for Climate Change: Concepts, Assessment Approaches, and Key Lessons[J]. Sustain Science, 2007(2):265 – 275.

② 顾朝林:《气候变化与适应性城市规划》,《建设科技》2010 年第 13 期,第 28—29 页。

的潜在破坏性,转变旅游规划和建设管理理念便显得至关重要,因为正是城市(含旅游区)制造了当今80%的温室气体[1]。通过行动和投资计划加强对气候变化的适应、准备和减缓工作是规划建设适应型旅游区过程中行之有效的规划理念或建设模式。方法之一是通过规划理念的转变来唤起地方政府对降低二氧化碳排放的重视,旨在提高旅游区的能源效率,即通过使用非矿物燃料、控制旅游区扩张、加强公共交通、改善废物处理和进行水回收利用等。方法之二是明确气候变化与由这些变化带来的、密度和强度越来越大的极端事件和灾害之间的因果关系,这些措施能够控制由气候变化引发的极端事件和灾害的破坏力。要成功地应对气候变化的影响和相关的自然灾害,我们不仅需要足够的人力、技术和金融资源,还要制定出台必要的促使私人部门和社会团体从行为和技术革新方面参与规划的激励政策。更为注意的是,我们必须要重新审视旅游区基础设施的内涵,在其基本含义之上加以考量气候变化影响以及灾难管理投资的内容,以减少灾难风险并适应气候变化。

第四节 小结

旅游业涉及多行业、多专业,涉及了100多个行业,决定了旅游规划也是一门综合性、融合性非常强的学科,不仅要基于旅游学、经济学、管理学、地理学、历史学、社会学、空间学等各个学科的基础科学理论,也要融汇文化、景观、建筑、园林和金融等多门关联的产业理论。

当前,我国旅游城镇化进程已经进入快速、复杂的发展阶段,旅游业发展的步伐不断加快,但在许多地区,旅游开发模式仍然呈现出显著的功能单一、离散型、蔓延式特征:规划理念缺乏创新;片面追求经济目标;缺乏人文关怀;项目旅游建设用地"透支"旅游景观资源;耕地流失严重。这种无序的发展已经引发了一系列经济、社会以及生态问题。如果继续沿用这种模

---

[1] 世界银行:《气候变化适应型城市入门指南》,中国金融出版社2009年版。

式,可以预见,我国耕地大幅度减少、环境破坏、资源能源过度消耗等趋势会进一步加剧,旅游(度假)区无序蔓延、区域性交通压力增大、旅游目的地缺乏特色等问题也将一发不可收拾,探寻一种永续、紧凑、绿色的包容性旅游发展新模式,努力构架低碳、休闲、宜居的旅游发展新格局,已经是我国当前最为迫切的需求,协同性旅游规划基础理论的研究正是实现这一目标的有效途径之一。

包容性发展棱锥模型的旅游开发理念以及倡导 JHTSD 极大化,有利于公共资源的优化配置、公共空间的控制以及提高旅游区、景区的旅游空间品质。应用包容性发展棱锥模型的新维度,对城市地区、旅游区的不同地段制定不同层面、不同深度、不同内容的规划进行有效地控制,是在遵守永续棱锥模型或 3E 理念的前提下作出的补充。

紧凑发展是指各项旅游规划和发展过程中强调土地混合使用和密集开发的策略,主张人们居住在更靠近工作地点和日常生活所必须的服务设施的地方,同时追求地域元素的多样性,以科学发展观的设计促使土地资源高效使用和人居聚落精致发展。紧凑发展的核心理念是 3D 概念,通过应用 3D 技术手段促使旅游者、原住民、就业者就近共享公共服务设施,就业者居住地和工作地能在有效的步行半径范围内,实现经济、人居、生态等旅游功能的多元复合,倡导绿色出行,为旅游者打造休闲度假、居住舒适、卫生安全的环境条件,提高效率(包括对空间资源、时间等的利用效率),回归以人为本。唯有此,才能真正实现旅游业的绿色发展。

正如 Ohristopher Edginton 等人 2004 年在他们所著的《休闲项目策划(第 4 版)》(Leisure Programming 4ed)一书中描述"休闲是上天赋予人生的最大礼物,是影响个人生活质量的一个重要尺度。如果人们在自己的休闲体验中找到满意,则可以促进更大的幸福感,也可以增加人们的自我价值感……社会作为一个整体,休闲提供了传播历史、社会和文化价值的理想媒介,这些价值可以推动形成理想的社会准则、社会倾向和风俗习惯"。

随着休闲时代的来临,休闲旅游业正成为新一轮的经济热潮并逐渐席卷世界各地。作为闲暇经济主体的旅游业发展正面临产业转型和资源约束的双重压力的同时,缺少人文关怀、休闲设施明显不足。由此可见,在休闲服务业的发展进程中,如果各级政府和企事业团体能组织制定和实施行之有效的旅游规划,应用EDL协同发展的基本原理对一定地域范围内的旅游资源、休闲设施进行控制和科学合理利用,那么,这不仅能满足市场和全社会所有公民的休闲需求,也能起到保护自然、文化资源和人居环境的作用。随着中国居民带薪休假制度的全面实行,低碳、休闲、宜居的3L理念必将成为绿色发展的主题,永续、紧凑、绿色的协同性旅游规划理论的系统研究对旅游发展更有意义。

关键词

永续发展;紧凑发展;绿色发展;协同发展;回归城市;EDL协同发展

思考题

1.除了永续、紧凑和绿色发展理论外,协同性旅游规划还涉及哪些基础性理论?

2.简述永续发展理念与"天人合一"理念的异同。

3.试论旅游规划学研究引入协同学理论的可能性和必要性。

4.简述"职·住·游"协同发展应遵循的6点原则。

5.如何实现人文与自然生态、"职·住·游"协同发展回归旅游本源?

6.EDL协同发展的本质是什么,试论它对旅游规划编制所起的作用?

7.试比较EDL协同发展基本原理和《城市营造——21世纪城市规划的9项原则》的异同。

第四章 可协同性的旅游规划新方法

　　面临快速旅游城镇化带来的负面影响,规划师通过什么手段来实现自然生态与人文历史、"职·住·游"协同发展回归旅游本源? 本章在回顾与总结旅游规划方法的基础上,重点讨论两种有实际应用价值的方法论:一种是当前应用广泛的现代规划设计方法论——空间句法,另一种是面向复杂旅游系统的规划方法论——协同规划方法。其次,受到现有协同规划理论的启发,提出可协同性旅游规划方法体系框架,这个方法体系主要由"职·住·游"协同规划方法和 EDL 协同规划方法两个子体系构成,其中:"职·住·游"协同规划方法体系可分为就业·收入·产业的协同规划、住房·社区·房地产业的协同规划和闲暇·游憩·休闲业的协同规划共 3 种方法;EDL 协同规划方法体系也可分为生态·密度·低碳的协同规划、经济·设计·休闲的协同规划和公平·多样性·宜居的协同规划共 3 种方法。以上规划方法的基本思路是根据协同学中的伺服原理把 EDL 涉及的除"设计(D2)"外的 8 个变量划分为快、慢两种变量以指导规划编制的目标层次。第三,为了科学评价协同性旅游规划方法的有效性,本章还构建了相应的评价指标体系。

第一节　呼唤回归城市

　　一种在我们这个时代达到其顶峰的新兴世界文化,其本身内部产生了一种世界性的危机。所有的资料都似乎表明,这是自上个冰川时期以来发生的第一次全球性危机。所不同的是过去的危机来源于自然,而如今却是

来源于人类忙碌的双手和大脑。——刘易斯·芒福德（Lewis Mumford）

自从人类一步步从天然的洞穴中走出，我们就越来越多地生活工作在自己筑造的空间里，建筑景观成为呵护我们身心的"第二自然"。每一天，都有一群人从乡村涌向城市；每一天，都有一片土地从乡村变为城市，2008年世界上已有超过半数的人口居住在城市①。我国正处于城镇化的快速发展时期，截止2014年底，城镇化水平已达到54.77%，预计到2030年前后将达到70%。城市作为人类活动中心，其不仅将大量人口从寻找食物和陋居的重担中解脱出来，还展现了人类所有的成功与失败。虽然人们早已认识到了城镇化过程中的一系列问题，如住房短缺、环境恶化、交通堵塞，就业不足、社会混乱等，并不断提出各种应对策略，如埃比尼泽·霍华德（1898）②倡导的"田园城市"、帕特里克·格迪斯（1915）③的"人与自然融合"、勒·柯布西耶（1925）④主张的"现代城市设想"、刘易斯·芒福德（1938）⑤的"区域整体协调和注重城市文化"以及吴良镛（2001）⑥的"人居环境科学"等等，但城市问题的解决总是难以取得理想的效果。

最近几年，国内众多学者也对快速城镇化下的城市发展等相关的问题进行了较为系统的研究，如邹德慈（2010）⑦的《中国城镇化发展要求与挑战》、仇保兴（2012）⑧的《城市转型与重构进程中的规划调控纲要》、潘海

---

① 根据《城市规划基本术语标准》（GB/T 50280 - 98）规定，城市也称城镇（city）是指以非农产业和非农业人口聚集为主要特征的居民点，包括按国家行政建制设立的市和镇。从城市的定义来看，作为观光游览和提供给游客短暂居住或作为第二居住地的旅游（度假）区或社区也属于城市的范畴。再者从城市发展的角度看，有以生产为主的生产、生活型城市（如海口市）和以休闲生活为主的生活、生产型城市（如三亚市、各类旅游区），本书研究的对象指的是后者。

② Howard E. Garden Cities of Tomorrow[M]. London：Swan Sonnenschein&Co. , Ltd. ,1902.

③ Geddes P. Cities in Evolution ：An Introduction to the Town Planning Movement and to the Study of Civics[M]. London：Williams and Norgate,1915

④ Corbusier L. The City of To - morrow and Its Planning[M]. New York：Dover Publications Inc,1987.

⑤ Mumford L. The Culture of Cities[M]. San Diego,California：Harcourt Brace & Company,1970.

⑥ 吴良镛：《人居环境科学导论》，中国建筑工业出版社2001年版。

⑦ 邹德慈：《中国城镇化发展要求与挑战》，《城市规划学刊》2010年第4期，第1—4页。

⑧ 仇保兴：《城市转型与重构进程中的规划调控纲要》，《城市规划》2012年第1期，第13—21页。

啸,汤谠,等人(2008)①的《中国"低碳城市"的空间规划策略》、刘文玲,王灿(2010)②的《低碳城市发展实践与发展模式》等等,但仍缺乏基于永续发展、绿色发展和紧凑发展等核心理念的交叉融合研究。在国外,虽然一些发达国家最近也做出了一些比较深入的研究,如生态城市③④、绿色城市⑤、紧凑城市⑥⑦等等,然而并不系统,多集中于用地规划内容与目标⑧、职住平衡⑨、公共交通导向开发(TOD)⑩等方面,缺乏全面系统的"职·住·游"协同发展理念与应用研究。

　　2009年的《国务院关于加快发展旅游业的意见》中"要把旅游业培育成国民经济的战略性支柱产业和人民群众更加满意的现代服务业",推动了我国旅游业大众化产业化发展。2014年8月的《国务院关于促进旅游业改革发展的若干意见》中"要以转型升级、提质增效为主线,推动旅游产品向观光、休闲、度假并重转变,旅游开发向资源能源节约和生态环境保护的集约型转变,旅游服务向优质服务转变";"要求全面深化改革开放,加快转变政府职能,进一步简政放权,充分发挥市场在资源配置中的决定性作用和更好发挥政府作用,强调提出了要大力发展医疗健康旅游、邮轮游艇旅游、自

① 潘海啸,汤谠,吴锦瑜等:《中国"低碳城市"的空间规划策略》,《城市规划学刊》2008年第6期,第57—64页。
② 刘文玲,王灿:《低碳城市发展实践与发展模式》,《中国人口·资源与环境》2010年第20卷第4期,第17—22页。
③ Rodney R. White. Building the Ecological City[M]. Cambridge:Woodhead Publishing Ltd,2001.
④ Register R. Ecocities:Rebuilding Cities in Balance with Nature[M]. Gabriola Island:New Society Publishers,2006.
⑤ Fitzgerald J. Emerald Cities:Urban Sustainability and Economic Development[M]. New York:Oxford University Press, 2010.
⑥ [日]海道清信:《紧凑城市的规划与设计》,苏利英译,中国建筑工业出版社2011年版。
⑦ Jenks M,Burton E,Williams K. The Compact City:A Sustainable Urban Form? [M]. London:E & FN Spon Press,1996.
⑧ Prato T. Evaluating land use plans under uncertainty[J]. Land Use Policy,2007,24(1):165-174.
⑨ Becky P. Y. Loo, Alice S. Y. Chow. Jobs-housing Balance in an Era of Population Decentralization:An Analytical Framework and a Case Study[J]. Journal of Transport Geography 2011(19):552-562.
⑩ Calthorpe P. The Next American Metropolis:Ecology,Community,and the American Dream[M]. New York:Princeton Architectural Press,1993.

驾车房车旅游、低空飞行旅游、研学旅游、老年旅游等重点产品和业态,实施乡村旅游富民工程和旅游商品品牌建设工程,同时提出了若干重点支持政策和制度建设,进一步优化完善旅游业发展环境"。这为我国当前及"十三五"时期旅游业发展指明了方向,也给我国旅游目的地(城市、旅游度假区等)的规划与建设提出了更高的要求。那么,我国现行的主体功能区规划、城乡规划、旅游规划土地利用总体规划等空间规划应如何转变相关理念,对现有目标进行调整,探究我国快速城镇化和永续发展、绿色发展、紧凑发展的结合之道,构建符合我国国情的旅游规划新方法? 这是我国城市转型期应对气候变化的主要途径之一。

第二节 旅游规划方法论的回顾与展望

旅游规划以人为本,以满足人的精神和文化需求为目标,注重人的生命质量、生活质量的提高,要通过艺术的手法渲染科学的规划,让消费者的消费融入情景设计中,以服务为舞台,产品为道具,环境为布景,使游客在亲近自然、欣赏山水、接触社会、感受人文、体验风情、享受休闲、美食购物的旅游过程与服务过程中体验到身心愉悦。——刘峰(国务院发展研究中心)

一、传统旅游规划方法

自 20 世纪 30 年代至今,旅游规划的发展已经有近 80 余年的发展历史。目前,旅游规划已经形成了一个具有不同层次特征的理论与方法体系。国外一批著名的专家和学者如包德鲍维(Manuel Baud – Bovy)、米尔(Mill)、毛里森(Morrison)、劳森(Fred Lawson)、皮尔斯(Douglas Pearce)、墨非(Peter E. Murphy)、冈恩(Clare A. Gunn)、盖兹(Getz D.)、克里斯塔勒(Walter Christaller)、巴特勒(R. W. Butler)、因斯克普(Edward Inskeep)等对旅游规划理论与方法的研究做出了杰出的贡献(范业正,2000)[1]。

---

① 范业正:《国外旅游地规划的理论与技术方法》,《国外城市规划》2000 年 3 月,第 2 – 6 + 43 页。

　　旅游规划是一项复杂的活动,不仅采用了大量社会科学方法,也运用了自然科学方法来帮助认识、分析、解决规划中的问题,这两个领域的学科和理论通过概念、变量、原理、陈述这一系列抽象的形式建构,以规划学为中心、经济—环境—人文的板块建构以及从哲学层次—科学理论层次—技术方法层次的逻辑建构(吴人韦,2000)①。旅游规划方法可以理解为为了实现旅游规划目标而选择的途径、采取的策略、确定的程序和使用的工具及技术的综合,它由方法路线、战略方法、规划程序和技术方法4个不同层次和不同的规划方法组成(唐代剑,池静,2005)②。

　　从旅游规划发展的内涵上看,旅游规划的特点之一就是多学科、多理论的介入,旅游经济学、旅游市场学、旅游心理学、旅游地理学、旅游社会学、闲暇与游憩学、旅游生态环境学等众多理论都为规划提供了理论支持和方法指导。虽然目前旅游规划方法已经形成比较完整全面的体系(表9)③,各种类型的旅游规划中都需要运用到田野调查法、社会调查法、生态旅游规划方法和社区参与式发展方法等的许多理论和方法(唐代剑,池静,2005)。

表9　传统旅游规划方法一览表

时期	阶段划分	主要方法	方法要点
1930—1970	起步阶段	门槛分析法	·该方法最初应用形式是城市发展门槛分析,是综合评价城市发展可能的综合规划方法。 ·1968年,B.马列士在南斯拉夫南亚德里亚地区的规划中首次将门槛分析方法直接应用于旅游开发。 ·该方法已不局限于具体设施项目分析,而它已应用到整个旅游地的开发规模上。
1970—1980	过渡阶段	系统规划法	·系统规划方法引进了系统论和控制论的方法,把它用于旅游规划中,通过制定旅游规划及其实施来控制旅游系统。

① 吴人韦:《旅游规划理论的发展》,《城市规划学刊》2000年2月,第62—64页。
② 唐代剑,池静:《旅游规划方法研究进展》,《北京第二外国语学院学报》2005年3月,第86—90页。
③ 范业正,陶伟,刘锋:《国外旅游规划研究进展及主要思想方法》,《地理科学进展》1998年3月,第89—95页。

1980—1990	快速发展阶段	生态社区方法	·阐述了旅游业对社区的影响及社区对旅游的响应,及如何从社区角度去开发和规划旅游。 ·该方法非常强调社区参与规划和决策制定过程。
1990—2010	深入发展阶段	可持续发展方法	·该方法是一种思想方法而不是一个具体的操作方法。 ·旅游规划、开发、管理的目的是让其自然和文化资源不枯竭,不退化,并维护成一种可靠的资源,作为将来永远不断利用的基础。 ·目前,在众多的方法中,可持续发展的旅游规划思想在旅游规划中起着主流脉络的作用,它代表着当代旅游规划思想的主流。
2010 至今	融合发展阶段	系统集成方法	·采用定性和定量方法相结合的混合方法。 ·采用了计算机技术(如 GIS、SPSS 等)处理和分析旅游复杂系统中的计量经济数据。

根据文献"范业正,陶伟,刘锋:《国外旅游规划研究进展及主要思想方法》,《地理科学进展》1998 年 3 月,第 89—95 页。"绘制,有补充。

随着体验经济的提出,目前还新兴了一种称之为"旅游情景规划"的方法,它是将通用商业分析和商业过程创造的方法创新地运用于旅游规划设计实践中。旅游情景规划主要包括内容规划、能源规划、空间规划和时间规划等内容,项目体验设计存在则从直接体验出发和从功能出发两个角度。通过旅游情景规划与体验设计,规划设计者全方位地为旅游者创造出全身心的感受,追求差异,产生特色(魏小安、魏诗华,2004)[①]。

最新和最常用的方法有旅游卫星账户核算方法[②]、旅游资源评价方法、客源市场分析方法、GIS 技术、环境容量测算方法等,并不断地有其他学科领域的方法及先进科学技术被引入进来,如空间句法(Space Syntax)、协同规划技术方法等。但在许多情况下,各种不同类型的旅游规划都有自身的特点,需要确定不同的规划方法线路、不同的规划方法战略,制定不同的规划程序并在多种技术方法中加以选择形成专门的规划方法,这也是可以进一步深入探讨的问题。

---

①　魏小安、魏诗华:《旅游情景规划与项目体验设计》,《旅游学刊》2004 年 4 月,第 38—44 页。
②　旅游卫星账户是当前联合国和世界旅游组织等国际机构所积极推广的一种测度旅游业经济影响的方法体系。旅游卫星账户作为一种新型、权威、有效的衡量工具应运而生,成为世界旅游组织和联合国统计委员会推选的国际标准,并成为各国政府部门制定旅游经济发展政策的有力工具。

二、空间句法——一种应用广泛的现代规划方法论

（一）空间句法发展概述

空间句法是关于空间图形分析的一系列理论和技术。它产生于 20 世纪 70 年代末，它是由伦敦大学巴利特学院的比尔·希利尔（Bill Hillier）、朱利安妮·汉森（Julienne Hanson）等人提出，如今已形成一套完整的理论体系和专门的空间分析软件技术。1974 年，希利尔用"句法（Syntax）①"，一词来指代某种法则，用来解释基本的但又根本不同的空间安排如何产生。到 1977 年，空间句法研究则略具雏形。1984 年，希利尔和汉森在其著作《空间的社会逻辑》一书中首先提出了建筑与居民点空间组织的句法理论。空间句法是建立在图论基础上的关于空间和城市的理论，通过对城市空间相互关系和结构（如建筑、聚落、城市甚至景观在内的人居空间结构等。）的数量化建模分析，来研究空间组织与人类社会之间的关系②③。目前它已被广泛应用于各类空间多尺度分析中，如城市土地利用密度、城市中心性研究（城市空间的通达性、交通可达性）和城市布局特征（空间与人类活动间的关系）研究④，这些研究成果被应用到城市规划、地理学、建筑学、景观生态学等学科的诸多方面。在国内，运用空间句法对旅游空间功能和形态进行研究还处于起步阶段。

空间句法基于经济和社会过程空间化的结果（表现为城市物质空间形态）来发现经济和社会过程的印记，将联系物质城市与经济、社会过程的纽带—空间构型（configuration）作为研究对象，提出了一种直观而且综合的研

---

① "句法"从词源的角度上看指句子组合成文段的结构和规则。
② Hiller B. The Hidden Geometry of Deformed Grids：or, Why Space Syntax Works, When it looked as though it Shouldn't[J]. Environment and Planning B：Planning and Design, 1999,（2）:169-191.
③ Bafna S. Space syntax：A Brief Introduction to its Logic and Analytical Techques[J]. Environment and Bahavior, 2003, 35(1)：17-29.
④ 陈明星：《基于空间句法的城市交通网络特征研究—以安徽省芜湖市为例》，《地理与地理信息科学》2005 年第 2 期，第 39—42 页。

究方法①。它揭示了空间的内在逻辑,以此对空间结构形态定量而精确的描述深刻表明人类活动与空间形态的互动关联关系。从理论上说,空间句法的理论哲学接近于环境行为学,以空间作为研究对象,但不局限于物质形态分析的范畴,而是统一了城市物质形态中的社会经济逻辑和城市非物质形态中的空间逻辑,是在大量实际工程应用中成功证明了其理论方法对理解与模拟城市空间的正确性与重要性②。

　　空间句法有两个关键的理论基础③:首先,空间不仅仅是人类活动的背景,还作为一种内在属性存在于人类及其行为之中。空间句法理论中的空间不是单纯的物质空间,因承载了人的行为和认知而变得具有"生命力"。其次,空间之间相互关联组成了整个城市的空间布局,即空间构型,是人们理解城市空间的关键。大量的实践研究证明,空间构型和美国麻省理工大学的凯文·林奇提出的"心理认知地图"在很大程度上具有一致性,说明人对城市的认知不仅依靠局部空间形态,更取决于城市整体的拓扑结构。空间是通过实体要素限定或围合而成的,限定要素的不同会赋予空间不同的特征。拓扑是遵循图论原理,将空间要素抽象为点、线,并探讨其结构关系的现代数学分析技术。希列尔教授提出"空间"是物质形态和社会经济活动相互作用的媒介物:社会经济活动不仅具有空间性,即社会经济活动的展开依赖其在空间上的分布,而且它们的空间组织形式受制于空间自身的规律④。在希列尔教授看来,空间布局的建构过程体现了抽象的社会经济概念如何变成具体物质化的活动,其中个体人或集体组织会无意识(或有意识)地采用各种空间布局来展开(或限制)各种具体社会经济活动。

　　空间句法不仅可以揭示城市的空间结构与形态特征,而且可以将空间特征与人类的行动、停留和交往方式相结合,从而分析空间的形成原因与动

① Hillier B,Hanson J. The Social Logic of Space[M]. Cambridge:Cambridge University Press,1984.
② 刘英姿,宗跃光:《基于空间句法视角的南京城市广场空间探讨》,《规划师》2010 年 2 月,第22—27 页。
③ 王洁晶,汪芳,刘锐:《基于空间句法的城市形态对比研究》,《规划师》2012 年 6 月,第96—101页。
④ Hillier, B. , Hanson, J. The Social Logic of Space[M]. Cambridge University Press, 1984.

力机制。句法理论能预测设计和规划所带来的中长期效果,从而使规划管理者在开发过程中遵循社会和经济的发展规律。目前空间句法理论在建筑设计与城市规划中已得到广泛的应用①。

希列尔等人通过计算机技术将虚拟的空间具象化:利用拓扑学分析手段将人的视线以"轴"的形式从外部城市空间体系抽离出来表示空间网络,并采用多个度量值及其相应的关系图解描述特定领域空间的联结状态,以及与作为空间发展"引力"的人的辩证关系。如希列尔所说:"运动作为'强作用力'把城市联结成为一个整体……通过这些结果,我们可以重新把城市网络概念化为一个组构不平衡的系统——即不同整合度的轴线模型——从而产生了一个吸引度不均衡的系统——即不同轴线承载不同的建筑密度和土地使用混合度——最后,组构产生了吸引力"②。希列尔把城市看作"运动体系",认为城市的成败直接与空间构型相关。正是空间联系的本质和可视性决定了运动,且后者产生了经济的和其他的活动。他进一步指出,空间结构中的微小变动都可能触发运动中大的变化,并带来一个地方的潜在活动。

基于可见性的空间感知分析,空间句法将"大尺度"空间分割为一系列"小尺度"空间③,并结合拓扑计算方法,对空间构形进行量化分析,进而度量建筑空间和城市空间内在的性质。空间句法重在分析由节点间的连接关系组成的结构系统,因此表征这种关系的变量指标就非常重要。比较常见的句法变量指标包括:连接度(Connectivity Value)、整合度(Integration Value)、可理解度(Intelligibility)和协同度(Synergy)等(王洁晶,汪芳,刘锐,2012)。连接度是表示某节点与其他节点连接的个数,是空间构型直接的拓扑结构测度。整合度是空间句法最重要的分析变量之一,能测量某一小空间在整个系统中对"集体人"的拓扑可达性,即整合度高的空间与其他所

---

① 段进,比尔·希列尔:《空间句法3——空间句法与城市规划》,东南大学出版社2007年版。
② 希列尔B:《场所艺术与空间科学》,杨滔译,《世界建筑》2005年第11期,第24—34页。
③ 从人类对空间的感知看,空间可分为大尺度空间与小尺度空间。大尺度空间指不能从一个固定点来完全感知到空间;小尺度空间指可以从固定点完全感知的空间。

有空间之间具有较高的拓扑可达性。根据设定的范围大小,可以将整合度分为全局整合度和局部整合度,局部整合度测量将可达的范围限定在半径 r 之内。整合度指标一个非常重要的特征就是通过转换消除了系统规模的影响,因此不同大小的空间系统之间具有可比性。比尔·希列尔在对世界各地大量城市的轴线图分析中发现,很多城市存在"自由轮轴"特征。所谓"自由轮轴",就是指在城市中心存在一组整合度很强的相交的轴线,同时在边缘也有整合度较强的轴线,形成类似轮轴的形式。轴线图模型中的每一个轴线可以看作复杂网络中的一个节点。可理解度和协同度是对间构型整体性的测量指标,可理解度是连接度和全局整合度的线性相关值,协同度是全局整合度和局部整合度的线性相关值①。

(二)空间句法引入旅游规划的必要性与局限性

必要性

空间句法理论创立 30 多年以来,逐渐建立了成熟的理论范式,进行了大量的实践探索,现已在世界范围内成为一个有重要影响的城市与建筑研究学派。自 1997 年始,每两年一次的国际空间句法研讨会为研究者提供了学术交流和成果展示的平台。2009 年 6 月 8 日—11 日,第七届空间句法国际研讨会在斯德哥尔摩成功举行,有 200 多位来自世界各国的代表出席会议。会议共收录 27 个国家 65 所大学 130 余篇有关空间句法研究的学术论文,荟萃了当前句法领域探讨的最新成果。

近年来,国内建筑学和城市规划等领域的学者开始关注空间句法在城市形态研究方面的作用,开展了大量研究工作,如李江等人对武汉城市形态的研究②等。这些研究丰富了学界对空间句法在城市形态研究中作用的认识,但目前研究大多关注单个城市的形态分析或者城市在不同时相的形态演变,对于如何进行不同城市的对比研究,目前文献中涉及较少。

创建并以空间句法理论研究聚落的生长发展规律是建筑、规划学科对

① 段进,比尔·希列尔:《空间句法3——空间句法与城市规划》,东南大学出版社 2007 年版。
② 李江,郭庆胜:《基于句法分析的城市空间形态定量研究》,《武汉大学学报(工学版)》2003 年第2 期,第 69—73 页。

于人类生存环境的一种系统认识方法(席丽莎,2013)①。人类聚落在地球上的分布十分广泛,受自然地理条件的影响,其所呈现出的形态面貌千差万别,如果暂时将建筑形制、尺度、规模等一系列直观属性予以搁置,而将空间要素之间的相互联系加以研究,我们会发现任何聚落都有着十分相似之处,即都存在相同或相近的街巷系统,这种相似之处本质上源自于人们对于空间环境的共同感知。根据空间句法理论的研究,任何规模的聚落都是由长度不同的若干线加以联系的,且都是由数量较少的长线和数量较多的短线所组成的。如果以其中最长线的长度作为度量,将所有的线按照长度分为十个层级,那么超过90%的线都属于最短的那个层级,相反只有2%—3%的线属于最长的那两个层级。这样的空间形态结构表明了人类聚落的形成机制,即聚落本身的形态面貌是为了提供中心与边缘更加便捷的联系,并增加其内部关联性而存在的。人类聚落正是在保证内聚性和融合性两大前提的基础上不断生长繁衍的。

道路的基本功能是联系聚落各个部分以及增加人与人交流的机会和可能,其界面的形态特征也应服从于这种特征。空间句法理论指出,聚落中的长线存在的基础是由此衍生出更多的短线。主要道路之所以要贯通整个聚落,其目的就在于联系更多的次级道路,从而增加连续街道的活力,这种连接在聚落中往往表现为界面的开合处理,如局部形成交错、转折、强化等手段,避免人在行进过程中产生的单调感,同时也为人们在街巷中提供了更多交流的可能性。

值得注意的是,欧洲城镇的发展始终保持着一种有机生长的模式,注重历史的延续性。欧洲城市行政区划多以数字进行命名,如巴黎、维也纳等,其编号顺序是从市中心沿顺时针递增,呈螺旋形向外辐射,这充分地说明了城市的有机生长过程。正由于这种模式的存在,许多城镇的中心得到了有效的保护和发展,时至今日仍然是城镇中最有活力的部分。

---

① 席丽莎:《基于空间句法理论的聚落街巷界面研究——以京西爨底下村和萨尔茨堡老城区为例》,《城市发展研究》2013年10月,第17—20页。

空间句法作为城市与建筑空间形态分析的理论与方法,其本身是以广域的知识理论为支撑,从这次会议上可以看出句法发展多学科思想融合的趋向更为显现。各学科领域诸如语言学、现象学、社会学、经济学、环境心理学、环境行为学以及其他建筑和城市理论对句法理论既是挑战与冲击,也是补充与完善,如何将其他研究领域的有益思想整合于句法理论之中将是今后持续探讨的课题。

作为一个关于城市(旅游地)和空间的理论,空间句法使旅游功能和形态的研究具有了定量化的手段。更重要的是,空间句法提供了研究旅游功能与形态的一种综合视角,摆脱了片面地侧重物质空间形态或者社会经济形态的研究思路,能够广泛应用到旅游规划设计和研究中,为决策提供支持和依据。如,张熹,车震宇(2012)①基于空间句法的轴线分析方法,对开发比较成功的丽江束河古镇空间形态特征进行分析。总结束河在开发过程中通过运用整合度核心区外移、调整空间布局和旅游功能合理分区等手段,在传统村落之外形成新的整合度核心,将大量的人流活动引向新区,从而缓解老区压力的具体开发模式,为传统村落旅游开发与保护提供一个新的思路。

此外,空间句法还提供了从空间认知的视角定量分析城市游憩空间形态的理论和方法,其理论基于空间认知来解构城市空间。与城市意象理论强调不同空间要素的作用和偏重于从空间主体的角度进行空间客体的主体性分析不同,空间句法理论将人的认知与空间形态结构结合起来,强调了空间整体的结构性联系,从空间主体和空间客体相结合的角度进行空间客体的主体性分析,是进行城市空间形态研究的新的切入点(吴志军,田逢军,2013)②。由此可见,空间句法作为一种量化的空间结构研究方法,在旅游村落的空间形态研究中具有一定的优势。空间句法通过对人居空间结构的量化分析,研究空间组织与人行为之间的联系,在此基础上研究社会与经济

① 张熹,车震宇:《基于空间句法的旅游村落空间形态变化研究——以丽江束河古镇为例》,《华中建筑》2012年9月,第105—109页。
② 吴志军,田逢军:《基于空间句法的城市游憩空间形态特征分析——以南昌市主城区为例》,《经济地理》2012年6月,第156—161页。

因素是如何逐步影响并形成空间的。空间句法所闪耀的人文思想光辉和与
之联系的科学分析方法,为空间分析中人文与科学的结合提供了新的研究
思路①。

那么,怎样将空间句法模型用于旅游规划设计过程之中,又兼顾真实旅
游建设相关人员(特别是非旅游规划设计专业人士)与虚拟模型之间的
互动?

首先,空间句法近30余年的应用证明了空间模式与社会经济活动是彼
此关联的②③;且希列尔教授提出了空间形态、交通与用地等相互影响的理
论和应用④,这解决了城市是如何运作的问题。基于这种研究,才能开始探
讨第2个问题:在旅游发展中,如何预测空间形态的变化和设计所带来的社
会经济影响。这是旅游规划设计应用的重要方面之一。

其次,空间句法模型建立了一个数字平台,让参与规划设计的各方与虚
拟模型互动,并融合在一起,共同构筑旅游规划和设计流程(图29)⑤。

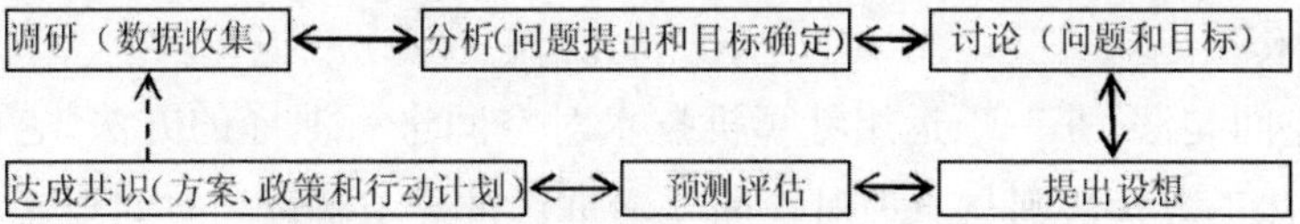

图29　空间句法应用的方法流程(杨滔,2012,有修正)

第1步,调研并数字化空间形态、基础设施、用地、交通及其他社会经济
因素的空间分布,甚至详细到每栋建筑的出入口或人均收入等。

---

① 邵润青:《空间句法轴线地图在方格路网城市应用中的空间单元分割方法改进》,《国际城市规
划》2010年第2期,第62—67页。

② Hillier B, Penn A, Hanson J, Grajewski T, Xu J. Natural Movement: or, Configuration and Attraction
in Urban Pedestrian Movement[J]. Environment and Planning B: Planning and Design, 1993, (1):29
–66.

③ Hillier, B., Iida, S. Network and Psychological Effects in Urban Movement[Z]. Proceeding of Spatial
Information Theory: International Conference, 2005.

④ Hillier, B. Space is the Machine[M]. Cambridge University Press, 1996.

⑤ 杨滔:《数字城市与空间句法:一种数字化规划设计途径》,《规划师》2012年4月,第24—29页。

第 2 步,基于数字化的空间模型,分析所调研整理的各种资料,注重空间与社会经济因素的相互联系,寻找或者展示问题和目标。

第 3 步,与规划设计的各方(公共政府机构、开发商、当地居民、规划设计者等)进行讨论,数字化重构各种实际现象或者问题,探索彼此的关联机制。

第 4 步,鼓励各方提出想法。

第 5 步,把各方提出的想法加入到空间模型之中,进行数字化预测、评估、回馈、协调,或者提出新想法,这是多次互动反馈的过程。

第 6 步,再讨论,提交各方满意且可行的规划设计成果,包括目标、导则和政策等,以及对应的空间物质形态。

根据图 29,这个流程融合了两个方面:一是客观地调研和理性地展示现状,并揭示问题;二是让参与规划设计的各方充分交流,自下而上地达成基于空间的规划目标与共识。

局限性

"空间句法"是一项运用计算机技术对空间进行演绎的方法,它的实施原理是基于数学法则与原理对空间要素进行推导与解读。空间要素在城市设计及相关分析中反映了大量的实用信息,而正是"空间句法"这种对空间进行模拟和演绎的方法,为针对空间要素进行量化计算与分析提供了可能[①]。然而,有学者认为组构理论在城市的运用称之为伪科学。尽管现实世界的组构的确存在数学上的规律性,但拓扑作为一种纯粹的数学关系,忽略了功能、社会环境和建构在城市中的作用形式。说它是忽视,是说,它的理论假设里排除了这些作用形式,但再将这些现实内容置于空间句法的理论成果时,本应可解释的却变弱。理论假设在数据分析中可以简化现实世界的复杂性、从而为分析与解释提供可操作性的空间,但在对分析结果进行解释时,这种"简化"应该具有可还原的经验归纳能力。显然,空间句法在

---

① Alfred Sommer:《"空间句法"在城市结构分析中的应用》,《城市环境设计》2009 年 11 月,第170—174 页。

这方面存在重大缺陷。它较适用于建筑内部等人群的社会关系纯化、空间行为与路径选择有较强因果关联的现实环境(也就是空间句法的理论适用环境),但用于长时间运行的城市分析,还需结合其他方法。实际上,空间结构的量化分析,不必追求用一种工具得出简单的、可视化的逻辑结果。

空间结构是一种具有时间和空间属性的关系网络,因此用各种关系分析软件或模型进行定量分析,都可以算作是空间结构的量化分析,比如,结合 SPSS 的 GIS 空间数据挖掘,其理论分析的潜力都比空间句法深入得多,理论模型也可以自我定制并且精致得多。说它有一定的局限性,是它用一些即便在纯粹的物理空间结构和功能关系中都难以完全成立的定量数据,试图去解释复杂、动态和多目的的城市类型,并且它基于的基本技术方法就是街道、道路的拓扑结构带来的空间流动性。但它很武断的将人的流动认为是目的无差别、方式无差别、过程无差别;也同样武断的认为道路类型无差别、运输的人群结构无差别,只有这样空间句法才成立,但这些在现实生活中都是不成立的。

三、协同规划方法——面向复杂旅游系统的规划方法论
(一)协同规划方法的出发点

将协同论的理念运用到当前我国规划协调中,并系统探讨规划的协同框架体系,对改变当前规划的混乱与冲突状态、优化规划决策系统和实现多部门协调统一意义深远。这里所指的协同规划方法是来自 20 世纪 70 年代的协同学在旅游规划学中的应用(详见本书第四章)。协同学主要探讨部分、个体、子系统、组群共同工作的规律和机理以及各种系统从无序变为有序时的相似性(Haken H,1971)[①]。协同学的自组织理论着重于一个系统内部各个组成部分的相互关系、相互作用、协同效果(synergy)及其宏观结构和整体行为。

---

① Haken H:《协同学——大自然构成的奥秘》,凌复华译,上海译文出版社 2001 年版。

协同学的核心方法指南是"寻找宏观尺度的性质变化"①。如果一个非线性运动方程有许多变量,这些变量可以划分为快变量和慢变量,而最终只有少数的慢变量才能发展为序参量(order parameter)主宰系统的宏观演化动力学②。可见,决定系统发生临界相变的控制参量(control parameter)只能是慢变量而非快变量。序参量导致微观个体形成宏观秩序的原理即所谓伺服原理(slaving principle),因为在序参量发生决定作用的过程中,快变量仿佛成了序参量的伺从,者听候后者"发号施令"。如果将旅游和旅游城镇化(tourism urbanism)过程分为快过程和慢过程,则快过程代表局部微观尺度上的建筑场所、街道、交通设施等,而慢过程则代表宏观尺度的整个旅游区域,一般表征为旅游系统。快、慢过程的相互关系可以用伺服原理进行描述:一方面,区域旅游系统作为局部旅游微观结构演化的环境和边界条件;另一方面,区域的宏观结构又是局部结构的整体结果。根据这种局部与整体的因果循环,研究整体的区域旅游系统需要假定快的局部过程适应慢的区域过程,而研究局部旅游城镇化过程又要将旅游区域视为给定的环境条件(context),在此前提下理当研究局部与整体的复杂相互作用。

(二)协同规划方法的基本思路

二十世纪七八十年代欧洲进入全球化、后工业化时代,全球化资本的快速流动使得世界经济发展既强调区际差异,又强调控制与协调。在城乡发展过程中,对经济利益的过度追求,导致生态环境恶化。在此背景下,西方提出了协作式规划(collaboration planning)理念,要求不同产权所有者采用辩论、分析与评定的方法合作达成共同目标,避免无序竞争。协作式规划强调利益主体之间的协作及主体协作机制的建立(董金柱,2004)③。目前我

---

① Haken H:《大脑工作原理——脑活动、行为和认知的协同学研究》,郭治安,吕翎译,上海科技教育出版社 2000 年版。

② Weidlich W. From fast to slow processes in the evolution of urban and regional settlement structures: th role of population pressure[A]. In: Population, Environment and Society on the Verge of the 21st Century (J. Portugali, ed.). A special theme issue, Discrete Dynamics in Nature and Society, 1999.

③ 董金柱:《国外协作式规划的理论研究与规划实践》,《国外城市规划》2004 年第 2 期,第 48—52 页。

国正经历着深远的变革,在全球化、快速城镇化及信息网络化等时代发展的背景下,规划理念亟待变革,协同规划方法的基本思路就是基于中国基本国情、借鉴西方协作式规划理论而产生的,是用来有效缓解经济、社会与环境发展矛盾,解决多利益主体协作、实现多规划融合的有效途径。

　　规划的重要目标指向是"落地"实施与促进规划区域的可持续发展。地表空间具有功能的多样性、结构的动态性、系统的复杂性和开放性、目标的多元化、不确定性以及自组织功能等多种特征,空间组织过程和通过政策工具、规划手段进行调控必然也是一个复杂的体系,这个体系要根据地表格局变化规律进行相应的协调、互动、统筹,才能够有效地发挥不同空间布局规划的价值(樊杰,蒋子龙,陈东,2014)[1]。那么,应如何进行相应的协调、互动、统筹呢?

　　人类自诞生之日起就产生了生产和生活的空间需求,如果简单地按照最不干扰自然生态系统情况下配置人类生产、生活空间(旅游空间),显然是无法满足人类活动需要的。反之,如果仅从满足人类生产、生活的空间(旅游空间)需要方面进行空间区位选择,也可能对自然生态系统产生破坏,导致可持续性发展基础丧失(图30)。

　　如果简单地按照生产、生活、生态功能进行"三生空间"的划分,其三者比例关系和形态结构在时序发展及空间分异上是具有演变规律的(图31)。其中,从空间结构的时间演变过程来看,在农业文明时期,生态空间比例较高,生产、生活空间比例较低;进入工业文明时期,生产、生活空间比例快速增长并达到极值;到了生态文明时期,生产、生活空间比例增速开始趋缓,甚至生产空间比例有所减少。

　　因此,从"人"或"地"任何一个系统出发所构造的空间结构都是不合理的,需要进行综合的、集成的功能(协同)分区(樊杰,周侃,孙威,等,

---

[1]　樊杰,蒋子龙,陈东:《空间布局协同规划的科学基础与实践策略》,《城市规划》2014 年 1 月,第 16 - 25 +40 页。

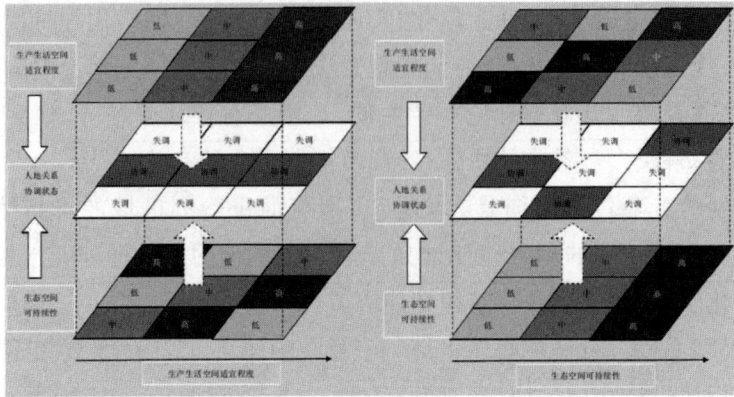

图 30　人文系统与自然系统空间耦合的状态

(樊杰,蒋子龙,陈东,2014)

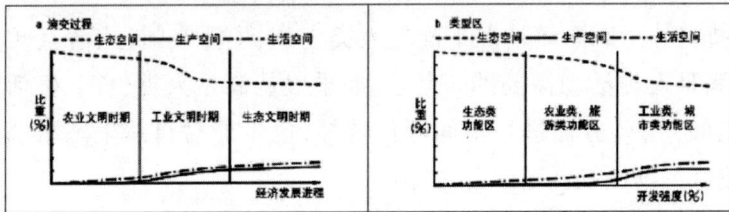

图 31　三大空间比例关系演变过程(a)和类型区(b)示意

(樊杰,蒋子龙,陈东,2014)

2013)①,即以永续发展的 3E 原则为目标基础,以绿色发展的 3L 理念为价值取向,通过应用紧凑发展的 3D 技术手段,在大尺度区域层面上进行主体功能分区以及对中小尺度区域进行"三区四线"划定,强调将土地混合使用、建设密度和公共交通导向开发一体考虑,并具有适度的紧凑性以便于公众个体或群体之间的良性互动,创建低碳、休闲、宜居的高品质空间。这就是协同规划方法的基本思路。

----

① 樊杰,周侃,孙威等:《人文—经济地理学在生态文明建设中的学科价值与学术创新》,《地理科学进展》2013 年第 32 卷第 2 期,第 147—160 页。

四、旅游规划方法的演变及发展方向的判断

(一)旅游规划方法的演变

旅游规划方法局限于占主导地位的学科思想及思维的发展。在非理性思维作用下的时代当早期的人本主义与生态主义占主导地位时,旅游规划通过对人与自然之间朴素的直觉思维,运用朦胧的仿生方法营造出人与自然相和谐的旅游地,既体现出对人本身原始需要的关怀,更体现出人对自然较多的依附与顺从;当权力主义占主导地位时,旅游规划中统治集团直接主观决策与计划的方法代替了所有技术与实践的方法,规划出的旅游地体现出非理性的统治者意志。在理性思维支配下的时代,在不同的学科思想运用不同方法的同时,多重思想交互作用下形成的多维方法也不断涌现,这在近代的旅游规划中表现得最为明显。

从单一思想的角度,人本主义提出了社会调查(包括群体问题、个体活动、环境心理、行为认知、亚文化区需求等等)、公众参与等一系列方法生态主义提出了使用进化论、有机结构、生态区保护等等方法,而权力主义者则完全借助工具力量和现代工程技术、数理分析、逻辑推导以及系统综合等等方法来推行权力集团的意志(朱东风,2004)[1]。而当这些思想进行交互作用时,一些交叉性的方法开始出现如人本主义与生态主义相结合产生了"景观生态学"的规划方法。人本主义与理性的权力主义相结合则导致了"经验实证主义"的方法大量应用,如20世纪40年代以后英国通过《巴罗报告》的实证研究而指导的城乡规划等等。不仅如此,在旅游规划方法发展过程中,理性与非理性本身也在对立统一中不断促进了旅游规划思想与方法的互馈交融,在现代旅游规划发展历程中,这种思想体系与思维方法的交融互馈导致了当前及今后旅游规划方法的新方向。

(二)旅游规划方法的新方向

可以说,旅游规划方法正在向新的范式转型:线性——非线性。现代旅

---

[1] 朱东风:《城市规划思想发展及技术方法走向研究》,《国外城市规划》2004 年 2 月,第 57—59 页。

游所体现出的流动性,实质上是由构成旅游系统的诸多元素自组织而构成的一个整体序列。旅游的活力正是由这种流动性的不断震荡而激发出来的。正如世界著名的建筑大师文丘里所说:"杂乱而有活力胜过明确统一。"在后现代性的规划思维中,旅游地的建构是严格按照某种构成逻辑而展开的,这是一种单向的矢量思维,无论构成多么严密,如何精确,实质上仍是一个封闭的线性系统。今天,这种无形的封闭系统,最终必然导致排他性的出现,这正是制约旅游发展的一个重要因素。因此,当代旅游规划思维方法必须跳出线性规划的传统思路,要以确保旅游的可持续发展。

第一,从工程技术手段到人文关怀。在长期的人本主义思潮影响下,从以彰显"物质空间决定论"工程技术学科衍生发展起来的旅游规划学科不断吸纳人文科学的研究成果与研究方法,如社区方法,从而使旅游规划的目标价值观不断得到升华。"新城市主义"、"行为学派"、"社区整合与更新"等思想流派代表了当代人本主义思潮的崛起。在今后相当长的发展时期,后现代主义思潮将对人类社会发展产生长远影响,人本主义的理论与实践方法将在旅游规划中不断得到发扬光大,富有地域文化特色并符合人类自身空间尺度与文化需求的旅游地将成为游客观光、休闲度假的首要选择。

第二,从直觉经验到合乎逻辑佐证实证。人本主义的思想方法将进一步与现代理性相结合,传统一味依靠形象观察、直觉经验与完全主观的规划方法将逐步融入科学理性的逻辑框架之中。随着现代数理方法的演进和大数据时代下的 RS、GIS、VR、SPSS 等新技术的产生与发展,对旅游发展的效益分析、生长模拟、空间发展预测将日益走向科学化与精确化。尤其是随着数据采集、分析和可视化技术的突破,一幅前所未有的、以海量数据为基础的旅游图景正直观地展现在世人面前,这既对基于小样本数据的传统旅游规划方法提出了新的挑战,又带来了新的发展契机。

第三,从单一终极目标到多目标的协同动态研究。旅游规划目标的单一终极性与研究对象的系统性、理性分析的独立性与决策研究的综合性的统一,将引导旅游规划方法从单一走向系统。在如今的全球化、信息化的发展背景下,旅游发展经常受全球旅游化策动。旅游规划往往以全球或大区域为背景,既要研究旅游区(景区)与区域的关系,也要研究旅游区、景区与区域内其他旅游区、景区之间的互动与演化关系,更要研究小尺度区域旅游空间系统与社会、经济、生态环境等其他子系统间的关系。同时,在对单一要素系统进行理性分析的同时,在规划决策过程中更注重对多要素系统的综合研究以保证规划决策的科学性及其价值目标的实现。

第四,从精英规划到专家领衔、公众参与。纵观全球民主与社会参与思潮逐步代替了王权政治遗存的集权思想,互联网与现代信息技术不仅使世界范围的旅游空间互动趋于无阻尼,而且正在逐步促进传统的"层级社会"向全球民主社会演变(朱东风,2004)。当公民的民主与参政意识得以强化后,旅游规划中的权力主义开始泛化为全体民众的公共意志。规划思想逐步体现出保证公共利益的人本主义、生态主义与永续发展的思想。与此同时,旅游规划也不再是规划师、政府官员等精英人士的政策与技术工具,由专家领衔、公众参与成为旅游规划从技术成果编制到决策、实施的主体,旅游规划的目标价值观将得到高度升华。

第三节 可协同性的旅游规划方法体系新框架

旅游规划是科学与艺术的统一,是理性与感性的交融,是文化与生态的协调,是创新与创意的集合。科学关注反映自然、社会、思维等客观规律的知识,技术是将科学的理论、思想进行落实的手段,旅游规划致力于将科学的理念与逻辑的思维与技术融合,以达至最好的规划效果。——刘峰(国务院发展研究中心)

(一)协同规划理论与方法体系回顾

城镇和乡村是现代社会的两大组成部分,也是旅游发展的重要空间载体,在人类历史发展的长河中,城乡彼此相互依存、相互依赖和相互影响。但很长一段时期以来,城镇与乡村的核心与边缘、控制与被控制的关系依然愈演愈烈,怎样消除城镇与农村经济发展的差距,是经济、社会和旅游研究等领域的学者关注与不断探索的一个重大理论与方法问题。罗彦,杜枫,邱凯付(2013)①将城与乡看成一个协同整体,运用协同理论,尝试建立起城乡统筹的协同规划模型,提出全域城乡用地、空间管制、居民点体系、产业布局规划、基础设施和公共设施等方面的规划指引,推进城乡统筹规划的系统发展。他们认为,城乡作为一个高度复杂的自组织系统结构实体,存在着众多功能之间的动态联系,从而表现出包含高度复杂的多系统协同效应的整体关系。但从本质上看,城乡统筹规划既非简单的城镇体系规划的细化,也非简单的城市总体规划的空间扩大化,而是主要以"构建新型城乡关系、优化区域城乡空间系统"为核心目标。从编制的内容看,现行城市规划以城市的空间结构、用地和设施布局为主,对生态空间、农业空间、城乡居民点和乡村发展规划等方面内容的研究深度以及关注不够,缺乏对城乡关系优化转型相关内容的探讨和思考。

　　国内学者对协同规划的研究集中在各种规划的协调研究层面,包括"两规""三规""四规""多规"协调体系构建等,其研究内容涉及规划协调问题分析、机制构建、实施措施及理论构建等不同层次。例如,祝春敏,张衔春,单卓然,吴必虎(2013)②认为,协同规划是以协同论为理论基础,通过建立规划协同平台,使得规划过程不断实现协调、优化与整合,并以反馈机制为依托形成良性的循环过程(图32)。

　　他们指出协同规划的内涵包括以下3点:①系统性。规划是一个系统,具有整体性和层次性,不同层次的规划分工明确,规划制定是横向和纵向互动协调的过程。②动态性。规划是动态平衡的,有对外界反应具有自我调节的机制,能有效应对外部环境的变化。③协调性。规划具有协调性,有利于协调机制的建立和有效统筹各方利益主体。他们在归纳协同规划内涵的基础上构建了协同规划理论体系,包括思想基础、技术方法及实施过程三方面的协同。其中,思想基础是协同规划的方向标,指引规划最终要达到的目

---

① 罗彦,杜枫,邱凯付:《协同理论下的城乡统筹规划编制》,《规划师》2013 年 12 月,第 12—16 页。
② 祝春敏,张衔春,单卓然等:《新时期我国协同规划的理论体系构建》,《规划师》2013 年 12 月,第 5—11 页。

标;技术方法协同主要解决不同规划间协同的技术问题;实施过程协同是指各利益主体共同参与规划编制实施过程。以上三者既相互独立又相互联系,经过不断的协调、优化和整合最后完成协同规划过程(图33)。

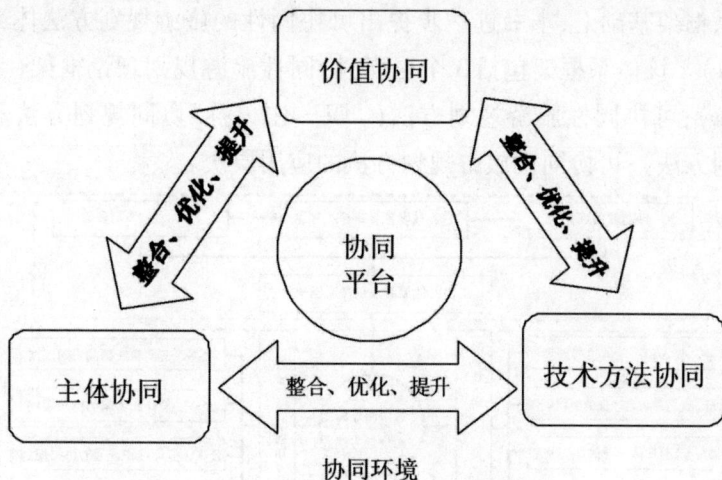

图32 协同规划结构图(祝春敏,等,2013)

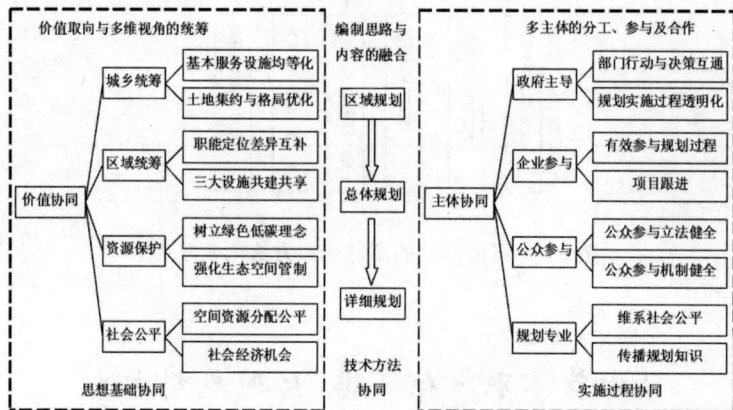

图33 协同规划理论与方法体系框架

(祝春敏,等,2013,有修正)

二、可协同性的旅游规划方法体系框架

根据上述祝春敏,张衔春,单卓然等人(2013)提出的协同规划理论与方法体系框架基础上,本书进一步提出可协同性的旅游规划方法体系新框架(图34)。该体系框架包括3个层面:协同性旅游规划理论框架(详见本书第三章);可协同性旅游规划方法("职·住·游"协同规划方法和EDL协同规划方法);可协同性旅游规划方法的应用层次。

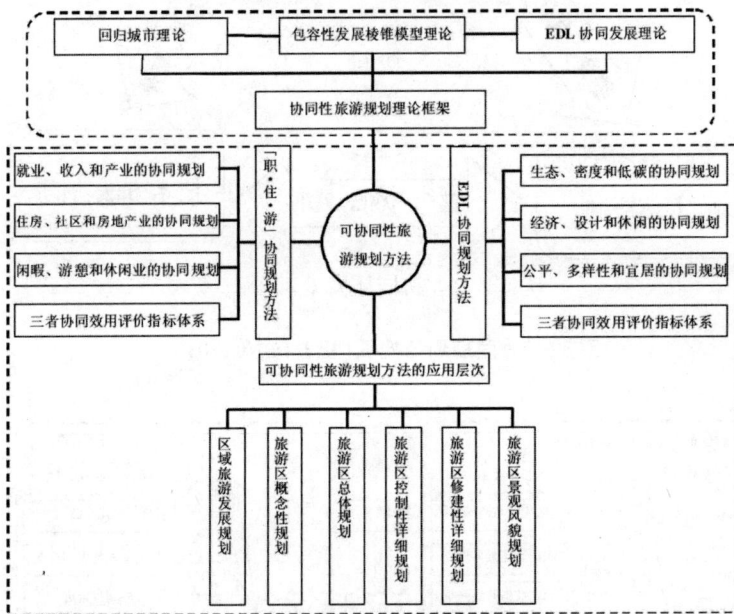

图34　可协同性的旅游规划方法体系框架

第四节　"职·住·游"协同规划方法

《雅典宪章》提出了"居住、工作、游憩和交通"是城市的四大功能,并指出各个功能要协调发展,保持之间的平衡。其中,居住、工作和游憩不仅是

3 个最主要的城市功能,还将直接影响到交通功能是否良性运转以及社会稳定和谐。作为公共政策之一的旅游规划,是引导和控制"职·住·游"协同发展的根本,"居住、工作、游憩和交通"是一个动态过程,必须研究规划政策对"职·住·游"协同发展过程的影响。

一、文献回顾及职住平衡内涵的延伸

(一)文献回顾

1933 年在雅典召开的国际现代建筑会议(CIAM)第四次会议的主题是"功能城市",会议发表了《雅典宪章》。宪章提出了城市规划应当处理好"居住、工作、游憩和交通"的功能关系,并把宪章作为现代城市规划大纲。宪章明确指出,"城市规划的任务就是制定规划方案,而这些规划方案的内容都是关于各功能分区的'平衡状态'和建立'最合适的关系'"。由此可见,一个城市就业和居住的空间关系很大程度上决定了该城市土地使用、交通体系等的特征和效率。

2013 年,中科院可持续发展战略研究组对中国 100 万人口以上主要城市的居民平均单程通勤时间的研究发现,有 80% 的路段和 90% 的路口通行能力已经接近极限,居民单程通勤时间平均为 39 分钟。另外,交通拥堵必然增加城市的环境负担,以北京为例,北京大气污染中机动车排放的可吸入颗粒物占 33%,氮氧化合物占 64%,碳氢化合物占 51%,机动车尾气已经成为北京重要的大气污染源之一①。

就业—居住平衡(jobs – housing balance,简称职住平衡)是西方城市规划界在与"城市病"做斗争的过程中形成的一种规划理念,并在 20 世纪 80 年代的美国转变为一些地方政府解决交通拥堵和空气污染的政策。职住平衡的基本内涵是指在一定的地域范围内,从业人员的数量和就业岗位的数量大致相等,便于大部分居民可以就近工作;通勤交通可采用步行、自行车或者其他的非机动车方式;即使是使用机动车,出行距离和时间也比较短,

---

① 见:http://news. xinhuanet. com/legal/2009 – 01/31/content_10739115. htm.

在一个合理的范围内。这样就有利于减少机动车尤其是小汽车的使用,从而减少交通拥堵和空气污染(Cervero,1991;Giuliano,1991)①②。即认为居住与就业应当尽量靠近,以减少交通流量和缓解拥堵,形成"自力性"(self - contained)社区,在土地使用上体现为产业用地和居住用地的混合。

规划师只能在土地使用规划上贯彻这一理念,而住房和就业岗位的分配是在市场中进行的。市场既无法保证居住在当地的居民就可以得到当地的就业岗位,也无法保证在当地工作就可以购买当地的住房,所以即使规划从用地的角度做到了平衡,市场分配的最后结果也可能是一部分居民实现了就地平衡,而另一部分实现不了。尽管"职住平衡"的理念在城市规划界非常流行,但在现实中推行土地混合使用(特别是在较小尺度上的混合利用)和建设"自力性"社区的努力往往得不到好的效果,"职住分离"的趋势反而愈加明显。

近些年来,国内规划界也逐渐认同了这一观点,并在规划理念和实践中大力推行"职住平衡"——普遍认为"职住平衡"是城市规划理论和实践中应对交通拥堵和长距离通勤的一项重要规划手段。例如,美国南加利福尼亚联合政府(SCAG)把职住平衡列入空气质量管理法和区域发展法,计划从1990年到2010年,在居住密集(housing - rich)地区增加9%的就业岗位,在就业密集(jobs - rich)地区增加5%的居住单元,从而最终达到就业—居住平衡的目标(Cervero,1996)。在2010年的"中国大城市交通研讨会"上,有学者指出:"我们在城市开发中应注重职住平衡,抛弃纯居住功能的卫星城模式,避免钟摆式、潮汐流的上下班。在《北京市总体规划(2004 - 2020)》中,也提出了逐步改变单中心空间格局的空间发展战略,要求在昌平、通州、顺义、亦庄等地规划新城,用以疏散主城区的产业和人口,在新城实现新的职住平衡格局。然而从目前来看,这一举措并没有达到预期效果。这些居住区的居住功能过于单一,职住分离问题尤为突出(郑思齐,徐杨

① Cervero, R. JobsPhousing balance as public policy[J]. Urban Land,1991,10:4 - 10.
② Giuliano, G. Is jobs housing balance a transportation issue? [J]. Transportation Research Record, 1991,1305:305 - 312.

菲,谷一桢,2014)[①]。

实际上,城市"职住"到底平衡不平衡,在多大程度上平衡,就需要进行测量。测量包括两个方面:数量的平衡和质量的平衡。前者是指在给定的地域范围内就业岗位的数量和居住单元的数量是否相等,一般被称为平衡度(balance)的测量;后者是指在给定的地域范围内居住并工作的劳动者数量所占的比重,被称为自力性(self - contained)的测量。根据上面对平衡度的定义,其测量一般采用就业—居住比率,即在给定的地域范围内的就业岗位数量与家庭数量之比,当比值处于 0.18—1.12 之间时,就认为该地域是平衡的(Cervero,1989,1991)。这里有一个假设前提,即每个家庭只有一个人工作。如果有双职工家庭,就要根据其数量进行修正。自足性的测量一般采用托马斯提出的"独立指数"(Independence Index),即在给定地域内居住并工作的人数与到外部去工作的人数的比值。这个比值越高,说明一个社区的自足性越好(Thomas,1969;Cervero,1996)。有的学者认为距离工作地 9.7 千米—12.9 千米是合理的(Levingston,1989),也有学者认为应该是 4.8 千米—16.1 千米(Deakin,1989),还有学者认为应该把平均的或者中等程度的通勤距离作为合理的通勤距离,因为这个通勤距离反映了市场作用下就业和居住区位的形成情况(Zhong ren Peng,1997)。

然而,许多学者普遍认为:职住适当分离是劳动力市场、房地产市场等发展的必然规律,但"职—住"严重分离则导致居民平均通勤距离和通勤时间过度,是造成近年来各大城市交通拥堵、空气环境质量下降的一个重要原因;对中国城市而言,一般城市规模越大,职住分离也愈加明显。究其原因,主要受城市发展政策和土地开发政策的双重影响。孔令斌(2013)[②]从城市职住平衡的影响因素出发,以城市发展政策、土地开发政策、交通系统发展、居民收入与产业发展等视角探讨大城市职住平衡形成的政策与规划因素。然后,从政策和规划两个层面思考促进城市职住平衡实现的途径。他指出

---

① 郑思齐,徐杨菲,谷一桢:《如何应对"职住分离":"疏"还是"堵"?》,《学术月刊》2014 年 5 月,第 29—39 页。

② 孔令斌:《城市职住平衡的影响因素及改善对策》,《城市交通》2013 年 6 月,第 1—4 页。

调整城市发展政策是调整职住平衡的根本,而职住平衡是一个动态过程,必须研究政策对职住平衡发展过程的影响。强调通过大城市活动组织分区来控制出行距离,在这些分区内城市服务配置相对完善、就业与居住平衡。最后指出,在把握职住平衡形成规律的基础上应充分考虑弹性,在城市空间规划与交通规划中坚持城市活动分区组织,同时将发展时序与政策有效结合。郑思齐,徐杨菲,谷一祯(2014)系统梳理了职住关系研究的理论和实证文献,从就业机会、通勤成本、住房机会和城市公共服务可达性四个方面来解释城市职住关系的形成机制,并利用北京市2010年家庭大样本出行调查的微观样本对这些机制做了实证验证。发现:从集聚经济效益、劳动力市场匹配和居民家庭出行需求多元化等多个角度来看,"职住分离"都有其必然性和合理性;面对"职住分离",不应将规划凌驾于市场之上,通过主观"设计"居住与产业用地空间配比("堵")的方法来追求理想的"职住平衡"目标,而是需要尊重市场规律,在交通、住房和公共服务等方面为居民提供更多的选择机会("疏"),形成合理的职住关系。例如,在进行城市空间规划和土地供给时,应当促进产业用地的充分集聚,同时,应适当增加就业中心周边居住用地的开发密度,提高存量住房周转率。

(二)职住平衡→"职·住·游"协同发展理念的转变

就业—居住平衡的规划理念最早可以追溯到19世纪末霍华德"田园城市(Garden Cities)"的思想。针对当时英国最大城市——伦敦人口过分拥挤,贫民窟大量出现,城市交通混乱等问题,霍华德认为当城市发展超过一定规模后,就应在它附近发展新的城市,而不是将原来的城市进行扩展。新城市内部要配备齐全的服务设施,就业和居住均衡分布,使居民的"工作就在住宅的步行距离之内"(E. Howard,1902)。这就是就业—居住平衡理念的最初萌芽。20世纪之后,随着工业革命向世界更大范围的扩散,城镇化进程进一步加速,城市中的各种问题也日益凸显,一些城市建设领域的先驱者对田园城市的思想给予了发展与完善。

芬兰建筑师伊利尔·沙里宁(Eliel Saarinen)提出了有机疏散(Organic Decentralization)理论,认为城市作为一个有机体,不能听其自然的凝为一大块,而要把城市的人口和工作岗位分散到可供其合理发展的离开中心的地方(Eliel Saarinen,1945)。有机疏散的基本原则之一是把个人日常的生活和工作集中布置,使活动需要的交通量减到最小程度,并且不必都使用机械化交通工具。

美国学者芒福德(L. Mumford)则把霍华德的思想作了进一步的阐述和明晰化,提出了"平衡"的概念,即城市和乡村要在范围更大的生物环境中取得平衡,以及城市内部各种各样的功能之间要取得平衡,而且平衡可以通过限制城市的面积、人口数量、居住密度等积极措施来实现(L. Mumford,1968)。

什么因素会影响城市(旅游地)内部"就业—居住"空间关系? 在空间一般均衡中,"工作地"和"居住地"的空间关系在居民和企业的自主选择下,由系统内生决定。在现实的城市中,居民偏好和城市空间的异质性、历史路径的依赖性以及各类制度和政策的干预,使上述体系短期内难以达到均衡。多种经济和非经济力量的相互叠加使就业与居住的空间动态关系更显重要和复杂。郑思齐等(2009;2014)[1][2]系统地讨论了居住与就业空间关系的决定机理和影响因素,认为可以将影响职住关系(这里简化为"通勤时间"或者"通勤距离"的变量)的因素归纳为 4 个层面:就业机会、住房机会和城市公共服务设施的空间分布,以及家庭的通勤成本。

尽管许多学者已对"职住平衡"方面的问题开展了较为深入的研究,取得了较为丰硕的成果,但提出的规划措施在具体实施过程中往往没有取得令人满意的成效。究其原因,主要是近年来,我国各地工业进入园区,与居住区相对分离,不少地区规划建设了一批新城。但在实践中,产业与城镇分隔的弊病越来越明显,城镇上班族通勤时间越来越长,部分工业区白天热闹非凡,到了晚上则成为"空城",而建造完美的现代小区则成了"睡城","产、

---

① 郑思齐,曹洋:《居住与就业空间关系的决定机理和影响因素——对北京市通勤时间和通勤流量的实证研究》,《城市发展研究》2009 年 6 月,第 29—35 页。
② 郑思齐,徐杨菲,谷一桢:《如何应对"职住分离":"疏"还是"堵"?》,《学术月刊》2014 年 5 月,第 29—39 页。

城、人"相脱离的现象严重制约了城镇化发展。

对此,本书在归纳总结前人研究成果的基础上(表10),认为"职住平衡"理念应向"职·住·游"协同发展理念的转变("职·住·游"协同发展的内涵详见本书第三章)。"职·住·游"协同发展的思路是:根据该地区的发展实际及上位规划的发展要求,科学进行产业发展规划,明确产业发展的性质,然后再根据产业性质合理进行产业融合详细规划,并结合该产业的就业岗位分布和就业人口数量及工资收入、消费水平等,就近进行产业聚集区布置与之适应的住房与社区类型。同时,新建住区规划应当结合公共交通走廊和公共服务设施布局等合理选址,为从业人员提供便捷的居住空间和游憩的开放性空间,减少区外通勤,以达到"职·住·游"协同发展的目的。

表10　职住平衡和"职·住·游"协同发展理念比较一览

比较要点	职住平衡	"职·住·游"协同发展
1.土地用途	性质刚性,用途单一	性质兼容,混合使用
2.功能关系	功能单一,唯利是图	功能复合,协同共生
3.空间结构	绝对集中,过度分区	相对集中,适度分区
4.空间形态	粗放扩张,蔓延分散	节约集约,紧凑发展
5.职住关系	职住分离,点状发展	职住融合,集群发展
6.交通发展	小车主导,人车矛盾	公交优先,步行友好

二、实现"职·住·游"协同发展的规划方法

(一)就业·收入·产业的协同规划方法

基本概念的阐释

就业(job)英文"job"的中文意思为"职业、职位",复数"jobs"表示发展更多的"行业"及提供更多的"职位"。这里特指是"充分就业"。就业被视为民生之本和安国之策。我国有13亿多人口、9亿多劳动力,每年高校毕业生、农村转移劳动力、城镇困难人员、退役军人数量较大,人力资源转化为

人力资本的潜力巨大,但就业总量压力较大,结构性矛盾凸显。自 2008 年 1 月 1 日起施行的《中华人民共和国就业促进法》中明确规定,"县级以上人民政府在安排政府投资和确定重大建设项目时,应当发挥投资和重大建设项目带动就业的作用,增加就业岗位。"可见,科学估算"就业岗位"是旅游规划、城乡规划等空间规划在编制过程中应当着重考量的内容,也是规划方案制定和政府批复该规划的重要量化准则之一。

2015 年 6 月,中共中央、国务院印发了《关于大力推进大众创业万众创新若干政策措施的意见》中提出"推进大众创业、万众创新,是扩大就业、实现富民之道的根本举措。"国家推进大众创业、万众创新,是经济社会发展的动力之源,也是富民之道、公平之计、强国之策,这一举措旨在通过创业增加收入,让更多的人富起来,促进收入分配结构调整,实现创新支持创业、创业带动就业的良性互动发展。

收入(income)是指某一个体,包括个人或者企业在销售商品、提供劳务及转让资产使用权等日常活动中所形成的经济利益的总流入,通常包括商品或劳务的销售收入、利息收入、使用费收入、股利收入等。广义的收入概念将企业日常活动及其之外的活动形成的经济利益流入均视为收入。狭义的收入概念则将收入限定在企业日常活动所形成的经济利益总流入。我国现行制度采用的是狭义的收入概念,即收入是指个人或企业在日常活动中形成的、会导致所有者权益增加的、与所有者投入资本无关的经济利益的总流入。

产业(industry)一词可解释为:一、占有的财产。指私人财产,如田地、房屋、作坊等等。唐代李顼《欲之新乡答崔颢綦毋潜》诗:"数年作吏家屡空,谁道黑头成老翁。男儿在世无产业,行子出门如转蓬。"二、积聚财产的事业;生产事业。《史记·苏秦列传》:"周人之俗,治产业、力工商,逐什二以为务。"三、通常来说行业可以以核心原料为划分或以核心技术为划分,即划分为第一、二、三产业。第一产业是指农、林、牧、渔业(不含农、林、牧、渔服务业)。第二产业是指采矿业(不含开采辅助活动),制造业(不含金属制品、机械和设备修理业),电力、热力、燃气及水生产和供应业,建筑业。

第三产业即服务业,是指除第一产业、第二产业以外的其他行业。第三产业包括:批发和零售业,交通运输、仓储和邮政业,住宿和餐饮业,信息传输、软件和信息技术服务业,金融业,房地产业,租赁和商务服务业,科学研究和技术服务业,水利、环境和公共设施管理业,居民服务、修理和其他服务业,教育,卫生和社会工作,文化、体育和娱乐业,公共管理、社会保障和社会组织,国际组织,以及农、林、牧、渔业中的农、林、牧、渔服务业,采矿业中的开采辅助活动,制造业中的金属制品、机械和设备修理业。产业的进一步细分详见《国民经济行业分类(GB/T4754 - 2011)》。

三者协同规划方法

三者协同规划思路是合理的产业结构能提供充足的就业岗位,居民有了工作才有收入;居民或家庭有了足够的收入才能拉动内需,强有力的购买力才能促进社会大生产;只有扩大生产才能提供更多的就业岗位……

第1步是坚持以"两型"理念推动产业结构的优化。就业是民生之本。旅游作为劳动密集服务型的第三产业的龙头,其提高就业率,增加就业机会的产业容纳能力很强。对海南这样的劳动人口大省来说,旅游业已成为带动就业、转移农村富余劳动力、增加农民收入的重要渠道,极大地促进了就业、改善了民生。旅游产业是资源消耗较少而辐射较强的产业,属于资源节约型、环境友好型产业,对海南美化生态环境和自然人文景观起到了重要作用。海南发展"两型"旅游产业,既进一步促进产业结构优化,又美化了自然与人文生态环境。因此,海南旅游行业应坚持以"两型"理念推动旅游产业发展,使山川增色、城市改观、人文提升,促进了经济社会和谐发展。

就海南旅游业发展来说,旅游产出在 GDP 中所占的比例已经超过10%,远远高于全国的平均水平[①]。统计数据表明,海南省的 GDP 对旅游收入的依赖程度越来越高,旅游收入对经济的拉动效果越来越显著。尤其是海口、三亚两市已成为海南国际旅游岛建设的重要地区。2012 年海口市共

---

① 吴学品,李骏阳:《旅游业增长与通货膨胀的关系——来自海南岛的证据》,《旅游学刊》2012 年第 27 卷第 11 期,第 66—71 页。

接待过夜游客人数 952.9 万人次,同比增长 12.7%,旅游总收入 101.57 亿元,同比增长 22.3%,占 GDP 比重为 12%。2012 年三亚市共接待过夜游客人数 1103 万人次,同比增长 8%,旅游总收入 190 亿元,同比增长 9.7%,占 GDP 比重高达 58%。可见,旅游经济给海口、三亚两市经济的发展起到了较大的拉动作用,农村剩余劳动力也转向了与旅游业发展相关的就业岗位,农民收入水平在数量和质量方面也有明显的提高和改善,但对很多当地农民来说,海南旅游业的发展虽提高他们家庭的名义收入,增加就业的机会,但不断上涨的物价已经冲抵了这仅有的一点实惠。因此,要提高农民的收入就必须加大对工资性收入的提高(李泽慧,黎兴强,2015)①。

从历年的数据显示,三亚家庭经营性收入比重较高,这说明三亚大多数农民仍然以农业为主,对土地依赖性较大;海口市则工资性收入较快增长,与家庭经营性收入不断缩小差距,说明海口农民对土地依赖程度相对减少。因此,三亚应从多角度进行收入转型建设,海口应当不断深化收入转型。加快提高工资性收入水平,逐步提高转移性收入与财产性收入,稳定家庭经营收入。在增加工资性收入方面,海口三亚应当不断加强社会保障制度的建设,确保农民的社会保障;不断对农民进行思想教育,开展各种就业工作技能的培训,提高农民的职业技能和致富的能力,增强农民融入当地的项目建设的转移就业的能力,提升其工资性收入;与此同时,要不断优化产业结构,即改变传统农业,发展智慧农业,加大智慧农业推广力度,不断探索农村集体和农户在资源开发中入股的可行性,以此增加农民财产性收入。除此之外,在海南建设生态省的大背景下,海口三亚都应当积极发展旅游观光农业,生态有机农业,针对资源特征,发展生态循环农业,如发展特色林果、种植和养殖等循环产业,形成了一条绿色生态产业链。同时,应加大强农惠农政策力度,健全农业补贴等支持保护制度,增加农民生产经营性收入和转移性收入。

---

① 李泽慧,黎兴强:《旅游地区农民收入结构性动态变化分析——基于海南省海口、三亚两市的面板数据》,《江苏农业科学》2015 年 4 月,第 450—454 页。

第2步是进行区域产业功能定位与产业经济区划。以下我们以细水乡为例说明如何进行区域产业功能定位与产业经济区划。

根据细水乡所属的区域特征,我们认为整个乡域产业经济应突出"畅游松涛,乐活细水"的动态发展理念,强调以滨水(森林)康体养生度假和生态现代化低碳农业为主要产业功能,以水乡山野体验为特色,以山地休闲运动为补充。其目标价值指向为:海南中部最具魅力的集滨水(森林)康体养生、乡野休闲、度假居住为一体的"湖光山色"的低碳旅游目的地。其产业类型选择为:细水乡以滨水(森林)康体养生为核心产业类型,辅以生态现代化低碳农业、山地体育文化、房车露营、森林探奇、乡村民宿业等产业融合发展,主要衍生出低碳技术、医疗保健、信息咨询、电子商务等9种形态(图35)。

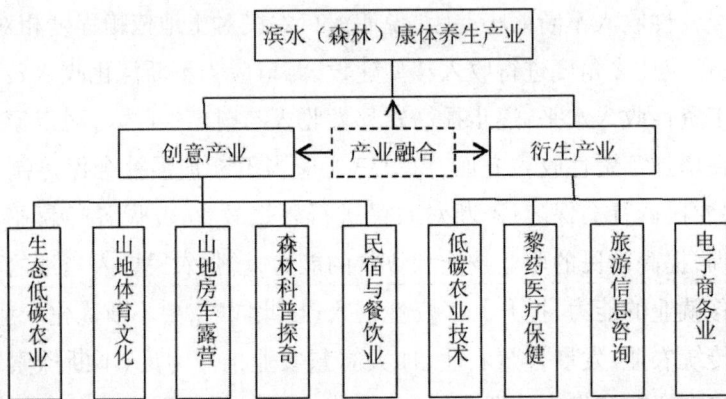

图35 主导产业及其关联产业融合体系

根据旅游资源及产业发展模式,将细水乡域经济发展整体划分为两大产业经济区及其相应的六个功能组团(图36)。即:两大产业经济区分别为滨水产业经济区和农林产业经济区;六个功能组团分别为:综合服务中心组团、滨水休闲养生组团、山地高尔夫组团、低碳农业观光体验组团、特色养殖休闲农庄组团和房车森林探奇组团。各功能分工规划为:综合服务中心组团:细水乡集镇中心+旅游综合服务集散中心;滨水休闲养生组团:高端康

体养生 + 水上休闲运动 + 商务度假别墅 + 黎族古聚落文化；山地高尔夫组团：别墅 + 星级酒店 + "上游松涛"高尔夫俱乐部 + 配套；低碳农业观光体验组团：生态现代化设施农业 + 采摘果园 + 农家乐；特色养殖休闲农庄组团：有机动植物养殖 + 乡野休闲运动 + 乡村度假别墅；房车森林探奇组团：房车露营 + 森林探奇 + 森林树屋(鸟巢)。

产业空间结构布局规划的总体思路为：采用综合旅游开发模式，充分挖掘上游松涛、坡生湖、南湾河及其周边的资源，以滨水空间为主体，围绕水库、河道两侧及周边进行立体综合式开发，形成"众星拱月"、"星缀银河"的布局；结合水景进行不同项目建设，打造"国际顶级淡水湖康体养生度假胜地"；协同滨水附近的农场和竹林开展特色乡村游和农业旅游，将岸边的村庄纳入规划与设计当中，让社区参与到旅游项目建设之中。根据产业布局特点，形成"一区、两片、三地"的产业空间布局结构(图36)。一区——产业聚集核心区，位于细水乡中心镇区；两片——康体养生休闲运动片区和生态现代化低碳农业片区，分别位于细水乡域西北部一带和镇区——坡生湖东南部一带；三地——滨水康体养生度假基地、乡野休闲体验基地和房车露营探奇基地。

第3步是进行主导产业选择和确定开发模式。选择应在充分挖掘特色旅游资源的前提下，遵循"人有我优，人无我有，人强我精，人退我进"的产业优势互补原则，以生态现代化低碳农业发展为基础，发展滨水(森林)康体养生、高端乡村休闲旅游业为主导产业，同时带动房车露营、森林探奇等其他产业的协同发展。

三大产业发展策略为：

(1)第一产业调整方向。大力发展绿色生态现代设施农业，建设绿色生态农业示范基地。加快培育精细蔬菜、花卉、南药、蕨菜、绿化苗木等高效农业发展，生产无公害绿色农产品，降低单位用地化肥和农业的使用，促进农产品和产业结构的优化升级。通过政府补贴方式，进行技术培训，鼓励农民进行低污染作物的种植，并且与旅游业的发展相结合，逐步减少传统农业生产，发展低碳现代特色农业，构建农业生态景观带，即集生产、生态、景观为一体的多功能复合化的低碳生态现代化农业示范基地。

(2)第二产业调整方向。依托优势资源,做大基础产业,延伸产业链,构建产业集群,推进旅游产品加工工业的结构升级,促进工业生态化发展。

(3)第三产业调整方向。突出发展以滨水养生、森林养生为依托的特色旅游业,建立和完善水文化、森林生态旅游辐射区域的旅游网络,充分发挥旅游业的带动作用;积极改造提升农家乐、家庭旅馆、特色餐饮、交通运输等传统服务业;大力发展邮电通讯、旅游信息咨询、乡村旅游地产、旅游融资等知识型服务业;积极发展连锁经营、物流配送、电子商务等现代流通服务业,推动第三产业迈上新台阶。

(4)三大产业调整结构比例为:到规划期末,细水乡产业结构从目前的一三二调整为三一二,三大产业占 GDP 的比重分别为 40%,15%,45%。

在生态基础设施系统不断夯实的基础上,重点培育基于特色旅游景观资源的滨水、森林生态养生产业,结合山、水、林、石为一体,主打"康体养生牌、文化休闲度假牌和黎族风情体验牌"三大牌。在此基础上,以市场为导向为准则,稳步发展高端乡野旅游地产产业及房车露营、森林探奇等休闲体验产业(图 37)。

在上述确定的旅游开发建设模式的基础上,结合细水乡域产业区划布局,确定细水乡特色旅游业态开发为以下 3 种模式:

(1)"上游松涛"和"森林氧吧"景区依托模式。依托细水乡西北部湖光山色的"上游松涛"和东南部森林资源的景区(房车探奇组团),在滨水空间和森林地段可开发建设房产探奇等设施,使之成为人们康体养生,回归自然,休闲、度假、野营和避暑的理想场所。

(2)"休闲农庄"产业依托模式利用细水乡中部和西北部丰富的农业资源、水利资源。(坡生湖可发展特色养殖业),将生态现代低碳农耕文化与休闲体验有机地结合,建设旅游度假设施,发展乡村休闲旅游业,促进村镇农业的转型升级。

(3)乡村休闲康体养生俱乐部模式。根据细水乡的独特旅游资源优势,可建立以下 3 类以休闲康体养生为主题的俱乐部模式:利用松涛水库、

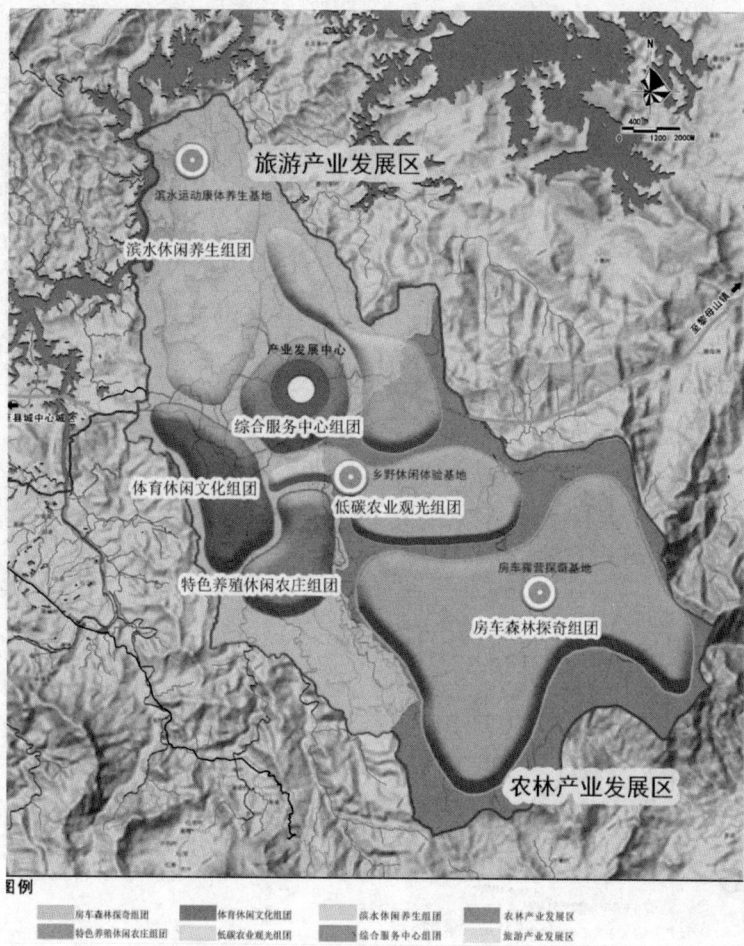

图36　细水乡产业经济区划图((作者自绘)

资料来源:《海南白沙县细水乡城乡总体规划(2012—2030)》

坡生湖水库等建立"休闲渔业俱乐部";依托细水乡西邻南渡江上游区域开发文化休闲类项目,建立"上游松涛国家画院俱乐部";结合细水乡东南部静谧幽林建立"森林探奇"俱乐部。

(二)住房·社区·房地产业的协同规划方法

基本概念的阐释

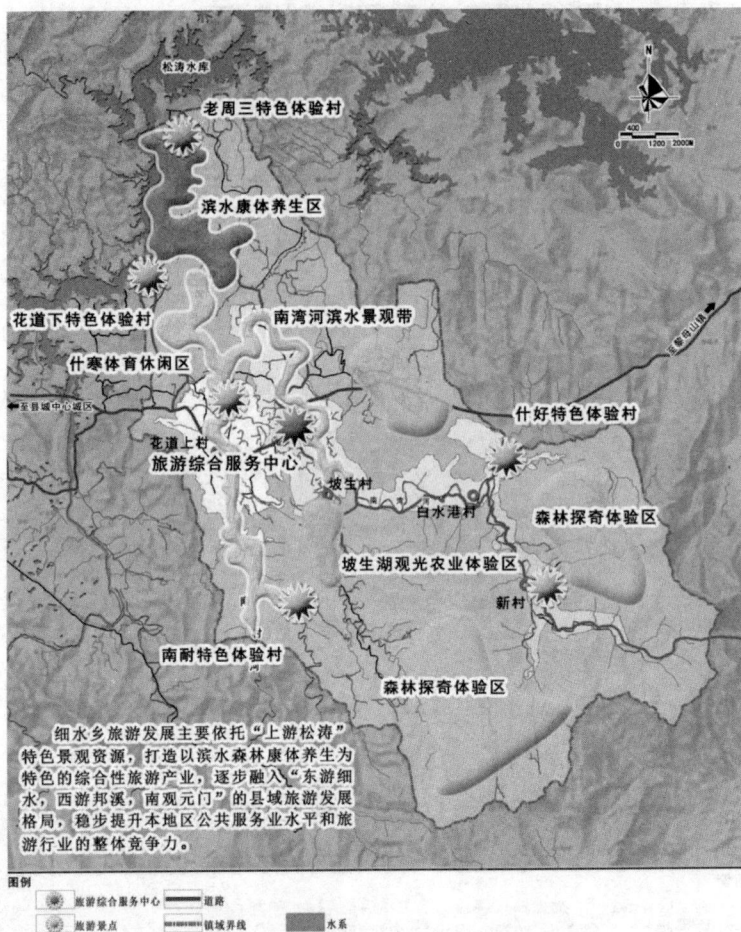

图37　细水乡旅游发展划图(作者自绘)
资料来源:《海南白沙县细水乡城乡总体规划(2012—2030)》

　　住房(housing)是指供住人的房子,或供居住用的房屋,包括普通住宅,公寓式住宅、别墅式住宅,还包括简易住宅和经济适用住房和公共租赁住房(含廉租住房)。

　　随着城镇化发展进程的不断推进及市场化的进一步扩大,住房数量变得越来越大,越来越不稀缺,人们对于住房的获取欲望也会越来越低。而对于居住体验的要求也会越来越高,建造一个钢筋水泥的四方盒子,已经不能满足市场需求。在未来开发建设过程中,通过与消费者的沟通,在开发过程中融入更多的人性化、个性化的要求,以"人性化的尺度"衡量,把着力点放在可能呈现的生活氛围,居住体验可能,社区邻里生活等放大,打造一个舒适而美好的栖居之所。

社区(community)是指由若干社会群体或社会组织聚集在某一个领域里所形成的一个生活上相互关联的大集体,是社会有机体最基本的内容,是宏观社会的缩影。简单地说,社区指的是社会生活的共同体。早在1936年美国社会学家帕斯(Robber E. path)对社区定义时指出,社区的基本特点可以概况为以下3点:它有一群按地域组织起来的人群;这些人口程度不同地深深扎根在他们所生息的那块土地上;社区中的每一个人都生活在相互依赖的关系之中。显然,社区就是这样一个"聚居在一定地域范围内的人们所组成的社会生活共同体"。地域空间、人口、制度结构和情感观念是社区构成的主要因素。

由于社区类型的复杂性,同时也由于研究侧重点的不同,人们普遍根据社区结构和特点把社区分为农村社区和城市社区,但本书认为,由于生态文明下的人们生产生活方式及聚居空间的变化,旅游社区和混合社区也随之出现。农村社区是指以各种农业生产为基本特征,由同质性劳动人口组成的,社会关系比较简单,地域社会的人口相对稀疏的空间聚落。城市社区是指居民从事二、三产业的、人口相对集中和规模较大的空间聚落。旅游社区是指为到访游客提供旅游服务及作为居民第二居住地的休闲度假旅游聚落。混合社区是指互联网 + 时代下的社区新类型,是以上述某一种社区性质为主,兼具有其他社区一些特征的后现代空间聚落。混合社区形成的先决条件是区域性快速交通网络及互联网 + 时代的社区发展的产物。不同类型社区特点比较见表11。

表11 不同类型社区特点比较一览表

比较指标 社区类型	人口规模	生产方式	生活观念	社会关系
1.农村社区	规模小,低密度	以第一产业生产为主。	传统	过于简单
2.城市社区	规模大,高密度	以第二、第三产业生产为主。	现代	相对复杂
3.旅游社区	适宜规模,中密度	以旅游业为主的生产方式。	现代	相对简单
4.混合社区	规模集中,中高密度	多样化的生产方式。	后现代	错综复杂

房地产业(real estate industry),是指以土地和建筑物为经营对象,从事房地产开发、建设、经营、管理以及维修、装饰和服务的集多种经济活动为一体的综合性产业,是具有先导性、基础性、带动性和风险性的产业。主要包括:土地开发、房屋的建设、维修、管理,土地使用权的有偿划拨、转让、房屋所有权的买卖、租赁、房地产的抵押贷款,以及由此形成的房地产市场。在实际生活中,人们习惯于将从事房地产开发和经营的行业称为房地产业。其中,房地产具体是指土地、建筑物及其地上的附着物,包括物质实体和依托于物质实体上的权益。又称不动产,是房产和地产的总称,两者具有整体性和不可分割性。包括:土地;建筑物及地上附着物;房地产物权。

房地产业是从行业分类角度说的,具体包括房地产开发与经营、房地产中介服务、物业管理、自有房地产经营活动和其他房地产活动5个部分。其中,自有房地产经营活动是一种新兴行业,是指除房地产开发商、房地产中介、物业公司以外的单位和居民住户对自有房地产(土地、住房、生产经营用房和办公用房)的买卖和以营利为目的的租赁活动,以及房地产管理部门和企事业、机关提供的非营利租赁服务,还包括居民居住自有住房所形成的住房服务。目前,房地产业已成为我国国民经济的重要组成部分,发挥着举足轻重的作用。房地产业因具有产业链长、带动作用明显等特点,它的变动通常会对众多相关产业产生较大的冲击波,影响宏观经济的稳定、协调发展。

我国房地产业是一个新兴产业,发展空间尚显狭小。为促进其自身产业升级、增强其对相关产业的带动能力,需要加强薄弱环节的建设,并向开发投资、流通、服务等领域进行全方位拓展。拓展房地产业的开发投资领域主要应着眼于对原有低效利用的土地进行深度、立体,合理规划功能区、优化用地结构等;拓展房地产业的流通领域应从价格、税收、政府管制等方面积极采取措施增加住房需求,促进存量房上市流通。同时,应调整住房供给结构,适度限制不适销的增量房屋供给,特别是应控制高档住房的数量扩张。房地产服务是我国房地产业的新领域,具有无限发展潜力,是促使房地产业向服务型转换、增强其前向推动能力的重点领域。房地产服务主要包括规划设计、咨询、评估、经纪等中介服务业等。

三者协同规划方法

三者协同规划思路是居者有其屋是一个公民的基本权利,住房问题不仅是一个经济问题,也是一个政治问题;成套住房是一个社区的最小单位,科学合理的住房建设规划是房地产业健康发展的保证;此外,社区参与规划与建设是一个个社区和谐存在的关键……

第 1 步通过科学合理的住房建设规划遏制房价过快上涨。房地产价格(real estate prices)俗称"房价",是指建筑物连同其占用土地在特定时间段内房产的市场价值,即房价:土地价格 + 建筑物价格,是房地产经济运行和资源配置最重要的调节机制。房价在市场价格体系中的基础地位,决定了它在市场经济中具有非常重要的功能和作用。具体表现为:一、作为基础性价格,房价水平一定程度上决定着市场总体价格水平。表现为房价作为生产要素价格,既影响商品生产的物质成本,又影响工资成本,房价合理与否,不仅决定着生产成本和一切商品市场价格的真实程度,而且由于住房的价值量大在家庭消费支出中占有较大比重,住房价格在全社会消费价格中的权重相应较大,对整个市场消费价格也表现出一定程度上的决定作用。二、住房作为重要的消费资料,住房价格对调节居民的生活水平有重要的功能和作用。住房价格高居民承受能力低,居住水平和居住质量会由此下降;反之住房价格水平低,能增强居民的购房能力,相应提高居民的居住水平和居住质量。因此,住房价格的高低成为关系到居民切身利益的重大经济问题和社会问题。三、价格作为市场经济最重要的调节机制,还发挥着调节房地产市场供求总量和结构的重要作用。表现为可以调节房地产供求关系,商品房价格高,开发商有利可图,增加开发量,由此增加供给,而房价高,消费者减少购买,也会缩小需求;反之商品房价格低,开发商无利可图,就缩减开发量,由此减少供给,而房价低,促使消费者购买,又会增加需求,这样就可以利用价格杠杆调节商品房供求,实现供求总量平衡。同时,不同类型、不同层次的房价结构的合理化,还可以促使商品房供给结构与消费结构相适应,从而达到房地产结构平衡。在这里,房价机制与供求机制是交互作用共同发挥其调节功能的。

因此,各级政府要有计划、有步骤地编制年度住房建设规划,重点明确各类保障性住房的建设规模,并分解到住房用地年度供应计划,落实到地块,明确各地块住房套型结构比例等控制性指标要求。通过年度住房建设计划为不同收入阶层提供可担负的住房。

第 2 步是进行基于社区的旅游规划。叶俊(2009)①认为基于社区的旅游规划是建立在社区参与基础上的动态过程,注重的是实际运用中的可操作性,特别是参与方式没有一套统一的固定模式,但其核心思想与基本原理大致相同,具体思路(图 38)。

第 3 步是进行合理的公共服务设施建设和充分考虑职住平衡。集聚经济和通勤成本是决定城市中产业和居民选址及通勤特征的两个主要因素,其中,居民和企业的经济收入已成为影响职住选址的另一主要因素(郑思齐,徐杨菲,谷一桢,2014)。居民实际收入长时间低于 GDP 的增长,并且远远低于房价的增长,收入差距也在不断拉大。这使得城市快速扩张中,新城市居民的居住选址受地价影响越来越大,越来越趋向于城市边缘,甚至在一线城市,所谓的高收入者也难以奢望在中心城区买房。而在城市产业升级背景下,大城市大量劳动密集型的产业迅速转移,服务业就业增长,就业越来越趋向于城市中心,职住分离加剧。

目前,中国主要城市交通拥堵的本源是土地使用格局所带来的巨大交通需求与交通供给不足之间的矛盾(郑思齐,徐杨菲,谷一桢,2014)。2010

---

① 叶俊:《基于社区的旅游规划方法》,《热带地理》2009 年 2 月,第 161—166 页。

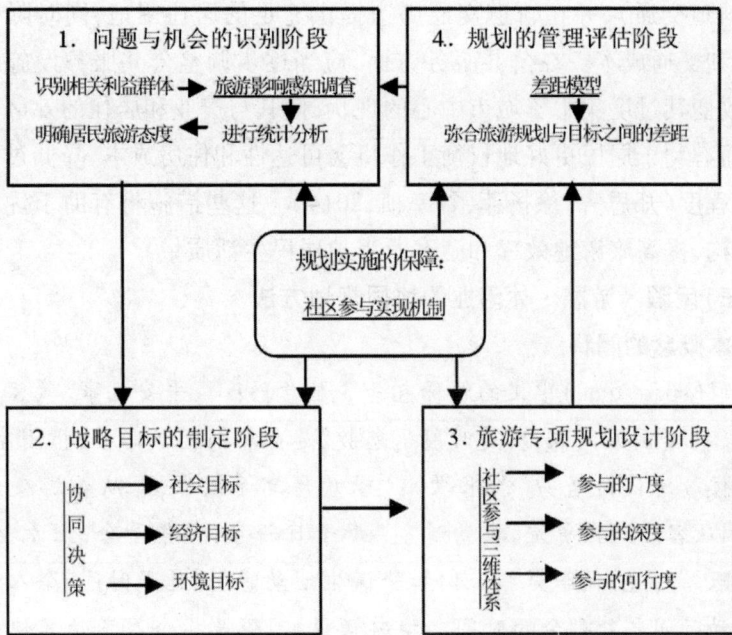

图38 基于社区的旅游规划流程(叶俊,2009)

年土地出让金占地方财政收入的比例达到空前的高度,占 76.6%[1],部分一、二线城市甚至达到 200% 以上,这反映了地方政府对土地财政的极度依赖,希望以高地价支撑城市发展的财政平衡。另一方面,城市之间产业地价的竞争也空前激烈,产业用地严重背离市场。"一般而言,商业用地价格最高,居住用地价格居中,工业用地价格最低,但不会偏离居住用地太多"[2]。而中国很多地方招商引资时以低价甚至零地价出让工业用地,不同的开发用地价格使居住与就业在产业用地、中心区的融合上更加困难。

在交通方面,可考虑建设从就业中心延伸到城市外围的快速交通设施

---

[1] 南方周末编辑部:《2010 年土地出让金占地方财政收入的比例高达 76.6%》,2011[2014 - 10 - 04]. http://www.infzm.com/content/54644.

[2] 《通过市场机制让工业用地价值回归》. 2011[2014 - 10 - 04]. http://news.cnstock.com/news/sns_jd/szqhzt/qhzttd/tdgd/201311/2811750.htm.

（例如轨道交通），并在轨道交通周边提供充足的居住用地，同时降低居民的居住和交通成本。在公共服务方面，应当逐步调整公共服务设施的空间布局，改变其过度集中于城市中心的现状，使其与产业和居住的郊区化相协调，从而有利于居民更好地权衡工作机会可达性和住房成本，降低过度的职住分离程度（郑思齐，徐杨菲，谷一祯，2014）。这些措施将有助于优化旅游空间结构，提高旅游地效率和游客及当地居民生活质量。

（三）闲暇·游憩·休闲业的协同规划方法

基本概念的阐释

闲暇（spare time）中文的解释包含 3 层意思：一、平安无事。《孟子·公孙丑上》：“今国家闲暇，及是时般乐怠敖，是自求祸也。”二、泛指闲空；没有事的时候。唐代白居易《长恨歌》：“承欢侍宴无闲暇，春从春游夜专夜。”三、悠闲从容。汉代贾谊《鹏鸟赋》：“庚子日斜分，鹏集予舍，止于坐隅兮，貌甚闲暇。”可见，闲暇是指人们扣除谋生活动时间、睡眠时间、个人和家庭事务活动时间之外剩余的时间。换句话说，闲暇是指个人不受其他条件限制，完全根据自己的意愿去利用或消磨的时间。

游憩（recreation）来源于拉丁语 recreatio，意思是恢复更新，含有“休养”和“娱乐”两层意思。游憩中文的解释也包含两层意思：一、游览与休息。艾青《写在彩色纸条上的诗》：“我们游憩在树林里，生活比传说更美丽。”碧野《白云·绿树·金花》：“鸡公山凉爽、幽静，谁上得山来，都抱着美好的心情来游憩。”二、亦作“游憩”。游玩和休息。明冯梦龙《风流梦·二友言怀》：“杜母高风不可攀，甘棠游憩在南安。”“游憩中国网”认为：游憩是指人们在闲暇时间，基于城市、乡村、景区、度假区四类空间基础上，进行的具有生态、文化、康体或游乐功能的，能够内在满足自我、外在实现休闲的活动的总和。

休闲业（leisure industry）是指与人的休闲生活、休闲行为、休闲需求（物质的与精神的）密切相关的产业领域，特别是以旅游业、娱乐业、服务业为龙头形成的经济形态和产业系统，已成为国家经济发展的重要的支柱产业。简言之，就是为满足人们休闲的需要而组织起来的产业。

三者协同规划方法

三者协同规划思路是,随着科学技术的不断进步,居民闲暇时间会随之增多;居民的游憩活动范围也随之扩大,这必然会促进休闲业的进一步发展;而创建高品质旅游休闲空间是各项空间规划的主要任务之一,也是休闲时代下保障居民实现其休闲权利的基本选择⋯⋯

第 1 步是要充分认识以人类生活为中心内容的休闲时代。早在 20 年前,西方的未来学家们就极富预见性地指出,当人类迈向 21 世纪门槛的时候——由于我们已经进入一个以知识创造和分配信息为基础的经济社会,其社会结构、生活结构和生存方式也将发生重大的变革。令人惊叹的是,这些预见不但已经成为现实,而且现实生活甚至比预测发展得还要快。

1999 年第 12 期美国《时代》杂志,封面文章描画的就是新世纪初的社会形态,指出,随着知识经济时代的来临,将使未来社会以史无前例的速度变化着。2015 年前后,发达国家将进入“休闲时代”,休闲将成为人类生活的重要组成部分。据美国权威人士预测,休闲、娱乐活动、旅游业将成为下一个经济大潮,并席卷世界各地。专门提供休闲的产业在 2015 年将会主导劳务市场,在美国的国民生产总值中将占有一半的份额,新技术和其他一些趋势可以让人把生命中的 50% 的时间用于休闲。

显而易见,休闲已不断地演变为人类生活的中心内容,人类对“进步”的定义也发生根本的变化。传统意义上的“进步”往往意味着物质生活水平的不断提高,时至今日,物质财富的满足将让位于人们追求充实的精神生活。发展的质量标准,将定位于人的生存质量、生命质量以及人的全面发展。几千年来,人类一直在致力于改造世界,而在 21 世纪中,人类将会更多地致力于改造自身。因此,美国宾夕法尼亚州立大学著名的休闲研究教授杰弗瑞·戈比预测,在稍后的几年,休闲的中心地位将会加强,人们的休闲概念将会发生本质的变化,在经济产业结构中休闲产业的从业人员将占整个社会劳动力的 80%—85%,休闲服务将从标准化和集中化转向个性化服务,人们对休闲与健康之间的关系倍加重视,应运而生的休闲教育将占教育事业的极大份额,这为休闲产业、经济和文化的发展开辟了更加广阔的空间。当然,能够满足休闲者需要的可以是天然的自然界,也可以是满足某种休闲需要的设施,但在市场经济条件下,休闲产业通常要收费,通常实行经济管理、从事经济经营。休闲已经成为我们这个时代的重要特征之一,在发达国家,休闲业在国民经济中的地位高到以前想象不到的地步;而在发展中国家,如在中国,休闲业的地位也得到了加强,其发展速度也很快。

第 2 步是因地制宜地确定旅游发展愿景。对细水乡来说,无论哪种形式的旅游方式或旅游产品都是一种新业态。我们通过对上述细水乡及其周边旅游资源的分类与评价,确定未来细水旅游发展整体愿景有应包括以下4 个方面。

愿景一:大力发展生态现代化低碳农业。低碳农业是农民脱贫致富之道,也是农业乡的可持续发展途径。细水乡地处热带,同时是白沙县黎族集中地区,全乡以农业为主,现今仍无任何工业基础与污染,保有最原始田园风景地貌,是当前工业化快速拓展下的珍贵净土。承袭黎族老祖先传统农业的生产模式与生活智慧,顺应自然风土习性,至今仍保有黎族传统文化(农耕生活、歌谣、宗教祭祀、酒文化等),为地区保留纯朴的乡村气息。

低碳农业是全球气候异常变迁与传统农业不断转型蜕变下的产物。低碳农业顾名思义是兼顾环保、高效、零(低)污染、洁净的绿色农业,主要目的是降低或去除传统农业种植过程中所产生的污染源和废弃物,透过资源循环再利用系统,以减少对地力与资源的消耗,同时创造更高的附加价值,如废弃的稻秆,麦秆可制作有机肥料与发电等。

低碳农业,带来的是技术创新与生产、生态、生活的蜕变,从耕作基础至产值、产销、附加价值到对生活、生态环境的保护保障,皆是低碳农业所衍生的一连串经济效益,不仅可重新塑造细水乡经济产业基质,同时更是脱贫致富最佳的可持续发展路径。

此外,细水乡要解决发展问题,必须拥有一定的发展资本,通过与企业合作开发经营农村。农民与企业以合作方式共同获取收益,得到了稳定、持续的收入,逐渐积累发展成本,为脱贫奠定稳定、持续的经济基础,激发乡民发展经济和保护资源的潜能、积极性和主观能动性,强化其能力,形成造血机能与自我发展机制,内化为自我积累和自我发展的能力,才能成功实现脱贫致富。细水乡经济要脱贫致富,最好的方式是积极吸引农村、农民共同参与,通过教育和技术培训方式,提高脱贫的知识、技术和能力,以达到致富的目标。

愿景二:重点发展滨水(森林)康体养生、乡村休闲旅游产业。全球康体养生消费趋势,是支撑乡村休闲旅游产品最有力的市场!"康体养生"(Lifestyles of Health and Sustainability, LOHAS)一词最早出现在1998年,是一种新兴的生活形态,也是一种新的生活态度,精神价值在于活得自在、快乐,且自给自足的人生观念。康体养生意指持续性的以健康的方式过生活。而所谓的养生族,就是一群强调吃得健康、穿得简单、关心世人、热爱自然、追求心灵成长、减少浪费及污染的环保人们。

在经历金融风暴后,人类开始对人生有新的省思,对工作与生活也有截然不同的价值观点与态度。近几年,随着全球侵害变暖与极端天气频频出现的严重冲击,不论是养生主义、休闲倡导、有机饮食、低碳生活、属地旅游等绿色环保生活意识皆相继崛起,不仅突显出人们对生活形态的改变,也带动了新的消费理念与趋势。例如,美国社会学家Paul Ray对养生族群的定义是"一群人在做消费决策时,会考虑到自己与家的健康和环境责任",且养生族群的消费能力可高达2298亿美金,如此惊人的新消费理念不容小觑。

就LOHAS而言,H(Health)指的是"健康的饮食、生活、心灵的探索与个人成长。"健康的生活形态像是近年逐渐被提倡的生机饮食法、营养补充品等,则都是现代人对于心灵健康的追求。而S(Sustainability)指的是"生态永续的精神",例如可重复使用的能源,或是有机、可回收的产品。然而,回归到最原始的层面,即是粮食生产、生态保护、清洁能源议题,从生产、制造、包装、运送过程,讲究属地、零污染、自然、不添加人工佐料等,以兼具保有食材自然风味与生态环境保护,而乡村休闲旅游的发展与核心精神,便与此契合。

乡村休闲旅游的核心是发展生态现代化低碳农业,低碳农业重视零污染、自然种植、有机无农药等技术与制作过程,以确保吃、游、住、行皆符合绿色健康标准。有鉴于绿色养生消费市场的逐年扩增,未来的有机健康饮食与回归自然生活的消费态度,将创造无限的商机,而低碳农业也将是新世纪势在必行的发展模式,不仅符合现代人追求的生活形态,也是因气候异变、避免粮食危机的最佳发展途径。

愿景三:稳步培育山地房车露营、森林探奇旅游业。森林旅游作为一种旅游新业态,是以森林、湿地、荒漠和野生动植物资源及其外部物质环境为依托,所开展的游览观光、休闲度假、健身养生、文化教育等旅游活动。作为最新潮的旅游产品,森林旅游自20世纪50年代兴起以来,在短短几十年时间内得到迅猛发展。

海南省热带雨林资源集中分布在中部山区,五指山、白沙、乐东、昌江、琼中一带,是海南一个重要的生态支撑。自1992年尖峰岭被列为海南省第一个国家级森林公园以来,海南相继建立8个国家级和3个省级森林公园,30个国家和省级自然保护区。至2011年海南林地的面积有3100万亩,森林覆盖率60.2%,其中,热带天然林的面积是989万亩,覆盖率19%。热带雨林是海南不可多得的"天然氧吧",森林空气清新,细菌含量少,空气负离子含量高。海南省政协调研组在部分林区实时测定,海南热带雨林的空气负离子浓度达到每立方厘米1万个以上,局部地区高达5万个以上,其中霸王岭高达8万个以上。

海南省与世界上其他的热带岛屿相比,独有的热带雨林已经显示出越来越重要的地位,过去,我们比较多的是看到海南森林的美丽外表,现在和未来,我们将有更多的机会进入森林的怀抱,呼吸负氧离子,欣赏热带植物的瑰丽,感受大自然的神奇与丰饶。

"山水互动,蓝绿共融"成为细水旅游转型的目标。细水乡要围绕旅游产品体系的核心定位"康体养生、休闲度假",精心打造民族风情体验、自驾车营地、山地高尔夫、森林探险、地质考察、红色主题观光等一批特色旅游产品,进一步丰富旅游内涵。

愿景四:创造海南国际旅游岛深度旅游(in – depth tourism)新模式。我们极力打造：一座与海南国际旅游岛匹配的"湖光山色"的旅游服务型小镇；一个对接十三五期间低碳经济建设的整体愿景。

国际旅游海南岛建设是海南省近几年积极发展推广的政策目标，充满3S的三亚市，是这一政策发展趋势的领头羊。三亚市发展围绕夏日海洋风情意象，活泼、阳光、热情是三亚最具代表的城市语言，使每年到访三亚的旅客，皆可充分感受到来自三亚热带海洋魅力。在三亚旅游城市的带动下，细水乡滨水、山野旅游发展替海南岛增添了一股清新山灵的独特气息。细水乡先天拥有不受人为污染破坏的丰富水景、地景和林景变化，保有最原始的自然山野景致，而现今人们所致力追寻康体养生、休闲旅游的最佳潜力市场。不论是养生、休闲或是有机低碳生活的旅游方式，追求的是一种心灵契合、自在放松的静谧体验。因此，对于致力发展国际旅游海岛建设的海南省来说，细水乡无非是可再度往上提升本岛旅游层次的绝佳机会，更加丰富海南岛的多元旅游风貌。

此外，细水乡以其丰富的滨水空间、热带雨林、农业、山村田野特色，藉由滨水（森林）康体养生、乡村休闲旅游作为未来整体建设目标。无论从资源面、政策面或技术面检视，不仅突破传统农业、传统农家乐二级产业、三级产业的硬性分野，吸纳新兴第四级产业、第五级产业，更体现十二五期间提出低碳经济时代的转型与改革，以及全国生态文明建设示范区的战略地位。

愿景五：秉持"农、居、旅"协同发展原则，创新海南"青山绿水"的绿色体验印象。印象细水＝湖光山色＋田园风光＋热带雨林＋有机秩序＋休闲养生。城乡的魅力源于城乡的印象，塑造良好的城乡形象就是打造城乡品牌。细水乡以农为本，在长期发展之下，所孕育田园静谧风貌的乡村个性，与滨海风光形成鲜明的对比，更是颠覆了海南以三亚独占鳌头的3S蓝色度假情调。

未来，细水乡要以"上游松涛"、"热带山野乡村聚落意境"为主体，放大自然格局，充实文化内涵，发挥乡村本土化风情之优势，以"休闲有机养生＋山野体验运动＋黎族文化＋绿色田园之农业之乡"为号召，秉持"农、居、旅"协同发展原则，引入低碳旅游建设模式，特别强调高效使用"上游松涛"

的滨水、森林等生物多样性旅游资源,以塑造细水乡的旅游品牌,透过大尺度山、水、林为一体的荒野片区,展现自然乡村美学、发展生态现代化低碳农业、滨水、森林康体养生产业,衍生乡村旅游相关产业链,如房车露营、森林探奇、乡村旅游地产等等。通过建设生态环境一流、城乡统筹发展为特点发展形象,建成"中国生态现代化滨水、森林康体养生示范乡",让世人认识细水乡结合低碳农业之"湖光山色 + 田园风光 + 热带雨林 + 有机秩序 + 休闲养生"绿色体验度假印象。

第 3 步是制定休闲业发展战略。战略一:构建"西游邦溪,东游细水"的旅游发展格局。细水乡应在既有的农业基础上,以建成旅游景观过境通道为契机,秉持可持续发展的 3E 发展理念,努力推进生态文明建设,巩固白沙县"中部生态保护用地区"的地位,藉以探索中国环境保护新道路,在EDL 协同发展的空间布局下,塑造乡村个性、培养本土特色产业,符合《白沙县总规》中"一村一品"的发展主张。

同时,利用细水乡所处"上游松涛"之优势,在生态文明建设的基础上,发展滨水(森林)康体养生、生态现代化低碳农业与乡村休闲旅游产业,透过资源环境的串联与整合,与"白沙旅游门户"的邦溪风情小镇功能定位相互支撑,完善白沙"风情体验、滨水(森林)养生"的特色产业板块,形成基于旅游过境景观通道的相辅相成的"点—轴"发展关系。例如,细水乡未来发展滨水(森林)康体养生产业,就可以发展"湖光山色"深度旅游模式,与建设邦溪特色风情小镇结合成为"西游邦溪,东游细水"的旅游发展格局。

战略二:夯实生态现代化低碳农业,发展滨水(森林)康体养生经济。未来细水乡旅游发展形态与整体旅游形象,取决于企业投资规划与定位,以及政府政策鼓励与人民的支持认同。从生态现代化低碳农业催生而出的滨水(森林)养生经济,将带动全新的旅游生活形态,创新现代企业度假休闲模式,同时也将为海南国际旅游海岛建设带来全然不同的旅游气息。

生态现代化低碳农业是一种创新的农业技术与知识,直接影响传统产业结构的改变与环境基础的改善,创造可持续发展与安全洁净的环境。安全洁净的环境是人体感受自然、贴近自然最直接、最健康的氛围体验,乃由于大自然蕴含各种绿色植物及溪流水泊等无形无限,尤其是所产生的负离子和芬多精,更是利于身心健康,助于养生。

立足于生态现代化低碳农业,发展新形态的度假旅游模式,是细水乡转型生态现代化低碳农业后最高层次的体现——滨水(森林)康体养生经济的催生。养生经济是具备生态智慧旅游技术与自然共生的生活哲学,强调农业生产与自然回归的竞合关系,同时它也是一种大地环境的艺术创作,如透过创新技术编制震撼人心的大尺度蔬果花田或山野梯田的生产地景(productive landscape)。

当企业与政府协力进行改造农村生活、生产环节、发展生态现代化低碳农业项目的同时,也替本地农村重新建构洁净安全的生产、生态、生活环境,不仅洗涤褪去传统老旧农村残破意象,更锤炼出农村的精致与风华。

中国正处于经济迅速起飞的阶段,面对全球化激烈竞争的时代背景,企业与人们所面临的压力与挑战,比之前更加艰巨,在这样的经济环境体制下,不禁激发人们思考反省对工作与生活的态度。当今全球康体养生思潮不断崛起,促使人们开始疯狂追寻最原始、最自然的田园静谧生活,期望能更加贴近大自然,达到心神灵的自然疗愈,弥补远离自然而逐渐丧失的那份内心最原始的悸动。

因此,当企业协助政府帮助细水乡迈向生态现代化低碳农业转型的同时,经由改造后的低碳乡镇风貌,也将回馈企业,带来最大化效益与商机,不仅创造了全新的企业度假旅游模式,也让中国企业,甚至是跨国企业拥有天人合一、截然不同的自然原野体验。

战略三:企业结盟,推动整个乡域"农、居、旅"协同发展。"农、居、旅"协同发展是细水乡旅游发展的目标价值取向,全球康体养生消费趋势是细水乡未来庞大的获利市场,而全面推动细水乡走向"农、居、旅"协同发展的重要助力,则是来自于政府、企业与人民三方面的合作与支持。

企业社会责任(Corporate Social Responsibility, CSR)是21世纪最重要的工作之一,有些人或许会想,企业本来就是盈利组织,"社会"是政府的事,这是很正常和常态的思考。不过许多公司在稳定经营多年以后,能突破经营层次以外的最大改变,就是加入社会责任,未来与细水乡政府一同携手合作推动"农、居、旅"协同发展的企业群也是如此,在公司经营有成的同时,亦也肩负起社会人民福利的责任,以充分彰显中国企业公民的精神。

企业社会责任的基本内涵与理念,是指企业在创造利润、对股东利益负责的同时,还要承担对员工、对社会和环境的社会责任,包括遵守商业道德、生产安全、职业健康、保护劳动者的合法权益、节约资源等。

重视企业社会责任是企业可持续发展的重要基础,企业要能长久经营,就必须承担社会责任,同时必须超越"把利润作为惟一目标"的传统观念,强调在生产过程中关注对人的价值,强调对消费者、社会和环境的贡献,否则,没有了社会、环境的可持续发展、没有的消费者的消费能,企业也无法生存与持续成长,因此不论从任何层面视之,企业绝对不会是单独发展的个体小王国。

企业与政府合作无间,是一种有效率迅速推广地方规划与建设的方式。企业的身份有利于在全球范围进行及时弹性的民间组织交流,进而加速推进许多现代知识经济与技术学习合作关系,如同未来投入细水乡发展的企业群,其所扮演的角色也应透视企业本身在国际市场上的能力与脉动,相继网罗旅游专门化技术人才与创新研究,全面投入资金与政府一同协助细水乡未来转型发展,以致力达到政府、企业、居民三方面获利三赢的局面,充分展现企业应有的社会责任与风范。

战略四:分期发展,滚动发展。分期开发、企业运筹、农民培训,以整合发展乡村休闲旅游产业价值链,体现细水乡养生经济效益!政府、企业、居民携手合作,发挥滚动能量,共同创造三赢的局面!

根据细水乡整体规划,分期实施全乡改造。一期以改善乡域基础条件和建立示范体系为主。首先,结合生态新农村的建设,改善当地农民的基本居住条件、道路交通等基础设施和农村社区公共服务设施,同时,以生态现代化低碳农业经济的理念打造产业示范区,带动乡村产业结构的升级,提升农村生产经营方式,增加农民收入。第二,以完善全乡产业体系为目标,将生态现代化低碳农业价值向养生经济、知识经济、创意经济方向转化,实现项目整体经济平衡。

农民是农村乡振兴的主要权益核心,但是随着整体经济环境改变,农业产业竞争加剧,农业乡振兴行动必须做大资源整合,关键就是要特别引入"驱动者(driver)、代理人(agent)"的角色,即所谓企业运筹组织。由企业运筹组织扮演运筹帷幄、穿针引线的角色机能,以消费者为导向,运用市场机制,针对地区旅游资源特色筛选核心知识或竞争能力,主动整合康体养生产业价值链,结合农业生产、生活、生态、地方文化特色、行销策略与低碳经济科技等知识,创造竞争空间与优势。

战略五:创新开发模式与运营管理策略。城乡发展运作开发模式,必须舍弃传统旧思维,同步建构于因应气候异变、追求永续生态、低碳经济技术之基础。细水乡以生态现代化低碳农业作为整体经济建设目标,应用完善的空间规划配置,通过蓝绿系统建构、雨水平衡、生活污水生态净化、微气候调节、短距离土地使用、资源循环再生利用等生态基础技术,全面整合环境资源,重新建构人文与自然生态的和谐运作关系,与白沙门户的邦溪镇形成相辅相成的"点—轴"发展关系,为细水乡对接海南国际旅游岛开启了典范作用。

农业特有三生(生产、生活、生态)六觉(视觉、嗅觉、味觉、听觉、触觉及感觉)等"非贸易财"及地方特色,可以形成农业的核心竞争力与资产。因此生态现代化低碳农业的市场空间即在于有效运用"非贸易财"的特质,结合科技、生活体验与生态景观,强化地理特质,与一般可随意流动的消费商品作出区分,创造难以取代的利益。

细水乡发展康体养生经济,迈向乡村休闲旅游服务型小镇的振兴之路,必须藉由政府、居民及企业运筹组织三方携手合作才能真正落实。透过政府政策支持与扶持,以"农、居、旅"协同发展为目标指向,由企业运筹组织协助政府带领农民,同时作为上、下协调的中间角色,共同推进镇村发展,并适当投入资金支援、农业技术,深耕农业知识与创新研发,将乡村休闲旅游产业引向商品化、产品化、市场化轨道,带动康体养生经济推广,促进产业升级与市场化运作。

因此，当企业协助政府帮助细水乡迈向生态现代化低碳农业转型的同时，经由改造后的低碳旅游乡镇风貌，也将回馈企业，带来最大化效益与商机，不仅创造了全新的企业度假旅游模式，也让中国企业，甚至是跨国企业拥有天人合一、截然不同的自然原野体验。

企业获得合理高效益的经营利润，是企业有能力长期持续投入推动细水乡生态现代化低碳农业发展，细水乡生态现代化低碳农业发展愈趋成熟，愈能反馈企业经营高端养生度假旅游项目所需要的洁净健康、魅力风采的田野景致。这是居民、地方政府与企业三赢的发展模式，也是文明生态村建设成功的创新模式，有利于同步创造人类福祉，政府税收与企业获益。

细水乡结合企业合作力量，导入生态现代化低碳农业生产系统，转型康体养生、房车露营等经济发展，将促进整体环境向上提升，同时符合接轨海南国际旅游岛政策，可望成为国家对低碳经济发展落实在传统农村的首例典范，具有未来性、适切性与机会性。

第4步是进行合理的休闲产业规划。休闲产业一般涉及到国家公园、博物馆、体育、影视、交通、旅行社、导游、纪念品、餐饮业、社区服务以及由此连带的产业群。休闲产业不仅包括物质产品的生产，而且也为人的精神文化生活的追求提供保障。由于今天休闲的人很多很多，休闲产业就必然是很大很大的产业。同时人们有各式各样的休闲方式，休闲产业也就一定是包罗多种多样的产业。

细水乡中心镇区主要建设包括展览、购物、餐饮、文化等旅游商业设施，以及精品酒店、中低密度的产权式度假住宅小区等旅游配套设施，定位为"低碳、休闲、宜居"。根据细水乡"一区、两片、三地、六组团"的产业空间布局结构，具体的休闲产业规划如下：

（1）康体养生休闲运动片区。①企业度假会所、意象中心：主要提供企业员工度假、教育培训或举行商务会议，以及办理国际会议交流等服务，同时为了提供完善的商务服务功能，将结合云端科技技术，以因应举办国际级会议，满足企业人士需求，让与会者享有一流的会议服务设施，更亲身感受原始自然生态的度假空间，定位为"逸游松涛，众领好逑"。②精品酒店：以

"上游松涛,静谧幽林"为载体,以"畅游松涛,乐活细水"为广告策略,引进兼具创意、生态及环保的精品酒店项目,如生态地景建筑、树屋等,透过建筑手法与天然景色,独创具有自身特色的度假区,吸纳多元客户群(家庭、企业团体或个人旅游),打造旅游市场话题,定位为"细水长流,温馨之家"。③生态高尔夫球场:顺应既有山丘地形与乡村地景,强调符合自然生态建设原则,打造海南首个以生态环境共生为主体的高尔夫项目,以创造有别与海南其他周边高尔夫产品,定位为"细水山地高尔夫球会"。

(2)生态现代化低碳农业片区。①农业生物科技产业:结合现有的产业发展,引入低碳农业相关企业、科技产业进驻,定位为"企业引领,低碳经济"。透过投入资金。人才、技术,带动地区农业转型升级,同时可接轨温室农业,生质能农业、黎药养生时尚美容产业,扩大农业产业链发展。②绿色度假学校:结合生态现代化低碳农业园区创办绿色度假学校,定位为"绿色家园,社会责任"。透过国际化教育组织的设置,推广低碳教育学习课程,实践与自然共生。低碳绿色环保思维,传递可持续环境的责任与启发。此外,这也是细水乡低碳生活旅游项目推动的助力,未来除了培养当地居民对于生态现代化低碳农业的实践,可作为海南国际旅游之子女,体验绿色度假营地的最佳场所。

细水乡所累积的农业发展基础,已孕育出厚实的田园气质,并与滨海旅游热力活泼个性形成鲜明的对比,未来透过城乡统筹的协同发展,引入"低碳生活旅游模式"(low－carbon lifestyle travel)项目,将可强化细水乡高价值化的农业田园资源,进而与滨海旅游相互支撑,扩大海南国际旅游资源的丰富性与多样面貌,成就海南国际旅游岛深度旅游模式。

(3)滨水康体养生度假基地。①黎药养生时尚美容体验园区:以养生、休养为主题,开办人性化、具备国际标准的疗养场所。康体养生区的建成主要是为高端游客提供全方位的服务,定位为"畅游松涛,养生之家"。伴随着人们对生活价值观的改变,健康养生旅游热潮突显,本项目延续三千多年的黎族医药文化经验,锁定重视养生的银发族、喜好美容的女性客群为服务对象,以积极发展以黎族药为特色主题的时尚美容产业项目,满足多元文化旅游需求。②黎族文化艺术中心：以黎族文化为载体，发展黎族文化艺术中心，定位为"黎族艺术，锦绣中华"。在低碳的生产和生活架构下，还可以透过当地传统黎族特色的主题文化传习设施，重现聚落市集的情景，打造黎族特色商圈（包括民俗工艺品、特色饮食的零售等）、特色小吃、黎苗族历史文化展览馆、多元文化艺术交流村等项目，让游客体验黎族生活智慧和传统生活艺术。

（4）乡野休闲体验基地。①低碳农业观赏体验园：细水乡低碳农业观赏体验园设有农业观赏种植园和优质果园采摘两大区域。定位为"橡林晨曲、拾趣果园"。观赏种植园是塑造"千亩田园风光"旅游廊道的重要载体。观赏种植园的建设与农业结构调整相结合，形成"农游合一"的经济运行模式，园区在适当保留原有大面积橡胶林的基础上，主要种植南药（裸花紫珠）、芭蕉、芒果、木瓜、荔枝、槟榔等。农业观赏体验园的性质是农业主体园，是以农业生产和农业经营为核心任务，同时在农业景观、乡村景观建设的基础上提供多样化的旅游产品。"采摘果园"中瓜果林木品味无穷，"橡林晨曲"中游憩极富田间园林意境，让游客回归农业社会畅想休闲度假游，尽享人文景观和野趣十足的乡野休闲拾趣。②高端乡村民宿：以在地农村特色或依托黎族文化发展高端乡村民宿，定位为"黎族风情，和谐黎乡"。结合其他产业主题项目，规划乡村休闲度假体验活动（如农业耕地、一日生活体验行程），跳脱传统农家乐印象，让游客充分感受在地乡村田野魅力，以及黎苗族生活文化体验乐趣。

（5）房车露营探奇基地。利用"山、水、林、石"一体的丰富热带雨林景观，建立房车露营探奇基地，定位为"栖息幽林，涉足细水"。项目开发以户外运动为主，主要包括登山游步道、攀岩运动区、特色露营活动等，可设置少量人工建筑，如山地服务站、悬空鸟巢（含树屋餐厅）等。鸟巢建筑设计要尊崇自然，生态优先，体现自然山水的野趣之美、原生之美和乡土之美。

在不断夯实生态现代化低碳农业基础上，以滨水（森林）康体养生为核心的产业主题，通过产业资源循环运用，以及相关产业配套链、延伸链、组合链，逐步完善细水乡产业项目，形成相互扣连的产业链，提升产业的附加价值。细水重点旅游景区(点)项目见表12。

表12 重点旅游景区(点)项目策划一览表

编号	景区名称	规划范围(km²)	景观特色	主题定位	主要项目及用地规模
1	老周三滨湖度假村	15.0	古村落、上游松涛——江排景观	伦乐周三,乐活细水	古村落社区、观光养生度假,建设用地4.5公顷。
2	松涛福门生态旅游度假区	11.3	原生态森林,南湾湖滨水景观,黎族村寨,农林风光	雨林温泉养生、风情小镇体验、湖滨山地度假、户外运动休闲,	现代生态农业园区、现代农业旅游园区、现代农业产业化园区、度假营地、特色村,建设用地为30.5公顷。
3	什寒文化体育休闲度假区	5.0	河湖堤坝、人文体育设施	国家画院基地	山地运动、酒店、娱乐会所、各类球场、度假公寓,建设用地为50公顷。
4	坡生湖休闲农庄	25	水库湿地、千亩田园风光	坡生湖畔,意象颇生	水上运动区、千亩采摘果园、乡野别墅区。建设用地为5.0公顷。
5	狮子岭旅游风景区	45	狮子岭、家凤岭、南湾河畔、什好蝙蝠洞	逸游细水,众岭好逑	观景台(观光亭)、生态博物馆、民俗体验社区,建设用地为2.0公顷。
6	观音岭房车露营基地	80	观音岭、蟒蛇洞、南湾河源头、志口河	涉足细水,栖息幽林	房车露营基地、乡野度假区,建设用地为2.5公顷。
7	细水旅游度假服务中心	3.05	开心农场、黎族风情商业步行街	乐活松涛、细水长流	旅游接待、酒店服务、商业服务,建设用地为3.5公顷,其中星级酒店1.2公顷。

第五节 EDL协同发展目标体系及其规划方法

中国成语:"高屋建瓴①""兼容并包""和则生物"以及中国山水画论"以大观小"等等,这些话内涵不尽一致,但其总的精神都是强调在观察和处理事物要整体思维,综合集成。——摘自吴良镛执笔的《北京宪章》

一、EDL协同规划的基本思路及其发展目标体系的构建

(一)规划方法的指导思想——"四大宪章"

雅典宪章 20世纪20年代末,现代建筑运动走向高潮,在国际现代建

---

① 出自:西汉司马迁《史记·高祖本纪》:"地势便利,其以下兵于诸侯,譬犹居高屋之上建瓴水也。"

筑会议(CIAM)第一次会议的宣言中,提出了现代建筑和建筑运动的基本思想和准则。其中认为,城镇化的实质是一种功能秩序,对土地使用和土地分配的政策要求有根本性的变革。1933年召开的第四次会议的主题是"功能城市",会议发表了雅典宪章。宪章依据理性主义的思想方法对城市中普遍存在的问题进行了全面分析,提出了城市规划应当处理好居住、工作、游憩和交通的功能关系,并把该宪章称为现代城市规划的大纲。

雅典宪章在思想上认识到城市中公共利益是城市规划的基础,因此,它强调"对于从事于城市规划的工作者,人的需要和以人为出发点的价值衡量是一切建设工作成功的关键",在宪章的内容上也从分析城市活动入手提出了功能分区的思想和具体做法,并要求以人的尺度和需要来估量功能分区的划分和布置,为现代城市规划的发展指明了以人为本的方向,建立了现代城市规划的基本内涵。但很显然,雅典宪章的思想方法是奠基于物质空间决定论的基础之上的。这一思想在城市规划中的实质在于通过物质空间变量的控制,就可以形成良好的环境,而这样的环境就能自动地解决城市中的社会、经济、政治问题,促进城市的发展和进步。这是雅典宪章所提出来的功能分区及其机械联系的思想基础。

雅典宪章将城市中诸多活动主要划分为居住、工作、游憩和交通4大活动功能,提出城市规划研究和分析的"最基本分类",并提出"城市规划的4个主要功能要求各自都有其最适宜发展的条件,以便给生活、工作和文化分类和秩序化。"功能分区在当时有着重要的现实意义和历史意义,它主要针对当时大多数城市无规划、无秩序发展过程中出现的问题,尤其是工业和居住混杂导致的严重的卫生问题、交通问题和居住环境问题等,而功能分区方法的使用确实可以起到缓解和改善这些问题的作用。另一方面,从城市规划学科的发展过程来看,雅典宪章所提出功能分区也是一种革命。它依据城市活动对城市土地使用进行划分,对传统的城市规划思想和方法进行了重大的改革,突破了过去城市规划追求图面效果和空间气氛的局限,引导了城市规划向科学的方向发展。

马丘比丘宪章 1977年12月,一些城市规划设计师聚集于利马(LI-

MA），以雅典宪章为出发点进行了讨论，提出了包含有若干要求和宣言的马丘比丘宪章，12 月 12 日与会人员在秘鲁大学建筑与规划系学生以及其他见证人陪同下来到了马丘比丘山的古文化遗址签署了新宪章，以表示他们对在专业培训及实践方面所提倡与探索的规划设计原理的坚定信念。

新城市主义宪章 1996 年在美国南卡罗来纳州的查尔斯顿召开了新城市主义协会的第四次大会，会议通过了新城市主义宪章（Charter of New Urbanism）。新城市主义的提出与美国等西方国家自 20 世纪 50 年代以来经历的郊区化进程有着密切联系（郊区化的后果：无目的蔓延式开发的扩散，种族和贫富阶层的分化，环境的恶化，农用地和野生资源的丧失以及对社会文化遗产的侵蚀）。实际上，新城市主义是为了解决郊区化进程中出现的低密度无序城市蔓延而提出，新城市主义宪章主要分为都市区和城市、社区和邻里、街道和建筑 3 个层次。整个宪章内容简短精炼，蕴含着丰富的现代规划与永续发展思想。

北京宪章 20 世纪既是人类从未经历过的伟大而进步的时代，又是史无前例的患难与迷惘的时代。基于以上事实，1999 年 6 月 23 日，国际建协第 20 届世界建筑师大会在北京召开，大会一致通过了由吴良镛教授执笔的北京宪章。北京宪章总结了 100 余年来建筑发展的历程，并在剖析和整合 20 世纪的历史与现实、理论与实践、成就与问题以及各种新思路和新观点的基础上，展望了 21 世纪建筑学的前进方向。这一宪章被公认为是指导 21 世纪建筑发展的重要纲领性文献。北京宪章的发表，标志着吴良镛的广义建筑学与人居环境学说，已被全球建筑师普遍接受和推崇，从而扭转了长期以来西方建筑理论占主导地位的局面。

纵观"四大宪章"思想及规划设计理念，概括如下（表 13）。

表13 "四大宪章"主要思想及规划设计理念一览表

四大宪章	主要思想及规划设计理念
雅典宪章	1. 不能将城市离开它们所在的区域作单独的研究,因为区域构成了城市的天然界限和环境。 2. 城市规划应当处理好居住、工作、游憩和交通的功能关系。 3. 城市规划的任务就是制定规划方案,而这些规划方案的内容都是关于各功能分区的"平衡状态"和建立"最合适的关系",以及"制定必要的法律以保证其实现"。
马丘比丘宪章	1. 城市是一个动态系统,城市规划师和政策制定者必须把城市作为在连续发展与变化的过程中的一个结构体系——城市规划的过程性和动态性以及人与人之间的相互关系对于城市和城市规划的重要性。 2. 规划必须在不断发展的城镇化过程中反映出城市与其周围区域之间基本的动态的统一,并且要明确邻里与邻里之间,地区与地区之间以及其他城市结构单元之间的功能关系,目标是要争取获得生活的基本质量以及与自然环境的协调。 3. 以往的主导思想把城市和城市的建筑分成若干组成部分,今天,目标应当是把那些失掉了它们的相互依赖性和相互联系性,并已经失去其活力和涵意的组成部分重新统一起来。 4. 新的城镇化概念追求的是建成环境的连续性,每一栋建筑物不再是孤立的,而是一个连续统一体中的一个单元,它需要同其他单元进行对话,从而使其自身的形象完整;只有当一个建筑设计能与居民的习惯、风格自然地融合在一起的时候,这个建筑设计才能对文化产生最大的影响。 5. 城市规划必须建立在各专业设计人员、城市居民以及公众和政治领导人之间的系统的不断的互相协作配合的基础上,并鼓励建筑使用者创造性地参与设计和施工。
新城市主义宪章	1. 大都市地区是具有地理界限的有限空间,这些地理界限产生于地形地貌、水域海岸线、农场、地区公园和河床。大都市是由许多中心包括城市、城镇和乡村而组成的,每一个组成部分都包括各自有识别性的中心和边界。 2. 在城市的整体范围内改造和修建已有的中心城市和村镇,重新规划蔓延的郊区使之成为真正的邻里和多元化的区域,保护自然环境,保护已有的文化遗产。 3. 仅仅靠物质空间方面的手段并不能解决社会和经济方面的问题,但是如果没有一个相互关联的支持性的物质架构,那么活跃的经济稳定的社区和健康的环境将难以维继。 4. 邻里应该容纳不同的人和不同的功能;社区应当既为私人汽车也为行人和公共交通设计;城市和村镇的形象应该通过形态明确、高度开放的公共空间和公共社区机构树立起来;都市空间应当由那些反映历史、气候、生态、建筑技术的建筑和景观艺术构成。 5. 致力于通过公共参与式的规划和设计重新建立起建筑艺术和社区建设之间的联系。

北京宪章	1.21世纪，全球化和多样化的矛盾将继续存在，并且更加尖锐。如今，一方面，生产、金融、技术等方面的全球化趋势日渐明显，全球意识成为发展中的一个共同取向；另一方面，地域差异客观存在，国家之间的贫富差距正在加大，地区冲突和全球经济动荡如阴云笼罩。 2.文化是历史的积淀，存留于城市和建筑中，融合在人们的生活中，对城市的建造、市民的观念和行为起着无形的影响，是城市和建筑之魂；技术和生产方式的全球化带来了人与传统地域空间的分离；地域文化的多样性和特色逐渐衰微、消失；城市和建筑物的标准化和商品化致使建筑特色逐渐隐退；建筑文化和城市文化出现趋同现象和特色危机。 3.为今之计，宜回归基本原理，……回归基本原理宜从关系建筑发展的若干基本问题、不同侧面，例如聚居、地区、文化、科技、经济、艺术、政策法规、业务、教育、方法论行，分别探讨；以此为出发点，着眼于汇"时间——空间——人间"为一体，有意识地探索建筑若干方面的科学时空观。 4.建筑学的发展必须分析与综合兼顾，但当前宜重在"整合"，提倡广义建筑学，并非要建筑师成为万事俱通的专家（这永远是不可能的），而是要求建筑师加强业务修养，具备广义的、综合的观念和哲学思维，能与有关专业合作，寻求新的结合点，解决问题，发展理论。 5.20世纪建筑学技术、知识日益专业化，其将我们"共同的问题"分裂成个别单独论题的做法，使得建筑学的前景趋向狭窄和破碎。新世纪的建筑学的发展，除了继续深入各专业的分析研究外，有必要重新认识综合的价值，将各方面的碎片整合起来，从局部走向整体，并在此基础上进行新的创造。

备注：根据"四大宪章"的内容整理得出。

（二）从"三位一体"到EDL协同发展目标体系的建构

规划学与更广阔的世界的辩证关系最终集中在地域空间组合与形式的创造上。旅游规划学的任务就是综合环境的、社会的、经济的和技术的因素，为游客提供低碳、休闲、宜居的高品质游赏空间。如何让旅游空间更周到地服务于游客和地方居民，满足人的不同层次的需求？如何通过更加精细化的设计和精确的建造，使每一个环节、步骤、流程中都尽可能地使用最优方案？北京宪章中所提到的"广义建筑学"从某种意义上已回答了这一科学问题。广义建筑学，就其学科内涵来说，是通过城市设计的核心策动作用，从观念上和理论基础上把建筑学、地景学、城乡规划学的要点整合为一。在现代发展中，规模和视野日益加大，建设周期一般缩短，这为建筑师视建筑、地景和城乡规划为一体提出了更加切实的要求，也带来更大的机遇。这种三位一体使设计者有可能在更广阔的范围内寻求问题的答案。

"三位一体"的中心思想是强调规划设计"回归基本原理"，即应当从关系建筑发展的若干基本问题、不同侧面，例如聚居、地区、文化、科技、经济、艺术、政策法规、业务、教育、方法论行，分别探讨；以此为出发点，着眼于汇"时间——空间——人间"为一体，有意识地探索建筑若干方面的科学时空观:从"建筑天地"走向"大千世界"(建筑的人文时空观);"建筑是地区的建筑"(建筑的地理时空观);"提高系统生产力,发挥建筑在发展经济中的作用"(建筑的技术经济时空观);"发扬文化自尊,重视文化建设"(建筑的文化时空观);"创造美好宜人的生活环境"(建筑的艺术时空观)……。这为 EDL 协同规划方法体系的建构道明了最为基本的规划设计法则。

根据本书第四章可知,EDL 协同发展实质是面向绿色发展的生态现代化,其目的是变无序为有序,力推"职·住·游"协同发展极大化。其目标价值取向是生态、密度和低碳的协同发展;经济、设计和休闲的协同发展;公平、多样性和宜居的协同发展(图 39)。

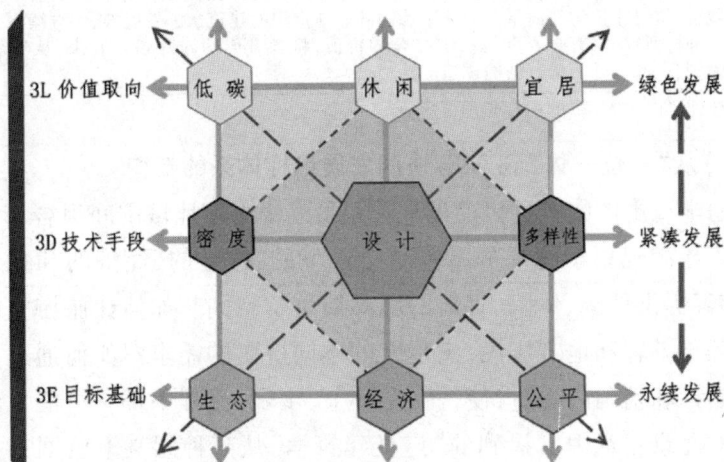

图 39　EDL 协同发展目标体系示意

根据协同学的协同效应和伺服原理(slaving theory),结合 EDL 协同发展基本原理(详见第 4 章),我们以紧凑发展的 3D 理念中的"设计(D2)"理念为中心,把永续发展、紧凑发展和绿色发展中的 3E、2D 和 3L 理念变量划分为两种变量,即:密度(D1)、经济(E2)、多样性(D3)和休闲(L2)为快变量(图 40a);低碳(L1)、生态(E1)、公平(E3)和宜居(L3)为慢变量(图 40b)。其中,作为快变量的密度(D1)、经济(E2)、多样性(D3)和休闲(L2)设置为目标的第一层次,慢变量低碳(L1)、生态(E1)、公平(E3)和宜居

（L3）设置为目标的第二层次。由伺服原理可知,快变量不会左右系统演化的进程,慢变量则主宰着系统演化的命运,支配着快变量的行为。

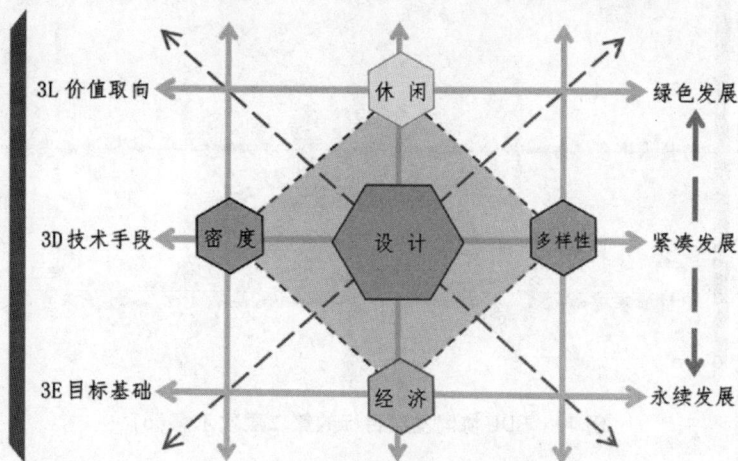

图40 EDL协同发展目标的第一层次示意(a)

因此,EDL协同规划方法的第1步是树立正确的规划价值观——提倡低碳旅游,创造生态文明,创建公平、宜居的社会环境;第2步是抛弃以往粗放的经济发展模式,着力改进和完善现有模式,使旅游发展向更加多元化、集约化(适宜密度、规模经济)的方向迈进;第3步是以协同设计为中心,协同设计包括场地设计、建筑设计和景观生态设计等3个方面,规划设计师要从区域旅游发展宏观视角,发挥多个专业的集体智慧,探寻了如何充分利用和借鉴诸如数字技术等手段,通过设计流程、设计内容、专业协作等方面的精细化考量与实践,节约资源,降低能耗,实现建筑和旅游的可协同性发展,同时进一步提升建筑和旅游的环境品质,更好地为旅游观光休闲度假服务。

二、实现EDL协同发展的3种规划方法

那么,我们如何看待"3E"、"3D"和"3L"这三个问题,同时又将之套入一个协同性发展的旅游规划框架之中呢? 这种思考必须顾及到旅游开发过程中的许多彼此关联的问题,如规划理念、土地开发强度(密度、规模)、旅

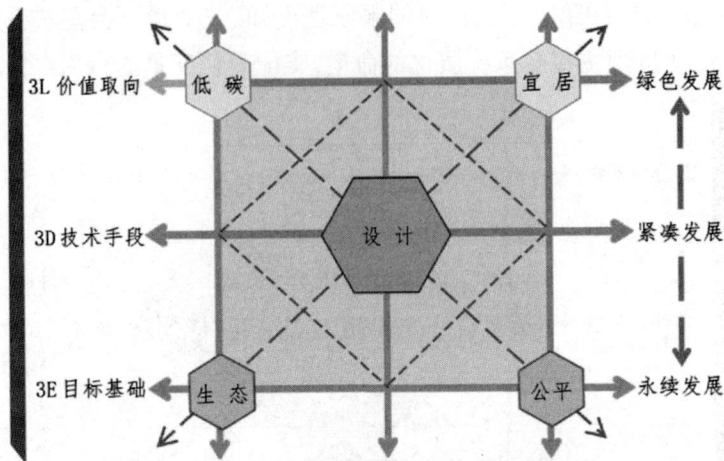

图40　EDL 协同发展目标的第二层次示意(b)

游开发与交通设施网络、开放空间和公共服务设施配套以及市场转型期下的规划实施管理与安全等。

(一)生态·密度·低碳(E1D1L1)协同规划方法

提到永续发展中的生态(E1)理念,我们会自然地想到大气、淡水、海洋、土地和森林等自然资源和生态环境的保护和生态平衡等协同发展问题。因为旅游生态环境破坏的病根之一就在于旅游空间发展的无序、旅游规划布局的不合理及对旅游资源的过度开发①,由此可见,生态环境保护既是绿色发展的出发点和归宿,也是实现绿色发展(3L)的助推器②。密度则是一个控制性的因素,借助它可以实现公共利益和健康的保护、安全及私人个体利益之间的平衡③。因此,协同性旅游规划应注重建筑密度、建筑高度(层数)、容积率等开发强度指标的平衡,寻求一种适宜的密度和合适的规模,

----

① 卞显红,王苏洁:《城市旅游空间规划布局及其生态环境的优化与调控研究》,《人文地理》2003年第5期,第75—79页。
② 俞海:《中国"十二五"绿色发展路线图》,《环境保护》2011年第1期,第10—13页。
③ 约翰逊:《土地开发的基本原理及案例:面向现实的赢利性开发指南》,王晓川等译,机械工业出版社2012年版。

以促进密度、规模和协同带来了成本效率,基础设施投资和技术应用的进一步扩展与提升,即高度汇集了规划旅游目的地特定优势与高一级旅游目的地的优势,使之成为一种世界性的优势战略。因此,E1D1L1协同发展并不是一味地提高建筑高度(层数)、建筑密度,而是根据旅游区、度假区等人口规模和用地的实际情况,在有效节约用地与确定合理的旅游功能之间寻找一个平衡点,实现功能上的协同与紧凑,达到建筑空间可选择性的复合化和多样化。

　　然而在规划设计中,如何能够科学地分析和预测整个规划与建设过程各要素的合理布局,做到节约集约、节能减排,并实现生态环境与人口、经济密度以及设施配套的平衡,特别是确定最为关键的"适宜密度",这是协同性旅游规划的第一步。

　　第1步:遵循"底—图关系"原则,进行"生态"的规划。生态规划的核心是对旅游区、旅游地的自然要素环境与因旅游开发建设而引起的影响进行识别、分析、保护规划①。旨在维护山水格局的整体性和多样性的乡土生境系统,河道及滨水地带的自然形态和湿地系统,城郊防护林体系和城市绿地系统,以保持地域的自然机理及生物的多样性。

　　第2步:对旅游区进行"生态化、复合化"的规划设计:①以主体功能区为基础,根据旅游经济建设和旅游区发展对地域生态环境的影响,以及不同的功能、空间资源特色、开发潜力和产业要求,将旅游发展区划分为优先发展区、潜力开发区、限制发展区和禁止发展区,将旅游区(景区)分为核心区、缓冲区和发展控制区三大类型;以空间区划为空间管制依据,引导旅游地产向优化提升区、鼓励开发区等区的社区聚集,鼓励过夜游客向城镇集中,引导第二居住地居民向村镇社区集聚,实现旅游用地的规模化经营,提升旅游发展空间格局和土地节约集约利用度。②明确旅游区增长边界(tourism area growth boundary TAGB),将开发控制在指定的地区内,并以新

---

① 刘滨谊:《旅游规划三元论:中国现代旅游规划的定向·定性·定位·定型》,《旅游学刊》2001年第5期,第55—58页。

能源和节能环保等低碳经济发展为根本目标,采用 TOD 模式进行适宜紧凑开发。通过规划设计确保旅游区至少具有两个以上的主要功能,这些功能必须要确保人流的存在,不管是游客还是本地居民,他们都应该能够使用很多共同的设施。同时,在旅游投资项目的规划、建设、选址、用材等方面,要注重生态环保,更多地利用荒地、荒坡、荒滩、垃圾场、废弃矿山、边远海岛和石漠化土地,减少耕地、林地和水源地的使用。

第 3 步:进行低碳系统设计,提倡低碳旅游。低碳旅游以旅游空间系统为载体,发展低碳经济,实施绿色交通和建筑,转变游客消费观念,创新低碳技术,从而达到最大限度地减少温室气体的排放。为应对全球气候变暖,减少温室气体排放,低碳旅游建设在全球范围内广泛展开。在旅游规划中可从低碳产业布局、低碳公共交通系统、可再生能源利用、碳汇系统布局、低碳旅游空间结构、低碳土地使用模式及低碳空间管制 7 个方面进行(崔博,李金卫,郑仰阳,等,2010)[1]。

第 4 步:严格"三区四线",兑现生态补偿。生态空间管制是旅游区域发展空间管制的重要方面,基本生态控制线既是为保障旅游地生态系统健康、完整、安全而依法划定的生态保护范围界线,又是控制旅游空间拓展边界、进行区域生态管制的重要手段。生态空间管制应遵循公共性、补偿性原则,将生态用地作为"公共生态资产",纳入省市、区县和镇乡三级政府辖区的土地利用总体规划和城乡总体规划,依法对生态用地进行管制、恢复和建设,对旅游建设占用的生态用地进行核查和有效补偿。

E1D1L1 的协同发展实质上是一种旅游区总体布局的"低碳模块化"规划与设计手法,这种手法的应用可以减少旅游区、景区能源消耗和避免资源浪费,这不仅有效地服务于生态文明建设,同时多样性的空间元素与亲近自然的人性化规划与设计也能提高规划地区旅游产业融合水平,带来生态、经济和社会效益(图41、图42)。

---

① 崔博,李金卫,郑仰阳等:《低碳城市理念在城市规划中的应用与实践:以厦门市为例》,《城市发展研究》2010 年第 11 期,第 113—117 页。

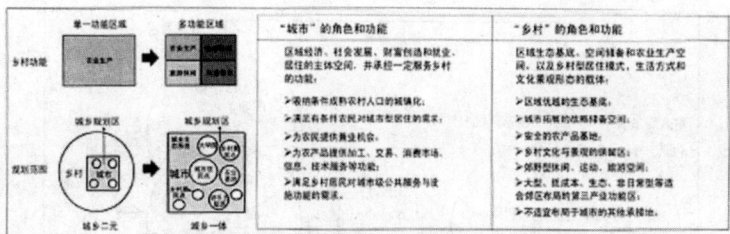

图41 城乡关系理念的转变与功能分区

（罗彦,杜枫,邱凯付,2013）①

（二）经济·设计·休闲（E2D2L2）协同规划方法

好的"创意"推动实践"设计"发展,优秀的"设计"是创意经济产生的根源。创意经济不是空穴来风,古已有之。人类是在创意创新中不断发展起来的,每一次经济改革、社会变革、科技进步也都是创新的综合体现。英国在18世纪已经开始实践文化创意产业,后来,在经济全球化、市场竞争日趋激烈和人们消费需求不断升级的情况下,一种依靠创意、技巧及才华来创造财富和就业潜力的新型经济形态——创意经济应运而生。陈英（2010）②认为,创意产业已成为世界贸易中新兴的、最富有活力的行业,创意产业的知识密集型、高附加值、高整合性对于提升我国产业发展水平,优化产业结构具有不可低估的作用。旅游规划是创意产业的重要组成部分,创意思维是推进旅游规划创新的重要武器,创意是思维能力的结晶。旅游规划创意体现在旅游规划的方方面面。创意产业是新时期旅游规划的重要内容,在旅游规划中的创意思维方法可以分为:联想系列（联想族）方法;类比系列（类比族）方法;组合系列（组合族）方法;臻关系列（臻关族）方法等运用这些方法可使其旅游开发必须尽可能地避免与其他的同质或重叠,打造自己的特色,推进区域旅游的特色发展,达到"创意为先,融入规划,指导实践,差异发展"的目的。

首先,休闲业逐步成为城乡经济运行的基本条件。城市的发展由依靠

① 罗彦,杜枫,邱凯付:《协同理论下的城乡统筹规划编制》,《规划师》2013年12月,第12—16页。
② 陈英:《基于创意经济的旅游规划方法研究》,《旅游研究》2010年2月,第7—13页。

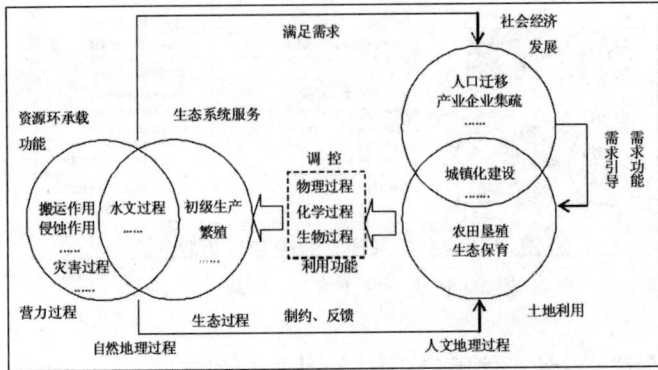

图 42　生态·密度·低碳的协同发展示意

制造加工业的繁荣,逐渐转向依赖休闲业的兴旺发达,因而城市经济的良性循环在很大程度上也越来越依赖于休闲需求的实现。目前,休闲产业的发展体现在城市发展的方方面面,诸如在都市中河、湖、港口附近区域的商业开发、娱乐设施、餐饮服务、体育竞技,还有旅游观光、名胜古迹的开发利用,以及节假日和各类庆典场合的商业倾销,各类非职业技能培训式的成人教育、众多高雅艺术的蓬勃发展,所有这一切无不反映出经济模式在向休闲转变。甚至标志生活质量的各项指标,其大部分内容也同人的休闲有关(比如公园绿地、艺术场馆、社区宁静程度、自然环境状况等)。一个地区如果拥有并建设这些条件,对于今后的经济繁荣起着关键性的作用,基于这样的认识,许多地方都把娱乐设施、商业网点、鲜花草坪和休闲服务看作是经济投资的一部分。国家和地方政府往往根据休闲时间的长短制定新的经济政策,促进不同方面的消费,调整新的产业结构,建立新的市场,不仅解决失业和就业问题,促进和改善服务,增强人的休闲欲望,而且还能维护社会安定团结,繁荣社会文化,提升人的精神文明。

第二,休闲业拉动了消费需求。以美国 1990 年为例,全美国消费者在娱乐性商品和服务方面总共花掉了 2800 亿美元,占全部消费开支的 7%,但这只是全部休闲消费的一小部分,实际上大部分的休闲支出被归到了其他类别中。例如,用于交通运输方面的 4580 亿美元中,就有 1/3 以上花在了休闲旅行上。在机动车运行里程数上,也有1/3的行程是休闲的产物。在飞机上有60%的乘客是在作休闲旅行,而非业务旅行。如果使用这样的计算方式,那么用在住房、服装、餐饮和教育方面的消费开支中,也会有相当可观的一部分可以归入休闲开支。如果把上述开支加起来,用于休闲的花销会超过10000亿美元,大约占全部消费支出的1/3。旅游业是一项同休闲活动密切联系的产业,它可能已经成为世界最大的产业之一。在世界范围内,每年创造30000亿美元的产值,其中在美国的税收就超过6000亿美元。如果把休闲产业定义为包括其相关的物质产品和服务的所有业务的集成,那么全美国的前三项最大的产业就是旅游业,总消费6210亿美元;卫生保健业,6040亿美元;教育业,每年3310亿美元。如果把业务旅行从旅游业总开销中分离出去,再加上在家庭和当地社区的休闲消费部分,我们同样可以得到近10000亿美元的休闲消费总量。休闲业通过拉动城市需求,极大地促进了城市经济的发展。

第三,休闲业为城乡提供了巨大的劳动力需求市场。休闲业涵盖了包括旅游业、娱乐业、服务业在内的广阔的范围,它所需要的劳动力极大地解决了城市的剩余劳动力问题。在欧美国家,休闲业十分发达,据有关数据表明,美国的休闲业已处于国民生产总值第一的位置,其就业人口占全部劳动力的四分之一。据统计,美国的旅行和旅游业雇用的职员有900万之多。在全联邦、各州、各县和当地的娱乐场所、公园以及其他休闲机构,大约有250000个公共服务类的工作职位。还有近两百万作家、艺术家、演艺界人士和职业运动员。没有谁能够把所有与休闲有关的工作挑选出来,换算成对应的全职工作时间。对全部休闲工作的最简单的估计办法是将用于休闲方面的消费折合成工作职位,进行统计。如果每40000美元的消费开支能创造一个工作职位的话(相当于全职工作职位),10000亿美元的休闲消费就相当于2500万个工作职位——差不多是1990年全部就业职位的1/4。近10多年来,发达国家的休闲业进入高速发展的新时期,随着工作时间的减少,共享工作已应运而生,比如,在美国、法国、德国等国家目前正普遍实行各种工作制。政府认为,缩短工作时间,可以减少失业,政府以较少的财政支出争取公众和个人的更大支持,使休闲业发展更快。

第四,休闲业是三大产业体系的重要组成部分。休闲业是城市产业体系的重要组成部分,它对优化城市产业结构、增进社会协调、改善人文居住环境、激发城市活力具有不可替代的作用。以海口市为例,近年来,海口市提出把区域内元素丰富的历史文化资源转变为休闲业发展的优势,加大资源整合和集聚力度,打造休闲业链,构建休闲业群,促进了西海岸和游艇休闲业的发展,从而进一步提升海口的产业能级和城区功能,增强城区核心竞争力,充分体现海口中心城区繁荣繁华的特色。在对休闲资源的整合过程中,海口坚持延续历史文化与塑造现代活力有机统一,采取了三种保护和开发的办法:一是原则性保护,尽量保护体现地方文化特色的文化资源,以保持地方文化的连续性、整体性和协调性;二是开发性保护,将能产生市场效应、有较大开发价值的资源,制定规划,以开发促保护;三是战略性保护,将目前尚无力开发,但成规模、能呼应、有特点、有整体概念的休闲资源保护下来,作为休闲业发展的储备资源,为休闲产业在形态和功能方面的升级提供持续支撑。休闲产业快速发展也符合海口城市总的发展定位:"海南省会城市,我国旅游度假胜地,国家历史文化名城"。

那么,在旅游规划编制工作中,如何实现经济、设计和休闲的协同发展呢?

经济、设计和休闲的协同发展有利于提高旅游区经济竞争力。一方面通过提供适宜密度和规模的旅游区来吸引游客和休闲经济产业,另一方面采取修改税法、生态补贴等措施,改变旅游区退化的趋势。加拿大布鲁格曼教授认为,在拥有不同利益、特长和目标的人们之间,适宜的密度和规模的相互作用能衍生出城市(旅游区)发展的第三种经济效应——协同经济,最终,密度、规模和协同带来了成本效率,基础设施投资和技术应用扩展了城市(旅游区)之间的通讯联系,结果是扩展经济能将次一级中心地的特定优势与其高一级中心地的优势汇集起来,使之成为一种世界性的优势战略[1]。

① 杰布·布鲁格曼:《城变:城市如何改变世界》,董云峰译,中国人民大学出版社 2011 年版。

建设适宜密度的旅游(度假)区不是仅限于如何提高建筑密度,单纯强调发展"紧凑型"的物质空间形态,而是如何在紧凑之中实现旅游功能的完善,为旅游者打造休闲度假、居住舒适、卫生安全的环境条件,提高效率(包括对空间资源、时间等的利用效率),回归以人为本。唯有此,才能真正实现旅游业的科学发展。因此旅游规划的制定,要充分考虑旅游产业的发展,尤其注重与住宿与餐饮业、文化产业等服务业融合。通过利用新技术创造出新产品、新业态,进而开拓新市场,成为产业发展中新的生产力和新的增长点,进而促进闲暇经济的规模增长。休闲产业主要包括旅游、体育、节事活动、媒体、外出就餐和饮酒、购物、博彩、艺术等方面。

此外,通过优秀的设计方案,建成适宜的密度和规模不仅有利于保护绿色空间以维持清洁的空气、水源,为每个游客提供步行、游玩和休闲场所,同时密度还会影响旅游的能耗,因为更紧凑的旅游社区空间结构会降低出行、住宿等的能耗。密集型旅游社区因为能够将各种服务机构集中在一起,减少了长途出行的需求,同时提供更好的公共交通网络,度假居所规模也因为土地供给量和价格水平而受到限制,因此能够提供一种人均温室气体排放水平较低的生活方式①,进而实现经济、设计和休闲的协同发展(图43)。

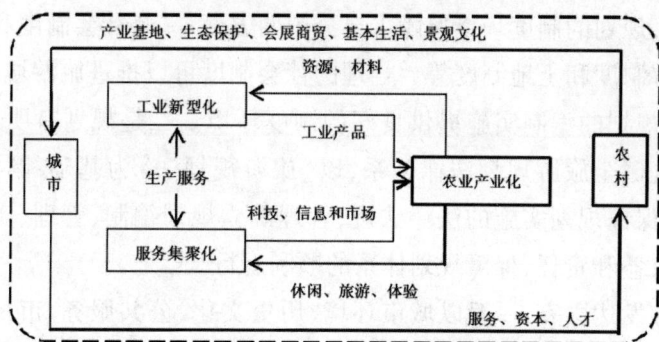

图43　经济·设计·休闲的协同发展示意

---

① UN – Habitat. Cities and Climate Change: Global Report on Human Settlements 2011 [M]. London: Earthscan Press, 2011.

(罗彦,杜枫,邱凯付,2013,有修正)①

(三)公平·多样性·宜居(E3D3L3)协同规划方法

规划的价值取向既不是公平,也不是效率,而是公平和效率的统一,即公共利益优先。规划作为一项公共政策,具备由政府制定、有明确的目标或方向、对社会进行权威性价值分配三个特点(汪光焘,2009)②。旅游规划中公共利益的内容首先应是促进社会经济增长,同时兼顾社会公平与正义,在此基础上为公众提供公共产品和公共服务,有效保护环境。

我国公众参与旅游规划的组织机制长期缺失,没有一个既受法律保护又不受政府控制、干涉的正式的组织机构来全过程地负责旅游规划整个过程的公众参与,公众参与机制也亟待健全。在旅游规划体系中,公众参与的形式主要是公众会议,多以公众评议、公众听证会的形式开展。因此,需建立公众参与规划管理的机构,如社区组织、社会机构等,使之成为公众参与规划管理组织者和代表。公众参与对于减少规划失误、促进规划的顺利实施及监督规划部门依法行政、达成个人利益与公共利益的平衡,具有独特的作用。

合理完善的制度建设是减少和避免规划实施过程中出现实质性实施障碍的基础。规划的制度环境保障主要分为两方面:一是社会制度和体制,如现行的旅游制度和土地制度等。合理的社会制度可以推进旅游城镇化的健康发展,为规划的编制实施提供良好的制度环境。二是规划有明确的制度可循。建立健全旅游规划法律体系,以《旅游规划法》为基础,制定具有可操作性的、保证规划实施的法律法规,合理确立规划编制、管理、实施、监督各部门的权益和责任,保障规划体系的顺利运行。

在西方发达国家,一般以城市环境、历史文化、公共服务、市民福利、城市规划、公平公正以及公众参与等指标作为宜居城市的评价标准③。因此,

---

① 罗彦,杜枫,邱凯付:《协同理论下的城乡统筹规划编制》,《规划师》2013年12月,第12—16页。
② 汪光焘:《依法推进城乡可持续发展—写在〈城乡规划法〉颁布实施一周年》,《城市规划学刊》2009年第1期,第4—8页。
③ 伍学进:《论城市的宜居性》,《湖北社会科学》2011年第1期,第47—49页。

遵循公平正义和 JHTSD 原则是实现宜居城市的前提,主要做法是:一、在开发中要注意与投资者、驻场地商户、原住民、竞争者等利益相关者广泛合作,鼓励大众参与规划,以创造一种旅游意识,实现多赢;二、注重土地混合使用,实现职住平衡以及包容游客在内休闲生活方式、文化和消费水平等方面的多样性;三、紧凑型的旅游空间、多组团的结构最符合宜居要求。在确保三大设施及自然景观的共享的前提下,按照人体行为及感知范围尺度,设计人性化旅游空间以提升环境空间的流动性和可意象性,实现公平、多样性和宜居的协同发展。

如果将旅游区看作有机体,旅游区"基因"多样性即表现为旅游区社会、经济、文化等的发展状态及其相关行为活动的复杂程度,它决定了旅游区物质空间的多样性,是旅游区多样性的根本动因;旅游区"物种"多样性即为旅游区用地功能类型的丰富程度,它也是旅游区"基因"多样性最直接的反映;旅游区"系统"多样性的重要内容之一为旅游区空间网络的多样性,即旅游区各物质要素之间的联系程度,它反映了旅游区系统的整体状况;旅游区"景观"多样性则为旅游区空间景观格局的多样性。

因此,旅游区内的建筑物形态的设计要遵循"统一中求变化,变化中求统一"的秩序性、多样性原则,同时街道的设计要具有紧凑的、适宜的尺度和良好的可识别性,因为尺度紧凑的城市(旅游区)有利于表现城市的个性和多样性[①],并能以其功能的"多样性"与服务的"多样性",使"多样性"的人群受益[②]。同时,旅游投资项目要注重文化内涵,注重打造市场品牌,注重塑造鲜明的市场形象,主题景区、主题酒店、主题餐馆等,以创建宜居的人居环境。

---

① 龚清宇:《经济全球化语境下的紧凑发展与城市结构多样性》,《规划师》2002 年第 2 期,第 13—15 页。

② 诸大建,刘冬华:《管理城市成长:精明增长理论及对中国的启示》,《同济大学学报(社会科学版)》2006 年第 4 期,第 22—28 页。

第六节 协同性旅游发展效用评价指标体系

一、概述

协同性旅游发展效用评价指标体系主要分为两级指标体系："职·住·游"协同发展指标体系和 EDL 协同发展指标体系。

测度"职·住·游"协同发展是否有效,主要是测量在一个城市或旅游景区发展了就业、居住和旅游之后,能否提高该地区综合效用:一是促进产业融合,创造更多的就业岗位和提高居民收入,从而改善居民生活质量;二是不仅为富裕阶层提供豪华、舒适的住宿设施,还要为本地居民和包容不同收入阶层在内的目标客户群分别提供可负担的住房和经济型度假酒店(公寓),让更多的低收入群体"居者有其屋";三是营建高品质的休闲度假空间和高可达度的交通设施,即包容游客、原始居民的生活方式、传统文化和消费理念等在内的多样性和谐空间和以公交优先、步行友好的立体交通网络;四是提高该地区的交通效率,即缩短居民的通勤时间和通勤距离,从而减少交通拥堵和空气污染。上述发展效用可以通过构建量化指标予以评价,如以旅游景区为例,可以通过公交靠近度、公交便捷度和就业景点平衡等 3 种方法予以测量:

(1)**景区公共交通靠近度** 该指标反映在公交线路周围一定距离(该距离根据研究区域的游客出行特点认为确定,在该距离之内的游客被认为景区公共交通服务)之内景区百分比,指标的计算公式为:

$$\frac{\sum R_{w\alpha}}{\sum R_{\alpha}} \times 100\% \qquad (公式 4-1)$$

其中:$R_{w\alpha}$ 是分析景区 a 之内位于公交线路周围一定距离之内的游客总数;R_{α} 是分析景区 a 的游客总数。

(2)**景区公共交通便捷度** 该指标定义为某分析景区所有游客到最近公共交通站点的平均步行距离,指标的计算公式为:

$$\frac{\sum P_p \times R_p}{\sum P_p} \times 100\% \tag{公式4-2}$$

其中：P_p 是分析景区 p 到最近的公共交通站点的步行距离，该距离定义为从分析景区中心点到公共交通站点的最短路网距离；R_p 是分析景区 p 的游客总数。

（3）就业景点平衡指标 该指标定义为总就业和景点的比值，指标的计算公式为：

$$\frac{\sum E_p}{\sum D_p} \times 100\% \tag{公式4-3}$$

其中：E_p 是分析景区 p 的就业人数；D_p 是该分析景区内的景点数量（个）。

EDL 协同发展的效用主要看旅游资源的利用程度、经济发展、生态环境影响度等。旅游资源是特定范围（区域或线路）内所赋存的，或天然生成，或人工生成，能够吸引一定数量具有支付能力的人群在闲暇时间内去参观、享受、感受、体验的特殊的物质现象和精神文化现象（张捷，2013）[①]。

6.2 协同性旅游发展效用评价指标体系

协同性旅游发展效用评价指标体系见表 14。

表14 协同性旅游发展效用评价指标体系一览

一级指标	二级指标	三级指标	指标标准	
·居住环境	1 住房与社区	住房保障率(%)	≥80%	65%—80%
		保障性住房建设计划完成率(%)	100%	≥90%
		社区配套设施建设	社区教育、医疗保健、体育、文化、便民服务、公厕等各类旅游设施配套齐全。	
		棚户区、危房改造	旅游区内消除棚户区,居民得到妥善安置,实施物业管理。制定旅游区危房改造规划并按规划实施。	
	2 市政基础设施	公共供水覆盖率(%)	≥95%	
		供水水质	卫生防疫部门依据《生活饮用水卫生标准》(GB5479-2006)检测,符合标准。	
		燃气普及率(%)	≥98%	
		生活污水处理	集中处理率高于全国平均值10%;污水收集管网配套;污水处理厂运行负荷率高于全国平均水平;污泥得到有效处置。	
		生活垃圾处理	生活垃圾无害化处理率高于全国平均值20%;垃圾处理设施达到无害化等级评定Ⅱ级以上;运行安全;试行垃圾分类。	
		排水	排水设施按规划建设;景区、社区推行雨污分流排水体制,雨水系统按《室外排水设计规范》(GB50014-2006)规定标准高限建设;排水设施有专门管理机构,专项财政资金维护。	
		互联网用户普及率(户/百人)	100%	
	3 交通出行	平均通勤时间	≤30分钟	30—40分钟
		公共交通出行分担率(%)	≥30%	
		步行、自行车交通系统建设	制订专项规划,并经批准实施,建成较为完善的步行、自行车系统。步行和自行车出行分担率≥40%。	
	4 公共服务	小学布局合理	分布均匀,服务半径不超过500米。	
		校园安全	旅游镇幼儿园、中小学校舍、校园符合安全要求,校园周边治安环境良好,设置完善的警示、限速、禁止鸣笛等交通标志;校园周边无台球、电子游戏机营业点、网吧,无集贸市场、摊点等。	
		人均拥有公共体育设施用地面积(㎡)	≥0.15	
		万人拥有卫生服务中心(站)数量(个)	≥0.3	
		万人拥有医院床位数(个)	≥40	
		万人拥有公共图书馆图书数量(册)	≥16000	
		人均拥有公益性文化娱乐设施用地面积(㎡)	旅游城镇人均拥有文化馆、图书馆、博物馆、青少年宫等设施用地面积(指设施已建成投入使用的用地)≥0.8平方米。	

生态环境	B1 旅游区生态	生态环境保护	旅游区自然地貌、植被、水系、湿地等生态敏感区域得到有效保护,按照生态学原则进行驳岸和水底处理,河道无大规模硬质护坡和衬砌。	
		生物多样性	制定《旅游区、景区生物多样性保护规划》,并完成旅游区范围的生物物种资源普查。	
	B2 旅游区绿化	绿化覆盖率(%)	≥40%	
		绿地率(%)	≥40%	35%—40%
		人均公园绿地面积(㎡)	≥12	
		公园绿地服务半径覆盖率(%)	≥80%	
		林荫路推广率(%)	≥70%	
	B3 环境质量	空气质量(%)	API≤100 的天数占全年天数比例≥80%	API≤100 的天数占全年天数比例 60%—80%
		地表水环境质量(%)	达标率100%,且社区内无Ⅳ类以下水体。	
		区域噪声平均值(db)	≤60db	
社会和谐	C1 社会保障	社会保险基金征缴率(%)	≥90%	
		最低生活保障	最低生活保障线高于本省发达城市平均水平,实现应保尽保,正常发放。	
	C2 老龄事业	优待老年人政策	制定完善的老年人医疗、交通等优惠政策,并得到有效实施。	
		百名老人拥有社会福利床位数(张)	≥2	
	C3 残疾人事业	残疾人服务和保障体系	建立完善的残疾人服务和保障体系,并得到有效实施。	
		无障碍设施建设	主要道路、公园、公共建筑等公共场所设有无障碍设施,管理、使用情况良好。	
	C4 外来务工人员保障	外来务工人员保障政策	制定完善的外来务工人员保障政策并得到有效实施。	
	C5 公众参与	公众参与规划建设和管理	建立完善的规划、建设、管理等公众参与制度,得到有效实施。	
	C6 历史文化与旅游特色	历史文化遗产保存完好	文化遗产和历史街区得到有效保护。	
		风貌特色	景观风貌专项规划经过审批,实施效果良好。旅游地景观格局清晰,特色明显。新建建筑有地方特色。	
		主办大型旅游活动数(场)	≥2	

公共安全	D1 旅游管理与市政基础设施安全	旅游区管理	数字化旅游管理系统建成并运行1年以上,结案率≥90%;旅游管理高效有序。	
		市政基础设施安全运行	地下管网、道路桥梁等市政基础设施档案健全,运行管理制度完善,监管到位,旅游安全运行得到保障。	
	D2 社会安全	道路事故死亡率(人/万台车)	≤10人/万台车	
		刑事案件发案率(%)	≤5%	
	D3 预防灾害	人均避难场所面积(㎡)	≥2	
		公共消防基础设施完好率(%)	100%	
		防洪排涝	旅游区防洪排涝设施达到相应设防标准。旅游重点地区、交通枢纽地区、地下公共空间等配备完善的汛期排水设施并有效维护。	
	D4 旅游应急	旅游应急系统建设	建立完善的应急指挥系统,制定突发公共事件等地方应急预案,并经过实际演练。	
经济发展	E1 收入与消费	居民人均可支配收入(万元)	≥1.8	
		房价收入比	3—6	
	E2 就业水平	恩格尔系数(%)	≤36%	
		社区登记失业率(%)	≤4.3%	
	E3 资金投入	市政公用设施建设资金投入比重(%)	市政公用设施建设固定资产投资占同期全社会固定资产投资比重≥5%。	
	E4 经济结构	第三产业增加值占GDP比重(%)	≥55%	40%—55%
	E5 旅游景区	4A级以上景区(个)	≥2	≥5
资源节约	F1 节约能源	单位GDP能耗(吨标准煤/万元)	≤1.6	
		节能建筑比例(%)	严寒及寒冷地区≥40%,夏热冬冷地区≥35%,夏热冬暖地区≥30%。	
		北方采暖地区住宅供热计量收费比例(%)	≥25%	
		可再生能源使用比例(%)	≥15%	≥10%
	F2 节约水资源	单位地方生产总值(GDP)取水量(立方米/万元)	≤100	
		社区再生水利用率(%)	≥30%	
		工业用水重复利用率(%)	≥90%	
		旅游区节水规划	编制节水规划并取得明显实施效果。	
	F3 节约土地	社区人口密度(人/平方公里)	≥10000	
综合否定项			近2年内发生重大安全、污染、破坏生态环境等事故,造成重大负面影响的旅游区、景区,实行一票否决。	

数据来源:住建部 2010 年颁布施行的"《中国人居环境奖评价指标体系》(试行)和《中国人居环境范例奖评选主题及内容》的通知"(建城〔2010〕120 号),有补充与修正。

第七节 小结

有多少地域和空间正在茫然不前的发展进程中,等待旅游去激发潜力与活力。旅游规划正是这样一个引领者与推动者———源于山水,根植文化,导入产业,集聚消费,引领区域发展和城镇化的新方向,带动产业经济的升级。旅游规划具有自身的特殊性,其核心是围绕着满足旅游者多样化旅游需求和各种潜在资源进行规划和设计,最终打造不同凡响的差异化旅游体验。

旅游业是 21 世纪规模最大、发展最快的产业之一,其提供的工作机会远远超过以科学为基础的制造业。然而,当前的旅游规划实践受到包容性发展带来的强力挑战。这个概念还在发展和延伸,并涵盖永续发展、紧凑发展和绿色发展以及增长管理所追求的"4C"目标。1975 年,美国城市土地协会(ULI)对增长管理的定义为"政府运用各种传统与演进的技术、工具、计划及活动,对地方的土地使用模式,包括发展的方式、区位、速度和性质等进行有目的的引导。"增长管理的目标可概括为"4C",即协调(coordination)、限制(containment)、保护(conservation)和社区(community)。对此,回归城市概念下的 EDL 协同发展主张旅游开发应致力于保护自然、文化资源的前提下,力推"职·住·游"协同发展极大化以提供更多的工作岗位,促进当地社会经济永续发展。

为了实现旅游开发地区协同性发展,我们可以以包容性发展棱锥模型、回归城市理念为指导,应用"职·住·游"协同规划方法和 EDL 协同发展规划方法来揭示和协调旅游系统内部的矛盾。EDL 协同规划方法就是把以上三种发展理念有机地糅合在一起,以永续发展的 3E 原则为基础,通过应用紧凑发展的 3D 理念,实现绿色发展 3L 的目标。EDL 协同规划方法的主要的思路是强调通过生态经济模式实现公平,以紧凑混合的用地布局、多样的元素和亲自然的设计实现人与人或自然间的良性互动,最终实现低碳、休闲、宜居的绿色发展。

EDL协同规划方法在规划内容上由传统的旅游供给、需求配置扩展到低碳、休闲、宜居供给与需求配置,在规划路径上强调旅游度假社区需求的科学规划,充分考虑对游客和原住居民各种类型的休闲需求的满足,这是基于回归城市概念下的一种主动适应型、协同与包容复合型规划态度的体现。

关键词

旅游规划方法;空间句法;协同规划;协同发展评价指标体系;就业;收入;产业;房价;住房;社区;闲暇;休闲;休闲业;生态;经济;公平;密度;设计;多样性;低碳;休闲;宜居

思考题

1. 传统的旅游规划方法有哪些?

2. 简述空间句法理论要点及其在旅游规划中的应用。

3. 从协同学的角度,阐述面向复杂旅游系统的旅游规划有效途径。

4. 简述实现"职·住·游"协同发展的规划方法。

5. 简述实现EDL协同发展的3种规划方法。

6. 从人居环境科学的视角,评述协同性旅游发展效用评价指标体系的建构科学性与合理性。

第五章 HST－TOD:旅游地域空间协同发展模式

现代科学技术,尤其是交通和信息技术的快速发展改变了人们的生产和生活方式。本章通过对高铁发展历程和未来趋势的概述,发现:HST－TOD是一种旅游地域空间发展的新模式,这种模式的应用可以构筑节约集约、紧凑型的旅游综合体。这对即将建成通车的海南环线高铁沿线的重要节点(城市、旅游区和景区)的开发与再开发具有一定的指导作用。

第一节 高铁发展概述

中国交通体系的全面革新推动了"高铁时代"的到来,而旅游目的地的格局和增长与地理集聚之间具有高度的相关性,交通的改善,将降低旅游业的交易成本,推动集聚和扩散作用的互动变化,改变着旅游业的空间格局和增长方式,这将对中国旅游规划产生深刻而全面的影响。中国旅游规划还要考虑什么?

一、高铁发展历程
(一)高铁发展的三次浪潮
第一次浪潮(1964—1980 年)

日本是世界上第一个进行高铁研究和建造的国家。自 20 世纪 50 年代起,日本国民经济建设逐渐恢复,尤其是东海道地区发展迅速,形成了东京、横滨、名古屋、大阪、神户等沿海型工业地带,该地区国土面积仅占全国的16%,但人口却占全国的 43% 以上,工业产值和国民收入占全国的 70%。

当时连接这一地区的东海道既有铁路线全长 590 千米,仅占日本铁路总营业里程的 3%,却承担着全国客运总量的 24% 和货运的 23%。随着国民经济的迅速发展,该条铁路的客、货运量也大幅度地增长,列车对数以平均每年 5%—8% 的速度增长,全线直通列车超过 130 列,个别区段甚至达到 200 列以上,线路能力达到饱和状态,旅客列车严重超员,已不能满足日益增长的客、货运输的要求,严重制约着日本国民经济的发展①。正是基于这样的背景,日本通过了新干线的修建计划。

1959 年 4 月 5 日,日本开始建造由东京至大阪的高铁——东海道新干线,并于 1964 年 10 月 1 日开通运营。这条高铁全长 552.6 千米,最高运行速度 210 千米/小时,1975 年延长到博多站,总长达到 1069 千米。东海道新干线开创了高铁的新纪元,创造了世界上铁路与航空竞争中首次取胜的实例,日本誉之为"经济起飞的脊骨"。东海道新干线不仅一举解决了日本经济最发达地区的陆上运输问题,还获得了举世瞩目的经济和社会效益。

至 2006 年,新干线建设不断扩展,由原来的 1 条发展到现在的 6 条:即东海道新干线(东京—新大阪)、山阳新干线(新大阪—博多)、东北新干线(东京—盛冈、盛冈—八户)、上越新干线(大宫—新泄)、北陆新干线(高崎—长野)、九州新干线(新八代—鹿儿岛中央),营业里程发展到现在的2387.1 千米(见图 44、表 15)②。

表 15　2006 年日本新干线主要线路发展情况一览表

线别	区间	线路长度（公里）	开业时间	
东海道新干线	东京—新大阪	552.6	1964 年 10 月 1 日	
山阳新干线	新大阪—博多	644.0	新大阪—冈山	1972 年 3 月 15 日
			冈山—博多	1975 年 3 月 10 日

① 傅小日:《日本新干线高速客运(一)》,《国外铁道车辆》1998 年 3 月,第 3—11 页。
② 吴强:《日本高速铁路考察报告》,《综合运输》2006 年 3 月,第 85—90 页。

东北新干线	东京—盛冈—八户	631.9	东京—上野	1991 年 6 月 20 日
			上野—大宫	1985 年 3 月 14 日
			盛冈—八户	2002 年 12 月 1 日
上越新干线	大宫—新泄	303.6	1982 年 11 月 15 日	
北陆新干线	高崎—长野	117.4	1997 年 10 月 1 日	
九州新干线	新八代—鹿儿岛中央	137.6	2004 年 3 月 13 日	
合计	–	2387.1	–	

资料来源:吴强:《日本高速铁路考察报告》,《综合运输》2006 年 3 月,第 85—90 页。

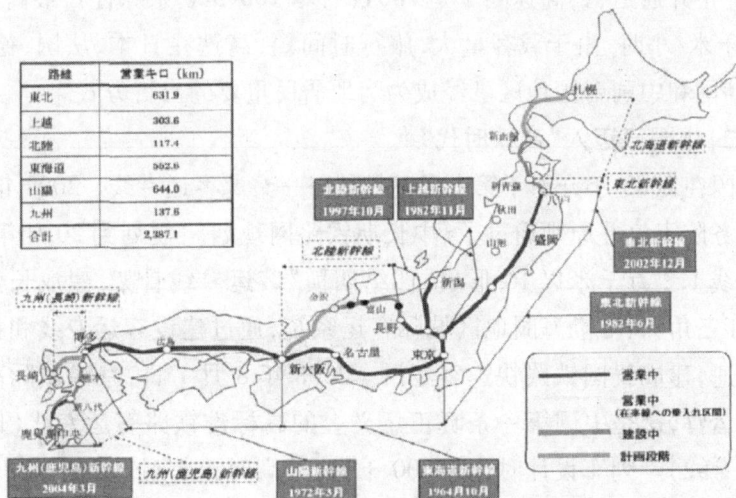

图 44 2006 年日本新干线主要线路图

(吴强,2006)

第二次浪潮(1980 年—20 世纪 90 年代中期)

法国、德国、意大利、西班牙、比利时、荷兰、瑞典、英国等欧洲大部分国家,大规模修建该国或跨国界高铁,逐步形成了欧洲高铁网络。例如,1981年法国开通了第一条巴黎至里昂的 TGV(Train à Grande Vitesse)干线,是欧洲高铁第一个建成国,2009 年已建成高速新线 1914 千米,最高运营速度 320 千米/小时,通过高速列车下即有线,能通达的里程已达 8000 千米,主型高速列车是:欧洲之量(TGV - TMST)、塔列斯(TGV - PBKA)、TGV - 2N

（双层）等。这次高铁的建设高潮，不仅仅是铁路提高内部企业效益的需要，更多的是国家能源、环境、交通政策的需要。

第三次浪潮（20世纪90年代中期至今）

在亚洲（韩国、中国台湾、中国）、北美洲（美国）、澳洲（澳大利亚）世界范围内掀起来建设高铁的热潮。例如，韩国是亚洲第二个建成高铁的国家，2009年首尔—釜山高铁里程为426千米，高速列车为KTX（法国TGV-A衍生），最高运营速度300千米/小时。中国台北—高雄高铁（345千米）已于2007年开通运营，高速列车是700T（日本700/500系综合），最高运营速度300千米/小时。由于载客量大，旅行时间短，高铁在日本、法国、德国、西班牙、韩国和中国台湾地区已经成为当地居民重要的出行方式。

（二）中国已迈入"高铁时代"

中国在2003年开通了第一条高铁线——秦沈客运专线。2004年1月，我国国务院审议并原则通过了《中长期铁路网规划》，规划到2020年，建成客运专线1.2万千米以上，形成"四纵四横"客运专线骨架，建成长江三角洲、珠江三角洲、环渤海圈地区城际客运系统，通过建设客运专线和推进既有线提速，建成我国铁路快速客运网。2008年8月1日，京津城际高铁正式开通运营，这是中国第一条真正意义上的高标准铁路客运专线（以下简称高铁专线）。列车设计时速为300千米，最高时速超过350千米，是目前世界上运营速度最快的列车。以京津城际高铁为起点，高铁专线建设热潮开始席卷中国，并且发展十分迅速。

2013年，全国铁路完成旅客发送量21.06亿人次，其中高铁线发送旅客5.3亿人次，比重超过25%。截至2013年底，随着宁杭、杭甬、津秦、厦深、西宝等一批新建高铁投入运营，我国高铁总营业里程达到11028千米，在建高铁规模1.2万千米，已成为世界上高铁发展最快、系统技术最全、集成能力最强、运营里程最长、运营速度最高、在建规模最大的国家。对于区域旅游发展而言，高铁以其重要的时间效应和空间效应，从根本上改变了区域旅游区位格局，成为区域旅游经济协调发展的新推力要素。

我国高铁建设起步相对于发达国家较晚，但是也因此能够吸取多个国家高铁建设的先进经验和先进技术,总结失败教训。由于高铁具有的长远性特征,即由于成本太大,一旦建成,则数十年内无法改建和重建,建设晚的国家在硬件设施上可以后来居上。我国为了建设高铁先后考察了日本、法国、德国等先进国家的经验,几十年间,无论是轨道技术、铺路技术还是列车制造技术都有巨大的进步,所以我国的高铁一开工,就呈现出速度快、质量高的特点。尤其是高铁专线的快速发展,但根本原因还在于其快速、安全、舒适的运输优点,以及潜在的、深层次的优越性,即可以缩短城际之间的时空距离、带动城市相关产业发展、促进城市繁荣和区域经济发展、符合环保要求等。

二、国内外高铁发展趋势

(一)中国高铁发展趋势

现代工业文明产生的环境、生态、人口等问题总结和反思的基础上越来越多的国家把永续发展作为了一项重要的国策。在党的十八大上,生态文明被列入我国全面建设小康社会奋斗的新目标。我国人均资源贫乏石油和耕地等人均占有量都低于世界平均水平,发展高铁将有望缓解这些矛盾和问题。

我国是有13多亿人口的发展中国家,2013年铁路年客运量大约为2.5亿人次,人年均乘车不到1次。据俄罗斯铁路股份公司通报,2013年俄罗斯铁路运输旅客10.81亿人次,较2012年增长2.1%,人年均乘车达到7.5次,所以说我国铁路客运量潜力非常巨大。

根据国务院2012年通过的《"十二五"综合交通运输体系规划》,中国新建高铁将占新建路线里程的50%,到2015年,高铁达1.8万千米,铁路的投资将维持在3.5万亿左右;到2020年,建成"四纵四横"高铁网(所谓"四纵"是:京沪高铁;京广深(香港)高铁;京沈(阳)—哈(尔滨)大(连)高铁;东南沿海高铁。"四横"是:徐州—郑州—兰州高铁;上海—杭州—南昌—长沙—昆明高铁;青岛—太原高铁;上海—南京—武汉—重庆—成都高铁),将形成覆盖全国省会城市(除拉萨外)和百万人口以上大城市的高铁专线网,覆盖全国90%以上人口,总里程5万千米,超过目前世界高铁的总和。其中"四纵"共18条子线路,分别连接了环渤海和长江三角洲、华北和华南地区、东北和关内地区、长江、珠江三角洲和东南沿海地区;"四横"共15条子线路,分别连接了西北和华东地区、西南、华中和华东地区、华北和华东地区、西南和华东地区。这些客运专线的技术标准都相对较高,大部分时速都在350千米,也有部分地段是200—250千米(卢晶,2011)①。

中国高铁发展的总体框架是:从2010年起至2040年,用30年的时间,将全国主要省市区连接起来,形成国家网络大框架。从2040年起至2070年,再用30年的时间、全部建成。实现东部加密、西部连通成网(即连通西部主要交通枢纽),连接全国主要交通节点城市和旅游景点,使西部地区主要城市可通达任何沿海省区。

中国香港特区政府2014年9月17日公布《铁路发展策略2014》研究结果,计划未来投资1100亿元(港元,下同)新建6条铁路线。6条新建的线路,包括建议兴建东九龙线,连接观塘线的钻石山站至宝琳站。港岛方面,会增加南港岛线西段及北港岛线。而新界和离岛会增3条线,包括北环线、东涌西延线及屯门南延线。同时现有东西铁路线分别增加新站,包括在东铁落马洲支线设古洞站,以及在西铁路线增加洪水桥站。到2031年,香港铁路总长度会增至300公里,铁路站数目会上升至114个,届时铁路在公共运输乘客量占有率会升至45%至50%。而新铁路的规划,可以满足未来香港运输要求,以及为香港带来每年30—40亿元经济效益。

(二)国外高铁发展趋势

目前世界上已经有中国、西班牙、日本、德国、法国、瑞典、英国、意大利、俄罗斯、土耳其、韩国、比利时、荷兰、瑞士等16个国家和地区建成运营高铁。据国际铁路联盟统计,截至2013年11月1日,世界其他国家和地区高铁总营业里程11605千米,在建高铁规模4883千米,规划建设高铁12570

---

① 卢晶:《浅析我国高速铁路的发展进程》,《技术与市场》2011年5月,第222+224页。

千米①。例如,被称为汽车王国的美国,为建设更强大的绿色经济,结束对石油能源的依赖,改善全球气候变化,建设适宜居住的紧密联系的城市,认为高铁将是创造性的、行之有效的交通解决方案,计划在国内建设 10 条高铁,洛杉矶至旧金山将新建 1120 千米的专用轨道,列车最高时速将达 350千米,投资 400 亿美元,预计在 2030 年开通。不只是美国,世界各国对高铁的关注度都在提高,全球正逐渐步入高铁时代。

随着高铁在全世界的不断延伸,高铁技术也取得了长足发展,逐渐形成了以日本、法国、德国 3 个高铁技术原创国为代表的适合各自国情和发展状况,各自独立、各具特点的高铁技术体系。中国铁路客运专线应结合国情、路情,把引进、消化、吸收国外高铁先进、成熟、经济、适用、可靠的技术,与加强自主创新相结合,推进中国铁路的跨越式发展。

第二节 高铁对社会经济和环境发展的影响

高铁已经被证实为安全、舒适、高效的交通方式,它是世界"交通革命"的一个重要标志,它不仅在与其他交通方式的竞争中改变交通模式构成,而且对于带动沿线区域经济发展也起着重要的作用。它的快速建设与运营对区域空间布局及社会经济和环境发展带来了巨大的影响。

一、高铁的定义、速度和优点

(一)高铁的定义

根据 1970 年 5 月日本 71 法令,列车在主要区间以 200 千米/小时以上速度运行,可以被称为高铁。根据 1985 年 5 月联合国欧经会的标准,客运专线 300 千米/小时,客货混线 250 千米/小时可以被称高速铁路(简称高铁)。国际铁路联盟(UIC)给出的标准是新线 250 千米/小时以上,既有线

---

① 齐中熙,樊曦:《高铁总里程 11028 公里占世界一半北京日报》,(2014 - 03 - 06) http://bjrb.
bjd. com. cn/html/2014 - 03/06/content_158132. htm.

改造200千米/小时以上。目前,国际上公认列车最高运行速度达到200千米/小时及以上的铁路叫作高铁。由此可见,高铁是指通过改造原有线路(直线化、轨距标准化),使运营速率达到每小时200千米以上,或者专门修建新的"高速新线",是营运速率达到每小时250千米以上的铁路系统。

(二)速度能带来什么

首先,大幅度提升了交通区位可达性(殷平,2012)[1],极大地节约时间成本,导致游客数量的增加。交通区位可达性是指一个地区与其他地区进行物质、人员和信息交流的便捷程度,它直接影响着该区域经济社会的发展。相比于其他交通工具,尤其对汽车和其他铁路交通工具而言,高铁的运行速度更快,能够极大地节约旅游者在旅行过程中花费的时间成本。在给定的时间约束下,交通上花费的时间越少,在旅游地游览的时间就可以越多。这一结论成为高铁影响区域旅游空间格局最初的理论基础。汪舟,汪明林(2013)[2]结合日本九州、秋田新干线的实例,分析新干线对沿线旅游发展的影响,发现:新干线对住宿业的影响具有两面性,新干线的开通打破了原先相对固定的地理空间格局,扩宽了游客的选择范围,来自周边城市的游客可以不再选择住宿,而改为一日往返;其他游客也可以在观光后乘坐新干线前往下一个更有吸引力的目的地住宿。地理因素不再是限制游客选择住宿地的主要原因,而游客可以选择更具有吸引力的观光游览地。

由于高铁大大缩短了出行时间,旅客在短时间内就能进行长距离移动。因此,高铁带来的旅游时间的节约可能会导致一日游、两日游游客数量的增加,周末游市场将会明显扩大。另一方面,旅游目的地会有所偏移:游客将倾向于那些规模大、知名度高、特色鲜明且通达性好的旅游区,而逐渐抛弃那些档次较低的小旅游区,旅游区之间两极分化的速度将明显加快,交通条件对于这种分化作用的重要性将逐步提升。以京沪高铁为例,京沪高铁的

---

① 殷平:《高速铁路与区域旅游新格局构建——以郑西高铁为例》,《旅游学刊》2012年12月,第47—53页。

② 汪舟,汪明林:《日本新干线对旅游业发展的影响及启示》,《铁道运输与经济》2013年9月,第67—71页。

两端—北京和上海,既是旅游目的地城市,又是客源城市,可以为沿线途经城市输入大量客源。自京沪高铁开通后,北京和上海之间的旅行距离缩短至 5 小时以内,以往不能实现的"远距离短期旅游"成为可能。加上京沪沿线人口多、客流量大,一日游、周末游成为高铁沿线旅游业的显著特征。有调查显示,62% 的消费者希望乘坐高铁进行"一日游",25% 的消费者选择"两日游",13% 的消费者选择不一定停留[①]。铁路部门公布的数字显示,自2008 年 8 月 1 日通车的京津城际铁路仅开通一个月便运送旅客超过 183.1万次,较 2007 年统计的京津间客流增长 128.4%[②];2010 年的数据则显示,京津城际高铁开通运行两年间,日均运送旅客 5.69 万人,高峰日输送量达到 12.5 万人[③],京津两地一日游数量也大大增加。2008 年该铁路对天津旅游产业的增长贡献率为 35%,增长幅度达到近 10 年来的最高水平,2008 年外地到天津旅游者的消费超过 750 亿元[④]。

第二,引发旅游目的地资源价值的重新评估,旅游产业要素在空间上的集聚或分散,以及旅游目的地空间竞争力"此消彼长"的变化。高铁建成后,旅游交通网络中节点数量保持不变,但交通线路的数量得以增加,因此向心度与连接度都将提高,整个旅游交通网络的通达性提高。如果高铁在旅游目的地设了站点,则该旅游目的地将吸引更多的旅游经济活动(殷平,2012),将引发旅游目的地资源价值的重新评估,旅游产业要素在空间上的集聚或分散,以及旅游目的地空间竞争力"此消彼长"的变化。国家统计局天津调查总队发现,京津高铁对于 2008 年天津旅游产业的增长贡献率为

---

① 冯颖:《高铁时代,在线旅行商如何开拓市场》(2010 – 04 – 23) http://www. toptour. cn/detail/in-fo60545. htm.

② 石崎,郑凯:《京津城际铁路开通运营一个月运送旅客 183 万人次》(2008 – 09 – 02). http://gb. cri. cn/18944/2008/09/02/3665s2222736. htm.

③ 张泽伟:《京津城际高铁正点率接近 100%》(2010 – 08 – 01). http://www. tj. xinhuanet. com/news/2010/08/01/content_20498955. htm.

④ 蒋秀兰,梁成柱,刘金方:《高速铁路对京津冀都市圈经济发展的影响探讨》,《中国铁路》2009年第 8 期,第 14—16,37 页。

35%,吴康,方创琳等(2013)①对这一事实在另一角度的事后检验,证实了高铁对区域旅游发展及客源的拉动作用。

高铁的发展,能够提高国家(地区)交通便利性,有利于缓解整体交通运输的紧张局面,促进旅客出行,刺激旅客出行需求。受过去交通基础设施的不足和不便利与人们生活水平较低的限制,人们的出行需求潜力远远没有完全释放。当高铁、民航及其他交通设施网络越来越成熟,人们的生活水平与消费能力越来越高,出行需求将随之释放而更加旺盛。预计未来几年内受综合交通设施水平和运输能力普遍提高的影响,旅客中长距离的出行需求将有一定幅度增长,民航可能从中受益。此外,高铁的建设发展,使国内部分重要综合交通枢纽(北京、上海、广州、成都、武汉等城市)的经济、交通各方面的集聚能力进一步增强,从而为民航枢纽机场输送客源(张莉,胡华清,2010)②。

就拿高速公路和空中航线发达的美国来说,今天为什么又对高铁感兴趣呢?一个重要的原因是以200英里/小时或更快速度行驶的高速列车对在500英里范围以内行动的旅客来说实际可能比汽车和飞机都要快,如果我们把飞机起飞和降落的时间都考虑在内。此外,陆上高速公路网和空中航线的日趋饱和和阻塞,一部分人乘坐火车,也会缓和高速公路的拥挤状况。

第三,有效地拓展了区域人口流动空间、增强区域联系度。李祥妹,刘亚洲,曹丽萍(2014)③以沪宁城际高铁为例,基于宏观经济联系及问卷调查,通过构建经济联系强度模型、人口流动空间联系指数以及产业人口联系指数,定量分析城际高铁建设对区域人口流动空间的影响,探讨沪宁地区"一轴双核"经济结构运行机理。研究发现:一、沪宁城际高铁建设有效拓

---

① 吴康,方创琳等:《京津城际高速铁路影响下的跨城流动空间特征》,《地理学报》2013年2月,第159—174页。
② 张莉,胡华清:《高速铁路对民航客运的影响分析》,《综合运输》2010年3月,第65—70页。
③ 李祥妹,刘亚洲,曹丽萍:《高速铁路建设对人口流动空间的影响研究》,《中国人口·资源与环境》2014年6月。

宽了城市间人口流动时空,缩短了区域经济距离,以南京市和上海市为核心的人口、产业以及经济空间集聚效应明显,宁镇扬(南京、镇江、扬州)和苏锡常(苏州、无锡、常州)一体化程度增加,并且上海市与苏锡常地区相互联系增强,人口、产业、经济发展均质化程度提高;二、高铁建成后,南京及上海周边地区呈现人口集聚的极核效应,上海与苏州、无锡与常州、南京与镇江的人口流动联系强度加强,高铁沿线区域"一轴双核"空间发展特征明显,经济一体化趋势加快;三、沪宁城际高铁建成后,沿线居民出行频次增加,尤其是20—44岁之间的有较高职业声望的青壮年劳动力流动频次增加显著,这种微观变化一方面表征了区域经济联系度的增加,另一方面体现了区域人力资本之间的融合与相互依赖,是经济一体化的内在表现形式;四、高铁服务水平、舒适度、准时性、高效性等是居民选择乘坐高铁的主要影响因子,居民出行及相互交流更注重实效;五、结合区域产业分工与人口集聚,上海、南京的批发和零售业、文化、体育和娱乐业等,镇江市的信息传输、计算机服务和软件业等的产业人口流动趋势指数为正值,这些产业人口的流动是区域人口集聚的主要因素;同时苏州、无锡的制造业、常州的金融业等产业人口流动趋势指数为负值,从而导致这些城市人口呈现扩散趋势。

从国际经验来看,高铁会促进商务旅游与城市旅游的发展,带动旅游目的地产业转型升级,影响旅游产业要素的集聚,引发旅游企业区位布局的变化。尤其是改变了城市之间的空间、地域概念,方便了区域之间、城市之间的物资、信息、人才快捷流动,促进了城市分工合作,优化了资源配置与产业对接,成为推进新型城镇化进程中解决交通问题的发展趋势。

(三)高铁的优点

与其他现代交通运输方式相比,高铁具有明显的优点:高铁还有运输能力大、安全性能好、全天候运行、占用土地省、工程投资低、乘坐舒适、社会效益好等技术经济优势。设在华盛顿的美国联邦铁路管理局的局长卡米切尔说:"所有这些因素正触及到关键问题,增加了发展以前美国没有的高速列车的紧迫感。"

速度快,安全性高

高铁的实验时速已突破 500 千米/小时,最高运营时速超过 300 千米/小时,旅行时速也超过 200 千米/小时。目前小汽车的最高时速为 240 千米/小时,一般在 200 千米/小时以内;国内高速公路一般限速在 120 千米/小时以内。国外研究表明,在 200 千米—1000 千米距离内,乘高速列车比乘小汽车和飞机总的消耗时间都要少。在节约时间方面,高铁采用高速度、高密度、全天候运行方案,借助市内交通的有机衔接,大幅缩短了点到点旅行时间,改善了人们出行方式的选择,为人们旅行过程中的时间节约提供了新的途径。相对于其他客运方式,高铁具有比公路运输速度快,安全性高,乘坐舒适程度高,票价比飞机运输低廉的特点。其他拥有高铁的国家实践显示,高铁将大大改变人们的出行习惯。如法国的高铁里程只占全国铁路里程的 9%,却占了客运量的 85% 以上(张聪,2010)[①]。

高铁具有安全舒适的优势,高铁的安全性能比较好,同时,高铁的车厢宽敞舒适。旅客活动空间大起居方便。总之,从安全性和舒适性来看高铁比公路和飞机都有优势。况且,所有证据都表明,高铁旅行是最安全的。迄今为止,还没见到一篇关于法国 TGV 或日本弹头形列车伤过或死过一个人的报道。

能源消耗少,实现了"以电代油"

交通运输要消耗大量的能源,能耗标准是评价交通运输方式优劣的重要技术指标。有关数据显示,若以普通铁路每人千米消耗的能源为 1 个单位,则高铁为 1.3,公共汽车为 1.5,小汽车为 8.8,飞机为 9.8。日本对每人千米消耗能源的实际统计是:高铁为 136 大卡,小汽车 765 大卡,飞机为 714 大卡。高铁的能耗大致是小汽车和飞机的 1/5(张炜,2010)[②]。此外,高铁使用的是二次能源——电力,而汽车、飞机使用的是不可再生的一次能源——汽油。随着水电和核电的发展,高铁在能源消耗方面的优势将会更加突出。在节约能源方面,高铁较公路和航空,单位运量能耗显著降低,同

---

① 张聪:《我国高速铁路发展若干问题探析》,《中国集体经济》2010 年 4 月,第 170—171 页。
② 张炜:《关于高速铁路对沿线区域经济影响的思考》,《上海铁道科技》2010 年 2 月,第 12—13 页。

时发挥了"以电代油"的技术优势。高铁每百千米能耗不到 5.2 千瓦/小时,是大客车的 50%,是飞机的 18%。在铁路系统,内燃机车取代蒸汽机车实现了"以油代煤",大幅度提高了能源效率;电力机车把燃油消费转变为电能消费,实现了"以电代油",高铁完全实行电力牵引,正推动铁路以及交通运输体系大步迈入"电动交通"新时代。

运量大,环境污染轻,提升旅游形象

高铁具有运量大的优势。日本东海道干线 1996 年的客运量为 1.3 亿人次平均每天客运量 37 万人次。这么大的客运量是汽车和飞机很难实现的。另外,高铁还可以综合利用,比如高中速列车混用,客货列车混用从而使运能的利用率更高。高铁带来的直接效益是以其强大的客运输送能力能够分担较大份额的客运任务,从而较大程度上促进运输市场的供求产生变化。这种变化体现在两点:一是高铁转移了旅客对其他运输方式的运输需求,从而改变了客运市场的运输分配结构;二是高铁的建成诱发了新的客运需求,扩大了市场规模。

汽车和飞机所用的化石燃料使城市上空乃至整个国家烟雾缭绕,高速列车却不用化石燃料而用电力,沿途污染物排放很少,而产生电力的电厂排放的大气污染物又属于集中排放,便于集中处理。在旅客运输中,各种有害大气污染物的换算排放量,公路为铁路的 8 倍。例如时速为 350 千米的高速列车,每人 100 千米能耗 5.2 千瓦时,远低于其他交通运输方式。根据国外对能耗和污染所做的统计分析[1],在能耗方面,高铁为 1,小轿车为 5.3,人客车为 2,飞机为 5.6;在污染方面,高铁的 CO^2 排放约是公路的 1/4,航空的 1/5。

旅游形象是旅游目的地最重要的无形资产,良好的旅游形象有利于提高知名度,吸引更多的旅游者。一座城市想要大力发展旅游业,首先应该提升城市的形象和档次。高铁的开通增加了旅游城市的客流量,这促使各城

---

[1] 赵非:《高速铁路的技术经济优势——话说高速铁路之三》,《铁道知识》1999 年第 6 期,第 4—5 页。

市改造旅游景点,完善旅游设施,实行整体旅游。如此整体形象得到提升,大大增强了旅游竞争力。

占地少,造价低

高铁与公路、民航相比,单位运输量土地占用很小。一般高铁的占地是高速公路的1/3,一条500千米高铁的用地约相当于一个大型机场;我国高铁采用"以桥代路"建造方式,节约了大量土地。铁路路基占地宽度(含排水沟)在40米以上,高铁桥梁用地宽度仅为18米,减幅达55%以上。京津高铁全长120千米,桥梁长度占线路总长的87%,既有效解决了影响速度和安全的立交疏解问题,又节约土地300公顷以上。京沪高铁全长1318千米,桥梁总长度占全线80%,节约用地3000公顷左右(傅选义,2010)①。

高铁不仅占地少,造价也低。法国的统计资料表明1千米高铁占地仅为高速公路(双向四车道)占地的50%左右。一条高铁的投资比一条双向四车道高速公路的投资大约低17%,高铁每座席平均造价只相当于短途民航客机每座席造价的10%。

资源配置优化,同城化效应明显

在优化资源配置方面高铁很好地从空间结构、产业结构等方面将两地的资源整合利用起来,实现了资源共享。例如京津城际铁路,使得资源丰富的首都北京,以其发达的服务业和发展迅速的高新技术产业与国际港口城市、制造业基础雄厚、港口资源突出的天津紧密结合起来,这一高铁的通车,极大地拉近两地经济空间,使两地资源互补成为可能。

在促进旅游同城化效应方面高铁快速带动沿线城市景区、餐饮、酒店、购物等服务行业的发展,为旅游业带来了极大的便利。比如海南环线高铁的开通意味着海南旅游迎来"环岛游时代"。海南岛内处处都极富旅游资源,然而,鉴于交通不便利的影响,岛内旅游资源缺乏整合,一定程度上存在着散、乱、小,各自为政等现象,削弱了对游客的吸引力。环线高铁的开通势必将大大缩短各景区之间的时空距离,为旅游者大大节省了时间成本。

---

① 傅选义:《高速铁路与资源节约》,《铁道经济研究》2010年6月,第8—11页。

综上所述,高铁快速、安全、舒适的运输优点,以及潜在的、深层次的优越性,即可以缩短城际之间的时空距离、带动城市相关产业发展、促进城市繁荣和区域经济发展、符合环保要求等。交通运输行业是资源占用型和能源消耗型行业,发展高铁,推动交通方式转型,可以节省大量土地,节约大量宝贵的石油资源,减少碳排放,进而带动我国资源密集型产业的转型。

二、高铁与旅游业发展

旅游业的产业联动效应几乎涵盖了一、二、三产业,它可以起到一个产业群的核心作用。特别是在跃升至"大旅游"的成熟阶段时,旅游的发展将对整个区域经济、文化、社会的发展,对城市的产业化集聚发挥巨大的联动作用。城市或城郊中一个新景区建成后,往往会以其为核心空间在短时间内集聚起许多的相关企业,如旅行社、宾馆饭店、特产店、交通产业、通讯业、银行等。

由于旅游活动本身是一个复杂而边界模糊的概念,有很多活动与其存在交集,难以做出是或否的判定。比如,某餐饮业为食客提供当地美食,一部分是被外地到访游客所消费,一部分则为当地居民所消费,而提供美食的餐饮从业人员是为美食加工统一服务的,这些从业人员中很难区分出哪些是旅游所带来的,哪些是当地居民需求所带来的。直接供给于旅游业的商品所带来的直接就业数量计算相对简单,而对于给旅游商品提供服务的供应商的间接就业计算就相对复杂,虽然都会对当地就业起到推动作用,但为了便于分析和出台更有效的政策措施,旅游业的就业分析中还应当对直接就业和间接就业加以区分。参照世界旅游组织向各国推荐的对旅游所涉及行业的范围进行,不少发达国家如加拿大、澳大利亚等都采用了该框架。按照该框架对旅游行业的划分,计算出直接与间接就业比例较小,大约在1:2左右,与传统说法中的1:6—8相比,似乎旅游直接就业的带动作用在减弱。实际上,这只是直接与间接行业涉及的范围更加宽泛而已,这种划分方法有利于国与国之间的比较。其实,旅游业带动就业总量是不会因为直接就业和间接就业划分范围改变而变化的,经专家测算的旅游业对全社会就业贡献总量直接贡献为3%,完全贡献为7%①。

(一)促进旅游业的快速发展

高铁的开通极大地缩短了时空距离,大大拓展了旅游客源地。高铁推动了区域旅游资源的整合,实现区域旅游一体化,增强旅游的吸引力。高铁使得城市之间的空间感知距离缩短,也同时意味着旅游资源吸引力范围的扩张,增加了城市休闲旅游资源的需求基础。高铁的开通必将促使沿线景区转变传统的独自发展的理念。通过高铁串珠,区域旅游资源能得到有效整合,并可优势互补,大大增强本地区的旅游吸引力。

高铁的建设与发展还推动旅游产业、文化产业、房地产行业、商贸服务业、物流业等第三产业的发展。以京津高铁为例,2008年京津城际高铁开通后,天津的6家博物馆、纪念馆累计接待外地观众80万人次,由北京来津的旅游团体观众占90%,比高铁开通前增长了30%。房地产方面,京津城铁开通带动了北京永乐店镇、天津武清区和北辰区等地区的房地产发展。商贸方面,2008年8—12月,天津市社会消费品零售额同比增长24.2%。2009年上半年,在金融危机的影响下天津市社会消费品零售额仍同比增长20.7%(冯华,薛鹏,2011)②。

(二)促进就业和提高工资水平

根据调查,日本东海道新干线和山阳新干线每年运送旅客2亿人次,由此而产生的消费支出高达5万亿日元,大约新增加50万就业岗位(冯华,薛鹏,2011)。所以,区域之间高铁的建设,在推动区域经济发展、产业结构变动与升级、工业化与城镇化发展的同时,对促进就业和提高工资水平都会有积极的影响。

高铁对劳动就业机会的增加主要表现在以下几个方面:第一,建设高铁本身需要投入大量的劳动力;第二,建设高铁需要投入大量的材料和机械设

---

① 罗英恒:《高速铁路沿线经济区旅游业劳务需求分析》,《山西财经大学学报》2010年第32卷第1期,第1—2页。
② 冯华,薛鹏:《中国高速铁路的综合效益与支持政策探析》,《广东社会科学》2011年3月,第12—19页。

备,这种需求可以刺激社会的生产;第三,高铁的维护和运营也需要新增岗位和部门;第四,高铁的建成,必将带动电子、信息等一大批相关的高新技术产业的发展;第五,通过高铁的运营,改善了旅行条件,节省了旅行时间,提高了地区的通达性,从而改善了投资环境,能够更多地吸引外资,创造就业机会。

同时,高铁的建成和成功运营使其所在经济区的旅游产品发生变化,改变地区旅游市场需求。如将京津高铁经济区外籍游客的"京城三日游"提升到"京津五日游",带动天津旅游市场,使原来外籍游客的潜在需求提升为有效需求。这类由旅游产品变化引起的市场需求增加,迫使高铁经济区内的旅游业公司在满足外部市场需要的同时,不得不改变公司的战略资源,调整运营结构和竞争方式,而这一切的实施靠的都是公司人才,从而增加公司的从业人员数量,给当地提供更多的就业岗位,特别是对高铁经济区内农村脱贫人口、下岗再就业、妇女就业、新增劳动力就业等方面,都有很大的促进作用。

(三)增强旅游产业要素的集聚效应

毫无疑问,由于高铁提高了区域可达性,节约了旅游交通成本,也降低了旅游产业要素流动的成本。劳动力、资本、技术等一般性产业要素的流动成本降低,这些产业要素将向区位更优、存在规模递增收益的区位集聚;传统旅游资源(景区)由于其位置的不可移动性,虽然仍停留在原地,但由于旅行时间的极大缩短,旅游者可以借助高铁实现在居住地与旅游景区(点)之间的往返。自2008年8月1日京津城际高速列车运营以来,天津市接待游客数量和游客旅游消费同比分别增长了13.3%和14.2%,为近10年来的最高水平①。

对于旅游企业来说,交通条件的改进将增强旅游企业在发达区域的集聚效应。给定一个较低的交通成本,区域内空间竞争的强度较弱,则企业将

---

① 罗英恒:《高速铁路沿线经济区旅游业劳务需求分析》,《山西财经大学学报》2010年第32卷第1期,第1—2页。

缺乏变更区位的意图;相反,较高的交通成本下空间竞争的强度变强,企业将通过区位选择提高竞争力。

由此可见,较低交通成本约束下,集聚力强于离散力,旅游企业将集聚于同一区位,形成集聚效益。在较高的交通成本情境下,旅游企业倾向于分散布局。在旅游产业要素流动和旅游企业区位选择的共同作用下,高铁发展带来了较低的交通成本,则旅游产业要素出现集聚的效应,在空间竞争作用下,一个区域内若干旅游城市(目的地)空间结构将呈现出核心—边缘模式(殷平,2012)。

三、高铁背景下的区域旅游发展的措施

首先,有效发挥政府的引导作用。政府要继续重视旅游产业发展,并将旅游业发展纳入城镇化整体规划之中。要发挥自身优势,放宽资源视角,对旅游资源的认定不能仅仅盯在传统的自然、人文景观上。

其次,强化高铁经济区的区域旅游形象。必须强调整体,不断整合,强化区域旅游形象,其对促进区域旅游业发展和扩大城市形象宣传都具有重要作用。

第三,以城市为依托,构建多层次旅游网络,能够加速区域内游客流、资金流的循环,促进区域旅游经济的进一步发展,进而发挥整体优势,从而实现旅游业对城镇化的促进作用。

最后,依托高速城际铁路资源构建小范围的旅游圈,推出精细化旅游产品,形成品牌效应。受游客心理行为规律、旅游时间和消费因素的影响,短途旅游产品为游客特别是本地游客所青睐,即以一到两个城市为中心,结合周边少量高质量景区组合成一个旅游精品产品,在两天或一个周末就可进行一次完整的旅游。以高品质享受的旅游产品品牌效应带动区域旅游,可以促进经济区内的旅游就业。

第三节 HST－TOD：旅游地域空间结构组织模式

交通，不仅成为区域发展的重要因素，同时也是区域旅游地域空间结构演变的驱动力，显著影响区域旅游经济格局和社会发展的变化。

一、交通对地域空间结构的影响
（一）什么是旅游地域空间结构

旅游地域空间结构是指人们的旅游活动和经济行为在一定地域范围内相互作用形成的空间形态和组织方式，反映出该地域内不同地区的空间属性和人们旅游行为之间的相互关系。分析研究高铁对区域旅游地域空间结构的影响，首先要明确旅游空间结构的组成要素。卞显红（2003）[①]、张凡（2004）[②]等认为，地区的旅游空间结构主要包括旅游目的地区域、旅游节点、旅游循环路线、旅游出入通道和旅游客源市场等要素，不同的要素组合影响着区域旅游产业的规划布局模式。

作为一个旅游目的地区域，旅游地区由不同种类和主题的旅游节点组成。旅游节点是旅游目的地形成和发展的根源，它由相互联系的吸引物聚集体及旅游服务设施组成。吸引物聚集体是指旅游者游览或打算游览的任何设施和资源，包括所有能产生旅游吸引力的景观、事物和现象，其概念与旅游资源相类似，在空间上呈现等级结构。服务设施则是指任何以旅游者为主要服务对象的设施和场所，如旅行社、酒店、零售商店、旅游咨询中心和各类娱乐场所等。旅游节点是旅游目的地空间的主要构成成分，其空间状况往往决定着旅游目的地系统的规模和发展格局，对创造旅游产业的经济价值也具有重要作用。另外，近年来旅游业发展的实践表明，吸引物聚集体和服务设施之间的关系正慢慢模糊，兼有度假、娱乐、休闲、观光功能的各式

---

① 卞显红：《城市旅游空间结构研究》，《地理与地理信息科学》2003 年第 1 期，第 105—108 页。
② 张凡，薛惠锋：《西安城市旅游空间结构初探》，《西北工业大学学报（社会科学版）》2004 年第 3 期，第 9—12 页。

度假村、生态旅游地和主题公园等,自身既是服务设施,也是吸引物聚集体。

由于旅游吸引物资源品级的高低、吸引力大小的差异和旅游配套服务设施的开发程度不同,旅游节点呈现出一定的空间等级结构。一级节点是旅游者所熟知的城市核心吸引物聚集体;二级节点也有较强的旅游吸引力和较为完善的旅游服务接待设施,但不是旅游者首选的目的地;三级节点则包括其余有一定旅游吸引力和开发潜力,但发展尚不成熟或游客到访较少的旅游资源。不同等级的旅游节点按照相互距离的远近在空间上集聚和联系,形成旅游区,旅游区的空间范围和内部要素的密集程度等都会随节点之间的相互作用和状态而变化,若出现新的节点,旅游区的发展实力就会增强,进而促进整个城市旅游空间结构的优化。

随着以高铁为主干的立体交通网建设和完善,高速列车开通的次数和联结的城市逐渐增多,该区域与全国各主要城市的联系不断加强,辐射和吸引的旅游客源市场范围得以扩大。旅游者人数的增多使得一些原本知名度相对较低的旅游资源逐渐为人所知,市场潜力得到开发,提升了旅游节点的旅游吸引力和空间等级,同时也为旅游配套设施的建设和服务水平的提高提供了机遇。

根据空间关系的不同层次,旅游通道具有两重含义。如果把三亚看作交通系统中的一个点,旅游通道就是特定的交通线路,具有重要的联系功能,体现出城市与周边地区的空间互动关系及其在全国交通体系中的区位;如果把三亚看作一个旅游目的地区域,旅游通道则是旅游者进入该区域的大门或到达地点,即入口通道(gateway),它也许沿着一条旅游路线集中分布,也许是在旅游者由一个旅游目的地进入另一目的地区域的渐进过渡点。虽然有时并未标明,但却是旅游者最先接触到的地区,对旅游者有着重要的生理和心理影响,与旅游体验的效果直接相关。

(二)综合交通影响度

交通是沟通旅游目的地和旅游客源地的通道和桥梁,直接影响着旅游地域空间结构的形成和演变。交通设施的可进入性、网络化程度和道路质量的优劣,对区域旅游资源的开发,促进旅游者旅行、观光和旅游业发展具有重要意义。当前及未来一段时期,中国旅游业面临着新的形势,一方面,迅猛扩展的国际和国内旅游流将对旅游交通产生极大的需求和压力;另一方面快速发展的交通设施建设对旅游区域的旅游流空间组织以及旅游产业布局将产生深远影响①。

在区域交通空间格局发生变化的同时,区域旅游空间随着也在各方面相应改变。汪德根(2013)②运用首位度和位序—规模法则、社会网络分析等方法研究武广高铁对湖北省区域旅游空间格局变化的影响。发现:①武广高铁强化了湖北首位分布的态势,对湖北省"鹤立鸡群"的集聚型旅游空间结构形态发挥了"催化剂"效应。②武广高铁对湖北区域旅游空间格局演变的影响表现出"双刃性",一是强化了核心区域的极化作用,使整体区域旅游发展差异扩大,表现出不利于区域均衡性发展的负面效应;二是强化了核心区域的扩散作用,对边缘区域影响程度更大,扩散面更广,使边缘区域内部旅游发展差异缩小,表现出有利于区域均衡性发展的积极效应。由于扩散作用的强度没有极化作用的强度大,高铁导致湖北区域旅游发展差异最终表征呈扩大趋势。

冯立新,杨效忠(2013)③运用 GIS 软件定量分析大别山跨界旅游区景区可达性,生成空间格局示意图,发现:①国道、省道、县道构成的普适性交通网络的完善程度对景区区内可达性起着决定性的影响作用,而高铁、高速公路、普通铁路可以有效提高景区区内可达性;②普适性交通网络对景区区外可达性的影响力最弱,高速公路在改善景区区外可达性方面起到关键性作用,普通铁路的影响力不及高速公路,高铁仅对停靠站附近的景区有所影响。并构建了景区、交通、旅游集散地耦合发展模式。杨仲元,卢松

① 卢松:《旅游交通研究进展及启示》,《热带地理》2009 年第 29 卷第 4 期,第 394—399 页。
② 汪德根:《武广高速铁路对湖北省区域旅游空间格局的影响》,《地理研究》2013 年 8 月,第 1555—1564 页。
③ 冯立新,杨效忠:《基于陆路交通网络的跨界旅游区可达性测度及空间格局优化研究》,《长江流域资源与环境》2013 年 9 月,第 1172—1179 页。

（2013）①从旅游资源空间分布、旅游地发展水平及空间竞合态势、旅游交通空间覆盖以及旅游客流空间范围等几个方面来探讨区域旅游空间结构的变化规律。发现：

第一，在快速交通的带动下，促进了新旅游景区景点的开发，从而带来旅游资源空间分布差异及其资源优势度的变化。随着交通设施的不断改善，为旅游资源的开发带来更多有利条件，尤其在交通节点城市或高速公路出口，新增了一些景区景点，这在一定程度上会提高交通沿线城市的旅游资源优势，改变区域整体的旅游资源分布差异。在交通水平提高的同时，使一些景区景点向高级别上升，从而提高了旅游地整体的资源质量，促进旅游地的规模发展。

第二，加快了各旅游地旅游发展的步伐，推动其旅游发展业绩水平的提升，使各旅游地之间的竞合态势呈现新局面。如果将区域内各县市作为空间节点，各交通主干线看作是空间发展轴线，结果发现随着区域内旅游区内交通连接情况不断改善，区域旅游轴日益发展成熟，各旅游地等级不断交替，旅游地竞合态势也呈现出新变化。表现为：从旅游地等级变化来看，高速交通沿线城市的等级地位相继得到提升；从旅游地竞合态势变化来看，一些地区的旅游空间关联日益紧密，同时与都市旅游之间开始了优势互补的新合作，区域整体竞争力不断增强。

第三，区域内景区间的通达时间大大缩短，各交通线覆盖的景区范围逐渐扩大。随着交通网络节点的改变以及连接状况的改善，在一定程度上会带来旅游交通空间结构的改变，一方面，靠近交通节点的景区的通达水平会得到提升，与其他景区之间的空间联系不断加强，另一方面，一些交通干道的线路设计会倾向选择旅游资源较密集的地区，在某种意义上成为了真正的旅游交通线。表现为：各景区的交通通达水平不断提高；快速交通沿线覆盖的景区不断增加。

---

① 杨仲元，卢松：《交通发展对区域旅游空间结构的影响研究——以皖南旅游区为例》，《地理科学》2013年7月，第806—814页。

第四,旅游客流随交通线路的延伸而不断增加,使旅游地吸引力不断向中远程客源地辐射。交通改善对区域内的旅游客源影响也是深远的,尤其是远程游客量更加取决于当地的交通可达性及其便利性,因此快速交通的建设在一定程度上能扩大该地的客源市场,使其旅游吸引力辐射到更远的地区。同时,随着当地快速交通的不断建设,交通通达水平不断提高,省内外的旅游吸引力均大大加强,游客市场不断扩大到更远的范围。

(四)高铁网络影响度

蒋海兵,刘建国,蒋金亮(2014)[①]探讨了 2020 年全国高铁网络影响下旅游景点可达性空间格局及其变化,发现:高铁给短期旅游活动带来显著的"网络效应",在"一日旅游圈"与"周末旅游圈"内,各地游客,尤其是高铁沿线城市游客可选择的重要景区数量大幅度增加,同时,加剧同类型景点对旅游市场的竞争,对旅游流的流向与流量产生重要影响;旅游景点数量多的高铁沿线城市,旅游吸引力将会增强,这将会加剧旅游企业、旅游基础设施、旅游经济活动向这些城市集聚,将会在部分高铁沿线塑造旅游经济带。高铁实现旅游者跨区域的快速外部交通,而这种快捷效应的延续离不开城市内部交通网络的优化,缩短中心城市到旅游景区的时间,也将会进一步增强景区的吸引力。由此,面对日益激烈的旅游市场竞争,政府部门应加强景点自身建设与营销力度,根据当地旅游资源禀赋与特色,设计旅游产品,实现旅游产品的错位与差异化发展。同时,旅游公司应根据高铁网络特点,合理设计旅游线路。

张书明,王晓文,王树恩(2013)[②]通过对高铁影响下的区域旅游产业发展的机制与效果进行深入分析,发现,当区域旅游资源具有以下条件时,高铁能够促进区域旅游业的发展:①本地具有较强的旅游资源优势。高铁本身可以加快各种资源的流动速度,但是本地旅游资源极度贫乏的情况下,仅

---

①　蒋海兵,刘建国,蒋金亮:《高速铁路影响下的全国旅游景点可达性研究》,《旅游学刊》2014 年 7 月,第 58—67 页。

②　张书明,王晓文,王树恩:《高速铁路影响区域旅游产业发展的机制与效果分析》,《东岳论丛》2013 年 10 月,第 177—180 页。

仅拥有高铁布站不足以成为发展区域旅游产品的充分条件。②本地具有较好的发展战略。高铁对区域旅游业带来的预期效应是涉及到公共部门和私人参与者的多方的旅游产品的复杂集合体,因此,应从区域发展战略高度,将高铁的布站与区域交通网络、人力资源维护与开发、区域旅游资源条件与发展进行有效地整合,才能实现高铁的区域旅游效益最大化。③区域核心城市游客数量的增加会导致周边劣势旅游资源地区游客的减少,而提供具有差异化的旅游产品和旅游服务的差异化市场战略可以解决这一问题。

二、地域空间重要节点——高铁车站

(一)高铁车站概述

高铁车站及枢纽是高铁运输生产的基层单位,是城市"节点",是联系城际交通与市内交通的枢纽,也是城市或旅游区的窗口,又是高速技术的标志。一方面,由单一的列车出发到达的场所转变为交通枢纽,快速联系多种交通方式,包括市内轨道交通、公交、汽车和城际、区域快速交通甚至包括机场等,以满足多种通勤行为。另一方面,这些车站建设往往同城市中心区的发展计划相结合,利用交通枢纽的集聚效应进行联合开发,城市密集区的地下联系由早先单一的地下"人行通道"(美国纽约中央站,宾西法尼亚站)被成片建成的"地下商业街"代替。图45①、图46是两座典型的高铁车站。

图45 日本山阳新干线小仓新车站　图46 海南高铁海口东站(作者自拍)

---

① 李向国:《高速铁路》,中国铁道出版社2011年版,第200页。

21 世纪是人们出行频繁的时代,高铁的车站及枢纽应该促进各种交通运输方式协调发展,并为旅客的方便出行提供优质的服务。应该使旅客有这样的感觉:进入车站,就进入了一个快速公共运输网络;走上列车,就走进了舒适的旅行空间。

高铁车站的分布主要取决于城市、旅游区分布和市场需求情况。国内外高铁的车站分布情况见表 16。可以看出,除日本高铁的站间距离较小外,其他各国高铁的站间距离均较大。这主要是由于日本高铁沿线的人口密度较大,行车密度也大,而欧洲各国高铁沿线的人口密度较小,行车量也相对较小。针对海南环线高铁沿线人口和城镇分布情况,并考虑运输组织、设计能力、技术条件及工程条件等,其站间距离一般不宜小于 20 千米、大于45 千米。

表 16　国内外高铁车站分布情况表

单位:千米,个

国家及地区	线名	总长度	车站个数	平均站间距	最大站间距	最小站间距
日本	东海道	515	15	36.8	68.1	15.9
	山阳	554	18	32.6	55.9	10.5
	东北	496.5	18	29.2	49.0	14.5(3.6)
	上越	269.5	9	33.7	41.8	23.6
	北陆	117.4	6	23.5	33.2	17.6
法国	巴黎—里昂	417	4	104	—	—
	里昂—瓦朗斯	121	2	121	121	—
	瓦朗斯—马赛	303	3	156[ ]—	—	—
	大西洋	281	4	70	168	15
	北方线	333	3	111	—	—
德国	汉诺威—威尔茨堡	327	5	82	—	—
	曼海姆—斯图加特	105	2	105	105	—
	法兰克福—科隆	219	5	55	—	—
	汉诺威—柏林	264	5	66	130	10
西班牙	马德里—塞威利亚	471	4	157	—	—

韩国	汉城—釜山	430	6	83.7	126.8	62.9
中国台湾	台北—高雄	345	7	57.5	—	—
中国	秦皇岛—沈阳	404.6	9	45	68	31
中国	海南环线高铁	652	28	23.3	45	20

由于高铁专线的高速度，其车站之间站距长、设站少、停站时间短，比较适合中长距离的客运，票价也比普通客运列车高。因此，它必须要与普通铁路、公路乃至水运运输相结合，才能形成综合的交通运输网络，从而服务于整个区域。同时，高铁专线车站还必须与城市各种交通方式（轨道交通、公共交通、小汽车交通等）相接驳，才能方便地输送乘客上下车，快速到达目的地，起到"全出行高速和高效"的作用。否则，仅是"城际高速，城内低效"就会降低高铁专线的运输意义。

由于高铁专线与区域和城市两方面交通运输网络接驳的需要，城市高铁专线车站一般都应按照交通枢纽的规划建设原则进行设计，或者保留今后发展成为交通枢纽的余地和空间。同时，高铁车站周围地段必然会引发商务、商业、服务、休闲娱乐等设施的开发建设，因此，还应做好高铁车站地区的综合发展规划或保留足够的规划用地，以便根据客运量的增长趋势，逐步进行建设。

通常情况下，交通枢纽是以一种运输方式为主，高铁引入后，由于大量旅客需要集散，这种以铁路为主体的枢纽逐步转变为多种运输方式并重的综合交通体。目前为了达到快速集散、便捷中转的目的，各种运输方式衔接线路与交通流线在枢纽建设中均需要一并考虑，确保衔接的连续性，尽量减少人流反复穿行带来的枢纽内部流通不畅。海南西环高铁洋浦高铁站在东广场设置了公交枢纽与长途客运站，在地面一层设置了社会停车场与出租车换乘处，并预留城际铁路接口，保证各种运输方式在一个综合体内有机衔接。

随着高铁专线同步发展的是专用线路和客运站场建设，前者涉及区域和土地，后者（大部分新建或扩建）直接关涉城市。例如，海南环线高铁沿线设置的 20 多个车站，其专用线路和客运站场的位置选择都十分重要，这直接涉及城市规划和城市发展。因此,每个城市都要对其进行专项研究,并总结规律,提出规划建设原则。尤其要特别注意已建成项目中的缺点和教训,以便来者可追,把中国高铁专线和城市规划任务做得更好。

(二)高铁站点的功能与作用

高铁站作为一种特殊的建筑物,被 Luca Bertolini 和 Tejo Spit 归纳为"节点与场所的矛盾性"(Luca Bertolini and Tejo Spit,1998)[1]。高铁车站从基本功能上来说是一个节点,是各种交通方式的转换枢纽,它与汽车、公交、自行车、地铁、城际轨道交通等联系,它的交通转换需求和复杂度上已经与机场相差无几。但与此同时,高铁车站及其周边地区也是旅客与市民交通和各类日常行为最密集的区域。它也是一个服务于周边区域的场所,其区域内建设的密集办公楼为人们提供了工作场所,各类商业娱乐设施需要满足旅客与周边居民需要。

对交通节点来说,人流的迅速高效疏导是首位的。一个运营高效的高铁车站应该能在短时间疏导大量人流,尽可能降低区域的人群密度;同时,临近火车站的商业、商务设施正是有赖于高密度的人群活动,才集聚在车站地区。于是,怎样合理解决这对矛盾,让高铁站及其配套设施扮演好节点与场所的双重角色,有效平衡高铁站的便捷性与集聚效应是关注点(王腾,卢济威,2006)[2]。高铁站对旅游地发展的作用表现为:成为旅游地区域再开发的重要组成部分;是旅游地域空间紧凑发展高效运作的保证,对促进旅游地轨道交通发展,公交先行战略有特殊意义。

三、HST－TOD:地域空间结构组织的新模式

(一)公共交通导向开发模式(TOD)

20 世纪 60 年代以来,"城市蔓延"(urban sprawl)造成的"城市病"逐步

---

[1]　Luca Bertolini and Tejo Spit. Cities on Rails – the redevelopment of railway station area[M]. E&FN SPON,1998, London.

[2]　王腾,卢济威:《火车站综合体与城市催化——以上海南站为例》,《城市规划学刊》2006 年 4 月,第 76—83 页。

成为美国学者和城市当局关注的重要问题。在这种背景下,20 世纪 80 年代—90 年代初,在彼得·卡尔索尔普(Peter Calthorpe)、卡茨(Peter Katz)、杜安伊(Andres Duany)、普拉特—兹伊贝克(Elizabeth Plater - Zyberk)等学者的推动下,在美国掀起了一场轰轰烈烈的新城市主义运动。杜安伊与普拉特—兹伊贝克夫妇提出了传统邻里开发模式(Traditional Neighbourhood Development,TND),卡尔索尔普(1993 年)提出了公共交通导向开发模式(Transit - Oriented Development,TOD)。这两套社区开发模式,成为"新城市主义"社区开发的经典范式。在 20 世纪 80 年代后的城市规划实践中获得了广泛地应用,并形成了控制城市蔓延的社区规划设计路径。其中,TOD 以公共交通为中枢、功能混合的土地开发理念逐渐被学术界认同,并在欧美国家以及日本、中国香港等地得到广泛应用并取得成功(王金岩,何淑华,2012)①。

新城市主义的规划思想是全面反思现代主义,其目的是创造和复兴城镇社区,力图使现代生活的各个部分重新成为一个整体,即居住、工作、商业与娱乐设施结合在一起,成为一种紧凑的、适宜步行的、混合使用的新型社区。

卡尔索尔普把 TOD 描述为,一个步行至公共交通运输站以及核心商业区平均距离约为 2000 英尺(600 米)的多用途使用社区。它将住宅、零售、办公、开放空间,以及公共使用等空间,合并于一个适于步行的环境中,使当地居民与受雇员工得以便利地通过搭乘公共交通运输系统、骑自行车、步行或是驾驶汽车等方式,到达交通运输目的地(见图 47)②。

TOD 理念主要包括:①从区域层面来看,TOD 是建构在区域公共交通运输系统之上的;②TOD 的焦点是公共交通车站,通过它连接到区域公共交通系统,在小城市到中等城市可以是公共汽车车站,在大城市可以是公共

---

① 王金岩 何淑华:《从"树形"到"互动网络"——公交引导下的村镇社区空间发展模式初探》,《城市规划》2012 年第 1 期,第 68—74 页。

② 彼得·卡尔索尔普:《未来美国大都市:生态·社区·美国梦》,郭亮译,中国建筑工业出版社 2009 年版。

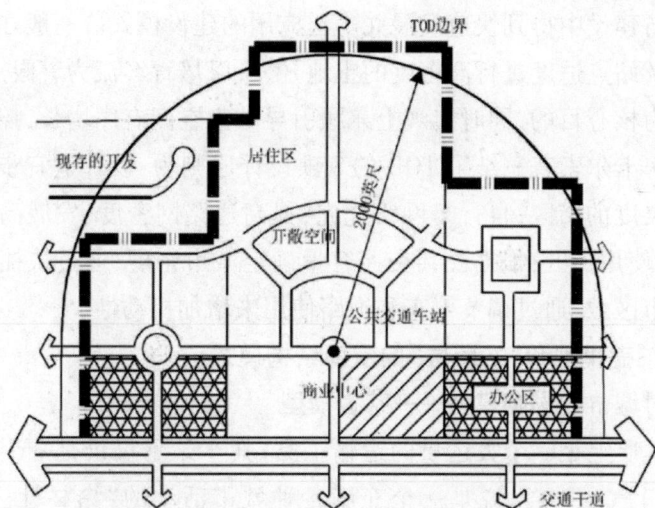

图47 公共交通导向开发模式(TOD)(作者根据原著重绘)

汽车、轻轨或电车车站；③TOD 范围集中在距中心公共交通车站约 600 米（2000 英尺）范围内，步行约 5—10 分钟；④公共空间以及商业用地位于公共交通车站附近，商业区和办公区布置在干道与居于中心的公共交通车站之间；⑤TOD 是一片土地混合利用区(mixed - use)，围绕公共交通车站，将商业、办公、居住等在空间上进行综合安排；⑥坚持步行友好的设计，通过步行道的设计以及步行友好的标记、景观、长椅和灯光设计创造一个舒适安全的步行环境；⑦弱化街道分级，消除在"邻里单位"模式中常见的弯曲迂回的街道与宽广的车道，建立连接式网络化非等级式的街道网络系统；⑧具有相对较高的建设密度。都市型 TOD 的平均住宅密度为 18 户/英亩；⑨提供多样化住房形式。TOD 提供独栋家庭住房、双家庭住房、联排住宅低层公寓以及高层公寓等，为不同收入人群提供不同类型的住房。

　　TOD 从本质上可看作阻止城市无序蔓延的一种可供选择的方法，营造了一种面向公交的土地混合利用社区，从地产和商业开发的角度可看作是一种特殊的土地开发模式及商业运营模式，为城市地区、旅游区提供一种交通系统建设与土地使用有机结合的新型发展模式，也是在当前国内外交通系统规划与建设中得到快速发展并广泛应用的建设模式。一般在主要轨道交通沿线及站点适度进行高密度的土地开发,以培育客流为着眼点,以提高土地价值为核心目的,同时宏观上兼顾引导城市空间有序增长,控制城市蔓延。彼得·卡尔索普总结了TOD的8项设计原则为:设计适宜步行的街道和人性化尺度的街区;自行车网络优先;提高道路网密度;发展高质量公共交通;混合使用街区;根据公共交通容量确定城市密度;通过快捷通勤建立紧凑的城市区域;通过调节停车和道路使用来增加机动性。

(二)茶壶模型和"三圈层"的空间结构模式

高铁对城市的影响模型——茶壶模型

高铁本质上是一个大运量的运输工具,其车站不仅仅是一个简单的进出城市的门户,更可以说是一个充满各种城市活动的"白昼社区"(day-time community)①。对沿线设站的旅游区而言,高铁的建设无疑为其带来了巨大的发展机会,高铁枢纽地区的规划建设已成为当前规划界关注的一个热点,而合理的规划和开发是保证高铁枢纽发挥其应有作用的基础。因此,从城市或旅游区开发角度,如何规划和管理这个地区,如何处理旅游区与周围地区的关系,王缉宪等人(2011)对此提出了用于中观分析的"茶壶模型"(见图48)②。

该模型涉及三个地理层面的内容。第一个层面是车站及附近地区。该模型的底部有两个圈,一个是高铁站特征,另一个是车站附近地区的整合,两者加在一起,就是贝尔托利尼的"节点—场所"模型。第二个层面是城市本身。对应车站特征,除了关注所在城市特征,还从内部可达性上区别每个城市与该高铁站连接的差异。第三个层面是城市与外部的关系。该模型的"壶嘴"是外部有效连接度及其连接着的邻近城市对本城市的互补作用这两个部分。

---

① 李胜全,张强华:《高速铁路时代大型铁路枢纽的发展模式探讨:从"交通综合体"到"城市综合体"》,《规划师》2011年第7期,第26—30页。

② 王缉宪,林辰辉:《高速铁路对城市空间演变的影响:基于中国特征的分析思路》,《国际城市规划》2011年第1期,第16—23页。

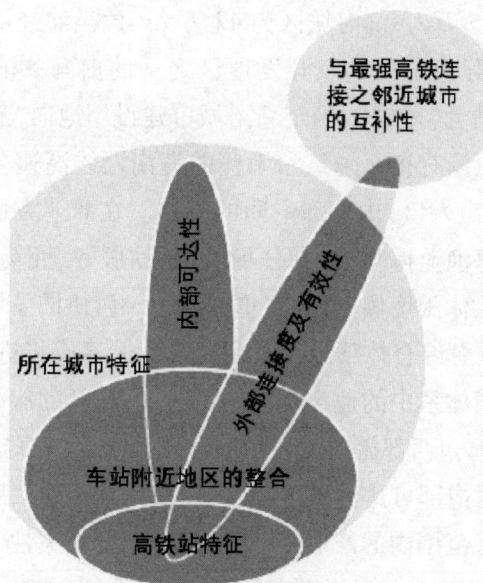

图 48 高铁对城市影响的分析模型

（王缉宪，林辰辉 2011）

　　根据"茶壶模型"理论，我们以海南在建海南西环高铁沿线重要节点之一的儋州市白马井滨海新区海花岛旅游综合体规划为例，结合该模型的指标体系对该旅游区的发展框架做以下分析。

　　西环高铁站洋浦站位于儋州滨海城区的南部地区，距离儋州市区 37 公里，距 G98 环线高速公路白马井立交出口不到 1 公里，是滨海城区重要的对外出口之一。西环铁路洋浦站东部即西部机场（儋州机场），且粤海铁路、环新英湾——那大城市轻轨均在此设有站点，同时 G98 环线高速、洋万高速及多条重要公路，白马井高速立交出口及洋浦高速立交出口均临近规划区，使得规划区具有了区域交通枢纽的重要地位。

　　根据《儋州市城市总体规划 2012—2030》中的城市性质和人口发展规模（2015 年儋州中心城市人口为 40 万人，其中那大城区为 25 万人，滨海城区为 15 万人（含洋浦经济开发区）。2030 年儋州中心城市人口为 77 万人，其中那大城区为 35 万人,滨海城区为 42 万人(含洋浦经济开发区)。可以看出,作为海南国际旅游岛重点开发地区之一的白马井滨海城区(含海花岛),以高铁洋浦站为"磁铁",确定新增城市建设用地向"有效磁场"范围内拓展。同时充分协调对接穿越该站南侧的海南西线高速公路,重点考虑高铁车站(高速公路出入口)内外部空间的发展。在商业方面,注重中高档酒店、会议会展、南海渔业博物馆、办公场所、餐饮服务、商场休闲设施等的复合化发展;在居住、休闲度假方面,注重职·住·游协同发展极大化。

同时海花岛旅游综合体项目及其配套设施的建成将进一步提升洋浦—白马井在海南城镇体系中的地位和作用,成为区域新的旅游经济增长极,至 2030 年有望成为海南西部旅游度假中心和国际著名滨海旅游目的地。

根据滨海城区内部可达性与连接度,以及与外部连接度与有效性,充分考量白马井规划区范围内的产业差异性、产业内部相关性、产业人员素质的互补性,以及总体生态环境的差异,注重职住平衡、产业融合,把白马井滨海城区建成基于 HST – TOD 的低碳、休闲、宜居的旅游发展示范区。

"三圈层"的空间结构模式

高铁客站作为高铁与其他交通方式实现互联互通的重要节点,需主动提升立足点,将方便旅客换乘与促进综合交通体系建设结合起来。以铁路客站为中心,建设多种交通方式有机衔接的综合交通枢纽或交通节点。其规划与建设必须更加注重与城市交通、公路、航空等其他交通方式的衔接,以实现各种客流之间的"零距离换乘",满足现代化综合交通枢纽的功能要求。

为了分析高铁站场地区空间布局规律,解决该地区布局规划与交通组织的问题,郝之颖(2008)[①]通过国内外实践性对比和理论研究,提出选址新建高铁站场地区"三圈层"空间结构模式(见图49,图50)。

(三)HST – TOD 的概念

根据国际铁路联盟(IUR)的定义,高铁是指最高速度以每小时 200 千

---

① 郝之颖:《高速铁路站场地区空间规划》,《城市交通》2008 年 5 月,第 48—52 页。

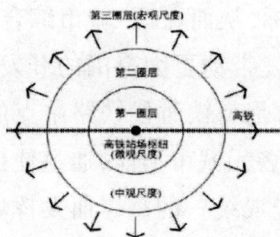

图49　"三圈层"空间结构　图50　各圈层作用与规划重点

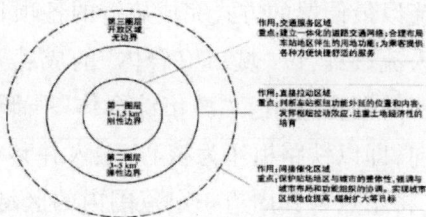

米以上速度运营的路线。高铁作为一种高速、高效、大运量的交通方式,为城市带来新的活力,对城市经济和社会发展以及城市网络结构和城市内部空间结构都带来很大的影响。高铁沿线城市之间的人流、货流、信息流交换加速,城市间的职能分工也产生调整,导致区域内的城市结构体系发生变化。如果希望将高铁对城市的发展带动价值发挥到最大化,必须提高高铁站的交通可达性和通达性,使其方便地服务于更大范围的地区。城市轨道交通、公共汽车、长途客车、私人小汽车甚至飞机等多种交通工具需要与高铁站相互联系,在高铁站设计中必须处理好多种交通方式之间的换乘问题[①]。

　　高铁—公共交通导向开发(HST－TOD)指的是在城镇群内受高铁车站和连接高铁车站的大运量快速公共交通驱动而逐步开展的城市建设或发展起来的新社区[②]。这个新社区发展的前提是具备连接高铁车站的大运量快速公共交通系统。显然,HST－TOD是基于高铁集疏通道的,城镇群内各个城市内的HST－TOD部分将由高铁连成一个整体。因此,HST－TOD可扩展到城镇群范围,具备与一般意义的TOD不同的特点和作用。李胜全,张强华(2011)[③]指出将高铁站点与其周边地区紧密联系而形成统一的整体,

---

① 郑瑞山:《高速铁路建设对城市的影响及高铁站地区规划》,《生态文明视角下的城乡规划——中国城市规划年会论文集》2008年,第1—9页。

② 戴帅,程颖,盛志前:《高铁时代的城市交通规划》,中国建筑工业出版社2011年版,第102页。

③ 李胜全,张强华:《高速铁路时代大型铁路枢纽的发展模式探讨:从"交通综合体"到"城市综合体"》,《规划师》2011年第7期,第26—30页。

使得人流以最便捷的方式完成旅行的各项目标,从而保证"城市综合体"范围内的人流聚集,以"城市综合体"的成功开发带动更大范围的开发,以产生对城市的催化作用。"城市综合体"强调的是高铁时代铁路站点的一种发展方向,即以铁路枢纽为核心,融入并整合多元城市功能,通过便捷的交通联系,将站点与其周边一定范围内的区域连成统一的整体而发挥城市催化效应的一种城市(旅游区)新型功能混合区,这种新型功能混合区就是所谓的 HST - TOD。

HST - TOD 中的枢纽经济区以综合枢纽为节点与载体布局产业在国内已有先例。上海虹桥枢纽占地 26.26 平方公里,除了将航空、城际铁路、高铁、轨道、长途客运、公交等多种交通方式融于一体外,以虹桥枢纽为中心,构建了以金融、贸易、物流、展览、酒店、商业、居住等多种业态于一身的经济区域。高铁带来的大量客流为以服务业为主的枢纽经济区发展提供了潜在需求。依托枢纽,布局城市经济发展园区、物流园区、酒店、商业、居住、会展等多种物业形态,实现高铁带动交通枢纽功能升级、产业布局与经济整合。环线高铁的引入,将为海南区域经济注入强大发展动力与活力,形成以车站为中心点的经济辐射力,并带动沿线重要节点,如西铁沿线的白马井西南滨海新城组群、洋浦北专业市场群、沿海以洋浦港为核心的临港重工新城、三都—木棠生态工业新城等区域城镇与经济发展。

(四) TOD 和 HST - TOD 的区别

TOD 和 HST - TOD 的比较分析见表 17。由此看出,倡导绿色出行,遏制城市蔓延及强调土地混合使用是两者的相同点。不同点是:无论是在影响范围、速度与规模,还是在产业集群、交通便利度方面,HST - TOD 明显优于 TOD。

表 17   TOD 和 HST - TOD 的比较分析

比较内容	TOD	HST - TOD
目标取向	倡导公共交通优先,应对城市蔓延。	绿色出行,适应气候变化和遏制城市蔓延。
规模与便捷度	交通速度、运量较小,空间规模较小。	快速、大运量交通方式,空间规模较大

交通组织	以高速公路为主，城市公共交通为辅的交通系统。	以高铁为主，辅以高速公路和城市公共交通等的综合交通系统。
换乘次数和服务范围	换乘次数较多，服务范围有限，仅限于大都市地区和城市地区。	换乘次数较少；公交车站周边的集聚服务能力可扩展至整个城镇群或旅游区、满足居民、游客出行多样化的需求。
产业集群度	所连接的就业、居住、游憩及各类城市生产生活资源的数量、质量和多样性仅限于城市地区；其总出行成本与机动车道路系统处于同一地区，无竞争性，吸引项目投资范围有限。	反之，将成倍或多倍增加；其总出行成本与机动车道路系统具有可竞争性，且能吸引高端项目的投资。
土地使用	强调城市和社区土地混合使用	强调从区域层面，优先考量城市、旅游区和社区土地混合使用，创建低碳、休闲、宜居的良好环境。

（五）HST – TOD 的空间结构组织模式

理想的高铁（枢纽）站应充分考虑人行流线的合理性，尽量将换乘距离通过立体分层来解决，更多地采用垂直换乘、层间换乘替代通道换乘方式（周立新，李英，缪和平，2001）[①]。王兰（2011）[②]认为高铁线路及站点对城市区域的发展影响研究可根据不同的空间尺度划分为区域、城市、站点周边地区 3 个层面。其中站点周边地区层面的研究主要包括圈层式开发的理论和实证研究，以及以新城市主义的 TOD 理论为基础的开发设计。即在站点周边地区的规划设计中，倡导土地的混合使用，增强各种用地之间的互动，提升地的活力和人气，并根据与高铁站点的距离确定混合方式。

由此看来，HST – TOD 的空间结构模式可以表述为：城镇群一体化的巨型轴线组团结构和社区—城市的点面结构。本书所谓的 HST – TOD 是以海南环线高铁客运专线和城际铁路为主要发展轴线，依托高铁车站的城镇发展区沿主干轴线布局；以连接高铁车站的城市轨道交通或其他大运量快速公共交通为分支轴线，依托公交车站的城镇发展区沿轴线组团式布局。

HST – TOD 高铁站区建议采用 4 种发展模式：①一体化立体综合开发，发挥高铁站区的区域可达性优势，带动高铁车站周边地区的发展；②高铁车

[①] 周立新，李英，缪和平：《城市轨道交通系统的换乘研究》，《城市轨道交通研究》2001 年 4 月。

[②] 王兰：《高速铁路对城市空间影响的研究框架及实证》，《规划师》2011 年第 7 期，第 13—19 页。

站连接数条向外辐射的轨道交通或大运量快速公共交通,形成"掌状"的多条发展轴线;③在发展轴线之间形成楔形绿地,改善高铁沿线城镇的生态环境;④高铁车站和公交车站步行范围内的地区,其开发建设应符合上述 TOD 的"3D"理念。

　　HST-TOD 的规划目的是鼓励城镇紧凑发展,提高土地使用效率,节省三大设施的投资成本,维持良好的城乡生态环境,在城镇群或旅游区的区域层面上实施这种发展模式,改变区域用地形态和居民或游客出行特征,管理公交出行,降低交通能耗。

第四节　国内外 HST-TOD 成功案例

一、韩国首尔龙山 HST-TOD

　　高铁自身并不能直接带动周边地区经济的增长,其必须与其所服务的地区形成无障碍对接,尤其是高铁系统要为那些需要高铁服务的地区相关产业提供了方便和良好的服务时,高铁才会成为地区经济发展的积极因素。因此,在高铁的选线、站点的选址以及其周边地区的规划中,都应当充分考虑高铁与地区经济的互动。

　　此外,乘坐高铁出行主要以商务和旅行活动为主,同时包括一些短途的通勤出行和少量长途旅行。由于商务、旅行、通勤等活动的需求,使得高铁与沿线周边地区第三产业中的服务业密切相关,包括商务办公、房地产开发、公共服务、休闲旅游等等。

　　以韩国首尔的龙山地区为例,在高铁站点建成之前,这里面临着发展缓慢甚至经济衰退的局面。而高铁在龙山设站之后,极大的带动了周边地区的发展。目前已经成为首尔市城市建设发展的典范（见图51）①。

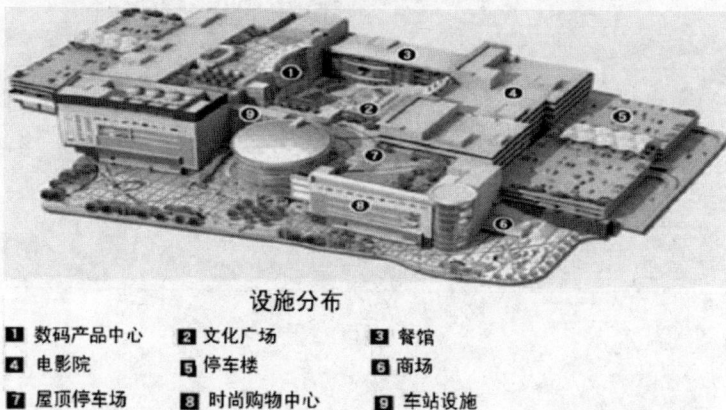

设施分布

■ 数码产品中心	■ 文化广场	■ 餐馆
■ 电影院	■ 停车楼	■ 商场
■ 屋顶停车场	■ 时尚购物中心	■ 车站设施

图51　首尔龙山高铁站设施分布示意图（Dong – Chun Shin 2005）

二、中国武汉杨春湖 HST – TOD

武汉是中国中部地区最大的城市和全国性的交通枢纽。它位于长江沿岸，与长江三角洲的东海岸巨型城市区联系相当便捷。武汉市区是中国中部发展最快的地区之一，人口在15年间增长了25%，从1990年的690万发展到2005年的860万。为了配合发展，2006年武汉城市总体规划确定了四新、鲁巷和杨春湖3个城市副中心。编制了《杨春湖城市副中心总体规划》，规划在武汉新客站周边进行125—250英亩的高铁—公共交通导向式开发（HST – TOD），这反映了目前最先进的可持续城市规划手法。杨春湖城市副中心的核心功能区占地约4平方公里，主要功能涵盖客运、商务、零售及酒店。根据对国内外快速铁路客运站周边用地开发的经验，规划将核心区域分成三个主要的圈层，分别是商务办公服务、集中商业服务、都市生活服务（见图52，图53）。

---

① Dong – Chun Shin. Recent Experience of and Prospects for High – Speed Rail in Korea：Implications of a Transport System and Regional Development from a Global Perspective［EB/OL］. Escholarship of California，（2005 – 06 – 01）［2013 – 03 – 13］. http://escholarship. org/uc/item/5wn7600s#page – 12.

图52　武汉高铁站 HST – TOD 规划总平面图

资料来源:《武汉杨春湖城市副中心总体规划》总平面图

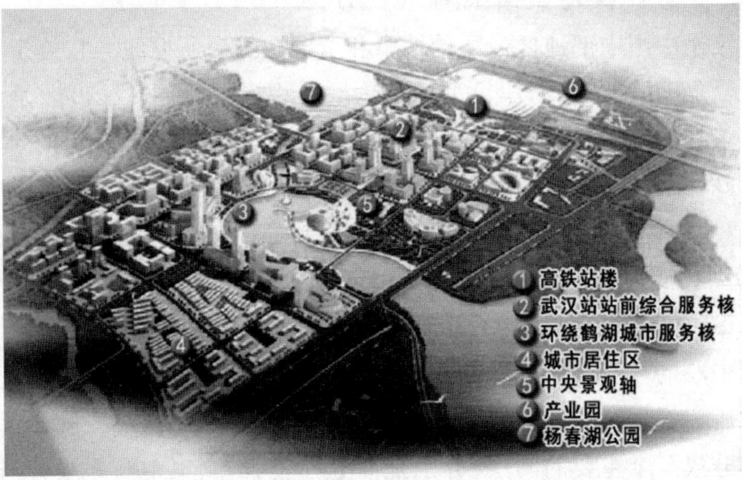

图53　武汉高铁站 HST – TOD 功能结构布局图

资料来源:《武汉杨春湖城市副中心总体规划》鸟瞰图,有修正

三、对海南的启示

根据国内外交通枢纽尤其是铁路综合枢纽的发展趋势和相关理论,高铁站及其周边,尤其是交通枢纽的高铁站地区往往成为二、三产业用地的峰值地区,并将成为城市(旅游)综合体形成的助推器。从当代国际上的铁路综合枢纽发展来看,主要表现为:一、交通综合、功能复合、城市节点和生活中心4个特点,站点从区域交通节点引申为城市公共交通换乘枢纽或旅游集散中心,并大量服务于城市通勤人口;二、HST－TOD 的发展倾向明显,城市发展的触媒作用突出;三、枢纽周围的高强度开发和商业商务等公共功能与便捷的交通疏散在轨道交通时代共存并和谐发展;四、卓越的区位与网络运输条件,使得该类功能中心对于城市商业、商务以及高端服务业的发展有着极大的吸引力。

HST－TOD 有利于拓宽交通服务范围,促进区域旅游产业集群

HST－TOD 的服务空间可以扩展到城镇群范围,使得城市公共交通系统所连接的就业、居住、游憩及各类生产生活资源的数量、质量和多样性成倍或多倍增加。以2010年12月30日正式通车运营的海南东环高铁为例,2012年海南共接待过夜游客约3320万人次,比2009年的2250万人次[①]增长47.6%,年均15.8%,增速远高于高铁开通前的过夜游客增长速度。由此可见,海南环线高铁建成后,将进一步提升海南现代综合交通运输水平,极大改善海南投资环境,为海南国际旅游岛建设创造良好的交通条件。这将有利于把海南提升为一座"网络城市",进而增强旅游资源的协同开发力度,给海南国际旅游岛建设注入强劲的动力。值得一提的是,由于环线高铁沿线经过的节点地区是拥有丰富的旅游资源,各高铁站点的设置除了要满足旅客观光休闲度假的交通需求,也要借鉴国内外成功经验,注重应用 HST－TOD 对该地区进行统一规划。这主要源于 HST－TOD 诸多优点。

第一,旅游者在旅游目的地的停留时间得以延长,对旅游项目和活动的

---

① 数据来源:根据历年海南统计年鉴及2012年海南政务网(旅游月报)数据整理得出。

选择空间更大。这会促进客流从一级旅游节点向二级、三级旅游节点的扩散和转移,加强旅游区内节点之间的空间互动,尤其在旅游旺季,可以有效缓解不同等级的旅游节点之间客流量悬殊的情况,扩大旅游容量、促进均衡发展,同时带动周边零售、娱乐、酒店的业务增长。从长期来看,更可以促进次级旅游节点的升级和新节点的产生。

第二,次级旅游区如三亚周边的市县的吸引力范围将扩大,为乡村休闲旅游资源提供更充足的消费基础。以往提供本地居民内部消费需求的资源和产品将获得外来市场支持,促进海南山地的温泉、药材、峪口等自然资源和黎苗族艺术品加工等民俗资源转化为产业供给,为休闲、养生、探险等主题旅游活动的开展提供基础,增强旅游者的体验性和参与度。三亚旅游区内的自然环境条件类似,也有利于各市县突破行政界限实现旅游产业合作,共同建设基础设施、开辟游憩空间。

第三,高铁旅游带来的旅游者行为的变化会促进海南岛旅游地域空间结构的合理化。在海南许多市县以传统观光旅游为主的目的地,旅游者以参加旅游团为主要的活动方式,客流呈现出沿典型线路集中的情况,反映在旅游空间结构上则形成了以海口、三亚为中心,依托环线高铁、高速公路为主干的"田字形"模式。沿交通线路的轴线上集中了众多一级旅游节点,包括以海口、三亚、琼海、儋州等为中心的环状线。随着交通的便利和旅游信息的普及,散客和自驾车游客逐渐成为主流,旅游者不再满足于统一的团队活动,从热门的滨海旅游节点向山地旅游节点扩散,使旅游空间扩展、节点类型增加,逐渐演变成板块式的旅游空间结构,不同等级的旅游节点联系和集聚形成旅游区,如琼海市中心旅游区中的博鳌板块。

第四,绿色出行,减少对小汽车的依赖。在城镇群空间范围内,随着出行距离的大幅度增加,高铁相对于小汽车的速度、费用、安全和舒适性具有明显优势。在总出行成本上,HST－TOD 所依托的复合交通系统与机动车道路系统的竞争力明显大于单个城市内大运量快速公共交通系统与机动车道路系统的竞争力。例如在城市道路交通顺畅的条件下,在出行时间耗费上大运量快速公共交通系统难以与小汽车竞争,但"大运量快速公共交通

+高铁"的优势通常能战胜小汽车交通。

第五,区位优势凸显,利于吸引各类旅游投资项目。HST – TOD 很大程度上增强了旅游目的地的空间可达性,降低了旅游者的交通成本,从而加剧了旅游目的地之间的空间竞争,引发区域旅游空间格局的变化。因此,一旦大运量快速公共交通线路直接连接高铁车站,沿线车站地区即使处于城市郊区或公交网络的末端,也能依托城际高铁网赋予该地区重要"中心地"的区位优势,进而影响旅游企业的区位选择。例如 TOD 在竞争具有区域服务功能的高端旅游地产开发项目上,相对于那些临近区域高速公路网的市郊地区,取得相当甚至优势区位[1]。在市场经济条件下,尤其在一个快速整合发展的大都市地区或城镇群,获得发展资金、吸引各类旅游投资项目,对 TOD 的健康发展具有决定性的意义。

具有良好的交通可达性和集疏性,增强了城市地区、旅游区间的产业融合

倘若要将高铁对城市地区、旅游区的发展带动价值发挥到极大化,必须提高高铁站点的交通可达性和集疏性,使其服务范围拓展到更广阔的地区。因此,城际或城市轨道交通、公共汽车、长途客车、私人小汽车甚至飞机等多种交通工具需要与高铁车站相互联系,在高铁车站设计中必须处理好多种交通方式之间的换乘问题,以提升交通系统的集疏性。以海南西环高铁沿线重要节点之一的洋浦站为例,高铁站点的选址必须与白马井滨海城区总体规划的发展定位一致,能使高铁站点的建设与滨海城市融为一个整体。此外,高铁车站的建设必须考虑为小汽车提供便利的道路交通和充足的停车设施。国外研究表明,乘坐高铁出行的人士一般为中高收入阶层,通常拥有小汽车,开车出行是他们日常的生活方式。当日往返的商务和旅行活动,对于停车设施的需求更为突出。

---

[1] 戴帅,程颖,盛志前:《高铁时代的城市交通规划》,中国建筑工业出版社 2011 年版,第 109 页。

第五节 小结

交通是经济增长的基础,交通的每一次大幅改进,都意味着社会经济的全面革新。由于高铁大量采用信息化、自动化等新技术,创新劳动组织,实现自助化服务,提高了劳动生产率,节约了宝贵的人力、物力资源,使全球步入了"高铁时代"。高铁时代将开创旅游目的地规划新的局面,即充分考量同城化、近城化、网络化、网格化等多种变化,以及游客时间成本和空间成本新的变化,旅游目的地选择将被重新分配。并将带来商业的繁华和财富的聚集,迅速推动周边地区商业、商务、休闲等多方面需求的兴盛,具有形成以人流、信息流和资金流为核心的"服务型、生产型和生活型"现代产业复合功能区的潜力。其中房地产、度假酒店、零售将成为最显著的受益行业。究其原因:一是高铁建设将加速人口流动,进而推动沿线城镇就业和经济增长,抬高沿线城镇房价,尤其是区域性中心城市。由于这些城市具有极高的交通可达度,极化效应得到不断加强,甚至出现了"马太效应(Matthew Efect)",很大程度上推动了房价的高涨。二是度假酒店零售等大消费市场将显著受益。随着国内以高铁为主干的交通网络的形成,城镇之间的时间距离将大大缩短,将直接促进沿线区域的景区游客人数增加,同时,人流交互增加势必将提高当地酒店入住率和餐饮上座率。各个区域的景区及酒店随着高铁开通将渐次受益。

TOD 理念是新城市主义运动的产物。在过去 30 余年间,国外进行了大量有关土地发展形态和公共交通相互之间关系的研究,就公共交通的建设如何影响旅游目的地结构、用地形态,以及旅游用地布局对交通方式、公共交通需求所产生的影响进行了深入的分析研究,获得了一些规律性的认识,这些认知足以使政府官员、规划师和普通大众从一个新的角度来审视旅游空间结构发展的演变,看待旅游地区的永续发展。如今,TOD 已经被公认为是城市与区域永续发展的重要手段。同样,旅游永续发展离不开系统的、协同的规划。城乡规划、旅游规划等空间规划不仅要追求人口、交通、经济、环境、生态等子系统在时间上的协同,还要追求基础设施和产业分布在空间布局上的协同。这就特别注重高铁建设与其他交通运输方式的协同发展。从前文的论述中我们可以发现 HST－TOD 是旅游开发中节约集约、紧凑发展的土地组织模式。HST－TOD 强调在高铁车站设置上通盘考虑城市与区域交通整体规划,与城市轨道交通、公交线路紧密衔接,努力实现"无缝衔接"和"零换乘",为旅客提供方便;更加注重地域空间的"功能性、系统性、经济性、紧缩性、文化性"要求,普遍做到了运能充足、功能完善。

此外,应用 HST－TOD 空间结构发展模式,有利于同步优化高铁沿线的站点布局,实现点线配套,将最大限度地实现铁路与公路、航空等交通运输方式的有机驳接,形成以客运专线为骨干,连接区域主要大中城市的高效、便捷、快速客运网络和布局合理、结构完善、快捷通畅、安全可靠的现代综合交通网络,并与其他运输方式相协调,建立安全换乘、无缝衔接、一体化的现代综合交通体系,更好地适应经济与社会发展的需要。可见,HST－TOD 对旅游目的地的综合交通乃至经济社会的发展必将发挥更加重要的作用。

关键词

HST－TOD(高铁—公共交通导向开发模式);旅游地域空间结构;茶壶模型;三圈层结构模式

思考题

1.未来高铁发展的前景如何,对全球的经济社会生活产生怎样的影响?

2.快速交通网络对区域旅游产业布局有何影响,其空间格局演化特征是什么?

3.HST－TOD 的主要功能是什么,它对产业融合起到什么的作用?

4.影响 HST－TOD 的空间结构组织的要素有哪些,如何高效地构建基于 HST－TOD 的旅游综合体?

第六章 构筑基于 HST – TOD 的协同性旅游综合体

　　旅游综合体建设已成为高铁时代下的旅游地区域经济建设发展的趋势,它的建成运营无论对交通组织,或是新型城镇化背景的旅游区域发展都产生重大的影响。本章从旅游综合体概念、类型和开发模式入手,揭示旅游地域发展演变的规律,从产业融合、三区四线、规划体系和增长管理4个方面,提出协同性旅游综合体发展的几点建议。

第一节　什么是旅游综合体

　　一座城市就像一棵花、一株草或一个动物,它应该在成长的每一个阶段保持协调、和谐、完整。而且发展的结果决不应该损害协调,而要使之更完美;决不应该损害和谐,而要使之更协调;早期结构上的完整性应该融合在以后建设得更完整的结构之中。——埃比尼泽·霍华德

一、旅游综合体的内涵
(一)城市综合体的概念
城市综合体的概念最初来源于20世纪中叶在欧美出现的"混合使用中

心"(mixed－use center)①②。在我国,早期将城市中混合使用的综合性建筑群体称为"建筑综合体"。城市综合体则是由建筑综合体演变发展而来,也有学者称之为"城市建筑综合体",它是对建筑综合体形式的进一步拓扑发展。

单从文字构成上来看,城市综合体＝"城市"＋"综合"＋"体"概念的叠加。"城市",是由居住、生产、行政、文化功能为主的"城"和商业、休闲活动为主的"市"两部分组成;"综合",即是将不同种类、不同性质但有关联的事物组合在一起形成整体;"体",意为形体,实体等,表明城市综合体是实体环境,又表明其相对于城市总体是一个相对完整的体系。可见,城市综合体是一个复合型概念,是一个多方位限定的交集,即城市性、综合性和整体性的有机结合。

对于城市综合体概念的界定,目前国内外尚无明确的定义,很多学者分别从不同的角度对其进行了界定,大体可归结为从城市功能业态的角度和从城市空间形态的角度两种(陈旸,金广君,徐忠,2011)③。城市功能业态角度的界定,亦可称之为"HOPSCA",重在强调城市综合体内部"商业生态系统"的价值,如城市综合体是将城市中的酒店(hotel)、办公(office)、公园(park)、商业(shopping mall)、会所(club)、公寓(apartment)等生活空间的服务功能进行组合(包括 3 项以上),并在各部分间建立一种相互依存、相互助益的能动关系,从而形成多功能、高效率的综合体。从城市功能业态角度的界定是目前我国房地产领域对城市综合体约定俗成的定义,然而,这种定义方式仅仅是从业态组合上对"城市综合体"进行的狭义阐述。城市空间形态角度的界定,重在强调综合性在城市形态中的表现,如"具有城市性、集合城市交通、城市公共活动、城市休闲娱乐以及商业、办公、居住、旅店、展

---

① ULI. Mixed－Use Development Handbook (Second Edition) [M]. USA:Urban Land Institute,2003:22.

② UDAS. Mixed Use in Urban Centers——Guideline for Mixed Use Development[M]. Australia:Urban Design Advisory Service, 2000:24－30.

③ 陈旸,金广君,徐忠:《快速城市化下城市综合体的触媒效应特征探析》,《国际城市规划》2011年 3 月,第 97—104 页。

览、餐饮、会议、文娱等多种城市活动空间与建筑生活空间于一体的城市实体"。

陈旸,金广君,徐忠(2011)在总结既往研究的基础上,结合土地混合使用的概念,将城市综合体的概念界定为:由城市中三项或三项以上具有不同性质、功能的建筑空间和城市空间(诸如居住、办公、酒店、商业、文娱、游憩、交通等)组成,通过引入城市公共空间进行组织,并按一定的价值关系,经统一规划、统一开发管理所形成的综合性建筑或建筑群(图54)。

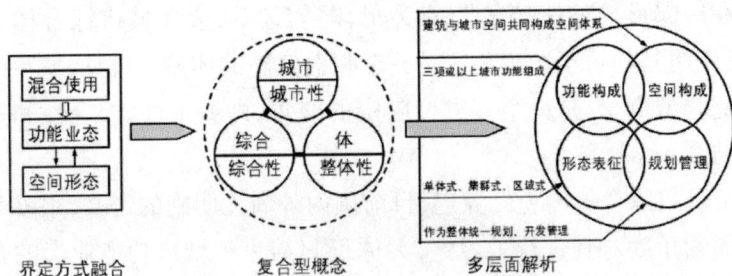

图54　城市综合体概念示意图
(陈旸,金广君,徐忠,2011)

综上,城市综合体是在混合使用的概念下,通过综合开发形成的多种功能为一体的建筑群落,包含多样的空间、复杂的功能和各种城市元素,是一种综合性、适应性很强的复合环境。与建筑综合体不同,它复合了更多的城市特征,是一种多元聚合的城市空间组织模式,成为城市网络中的重要功能模块和一定区域上的重要城市节点。

可见,城市综合体是一个具有城市性、集合多种城市空间与建筑空间于一体的城市实体,它将城市交通、城市公共活动、城市休闲娱乐等城市活动空间的多项内容和城市商业、办公、居住、旅店、展览、餐饮、会议、文娱等建筑生活空间的多项内容进行整合,在各部分之间建立一种相互依存、相互助益的能动关系,从而形成一个多功能、高效率的综合体。它是"密集化"集约型城市的组织形式之一,具有城市性、开放性和公共性的基本特征(董贺轩,卢济威,2009)。

　　董贺轩,卢济威(2009)①针对城市综合体与城市集约化之间的关系,对城市综合体的概念、发展、本体属性等 3 个方面进行了初步探讨,发现:①城市综合体是城市高度集约化的组织形式之一;②城市综合体的城市性、功能区位立体差异性以及形态"结构"的立体性 3 个本体属性是自身集约化城市功能以及运作系统的基础;③城市综合体是我国城市(尤其是特大城市)建设节约型集约化和谐城市的有效途径之一,随着城市发展与空间资源危机之间的矛盾激化,城市综合体将重新受到关注;④城市集约化不只是城市的高容量,更为重要的是城市运作高效率。

　　从世界范围讲,一个明显的趋势是对高铁站的开发从单一的交通综合体向多功能的城市综合体转变,如法国里尔站、香港九龙站、日本京都站等。从表 18 的数据,不难发现综合开发项目都具有高度的包容性。在一个大型交通枢纽建设的带动下,多种不同功能的开发项目以多元的姿态紧密结合在一起,互相依靠支持,形成一个良性循环的共生环境,推动开发计划的最终成功。这种大规模、运作复杂、参与者众多的建设正体现了其高效、集约、紧凑的优势(王腾,卢济威,2006)②。这种立足于城市的综合体能对区域产生长效的良性推动作用,主要体现在以下 3 个方面:①有利于创造大量积极的公共空间,有利于场所的形成,促进城市机能的有机发展;②开发时段集中,整体筹划,高强度开发,有利于紧凑城市的形成;③功能交混,有助于提升城市活力,提高城市运作效率。

---

① 董贺轩,卢济威:《作为集约化城市组织形式的城市综合体深度解析》,《城市规划学刊》2009 年 1 月,第 54—61 页。

② 王腾,卢济威:《火车站综合体与城市催化——以上海南站为例》,《城市规划学刊》2006 年 4 月, 第 76—83 页。

表18　高铁站向城市综合体转变的相关数据

	里尔(Euralille)	九龙站	乌得勒支主站改造
基地面积	70hm²	13.5hm²	
总建筑面积	273.710m²	1090.000m²	616.700m²
其中:出租办公	45.720m²	231.578m²	360.000m²
住宅	17.600m²	606.425m²	221.400m²
酒店	18.600m²	93.548m²	9.600m²
商业娱乐	46.600m²	89.550m²	42.700m²
会展	38.000m²		
停车位	6100个	6590个	11600个 (自行车21000个)

数据来源:王腾,卢济威,2006。

(二)旅游综合体概念的界定

平文艺(2004)[①]在《创建"西部旅游综合体"的理论思考》一文中首次提到旅游综合体这一概念,认为,旅游综合体是指一种区域性综合组织,区域之间通过合作与联盟的方式构建一个推进区域旅游业共同发展的综合体。

周建明(2010)[②]进一步将旅游综合体定义为:以旅游业为主导产业,将城市中商业、办公、居住、酒店、展览、餐饮、会议、文娱和交通等城市生活空间的三项以上进行组合,并在各部分之间建立一种相互依存、相互助益的能动关系,从而形成一个多功能、高效率的综合体。与上述学者不同的是,王宇翔,程道品(2013)对旅游综合体的内涵又作进一步的提升,他认为旅游综合体是指,在依托旅游吸引物和土地基础上,以某一项旅游或游憩功能为主,并将用于满足旅游者和当地居民"行、住、吃、游、娱、购、体、学、疗、悟"等旅游需求的旅游与生活空间进行有机结合进行土地的综合开发,达到旅游服务要素的高效聚集与整合,形成具有一定空间规模和较高旅游服务质量的综合体。

旅游综合体往往是游客、本地居民等人群活动及能量集聚与辐射的中心,是地域空间中各种"流"的高密度汇聚点,从而形成容纳交通节点、金融

---

① 平文艺:《创建"西部旅游综合体"的理论思考》,《经理日报》2004年10月25日。
② 周建明:《旅游度假区的发展历程与趋势分析》,《旅游规划与设计》2010年8月。

节点、商业节点和信息中心的复合式城市空间节点,因而通常在区域经济社会发展中扮演"增长极"的角色,在旅游发展中起到越来越大的作用。例如,美国纽约洛克菲勒中心聚合了大量不同类型的城市功能,每天可容纳25 万人次上班、观光、休闲和消费,它所产生的辐射效应使其成为仅次于华尔街的纽约第二中心(陈旸,金广君,徐忠,2011)。

旅游综合体是在一个特定的旅游地域空间里,以具有比较优势的旅游资源与区位条件为发展基础,以旅游景区、旅游饭店等旅游企业为主体,集观光、休闲、会展、美食、演艺、运动为一体,拥有多种旅游功能和旅游设施,能够满足游客多种旅游需求,并且提供全方位服务的旅游综合发展区域。旅游综合体内旅游产业及其相关产业高度集聚,涉及了旅游、文化、商业、酒店、房地产等多个产业(卞显红,2011)①。

可见,作为聚集综合旅游功能的特定空间,旅游综合体是一个泛旅游产业聚集区,也是一个旅游经济系统,并有可能成为一个旅游休闲目的地。

旅游综合体是借鉴城市综合体而产生的一种新兴的旅游导向型土地综合利用方式,谋求人工要素与传统资源、旅游产业与其他产业关联整合。从产业机理看,旅游综合体是通过规模经济和集聚经济形成正外部性并促使其内部化,即通过功能单元或运营单位的有机综合以求各运营单元互惠共利。基于横向集聚、纵向整合两种产业链关联模式,旅游综合体具有旅游吸引物综合化(功能高端化)、旅游功能与非旅游功能相互融合(功能综合化)两种基本的生成路径(吴必虎,徐婉倩,徐小波,2012)②。

旅游综合体作为一个以旅游度假为主导,融多项功能、多种业态、多层次产品于一体的泛旅游产业集聚区,在与城市的互动中,其蕴含的复合功能及对周边土地的带动价值远远超出了传统的旅游景区,它不仅带来旅游休闲地产开发的热潮,同时也为地方政府提供了一种新的旅游城镇化发展模

---

① 卞显红:《创新网络、集群品牌视角的旅游产业集群升级研究——以杭州国际旅游综合体为例》,《地域研究与开发》2011 年 3 月,第 22—26 页。

② 吴必虎,徐婉倩,徐小波:《旅游综合体探索性研究》,《地理与地理信息科学》2012 年 6 月,第96—111 页。

式,从而备受行业内外关注。例如,长三角地区占地万亩以上的旅游综合体约占60%以上,投资超百亿元的综合体占60%以上,这些大型综合体几乎家家都有高星级酒店、高档别墅群、高端游乐项目(冯学钢,吴文智,2013)①。由此可见,旅游综合体涉及了旅游、文化、商业、酒店、房地产等多个产业,它可由旅游景区、高星级酒店、酒店式公寓、高尚居住社区、中高档购物中心、游乐场、休闲娱乐街区、市民广场、剧院和一系列交通、市政配套设施组成。这种项目集商务、文化、娱乐、休闲于一体,对于集约土地资源,集聚城市产业,提升土地价值,打造特色新地标,营造充满活力和人气积聚的市民文化体闲活动中心区具有重要作用。当然,并不是所有旅游区或城市都具备建立"旅游综合体"的实力,它是建立在一定的自然生态条件、社会经济条件和良好的社会治安之上。比如,作为旅游城市,杭州的自然资源得天独厚,所以,以旅游资源为依托,借助杭州深厚的文化底蕴,打造一些集旅游、休闲、购物等于一体的综合体,是件非常顺理成章的事。

二、旅游综合体开发类型

根据不同的标准旅游综合体可以分为不同的类别,如根据其依托的核心旅游吸引物可以分为山水类旅游综合体;文化类旅游综合体和主题公园类旅游综合体;根据其影响力可以分为国际旅游综合体、国家级旅游综合体、区域旅游综合体;根据其地理区位可以分为城镇旅游综合体、郊野旅游综合体和乡村旅游综合体。王宇翔,程道品(2013)从核心资源、核心产品或核心功能的角度把旅游综合体划分为10大类型(表19,X,指的是核心资源、核心产品或核心功能。)。

---

① 冯学钢,吴文智:《旅游综合体的规划理性与结构艺术》,《旅游学刊》2013年9月,第8—10页。

表 19　"X + 旅游综合体"10 大类型

类别	案例
温泉旅游综合体	珠海海泉湾、北京温都水城、柏联 SPA
滨海旅游综合体	海南清水湾、海南海花岛（在建）
主题公园综合体	深圳华侨城、成都温江国色天香
乡村旅游综合体	成都五朵金花
高尔夫旅游综合体	深圳观澜湖、杭州富春山居高尔夫
文化创意旅游综合体	杭州南宋御街、上海新天地、楚雄彝人古镇
休闲商业旅游综合体	上海豫园
主题酒店旅游综合体	西溪天堂、澳门威尼斯人度假村
生态休闲旅游综合体	东部华侨城、恩龙世界木屋村
休闲新城旅游综合体	甘肃冶力关、京津新城

数据来源：王宇翔，程道品，2013，有补充。

三、旅游综合体开发模式

王宇翔，程道品（2013①根据上述"X + 旅游综合体"的 10 大类别，提出生态型、主题型、商业型 3 种旅游综合体开发模式。

生态型旅游综合体开发模式　该模式是基于开发地的自然生态资源进行环境重造、生态恢复的低强度开发模式。它拓展了传统旅游区内单一的观光功能，开发同时配备相关的休闲项目、休闲社区互动发展，为游客提供生态观光、生态休闲、生态居住的机会。该模式往往先改善区域基础设施条件和生态环境质量，营造具有影响力、冲击力的旅游景观景区，靠旅游业的关联带动作用吸引人流物流，促使附近地产升值。

主题型旅游综合体开发模式　该模式基于市场规模大小投入巨资，专注于大型主题游乐项目的开发，以娱乐设施作为主要吸引物，加上与之配套的酒店、餐饮、休闲地产等多元化的活动内容，吸引多种消费人群。该模式的开发对传统旅游资源依附性很低，不受特定资源、文化或者不同类型游乐项目的束缚，但对环境、配套设施和服务有较高的要求，开发具有高投资、高风险、高收益和成片占用土地的特点，需要庞大的客流量来维持正常营运和收

---

① 王宇翔，程道品：《旅游综合体开发模式研究》，《浙江旅游职业学院学报》2013 年 4 月，第 11—15 页。

回成本,要求在宏观选址上必须是经济发达的大城市或特大城市,微观上则选择用地限制较小、地价便宜的城市边缘地区。该模式具有较好的延展性,可以带动会议会展、文化创意产业、现代服务业等多种产业发展,有助于泛旅游产业的形成。

商业型旅游综合体开发模式 主要是以综合商业为主要功能,其他娱乐、休闲作为辅助功能。但其发展必须要有一定的游客基础,客源层次多样,辐射范围广泛,对人流量吸引力较大。该模式对商业性设施的全面性要求高,包括酒店、餐饮、交通、商业街,涉及会展、娱乐等设施以及城市游憩商业区中的接待设施等。该模式一般依托城市副中心或旧城改造进行开发,收益较高,土地增值快,市场趋向性强。

集观光、休闲、度假、购物、娱乐、体验等功能为一体的旅游综合体越来越多,以满足多层次、多样化旅游需求,综合性的旅游集聚区大量涌现。如福建融侨双龙温泉旅游度假区、湖南神农谷旅游度假区、广东长鹿农庄度假区陆续开工,内容包括文化旅游、休闲养生、人文体验、主题娱乐、商贸购物等多种业态。

但是,利用高铁车站项目带动旅游综合体开发是一个复杂的过程,据Luca Bertolini 的研究结果表明,车站区域的成功开发同样依赖于诸多其他基础条件,例如充满活力的当地经济,健康的资本市场,闲置土地,发达交通网,强有力的公共投资等,只有当它们都具备时,作为催化剂的建设项目才能真正发挥作用(Luca Bertolini and Tejo Spit,1998)。

吴必虎,徐婉倩,徐小波(2012)认为产业关联是旅游综合体形成的直接推动因素,在已有产品、地籍、政策等因素综合影响下,旅游综合体表现为不同用地形态,归结为 3 类基本开发形式(图 55)。

根据图 55,他们认为旅游综合体对主题公园、主题景区开发具有重要引导作用。通过旅游功能、非旅游功能关联开发的土地综合利用,旅游综合体具有作为一种空间"触媒"推动特定地域综合发展的能力。基于这一特性,旅游综合体不仅是旅游片区开发的有效方式,也可能成为一种新兴的城市土地发展手段。

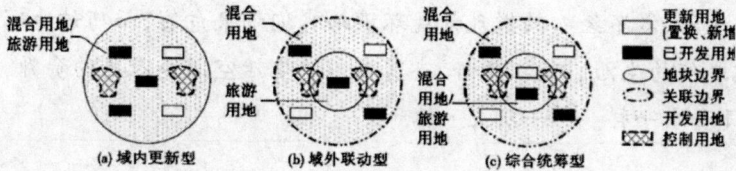

图 55　旅游综合体开发形式

（吴必虎,徐婉倩,徐小波,2012,有修正）

　　冯学钢,吴文智（2013）回答了旅游综合体的人到底从哪里来,我们为谁在造旅游综合体（图 56）：一是从城市里"赶"出来的人,受居住（高房价）、养老（老龄化）和教育（郊区化）压力所迫；二是从城市里"逃"出来的人,有着休闲、度假、第二居所等需求；三是从农村里"跳"进来的人,他们往往是小城镇、新农村建设中的受益人群等。可见旅游综合体是后工业社会的产物,也是人们追求高质量生活的集中体现。

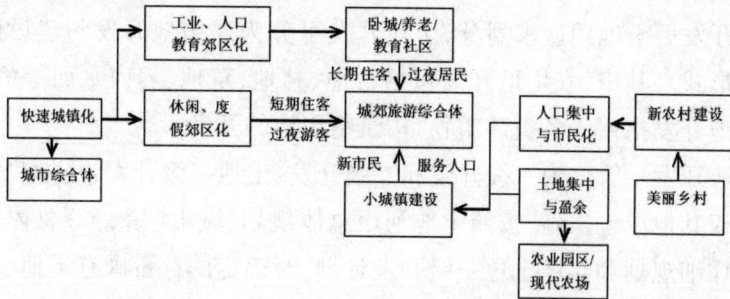

图 56　城郊旅游综合体"人"的来源与构成

（冯学钢,吴文智,2013）

第二节　HST - TOD——交通发展与土地开发的最佳组合

　　随着人类繁衍,技术开始对地球起主导作用,自觉地组织土地对于生活质量开始显得越来越重要。污染损害着生存系统,而一些技术成就又威胁着整个生活,漫不经心的搅乱景观环境给我们带来危害,而巧妙地布置基地却美化我们的生活。组织良好、丰富多彩的生活空间是人类的资源,如同能源、空气和水一样。——凯文·林奇

一、土地开发与交通发展的关系

(一)土地开发基本内涵

从广义上理解,土地开发是指因人类生产建设和生活不断发展的需要,采用一定的现代科学技术的经济手段,扩大对土地的有效利用范围或提高对土地的利用深度所进行的活动。包括对尚未利用的土地进行开垦和利用,以扩大土地利用范围,也包括对已利用的土地进行整治,以提高土地利用率和集约经营程度。从狭义上理解,土地开发主要是指对未利用土地的开发利用,要实现耕地总量动态平衡,未利用土地开发是补充耕地的一种有效途径。

按开发后土地用途来划分,土地开发可分为农用地开发和建设用地开发两种形式。其中,农用地开发包括耕地、林地、草地、养殖水面等的开发;建设用地开发指用于各类建筑物、构筑物用地的开发。

土地开发一般分为一级开发和二级开发:土地一级开发,是指政府实施或者授权其他单位实施,按照土地利用总体规划、城市(镇、乡)总体规划及控制性详细规划和年度土地一级开发计划,对确定的存量国有土地、拟征用和农转用土地,统一组织进行征地、农转用、拆迁和市政道路等基础设施建设的行为,包含土地整理、复垦和成片开发;土地二级开发是指土地使用者从土地市场取得国有土地使用权后,直接对土地进行开发建设的行为。

(二)区域交通系统发展与旅游土地开发的关系

区域交通系统发展与旅游土地开发之间存在着复杂的相互影响和相互作用的关系。一方面,土地开发是交通需求的根源,决定了交通源、交通量及交通方式,从宏观上约束了交通的结构和基础,不同的土地开发状况要求不同的交通模式与之相适应;另一方面,交通系统所具有的实际运行水平会对旅游空间结构及旅游发展规模产生影响,从而影响到旅游土地开发的状

况(特别是旅游交通可达性对旅游经济、旅游用地的空间分布具有决定作用)。

随着旅游城镇化,旅游土地开发和交通系统建设表现出一系列问题,已成为现代旅游"病"的最根本性病症之一。如何协调旅游土地开发与交通系统间的关系,亦成为经济社会发展备受关注的热点问题之一。因此,研究旅游土地开发与以高铁为主干的交通系统的作用机制,处理好旅游空间组织,不仅为现代旅游"病"生态调控提供理论依据,也为我国实现旅游综合体的可持续发展提供决策参考。

二、基于 HST - TOD 的旅游综合体开发模式

(一)规划理念、原则和主要内容

规划理念 立足于土地功能复合型旅游综合体的基本要求,满足消费者当前及未来的休闲度假消费需求,不断创造新的游憩方式与消费模式,精心设计以高铁为主干的地域快速交通网络的旅游新业态结构。

基本原则 增加活动点、优化体验点、制造兴奋点、创造消费点,延长停留时间;提升现有产品质量、提高休闲度假品位、补充完善"夜间游乐产品和室内游乐产品"。

主要内容 从补充完善与提升传统城市综合体功能的角度,应用上述彼得·卡尔索普的 TOD 八项设计原则,着重考虑以下内容:一是旅游综合体各子功能区间步行道与环保自行车骑游路线的设计;二是旅游纪念品制作销售点、土特产展示销售中心、户外装备用品体验店的引入;三是影剧院、主题酒吧、茶艺餐厅、室内趣味游戏馆等游乐设施的完善;四是公共游乐设施、艺术创作基地、工艺小店的建设;五是康体疗养设施的丰富、国际乐活社区的培育;六是山水演艺、时尚主题 PARTY、高端娱乐赛事等产品的开发。

(二)HST - TOD 的空间组织作用

HST - TOD 是一个涉及交通、土地、经济、社会、生态的复杂的系统功能区,只有用系统的设计程序去对其包含的若干构成要素层层把控,协调各构成要素之间的关系,才能真正地起到空间组织的作用。

(三) 基于 HST – TOD 的旅游综合体开发模式

从旅游交通规划的视角来看,要保障旅游地交流活动的顺畅、有序进行,充分发挥高铁在综合交通体系中的作用,不仅需要放眼于旅游地自身,也需要从单一旅游地范围扩展到旅游地之间乃至区域范围。HST – TOD 以促进旅游交通发展为主旨,以区域旅游经济一体化为背景,对高铁沿线旅游地和城镇群社会经济发展的影响进行分析,着重分析:高铁对沿线旅游地产业竞争力、空间布局、交通系统和对旅游空间结构的演变作用,把握基于高铁为主干的旅游地间的交流活动基本特征和规律;以旅游综合交通运输体系优化升级为前提,通过对航空、高铁和高速公路的客运特性的比较、高铁对航空和公路客运的冲击影响,分析高铁与其他旅游交通方式的竞争与合作关系,并结合高铁在区域性旅游交通系统中的功能定位和作用,从旅游交通出行链全过程研究出发,从旅游交通系统发展、高铁站场功能区、高铁集疏系统规划的多维角度,提出处理好高铁与土地规划布局关系,为促进旅游功能与旅游交通的相互协调发展提供理论支撑和技术方法。

三、基于 HST – TOD 的土地开发规划政策

当前许多国家(尤其是西北欧)的交通政策强调要刺激公共交通,减少小汽车的使用和交通需要,以便减少环境的外在性和交通拥挤。旅游开发要优先发展公共交通,公共交通是与游客休闲度假、原住民生产生活息息相关的重要基础设施,是关系旅游区永续发展的社会公益事业。目前我国已跨入高铁新时代。高铁在一定程度上把连接在一起的城市带转变为一个扩张的功能区域或整体经济走廊[1],这将给沿线地带的产业发展及产业结构提升带来巨大的促进作用,使城市与区域原有的产业发展特征改变或形成新的产业带[2],极大地拓宽了旅游地产发展的市场空间,促进了高铁站点周

---

[1] U. Blum, Haynes K. E and C. Karlsson. Introduction to the Special Issue: The Regional and Urban Effects of High – speed Trains[J] The Annals of Regional Science, 1997, 31(2): 1 – 20.

[2] Rietveld P, Bruinsma F R, van Delft H T. Economc Impacts of High Speed trains: Experiences in Japan and France: Expectations in the Netherlands[J]. Research Memorandum, 2001(20): 1 – 28.

围酒店业的发展及城市旅游的增长①。

目前,由于旅游政策规划引导与控制不力,加上开发模式的选择缺乏创新或低效,导致一些开发项目盲目上马,甚至导致低密度旅游开发向农村蔓延之势愈演愈烈。由此可见,除了上述开发规划概念的准确把握外,开发模式的正确选择是旅游项目开发成功的关键——应用合理的开发模式可以大大降低开发难度,成就高水准的旅游开发效益。高铁—公共交通导向开发(HST – TOD)模式指的是在旅游区域内受高铁车站和连接高铁车站的大运量快速公共交通驱动而逐步开展的旅游目的地建设或发展起来的新旅游度假区。公共交通导向开发(TOD)模式②强调在区域层面整合公共交通系统,提供战略上缺失的观点来主要应对自然要素和个体旅游区或度假区、景区的结构问题。这种区域的思考角度有助于为城市地区、旅游度假区定义一条实际意义的边界,消除仅有高速公路连接的相隔很远地区中随机发展的隐患,即避免土地蔓延,保护好生态环境的连续性。HST – TOD 对旅游项目开发的路径是:

首先,在区域层面上对高铁沿线地带及其站点周边旅游地区进行立体化综合开发:一、在生态环境保护层面,必须在旅游区与区域之间构筑有机、紧密的经济、社会和生态联系及网络,形成复合系统。当然还必须追求“区域伦理”,即城市(旅游区)开发不能建立在“对区域的生态剥削”的基础上③。在提供给决策者的规划成果上体现的是一个强制性的不建设区域,这个强制性的不建设区域是把非建设用地或对维护生态服务功能具有关键性价值的生态基础设施构成旅游发展的“底”,它定义了未来旅游发展“蓝图”,并为市场经济下的旅游开发提供持续性发展空间。二、在产业层面上注重旅游产业融合,即与第一产业融合以带动观光农业游、乡村旅游快速发

① 张楠楠,徐逸伦:《高速铁路对沿线区域发展的影响研究》,《地域研究与开发》2005 年第 3 期,第 32—36 页。

② 彼得·卡尔索普:《未来美国大都市:生态·社区·美国梦》,郭亮译,中国建筑工业出版社 2009 年版,第 41—42 页。

③ 沈清基,安超,刘昌寿:《低碳生态城市的内涵、特征及规划建设的基本原理探讨》,《城市规划学刊》2010 年第 5 期,第 48—57 页。

展;与第二产业融合以满足旅游者的好奇心和求知欲①,以及开通工业产品的销售市场;与住宿与餐饮业、文化产业等第三产业融合以促进休闲经济的快速健康发展。以旅游地产开发为例,旅游地产的发展应注重与住宿与餐饮业、文化产业等关联产业的深度融合(图57)。

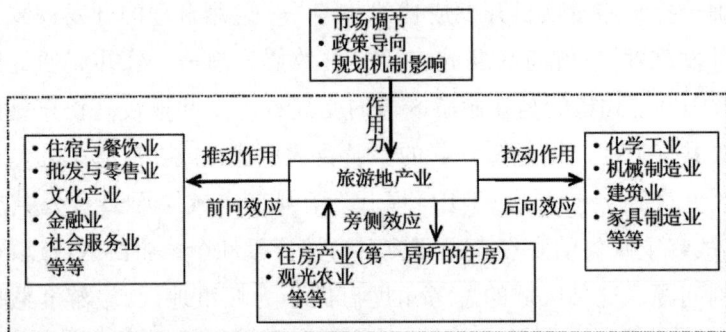

图57　旅游地产业与其关联产业融合

　　通过旅游地产的多元化开发,可整合旅游产业资源,实现产业升级,促进文化创意、会展博览等新兴产业的壮大②,走集团化、品牌化经营的发展道路,为目标客户群日益增长的多元化需求提供全方位、优质的服务。

　　第二,通过高铁站点连接数条向外辐射的轨道交通或其他大运量快速公共交通,形成"指状"的多条发展轴。在高铁站点和公交车站步行范围内布置住宿设施、商业、就业、公园和公用设施用地,提供适宜密度的混合型住房类型,即为富裕阶层提供豪华、舒适的住宿设施,还要为本地居民和包容不同收入阶层在内的目标客户群分别提供可负担的住房和经济型度假公寓(酒店),建设直接连接区内目的地的步行友好的、适宜尺度的街道网络。

　　第三,充分考虑当地气候条件和地质地貌的自然机理以及经济社会活动的动态变化,正确把握应用"EDL 协同发展"理念,在区域尺度层面上注

---

① 陆林:《旅游产业发展的新模式:产业融合》,《旅游学刊》2011 年第 5 期,第6—7 页。

② 董欣,张沛,段禄峰:《西安大都市与旅游地产发展互动模式研究》,《人文地理》2011 年第 1 期,第 145—149 页。

重在发展轴线之间形成楔形绿地,保护敏感生态栖息地,建立生态安全格局斑块和景观通廊;在社区或场地尺度,建设"紧凑型度假区或住区"。要求建筑设计采用生态建筑,且要尊重和延续本土文脉。场地尺度需要能够建立通风、合理的建筑密度和人口密度以及合理的容积率。这个尺度的节能减排,最主要还是从社区形态入手,注重营建高品质开放空间,使其成为建筑朝向和社区活动的聚焦点。

第三节 "三区四线"——高品质休闲度假空间的保障

随着我国"旅游业改革"发展战略的不断深化和以高铁为主干的立体交通网络建设的大力发展,更多的基于高铁站点的旅游综合体将被建设使用,这不仅是发展"旅游业"的需要,也是合理有效利用旅游空间资源的体现。从发展角度而言,既有自上而下的规划引导,也存在自下而上的旅游地"自组织"现象。在这个复杂的过程中,如何保证"综合体"功能完善,"职·住·游"协同发展,它对我国在发展快速交通系统的同时,打破"传统开发理念"的栓桔,整合旅游空间资源,建设有特色的"旅游增长极"做出了表率,提供了宝贵经验。

一、什么是"三区四线"
(一)"三区四线"的内涵
根据我国现行城乡规划法规政策的有关规定,"三区四线"中的"三区"是指禁建区、限建区和宜建区;"四线"是指绿线、蓝线、紫线和黄线(表20)。

表 20　三区四线的定义

三区四线	定义
禁建区	是指基本农田、行洪河道、水源地一级保护区、风景名胜区核心区、自然保护区核心区和缓冲区、森林湿地公园生态保育区和恢复重建区、地质公园核心区、道路红线、区域性市政走廊用地范围内、城市绿地、地质灾害易发区、矿产采空区、文物保护单位保护范围等，禁止城市建设开发活动。
限建区	是指水源地二级保护区、地下水防护区、风景名胜区非核心区、自然保护区非核心区和缓冲区、森林公园非生态保育区、湿地公园非保育区和恢复重建区、地质公园非核心区、海陆交界生态敏感区和灾害易发区、文物保护单位建设控制地带、文物地下埋藏区、机场噪声控制区、市政走廊预留和道路红线外控制区、矿产采空区外围、地质灾害低易发区、蓄涝洪区、行洪河道外围一定范围等，限制城市建设开发活动。
宜建区	是指在已经划定为城市建设用地的区域，合理安排生产用地、生活用地和生态用地，合理确定开发时序、开发模式和开发强度。
绿线	是指划定城市、旅游区、景区各类绿地范围的控制线，规定保护要求和控制指标。
蓝线	是指划定在城市规划、旅游规划中确定的江、河、湖、库、渠和湿地等城市地表水体保护和控制的地域界线，规定保护要求和控制指标。
紫线	是指划定国家历史文化名城内的历史文化街区和省、自治区、直辖市人民政府公布的历史文化街区的保护范围界线，以及城市历史文化街区外经县级以上人民政府公布保护的历史建筑的保护范围界线。
黄线	是指划定对城市、旅游区和景区发展全局有影响、必须控制的城市、旅游区和景区基础设施用地的控制界线，规定保护要求和控制指标。

资料来源：根据住建部《城市规划编制办法》、《城市黄线（蓝线、绿线、紫线）管理办法》等法规政策整理得出。

（二）划定"三区四线"的作用与意义

作为空间规划之一的旅游规划，无论是旅游发展规划、旅游区总体规划，还是控制性详细规划、修建性详细规划的编制中，都必须全面严格执行"三区四线"，这就是旅游空间发展的底线。旅游规划的编制要根据主体功能定位和上位空间规划要求，划定生产空间、生活空间、生态空间，明确度假区、景区、景点、农村居民点等的开发边界，以及耕地、林地、草原、河流、湖泊、湿地等的保护边界，加强对区域性交通规划及周边城镇、乡村社区的统筹规划。这不仅保护好永久性开放空间，保障人们应享有的公共利益和公共安全，也对区域及旅游区（景区）、景点的永续发展具有重要的作用和意义。

二、休闲度假空间的基本特征与要求

休闲度假空间是一个有机的系统,其中,开放性空间是吸引游客,延长游客驻足逗留,提升游客休闲度和构建和谐旅游的重要空间载体。同时也是强化旅游目的地整体品牌,全方位对接游客需求,整体提升当地旅游市场竞争力的重要平台。

开放性空间品牌化是旅游方式从观光旅游、休闲旅游到度假旅游转变过程中游客对品牌的心理诉求转变的必然。在传统的观光旅游时代,旅游目的地品牌的目标是吸引人们来一次;游客对此的心理需求是"我要去看看,我去过";所以旅游品牌的诉求方式便是讲求旅游资源的江湖地位,比如"五岳归来不看山,黄山归来不看岳"。

在休闲旅游时代,旅游目的地品牌重视口碑,希望增加游客的重游率;游客对此的需求是能获得不同的体验;此时品牌的诉求方式是讲述产品的体验特色,比如"假日海滩,一个享受 3S 的好去处"。在度假旅游时代,旅游目的地希望品牌能形成黏性,希望游客能常来、留下来,最好能定居下来;此时游客的心理诉求在于休闲度假空间品牌价值是否符合自己的理念,获得自己的认同;此时品牌的诉求则是最典型的价值观诉求。例如海口东寨港红树林旅游休闲度假空间品牌价值观诉求是"红树林,不只有红树林"。

三、如何营造高品质的休闲度假空间

(一) 树立旅游用地开发的概念性框架

全球化进程的加快,让每一个游客都期望自己享受到优质的服务和体验到当地真实的自然与文化,同时他们还希望不同的旅游目的地所提供的服务和供与游览的景点要具有唯一性与差异性[①]。众所周知,旅游者到旅游目的地是为了领略其独特的地域风情和风貌,旅游者对旅游目的地的需

---

① Maksin M. Challenges,Responses and Partnership for Achieving Sustainable Tourism and Heritage Preservation[J]. Spatium International Review,2010(22):11－18.

求和愿望来自其旅游动机和旅游偏爱并受客源地各种主客观条件的制约。因此,要保持旅游目的地独特的吸引力以满足游客的需求,主要的方法是在旅游开发的过程中,要以事实为基础,科学合理地提出旅游用地开发的概念框架(见图58),目的是让当地的自然与文化遗产得到充分地保护和展现。

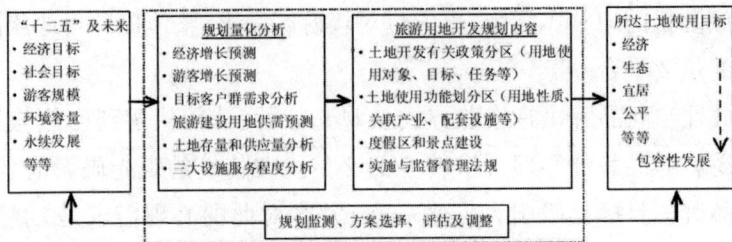

图58　旅游用地开发的概念性框架

　　根据图58,该框架要严格"三区四线"的管制来保护城乡不可再生资源,为城市(旅游区)的永续发展保全有生力量[①]。要明确指出:哪些地区应当进行开发以容纳增长;哪些地区应当进行再开发或是重要的内填式开发以容纳变化;哪里不应该进行开发,比如特殊的野生动物栖息地,水质保护问题特别敏感的流域,以及洪水暴雨或地质侵蚀易于对开发造成威胁的地区。在此基础上,估算旅游建设用地需求总量,确定开发时序、容量标准和供应策略。这个概念框架实际上是展现未来各级政府及有关部门管理权限内的终极用地使用模式的战略性文件。它的出发点旨在建构共识,提供一个可以激发行动的、鼓舞人心的建设蓝图;之后通过目标细化和详细规划的制定,将这个蓝图转化成为物质层面的可行的某一开发模式。

(二)旅游景观绿道规划:开放性空间发展的纽带

　　唐代诗人白居易的《钱塘湖春行》是对中国历史上经典旅游景观绿道休闲旅游的生动描绘:"乱花渐欲迷人眼,浅草才能没马蹄;最爱湖东行不足,绿杨阴里白沙堤。"诗人漫步在杭州西湖白沙堤上,春暖花开让人沿步

_____

① 仇保兴:《城市转型与重构进程中的规划调控纲要》,《城市规划》2012年第1期,第13—21页。

道旅游心情舒畅。

旅游景观绿道是供游客步行和自行车使用的线路,将公园、自然保护区、历史名胜、城市或旅游区功能区联系起来的纽带。旅游景观绿道可以分:城市河流型、游憩型、自然生态型、风景名胜型和综合型。未来我国绿道规划设计中应注意:一是明确旅游景观绿道网络框架。绿道的发展趋势是形成整个国土范围内的景观绿道网络。目前中国景观绿道建设尚处于起步阶段,未来需要确定景观绿道网络在地域空间层次上的总体框架,对远期绿道网络系统作出战略部署;二是景观绿道规划要回归旅游本源,即坚持 4 个回归:回归自然、回归传统、回归文化、回归民族。绿道网络应该兼有生态功能、游憩功能和文化功能。我国现阶段的景观绿道规划,应保护好生态环境,提供游憩场地和保护历史文化古迹;三是注重城市或旅游区各绿道之间的衔接。我国景观绿道规划要注重以人为本,要像佛罗里达州海边新城那样做到无缝对接。在景观绿道设置休息亭、停车区和环保厕所等并做到美化旅游景观绿道,做好绿道的维护;四是景观绿道规划要做到三结合。即:绿道建设与生态环境保护相结合;绿道建设与山水风光相结合,做好河堤、江堤的绿道建设,便于游客欣赏湖光山色、陶冶性情;绿道建设与运动健身相结合,做好自行车运动健身步道、徒步健身步道等的设计,让人们在休闲的同时还可健身运动。

第四节　完善旅游规划体系——旅游综合体协同发展的保障

旅游是综合性产业,带动性强、辐射面广、产业链长。旅游协同发展的目的,就是共同努力,把海南建设成为世界一流旅游目的地,塑造国际旅游品牌,打造世界级旅游产品。当前的主要问题有:旅游综合体协同发展的机制不够健全,可操作性还不太强;旅游综合体协同发展的重点还不够突出,还没有抓住"牵一发而动全身"的切入点;旅游综合体间的合作发展思路和认识已达成共识,亟须抓几项符合旅游工作实际的合作举措,并实实在在"落地";从旅游综合体协同发展的大格局看,还需强化旅游协同发展在大局中的地位和作用,旅游合作的进展还不太快,示范和引领作用还不突出。解决好这些问题,就要从后现代视角完善旅游规划体系。通过规划法规体系的完善,尽快建立健全旅游综合体协同发展工作机制,加快推进旅游组织一体化;进一步相互拓展旅游市场,加快推进旅游市场一体化;深化旅游监管合作,加快推进旅游管理一体化;加强对旅游产业发展、规划编制以及项目建设等重大问题的统筹,加快推进旅游协同发展一体化。

一、对传统旅游规划体系的反思

中国旅游规划是伴随着改革开放的不断深入而展开的。在过去的 30 余年里,中国旅游规划经历了"概念式思想启蒙"→"百家争鸣"→"政府主导型战略"→"规范化、市场化"4 个阶段①。在"十五"期间,国家旅游局已经高度重视旅游产业发展规划的编制,完成了《中国旅游业发展"十五"规划和 2015 年、2020 年远景目标纲要》的编制,并相继出台了《旅游发展规划管理办法》、《旅游规划设计单位资质认定暂行办法》、《旅游规划通则》,这些规定和标准标志着中国旅游规划开始走上规范化、标准化的轨道②。但是,近年来,面对旅游业发展的迅猛势头和激烈的旅游市场竞争形势,旅游规划存在的问题主要有:缺乏完整的理论体系、完善的技术体系、成熟的操作体系、严密的实施监管体系和专业化的规划人才③,尤其是在旅游规划的内容和执行效力方面,缺乏相关法律的支持和保障。对此,根据前文所述可知,近年来国家出台了一系列法规政策强调了旅游规划与城乡规划、土地利用总体规划等"多规"的协同发展,这标志着我国旅游业已进入快车道,构建一个科学、完善的旅游规划体系意义重大。

从 1959 年的夏威夷规划算起,现代旅游规划已有 51 年的历史,旅游规

① 董观志,张银铃:《中国旅游业、旅游学和旅游规划的 30 年述评》,《人文地理》2010 年第 3 期,第 1—4 页。
② 范业正,胡清平:《中国旅游规划发展历程与研究进展》,《旅游学刊》2003 年第 6 期,第 25—30 页。
③ 刘锋:《新时期中国旅游规划创新》,《旅游学刊》2001 年第 5 期,第 49—54 页。

划理论形成了较完备的体系①。但就中国旅游规划体系而言,迄今尚无成熟的旅游规划体系。尽管近年来国内学者在这个问题上也做了一些相关的研究,取得了较好的成果,如张宏、毛卉、刘伟在《旅游规划编制体系研究》一文中,将旅游规划体系划分为法规体系、编制体系和运作体系 3 大部分,并从基本序列和扩展序列的角度重点对旅游规划编制体系进行深入的分析,提出将旅游规划分为旅游区规划、旅游景区规划、旅游景点规划 3 个层次②。但与现行成熟的中国城乡规划体系比较而言,尽管张宏等人提出的旅游规划法规体系、运作体系与城乡规划体系中的法规体系、运作体系的提法基本相同,对完善和奠定中国旅游规划体系有较好的借鉴作用,但在行政体系、编制体系的提法上有所差异:旅游规划体系没有把行政体系纳入主要体系,编制体系和运作体系在内容上有所混淆以及没有对相应的子体系进行权限(或专业归属)的划分;城乡规划体系则把编制体系作为子体系之一纳入运作体系。因此,对中国旅游规划体系进行系统、全面、深入的研究,构建一个科学、完善的旅游规划体系已迫在眉睫。

二、规划体系的内涵

规划体系是指从不同角度表述规划内容而组成的相互对接、相互补充、相互影响的同一类型,但不同层面规划的有机结合体。现代旅游规划体系是指与旅游规划工作有关的若干单位或事务共同构成的一个既互相支持又互相制约的整体。其中,有关单位包括国家和地方的旅游规划主管部门,如各级政府旅游局、旅游景区的经营企业以及从事旅游规划编制工作的规划设计研究院等;有关事务包括与旅游规划工作相关的法律、法规、技术规范和标准以及各种形式的规划成果(图纸、文本、规划说明书和附件)等。

---

① 吴人韦:《旅游规划的发展》,《经济地理》2000 年第 3 期,第 102—103 页。

② 张宏,毛卉,刘伟:《旅游规划编制体系研究》,《地域研究与开发》2010 年第 3 期,第 82—87 页。

三、旅游规划体系的新框架

(一)基本框架的构建

二十世纪六十年代之前,旅游规划并不是一个独立的领域,仅仅只是包含在城市规划中①。二十世纪七八十年代,由于旅游规划的不合理,立法的不足和旅游组织的无效性导致很多旅游规划的失败②。到 20 世纪 80 年代以后,许多国家开始采用全面和综合的规划,希望通过控制旅游的发展去减轻不可预测的社会经济和环境影响,避免潜在问题的发生③,并认为旅游规划应该从规划先行转向旅游政策的制定和战略规划以及社区旅游规划④,从这一时期开始,国外已逐步形成了较为完善的旅游规划体系。

旅游规划是一门综合性极强的交叉学科,任何其他学科的规划,包括城市(乡)规划和建筑规划不能替代它⑤。但从实际上看,旅游规划与城乡规划之间是局部与整体、从属与统领的关系。因此,根据旅游规划体系所涉及的对象范围,及其在旅游规划编制与实施管理过程中所起的作用不同,借鉴国内⑥外⑦⑧⑨城乡规划体系的成熟经验,如中国、英国、美国和日本的城市(乡)规划体系都分别包括规划法规体系、规划行政体系和规划运作体系。随着《中华人民共和国城乡规划法》(2008)、《省域城镇体系规划编制审批

---

① Costa, J. AN emerging tourism planning paradigm? A comparative analysis between town and tourism planning[J]. International Journal of Tourism Reasearch. 2001, (3):425 – 441.

② Word Tourism Organization (WTO). Physical planning and area development:guide for local planner [S], 1980.

③ Inskeep, E. Tourism planning:An emerging specialiazation[J]. Journal of American Planning Association. 1988,54, (3):360 – 372.

④ 贾婷婷,蔡君:《国外旅游规划的发展历程及主要规划方法评述》,《河北林业科技》2010 年第 1 期,第 32—35 页。

⑤ 范业正,陶伟,刘锋:《国外旅游规划研究进展及主要思想方法》,《地理科学进展》1998 年第 17 卷第 3 期,第 86—92 页。

⑥ 惠劼:《城市规划原理》,中国建筑工业出版社 2009 年版,第 27—30 页。

⑦ 唐子来:《英国城市规划体系》,《城市规划》1999 年第 8 期,第 38—42 页。

⑧ 孙施文:《美国城市规划体系》,《城市规划》1999 年第 7 期,第 44—53 页。

⑨ 唐子来,李京生:《日本的城市规划体系》,《城市规划》1999 年第 10 期,第 50—54 页。

办法》(2010)和《城市、镇控制性详细规划编制审批办法》(2011)等一系列法律法规的颁布施行,我国已形成较为成熟的城乡规划体系,这不仅弥补了我国现行旅游规划编制内容的缺陷,而且对构架完善的旅游规划体系提供了新的借鉴。尤其在规划编制网络(类型)、内容和法律责任等方面。我们建议将旅游规划体系划分为法规体系、行政体系、技术体系和运作体系 4 个基本方面。其中,规划法规体系可分为法规纵向和法规横向两个子体系;规划行政体系可分为行政的纵向和行政的横向两个子体系;技术体系分为发展引导和开发控制两个子体系;规划运作体系又可分为编制蓝图和实施管理两个子体系(图 59)。

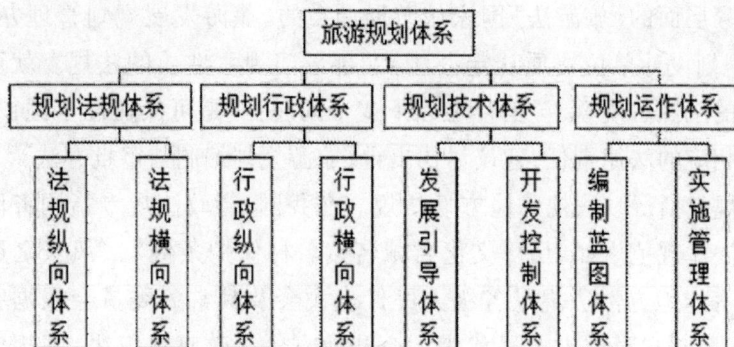

图 59　旅游规划体系的基本框架

(二) 规划法规体系

　　旅游规划法规体系是指国家和地方制定的有关旅游规划的法律、行政法规和技术规范。规划法规体系是现代旅游规划体系的核心,为规划行政和规划运作提供法定依据,其构成有规划法规纵向和规划法规横向两个子体系。从相关法律、法规的属性与范围来看,规划法规纵向体系是由各级人大和政府按其立法职权制定的法律、法规(包括行政法规和地方性法规)、行政规章(包括部门规章和地方政府规章)和规范性文件(如旅游规划图纸、文本、各类约束性文件、技术标准和技术规范)4 个层次的法规文件构成。从法律法规内容与旅游规划本身相关性角度看,规划法规横向体系是由主干法及其从属法规(配套法)和相关法组成。

目前我国已逐步形成由旅游规划方面的法律、法规、规章、规范性文件和标准规范组成的法规纵向体系。法规体系的作用主要有3个方面:一是用法律、法规的形式确立旅游规划成果的法律地位;二是确定旅游规划编制工作实施的主体,以及规划编制、评审、报批、修订的工作程序;三是明确与旅游规划编制工作相关的技术规范和标准。

法律是指全国人民代表大会及其常务委员会根据宪法,并依职权制定的法律文件。如《中华人民共和国旅游法》(以下简称旅游法)是旅游规划的主干法。现在已经出台的、可以在全国实施的、直接与旅游规划相关的法规有国家层面的《旅游法》国家旅游局颁布的《旅游发展规划管理办法》和《旅游规划设计单位资质认定办法》两部部门规章性质的法规。就已经颁布实施的三部法规看,至少存在以下2个问题:一是可操作性不强;二是没有规定相应的法律责任,建议尽快出台《旅游规划编制与审批办法》。

法规包括行政法规和地方性法规。在我国,行政法规专指国务院制定的行政法律规范。如《历史文化名城名镇名村保护条例》、《风景名胜区条例》,等等。地方性法规是各级人民代表大会及其常务委员会根据宪法和《中华人民共和国地方人民代表大会和地方各级政府组织法》的规定制定的法律规范。如《海南省旅游条例》等等。

规章是指由国务院部门和省、直辖市、自治区以及有立法权的人民政府制定的具有普遍约束力的规范。规章分为行政部门规章和政府行政规章。如由国家旅游局颁布的《旅游发展规划管理办法》、《旅游规划设计单位资质等级认定管理办法》属于部门规章;杭州市人民政府颁布的《杭州市城市绿化管理条例实施细则》属于政府行政规章。

规范性文件是指由各级政府及旅游规划行政主管部门制定的其他具有约束力的文件。如三亚市政府颁布的《西岛旅游景区管理办法》等等。

技术标准和技术规范是对一些基本概念和重复性的事务进行统一规定,以科学、技术和实践经验的综合成果为基础,经有关方面协商一致,由行业主管部门批准,以特定的形式发布,作为旅游规划共同遵守的准则和依据。如《旅游规划通则》、《旅游资源分类、调查与评价》以及在江苏省域范围产生效力的《江苏省控制性详细规划编制导则(试行)》等等。

法规的横向体系是由主干法、配套法和相关法组成。主干法是法规体系的核心,具有纲领性和原则性的特征,不可能对行政细节作出具体规定,因而需要有相应的配套法来阐明主干法的有关条款的实施细则。相关法是指旅游规划领域之外,与旅游规划密切相关的法规。

现行的法规体系中至少存在以下几点问题值得我们去思考:①法规体系存在空白,亟须完善。如缺乏与主干法相配套的《旅游规划编制与审批办法法》、《旅游区(景区)控制性详细规划编制与审批办法》等,现在具有基本法作用的是国家旅游局颁布实施的《旅游发展规划管理办法》和《旅游规划通则》,但该办法可操作性较差。②旅游规划相关法规体系庞杂,不同法规之间矛盾存在突出。旅游规划编制与管理涉及经济社会诸多领域,相关部门在制定法规时的立场和角度不同,从而导致对于相同的问题有不同的规定。如《旅游发展规划管理办法》中规定的适用范围、编制内容、审批程序等与现行的《城乡规划法》、《城市、镇控制性详细规划编制审批办法》相关内容缺乏协调,或出现双重标准。③法律、法规的出台缺乏协调性和连续性。法规体系由主干法、配套法和相关法各项法规有机有序的组成,新的法规出台应该使这个体系更加协调、更加完善,而由于一些法规的出台与原有的相关法规缺乏必要的协调性和连续性,出现了很多问题。如《城市、镇控制性详细规划编制审批办法》的适用范围是按国家行政建制的市、镇。对市、镇以外的旅游区、景区(点)的规划是否亦按本标准执行,没有明确的规定。④对违法的监督和处罚缺乏权威性和力度性。在现行的法规体系中,对旅游规划建设违法行为的监督和处罚大部分隶属于城乡规划行政主管部门,这对旅游规划行政主管部门缺乏权威性。

针对以上问题,应该从以下几个方面完善该体系:①设立专门的法规制定机构,并健全、建立法规体系协调机制。建立完善的法规体系是一项系统工程,只有在统一领导和相互协调下,才能保证其不出现上述问题,才能使其更加科学、更加完善。②在主干法的框架下,加强地方法规体系的建设。

国家法律的统一,应当是法律原则和制度的统一,而不应仅仅是立法权的统一。赋予地方立法以更大的空间,使地方法规成为有机完整的系统,更有助于解决地方的实际问题。③通过与《城乡规划法》、《城市、镇控制性详细规划编制审批办法》等法规相关内容的协调与对接,尽快明确旅游规划建设中违法监督和处罚的主体,提升旅游规划行政主管部门的权威性及对违法建设、违法占地单位和个人的处罚力度。④要尽快出台与已施行的《旅游法》相配套的法规标准,如《旅游(度假)区规划编制管理办法》、《旅游(度假)区控制性详细规划编制审批办法》、《旅游用地分类与规划建设用地指标标准》等等,以规定不同级别旅游度假区规划编制的内容和审批程序,以及在主干法和配套法中明确旅游度假区、景区的空间管制等内容条款,如按不同气候区划、主体功能区性质定位等因素来确定拟开发地块的土地开发强度指标标准(容积率、建筑高度或建筑层数、建筑密度等)、控制管制措施等。其次,针对旅游开发的运作制定规范性程序,形成从规划编制→审批→执行→监督等全过程的一套严密的程序规范[1],保证有关部门严格按照程序操作,确保旅游开发政策文件、法律法规和规章制度的正确实施。要抓紧制定和完善旅游规划法规体系。

　　良好的市场法制环境有利于规范市场准入机制,避免由于法律的"漏洞"所带来的市场失灵和腐败的滋生;有利于转换政府职能,强化公众参与意识,确保旅游开发活动和自然以及生物多样性保护间的包容性发展。但长期以来与旅游项目开发的相关的理论、法律法规缺乏。如旅游地产开发行业法规的不健全,不完善导致了旅游地产经营市场的混乱,最直接的后果体现在旅游地产消费者身上[2]。第二,要建立健全旅游土地市场动态监测制度,对土地出让合同、划拨决定书的执行实施全程监管,及时向社会公开供地计划、结果及实际开发利用情况等动态信息。最后,为了降低不断攀升的"住房空置率",国家要尽快建立健全当前在欧美流行的假期交换系统

---

① 黎兴强:《中国旅游规划新框架的探讨》,《旅游学刊》2011年第11期,第112—119页。
② 王洁超:《旅游地产发展问题再认识》,《城市开发》2008年第2期,第81—82页。

（vacation exchange system），该系统促使拥有度假房产使用权的客户可以通过交换系统换取同等级别但位于其他地区的度假住宿使用权。

（三）规划行政体系

旅游规划行政体系是指旅游规划行政管理权限的分配行政组织的构架以及行政过程的整体。旅游规划行政体系根据国家的管理体制分为规划行政的纵向和规划行政的横向两个子体系。

行政体系可以分为中央集权（纵向体系）和地方自治（横向体系）两种基本形制。但大多数国家都在这两者之间寻求适合自己国情的规划行政体制。纵向体系是指由不同层级的旅游规划行政主管部门组成，即国家旅游规划行政主管部门，省、自治区、直辖市旅游规划行政主管部门，城市的旅游规划主管部门。它们分别对各自的行政辖区的旅游规划工作依法管理，上级旅游规划行政部门对下级旅游规划行政部门进行业务指导和监督。横向体系是指旅游规划行政主管部门与本级政府的其他部门一起，共同代表着本级政府的立场，执行共同的政策，发挥着在某一领域的管理职能。它们之间的相互作用关系是互相协作的，在决策之前进行信息互通与协商，并在决策之后共同执行，从而成为一个整体发挥作用。

我国现行的旅游规划行政体系存在以下几点问题：①由于规划决策之前缺乏信息互通与协商，以及有效的监督机制，这在很大程度上左右着旅游规划的编制与实施。出现了规划利益的长远性与政府任期政绩显现之间的矛盾、规划利益的整体性与开发商利益的局部性之间的矛盾。②旅游规划部门与相关部门之间缺乏有效的协调机制，导致规划决策的独断性和封闭性。当旅游规划涉及不同地域和不同部门时，由于群体利益之争常常难以构建共识，致使编制旅游规划的时间拖延，即使最终各方妥协，也往往背离通过编制和实施旅游规划促使旅游业可持续发展的方向[1]，甚至造成规划"浪费"。③缺乏有效的公众参与。这不是公众对旅游规划的参与度热情

---

[1]　李永文，李瑞：《中国旅游规划的制度环境及其创新探讨》，《旅游学刊》2002 年第 3 期，第 26—30 页。

不高,而是规划主管部门或其他部门很少向社会公布有关规划信息,公众极少有机会参与规划决策,即使公众能提出可行的规划方案,但出于多种原因,方案很少被接受,即便公众能参与其中,也只不过走过场而已。

要解决以上问题,我们应该从以下几个方面尽快完善旅游规划行政体系:①制定和完善规划重大事项决策的规则和程序,推进政府决策的科学化和民主化。确保决策通过的规划着实体现包容性发展理念,且规划一经审批通过,就具有法定约束力。②要针对旅游规划的运作制定规范性程序,形成从规划编制→审批→执行→监督等全过程的一套严密的程序规范,保证有关部门严格按照程序操作。③加强公众参与,完善规划的决策、动态管理及监督。旅游规划必须要有公众的参与,形成决策者、设计者、开发商和公众之间的良性互动,并不断进行旅游规划的动态维护。④建立健全行政问责制。一是建立行政许可责任追究制度,保证严格依法行政,减少和避免行政过错,确保政令畅通。二是建立行政过错责任追究制度,促进依法行政,提高行政效能,保证旅游规划法律法规和规章制度的正确实施。

(四)规划技术体系

规划技术体系是指各个层面的规划应完成的目标、任务和作用,以及完成这些任务所需的内容和方法,也包括各层面规划编制的技术规范和标准。规划技术体系是建立一个国家完善的空间规划体系的基本框架(规划网络)。

《旅游法》的颁布实施,标志着我国旅游业进入了依法兴旅、依法治旅的新阶段。严格按照《旅游法》的要求,分别编制了《区域旅游发展规划》、《创建国家5A级旅游景区提升规划》、《旅游度假区发展规划》、《旅游度假区总体规划》等各类规划,推进产业融合发展,大力推进旅游业与文化、商贸、生态、工农业等相关产业的融合发展,依托发达的工业基础和特色农业资源,积极开发特色休闲农业、工业旅游项目,创建区域性工农业旅游示范点,着力提升旅游市场竞争力。同时,各级政府应抓紧进行《旅游法》配套制度的细化、深化和落地,按照《旅游法》的明确要求,进一步建立完善了旅游综合协调机制、旅游市场联合执法监管机制、旅游投诉统一受理机制和旅游安全综合管理机制;建立完善了旅游公共服务体系、旅游规划编制和评价体系、旅游产业发展促进体系、旅游安全救助体系;确立了旅游安全风险提示制度、高风险旅游保障制度、旅游景区价格和流量管理制度、城乡居民经营旅游业务管理制度、"一日游"管理制度等。

《旅游法》对政府公共服务提出了许多明确的要求。以拓展旅游服务中心功能、加快旅游集散中心规划建设为重点,建立完善涵盖旅游区主要景区景点、重要公共场所的三级旅游信息咨询服务网络体系,向旅游者提供更加便捷的信息和咨询服务;城管、旅游等部门联合推出面向外地游客的诚信租车卡,实现公共自行车租赁系统在旅游区主要景区景点全覆盖,进一步完善旅游区公共图形信息符号、旅游标志系统、旅游交通、导览等设施配套,加快智慧旅游城市建设,推进"智慧景区"、"智慧饭店"、"智慧旅行社"试点示范规划建设,着力提升公共旅游服务水平。

按照 4A 级旅游景区标准,丰富演艺娱乐、休闲餐饮、购物等元素和功能,提升购物旅游体验,实现商旅共同发展和旅游开放合作。坚持市场配置旅游资源的基本方向,积极引导、鼓励各类市场主体投资旅游业,深化旅游产业发展的多元化投入机制,推动市、镇、村三级组织在旅游发展资金上的投入,逐步建成高星级宾馆、高星级农家乐区点。此外,以国务院《关于促进旅游业改革发展的若干意见》为指导,以增强旅游从业人员守法意识和服务质量为基础,以保障旅游者合法权益为重点,进一步加大对旅游市场的监管力度,全面提高依法兴旅、依法治旅水平。

(五) 规划运作体系

规划运作体系是指围绕城乡规划编制工作和实施管理的过程所建立起来的结构体系,也可以理解为运行体系或工作体系。规划运作体系又可分为编制蓝图和实施管理两个子体系。编制蓝图体系指在城乡经济社会发展和城乡空间建设过程中,为实现科学决策,在不同的工作阶段,需要逐次研究从宏观到微观、从整体到局部、从发展思路到具体建设方案实施中的各项问题,并编制不同层次的规划(蓝图)。上述各个层次的规划形式共同组成旅游规划编制蓝图体系。

　　规划实施管理体系。任何旅游项目的开发控制都可分为通则式和判例式两种方式。判例式是指任何开发项目都必须申请规划许可。规划审批的主要依据是控制性详细规划,同时还考虑其他相关因素。在缺乏控制性详细规划的情况下,以规划部门的管理规定(如各地的旅游规划管理技术规定)作为依据。判例式的开发控制具有灵活性和适应性的优点,但欠缺透明和确定性。通则式是指法定规划是作为开发控制的唯一依据,规划管理人员在审理开发申请个案时几乎不享有自由量裁权。只要开发活动符合这些规定,就肯定能够获得规划许可,其优缺点与判例式相反。通则式和判例的开发控制各有利弊,各国和地区都在两者之间寻求更为完善的开发控制体系。两者结合的开发控制体系往往包括两个层面:一是对整个旅游地区,制定一般的规划要求,采取区划方式,进行通则式控制;二是针对各类重点地区,制定特别要求,采取审批方式,进行判例式控制。

　　根据《旅游法》中"第三章旅游规划与促进"和《旅游规划通则》(2003)的有关规定,现行的旅游规划编制蓝图体系的内容主要体现在以下两个方面:一是明确了旅游规划编制的阶段划分、层次划分以及各个层次规划的内容深度。如,把旅游规划分为旅游发展规划和旅游区规划两个阶段。二是对旅游规划的评审、报批与修编提出了明确的要求。虽然这个体系对于规范旅游规划编制的工作程序、任务内容、规划成果的深度与广度要求,以及帮助各级旅游行政主管部门和旅游经营企业进行科学决策具有重大的指导意义,尤其是对近些年我国旅游业发展起到了很大促进作用。但与现行成熟的城市规划编制体系比较而言,主要缺陷:旅游规划的扩展序列的包容性和扩充性不够,不能容纳现实中不断涌现的规划编制类型,如旅游策划;规划内容缺乏深度和广度,如控制性详细规划的内容未包括公共安全设施;现行的旅游规划修改程序和法律责任不明确。

　　要弥补这一缺陷,首先应以城乡规划编制体系的内容为参照,抓紧完善旅游规划编制体系中不同层次规划的内容,尤其是控制性详细规划的内容要与2011年1月施行的《城市、镇控制性详细规划编制审批办法》的内容相协调与对接。明确旅游区控制性详细规划"三大设施"(基础设施、公共服务设施、公共安全设施)配套和"四线"(黄线、绿线、紫线和蓝线)划定控制体系的要求。其次,要开展旅游规划中扩展序列相关内容的研究,提升扩展序列的包容性和扩充性,以容纳现实中不断涌现的规划编制类型的需要。第三,要尽快制定新的法规或修订现行旅游法规,明确旅游规划的法律责任和规划修改程序,提高规划权威性和严肃性。

就旅游规划的实施管理而言,政府及其部门的主要职责包括:确定近期和年度的发展重点和地区,进行分类指导和控制,保证有计划、分步骤实施旅游规划;编制近期旅游建设规划,保证旅游区总体规划实施与具体建设活动的开展紧密结合;通过下层次规划的编制落实和深化上层次规划的内容和要求,使下层次规划成为上层次规划实施的工具和途径;通过"三大设施"的安排和建设,推动和带动地区建设的开展;针对重点领域(如生态敏感区、城市地区等)和重点地区(如旅游景观核心区、商业发展中心区等)制定相应的管理措施,保证旅游规划的有效实施。

规划管理。一是建设用地的规划管理;二是建设工程的规划管理。目前,旅游规划建设项目的规划管理归属于城乡规划、土地资源管理等部门。这种管理体制不仅不利于旅游规划审批后管理长期稳定机制的有效形成,而且直接影响到旅游规划体系这个大系统的运作。

因此,国家旅游局应专门制定了《旅游规划行政处罚办法》。按照《旅游规划行政处罚办法》的要求,迅速着手完善执法内部机制和执法文书,做好了旅游规划实施后的各项执法准备工作,规范旅游执法行为,加大对执法行为的监督力度,全面提高旅游规划监督管理的制度化、法制化和规范化水平。同时参照城乡规划"一书两证"的规划许可制度,通过权威立法来明确旅游规划建设项目的规划管理。

此外,当前旅游规划实施的监督检查还缺乏相应的法规依据,应加强对旅游规划的整个过程的监督和管理,包括招标、实施、评审等众多环节以及应尽快通过国家立法加强以下的监督检查:一是行政监督。要求县级以上人民政府及其旅游规划主管部门应当加强对旅游规划编制、审批、实施、修改的监督检查;二是立法机构监督。要求各级人民政府应当向本级人民代表大会常务委员会或者乡、镇人民代表大会报告旅游规划的实施情况,并接受监督;三是社会监督。加强公众对旅游规划实施过程中的各项行为有权监督。

第五节　精明增长和增长管理
——实施规划管理的共识建构

在经济全球化、信息化的背景下,旅游地间的竞争越发激烈,也推动着"精明增长和增长管理"思想的盛行。各大旅游地已在全球范围推销自身为目的的旅游地再开发计划层出不穷,以期推动旅游区域经济的发展。

一、"增长"共识的建构
(二) 精明增长

二战后随着人口的增加和经济的发展,美国的城市不断向外扩张,大量挤占农田,被称为"城市蔓延"。一系列经济、社会问题由此产生。郊区发展占用了大量土地,基础设施重复建设,城市内部出现明显的阶层与种族分化现象,另外,还造成了环境污染,公共交通逐步萎缩等问题。20世纪20年代开始,汽车不断发展普及,直至取代公共交通,上升成为最主要的私人交通方式,城市结构和形态因此发生剧烈变化。随着汽车工业的快速扩张,公共交通衰退,曾经是郊区和小城镇生命线的火车和电车逐渐被高速公路取代。1934年联邦住宅局制定了给独立式住宅提供保险贷款的政策,这一政策助长了城市居民涌向郊区的行动。40年代,政府为老兵提供无首付抵押贷款的优惠购房政策,这项政策排除了购买和销售双方的风险。开发商建造了大批量形式单调,环境简陋的住宅。郊区曾经是富人独有的领地,现在已经成为美国最普遍的居住形式。50年代,国家大规模建设高速公路,郊区开始沿建成和正在计划中的高速公路发展,进一步加剧了城市蔓延。

总的来说,州际高速公路计划的实现和汽车主导地位的确立、政府偏向独立住宅的住房抵押贷款政策、战后大规模的郊区标准化住宅的建造是造成美国城市蔓延的直接原因。从美国城市发展的历程看,汽车的发展和高速公路的建设是导致城市蔓延的一个重要因素,美国人的居住模式并得到政府的鼓励是低密度发展的根源。而美国的规划管理体制和土地私有制度是城市蔓延发展的基础。

"精明增长"是 20 世纪 90 年代美国为了应对"城市蔓延"而产生的。"城市蔓延"是指低密度的土地使用模式,以汽车为依托,能源和土地浪费的,要求非常高的地面道路比率为开发服务。不受控制或控制不力的发展导致了城市无序的生长或外延的扩张。城市蔓延典型表现为一个或多个下列土地使用或开发模式:跳跃或分散式发展;带状或狭长的商业或其他发展,即主要是以低强度、低密度或单一功能发展的大规模扩张。典型的蔓延有几个特征:居住远离商店、公园和其他活动中心;分散的或跳跃式发展把大量未开发的土地留在开发的土地之间商业沿着主要道路带状发展;以低强度、低密度或单一功能发展的大规模扩张,比如商业中心没有办公或居住用地,居住区没有临近的商业中心;以汽车为主要交通方式;不断地和邻近地以低密度到中等密度(1/6 – 1 个居住单元每亩)的城市开发;以围墙围合的居住区的一部分不能与邻近的居住区的发展相连接。

2000 年,美国规划协会联合 60 家公共团体组成了"美国精明增长联盟"(Smart Growth America),确定精明增长的核心内容是:用足城市存量空间,减少盲目扩张;加强对现有社区的重建,重新开发废弃、污染工业用地,以节约基础设施和公共服务成本;城市建设相对集中,空间紧凑,混合用地功能,鼓励乘坐公共交通工具和步行,保护开放空间和创造舒适的环境,通过鼓励、限制和保护措施,实现经济、环境和社会的协调。

精明增长最直接的目标就是控制城市蔓延,其具体目标包括 4 个方面:一是保护农地;二是保护环境,包括自然生态环境和社会人文环境两个方面;三是繁荣城市经济;四是提高城乡居民生活质量。通过城市精明增长计划的实行,促进社会可持续发展。

另外,精明增长是在拓宽容纳社会经济发展用地需求的途径的基础上控制土地的粗放利用,改变城市浪费资源的不可持续发展模式,促进城市的健康发展。城市增长的"精明"主要体现于两个方面:一是增长的效益,有效的增长应该是服从市场经济规律、自然生态条件以及人们生活习惯的增长,城市的发展不但能繁荣经济,还能保护环境和提高人们的生活质量;二是容纳城市增长的途径,按其优先考虑的顺序依次为:现有城区的再利用—基础设施完善、生态环境许可的区域内熟地开发—生态环境许可的其他区域内生地开发。通过土地开发的时空顺序控制,将城市边缘带农田的发展压力转移到城市或基础设施完善的近城市区域。因此,精明增长是一种高效、节约集约、紧凑的城市发展模式。

(二)增长管理

1975 年,美国城市土地协会(ULI)对增长管理的定义为"政府运用各种传统与演进的技术、工具、计划及活动,对地方的土地使用模式,包括发展的方式、区位、速度和性质等进行有目的的引导。"增长管理的目标可概括为"4C",即协调(coordination)、限制(containment)、保护(conservation)和社区(community)。

根据美国规划师词典(A Planners Dictionary)的解释:增长管理中的规划、管理、开发的实践和技术建立在或提升下列原则:①通过紧凑的建设模式、填充式开发和采用适度的街道、停车标准,更有效地利用土地资源,从而减少土地消耗和保护自然资源。②支持商店、办公、居住、学校、娱乐空间及其他公共设施的区位与紧凑的邻里相互在步行距离之内,邻里设计应为易于活动与交流提供多种选择。③提供多样的住房选择,以便年轻人和老人、单身和家庭及不同经济能力的人们能够找到居住的地方。④鼓励步行、自行车和吸引人的多选择的公交,提供多选择的疏散路线而不是集中、交通阻塞,在邻里内低劣的交通速度。⑤综合考虑基础设施和开发决策,通过创造更多人使用现有服务和设施的邻里,使未来的成本最小化。结合公交路线和站点考虑发展和土地使用。⑥改进开发审查程序和开发标准,以便鼓励开发商应用上述原理。

实行增长管理应加强现有社区的开发是与保护自然环境、有效利用税收同时吸引私人投资相一致的一个管理社区生长的远景、方法、目标,关注长期增长的含义和如何影响社区,而不是事后对发展的检讨。社区大小可以不同,它可以小至一个城市街区或一个邻里,大至一个城市、大都市地区甚至一个区域。增长管理发展促进常常是不同群体达到可持续的长期战略合作。它有计划地创造宜居的城市、促进经济发展、保护开敞空间、环境敏感地区和农业用地。

增长管理寻求确定一个共同点,使开发商、环保主义者、公共当局、市民、金融家能够找到适合发展的方法。它鼓励紧凑的混合功能的开发,建议了一个高质量的生活和工作环境,鼓励包括步行、自行车、公交等出行模式的选择,同时保护环境特征和资源。

美国规划界将增长管理概括为 10 大基本原理:土地的混合使用;紧凑的建筑设计;为不同类型、不同大小、不同收入水平的家庭提供住宅供应和选择;可步行的邻里;具有强烈场所感的富有特色和吸引力的社区;保护开敞空间、农田、自然美景、周边地区环境;再投资和加强现有社区,实现更平衡的区域发展;多样交通方式的选择;可预测的公正的和成本效率高的发展决策;市民和共同利益者参与发展决策。即:最大效率地使用土地和基础设施(资源);最大限度地照顾社会公平;最大可能地创造可步行和人性化的场所;最大努力地保护自然环境和土地资源(科学、和谐、特色、可持续)。

二、"增长"对规划实施管理的重要性

(一)旅游规划实施管理的内涵

旅游规划编制的目的是为了实施,即通过依法行政和有效的管理手段把制定的规划逐步变为现实。旅游规划实施管理的根本目的是对旅游地的各项空间资源,如旅游资源、土地、能源、水资源、三大设施和自然与人文生态环境等加以合理配置,不断满足游客消费需求和能包容当地住民的生产、生活的基本要求,使旅游经济活动及开发建设活动能够高效、有序、持续地按照既定规划进行,这不仅利于保持旅游产业与当地经济社会和相关产业的协同发展,还有利于营造良好的人居环境和促进生态文明体制改革的稳步推进。

(二) 规划实施管理面临的困境

旅游业历来是一个易受外部冲击的敏感行业,它的特点是受外部影响的不可预知性以及问题的出现需要通过有效的增长管理加以解决的过程,但是它本身也还存在许多容易被政府管理者、规划师常常忽略的问题,如规划难以落地和规划组织与控制不力、缺乏公众参与等等。这些问题导致的后果是:尽管风景诱人、乐趣横生,旅游区也还是一个危险之地,如交通安全隐患、自然灾害时有发生的可能性依然存在等。显然,人们流入旅游区的一个原因是希望从不安、噪声、肮脏与无序的状态中解脱出来,享受安全、宁静、清洁有序的生活环境。无论是是否真的遇上危险,只要有不安全感存在,人们就会尽可能的远离一个地区;如果有一处是危险的地方,人们就很少放心地到处行走,而不安全感也会更加强烈。更完善的治安管辖也许会有帮助,却不能从根本上解决问题。

三、实施旅游规划的有效途径

科学编制的旅游规划具有综合性、全局性和前瞻性的控制和指导作用,是旅游开发建设活动得以规范有序地进行的重要保证。旅游规划实施管理则贯穿旅游开发活动的全过程。就这一点,各级政府要从增长管理的战略高度,充分发挥规划作为公共政策属性的作用,即一级政府、一级规划、一级事权,下位规划不得违反上位规划的原则,实行"规划一张图,审批一支笔,管理一盘棋",同时通过"政府组织、专家领衔,多方参与"主导下的旅游开发事宜的共识建构——增长管理(growth management),制定出应对市场转型、气候变化的、具有可操作性、约束性的旅游土地政策规划,以指导不同层面、不同级别的空间规划与建设,避免规划失败与危机发生。只有加强执法检查和监督,认真抓好批后管理,严肃查处违法用地和违法建设,才能确保旅游规划的顺利实施。

此外,公共交通的投入要坚持以政府投入为主,鼓励企业积极投资,建立健全公共交通投入、补贴和补偿机制,统筹安排,建设低碳、安全便捷和步行友好的公共交通网络。另外,还要充分考虑和满足人的物质和精神需求、促进人们身心健康发展,保障三大设施及自然景观的共享以显示社会公平正义。在开发中要注意与投资者、驻场地商户、原住民、竞争者等利益相关者广泛合作,积极引导公众参与以实现多赢。

第六节 小结

随着经济社会的发展,旅游成为人民群众生活的常态和必需,"休闲权"、"旅游权"如同"劳动权"、"受教育权"一样,是人类实现全面发展应享受的权利。但是,由于我国城镇已经历了一轮快速拓展的时期,城镇周边的未利用土地大多已纳入到城镇建设用地的范围之内,在最严格的土地管理制度下,未来我国旅游项目开发所面临的主要约束就是土地资源的约束,加上长期忽视对区域旅游规划建设的科学指导和有效调控,导致旅游土地开发呈蔓延的趋势,基础设施重复建设,生态环境进一步恶化等。对此,在以高铁为主干的快速交通网络发展的今天,秉持节约集约土地利用理念,采用HST – TOD 模式进行紧凑开发,这不仅有利于保护好耕地和维系山清水秀,也有利于构建"两型"社会,促进旅游产业的可持续发展。

在我国城镇人口不断增加和土地资源严格约束[①]的双重压力下,一个科学、完善的旅游规划体系对我国资源节约、环境保护意义重大:一是有利于转换政府职能,优化旅游业市场法制环境,尤其是明确了旅游规划和其他部门规划之间的关系,包括与主体功能区规划、城乡规划、土地利用总体规划和农业发展规划等的关系。通过明确不同层次规划的适用范围及法定规划的类型,有利于旅游规划成果与其他部门规划成果的对接,促使旅游项目开发活动和自然以及生物多样性保护之间、旅游业和经济社会其他部门之间实现包容性发展。二是有利于运用先进的规划理念与技术方法,实现规划区生态、经济、公平和宜居等相互价值观的平衡最大化,使区域旅游经济

---

① 国家"十二五"规划纲要提出:"从严控制各类建设占用耕地,确保 18.18 亿亩耕地保有量不减少。单位国内生产总值建设用地下降 30% 。"

增长和社会进步以及人民生活质量的改善同步进行,达到人与自然和谐发展的目的。包容性发展是我国乃至世界发展的主题①,它反映了新城市主义、精明增长和增长管理等理念和观点,代表的是一种规划创新的发展趋势,旅游规划建设活动是城乡规划建设的主要活动之一,实现包容性发展的旅游规划建设对资源节约、环境保护、遏制土地蔓延等起到积极的作用。三是通过不断优化的旅游行政体系,加强公众参与机制的完善,充分发挥"大众旅游,大众建"的作用。

关键词

城市综合体;旅游综合体;三区四线;开放空间;旅游规划体系;规划法规体系;规划行政体系;规划技术体系;规划运作体系;精明增长;增长管理

思考题

1. 试比较旅游综合体和城市综合体的异同。

2. 简述传统旅游规划体系存在的弊端。

3. 简述完善我国旅游规划体系的必要性。

4. 试论创建 HST – TOD 的旅游综合体发展模式对海南国际旅游岛建设的作用与意义。

---

① 2011 年 4 月 15 日,胡锦涛主席在博鳌亚洲论坛 2011 年年会开幕式上发表了以"包容性发展:共同议程与全新挑战"为主题主旨演讲,提出了"包容性发展"的理念,所谓"包容性发展"(inclusive development)是指使经济增长回归经济发展本意,即以人为本,发展的目的不是单纯追求GDP 的增长,而是使经济的增长和社会的进步以及人民生活的改善同步进行,并且追求经济增长与资源环境的协调发展。

第七章 协同性旅游综合体规划与建设

——来自海南儋州市白马井滨海新区海花岛的实证分析

美国著名经济学家、诺贝尔奖获得者斯蒂格利茨曾预言:"21世纪对世界影响最大的两件事,一是美国的高科技产业,二是中国的城镇化。"国务院总理李克强曾指出,"城镇化是中国现代化进程中一个基本问题,是一个大战略、大问题"。2015年2月经民政部批复,儋州市正式升格为海南省第四个地级市。儋州市是国家新确定的全国62个"国家新型城镇化综合试点"之一,白马井滨海新区海花岛旅游综合体的开工建设正是推动儋州市新型城镇化发展的动力源,也是为海南国际旅游岛建设的协同性发展注入新的"协和剂"。

第一节 海南儋州市经济社会和空间规划发展概述

我本儋耳人,寄生西蜀州。忽然跨海去,譬如事远游。——摘自苏东坡《别海南黎民表》

一、儋州市经济社会发展现状

(一)城镇化发展现状

2014年末儋州市共有16个镇、4个国营农场、275个村(居)委会、1431个自然村,全市户籍总人口964297人,其中农业人口622227人,非农业人口342070人,全市年末常驻总人口969600人,城镇化率为48.66%。2014年全市人口自然增长率为9.2‰。2012年—2014年儋州市城镇化发展状况见表21。

表21 2012年—2014年儋州市城镇化发展状况一览表 单位:人,%

年份	户籍总人口	常住人口	城镇化率
2014	964297	969600	48.66
2013	983000	1038000	47.48
2012	979940	953000	46.32

(注:以上数据来自于2012年、2013年、2014年儋州市经济和社会发展统计公报)

(二)经济发展现状

2014年儋州市实现GDP 2211475万元,比上年增长7.0%,其中,第一产业增加值993667万元,比上年增长4.6%;第二产业增加值295937万元,比上年增长9.5%。其中,工业增加值129847万元,比上年减少1.4%;第三产业增加值921871万元,比上年增长9.3%。2014年儋州市一、二、三次产业结构依次为44.9:13.4:41.7,第三产业结构比重首次突破40%,其中,旅游业总收入94510万元,比上年增长14.4%,其中入境旅游收入35.86万美元,比上年增长353.9%。2014年儋州市接待旅游过夜人数135.02万人次,比上年增长13.9%。2014年末儋州市A级景区3家,星级酒店4家,其中3星级3家,2星级1家。

根据图60可知,近3年来,儋州市的常住人口城镇化率和政府财政收入均逐渐上升,这为儋州市新型城镇化的发展打下了坚实的基础。

(三)就业和住房发展状况

新型城镇化强调"人"的城镇化,不再是过去土地的城镇化,在城镇化的人口中,存在一个就业不充分,收入不稳定的群体,这个群体在进城之后,如何生存生活是是否能有效推进新型城镇化的重要着力点,就业岗位的提供是农民顺利进城的重要通道。2014年儋州城镇新增就业人数8534人,比上年增长1.0%;城镇登记失业率1.76%,保持在较低水平。农村劳动力转移12052人,比上年增长0.8%。年末全市从业人员59602人,比上年末

儋州财政收入及城镇化率

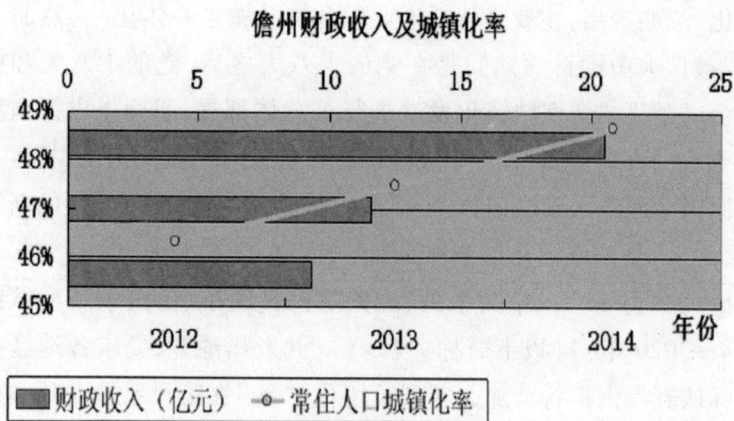

图60　儋州市财政收入及城镇化水平发展比较图

增长3.4%。就业率的提高为新型城镇化的落实提供了基础。

　　新型城镇化要以解决中城镇低收入群体和农民工保障性住房为重点,完善住房保障制度体系。需要坚持以市场供应为主,加大保障性住房供给,完善住房保障体系,加大经济适用房和廉住房建设力度,大力发展公共租赁住房,增加对城镇中低收入群体的住房供给。

　　2013年儋州全年城镇保障性住房新开工5301套,占计划的279.0%,竣工2896套,占计划的100.9%;2014年儋州全市城镇保障性安居工程新开工3541套,占年度计划的359.1%。其中,基本建成3135套,占计划的120.8%,农村危房改造开工2706户、建设面积18.94万平方米,分别完成计划的108.3%和108.2%。其中,竣工2612户、竣工面积18.28万平方米,分别完成计划的104.5%和104.4%。

二、儋州市主要空间规划政策指引

(一)新型城镇化规划

"新型城镇化"一词由来已有10余年,公认最早是伴随党的十六大"新型工业化"战略提出,主要是依托产业融合推动城乡一体化①。然而,"新型城镇化"被广大中国百姓熟知是在党的十八大之后,党的十八大和中央经济工作会议对我国新型城镇化发展进行了总体部署,明确提出提高城镇化质量的要求。特别是 2012 年中央经济工作会议首次正式提出"把生态文明理念和原则全面融入到城镇化全过程,走集约、智能、绿色、低碳的新型城镇化道路"之后,新型城镇化越来越受到各行业和学界人士的关注。

2014 年 3 月 16 日,中共中央、国务院正式颁布了《国家新型城镇化规划(2014—2020 年)》(以下简称《规划》),并发出通知,要求各地区各部门结合实际认真贯彻执行。那么新型城镇化,"新"在哪里? 贾立政,陈阳波,魏爱云,等人(2013)②做了专题调查,调查结果发人深思:如 40.34% 的受调查者认为我国的城镇化速度"快了";对近期各地纷纷出台举措推进新型城镇化建设,45.56% 的受调查者表示"充满担忧",只有 23.07% 的受调查者表示"值得期待";最担心出现的问题,排在前三位的分别是,政绩、形象工程多(占总 32.18%),占用耕地过多(占总 26.82%),征地大跃进(占总20.91%)。因此,《规划》提出了新型城镇化的新思路、新主线和新举措:

新思路 新型城镇化规划更加明确了城镇化建设的主体思路是"以人为本、四化同步、优化布局、生态文明、文化传承"。

新主线 新型城镇化的主线是农民市民化。新型城镇化首先考虑的是"化人",而不是"造城"。"化人"就是农民市民化和公共服务均等化。虽然在"化人"过程中也需要"造城",但相关规模是由"人的城镇化"的需要决定的。

新举措

(1)人往哪里去:城市群为主体形态、协调发展的空间布局。新型城镇化明确以"两横三纵"的城市群为主体形态,大中小城市和小城镇协调发

---

① 单卓然,黄亚平:《"新型城镇化"概念内涵、目标内容、规划策略及认知误区解析》,《城市规划学刊》2013 年 2 月,第 16—22 页。

② 贾立政,陈阳波,魏爱云等:《顶级专家辨析新型城镇化六个核心问题》,《人民论坛》2013 年 4 月,第 12—13 页。

展,以此构建吸纳农业转移人口的空间布局。

(2)**钱从哪里来:发债 + PPP 模式**①。新型城镇化规划提出,加快财税体制和投融资机制改革,建立多元化、可持续的城镇化资金保障机制。一是政府融资将由贷款为主转向发债为主;二是培育地方主体税种,未来房产税、资源税与环境保护税将成为地方主体税种;三是放宽准入,引入社会资本参与城镇化建设,为了破解地方融资困境,财政部将力推 PPP(公私合伙制)模式。PPP 模式或将成为私人资本参与城镇化建设的主要方式。

(3)**城市怎么建:提高人口密度**。《规划》将通过以下几个措施来提高城市综合承载能力。一是强化城市就业产业支撑;二是优化城市空间结构;三是提升城市公共服务水平。

(4)**土地怎么用:"三个一块"**。土地制度改革的主要方向是:一是通过结构调控机制"调整一块"城市建设用地;二是通过推动农村集体建设用地直接入市"增加一块"城市建设用地;三是通过提高土地使用效率"节约一块"城市建设用地。

(5)**新农村怎么建:统筹城乡发展**。一是完善城乡发展一体化体制机制;二是提高农业现代化水平;三是加强新农村基础设施建设。

总之,《规划》突出了中小城市和小城镇的重要作用,提出"人的城镇化"的关键就是要对住房、土地、户口制度等进行改革,让农村居民进城后享受公平待遇,真正使农民变成市民。要充分尊重居民的产权、自由迁徙权、自由择业权、自由交易权,强调在公平竞争下让人口和生产要素在城乡之间自由流动。《规划》提出要努力走出一条以人为本、四化同步、优化布局、生态文明、文化传承的中国特色新型城镇化道路,这对全面建成小康社会、加快推进社会主义现代化具有重大现实意义和深远历史意义。

2015 年 2 月 4 日,国务院印发国家新型城镇化综合试点方案,确定在

---

① 公私合营模式 PPP 模式即 Public—Private—Partnership 的字母缩写,是指政府与私人组织之间,为了合作建设城市基础设施项目,或是为了提供某种公共物品和服务,以特许权协议为基础,彼此之间形成一种伙伴式的合作关系,并通过签署合同来明确双方的权利和义务,以确保合作的顺利完成,最终使合作各方达到比预期单独行动更为有利的结果。

江苏、安徽两省和宁波等62个城市(镇)开展新型城镇化试点,其中海南省的惟一试点是儋州市。根据《海南省儋州市国家新型城镇化综合试点工作方案要点》,其主要任务是建立农业转移人口市民化成本分担机制,建立多元化可持续的城镇化投融资机制,推进强镇扩权试点,积极推进兰洋镇、光村镇"产城融合",探索新型城镇化"多规融合"制度建设。

儋州市作为海南省的惟一一个新型城镇化试点,对海南省新型城镇化的发展至关重要。根据《海南省儋州市国家新型城镇化综合试点工作方案要点》,儋州市开展国家新型城镇化综合试点的总目标是以人的城镇化为核心,以提高城镇化质量为关键,以建立农业转移人口市民化成本分担机制、创新城镇化投融资机制、推进重点镇行政管理创新为重点任务,实现"人—地—资源—项目—制度"的联动配置和可持续发展。到2017年,儋州市的常住人口城镇化率要达到55%,户籍人口城镇化率要达到48.54%,转化农业人口为市民人数达4.15万人;到2020年,常住人口城镇化率达到60%,户籍人口城镇化率达到57%,转化农业人口为市民人数达5.19万人。

(二)城市总体规划

《儋州市城市总体规划(2011—2030)》(以下简称该规划)确定的规划区范围为儋州市行政辖区,土地面积为3384平方公里(含洋浦经济开发区)(见图61)。该规划按照地域范围分为市域、中心城区两个层次:市域,指儋州市行政辖区;中心城区,包括那大城区和滨海城区(包括白马井滨海新城和洋浦经济开发区)两部分。

该规划确定市域空间结构模式为:圈层优化,海陆互动。空间结构概括为"双城三区多点"空间格局。

(1)双城,即两大中心城区:那大城区和滨海城区(包括白马井滨海新城和洋浦经济开发区);是西部中心城市服务职能的核心集聚区。

(2)三区:从海岸向内陆划分的三大特色发展区,即西北滨海高端职能发展区、中部台地综合职能发展区和东南浅山生态涵养发展区。

①西北滨海高端职能发展区:建设国家新型临港工业基地,依托滨海优

势资源,服务洋浦,重点集聚现代服务、滨海国际旅游和新型工业等核心功能。

②中部台地综合职能发展区:以热带特色现代农业为主导功能,依托重点城镇,积极推动商贸物流、文化产业和旅游业发展。

③东南浅山生态涵养发展区:注重自然生态环境保护和建设,依托特色资源,适当发展生态旅游功能。

(3)多点:中心镇、特色镇和一般镇组成的多个城镇功能节点。

该规划确定:2015年市域总人口为110万人,城镇化水平为50%,城镇人口为55万人;2030年市域总人口为140万人,城镇化水平为70%,城镇人口为98万人。

儋州市城市性质为:立足环北部湾经济圈、背靠华南腹地、面向东南亚的新型临港工业基地和航运物流中心、海南省西部地区中心城市和旅游服务基地。

城镇等级规模结构如下:

市域中心城市,包括两城区,即那大城区城市人口35万人;滨海城区42万人(含白马井滨海新城30万人和洋浦经济开发区12万人)。

中心镇:即木棠镇、东成镇、兰洋镇、中和镇、王五镇、海头镇、八一镇(八一农场,含原雅星镇区)7座,城镇人口2—4万人。

一般镇:即峨蔓镇、新州镇、光村镇、南丰镇、大成镇、西培镇(西培农场)等6座,城镇人口1—2万人。

城镇职能结构规划如下:

综合型城镇:共2座,为那大城区和滨海城区。其中,那大城区:承载面向海南西部内陆地区的商贸、教育医疗、交通物流等综合服务职能,海南西部内陆地区旅游服务中心;滨海城区:承载区域性临港工业基地和物流航运中心,面向区域的高端生产服务业和生活服务业职能,海南西部滨海地区旅游服务中心。

商贸服务型城镇:共3座,为木棠镇、东成镇和新州镇,以商贸等综合服务和一般加工业为主。

旅游服务型城镇:共 5 座,为兰洋镇、中和镇、光村镇、八一镇(八一农场)和南丰镇,以特色旅游和旅游服务为主。

农贸型城镇:共 5 座,为王五镇、峨蔓镇、大成镇、海头镇和西培镇(西培农场),以农副产品加工业及农业服务为主。

(三)旅游发展规划

《海南国际旅游岛西部旅游发展战略规划暨旅游线路设计(2013—2030)》(以下简称该规划)确定海南西部 7 市县旅游发展总体布局为:以打造世界一流的山海互动特色旅游目的地为目标,立足于西部产业分布现状,把握旅游产业发展趋势,实施"山海互动、内外联动"的空间发展策略,构建"一核、两带、十区"的海南西部旅游发展总体空间结构,打通南、北、西三个方向的对外旅游合作通道,形成特色凸显、功能完整、优势互补的海南西部旅游发展大格局。

其中,"一核:儋州"要依托自身在海南西部地区的经济、人口、交通和文化等中心优势,打造西部旅游集散中心、接待服务中心、文化旅游中心和重要的客源市场,确立海南西部旅游中心城市地位。确定"东坡文化园旅游区、洋浦千年古盐田文化旅游区、后水湾海上国家森林公园、蓝洋温泉旅游度假区、松涛天湖旅游区和石花水洞国家地质公园"为海南西部十五大特色旅游节点项目。

该规划还提出了"加快建设西环高铁,发展高铁旅游":开通旅游专线,发展高铁旅游产品,逐步形成海南西部"一小时"旅游圈;重点建设景区至各地高铁的旅游专线,完善景区至高铁车站的旅游交通服务;将各高铁站点建设成为旅游集散、信息咨询、交通换乘的枢纽;要求高铁站站场片区要建设成为功能综合的交通枢纽。

第二节 海南西北部旅游综合体
——儋州市白马井滨海新区(海花岛)

一般的总体规划不足以创造相应的社会生态与政治经济,以推动城市不断向共同利益迈进。为了实施一种城市化方案,必须要让人们理解它。它不仅要有明确的定义,还要与当地文化与价值相符。……当空间上的密度与规模经济,以及协同的社会经济效应显现时,城市生活与商业的成本将会减少,还将促进新的市场与经济模式的产生和发展。——摘自加拿大著名城市学家杰布·布鲁格曼《城变:城市如何改变世界》

一、引言

为了促进白马井滨海水系生态通廊的形成,促进白马井滨海城区生活居住、滨海休闲度假功能的完善,促进儋州市乃至海南西部旅游、商贸、海洋文化等产业的发展,儋州市规划在白马井洋浦湾东侧浅海海域投资建设海花岛旅游综合体项目。该项目由3个独立的离岸式岛屿组成,主岛和南北两侧花瓣辅岛,寓意海中绽放的花朵而取名"海花岛"。海花岛规划范围东西最长约5.5千米,南北最宽约6千米,规划填海面积约8平方公里。2012年12月14日,国家海洋局正式发文,对海花岛旅游综合体项目区域建设用海规划进行批复。根据该批复,在规划期限的2012年至2017年间,规划用海总面积约792.6347公顷,其中填海造地783.0032公顷,透水构筑物跨海桥梁用海9.6315公顷。至2014年,海南省各级政府审批填海造地项目共219宗,面积4741.65公顷。其中人工岛11个,涉及用海面积1845公顷。

根据上文所述,作为海南西部地区中心城市和旅游服务基地的儋州市,规划"双城"中的白马井滨海新城所承担的主要职能是发展面向区域的高端生产服务业和生活服务业,是海南西部滨海地区旅游服务中心。那么,如何依托儋州市在海南西部地区的经济、人口、交通和文化等中心优势,着力打造旅游综合体,以承载和发挥其在区域中的地位和作用,是本节讨论的重点。

二、研究区域、数据来源和研究方法

(一)研究区概况

(1)**地理区位** 海花岛旅游综合体项目地处儋州市西海岸白马井镇,

儋州市(海南省第 4 个地级市)位于海南岛的西北部,地跨东经 109°8′—109°12′,北纬 19°38′—19°41′,海上直通北部湾,西北与临高县、澄迈县接壤,南至白沙黎族自治县,东南交琼中黎族自治县,西南与昌江黎族自治县接壤。北部和西南濒临北部湾与广西自治区、越南民主共和国隔海相望。随着"一带一路"(丝绸之路经济带和 21 世纪海上丝绸之路)国家战略的深入实施,海南已经成为丝绸之路经济带上的一个"点"(图 61),儋州市又该如何定位呢?

随着 21 世纪海上丝绸之路的进一步推进,儋州市要充分发挥地理、地域优势,借力海花岛,发展以海上丝绸之路为主题的海洋旅游,积极推动发展邮轮游艇、帆船、帆板、低空飞行等高端旅游业态,为推进中国 - 东盟海洋旅游经济圈建设发挥积极作用。

(2) **交通条件** 白马井滨海城区海花岛旅游综合体项目距离海口市 145 公里,距海口美兰国际机场 150 公里,距三亚市 301 公里,距三亚凤凰机场 291 公里,距儋州市区 37 公里,邻近 G98 环线高速公路。西环铁路洋浦站东部即西部机场(儋州机场),且粤海铁路、环新英湾——那大城市轻轨均在此设有站点,同时 G98 环线高速、洋万高速及多条重要公路,白马井高速立交出口及洋浦高速立交出口均临近规划区,使得规划区具有了区域交通枢纽的重要地位。

此外,在建中的海南西环高铁洋浦站位于儋州滨海城区的南部地区,距离儋州市区 37 公里,距 G98 环线高速公路白马井立交出口约 800 米,是白马井滨海城区海花岛旅游综合体重要的对外交通通道之一。

(3) **旅游资源分析** 儋州市是国家优秀旅游城市,拥有丰富的旅游资源,荣获"全国诗词之乡"、"中国楹联之乡"、"中国民间艺术之乡"以及"诗乡歌海"之美誉。主要有"儋州八景",即东坡书院、松涛天湖、龙门激浪、海南热带植物园、蓝洋冷热泉、光村银滩、千年古盐田和鹭鸶天堂,及八一石花水洞、笔架岭等特色旅游资源。其中东坡书院、千年古盐田和龙门激浪就处于环白马井滨海城区(含海花岛)境内。此外,白马涌泉、儋州新英湾红树林保护区及传统海洋渔村文化等旅游资源也极富特色,这对海花岛旅游综合

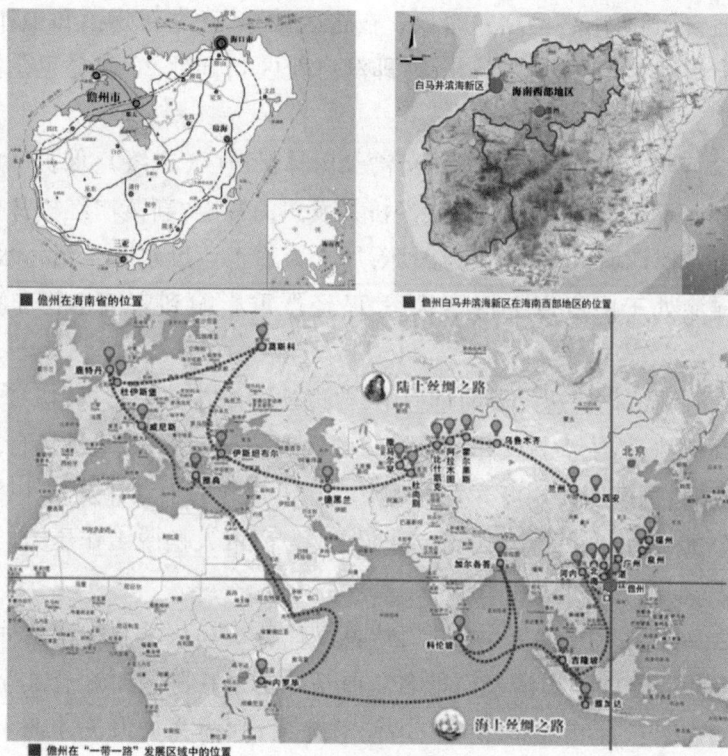

图61 海南儋州市白马井滨海新区地理区位图

资料来源:"一带一路"图片来源于百度图片,有修正

体的可持续发展意义重大(图62)。以下重点介绍几处鲜为人知的旅游
资源。

①儋州市新英湾红树林保护区 新英湾是因原新英镇(新英镇于2002
年撤镇并入新州镇)而得名,是一个口窄里阔、形如葫芦状的海湾,水域面
积近450公顷(见图63)。新英湾总体风浪扰动小,水体平静,风景秀丽,千
百年来是周边居民从事海洋经济活动及发展海上贸易的重要基地。

新英湾是儋州境内最长两条河流北门江、春江的入海口,其河口海岸生
长着大面积的红树林,海洋渔业资源丰富,是海南最为著名的渔港之一,更
是海南最好的避风港之一,也是海南最早的登岸港口之一。该港口自汉代

起已开通,是到海南必经之登岸口。在这区域,其背靠新州镇和中和镇,沿新英湾向南约10公里是白马井镇(即滨海新区),向北20多公里是洋浦经济开发区。

1992年4月儋州市建立了新英湾红树林保护区(市级),保护区面积为115.4公顷。但改革开放以来,受经济开发热的影响,新英湾红树林生态系统受到了开挖虾塘、鱼塘等人为破坏,加上周边工业废水和生活污水影响,红树林滩涂处于中度以上污染状态,已经严重影响到底栖生物和鸟类的生存。

在旅游城镇化快速发展的过程中,要以建设海花岛为契机,切实加强对新英湾红树林、传统渔村文化等旅游资源的保护与开发,杜绝破坏自然与人文生态资源、过度占海用海开发等现象。除了常规的景点开发以外,还注重了度假公寓、购物区等配套设施的建设,成为都市人摆脱工作压力,让身心回归自然,彻底放松的理想场所。

②**白马涌泉** 关于"白马涌泉",传说汉代英雄马伏波将军南征时,因将军的白马用蹄刨沙涌出清泉而得名。白马井古迹在隋唐时就有文字记载,抱驿都旧志云:"后伏波将军乘白马刨沙得泉,因为井去海涛才四十五步,其味清甘,乡人于井上立伏波庙"。又云:"唐懿宗咸通五年,命辛传李四将部兵过南滩港,适渴其白马澌唻刨沙得泉"。

我国现代杰出作家、大诗人、历史学家、考古学家郭沫若1961年游览考察白马井时写的《白马井港》诗,在诗序中有段关于古迹的考证的文字:"在港口附近,闻迹有井,有祠祀伏波"。

③**海洋渔村文化** 渔村由于与海洋有关,承载着几千年来的海洋文化,具有与内地村落不同的文化积淀。洋浦—新英湾沿岸分布着靠海为生的许多古渔村落,如福村、禾能村,南岸村等。众所周知,海洋渔村作为海洋文化载体具有独特的价值,是中国文化的重要组成部分。在大力发展海洋经济,建设海洋强国的今天,必须协同与平衡旅游开发与海洋文化保护之间的关系。

④**白马井中心渔港风光** 该渔港临近北部湾渔场,港池位于儋州湾内,渔港岸线长1524米,主航道长3000米,具有风浪小、避风条件好等特点,是

海南重要的渔业生产基地和天然避风良港。

近期计划总投资 2 亿元的白马井中心渔港着眼于建成大型水产品加工交易基地,包括五大功能区,即水产品交易、加工、仓储、商务服务和生活服务区。

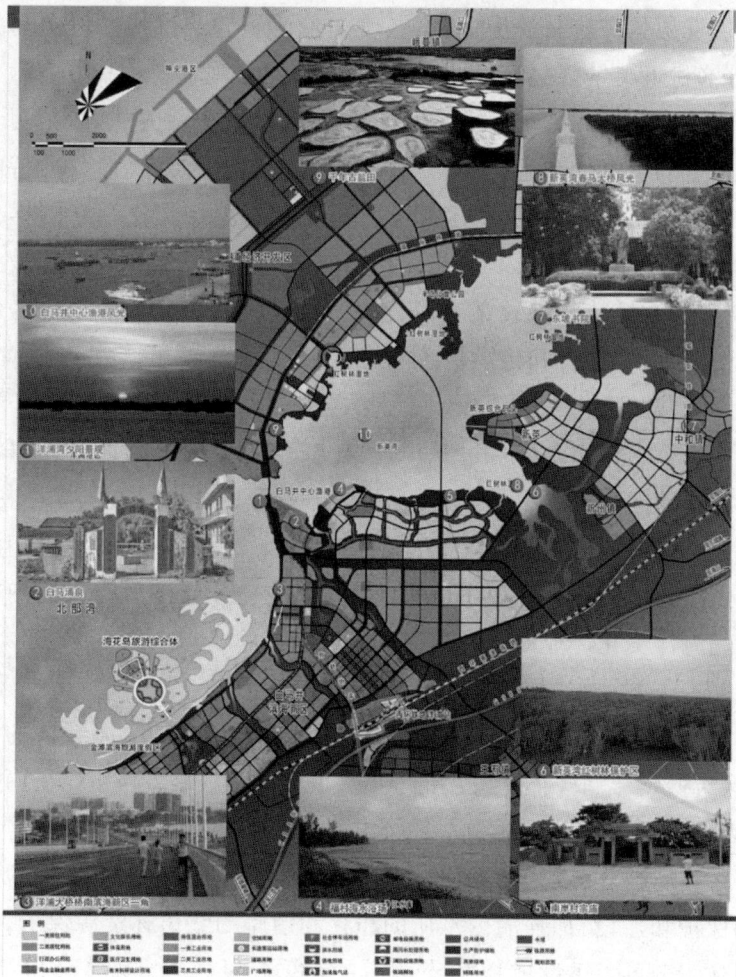

图62　海花岛—新英湾主要旅游资源分布图

综上所述,白马井滨海城区(含海花岛)及其周旅游资源综合实力较强,属于"较好旅游资源集合区",开发潜力较大。优良级旅游资源比重较大,分布相对集中,便于进行游赏规划。自然资源中水景、林(红树林)景资源突出,规模较大,环境容量较高,景观质量好。自然资源分量重,具有全国唯一性。资源具有较高的历史价值、美学价值和游憩价值。但白马井老镇区、部分渔村人工景观层次较低,与优质的自然景观发展不和谐。

然而,海洋渔村的建筑样式、渔民的思想观念、生活方式、风俗习惯形成后具有一定的稳定性和延续性,千百年来,虽经流传演绎,但其独特的内涵却代代相习,绵延传承。这些区别于城市文化的独特文化存在同样构建了人类精神家园的独特图景。从文化价值来说,海洋文化的最初和最主要的发源地就是渔村,从某种意义上说,渔村大范围的、快速的消亡也是传统海洋文化的消亡,为保护和传承传统海洋文化,必须保留足够数量的渔村。渔村及其所承载的文化一旦消失,就无法再生。人为地消灭渔村在一定程度上等于在消灭文化的多样性。从海洋文化资源上看,可以说有关海洋或者涉及到海洋的文化资源十分丰富,无论是海滩湿地、海塘堤坝、渔港村落、海港码头、海防要塞、煮盐晒盐等多元的海洋历史,都是在人和自然和谐共生的海洋经济与生活发展历史中孕育产生的。这些丰富的海洋文化内容可以成为发展海洋文化产业的资源。

(4)与周边协同发展规划要点

环洋浦—新英湾地区是未来儋州—洋浦组合形成的滨海新城的空间范围,是构筑儋州洋浦一体化发展的重点地区,其空间结构和功能布局概括为"一核四廊四组团"(图63)。

①新英湾绿核:以新英湾独特优良的自然景观为依托,注重该地区生态环境的保护和建设,加强湾内水质的净化和沿岸的红树林资源保护,适当控制沿岸建设规模,建设成以生态涵养,绿色游憩为主要功能的特色绿色核心。

②四廊:三条放射状联通新英湾绿核与周边生态背景的大型自然生态廊道,分别为牙拉河生态廊道、春江水库生态水系廊道、洋浦半岛生态廊道

和新英湾湾口生态廊道。

③北部临港产业组团:包括洋浦经济开发区和木棠部分地区,洋浦经济开发区以临港工业和港口物流产业为主导,建设国家新型临港工业基地、海南省国际航运和物流中心,为促进环湾地区工业集约化布局,发挥产业的规模效应,区内预留洋浦与儋州共同发展的工业用地。

④东部木棠组团:依托与洋浦便捷的交通联系,发展配套洋浦服务洋浦的综合服务和居住职能。

⑤南部综合服务和滨海旅游组团:主要包括白马井滨海新城和其南部旅游区,依托并服务洋浦经济开发区的产业发展,重点培育和发展信息服务、科技研发、会议会展、高端商务商贸、滨海旅游度假等服务业门类,加快发展现代生活服务业,成为服务西北部地区滨海旅游带的中心。

⑥东部高端文化和生态旅游组团:包括中和镇和新州镇所在区域,该区域拥有悠久丰富的历史人文资源和良好的生态本底条件。近期城镇点状聚集发展为主,有效保护和合理利用中和历史文化名村镇,优化沿湾地区生态环境,整治新州镇建设渔业风情小镇。远期引入文化博览、疗养度假和创意产业,完善和提升该地区旅游和高端服务职能。

(二)数据来源

关于规划案例来源,一是以儋州市人民政府组织编制且已通过批准施行的《儋州城市总体规划(2011—2030)》和《儋州市白马井海花岛旅游综合体总体规划》为研究基础数据源。二是通过实地勘察和访谈获取第一手样本资料,如影像资料、经济社会发展数据等。

(三)研究方法

主要应用本书阐述的规划理论与方法(主要详见第二、三、四、五章)对儋州市主要空间规划成果及白马井滨海城区规划成果进行规划评析的基础上,通过应用空间模型分析法、比较法等方法深入分析海花岛旅游综合体发展状况,研究提出该地区发展存在的问题及对策。

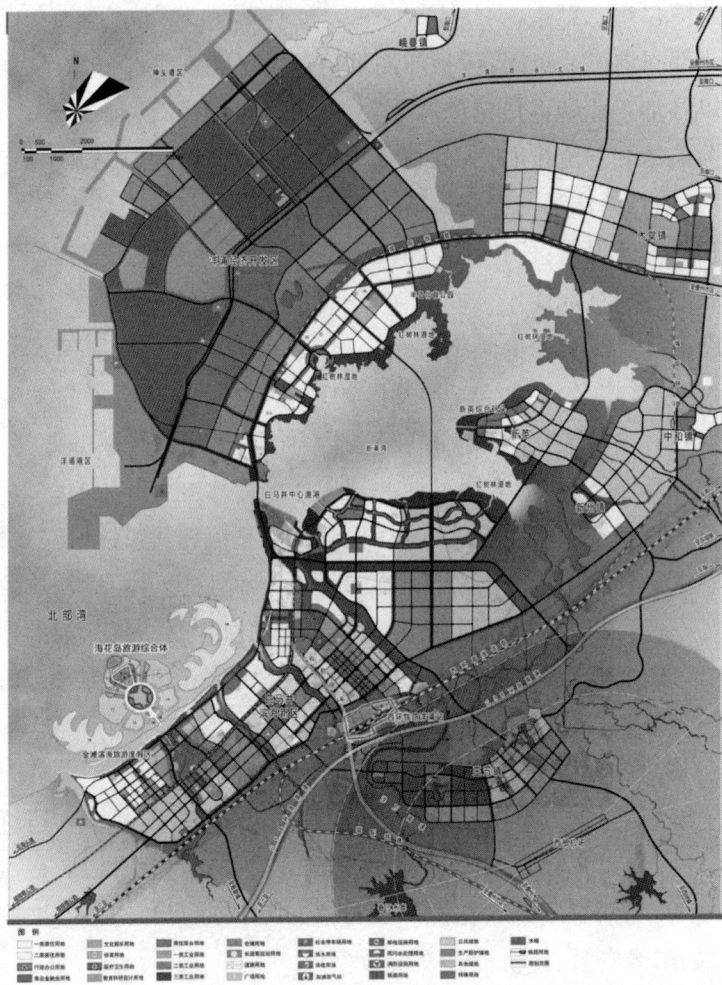

图 63 白马井滨海新区(含海花岛)
功能结构及周边协同发展规划图

资料来源:《儋州城市总体规划(2011—2030)》,有修正

三、规划设计要点

（一）规划区范围及建成规模

海花岛旅游综合体总体规划区位于儋州市白马井至排浦海域，北靠洋浦经济开发区，东临白马井滨海新城，由3个填海形成的人工岛组成，规划填海面积为785.54公顷，其中主岛（1号岛）约384公顷，东副岛（2号岛）约248.2公顷，西副岛（3号岛）约为153.34公顷，岛屿间采用桥梁连接，3个人工岛与白马井滨海主城区用大型桥梁作为陆岛主通道（图63）。

海花岛区内规划总人口约10.91万人，其中1号岛4.81万人，2号岛3.74万人，3号岛2.36万人。

（二）规划定位

规划区定位为世界级国际旅游度假胜地，打造最美丽、最生态、最环保、配套设施最完善、规模最大的人工岛。建设内容主要包括旅游、休闲、娱乐设施，商贸、金融等商业设施、高端休闲居住区及基础配套设施等。

拟建成集风情酒店、世界美食文化街、七星级酒店、海上高尔夫球场、海上乐园、沙滩泳场、购物中心、游艇会等为主题，集大众娱乐、海洋活动、商务会议、休闲高端度假为一体的国际顶级旅游综合体。建成后，对振兴儋州旅游经济、产业经济，建设世界级生态市、特色文化旅游城市具有巨大的推动作用，同时也将进一步改变海南东、西线乃至国内外的旅游格局。

（三）空间布局结构

规划区总体空间布局为"一核、两轴和三岛"（图64）：

①一核：以主岛为核心，建设旅游服务中心，是全岛规划的景观和商业核心。

②两轴：南北、东西两条主轴线，将三个岛有机连接起来，形成生态景观交通带，构成儋州市西部滨海新门户。

③三岛：三个岛屿形成三个明确的功能板块。

在主岛主要建设七星级酒店、产权式酒店和风情酒店，配套建设商务中心、购物中心和体育休闲运动中心等。两侧副岛主要建设配套旅游地产。

图 64　白马井滨海新区海花岛旅游综合体总平面图图

资料来源:《儋州市白马井海花岛旅游综合体总体规划》,《儋州市城市总
体规划》,有修正

(四)空间形态特征

海花岛为离岸式人工岛,人工岛由于离开海岸建设,是对海岸线占用较
小的一种填海造地用海方式。人工岛式填海既节约了海域自然岸线,又新
增了大量的人工岸线。据统计,近年来海南人工岛填海共新增人工岸线
61.84 千米。

规划实施后海花岛使原来地表裸露的人工岛将被诸多建筑物和人工绿
化所覆盖,大大改善了区内的生态环境质量。同时,海花岛旅游综合体将为
白马井地区塑造一个全新旅游景点,丰富及美化白马井海岸的景观,为白马
井—洋浦海岸线增添一道亮丽的风景线。海花岛建成后,迪拜式七星级酒
店建筑将成为白马井滨海新城一座新地标(图 65)。它所塑造的现代版的
旅游休闲文明将与对岸的洋浦现代工业文明共同谱写儋州文明新篇章(图
66)。

图 65 海花岛旅游综合体设计意向鸟瞰图

资料来源:《儋州市白马井海花岛旅游综合体总体规划》,有修正

图 66 洋浦大桥和白马井滨海新区一角(作者自拍)

四、讨论与结论

(一)讨论

海花岛旅游综合体项目位于《海南省海洋功能区划(2011—2020)》的"旅游休闲娱乐区",项目用海可以满足该海洋功能区的海域使用和海洋环境保护管理要求,其用海符合海洋功能区划。项目规划与建设的内容符合《产业结构调整指导目录(2011 年本)(修订)》。海花岛旅游综合体的规划与建设是海南各项空间规划的具体与落实,与《海南国际旅游岛建设发展规划纲要》、《海南省海洋经济发展规划》、《海南省海洋环境保护规划(2011—2020)》、《儋州市城市总体规划(2011—2030)》、《儋州市旅游发展

总体规划》《儋州市白马井滨海新区北片区控制性详细规划》的关系相协调。同时,本项目建成后,对增加就业机会、促进地区经济社会发展,均具有一定的拉动作用。尤其是本项目选址不涉及养殖赔偿、不涉及居民拆迁、社会风险小,基本达到了经济效益、社会效益和环境效益的统一。

当然,海花岛旅游综合体发展中也存在一些问题与困难。一是规划布局有待进一步完善与提升。白马井滨海新城(含海花岛)城市建设用地45平方公里;人均城市建设用地105平方米。

根据2014年9月1日起实施的《节约集约利用土地规定》(国土资源部第61号令)明确提出:"城乡土地利用应体现布局优化的原则,引导工业向开发区集中、人口向城镇集中、住宅向社区集中,推动农村人口向中心村、中心镇集聚,产业向功能区集中,耕地向适度规模经营集中;鼓励线性基础设施并线规划和建设,集约布局、节约用地。禁止在土地利用总体规划和城乡规划确定的城镇建设用地范围之外设立各类城市新区、开发区和工业园区;同时,城市建设用地应因地制宜采取组团式、串联式、卫星城式布局,避免占用优质耕地。"

目前海花岛周边海景一线的多限于局部建设,整体与局部协同发展规划建设还处于分散向整合阶段过渡(图67),其产业集群化和国际化程度不够高,尤其与周边中近郊在发展上的对接比较薄弱。尽管滨海城区之外的台地及近海圈层的发展空间巨大,但部分为优质耕地,按照上述《节约集约利用土地规定》,白马井主城区城市建设应当因地制宜采取组团式、串联式等紧凑的规划布局形式以避免占用优质耕地。此外,应充分协同城中村及周边重点农渔村的规划与建设,着力推进城乡一体化建设。

二是资源配置有待进一步优化。散落在海花岛总体范围内的不同类别的旅游资源点如何有效整合、有效利用,海花岛产业资源要素如何合理配置以形成创利性强的旅游产业链,都是目前急需考虑解决的问题。

三是服务设施有待进一步改善。区域内商业、文娱、公共交通及医疗、教育、养生等方面的专项配套服务设施建设比较滞后。

四是开发与管理模式有待进一步创新。海花岛是恒大在海南致力打造

图 67 白马井滨海新区海花岛及其周边发展现状图

资料来源：google earth 和作者自拍

的区域性旅游综合体。开发模式的成功选择会成为制约旅游综合体可持续发展的瓶颈和亟待解决的问题之一。可借鉴国内外成功案例创新旅游综合体开发与管理模式，如新加坡圣淘沙度假胜地、拉斯维加斯综合体和深圳华侨城等（表22）。

表 22 国内外成功旅游综合体建设案例一览表

案例名称	开发模式	建设内容
新加坡圣淘沙度假胜地	集酒店、娱乐、环球影城、购物、美食于一体的一站式综合娱乐城。有丰富的旅游产品体系和完善的产业体系以提升综合化服务。同时，注重产品品质游客体验和可持续的发展模式。	除了建设环球影城主题乐园、海洋生物园、海事博物馆外，还建有娱乐场、豪华水疗中心、6家风格迥异的度假酒店、名胜世界会议中心和多家名厨餐厅及零售精品店等。
韩国爱宝乐园	是世界第七大主题公园，也是一座集娱乐、购物、庆典、水上设施、赛车场、高尔夫球场及度假村的世界级渡假胜地。	有具备40多种游乐设施的游乐世界，此外还有自然野生动物园等。内设有国际四季花园，还有野生动物世界，加乐比海湾水上世界，湖岩美术馆，各色餐厅等。

深圳华侨城	以生态旅游为引擎打造品牌,聚集人气,提升土地价值,利用高端地产快速回笼资金,促进旅游的深度开发。旅游与地产滚动推出,滚动发展,形成良好的可持续发展模式,获得丰厚的投资回报。	是国内首个集休闲度假、观光旅游、户外运动、科普教育、生态探险等主题于一体的旅游综合体。建设内容包括:两个主题公园、三座旅游小镇、四家主题酒店、两座36洞山地球场、主题地产、主题佛教园区和四台主题演艺等。

(二)结论

　　海花岛旅游综合体总体规划符合国家产业政策,符合国家和海南省相关政策和规划要求,与儋州市社会经济发展规划、产业发展规划和旅游发展规划及生态环境保护规划等相容,但《儋州市城市总体规划(2011—2030)》中未包括海花岛旅游综合体规划区,规划区部分区域不符合《儋州市土地利用总体规划(2006—2020年)》(2012年修订)规划要求,且规划区范围内也存在一些资源和环境制约因素,如依托供水工程建设滞后阻碍规划顺利实施、区域环保基础设施不完善,污水依托处理不保障等。故该海花岛旅游综合体规划需与儋州市城市总体规划、儋州市土地利用总体规划进一步协调,并应尽快调整土地利用总体规划,对建设用地实行总量控制,确定建设用地的规模、布局、结构和时序安排。同时,要加快依托供水工程和污水处理设施的建设进度等,以保障规划的顺利实施。

　　(1)应用EDL协同发展方法进行高起点高标准规划与设计,稳步推进海花岛旅游综合体建设。应注意以下几点:一、高密度的住宅建设与就业岗位要与少量的私人汽车、更多的非机动车出行及公共交通联系起来;二、一个地区的业态混合程度越高,人们步行出行的可能性就越高,出行的距离越有可能缩短;三、仅凭借混合的业态以及高密度的开发不能支持便捷的步行环境,街道的设计与建筑临街面的设计从中起到了很关键的作用。为此,设计适宜步行的街道和人行尺度的街区是关键,其次是要根据公共交通容量确定城市密度。此外,要将区域性的目的地,例如就业中心、机关院校等主要公共服务设施,安排在公共交通服务水平匹配的地方,这样可以在通勤的交通分担模式、交通高峰期拥堵以及总体机动车使用上产生深远的影响。通过这一系列的规划设计及有效地实施,必能有效地控制城市的开发建设,打造高品质的低碳、休闲和宜居的旅游空间环境,以促进洋浦—白马井滨海城区科学、有序发展。

(2)划定基于海南西环高铁的 TOD 片区,以推动滨海城区(含洋浦开发区)的可持续开发。目前,白马井滨海地区已成为泛海南西部投资环境最好、自然资源保护最好、最适宜旅游度假的地区之一。要注重西环高铁洋浦站的 HST – TOD 的开发与建设,极力创建极富活力的滨海旅游城市。TOD 片区的划分标准是①:①TOD 土地使用标准。一般来说,具有中高密度住宅、商业、办公、服务和零售业。其中包括所有的 R 类、C 类用途和相似用途,通常不包括 M、W、T、U、G、D 和 E 类用途;②TOD 公交标准。至少 BRT 区域干线公交服务或至少一个地铁站。典型情况下,一个 TOD 片区将包含一个区域性的公交线路和次级地区性的接驳公交线网;③TOD 距离标准。主要公交站点周边 600 米范围内的土地、800 米之外的土地可以有选择性的纳入,以利于整合同类用途无宽马路或区域分隔的土地;④TOD 边界标准。在已经满足其他标准的情况下,一个新 TOD 片区的范围,将延伸到下述对象的边界:有清晰边缘的开阔地和自然景观,非步行导向型用途的地块,高速公路或主干路;⑤密度要求:每公顷土地上平均包含 200 个居住人口和就业岗位;⑥交通系统要求:达到"城市网格"的要求或同等水平;⑦面积要求:最少 120 公顷。

(3)应重点依托功能性项目开发建设,加快创建休闲度假旅游集聚区。近两年来,白马井滨海城区引进重大功能项目投资总额逾 200 亿元,且建成区初具规模。海花岛周边的东坡文化园旅游区、后水湾等休闲度假项目也在建成中,并将成为海南旅游业的支柱产品。随着未来一大批高标准旅游项目的建成,海花岛旅游综合体的区域发展带动作用将显著加强,产业集聚功能将进一步凸显。因此,在项目规划与建设的过程中,要秉持"职·住·游"协同发展理念,不断优化产业结构,提供更多的就业岗位,以

---

① 彼得·卡尔索普,杨保军,张泉等:《TOD 在中国——面向低碳城市的土地使用与交通规划设计指南》,中国建筑出版社 2014 年版,第 42 页。

增加本地居民的收入。同时,应加强对新英湾红树林保护区的生境保护,进一步发挥红树林防护海岸线、净化空气和水质、调节气候的作用,为人们保留一个美丽、文明、和谐的绿色家园。要规划建设好城中公园,便于人们和游客游玩、娱乐和休闲。要按照高质量、高标准的原则推进项目建设,把项目打造成世界规模第一,最美丽、最生态、最环保的人工海岛,打造成为配套功能最完善、技术最先进的世界旅游综合体项目,为海南国际旅游岛建设谱写儋州新篇章。

第三节 小结

旅游综合体的概念源于城市综合体。城市综合体是以高密度建筑群为基础,融合金融证券、商务办公、酒店餐饮、商业零售、公寓住宅、综合娱乐复合性功能于一体的建筑有机体。而旅游综合体是指在依托旅游吸引物和土地基础上,以某一项旅游或游憩功能为主,并将用于满足旅游者和当地居民"行、住、吃、游、娱、购、体、学、疗、悟"等旅游需求的旅游与生活空间进行有机结合进行土地的综合开发,达到旅游服务要素的高效聚集与整合,形成具有一定空间规模和较高旅游服务质量的综合体。可见,旅游综合体明显有别于城市综合体,是旅游城镇化发展到一定阶段的必然产物。

海花岛旅游综合体项目是海南省和儋州市的重点建设项目,项目的落地建设,对推动儋州经济社会发展,提升儋州文化旅游业的竞争力以及推进海南国际旅游岛建设具有重大意义。项目规划与建设要以可持续发展为宗旨,建立科学严格的海洋生态保护制度,在保护生态环境的基础上进行填海造地建岛开发工程,尽量减少围海、填海对生态环境的负面影响,确保海洋环境的安全。对因填海造地造成周边海域生态系统受破坏的,要对海岸带、岸线、沿海防风林带及沿线绿化景观等生态环境进行修复养护,进一步加强生态环境保护力度,增强可持续发展能力。

关键词

协同性旅游综合体;海花岛;儋州市

思考题

1.如何营建一个"职·住·游"协同发展的旅游综合体?

2.你认为广东恒大巨额投资打造的"海花岛"能成为真正意义上旅游综合体吗? 请说明理由。

3.如何营建一个"职·住·游"协同发展的旅游综合体?

4.你认为广东恒大巨额投资打造的"海花岛"能成为真正意义上旅游综合体吗? 请说明理由。

第八章 结论与展望

高铁时代的旅游规划发展研究既是一个理论与方法问题,又是一个实践问题。本书从旅游规划系统化研究入手,本着旅游开发规划与管理和多学科交叉综合的角度以及宏观的视野,力图通过理论联系实际对旅游规划有一个比较完整的认识,进而提出解决问题的总体框架。

第一节 结论

一、主要研究结论

协同性旅游规划基础理论具有明显的多学科综合性。目前,对旅游规划发展的研究还不够系统,不够全面,理论基础也十分薄弱,本书主要从旅游学、城乡规划学、旅游休闲地理学、建筑学、经济学、协同学以及系统科学等相关学科吸收营养来构建协同性旅游规划基础理论。

首先,随着游客多元化旅游消费需求的逐步升温,相应的旅游开发活动与产品供给数量也呈现出快速发展的态势。旅游开发为我们带来巨大财富的同时,它又是一种对自然资源高需求、高消耗的生活方式,是影响旅游目的地生态环境的重要因素。绿色发展、永续发展和紧凑发展是当今世界发展的时代潮流,低碳、休闲、宜居则是绿色发展的核心理念,也是旅游规划发展的主要价值取向。旅游开发必须顾及到规划建设过程中的许多彼此关联的问题,如规划理念和原则、土地开发强度、交通设施网络、开放空间和公共服务设施以及管理与安全等。因此,对其研究必然需要协同学、空间句法等理论与方法的指导。

其次,旅游开发规划是城乡规划编制内容的一个有机组成部分,必然需要旅游规划理论与城乡规划学、人居环境科学、景观生态学等理论的交叉融合研究。

第三,旅游区的建成空间是一个具有游憩休闲功能的开放空间,对其研究必然包括旅游观光、产品生命周期、休闲商业区等有关低碳、休闲和宜居等方面的理论。

第四,旅游区所基于或依托的景观资源是一个十分宝贵而有限的空间资源,对其研究必然包括生态平衡、经济外部性、土地经济学等环境、经济和土地方面的理论。

最后,旅游开发如何满足人们的休闲度假行为? 如何使旅游物质空间与休闲度假行为空间相匹配? 这就涉及到有关环境认知、行为动机等环境行为方面的理论。这些理论具有明显的交叉综合性,与旅游规划相结合便可形成自己独特的理论基础。笔者认为主要有包容性发展理论、紧凑发展理论、绿色发展理论、景观生态学理论、休闲旅游地理学理论、城市美学理论等。当然,这些理论属于交叉学科的范畴,还有待进一步地深化和系统研究。

与传统的旅游规划不同,协同性旅游规划注重规划理念、旅游产品和空间组织结构等的不断创新。协同性旅游规划在规划理念上秉持回归旅游本源;在公共资源配置方面主张 EDL 协同发展;在产品开发定位上追求差异性、特殊性和唯一性;在空间组织结构方面,在塑造适宜尺度、整体低碳、休闲、宜居的空间形态的基础上,强调土地混合使用,达到紧凑集约和 JHTSD 极大化。

HST - TOD 是区域或次区域旅游开发的空间结构组织的新模式。HST - TOD 是快速综合交通网络背景下的 TOD 理论的深化与延伸。无论是在区域规划、城市总体规划,还是在小尺度的场地或社区规划与设计等方面,HST - TOD 无疑是各项空间规划在土地使用规划编制过程中优先考虑的空间结构组织模式之一。这主要基于以下几点:其一,快速、大运量和便捷的综合交通系统是 HST - TOD 主要优势,它所产生的主要效应之一就是"职·住·游"协同发展——所连接的就业、居住、游憩及各类城市(旅游区)生产生活资源的数量、质量和多样性将成倍或多倍增加。其二,HST - TOD 强调从区域层面,构建快速便捷的综合交通网络,以满足人们的绿色出行,同时优先考量区域尺度的旅游区及其度假社区土地混合使用,为创建低碳、休闲、宜居的旅游开发提供交通技术支撑和奠定良好的人居环境基础。

回归城市理念是协同性旅游规划发展的目标价值取向。全球气候变暖、能源安全、产业升级是推动低碳旅游发展的主要动力。回归城市的根本目标是实现自然生态、人文历史等回归旅游本源,倡导 JHTSD 极大化;实现方法是 EDL 协同发展:生态、设计和低碳的协同发展;经济、密度和休闲的协同发展;公平、多样性和宜居的协同发展。即通过 EDL 协同发展可以成就高水准的低碳、休闲、宜居的旅游开发。

可协同性的旅游规划方法是旅游可持续发展的路径选择。绿色发展(3L 理念)是永续发展(3E 理念)、紧凑发展(3D 理念)在实践过程中目标价值取向的集中反映,是人们追求生活质量的更高表现形式,是适应气候变化的有效途径之一,也是旅游规划发展的主要目标理念。实现协同性旅游规划的路径为:倡导 EDL 协同发展的规划理念;应用 HST - TOD 以实现土地开发与交通发展的最佳组合;严格"三区四线",创建高品质休闲旅游空间;实施有效的旅游增长管理;创建良好的市场准入与空间管制法制环境。

海南国际旅游岛建设的顺利推进,为本书理论与方法的实证佐证提供了广阔的平台。例如,作为海南省重点建设项目之一的儋州市白马井滨海新区海花岛旅游综合体项目位于海南西部北部地区,濒临北部湾,其规划用海面积约 10 平方公里,其中填海可用建设用地面积约 785. 54 公顷,协同发展区域涉及泛洋浦—白马井地区乃至海南西部地区。该旅游区与从其东南侧穿越而过的西线高速干线(西线高铁、西线高速公路)的高铁车站、高速公路出入口的距离仅为 3. 2 公里,其开发建设的成功与否对海南国际旅游岛建设的永续发展举足轻重。我与我的研究团队经过近半年的调查、分析、规划与评价,发现:处于以高铁为主干的快速交通网络的滨海旅游综合体发展应当在充分考虑 EI 建设的前提下,尽快完成该区域城市开发边界、永久基本农田和生态保护红线划定,海花岛和高铁洋浦站周边新增建设用地应采用组团式、串联式、卫星城式发展方式,同时应注重"职·住·游"协同发展,并通过 EDL 协同发展规划理论与方法和实践有机地结合起来,达到了理论联系实践的目的。

二、创新点

本书的特色与创新之处主要体现在以下三点:

从多学科视角尝试引入了包容性发展、协同学、空间句法等思想、理论与方法。讨论与构建协同性旅游规划理论与方法体系,以实现旅游地"职·住·游"协同发展极大化,即充分考量旅游产业融合及 EDL 协同发展,本书首次提出协同性旅游规划概念、理论与方法体系框架,试图回答当前旅游规划发展中面临的主要问题。

提出回归城市理念,构建了"职·住·游"、EDL 协同发展等理论与方法体系框架及建立了相应的效用评价指标体系。本书研究的终极目标是如何实现旅游开发的"职·住·游"协同发展极大化。笔者认为,海南不仅要做好新建旅游区的职住平衡,更要注重旅游产业融合,充分发挥旅游产业大省的作用,以适应低碳旅游新理念和经济社会不断变化的要求,如交通出行方式改变、产业转型等,不断满足本省就业需求以及全国人民乃至世界人民日益增长的旅游消费需求。

实证协同性旅游规划理论与方法在特殊地域的应用。对于迈入高铁时代的中国和日趋完善的以环线高铁为主干的海陆空立体交通网络中的海南,协同性旅游规划发展的研究,不仅对正在引领"旅游产业创新"的海南,还是大尺度的中国旅游规划发展都具有一定的理论价值和实践意义。

第二节 后续研究的几点问题

一、有待完善的工作

尽管笔者尽了最大努力,力求结构完善、逻辑严谨、结论科学,为旅游规划发展的研究尽绵薄之力,但由于知识水平的有限和相关资料的缺乏,从而使本书还是有一些值得讨论的地方。

旅游规划研究是一个正在发展中的新兴学科,许多问题还在探索阶段。因此,协同性旅游规划的研究是一项具有开创性的工作。本书从选题到完稿历时三年多,由于时间的仓促、个人的精力的限制以及本人知识水平和研究思路的局限,书中很多内容借鉴了不少同行的研究成果以充实研究内容。笔者对协同性旅游规划发展的相关理论解读还不完全,一些问题还未得到深入的展开研究。如本书对协同学、3E、3D 和 3L 相关理论阐述尚不完善;对回归城市理论研究不够深入,欠缺对 JHTSD 极大化技术评价指标体系的量化与实证等。这些问题都有待今后密切关注和深入研究。随着我国旅游城镇化的快速发展,闲暇时间的增多,以及人们对生活质量意识的增强,人们愈来愈需要高品质的旅游空间。这不但需要系统地分析研究旅游规划的理论与方法,而且还需要构建一个科学高效的旅游规划体系。这有待于诸多学者在实践和研究中进行不断地总结和完善,另外还有许多问题及相关领域值得进一步深入探讨与论述。

二、尚需进一步研究的问题

虽然本书对协同性旅游规划的概念、理论和方法都作了一定深度的研究,但远未达到全面、系统、定量化地解释协同性旅游规划思路的程度,至少需要在以下几个方面急需进行深入细致的研究:

协同性旅游规划技术体系研究 旅游规划研究至今仍处于重应用轻基础理论的多学科分散状态,其理论研究也主要停留在将其他相关学科的基本理论应用到旅游规划学的研究领域。本书虽然对协同性旅游规划的理论基础进行了较为全面地探讨,提出了包容性发展棱锥模型、回归城市和 EDL 协同发展理论与方法,但在对协同性旅游规划方法技术体系与核心内涵的研究,还有待于进一步探索和深化。

协同性旅游规划效用评价指标体系的验证性研究 本书提出了协同性旅游规划的核心是秉持回归城市本源、主张 EDL 协同发展、追求"职·住·游"协同发展极大化。但更多的是定性描述,虽然考虑了快速交通系统、旅游者、原住民、区域经济背景等多方面的因素,但如何更科学地选择与确定评价因子,进一步量化 JHTSD 极大化的评价指标体系,还有待进一步研究和完善。这些问题的解决需要有赖于大量的实践样本数据,这应是本书后继研究的重点之一。

实践性个案研究需要进一步拓宽与充实 协同性旅游规划作为新的规划思路的探讨,需要建立完善的理论基础,同时需要大量的案例研究予以实证和丰富。限于研究性质、资料和研究实践,本书选取的规划案例研究有一定的局限性。在今后实践中,还可选择山地旅游、次海岛旅游或大尺度区域旅游等作为实证案例,以进一步完善协同性旅游规划的理论与方法体系。

第三节 展望

在未来 10 年内,中国的休闲旅游需求也呈高速增长态势,预计到 2020 年中国将成为世界第一大旅游目的地国和第四大客源输出国(刘群红,2011)①。作为闲暇经济主体的旅游开发正面临产业转型和资源约束的双重压力。中国旅游开发在许多城市地区、旅游区资源利用、空间规划设计控制上的缺陷日益凸显。但随着我国空间规划网络的进一步完善,以及即将于 2013 年 10 月 1 日起施行的《中华人民共和国旅游法》(以下简称旅游

---

① 刘群红:《休闲旅游地产的主题定位分析与开发启示:以江西天沐明月山温泉度假村为例》,《企业经济》2011 年第 2 期,第 139—142 页。

法)的深入贯彻,尤其是旅游法"第三章旅游规划和促进"的条款中所规定的旅游发展规划方面的内容的正确实施,如编制的主体、内容、实施和评价以及主要相关利益者的职责与义务等,这既是一件利国利民的大好事,又是摆在我们面前迫切需要解决的诸多细节方面的规划问题,例如,如何组织编制好旅游发展规划以促进旅游资源的保护与利用,整体提升旅游产品开发和旅游服务质量?通过什么方法或方式与相关规划进行有效的衔接或融合?等等。这都意味着中国旅游规划研究工作正面临着新的挑战,也是作为"旅游业改革创新试验区"的海南国际旅游岛建设进程中一项新的任务。对此,我们有理由相信,在全球旅游经济一体化及旅游法的即将施行,开展协同性旅游规划理论与方法的研究工作尤为重要。

　　海南国际旅游岛建设的目标是形成"两区三地一平台"①,进而逐步将海南建设成为生态环境优美、文化魅力独特、社会文明祥和的开放之岛、绿色之岛、文明之岛、和谐之岛。从旅游规划与建设的角度看,"国际旅游岛"真正的内在核心是国家在战略层面对海南空间资源的优化配置提出了明确的方向和要求。主要内容包括"发展和保护"两个方面:保护方面,核心是要求必须严格保护好国家唯一的热带资源和优良的生态环境;发展方面,核心是明确了资源价值最大化导向下的海南新的发展路径②。因此,本书提出协同性旅游规划理论与方法以及倡导 JHTSD 极大化,有利于公共资源的优化配置、公共空间的控制以及提高旅游区、景区的空间品质。

　　由于知识和经验有限,本书难免有浅薄及需要推敲之处,本研究只是起到抛砖引玉的作用,以期引起有关规划设计部门的重视和广大学者的进一步研究和探讨。书中若有不妥之处,希望得到各位读者的批评指正。

---

① "两区三地一平台"是指中国旅游业改革创新的试验区、全国生态文明建设示范区;世界一流的海岛休闲度假旅游目的地、南海资源开发和服务基地、国家热带现代农业基地;国际经济合作和文化交流的重要平台。
② 杨保军,赵群毅等:《海南发展的战略转型与空间应对:写在"国际旅游岛"建设之初》,《城市规划学刊》2011 年第 2 期,第 8—15 页。

优秀蒙古文文学作品翻译出版工程 ★ 第九辑

大漠苍穹

阿尤尔扎纳 / 著

红英 / 译

作家出版社

前　言

　　内蒙古文学作为我国社会主义文学事业的重要组成部分，是祖国北疆亮丽文化风景线上的一颗璀璨夺目的明珠。自古以来，内蒙古文学精品佳作灿若星河，绵延接续，为构建多元一体的中国文学版图贡献了应有的力量。

　　蒙古文文学创作是内蒙古文学的一抹亮色，广大少数民族作家用自己生动的笔触创作出了一大批讴歌党、讴歌祖国、讴歌人民、讴歌英雄的优秀蒙古文文学作品。鸿雁高飞凭双翼，佳作共赏靠翻译。这些优秀蒙古文文学作品并没有局限于"酒香不怕巷子深"，而是通过插上翻译的翅膀"飞入寻常百姓家"，乃至走向更广阔的世界舞台。

　　为集中向外推介展示内蒙古优秀蒙古文文学创作的丰硕成果，为使用蒙古文创作的作家搭建集中亮相的平台，让更多优秀蒙古文文学作品被读者熟知，自2011年起，由内蒙古党委宣传部、内蒙古文联、内蒙古翻译家协会联合推出文学翻译出版领域的重大项目——"优秀蒙古文文学作品翻译出版工程"。该工程旨在将内蒙古籍作家用蒙古文创作的优秀作品翻译成国家通用语言文字，面向全国出版发行和宣传推介。此工程是内蒙古自治区成立以来第一次大规模、全方位、系统化向国内外读者完整地展示优秀蒙古文文学作品成果的重大举措，是内蒙古自治区蒙古文文学创作水准的一次集体亮相，是内蒙古自治区文学翻译水平的一次整体检验，是推广普及国家通用语言文字工作的生动实践。

　　民族文学风华展，依托翻译传久远。文学翻译是笔尖的刺绣，文字的雕琢，文笔的锤炼。好的文学翻译既要忠于原著，又要高于原著，从而做到锦上添花，达到"信达雅"的理想境界。这些入选翻译工程的作品都是内蒙古老中青三代翻译家字斟句酌的精品之作，也是内蒙古文学翻译组织工作者精心策划培育出来的丰硕果实。这些作品篇幅长短各异，题材各有侧重，叙述各具特色，作品中既有对英雄主义淋漓尽致的书写，也有对凡人小事细致入微的描摹；既有对宏大叙事场景的铺陈，也有对人物内心波澜的捕捉；既有对时代发展的精彩记录，也有对社会变革的深入思考；既有对守望相助理念的呈现，也有对天人和谐观念的倡导。它们就像春夜的丝丝细雨，润物无声，启迪人的思想、温润人的心灵、陶冶人的情操，为我们心灵的百草园提供丰润的滋养。

该工程实施以来，社会反响强烈，各界好评如潮，为读者打开了一扇了解蒙古文文学创作的重要窗口，部分图书甚至成为多家高等院校及科研院所重要的文献资料。此项功在当代、利在千秋的工程，为促进各民族作家、翻译家交往交流交融发挥了重要作用，为满足人民文化需求和增强人民精神力量提供了坚强支撑，对铸牢中华民族共同体意识、构筑中华民族共有精神家园做出了积极贡献。

石榴花开，牧野欢歌。时光荏苒，初心不变。在开启建设社会主义文化强国新征程之路上，衷心祝福这些付梓出版的作品，沐浴新时代文艺的春风，带着青草的气息、文学的馨香、译介的芬芳，像蒙古马一样，纵横驰骋在广袤无垠的文学原野之上。

内蒙古文联党组书记、主席　冀晓青

一

大漠深处一轮红日冉冉升起，一夜风雪过后余寒犹厉，又是个寒气逼人的早晨。被霜雪覆盖的胡杨和红柳像蒙着白色斗篷的老人一样，擎着被压弯的沉甸甸的枝丫艰难地挺立着。晨光中落在戈壁滩上的灰雀频频交替着冻僵的细爪，相互依偎着为对方整理羽毛。

顶着清晨凛冽的寒风，一辆红色老式摩托车从新雪上疾驰而过，仿佛一把锋利的刀刃在裁开一张白色的纸。

骑摩托的是一位五十多岁的体格高大的黑汉。只见他身上穿着一件未着色的发白的羊皮长袍，头戴一顶红狐狸皮制成的双耳油单帽，将裹进马蹄袖里的油门轻轻一拧，红色摩托车便飞一般闪进了大漠深处。显然他对这戈壁滩上灌丛横生、坑洼不平的道路了如指掌。这位黑汉名叫格日勒巴图，正从旗中心回来，赶往位于青山头的冬牧场。格日勒巴图时不时地将左手从袖中探出扶着坐在身后的人，仿佛生怕他掉下去。他又加了一把油门，冷风兜头灌过来，使他的眼睛眯成了一条缝，激出的泪水来不及淌下便在眼角结成冰花。

坐在格日勒巴图身后的那个人，头上套着个尖顶的黑色编织帽，用口罩遮着脸。因此除了一双闪烁不定的、如猫头鹰一般凹陷的黄眼珠之外再难看清其他五官。那人身穿一件绿色棉大氅，腿上绑着过踝的硕大护膝，脚上蹬着一双笨重的白色运动鞋。从穿着和身形判断，貌似一位二十多岁的青年。嘴里的哈气已经将他的眉眼、头发和帽子染了一层白霜。此人名叫朱乐巴雅尔。

格日勒巴图早上出门的时候，以牧人的习惯观看天色，已经猜到今日会变天。因此为了赶在坏天气发作之前到家，他放开马力拼命趱着路程。

快到晌午的时候，原本还明媚的太阳开始出现一圈黄色的日晕，天气变得阴沉起来。没过多久失却温度的冬阳便淹没在了黧黑的云层背后。像牧人了解自家骆驼的脾性一样，格日勒巴图非常清楚大漠里的天气变化。它就像善变的妇人一样说变就变，而现在眼看着她就要发作。

天边黑沉沉的旋风像幕布般压将而来，仿佛天地都要夹合在一起。那景象如同海啸掀起的巨浪在天际里翻腾。四处飞扬的砂石尘土是暴风雪的前兆，细尘顺着口鼻钻进肺里，呛出一片咳嗽声。

格日勒巴图虽然加足马力，仍然没能躲过暴风雪的袭击。天色越来越黑，几乎到了伸手不见五指的程度。他放慢速度开启了车灯，循着猫眼一样昏黄的微光在斑驳的土路上继续逆风行驶着。

"暴风雪就要来了，不晓得咱俩怎样到家呢！"格日勒巴图小声叹息。

"你到底要把我带去哪里？让我下车。"双眼紧闭，将脸贴在格日勒巴图后背上的朱乐巴雅尔烦躁地回应。

"正在往家赶呢，马上就到了。"格日勒巴图回过头来安慰着。

"马上，马上，都跑了多久了？怎么还没到？我的脚都快冻掉了，受不了了，快让我下车！"朱乐巴雅尔一副忍无可忍的样子。

"再稍微忍耐一下！咱先找个背风的地方烤火取取暖。我穿着棉鞋脚都快冻冰了，何况你还穿着单鞋。难熬，难熬啊！"格日勒巴图艰难嚅动着几乎冻到丧失知觉的肥厚嘴唇说道。

"少废话，快停车！不然我就跳下去！"气愤的朱乐巴雅尔瞪着黄眼珠子发狠。

格日勒巴图没有理会，说："到了前面黑岗子下就休息，你且忍一忍。"继续前行。

朱乐巴雅尔没有说话，咬紧牙关拼命缠住格日勒巴图，将头脸嵌进他的后背，痛苦地战栗着。他恨不能跳下摩托，但乱石飞进、风驰电掣的高速行驶打消了他的念头。只见他时而拼命撕扯着格日勒巴图的皮袍，时而鬼哭狼嚎伸手在空气中乱抓，显然难受至极。

终于熬到了大黑岗子的背风处，格日勒巴图快速停了车。只见朱乐巴雅尔像袋装的冻肉一样咚一声栽下了摩托车。格日勒巴图急忙丢下车子去扶，却看对方翻着白眼，四肢抽搐，犹如发情的公驼一样嘴里吐着白沫，将牙齿咬得噼啪作响。格日勒巴图当下慌了神，望着天空喃喃祈祷："我的老天爷呀，这可如何是好？望苍天保佑！"

"朱乐巴雅尔，朱乐巴雅尔！"格日勒巴图试图叫醒他，怎奈对方一声不吭，像一团被烤皱了的皮革一样蜷缩着。他的脸犹如毛头纸一样泛着灰黄，嘴唇像经过了鞣制呈现着黑紫色。格日勒巴图连扯带拉总算让朱乐巴雅尔坐了起来。

"你怎么了？是冻的吗？好点了吗？"格日勒巴图询问着去摸朱乐巴雅尔的手，发现他两手紧握，指甲都快掐进手掌。

眼看着朱乐巴雅尔又要受不住发作了，他闭着眼睛，咬破嘴唇，开始在地上打滚。鼻涕、口水混合着泥土蹭得满脸都是。见他如此状况，格日勒巴图无比担心：人在极度寒冷的情况下，肌肉就会抽搐，恐怕他就是这种情况。我得赶紧烧火让他暖和一下。他身上穿的破棉大氅和那双夏天的鞋子根本不顶事儿。可怜的，千万别有三长两短才好啊。

格日勒巴图的络腮胡上覆满了厚厚的霜，鼻子里的清涕结成了冰疙瘩，脸冻得像番茄一样红肿着。他顾不上这些，嘴里吐着白蒙蒙的哈气，四处奔跑着捡拾一切可烧的东西。

浑身战栗的朱乐巴雅尔突然没了动静。格日勒巴图急忙跑来把手伸进他胸口摸了摸心跳，又快速脱下自己的皮袍将他裹了起来。等格日勒巴图转身想引火的时候才发现自己的手指已经冻麻木完全不听使唤，他只好用哈气暖一暖手继续点火。然而盐碱滩上捡来的树疙瘩哪有那么容易点着呢？想着弄折了或许会好一些，结果费尽力气竟也没弄断。格日勒巴图越来越冷，再这样下去恐怕他自己也要倒下了。为了缓解寒冷他隔着衬衣搓了搓自己的身体但没什么用。寒气越发侵进五脏六腑使他的上下牙齿打鼓一样碰撞着。格日勒巴图想拿回自己的皮袍穿在身上，可眼看朱乐巴雅尔气若游丝，一只脚就要踏进阎罗殿，实在没忍心。一盒火柴眼瞅着就要划完，万一把火柴用完，可真要遭殃了。怎么办……格日勒巴图急速思考着，突然他想起了摩托车里的汽油。于是他一跃而起跑到摩托车旁，揭开油箱盖儿将树枝伸进去蘸满了油。此时格日勒巴图的手指冻得已经像枯树枝一样僵硬，他勉强划动了火柴，火星子在接触油树枝的瞬间燃起了火焰。格日勒巴图担心燎着了自己的狐狸皮油单帽，将其挂在了摩托上。之后拽来大块儿大块儿的树疙瘩扔进了火堆。伴随着一阵噼里啪啦的声响火逐渐旺了起来。格日勒巴图失去知觉的手指在烤火后渐渐刺痛起来。他走过去掀开袍子看看朱乐巴雅尔，对方依然像死了一样一动不动。格日勒巴图将他拉到火堆旁边躺好，过了一会儿在熊熊火焰的炙烤下，朱乐巴雅尔冻僵的各个关节仿佛开始融化，像一只刚从冬眠中苏醒的小动物一样微弱地蠕动了起来。

"朱乐巴雅尔……"格日勒巴图唤了一声，对方没有睁眼，依旧咬牙蜷缩着。细看朱乐巴雅尔将嘴唇咬出血的煎熬模样，格日勒巴图陡然明白了什么，恐怕他不只因为寒冷才这样难受。

"噢，这家伙是犯毒瘾了吧！这可怎么办？"格日勒巴图站着出了一会儿神，转而走到摩托旁，从褡裢里拿出一瓶酒拧开瓶盖儿递给朱乐巴雅尔道："来，喝两口暖暖身子吧！也松松筋骨。"结果对方像死了一般毫无反应。格日勒巴图只好将他的头抬起来，把酒瓶凑过去，终于见他的嘴唇轻轻地抽动了几下。格日勒巴图顺着他的牙缝灌了少许酒进去，之后又连连灌了几次。朱乐巴雅尔虽然仍旧闭着眼睛，但喉结滚动好歹咽了下去。格日勒巴图在旁边观察了一阵，见没什么异样，又多灌了一些酒进去。朱乐巴雅尔依旧紧闭双眼，但却大口吞了。格日勒巴图被火焰炙烤得胸前发烫，背后拔凉，因此自己也喝了两口。不料平常不喝酒的他可能一时喝得太猛，一口下去差点没把自己呛出好歹。那酒仿佛是两团炽热的火焰，顺着食道一路炙烤着滑下，进而灼烧着他的胃。格日勒巴图身上穿的虽是薄衫，但此时借着酒劲儿竟也觉得暖和了几分。

"喂！朱乐巴雅尔，感觉好点了吗？能不能起来？"格日勒巴图再次叫他。朱乐巴雅尔依旧闷声不响地躺着。格日勒巴图挽住他的胳膊试图扶起，却被朱乐巴雅尔猛地甩开，厉声吓阻："滚开！别碰我！"

格日勒巴图被这突如其来的凶狂吓住，眼珠子差点儿飞到头顶。心想：老天！这家伙够厉害的，碰上硬茬了呢！不想个主意恐怕没那么容易让他听话。现在该如何把他带回家呢？听说沾染上毒瘾的人都会性情大变失去人性。怪不得他父母将他交给我的时候像送瘟神似的！想来实在没有办法了吧？如今我要用什么法子治好他呢……对付暴戾乖张的恶魔宜用温和的手段，因此对他也最好采用柔和的招数，先用真诚和爱平复他的心灵，之后再让他逐渐产生依赖……

"我以为你冻抽搐了，需要帮助吗？"格日勒巴图神情无奈地立在一边。

朱乐巴雅尔勉强抬起眼皮，露出一只失去神采的眼睛，很不情愿地瞟着格日勒巴图道："我现在非常难受，我是不会跟你回去的，你快些把我送回家！"说着像被万千虫子啃噬一般，咬碎牙齿，拼命揪扯起胸口，眼看就要把食指放进嘴里咬断。

"喂，干吗？别咬手！"见有人阻止，朱乐巴雅尔变本加厉，犹如疯狗一样咬得更紧。格日勒巴图猛地上前一把扯出时，他的手指已经被咬得血肉模糊。

"你的手指出血了，干吗要这样啊？别动，我给你包扎。"格日勒巴图摸出自己的手绢刚要缠上就被朱乐巴雅尔甩开了，道："你少献殷勤！你是我什么人？要你管！我现在就是个废物，没有人愿意正眼瞧我。我活着还有什么意思？"他哭着用两手猛地扯开大氅的衣襟，被崩开的扣子纷纷飞了出去。暴风雪中熊熊燃烧的火堆仿佛火海般翻卷着。朱乐巴雅尔丢掉大氅就朝火堆里跳去。幸亏格日勒巴图眼疾手快，电光石火间犹如老鹰抓小鸡一样将他捞了出来。但火借风势风助火威，惊群的野马一样飞旋的火苗还是燎着了朱乐巴雅尔的衣袖和前襟。情急的他不知道怎么灭火，慌乱中迎风跑了出去。结果见了风的火如同浇了油一样，瞬间吞噬了朱乐巴雅尔。

格日勒巴图不假思索一跃而上，从背后推倒朱乐巴雅尔，就地用沙子埋了起来。即使这样仍有火焰在往外蹿，他索性用皮袍盖住才将火完全扑灭。朱乐巴雅尔贴身穿的短衫是混有化学成分的尼龙布料，此物见火就着，烧熔后形成胶皮般黏稠的黑炭紧紧贴在他的皮肤上。朱乐巴雅尔的手腕、腹部以及肋下均烫出了巨大的血泡，头发、眉毛和睫毛被燎得像一只秃脑袋羊，散发出阵阵焦煳味。

见朱乐巴雅尔在痛苦中呻吟，格日勒巴图道："现在没有任何可以敷伤口的药，我们最好赶紧回去。来，把这个穿上！"说着为朱乐巴雅尔披上自己的皮袍。对方却毫不领情，一把将袍子扔到地上，说："我不跟你走，我要回自己的家，别管我。"说罢扭头就走。格日勒巴图赶紧追上拉住了他的手，却被他一把甩开，朝着旷野没头没脑地奔去。格日勒巴图几步就撵了上去，伸出脚把朱乐巴雅尔绊倒摔了个狗啃泥。

"在这荒郊野地里，你光着身子瞎跑什么？走不出五步你就得冻死明白吗？"格日勒巴图气愤地拽他。"我就算冻死也不会跟你走的。"朱乐巴雅尔像犟驴一样执拗着死活不肯起身。

"年轻人，别再犯傻了！何必跳火坑摧残自己美好的青春年华呢？人的生命是多么宝贵呀？你的生命是老天爷通过你的父母赠与你的无比珍贵的礼物。它不只属于你，还和爱你的父母、兄弟、亲戚、朋友等都有莫大的关系。我也不是因为没事干才要这样纠缠你，只是心疼你日渐憔悴的父母，有感于他们逐日增添的白发，才想着把你带出来，减轻他们的负担。你说得很对，我俩确实谁也不认识谁，是毫无瓜葛的两个人。即使这样，为了珍惜你年轻的生命，我仍在不遗余力地挽救你，并且想继续帮助你呢。你明白吗？"格日勒巴图苦口婆心地劝说了一番。

"你不能感受我的痛苦，因此你也不会理解我承受着怎样的煎熬。你以为咬手指、跳火堆是为了好玩吗？我是实在受不了折磨才想解脱的。关于我的情况我父母没和你说吗？我对你没什么可隐瞒的。因为吸毒我刚蹲了两年监狱。但离开了那个东西我是万万活不成的，你知道吗？……我求求你，我管你叫爹，你就放我走吧！我回去后哪怕找到一丁点那东西，也可以有片刻的安宁。我求求你了，我给你磕头，你就放了我吧！"朱乐巴雅尔痛苦地大哭着，不停地在冰冷的大地上磕着头。

格日勒巴图慌乱地上前扶住朱乐巴雅尔说："喂！你这是干什么呀？不要这样，赶紧起来，我会帮助你的。"朱乐巴雅尔跪在地上用哀求的目光望着他，问："你要怎样帮我？"神情可怜得犹如被铁链拴紧的猴子在渴求主人手中的红枣。

格日勒巴图一时感到无比心酸，安慰说："这样下去你会冻坏的，快起来！我会用全部的力量帮助你，相信我。"他再一次将自己的皮袍搭在朱乐巴雅尔的身上。朱乐巴雅尔用头抵着地，两只手狠命地抓抠沙土，接着又用拳头砸着冻透的大地，绝望地号啕大哭起来。

　　"孩子，别哭！咱俩去烤烤火。"格日勒巴图擦拭好朱乐巴雅尔满头满脸的泥土，搀起时才发现他尿湿了裤子。

　　"唉！可怜的小伙子，一定是难受到了极点，才会这样出丑吧！我要用什么法子将他顺利带回家呢？"格日勒巴图思索片刻后，像抱小孩一样一把将朱乐巴雅尔抱到了火堆旁边。冻僵的朱乐巴雅尔也终于没了反抗的力气。直到接触火温，浑身筛糠一样发抖的时候，格日勒巴图才意识到自己身上只穿着一件薄衫，他赶紧拾起朱乐巴雅尔那件掉光了扣子的绿色大氅穿在了身上。格日勒巴图又捡了些柴火将火烧旺了一些。低头坐在火堆旁的朱乐巴雅尔慢慢暖和了过来，手脚刚刚能动就又开始撕扯衣服，鼻涕口水横流着发起了疯。

　　"喂，朱乐巴雅尔，你稍稍控制一下自己。不要因为在荒郊野地就毫无顾忌。"格日勒巴图一边哀求，一边阻止他撕坏衣服。

　　"不是我诚心要折腾你，是我全身上下没有不疼的地方，实在受不了这种折磨了。"朱乐巴雅尔说罢从火堆里抓过一块儿炭火就要往嘴巴里送，好在格日勒巴图眼疾手快打到了一边。

　　"再怎么难受，你也不能干这种蠢事啊！咬牙坚持一下。"格日勒巴图用长辈的口吻训斥道。

　　"用不着你教育我，道理我都懂。但凡能忍耐，你不说我也会忍的。我的身体也是血肉组成的，不是铁打的。你无法感同身

【009】

受就趁早闭嘴！如果换作是你，恐怕还不如我呢……你那酒还有吗？快给我！这会儿我想吞点火辣辣的东西。"朱乐巴雅尔忍无可忍频频跺着脚。

"酒能缓解你的痛苦吗？万一喝醉了更难受怎么办？"格日勒巴图有些犹豫。却没能拗过朱乐巴雅尔的再三哀求，从褡裢里取了来。他小心拧开瓶盖，嘱咐朱乐巴雅尔："只能喝两口，万一喝醉了就要夜宿荒野变成冻尸。"对方却根本不理会，一把夺过去往肚里灌了起来。

"喂！喂！行了。"格日勒巴图忙伸手去抢酒瓶，却被朱乐巴雅尔回身躲过又灌了几大口。格日勒巴图起身上前总算夺下酒瓶，一看瓶底里的酒只剩了两指。

争抢中，由于朱乐巴雅尔像灌凉水一样喝得过猛，让酒精呛进了肺叶，他猛烈地咳嗽着，鼻孔里都返流出不少酒来。

"喝酒能像喝水一样吗？呛着了吧？"格日勒巴图为朱乐巴雅尔捋着后背，对方咳出眼泪后方才止住。

由于空腹喝了太多的烈酒，没多会儿朱乐巴雅尔就感觉胃里火烧火燎，浑身开始发烫，手脚也没了力气，随后直接昏睡了过去。在火光的温暖中，他安静地睡在皮袍里，像一只被穿了鼻勒的公驼终于不再闹腾。格日勒巴图为火堆添了些柴，坐等着他醒来。

吞没天地的暴风雪黑压压覆盖着旷野，仍没有停止的迹象。日光起初还能看到点白色的圆晕，但须臾便被乌云遮挡了起来。格日勒巴图抬头望了望天，心想：得趁着太阳还没落山，天完全黑下来之前把他带回去。不然夜里没有月光，万一被他走脱了，恐怕真要冻死在这荒野上了。看他的样子一时半会儿醒不来，这样干等也不是办法。时间不等人，叫醒了赶路要紧……

于是，起身去叫他："喂！醒醒，朱乐巴雅尔。"格日勒巴图轻轻推他，结果对方却像灌满水的皮口袋似的，推向哪边他就倒向哪边。格日勒巴图急了，伸手捏他的鼻子，拍他的脸，结果毫无用处。瞧他的模样胃里许是正在翻江倒海，嘴里哼哼着，将牙齿磨得山响。见他如此，格日勒巴图只好想其他办法将他弄回去。他用沙土盖灭了火堆，穿上朱乐巴雅尔那件掉光扣子的绿色大氅，用黄绸腰带在腰间系紧。他把穿着皮袍的朱乐巴雅尔扶上摩托车的后座，并用预留的黄绸子将他和自己紧紧系在一起，之后将狐皮油单帽戴在头上，启动摩托车，像勇敢的冲浪者一样在暴风海中行驶了起来。

呼啸的风暴恨不能把格日勒巴图和摩托车一起卷翻在地上。格日勒巴图借助昏暗的车灯，艰难辨认着斑驳的沙土路逆风行驶着。他唯恐车子在凹凸不平的搓板路上摔倒，两手拼命握紧方向把，小心前进。捆在后背上的朱乐巴雅尔好像渐渐恢复了意识，正努着劲想活动手脚。

"我要下车，我不跟你走，快停下！"朱乐巴雅尔在身后踢打着他。

"你老实点儿！马上就到了。"格日勒巴图大声训斥。

"你再不让我下去，我可要跳车了！"朱乐巴雅尔进一步威胁道。

"以为那么容易就能下去吗？休想！"格日勒巴图没有理他。

"你以为我不敢吗？那我就让你看看，我到底敢不敢！"朱乐巴雅尔说着身体往旁边一歪，两个人差点一起滚到车下。

"喂！你不要命啦！不要总拿自己的命当儿戏。万一咱俩一齐摔下去，把胳膊腿儿摔断了怎么办？就当我求你，无论如何先忍耐一下，马上就快到了。"格日勒巴图苦口婆心地哀求。也不知是不是听进去了，朱乐巴雅尔没再继续吵闹。

暴风雪的持续肆虐中，没人知道太阳何时落的山。转眼漆黑的夜如一口倒扣的锅一样覆盖了一切。格日勒巴图也终于走到了他用沙石铺出来的小路，来到了自家门外。

二

伴着摩托车的到来，一阵洪亮的狗吠划破了夜的宁静。

"巴萨尔！"格日勒巴图唤了一声，听出是主人回来了，它收住了狂吠。

"咱俩终于平安回到家了。一路上闹着要下车，这回下吧！"格日勒巴图解开了将两人捆绑在一起的腰带。朱乐巴雅尔不声不响地下了车。正在这时身边蹿来了一只如牦牛一般长着长毛的黄花大狗，兴奋地贴着格日勒巴图舔着他的手背。

"我的巴萨尔，是不是想主人了？"格日勒巴图亲昵地抚摸着它硕大的脑袋，又伸手到它如牛颈一样粗壮的脖子上挠痒痒。

朱乐巴雅尔想解手，提着裤子正摇摇晃晃站不稳的时候，大黄狗向他走了过去。朱乐巴雅尔哪里见过这么大的狗，顿时吓得丢了魂儿，提着裤子像个木头桩子似的一动不敢动，连喘气都忘了。惊吓中他的酒也醒了，只觉得眼前发黑，四周都被幢幢黑影包围着，十分可怖。

或许是到了温暖的冬牧场的缘故，抑或是坏天气被勒紧了缰绳，肆虐了一整天的暴风雪终于停住了。天空中群星闪耀，仿佛在轻语呢喃。此时空旷的原野上除了公驼的反刍声、用尾巴拍打后背的唰唰声以及母驼呼唤幼崽的叫声外，寂静得再无其他声响。眼前是整整齐齐的三间连排房屋，旁边立着一顶精巧的蒙古包。一束温暖的光线正从蒙古包的天窗射向遥远的苍穹。

格日勒巴图卸下褡裢，将摩托车停进了仓房。朱乐巴雅尔唯恐从四下里突然冒出个野兽，战战兢兢解了手，身体轻松后长长地舒了一口气。眼前这个完全陌生的环境令他心生恐惧，使他时时如一只躲在草丛中的兔子一样缩着身体。此时，酒的后劲儿使他头痛欲裂，身体打摆竟有些站不住，他赶紧抱着脑袋蹲了下去。他那暴戾的情状已经消失得无影无踪。

"朱乐巴雅尔，进屋。"格日勒巴图将他挽起，他也没再耍闹，乖乖地跟进蒙古包，不料却把头狠狠地撞在了门框上。

"哎哟……"他摸着头失声叫起来。

"小心！你看，没住过蒙古包的人，不知道门框低，总是这样磕碰脑袋。你注意点啊。"格日勒巴图提醒道。

"你好！"坐在炉口矮凳上的清瘦女人向朱乐巴雅尔问好，朱乐巴雅尔却跟没听见似的径直躺坐在了蒙古包上首的位置上。女人既吃惊又不解地看向自己的丈夫，格日勒巴图紧忙向她递眼色，叫她"不要管"。

"怎么这么晚才回来？是摩托车坏了吗？大冷天冻坏了吧？"女人一边询问，一边忙着生炉子。

"摩托车没事，路上遇到点事因此回来晚了。"格日勒巴图说着，用眼睛瞟了一眼朱乐巴雅尔。

"噢，这样啊。我还以为是你的摩托坏了，还犹豫着要不要去接你呢。"女人说着用双手向朱乐巴雅尔献上了一杯茶。朱乐巴雅尔很不情愿地接过茶杯，将其放在了一边的矮桌上，自己则向后倚靠着主人家叠放整齐的被褥，愁眉苦脸地躺了下去。

女人又用银碗给自家男人盛了一碗茶，格日勒巴图微笑着接过放在桌上，将身上掉光扣子的大氅脱掉叠放在了一边。

"你从哪儿穿了这么一件没扣子的死人衣服回来了？"女人十分不解地问。

格日勒巴图没有说话，递了个眼色用下巴指了指朱乐巴雅尔。女人端来点心放到桌上，将朱乐巴雅尔从头到脚细细打量了一番。年轻人身上穿着她爱人的衣服，显然他俩是换着穿的。打招呼都不回应，这人好生古怪。莫不是听不懂蒙古语？头顶光溜溜的怎么跟监狱里释放的犯人似的呢？脸色苍白、神色黯淡，毫无年轻人的朝气，怕是喝醉酒了吧？看情形遭了不少罪呢，可怜啊……

"不见你回来，我自己只喝了些剩茶。我这就去给你俩做饭吧！"女人说着从外头拿进肉来，在灶台上忙碌了起来。

"朱乐巴雅尔！起来喝茶吃些点心垫垫肚子，一整天没吃饭别饿坏了。咱们一会儿就吃饭。"女人听见了，说："噢，原来是蒙古人啊？我还以为他听不懂蒙古话呢！"惊奇之余像见了长犄角的兔子一样又重新打量了一番。

"怎会听不懂呢？是个帅气的蒙古小伙儿呢。"格日勒巴图朝着朱乐巴雅尔微笑着说。

朱乐巴雅尔无精打采地坐起来，脱掉身上的皮袍，一口气喝干了碗里的茶。

"唉，可怜的孩子，渴坏了呢。快给续上一碗。"正在和面的女人提醒着格日勒巴图。格日勒巴图拿过茶壶重新给朱乐巴雅尔倒满一碗茶，道："我来介绍一下。这是我的爱人楠迪玛。小伙子名叫朱乐巴雅尔，要在咱们家住一阵子。"

"噢！是吗？家里多个帮手，对咱们牧人来说是顶好的事呢！我们这荒无人烟的荒漠，难得有人愿意来。俗话说'人贵在相知，马贵在脚力'，你不嫌弃我们这里，让我十分高兴呢。"楠迪玛满心欢喜道。

朱乐巴雅尔却并没有答话，犹如一尊青铜雕像毫无波澜地呆坐了半晌，之后木讷地端起茶喝了几口。看他如此，楠迪玛没再说话，看向格日勒巴图的眼神似乎在询问："你带了个什么人回来了？"格日勒巴图已然读懂了她的眼神，隔着茶碗对她摇了摇头没再言语。

"看他一副老鼠见了猫的样子，恐怕领回来的这位不是什么好人。怎么带回来了这样一个脾气古怪的人呢……"楠迪玛心中不悦，瞪了一眼格日勒巴图。锅里的肉汤煮开了，她一边擀着面，一边问："姑娘那一切都好吧？""好着呢。说是在带毕业班，忙得很。和学生一起上晚自习，每天都要在班里待到九、十点钟。住在学校的宿舍里，吃饭也在学校。我在那边住了两宿，咱姑娘立志要把她的学生都送进大学呢，所以没日没夜地忙着，有时连吃饭睡觉都顾不上呢！"格日勒巴图心疼地说。

"不容易啊，身体好就行。她是那样的性格，只要是自己负责的事情总想做到尽善尽美。我儿青巴雅尔有消息吗？"楠迪玛继续探问。

"经常和他姐联系呢，我也通了一次电话。忙着写研究生论文呢。之前一直做着家教，最近由于太忙就暂时停了。我给他姐留了一千块钱，让打过去了。"格日勒巴图一一向爱人汇报着。

"我儿，从来不张口跟咱俩要钱。或许他姐姐帮衬了点吧。都是懂事的孩子呢。唉！"楠迪玛叹息着往锅里下着面条。

"老话说'孩子长大，毡子长长'。我儿能在外头自食其力最好不过了。孩子们总要学着长大，人生的艰苦只有亲身经历了才能懂事。"格日勒巴图借题发挥，将话说给朱乐巴雅尔听。

楠迪玛做了一锅葱香扑鼻的热乎乎的羊肉面。她从柜里选出最大的碗，给朱乐巴雅尔满满盛了一碗面。说道："小伙子，快过来吃饭。大冷天饿坏了吧？"

朱乐巴雅尔颤抖着双手，接过油汪汪的羊肉面，等不及凉凉便贴嘴吹着，呼噜噜吃将起来。鼻涕眼瞅着就要流到碗里，他也顾不上擦，哧溜吸进鼻子里继续埋头吃着。看他手上无力，时不时将筷子捅到饭碗外头，格日勒巴图又心疼又心酸。跟爱人说："他拿筷子不方便，给换个勺子吧！"

"干吗要带个烂醉的人回家来呢？"楠迪玛去拿勺子的时候用眼神质问格日勒巴图。

"唉，怪可怜。因为难受极了才抢瓶里酒喝的。"格日勒巴图躲在灶台的阴影里小声解释。

"噢，这样啊？我说脾气咋那么反常呢！"楠迪玛给银碗里盛满面递给了格日勒巴图。

也不知道朱乐巴雅尔有没有在听他俩说话。只见他碗不离口，大口大口地吞着面条。看他如此模样，格日勒巴图端着碗陷入了沉思：监狱里的生活能好到哪里去呢？恐怕是没吃过饱饭吧。看看他担心被人抢去饭碗的可怜的样子吧！造孽呀，这么好的青年竟沦落至此。

朱乐巴雅尔刚吃完碗里的面，楠迪玛就准备好再给他盛一碗。朱乐巴雅尔也没客气，直接把碗递了过去。楠迪玛尽量多盛了一些干的给他。朱乐巴雅尔就这样连吃了三大碗面条。

"再来一碗吗？"格日勒巴图问道。朱乐巴雅尔用袖口擦去额头上的汗珠，摇了摇头，放下碗向后坐了。楠迪玛洗刷着锅碗在一边忙碌。

格日勒巴图剔着牙，问朱乐巴雅尔："吃过热乎饭，身上好点了吗？"朱乐巴雅尔强撑着有气无力的身体说了声："稍微好了些。"

"那就好。"格日勒巴图眼神温和地看着他。

"你们家厕所在哪里？"朱乐巴雅尔环顾四周后问。

"我们蒙古包里可没有像你们城里那种卫生间啊，来，我领你出去。"格日勒巴图披上皮袍就要出门。朱乐巴雅尔却不可置信道："没有卫生间，那怎么解手啊？"

"我们家的卫生间在外头呢，我先出去把狗拴起来。"格日勒巴图转身出了门。朱乐巴雅尔起身就要跟出去。楠迪玛紧忙提醒他："喂，年轻人，穿上衣服再出去，外面冷着呢。"

朱乐巴雅尔嘴里应着，披上了自己没有扣子的绿色大氅出了门。

白天让人睁不开眼的暴风雪，此时已收敛了踪迹，恢复了宁静。

格日勒巴图将狗拴好，轻抚着它硕大的脑袋说："巴萨尔，这个人以后是咱家的成员了，你不能再咬他了，知道了吗？"

朱乐巴雅尔乍从屋里出来，眼前漆黑一片，正不知该往哪儿走的时候，听见格日勒巴图唤他过去。

"你在哪儿呢？我怎么啥都看不见了？"朱乐巴雅尔像盲人一样向前伸着手，小心走了几步。

"没事，你往这边走。刚从屋里出来就会这样，过一会儿就好。我把狗拴好了，没什么可担心的，你尽管往我这边走，来吧！过来！"

果然，不一会儿朱乐巴雅尔的眼睛便适应了黑暗的环境，四周逐渐清晰起来，他走到了格日勒巴图的跟前。

"我们牧民家里没有厕所，但也不能随便在房屋、围栏、牛棚等附近解手。你到那团灌木丛背面解手吧。"说着指了指远处耸立的一片黑影。

"每次都要去那么远撒尿吗？疯了吧！"从他不耐烦的语气里不难听出，他显然不太愿意接受这项要求。

"当然了，像我们这种生活在戈壁的牧人，别说不能接受像城里人一样在自己家里解手的习惯，甚至从来都不会在棚圈附近解手呢。我领你过去吧！"格日勒巴图带着朱乐巴雅尔绕到了那片灌木丛背面。

对于习惯在家上卫生间的朱乐巴雅尔而言，这显然非常不方面。他无奈地一边解着手，一边欣赏起了满天的星斗。那些星星密密麻麻的，有的好像正兴奋地拍着手欢迎他的到来，而有的却像挤眉弄眼地笑话他。朱乐巴雅尔出生以来，在城里整整生活了二十多年，从来没有见过如此璀璨的夜空。他被这盛景吸引，惊奇之余差点忘记了提裤子，愣愣地仰头出神。

格日勒巴图看他这般，便问："我们牧区的夜空和城里的不太一样吧？牧区的夜空有这么多星星，你们城里也能看到吗？"

"我确实是第一次见这么多的星星，真美呀！"朱乐巴雅尔暴躁的情绪似乎一丝丝地在消散。

　　还以为他轻易不会跟我正常交流呢。看来也不是个浑不论，是我过分将他往坏处揣摩了。可怜的年轻人，布满星星的夜空竟然都能让他忘我出神，想必是在不见风日的高墙里困得太久了。要是带他进一步感受大自然的神奇，会不会让他焕发生机呢？……重要的是，得先让他彻底摈弃毒品，保持乐观的心态。接下来的日子，我就让他做一些喜欢的事，像哄小孩一样一步一步慢慢治愈他……格日勒巴图拿定了主意。

　　"怎么样？欣赏着星空撒尿感觉也不错吧？"格日勒巴图有意地跟他逗趣。

　　"好，真好！"他显得很高兴。可一转身看见分布在周围的一丛丛灌木，犹如一只只毛发参起的巨大野兽露着獠牙，随时要扑将来的情景，他又害怕地靠近了格日勒巴图。

　　"这些星星都有名字呢，我回头指给你看。不久中旬的月亮将会升起来，那时再看戈壁，那将是天底下最安详美丽的景象。"格日勒巴图动情地向他做着介绍。

　　"好，我一定要看看。"朱乐巴雅尔爽快地回应。

　　"在咱们戈壁，除了星星还有很多好东西呢。改天我带你好好开开眼。"格日勒巴图继续说道。

　　这时朱乐巴雅尔走到他旁边问："叔叔能不能借我用一下手机？我想联系我的朋友。"

　　"我哪里有那稀罕东西？我们这里没有信号，因此也不用手机。"格日勒巴图摊开双手说道。

　　"你们从来都不用手机吗？"朱乐巴雅尔不可置信地问。

　　"想用的心啊比山都大呢！可是用不了又有什么办法呢？你

自己的手机呢？"格日勒巴图反问他。

朱乐巴雅尔埋怨道："被我爸收走了。"

"在我们这有也用不了，没用。"格日勒巴图安慰着他一起回了屋。

"出去解个手咋还不回来呢？我还以为你们走错方向迷路了呢！"楠迪玛笑着打趣。

"我俩赏着星星说了一会儿话。"听了格日勒巴图的解释，楠迪玛很是费解，道："你俩可真逗，天天看的星星有啥好赏的呢？好了，已经给你俩铺好床了。小伙子你睡那儿！"楠迪玛指了指靠西侧的床铺。

朱乐巴雅尔小声答应了一句"哦"。楠迪玛微笑着瞟了一眼格日勒巴图，眼神仿佛在说："酒已经醒了，太好了。都可以答应问话了，还奢求什么呢？……"格日勒巴图也赞赏地向朱乐巴雅尔竖起大拇指，眯着眼笑了笑。

朱乐巴雅尔却懒得再说话，托不住下巴一样打着长长的哈欠，眼泪蓄满眼眶后向外流着。他快速脱掉衣服，几乎赤裸着钻进了被窝。格日勒巴图上了东侧的床铺，楠迪玛紧挨着他又布置了一处铺位后出了门。

楠迪玛回来的时候，看见格日勒巴图还没睡。便问他："还不睡，等啥呢？"格日勒巴图没有说话，只用下巴点了点朱乐巴雅尔的方向。

楠迪玛忧心忡忡地看了一眼朱乐巴雅尔，压低声音问："他到底是什么人啊？你不会带回来个逃犯吧？他眼神好生凶狠，面相也冷酷。我害怕，你睡这边吧！"说着又不无担心地朝那边丢眼观察了几次。

格日勒巴图悄悄走到朱乐巴雅尔旁边探听鼻息，看他有没有睡着。结果那位早已经睡沉。格日勒巴图让楠迪玛睡到里侧，安慰她不要害怕，并细细讲述了事情的经过。

三

为了购买爱人嘱咐的商品，格日勒巴图带着女儿青宝鲁尔穿梭在旗中心的各大商店之间。他从衣兜里掏出购物清单，用笔在买好的商品后面打着勾，说："你妈让买的茶、盐、冰糖、绵白糖、灯油、香皂、洗衣粉、茶杯、手纸、火柴、蜡烛……大部分都已经买齐了。还剩床单、枕巾，你妈穿的上衣、裤子，我要买的内衣、袜子……以及你朝格哥哥让捎的小孩的衣服、帽子、褟褛、棉花、奶瓶、隔尿垫、尿介子、行李罩……都还没买上。"

"朝格哥哥买褟褛做什么呀？恩和姐难道……"青宝鲁尔有些疑惑地问。

"你恩和姐怀孕了。为迎接新生宝宝做准备呢呗。"格日勒巴图看着货架上琳琅满目的商品说道。

"哦，这样啊！那我带您去咱旗里最大的商场吧！"青宝鲁尔挎起她父亲的胳膊就往外走。

沿着旗中心主街的两侧，各色店铺挨挨挤挤地排列着。门口悬挂着五颜六色的牌匾，橱窗里打着各式各样的广告。路过那些店铺门前的时候总被销售人员拉着推销各种商品。他们相互之间为了竞争，一个个都把音响声调到最大，恨不能把路人的头盖骨都给震裂。这些店铺里都陈列着满满的货品，真可谓应有尽有。

青宝鲁尔带着父亲来到了一处四层高楼的门口，说："这里刚开张不久。里面有电梯，可漂亮了。您还没见过吧？"

　　"没见过，啥时候这里又开了这么大一家商场呢？"说着进了里头，像小孩子一样新奇地左右看着。他俩通过扶梯来到二楼，买全了家里要的和给朝格捎的物品。

　　他们买完东西正在闲逛的时候，迎面遇见了一位戴着眼镜、身材矮胖，长得像芥菜疙瘩一样圆滚的人向他们打招呼："嘿！魁哥你好啊！"

　　格日勒巴图愣了一下，才道："好。您好！原来是宝音图兄弟呀。"

　　"啥时候来的？"宝音图亲切地握住格日勒巴图的手问。

　　"来了有几天了。您工作生活一切都好吧？"格日勒巴图微笑着寒暄。

　　"好，好。咱俩许多年没见了吧？你一点儿都没变，还保持着原先的笑模样。走！去我们家。"宝音图不由分说地拉着格日勒巴图就要走。

　　"喂，喂，等等。"格日勒巴图无可奈何地看向自家姑娘。青宝鲁尔急忙说："爸爸您去吧！我自己一人把东西带回去就行。"

　　"这是你女儿啊？是个活泼可爱的小姑娘呢。你们两个都去，来，一起走吧。"宝音图热情地邀请。

　　"这是我女儿青宝鲁尔，在中学当老师。这位是爸爸的同学，是你的宝音图叔叔。"格日勒巴图见缝插针简单做了介绍。

　　青宝鲁尔赶紧向宝音图鞠躬见礼，说了声："叔叔好！"

　　"好，好。你不去我们家吗？"

　　"我还有晚自习，去不了了。请您谅解！"

"哦，这样的话，我可要带你爸走了啊。"他急切地说道。

"行呢，你们去吧！"青宝鲁尔笑着答应。

"瞧，姑娘给你批假了。咱赶紧走吧！"宝音图说着就去拉格日勒巴图的手。

"等等，我怎能空手去你家串门呢。我先去买点东西。"格日勒巴图奔去礼品店。

"唉！你这人，哪儿来那么多礼数呢？啥也不用买，咱快走吧！"宝音图赶紧上去拦着。

"那绝对不行，我们牧区人不能那样。"说着走进了礼品店。

当宝音图和格日勒巴图走出商场的时候，太阳早已高悬在了大楼顶上。他俩刚走到车子旁边，宝音图的手机就响了。电话那头传来了不知所措的女人的声音："他要着要出门呢，你赶紧回来。"

"好，知道了。我和格日勒巴图一起呢，马上到家。"宝音图说完就准备挂掉手机，却听那头继续问："哪个格日勒巴图？别又领回来一个酒蒙子……"从女人毫不客气的语调中，格日勒巴图猜出了对方是宝音图的爱人陶古斯。

"还能是哪个格日勒巴图？是咱班的魁哥啊！"宝音图急忙解释。

"噢……魁哥呀，那他来咱家吗？"

"去呢，我俩正开车往家走呢。"

格日勒巴图、宝音图、陶古斯三个既是同乡又是从小学到高中的同班同学，是真正意义上的发小。宝音图和陶古斯考上大学后成了国家公务员。宝音图如今是旗文体局的局长。陶古斯在旗财政局工作。当年格日勒巴图时运不济以几分之差落选，与大学校园失之交臂，最终回到故乡成为了一名养驼人。

宝音图进院停了车，坏笑着说："我家住在这座棕色楼宇的九层，需要你爬楼抻抻筋骨呢，请多包涵。"

"你小子住得够高呀，从远处看的时候竟没觉出来。"格日勒巴图抬着头心里不禁犯嘀咕："这么高，可怎么爬上去呢！"

"死了以后也许可以眺望远方吧？城市这种地方，无论你看向哪里视线都会被挡住，垃圾。"宝音图突然透出一股厌倦的情绪。

格日勒巴图提上礼物，跟着宝音图走进单元门，宝音图说："还是不叫你拼着老命爬九楼了吧！省得你以后不肯再到我家来。咱俩坐电梯上去吧！"他笑着挑明了刚刚是在和格日勒巴图开玩笑。

"你如果能上去，我对付着也能跟上呢。"格日勒巴图不肯落下风。

"对我来说是小事儿，总是爬上爬下的已经习惯了呢。"

"这么高的楼，万一停电了会不会很麻烦？"格日勒巴图问。

"麻烦着呢，有时候还会停水呢！说实在的城市真不适宜人类居住，但不知道为什么，现在的人都喜欢往城里挤。城里除了人和车还有啥呢？城里实在没有几样能吸引人的东西，倒是肮脏不堪的玩意儿聚了不少呢。"宝音图再一次抨击了城市生活。

"是因为住得太久厌烦了吗？要不咱俩换换吧！你替我去戈壁放骆驼，我顶替你在城里当领导如何？"格日勒巴图说着哈哈笑起来。

"要是真能那样，我情愿去戈壁放骆驼，而不是像现在这样被困在城市里。"宝音图果断地说。

"有谁逼你住城里了吗？还不是你自己选的？说起城里的教育、医疗、通信……方便的地方多了去了呢。"格日勒巴图反驳道。

"虽说如此，但不好的地方也太过可恶。如果我不是住在城里，或许我的儿子也不至于……"话还没说完电梯停在了九楼，于是他收了话题，掏出钥匙打开家门，郑重地邀请道："尊贵的客人，欢迎莅临寒舍！"

看见屋里的地板，犹如擦干净的镜子一般明亮整洁，格日勒巴图有些不好意思下脚，只能像猫一样轻轻地用脚尖点地。

"你好啊，魁哥！"从厨房里走出一位穿着蓝花围裙，一头金黄波浪卷的矮胖白皙的女人，从老远就伸开胳膊打着招呼，环抱住了格日勒巴图的肩膀。

"你好，小胖孔雀！"格日勒巴图他二人互相叫着小时候的诨名，笑成了一团。

格日勒巴图正想着换鞋的时候，宝音图开言道："你那鞋脱起来似乎很费事，别脱了，直接过来吧！"

"这怎么行呢？还是脱了吧！"格日勒巴图快速脱掉鞋子，光着袜子小心踩着红色花纹的地毯，坐到了皮制沙发上。他担心自己的脚有脚臭，悄悄地伸进了桌子底下。

"多年未见，今天是哪阵风将您吹来了？家里一切安好吧？"陶古斯边敬茶边问询。

"一家安好。恭祝你们吉祥平安！"格日勒巴图双手接过茶小心抿了一口，轻轻放在了面前的紫檀茶几上。

宝音图走进卧室，不一会儿穿着一身蓝色绸缎的睡衣睡裤走了出来。

"你把身上的厚衣服脱了吧，我们家太热。"宝音图善意地提醒。

"城里的房子果然是暖和啊！"格日勒巴图脱掉外套的间隙用羡慕的眼神欣赏着房里的摆设、花卉、有复杂流苏的吊灯以及挂在墙上的画。

"这方面，城里确实要好一些。有时甚至热得让人难受呢。太热了对人的身体也没有益处，天天像坐在蒸笼里一样，怎会健康呢？如今城里人都是冷不得、热不得，如同温室里的花朵一样脆弱了呢。"宝音图打开了话匣子。

"我看着，这城里人邻里之间怎么都不走动呢？"格日勒巴图喝了口茶疑惑地问。

"确实如此。就拿我家来说，搬来这里已经七年了，但对门邻居姓甚名谁到现在都搞不清楚呢！这么一想咱们城里人又算什么呢？住楼房没有砍柴、挑水等烦恼，即使上厕所都能在家里解决。因此不可避免地养成了人们懒惰的习惯。甚至还疏远了人与人之间的亲和关系，使人们变得既自私又冷漠。想想在我们小的时候，我们的父母是什么样的呢？我记得他们经常端着满盘的食物，提着满壶的奶茶走很远的路去招待转场的人们。如今别说招待陌生人了，就算是门对门住着的邻居都不肯互相串门呢。在楼道里遇见后，一个个倒像是吵了架的人一样，相互匆匆丢个眼色，招呼也不打，进屋就把门给关得死死的。真无奈啊，我们把以前的那些好的传统给弄丢了，不能传给下一代，是多么遗憾的事情啊！每每想到这些我就无比地难过。这都是谁的错呢？还不是像我这样的父亲们的过？"自责的宝音图无力地叹着气。

"像你们这种有文化、有职责在身的人或许能领悟几分，但没醒悟的毕竟是大多数。"格日勒巴图顺应着宝音图的话题说道。

"是啊，就像被洪水冲来的垃圾那般，随着社会的发展一切好的、坏的，美的、丑的一股脑儿地都冲到眼前来，我们该如何呢？在这股洪流面前，怎样才能保护好我们的文化，不使其丢失？是摆在我们每个人面前的严酷的考验。"宝音图无意间流露出了领导讲话的派头。

"你少在这里摆谱了，没人听你的大道理。有这吹牛的工夫，你不如快些邀请贵客入席呢！"陶古斯不客气地打断他道。

宝音图朝格日勒巴图挤了挤眼睛，哈哈大笑道："唉！老婆子生气了，来，我们去吃饭。"

绘有绿色花纹的绸缎桌布平铺在巨大餐桌上，桌子上方悬着瓶状的红、黄、蓝三色吊灯。灯光打在菜肴上看起来色香味美，勾人食欲。餐桌的两边，筷子、餐叉、汤勺等整齐地摆放在洁白的餐巾上。让格日勒巴图误以为自己即将要参加的是隆重丰盛的国宴。挨着餐桌的窗台上正在盛开的粉色花朵，仿佛也在微笑着迎接客人，显得格外美丽。格日勒巴图欣赏着这一切，一时竟不知该坐在哪里。

"魁哥，您坐这里。"陶古斯将格日勒巴图请上位于正中间的宽大的、有靠背的椅子上。

"这简直像皇帝的龙椅一样大呢，我坐着合适吗？"格日勒巴图不好意思地推让着。

"您就别客气啦，快坐下吧！"陶古斯直接下达了命令。

格日勒巴图笑了笑有些为难地沿着椅子的边缘坐了下来。宝音图和陶古斯则并排坐在了对面。

"这些都是我亲手做的饭菜，您尝尝，千万别客气。"陶古斯招呼着客人。

"魁哥，你喝什么酒？"宝音图打开玻璃柜边选酒边问。

"我喝不了酒，别拿酒出来了。"格日勒巴图话刚出口，就被陶古斯果断否决道："这怎么行呢？多少年没见了，无论如何得喝两杯。"

宝音图从各种各样的瓶装酒中，最后选出了一瓶白色瓷瓶的。口中说着"今天遇见发小魁哥，别提我有多开心了"，他斟满酒奉上。格日勒巴图刚要起身接，被宝音图按住，道："咱俩谁都别起来客套了，都一大把年纪了，一起坐下喝吧。"

"你俩谁年长一些？"陶古斯问。

"当然是我大一些。当我都会策马奔跑的时候，你家这位还躺在摇篮里吃奶瓶呢。"格日勒巴图玩笑道。

"哦，既是如此，作为哥哥你起来做什么？他是弟弟，理当起身为你敬酒呢！"陶古斯严肃地主持着餐桌上的礼仪。

"俗话说'客不压主'，更何况老弟又是当领导的人，我怎么能不起来呢。"格日勒巴图诚恳地说道。

"在老家青山头脚下，一起长大的我们三个，互相之间就不要这么客气了。一起喝吧！"宝音图举起酒杯，其余二人也跟着拿起了酒杯。

"魁哥，夹菜吃，千万别客气。这些都是无污染的天然食品。我们家吃的菜肉等都有专人供应，您放心吃。"陶古斯指着桌上的饭菜说道。

"怪不得呢，味道确实有些不一样。厨艺也是一流的。"格日勒巴图夹起菜尝了尝，心中却不由地想到：他们吃的菜竟然都是让人专门种植的，真是不敢相信啊。不会是我理解错了吧？领导家吃用的东西终归是与普通人家有些差别呢……

"去把那位叫出来，趁热把饭吃了吧？"陶古斯看向宝音图。

"叫去吧。"宝音图回答得很是无奈。

"叫谁呢？家里还有其他人？两口子为啥显得很为难又无奈呢？"格日勒巴图疑惑间，陶古斯起身敲开了位于阴面的卧室门，唤道："朱乐巴雅尔，出来吃饭吧！"

屋里没有任何回应。陶古斯推门进去嘀嘀咕咕聊了几句后，回到座位上没再说话。

也不知是怎么了，夫妻二人突然间变得了无生气，不声不响地在各自座位上沉默着。气氛一下子冷了下来。格日勒巴图坐立难安地起身去了卫生间。等他回来时，看见餐桌旁多了一位剃着光头、两手手腕处刺着一圈黑色文身、眼窝凹陷的瘦白青年正偷眼望他。

"你好！"格日勒巴图向他打招呼。对方却没有理他，低头吃着盘子里的菜。

"这是你儿子吗？"格日勒巴图不经意间发问。宝音图踟蹰道："是的。"样子却显得局促不安。

格日勒巴图没敢再问。陶古斯像逃避似的起身进了厨房。格日勒巴图寻思：他们两个明显都在躲着自己的儿子，不知小伙子犯了什么事？这背后藏着什么难言之隐？还是我不小心说了唐突的话？为了缓解尴尬，他起身提了一杯酒，道："非常感谢二位朋友的盛情款待。这一杯酒祝福你们阖家安康，幸福吉祥。"

"陶古斯！"宝音图朝厨房叫了一声。陶古斯这才从厨房出来，两个人说着感谢的话语，一起饮尽了杯中酒。格日勒巴图刚想敬小伙子，被宝音图用手按住拦了下来。他们两个好像很害怕自己的儿子，谁也不敢动筷子，嘴巴也被堵住了一样，你看着我，我看着你，安静地坐在一边。

小伙子反倒旁若无人地吃着菜。他把烤牛肉、鱼以及长着长长胡须的大红虾搬到自己跟前大口嚼着，一边还往自己杯子里倒满橙汁尽情喝着。他全程一句话都没有说，闷头吃光几乎所有的菜肴后，打了个饱嗝擦着嘴起身走了。等儿子走了之后，宝音图、陶古斯两个才长长舒了一口气，将椅子往桌边挪了挪。

看得出宝音图的内心十分痛苦。他轻轻叹了口气，隐藏掉了所有悲哀，努力挤出一副平淡的表情试图重新举杯，但那只不停颤抖的手却出卖了他所有的无奈和不堪。陶古斯也希望重新活跃气氛，说道："接下来我要给咱们的魁哥献唱酒歌。"这句话正中宝音图的下怀，连声说着"对，好"，打起配合。

"朋友们理当明白我，相知的心何必诉说……"陶古斯的歌声嘹亮中透着哀伤。

"我老婆唱得真好，使我想起了年轻的时候。你老公我激动得差点掉眼泪。"宝音图有些不胜酒力，当着朋友的面夸了一通自己的媳妇。

"俗话说'赖汉酒后夸伴侣，好汉酒后夸骏马'，看看眼前这位，是不是那回事！"陶古斯和自己爱人打趣着，哈哈大笑起来。

……

他们三个一直聊到了很晚。突然卧室门被打开，小伙子叉着腰走出来在他们旁边转了好几圈。虽然未曾接近他们，却在不远处用凶狠的目光瞪着他们，站了好一会儿后反身回屋，重重地关上了门。

他们三个一时收住声，谁也不敢说话。格日勒巴图看向那二位，那二位也是大眼瞪小眼不知所措。最终喝得最多的宝音图首先开了腔："老话说'抚也抚不平，埋也埋不实'，有些事欲盖弥彰，因此我也就不瞒着您了。我们这孩子呀，快把我俩折磨得不成样子啦！您看看我这一头的白发，都是为了他呀。一想到这孩子，我这心里就……唉！"宝音图声音哽咽，无法再说下去。

"罢了，罢了。说那些糟心事儿又有什么用呢。喝酒吧！"陶古斯的话并没能拦住宝音图想一吐为快的心思。他借着酒劲儿说："您看见他那副德行了吧？前两天刚从监狱里头放回来的呢！"格日勒巴图听后浑身一激灵。强忍住内心的波澜，用尽量柔婉的口气问道："唉！真是不幸。究竟为什么事进了那种地方呢？"

"毒品啊，打死我也不会想到，我的孩子会沾染上可怕的毒品呀！"宝音图痛心疾首地说完，点上一根烟深深地吸了一口，仿佛唯有这苦辣的烟味才能稍稍缓解他心头的痛苦一般。

"哎呀，造孽呀！沾上毒品那不毁了吗？听说那是个可怕的东西呢。但话说回来，年轻人吃一堑长一智，现在既然已经出来了，以后只要再也不去碰那东西，慢慢地总会回到正常的生活轨道上吧！"格日勒巴图尽力宽解着两位朋友的心。

"由于担心他和之前的朋友见面后又闹出事来，因此，自从回来之后还没让他出过门，一直在屋里关着呢。如今我们两个只能轮流看着他，但终究不是长久之计。我们真是一点办法都没有了。魁哥，听说你接生过很多小孩，也见识过大风大浪，有没有什么好办法可以帮帮我们呢？"宝音图像在渴望一道救命的圣旨一样，用祈求的目光看向格日勒巴图。

"如我这般长期生活在牧区的牧民，能给你俩出什么好主意呢？但从旁观者的立场上看，我觉得像你俩这样把孩子锁在家里的做法是不对的。你们的孩子被关在高墙里的时候，天知道吃了多少苦头。如今好不容易出来了，你俩又继续关着他，这对谁来说都太残酷了。这种做法恐怕改变不了他，反而有可能会起反作用，让他更加封闭自己疏远你们。因此，倒不如用爱去化解他，使他冰冷的心得以融化，受伤的心得以疗愈。"

宝音图非常认同道："你说的话正中要害，他现在什么事儿都跟我对着干。再这样下去还不定成啥样呢！"

"孩子今年多大了？"格日勒巴图问道。陶古斯紧忙回答："二十九岁。"

"正是创家立业的大好时候呢。既然野马都能驯服，何况是人呢？只要不再碰那可怕的毒品，慢慢地引导他回归正途，自然会有办法的。要与他这样失去理性的人沟通，采用正确的交流方式是非常重要的。你俩千万不要一味地训骂。如今他的心已经布满了伤口，而你俩的做法无异于反复揭开他的伤疤往上面撒盐，他又怎会变好呢？只有无条件地爱他，并反省自己，绝不苛待他才能有望治好他。你们儿子显然尝尽各种苦头，到了麻木的边缘。这种关头你们越是跟他着急他越容易变成一块儿冷漠的石头。到了那会儿不但救不了他反而还会害了他呢。"格日勒巴图将自己的想法一股脑儿说了出来。

"我俩也是没了办法，才决定轮流守着他的。哪怕有丁点其他主意也不会这样的。我们甚至想过将他放去远离人烟的地方，只要不再和他那些朋友见面就行呢。"陶古斯无奈地说道。

"就是，就是。最好送到您居住的那种僻静的戈壁滩。"宝音图像看到了某种机会一样，急忙递着话。

"说到僻静的戈壁滩，不知送去您那里住些日子会怎样？您会同意吗？"陶古斯不知道格日勒巴图作何反应，小心翼翼地看向他。

格日勒巴图一时无法应对这突如其来的要求，踌躇了片刻，方才爽快地答应道："只要你儿子愿意，有啥不行的呢？我这儿没问题。"

"太好了。既如此就让他去你家住些日子看看吧！在那人迹罕至的荒漠里他又能去见谁？自然也能远离毒品了。牧区一来空气好，再则还能吃到营养丰富的驼奶制品。听说新鲜的驼奶是解毒的上品呢！如此一来，无论魁哥你肯答应，还是不肯答应，我们都已决定把儿子送到您那去了。"宝音图生怕格日勒巴图反悔一样，直接敲定了此事。

"你们住的附近有其他人家吗？"陶古斯向格日勒巴图问道。

"有个邻居，男主人叫朝克巴图。"

"有与他年龄相仿的年轻人吗？"

"没有，朝克巴图两口子都已经三十多岁了。家里有个八十岁的老奶奶和三岁的儿子。四个人放牧着一群骆驼过日子呢。"格日勒巴图向陶古斯介绍着当地的情况。

"有其他人家也没事。比困在城里不知要好多少倍呢！"宝音图赶紧插话。

"我主要是担心，他又与人结伴惹出事端呢。要是魁哥真愿意带我儿子回去住些日子，再没有比这更好的事情了。我们总算遇到大救星了呢。"陶古斯激动之余差点从椅子上跳起来。

"我带他回去没什么问题，关键是你们的儿子，他肯跟我回去吗？"格日勒巴图试探着问。

"他的工作我俩来做。只要您同意这事儿准成。"宝音图难掩激动道。

"那您什么时候回去?"陶古斯唯恐格日勒巴图逃跑一样问道。"明天一早回。"格日勒巴图回答。

"您是怎么来的?"

"摩托车。"格日勒巴图看着宝音图和陶古斯恨不能立刻送走儿子的样子,不禁有些同情地想:看来这两位,真是被他们的儿子给折磨怕了。可怜啊!……

"明早,你用汽车送一下他俩呗!"陶古斯看着宝音图问。

"当然可以。呀,不行呢。明天局里还有个重要的会议需要我主持呢。差点忘了这件事了。这可怎么办?"宝音图无措道。

"不用送,我骑着摩托带他走吧。摩托要是放在这边,家里干活儿的时候就没的用了呢。"

"回程的路好走吗?是柏油路吗?"宝音图问。

格日勒巴图盯着他差点失笑,说:"大领导可真幽默!几百里的荒野路程谁会专门给我铺一条柏油路呢?"

"若是乡间土路,我这破汽车恐怕也开不进去呢。走不了几步准爆胎。"宝音图为自己开脱道。

"你俩和孩子好好商量商量,我明早再来。你儿子要是同意去,给他穿暖和些!太晚了,我该走啦。"格日勒巴图说着站起了身。

"好,那就这样。我俩会跟儿子好好谈的。想必他也想去牧区呢吧,对于时刻想逃跑的人来说,这岂不是好机会?明早您过来的时候,我们一定都准备好了。我的好魁哥呀,您可帮我们解决了大问题呢。真不知该怎样回报您的恩情?俗话说要'知恩图报'，我们一定会找机会好好报答您的……"宝音图的酒劲儿上了头，搂住格日勒巴图的脖子说个没完。

"衷心感谢魁哥，正所谓'寒中送裘'，您在我们最困难的时候帮助了我们。这份恩情永生难忘。来日我们必将以德报德，回报您的恩情。"陶古斯难掩激动的心情，颤抖着声音，反复说着感激的话。

"好啦，好啦。没什么好感谢的。我倒是高兴得了个驼倌儿呢。"格日勒巴图笑着说。

"当驼倌儿没啥不好的，只求别让您太过操心为难呢。这位不是那么好相与的，说不定怎样犯浑呢……"陶古斯还想继续说什么却被宝音图打断了话茬儿，她自己也意识到了不妥，急忙转移话题，问："您住哪里？让宝音图送送您吧！"

"中学院里。"格日勒巴图穿上袍子，围紧腰带的间隙说道。

"我喝了酒不能开车，给您叫一辆出租车吧。"宝音图披上衣服与格日勒巴图一同下了楼……

第二天一早，格日勒巴图按照约定在日出时分，骑着摩托车来到了宝音图的家。他按响门铃后，宝音图睡眼惺忪、头发蓬乱地开了门。

"早安！"格日勒巴图按礼问候。

"安，早上好？"宝音图回礼道。

"老弟，还有些宿醉没醒吧？"格日勒巴图看了看宝音图的脸。

"见了您太过开心，多喝了几杯。来，进里边吃早茶。"宝音图殷勤地将格日勒巴图拉到了桌边。

"我吃过早茶了，你儿子怎么决定的？"格日勒巴图着急地问，显然他很赶时间。

"去呢，去呢。说好了要去的。无论如何您再喝碗茶，早点都已经备好了。吃口热饭好赶路。"宝音图哪肯依他。

"实在懒得脱鞋呢，罢了，罢了。我就在这儿等着他吧！"格日勒巴图仍然客气着。

"唉，不要紧的，不用脱鞋。"宝音图一把将格日勒巴图拉坐在了餐桌旁。

"早安魁哥！来，您坐这边喝茶！"陶古斯双手奉上一碗奶茶。

"安，我就坐这边吧。"格日勒巴图扯过椅子，靠边坐了。

他们的儿子朱乐巴雅尔却一句话不说，只用眼角不屑地瞟了眼格日勒巴图，拿过盘子里的冷肉，用小刀削了满满一碗后，加上热奶茶呼噜噜地喝着。

"您往奶茶里加些肉吃吧！外面天气怎么样？"陶古斯忙前忙后招待着。

"起风了，恐怕要变天呢。小伙子你多穿些衣服，千万别冻着了。"格日勒巴图提醒道。

"一早就叫他多穿些衣服偏是不听。俗话说'往毛驴耳朵里塞黄金也甩，塞牛粪也甩'，真是好赖话不分，冻死活该！"陶古斯生气地批评着儿子，只见小伙子恶狠狠地瞪了一眼母亲，眼神似乎在说："叨叨啥呀？我的死活与你有什么相干……"

"怎么样，咱出发吧？带的东西多吗？"格日勒巴图快速饮干了碗里的茶，就催着起身。

"没多少东西，就一小包。"陶古斯说。格日勒巴图看着毫不着急，仍慢吞吞的朱乐巴雅尔，实在没忍住，催道："小伙子，咱稍微快些吧，不然太晚了。"刚说完就看见陶古斯在向他使劲眨眼，示意他不要催。

朱乐巴雅尔勉强离开餐桌，就又进了卫生间，还把门锁了起来。格日勒巴图无奈地晃了晃，只能继续等着。宝音图气得在地中央走来走去，终于没忍住敲了敲卫生间的门，不耐烦道："喂，你这是干啥呢？快出来啊，人家等着呢。"

"上厕所还能干啥？着急的话先走着，我这还没完呢。"朱乐巴雅尔在门背后顶嘴。

"跟这种人说什么呢？"宝音图耸了耸肩膀又摊开双手，表示自己毫无办法。

格日勒巴图实在等不及，便道："我先把包拿下去等着吧。"说完便下楼去了。宝音图两口子差点没给儿子下跪磕头，千求万哄总算把他请下楼，坐到了格日勒巴图的后座。就这样他们两个顶着碎雪和冷风驶向了位于青山头的冬牧场……

在城市的雾霾、尘埃中，一轮旭日犹如没洗脸的娃娃刚从被窝里醒来一般，在云缝中缓缓升起。街巷里的树木在大风中摇摆着，眼见有折断的枝丫零落。高楼大厦的背后，旋风卷着各色塑料袋、垃圾等来回蹂躏。楼道里被风打得啪啪作响的门窗，令人胆颤。

宝音图和陶古斯二人将儿子送走后，被冻得浑身颤抖着，搓着手进了屋。

"今天真是能冻掉牛犄角的奇冷天气啊。只一会儿工夫差点就冻僵了。"宝音图揉搓着双手，走来走去试图让身体迅速回温。

"这倒霉天气，我那熊孩子不会冻坏吧？"陶古斯不由得担心着她的孩子，心情沮丧地将手插进腋下取暖。

"唉，总算把臭儿子顺利送走了。但路上不定怎样折腾格日勒巴图呢？想要把他弄回去恐怕不容易啊。造孽呀，这一路魁哥要受苦了。寒风夹杂着碎雪，希望他们能安全抵达。"宝音图心里无比担忧道。

"儿子把他回来时穿着的绿色大氅和单鞋穿走了。这大冷天会不会挨冻呢？我叫他穿上羽绒服和毛皮鞋，他就是不肯。犟到最后还不是自己受冻？唉！"陶古斯又气又担心。

"算啦，都快三十岁的人了，有衣服不穿，挨冻也是活该。他呀受点磨难也是好事，不然永远不懂事。都是你从小太惯着他了，才养成了那个没出息的德行！"宝音图心中不忿，埋怨着爱人。

陶古斯并没有反驳，只安静地听着宝音图的唠叨。过了一会儿才说："朱乐巴雅尔分文没带，也没来得及给格日勒巴图拿些钱。咱们几乎是把自己的孩子硬塞给人家的不说，还叫他们空着手回去，想想太不应该了。接下来朱乐巴雅尔就要吃住在人家，生活在人家，而且还有可能给人添堵捣乱呢！咱们做父母的自己都受不了的孩子，没有任何血缘关系的魁哥却愿意将他带回去当成自己的孩子照顾，这需要何等胸怀和勇气？反过来，如果是格日勒巴图把这样的孩子交给我们照顾，你能接受吗？我肯定是不能的。所以说，格日勒巴图所拥有的那种无私的仁义之心我们是没有的呢。"听到陶古斯激动的言语，宝音图也受了影响，坐到她旁边说："咱们的魁哥历来是一位热心肠的好人，因此才平安接生了一百多个孩子，并被认作接生父亲呢！在牧区，无论男女老少都十分崇敬他。身份地位比咱俩贵重太多了。"

"是吗？什么时候接生了那么多小孩呢？能把一百多个小生命平安接生到世界上也是了不起的功绩了！一般人哪里做得到？

他是什么时候学会这技术，做了接生员的呢？"陶古斯不解地问。

"格日勒巴图从小就跟其他小孩不一样。我们小时候为了抓鱼，经常光着屁股去泡子里玩儿。格日勒巴图却很稳重，总是看顾着我们大家。提醒我们哪里水深，哪里有鱼等。坚决不让我们靠近深水区呢。他平时就像父亲一样严厉，使得我们几个小一些的鼻涕虫非常怕他，像顺从圣旨一样地顺从他的命令呢。他虽然年龄比我们大不了多少，但他有一种特别的亲和力，还很会组织领导大家。从来不以势压我们，我们却也从来不违背他的话。而且他还很有同理心，因此我们几个总是把连父母都不说的心里话说给他听。每次难过他都能把我们安慰好，就像医生能号脉诊断病情一样，格日勒巴图有洞察他人心理的神奇能力。他理应当一名医生，虽说他没有学过专门的医学知识，但他对人们的帮助并不比一个名医少。俗话说：'坐穿莲座的智者不如勤行布施的尼姑。'格日勒巴图正是那个热心助人的人呢。他不仅会接生、推拿，还是一位心理医生。我听说，他尤其会治疗像朱乐巴雅尔这种性情乖戾的患者呢。所以遇见他后，我才第一时间将他邀请来我们家的呢。"宝音图说出了自己的心里话。

"当时我还奇怪你怎么突然把多少年没联系，都快忘了的格日勒巴图给领回家了呢？原来是这样。咱儿子去牧区后就算没有变好，那里也没有毒害他的东西。而且，至少可以让他远离那些不良青年，让他们断了联系。如果驼奶真能解毒，那就更好不过了。在城里我们就算想给他喝驼奶，拿着钱又能去哪里买呢？如今倒去了养驼的人家，岂不是正好？"陶古斯显然非常满意儿子去了格日勒巴图那里。

"话说'斧起牛歇'，趁此机会咱俩也好好休息几天。真到了待不住的时候想必格日勒巴图也会送回来。在那之前咱俩装聋作哑清清静静待着吧。格日勒巴图是个非常负责的人，只要他答应了，轻易不肯半途而废，因此才受着大家的尊敬。大家都说，在医院里只能剖腹生产的孩子，通过他的推拿矫正都可以平安顺产呢，多么神奇！如今也不知道是什么原因，医院里让剖腹生产的越来越多，听说因此去找格日勒巴图顺产的也越来越多了呢。"宝音图说着自己听来的消息。

"魁哥真了不起啊！他跟谁学的这些本领呢？他们家祖上出过会接生的人吗？会这种本领的不都是一代一代传下来的吗？"陶古斯刨根问底。

"魁哥祖上没有做接生和推拿的。不过倒听说有当大夫的。他的本领是从乡里的著名助产士、推拿师达里苏老人那里学来的。"

"他什么时候学的？竟然都接生了一百多个孩子？"

"他可没像我俩一样，在校园里挥霍时间。高中一毕业就去了牧区，应该是那时候学的吧！而且他求知欲强，对自己感兴趣的东西一学就会。何况对推拿、接生等有与生俱来的天赋呢。"宝音图看了看墙上的钟："哟，到上班时间了。咱俩送走儿子后就在这里聊格日勒巴图的履历，差点把工作都给忘了。好了，不聊人家的事儿了，赶紧喝口茶，该上班去了。"二人说着坐到了餐桌前。

"今天我也去单位。前几天都没能正经上班。你送我一下吧！"陶古斯小声说着给爱人递了一碗茶……

宝音图穿上西服系好领带，外面罩上带有貂皮衣领的长款皮衣，腋下挎上黑皮包，用毋庸置疑的口吻说："我先去热车，你快点！别又磨磨蹭蹭半天见不到人。"

正在卫生间洗漱化妆的陶古斯随口应着："好的，嗯，知道了。"

她急忙蹬上棕色的轻革皮靴，套了一件光亮的黑色貂皮大衣，挎上紫红色的皮包，噼啪踩着高跟飞也似的出了门。

早晨的时候仍阴沉灰暗吹着细雪的天气，这会儿缓和了许多。昨夜肆虐的暴风雪中，街巷里只有风吹电线的呜咽令人愁闷。而今却已是乐声嘈杂人声鼎沸。忙着奔命的市井之人一大早就起来，开始搅动人世间的滚滚红尘，在锅碗瓢盆的碰撞声中备下这一日的早餐。

四

黎明降临，天边掀起了一层鱼肚白。须臾，黄澄澄的霞光为青山头镀上了一层金光。覆着一层厚雪的山脉在远处闪出耀眼的光芒。突然一轮火红的太阳露出地平线，金辉洒满戈壁。

远望连绵的群山，背靠高耸的沙丘，牧驼人家的冬牧场温暖安详。用梭梭树围起来的宽敞圈舍里挨挨挤挤的全是骆驼。只见它们头脸上挂满白霜，从口鼻中蒸腾着白气，悠闲地卧在地上反刍。圈舍的正中央，在环抱粗的胡杨树桩上拴着一匹驼峰饱满直立犹如雕塑般威风凛凛的棕红色种公驼。或许是出于头驼的威仪，它第一个起身，惊天动地般鸣叫了一声，之后左右甩动着脖颈，将牙齿咬得噼啪作响。驼圈右侧的斜坡上坐落着一处蒙古包，稀疏的炊烟正从包顶的烟囱里袅袅而升。

楠迪玛披着袍子出门解手后，准备着生火做饭。不一会儿铁炉子里燃起火焰，梭梭散发的热浪使冰窟一样的屋子瞬间暖和了起来。格日勒巴图一直躲在被窝里，直到屋子暖和后才穿上衣服出了门。他先去解了手，回来的时候站在驼圈旁望了一会儿，之后朝着屋后高大的沙丘走了过去。格日勒巴图只要在家，几乎每天早上都会爬上这座沙丘。这处高耸的沙丘是附近山头中最高的一个，是一处突兀的高地。因此只要爬上丘顶就能将远近事物一览无遗。格日勒巴图每天上下高地，已经在丘上走出了一条小路。今早他又按照往常的习惯来到了丘顶。他朝着日出的方向，张开双臂，微闭双眼，口中默念了一遍"请大漠苍穹护佑！"，之后他又虔诚地在丘顶上转了转，缓缓下了山。

楠迪玛取下炉盘，坐上了锅。她尽量放轻动作避免吵醒还在沉睡的朱乐巴雅尔。她用火钳敲击水缸里已经冻结实了的冰面时，仍不忘时时地看向他。

"那几峰不听话的年轻公驼不见了，可能被种公驼咬走了。"格日勒巴图边洗脸边说。

"错不了的。昨晚我去收驼的时候，看见棕红头驼把所有母驼都撵进青山头南面的山坳里困着了。那些没羔的母驼跑得到处都是。恐怕就是那个时候走散的。"楠迪玛用余光瞟着朱乐巴雅尔，小声说道。

"可怜的几头骆驼不会被狼给掏了吧？我还是早些出去找找吧！"格日勒巴图心中急道。

"大一些的没事，狼不敢靠近。只担心那几个小的，可能会遇到危险。再怎么着急也不差这一会儿，喝了早茶再出去找吧！"楠迪玛捅了捅炉火，赶紧添柴。

格日勒巴图瞧了瞧仍沉浸在睡梦中的朱乐巴雅尔，小心挪到火炉的另一侧，低声嘱咐楠迪玛道："他要不醒就让他多睡会儿，不用叫他。醒了有可能会胡闹呢。你注意着点，把家里的剪刀、斧子等最好都藏起来。也别惹他生气，他想干啥就让他干啥。我会尽快赶回来。"

　　"这么吓人吗？那我可不敢一个人在家。我去找骆驼，你留在家里挤驼奶吧！"楠迪玛紧张地说。

　　"不用害怕，他和咱们的儿子又有什么区别呢？只是个不小心走了歪路，承受着各种煎熬的可怜人啊。想必骆驼也没有走太远，我很快就回来。他不会这么早起来的。"格日勒巴图安慰着楠迪玛。

　　楠迪玛将煮好的奶茶灌进铜壶后，用银碗给自己当家的盛了一碗油汪汪的奶茶。格日勒巴图和楠迪玛二人的谈话在炉边继续着……

　　梭梭的硬火烧得炉子通红，使得蒙古包里格外暖和。朱乐巴雅尔露出干瘦的胸口，像吃了蝎子草的骆驼一样张着嘴沉睡着。格日勒巴图心里记挂着走散的骆驼，用奶茶泡着剩米饭囫囵吃了几口，便穿上袍子出了门。他来到外面取下挂在储物架子上的油单帽戴在头上，走到拴着长峰驼、塌峰驼和直峰红驼的桩子旁边。将直峰红驼牵起来撒了尿，并清理掉它身上的霜雪，套上驼鞍出发了。

　　楠迪玛时时观察着朱乐巴雅尔，稍有动静她就屏气凝息警觉地看着他。她胡乱喝过茶后，将刀、剪等容易伤人的物品全部塞进床铺底下藏了起来。做完这些她才轻轻地挪动脚步，用脚尖点地，提起桶出门挤驼奶去了。

像巨大火球的朱红色太阳不断上升，光线洒进了驼圈。在阳光的照耀下，冻结在骆驼的口鼻、四肢根部的霜雪逐渐融化。卧了一夜的驼群也纷纷起身舒展身体，开始放水撒尿。圈里一时充满了驼妈妈和驼羔呼唤彼此的鸣叫声。

楠迪玛正在给昨夜分出来的母驼挤奶，突然耳边传来了敲铁皮的声音以及人的喊叫声。完了，那人醒了。不知道敲烂了什么在那叫喊呢？这可如何是好……楠迪玛一想到这里身体立刻就被恐惧虏获了去，双腿一阵阵地发软。她急忙将奶桶悬挂在驼圈的围栏上，慌慌张张地向家里跑去。等她到近处一看，蒙古包的门被大敞着，朱乐巴雅尔下身只穿了条巴掌大的内裤，上身赤裸着，正用木棍敲打着炉筒跳喊："喂，有人吗？来人呀！你们都去哪儿了？我要尿尿，怕你们家狗不敢出去呢！再不来人我就尿在你们家里了啊！"

"狗被拴着呢，你不用怕，快出来吧！"楠迪玛不敢进屋，站在门口对他说道。

朱乐巴雅尔连鞋都没穿，就想光着身子跑出门。楠迪玛急忙拦住，告诉他天冷注意着凉。然而对方并没有理会她的话，径直跑了出去。楠迪玛没敢再出声，立在原地看着。朱乐巴雅尔出门没走五步，便哗哗地尿了起来。之后哆哆嗦嗦跑进屋里直接钻进了被窝。

楠迪玛因为恐惧也没敢说他，忍气吞声给炉火填了火就准备出门。谁知朱乐巴雅尔却突然问她："那位叔叔去哪儿了？"

"寻骆驼去了，一会儿就回来。"楠迪玛恨不能立刻就出去。

"你不用怕我，我不会把你怎么样。我肚子饿了，能不能给我点吃的？"朱乐巴雅尔用哀求的口吻小声问。

"能，能。有现成吃的，你赶紧起来喝茶吧！热水壶里有奶茶，盘子里的点心你随便吃，就像在自己家里一样千万别客气。现在你就是咱家的一员呢。"楠迪玛尽可能地放缓语调和朱乐巴雅尔交谈几句后，奇迹般地感觉到自己的恐惧感散去了许多，心情也平和了下来。

朱乐巴雅尔躺在被窝里思索片刻后说道："你们这里太冷了，夜里把我冻得够呛。而且屋里也没有厕所，我肯定没办法在这里生活，我想回家。"

"那样也好，从小生活在城里，像大棚里的花朵一样被精心呵护长大，怎会习惯牧区简朴粗放的生活呢。我们这戈壁，时常比今日还要冷几倍，有时暴风雪甚至会没日没夜地肆虐。如此艰苦的环境，你又怎么受得了啊！回去绝对是正确的选择。"楠迪玛非常赞同朱乐巴雅尔的想法，因为他的话就像挠到了她的痒痒处一样，正合了心意。她正愁怎么叫他走呢，因此顺着他的心意说了那些话。

朱乐巴雅尔准备起床，掀开被子的刹那，楠迪玛瞧见了他胁下殷红的巴掌大的伤口。急忙问："你那伤口是怎么弄的？颜色很不好呢，不会感染了吧？"她非常担心，想近前看看心里却又害怕，正在踌躇间，朱乐巴雅尔用被子挡住了伤口，满不在乎地说了句："没事，无妨。"

"得涂药啊，好大的伤口呢。"楠迪玛心疼地看着他说。

朱乐巴雅尔的两个腕上，像缠了两条黑花蛇一样，刺着一圈文身。他的前胸后背甚至腿上都有一片片暴起的紫色疤痕。

"你起来洗漱完先喝茶，我挤完骆驼把它们放出去就回来。"楠迪玛转身出了门。

可等她刚要准备挤奶的时候，就听见朱乐巴雅尔站在门口朝她喊："喂，脸在哪儿洗呀？"

"哎哟喂，也是够了。屋里那么大的洗脸盆都看不见吗？真是没办法。"楠迪玛小声嘟囔着，无奈地将奶桶挂到围栏上，又走了回来。

楠迪玛在洗脸盆里兑好温水递给朱乐巴雅尔，他却十分嫌弃地说："就这点水怎么洗脸呀？"

楠迪玛又惊又气地盯着他，恨不能脱口数落他一顿："我们这戈壁滩上，水是多么珍贵的呀！怎么能跟你们城里比呢？我们平常洗脸用的水比这少多了。你要懂得入乡随俗的道理才是。你要洗就洗，不想洗就拉倒，难道是给我洗呢不成？……"不过想了想还是将那些气话全部藏在了舌头底下。温和地说着："好，好，我给你加水。"给他倒了半脸盆的水。

朱乐巴雅尔洗脸的时候，将水洒得到处都是。屋里的地面都成了泥浆。刷牙的水也溅得哪哪儿都是，看他那样子简直就像无人处的无厘头皇帝一样，做派粗俗又随意。楠迪玛越看越生气，但又不敢用狠话戗他，只能咬碎了牙忍耐着。朱乐巴雅尔连最起码的，自己睡过的被褥都没有叠，在床上以他钻出来的样子乱卷着。楠迪玛说也不是，不说也不是，心里憋闷到实在忍无可忍，眼一闭转身出了门。

朱乐巴雅尔拿碗盛了热茶，依次看了一遍楠迪玛装好盘款待他的面饼、驼奶酪、瓶装的黄油和稀奶油等。最终从盘里拿起烧焦的白色面饼转来转去看了许久，当嘟一声扔回了盘子里。

"像石头一样硬的东西叫我怎么吃？你们瞧不起我竟然把狗食拿来给我吃！我要回家……"朱乐巴雅尔拼了命地号叫着将装

面饼的盘子扔到了地上，又不解恨地使劲踹了一脚。之后他拿起自己没有扣子的绿色大氅，将黑色尖帽套在头上，抓过蓝色背包就往外走。

正在挤奶的楠迪玛看见他走出来，一边问他去哪里，一边着急地提着奶桶向他跑来。

"我走呀！你们瞧不起我，竟然把干硬了的饼拿给我吃。我是你们家养的清理剩菜剩饭的狗吗？"朱乐巴雅尔怒吼道。

"唉呀，小伙子你误会了。那饼是我昨天新做的，怎么会干硬呢？是你没吃过才会觉得不好吃吧？说真的，那可是用驼奶，加了油和糖烙出来的极好吃的饼呢。那你想吃什么？我去给你做就是了。"楠迪玛想拦住朱乐巴雅尔，站到了他的前面。朱乐巴雅尔不声不响地推开楠迪玛头也不回地走了。

楠迪玛将奶桶放到地上，再次追上他道："你可以走。但是等我家老头子回来之后再走！你现在走也不可能找到路，就算不冻死也会葬身狼口的。"

"你不用管我，躲开！冻死又能咋地？要是有狼要吃我，那就让它吃就是。反正我什么都不怕。如今像我这样当人家的眼中钉肉中刺，活着又有什么用？倒不如早些死了干净呢！"朱乐巴雅尔恶狠狠地说着，将楠迪玛推到一边逃也似的跑了。楠迪玛急忙追上，将将抓住了他的背包，结果朱乐巴雅尔却从肩膀上甩掉背包疯了一样跑掉了。楠迪玛又追了一阵但始终没追上，被远远地丢在了身后。她无奈地看着朱乐巴雅尔的背影站了一会儿，之后摇着头回了家。

要是叫他这样跑了，肯定会冻死惹出大事儿。老头子怎么还不回来呢？有什么办法能暂时绊住他呀？……我那老头子也真是个十足的傻瓜。我们只管走自己的路，过好自己的日子就是了，何必掺和别人家的事儿，把这样一位就算炖在一起汤都不会融合的玩意儿带回家呢？看他乖张暴戾的脾气，有可能会种下亡人的恶果呢。别到最后好人没做成，还摊上了人命官司。与其如此，还不如趁着他平安无事的时候快些送回去。无论如何我先看住他，等老头子一回来就叫他送回去吧……楠迪玛一路生着自家老头子的气，走到了奶桶旁边。

一只穿着漏棉花的蓝色围子，驼峰不盈一握的瘦小驼羔跑过来，黏着楠迪玛转圈。

"唉，从早上到现在跟丢了魂儿似的瞎跑，都忘了给我可怜的灰灰喂奶了。奶瓶也没拿，你就从桶里喝吧！"楠迪玛慈爱地将奶桶推向失去母亲的小驼羔，小家伙便迫不及待的将头伸进了桶里。

小灰灰大大地喝了几口，"喂，不能再喝了。我一共就挤着这么点，都快被你喝光了呢。"楠迪玛和小灰灰争抢着奶桶，好不容易才将它的头从桶里拽了出来。

"奶也喝了，这下称你心意了吧？快回驼群里去吧！"楠迪玛抚着灰灰跟它说着话。小家伙噘着被奶水染白的小尖嘴儿，仿佛听懂了一般欢快地跑了回去。楠迪玛快速回屋，将奶倒进盆里过滤。又将薄的挤奶服脱下来，换上了厚一些的衣服，并戴上了新的包头巾。她捡起朱乐巴雅尔扔到地上的面饼，揪下两小块儿拿在手上出了门。楠迪玛走到拴着巴萨尔的桩子旁边，看见主人的狗高兴得摇头晃脑，使劲儿摆动着它那巨大的尾巴，不断向主人献着殷勤。只见巴萨尔向前一扑便立起身体，将两只前爪搭到主人的肩膀上，那个头竟然比楠迪玛还要高出许多。

"巴萨尔,给!"楠迪玛将手里的饼塞进它嘴里,"你要帮帮我!去拦住那个人,别让他走掉,明白了吗?"她用手指了指朱乐巴雅尔消失的方向。也不知巴萨尔是否听懂了主人的话,只见它仍一个劲儿地摇动尾巴,舔着主人的手乞食。

"你绝对不能咬伤那人,知道了吗?要是让他受伤了我会跟你算账的!"楠迪玛在巴萨尔的后脑勺上挥了挥拳头。巴萨尔立马收起耳朵,乖巧地趴在了地上。楠迪玛又掰了一些饼放进它口中:"你要是听话,我还会再奖励你。去吧!"说着解开了绳索。巴萨尔因没了束缚高兴得来回乱跑了一气,接着又围绕楠迪玛顺时针转了一圈,之后才朝着朱乐巴雅尔离去的方向飞奔追去。楠迪玛一直望到巴萨尔的身影消失后,才转身进了驼圈。她将立在驼群中的身形宽大的白嘴青驼拴好,接着给带羔的母驼套上了乳罩。她又牵来戴着花斑笼头的棕红种公驼,将它的笼头和一条前腿系到一起后,打开圈门放出了骆驼。驼群一出圈门就奔向了水井。楠迪玛用手摇机打出井水饮着骆驼。戈壁里的水井水位非常低,为了饮牲畜的时候省些力气,格日勒巴图自己研制了这款手摇机,为他们提供了不少方便。和手摇机配套的水斗也是他自己缝制的,因此要比商店里卖的大两倍。楠迪玛娴熟地转着机器,成年女子三庹①才能量出的大石槽,不一会儿就被她盛满了水。驼群也不怕井水冰凉,个个儿喝得肚子溜圆。他们管驼群里的那峰长着双鬃毛的棕红种公驼叫"红美丽"。由于参加旗里组织的骆驼选美大赛获了奖,便给起了这个名字。此时红美丽虽然系着绊脚绳,却凭借着自己彪悍的性格、强大的力气和头驼的威严,

① 庹:一庹约合五尺。

从驼群背后横穿而来，美美地喝起了水。其他骆驼见状也只敢乖乖地往两边分开一条路给它。由于红美丽嘴上戴着笼头，没办法张大嘴痛饮井水。喝饱水的驼群陆陆续续朝着青山头徜徉而去。红美丽不甘落在驼群后面，只见它咬着牙，举起前腿，身子立在两条后腿上如一座山一般威严。拖着绊脚绳的红美丽最终还是落在后面，它走了一阵后，突然撞进路边的树丛翻滚着给自己蹭起了痒痒。

楠迪玛留下两峰挑剔不爱喝水的二岁驼，专门用水斗喂好后放了出去。至此她才终于腾出时间，给拴在桩上的白嘴青驼套上鞍具，出门去找让她担心已久的朱乐巴雅尔和巴萨尔。

我的巴萨尔拦住他应该没什么问题。只担心小伙子拿起棍棒，打狗不成反被咬呢。我预先警告了巴萨尔，希望不要有事啊！怎么听不到狗叫声呢？难道没找见不成？老头子也不在，那几峰骆驼跑哪儿去了呢？等他到来之前要怎么安抚他呢？……楠迪玛一路胡思乱想着骑驼狂奔。

她越着急就越觉得骆驼跑得慢，于是鞭上加鞭让坐骑狠命颠起来。刚走进一片盛产碱土的、白茫茫耀眼的洼地，就听见前面有狗叫声。楠迪玛减慢速度循声音而去，只见巴萨尔摇着尾巴讨好着向她跑来。

楠迪玛跳下骆驼，问："巴萨尔，那人在哪儿?"巴萨尔却左蹦右跳跑过来，围着主人又蹭又舔地撒娇。楠迪玛摸了摸它的头，再问："那人怎么样了?"巴萨尔仿佛在说"在那边"一样，带着她走进了一片巉岩耸石之中。楠迪玛牵着骆驼小心跟来，看见巴萨尔正蹲在一处绵密的红柳丛底下抬头吠叫。楠迪玛一眼就明白了，她顺着巴萨尔的叫声往上一瞧，正好看见朱乐巴雅尔手拿长棍躲在高高的树丛里头。

楠迪玛将骆驼拴好，没敢贸然接近朱乐巴雅尔，而是站在树丛边上向他喊话："喂！朱乐巴雅尔，我牵住狗了，你下来吧！"

"你是想让你家狗吃了我吧？看我不打死它！"朱乐巴雅尔简直要气炸了，扯开嗓门儿叫喊着。

"没让它咬你，是怕你走远，叫它来拦住你的。你不要乱想，快下来吧！"楠迪玛半解释半劝解道。

"世上哪有不咬人的狗？少骗人。如果不是为了咬我，又怎会让它来追？"朱乐巴雅尔气愤地质问。

"我实在拦不住你，才让我的狗帮忙拦你的。你要是听话又怎会这样？我们家的巴萨尔可是通人性的狗，不信你叫它名字，它绝对不会咬你的。"楠迪玛继续安抚着。

"臭疯狗，你来呀！看我不扒了你的皮！"朱乐巴雅尔咬牙切齿地挥舞着棍棒，把气全撒在身旁的树丛上。结果他的疯狂举动却激怒了巴萨尔，只见那狗咧着嘴低鸣着，就要冲上高坡攻击朱乐巴雅尔，还好楠迪玛反应快，立刻叫住了狗。

朱乐巴雅尔没有丝毫听话的迹象。这可怎么办呢？老头子不知道回没回来？他要不来，我是一点办法都没有了。看他疯癫的样子，说不准会打死人呢。还是快回去把老头子叫过来吧……楠迪玛思索着刚要去解骆驼缰绳，却刚好瞧见了格日勒巴图骑着骆驼从长满红柳丛的高坡背后转了出来。

"哎呀！你来得太是时候了。你快看看那小子吧！"楠迪玛朝朱乐巴雅尔指了指，很不高兴地说。

"在哪儿呢？"格日勒巴图边拴骆驼边问。

"在坡顶上呢！"楠迪玛漫不经心地指了指。

"几个骆驼全找着了吗？"她对骆驼的关心更胜于朱乐巴雅尔。

"都找着了。已经赶到驼群里了。"格日勒巴图径直朝朱乐巴雅尔走去。

楠迪玛跟在他身后埋怨："这小子真不是人，你干吗要把这种像野兽一样的家伙带回家呢？他说想回家便自己跑了出来。趁他还活着你赶紧送他回去吧！"

格日勒巴图不言不语地走着。巴萨尔迎住主人，亲昵地蹭了蹭他的腿。格日勒巴图却没好气地吼了一声："滚！"

格日勒巴图朝坡上爬去，挨到朱乐巴雅尔的近前，用温和的语气说："朱乐巴雅尔下来吧！不用怕狗，我看住它了。"

朱乐巴雅尔沉默了好一会儿，突然震天撼地般吼道："我不下来，你们带着狗回去吧。我要回家！"

他爬到了红柳坡的最高处，敞着没扣子的绿色大氅，用手里的长棍敲打着眼见的一切，简直像疯了一样。楠迪玛在坡底控制着龇牙咧嘴不停吠叫的狗子。老话说"人怕真话，狗嫌棍长"，巴萨尔彻底被手拿长棍耀武扬威的朱乐巴雅尔激怒，显示出了十足的兽性，跳起来狂吠着。楠迪玛只能扯住它的项圈狠命拉着。巴萨尔不依不饶，用脚爪刨着地往前挣扎，险些将楠迪玛拉倒在地。

格日勒巴图见朱乐巴雅尔怒火中烧，为安全起见在原地站着没有接近。于是他向天祈祷道："老天爷，请您护佑这位年轻人吧！就像护佑着我们的大漠一样。"之后他走下红柳坡来到楠迪玛跟前，向她诉说："他一犯毒瘾就会失去理智，丧失对自己身体的控制力，从而做出许多荒唐的举动。昨天路上是怎么折磨我

【052】

的呢？又是往火堆里跳，又是啃咬自己的手指头，甚至还要生吞烧透的红炭。件件桩桩真是把我给折磨透了。”

"你既已知道他疯狂的秉性，为什么还要将他带回家呢？今早也是各种折腾，作得我都差点没挤成驼奶呢。听见他又是砸东西又是叫喊的，赶过去一看正拿着树枝敲打炉筒呢。结果一问却是不敢出来尿尿，在那喊人呢！我在洗脸盆里兑好温水叫他洗脸，人家却嫌弃水少不肯洗。更不像话的是，说我给他吃狗食，把我装在盘子里的饼全给扔地上了。就这么个疯子，你说谁能治他？你倒好出去找牛找骆驼躲了清净，这么可怕的人我绝不会再跟他单独相处的。你总是爱管各种闲事，之后给自己带来麻烦。至于这位，你今天就给送回去吧……"楠迪玛气不打一处来，狠狠发了一通牢骚。

"行啦，别啰嗦了。领着狗回家去吧！这里的事儿我来处理。"格日勒巴图说完又转身去了那头。

楠迪玛气得直跺脚，差点没把鞋底踩碎，只好对着狗喊："巴萨尔，走！"狗子以为自己惹了主人生气，立刻安静下来，耷拉着耳朵，让楠迪玛牵着朝骆驼走去。

格日勒巴图爬到坡顶，走到朱乐巴雅尔跟前一看，他冻得已经嘴唇发紫，手指更是肿成了红萝卜。

"哎呀，你都快冻僵了。给，把这个套手上。"格日勒巴图将自己的羔羊皮袖筒脱下来递给朱乐巴雅尔，朱乐巴雅尔却没搭理他。

"你的手都快冻掉了，还犟呢？别折磨自己了。"格日勒巴图说着直接套在了他手上。他又把朱乐巴雅尔的大氅裹紧，扯下自己的腰带从中给他束牢了。可怜朱乐巴雅尔的黑色尖顶帽子上布了一层白霜。

"走吧，回去吧！"格日勒巴图想拉着朱乐巴雅尔下山，朱乐巴雅尔却说："我在你家住不习惯，我要回家。"并一屁股坐在了沙子上。

"好啦，不要再犟啦，你都已经冻透了，咱快些回去吧。"格日勒巴图试图拉起他。朱乐巴雅尔却一动不动，悲愤地诉苦道："我不去，我要回家！你们这儿没有网，连最起码的，想在家里暖暖和和上个厕所的可能都没有。也没有合口的饭菜，焦煳干硬的黑面饼那是人吃的吗？屋外更是到处散发着牛屎牛尿的臭气，这种地方你让我怎么待？我要是再去你家，你们家那条大狗指定会吃了我的。我非常怕你们家的狗。你老婆竟然放狗追我，总有一天我要扒你家恶狗的皮。"

"你即使要回家，咱也得先回去准备车马。这么远的路，可不是像你现在这样徒步能走得到的。你听我的话，咱们先回去。不要在这里挨饿受冻了。"格日勒巴图说尽了好话，好说歹说总算将他领下了山。

格日勒巴图带着朱乐巴雅尔来到骆驼旁，先叫骆驼卧下，让朱乐巴雅尔骑上去。朱乐巴雅尔却摆着手，远远站着不敢靠近，说："别说骑骆驼了，长这么大我都没走近看过呢。"

"没事，你过来，它不咬人。"格日勒巴图拽着朱乐巴雅尔的袖子，一把将他扶了上去。"抓紧它的驼峰。"格日勒巴图教他坐稳后将骆驼拉了起来。

朱乐巴雅尔显然吓坏了，只见他苍白着脸，紧闭双眼，像猴子一样死抱着驼峰不放。等到骆驼猛然起身的时候，他更是吓得吱哇乱叫起来。

格日勒巴图被他滑稽的样子逗笑，安慰道："不要害怕！睁开眼睛，放松身体。"自己在前面牵着骆驼步行着。第一次骑骆驼的朱乐巴雅尔就像一截儿分权的木头桩子杵在骆驼背上一样一耸一耸地生硬摇晃着。

总算让他骑上骆驼要回去了，可是家里那位却很不满呢。真要把他送回家吗？想照看他确实不是件容易的事。如何是好啊？这家伙心倒是挺大，竟然想着徒步跑回去呢。他是真不了解大漠有多深啊！乍看之下他像个啥都不怕的莽夫，可从他躲着骆驼的样子判断，倒像是兔子一样胆小之人呢。格日勒巴图边走边想着。

楠迪玛到家后，先整理了朱乐巴雅尔睡乱的床铺，捡起了被他踢到地上的点心和饼，并将屋子里里外外收拾了一番。"唉，这哪里像个人干得事儿呢！养这么大，他父母遭了不少罪吧？常年照顾他得有多难啊？看到自己的亲生儿子变成这样，恐怕人都熬成干儿了吧？看来实在是力不从心了，又恰好遇见不会推辞拒绝的格日勒巴图，就趁机让他带来了戈壁。不然谁又会把自己家有毛病的孩子交到陌生人家呢。被逼得没办法了吧！也不知道我家老头子打算用什么法子，驯服这匹桀骜不驯的野马驹子。今天能成功把他带回来吗？可怜我那位是真真遇上了个小冤家呢。眼看着就要到骆驼回圈的时候了，他俩咋还没有踪影呢？"楠迪玛一个人没头没脑地胡思乱想着，时不时出门瞭望着……

五

恹恹冬阳，了无生气地向西而去。驼圈里几只灰雀落在背风处，叽叽啾啾地梳理着羽毛。又有几只飞来飞去，翻啄着冻硬的驼粪找食物。高大的拴驼桩上来了一只喜鹊，喳喳叫了几声，飞走后落在了远处的灰堆上。饭碗都来不及放干的冬日短昼眼瞅着便接近尾声，太阳转眼奔到了山坳上。

楠迪玛终于望见了格日勒巴图，只见他牵着骆驼，朱乐巴雅尔正稳稳地坐在驼背上。太好了，总算带回来了。我家老头子总能妥善处理各种难题呢！难道是男人之间好说话不成？能带回来已然是万幸了。楠迪玛心里轻松了许多，赶紧出门拴上了巴萨尔。巴萨尔也瞧见了他们，朝着朱乐巴雅尔又扑又跳愤愤叫着。格日勒巴图让骆驼卧倒，叫朱乐巴雅尔下了地。

"巴萨尔，安静！"格日勒巴图高声制止，狗立刻便噤了声。

"朱乐巴雅尔，走！咱进屋。"年轻人像没听见似的扭过头站着。格日勒巴图拉过他的手说："你别犟着了，赶紧进屋喝茶暖和一下。从早折腾到现在，都没吃东西。喝完茶咱俩收骆驼去，骑骆驼好玩吧？"格日勒巴图像哄小孩一样哄着他。朱乐巴雅尔却闷声道："你真不把我送回家吗？那我自己走！"他果断将手抽了出来。

"我没有权力阻止你回家，但是我答应了你的父母就得说话算数。你的父母把你交给了我，我也必须得负责。如今你既然已经来了，就住几天试试。到时候仍然不习惯，我再把你送回去。我们戈壁条件有限，用热水、上厕所不比城里方便，也没有你爱吃的那种甜软的点心。但是我们这里也有城里买不到的新鲜驼奶、酸奶、奶酪、奶皮等。到了夏天会有更多像沙葱、蘑菇等野生植物长出来，那些可都是大自然赐予的纯天然的美食呢。你肯定没见过那些，因此无论如何忍耐几天试试吧！"格日勒巴图变着法儿地挽留道。

"我从来没想着要跟您过来。"朱乐巴雅尔说出了心里话。

"你既然不愿意来，为什么又要答应你爸爸妈妈的建议，跟着我出来呢?"格日勒巴图追问。

"我跟着你出来的本意并不是想到你们这里来。而是为了躲避他们两个的掌控。可谁承想却又落入了你的监管呢?"朱乐巴雅尔无奈地叹着气。

"你既然不想看见你的父母，想逃离他们的视线，那现在又何必着急回去呢?"

"我原本想着，躲在他们看不见的地方，会比关在家里强一些。可是没想到这里还远不如家里呢。"朱乐巴雅尔毫不隐讳地说道。

"咱们的朱乐巴雅尔果然是一条汉子。有道是'人言真的好，狐皮红的好'，你能把自己想的毫无保留地说出来，叔叔我感到非常开心。"格日勒巴图非常欣慰地拍了拍朱乐巴雅尔的肩膀。

"你俩干吗要在外面站着挨冻呢?赶紧进屋聊。"楠迪玛从门口探出头说。

"哦，对。咱俩进屋聊吧!"格日勒巴图再次要求进屋，朱乐巴雅尔也没再反对。

"昨天到家太晚了，都没能给咱朱乐巴雅尔做好吃的款待。今天为了表示欢迎，老伴儿，你就给咱好好做一顿饺子吧!"格日勒巴图朝楠迪玛递着眼色说道。

"说得是呢。你俩先喝点茶暖和暖和，我这就给你们包饺子去。"楠迪玛答应着出了门。

格日勒巴图为朱乐巴雅尔盛了一碗茶:"来，喝碗茶驱驱寒气，你嘴唇都冻紫了。"

朱乐巴雅尔无声地接过茶，用热碗暖着手，过了一会儿才饮下。

格日勒巴图往自己银碗里倒了茶，拿起早上被朱乐巴雅尔嫌弃的饼，掰成小块儿放进了碗里，说："这种饼你没吃过吧？别看它不好看，却是用驼奶和油和面烙制的非常好吃的饼呢。比起你们城里吃的那种像泡沫一样的点心，这更像饭不是？这饼吃了特别扛饿，不信你试试！"格日勒巴图往朱乐巴雅尔碗里放了一块儿。

朱乐巴雅尔从早晨到现在还不曾吃东西，早已饿得前胸贴后背，因此直接放进嘴里就吃起来。

"怎么样？没骗你吧？是有黄油和糖的味道吧？"格日勒巴图笑呵呵地问时，朱乐巴雅尔因嘴里塞满了饼，没有作声，只点了点头。

"你要是吃惯了这个饼，保你以后啥饼都不想吃了。"格日勒巴图静静地在一旁观察着。

朱乐巴雅尔吃完了格日勒巴图给他的那一块儿，想伸手再拿一块儿，却被格日勒巴图拦住，说道："嗯，你好像尝出我家饼的味道了，但是不能再吃了，给饺子留点位置。"

朱乐巴雅尔恶狠狠地瞪了一眼，从盘子里掰了小小的一块儿放进了碗里。

楠迪玛从外头拎进一块儿冻肉，两只手各拿一把刀，在铺开的皮子上削起了肉。朱乐巴雅尔端着碗好奇地看了一会儿，问："这是在做什么？"

"在削饺子馅儿呢，你没见过这么削肉馅儿的吧？"格日勒巴图和他聊着。

"啊？剁饺子馅儿啊？这么'剁'饺子馅儿的我还真没见过。这么大块儿的肉能做馅儿吗？"他不以为意，甚至还有些嫌弃。

"这你就不懂了吧？这么削着做的肉馅才好吃呢，而且会有肉汁。一会儿你吃了就知道了。"刚说完，朱乐巴雅尔又瞧见了楠迪玛把刚削好的肉从皮子上拿起来放进盆里。

"咦！你们那块儿黑皮子也太脏了吧？这么脏的饺子我可不吃。"朱乐巴雅尔咧着嘴连连摇头。

楠迪玛看了一眼格日勒巴图，无奈地笑道："这不是污垢哦，是长期包茶叶形成的颜色呢。"说着卷起皮子，不悦地想到："你不吃就算了，坐卧都离不开皮子，竟然还要嫌弃，真不可理喻。以为自己多干净呢？"

"这张皮子虽说看起来脏一些，但比城里用的那些花花绿绿的塑料袋干净多了。你知道那些塑料袋是用什么做的吗？听说都是用丢掉的垃圾做的呢！与其相比，牛皮岂不是干净物件吗？"格日勒巴图反驳了朱乐巴雅尔的话。

朱乐巴雅尔没再说话，将手交叉在脑后，半躺在身后的行李上，从天窗望着深邃的天空。楠迪玛用手抓拌肉馅的时候，朱乐巴雅尔看了看，之后表情厌恶地拿起帽子出了门，格日勒巴图也赶紧跟了出去。

"我求求您了，您就把我送回去吧！我在您家实在待不惯。"朱乐巴雅尔央求道。

"你在我家刚住了一天，还啥啥都没了解呢，就总说回去。我们家究竟哪里叫你不习惯了？"格日勒巴图坦直地问。

"蒙古包太冷了，昨晚我冻得都没睡好。还有您爱人做饭太邋遢，洗脸水也是定量的……"他将之前的理由又重复了一遍。

"这些都不能成为你回家的理由。说真的，你并不是着急回家，而是急着去会你那些朋友吧。因此，我不会让你回去的。你知道为什么来这里呢吧？你爸妈让你来这里的最主要的目的，就是想让你远离那些沾染毒品的朋友，想让你早日戒掉毒瘾过上正常的生活。你刚才说的那些理由，比起你监狱里受过的苦根本算不得什么。你也不要再得寸进尺，我直接跟你说吧，我是不会让你走的。你趁早收起那不该有的心思吧！知道了吗？再说了我也没那工夫由着你来回接送。有道是'既来之则安之'，所以我们吃什么你就跟着吃什么，我们喝什么你就跟着喝什么。倒不如多想一想怎么适应这里的环境！再也别耍性子，给我俩增添麻烦了。进屋去！"格日勒巴图像在批评自己的儿子一样，将朱乐巴雅尔痛批了一顿。

朱乐巴雅尔两眼盯着地低头站了一会儿进屋里去了。楠迪玛正捏饺子往蒸屉上摆放。听到了那些话心里不禁想：轻易不说狠话的人，今天倒放了几句。是该说一说了，不教训一下，都要骑到我们两口子头上去了呢。早上怎么折腾我来着？这会儿被骂老实了吧？真应了那句老话"犟驴子推着不走，打着走"呢……她瞅了一眼朱乐巴雅尔，只见他耷拉着脸坐在一旁，从裤兜里掏出一盒烟，点燃一支然后安静地抽着。

"饭好了吗？收驼要晚了。"格日勒巴图从天窗里望着天色问道。

楠迪玛用手抓了抓锅上的蒸气，说："嗯，熟了。"她在碗柜前膝行着打开了锅盖。一阵朱乐巴雅尔从未闻到过的饺子的香气迎面扑了过来。

楠迪玛将饺子盛进盘子，摆在了蒙古包上首的矮桌上。又给格日勒巴图和朱乐巴雅尔二人拿来了碗和筷子。

"朱乐巴雅尔，过来吃饺子。"格日勒巴图招呼着，往自己碗里夹了一只饺子，舒舒服服盘腿坐在了矮桌旁。

"嗯。"朱乐巴雅尔从鼻子里挤出一声回答，夹过饺子放在鼻子底下嗅了嗅，之后像吃有毒的危险物品一样小心翼翼地尝了尝，结果还是被热饺子汁儿烫到了舌头。"唉呀……"只见他大喊一声，将碗重重地放到桌上，快速吞吐着舌头。

"哎哟，快给倒碗凉茶，烫到舌头了。"格日勒巴图忙道。

"唉!"怎么像个小孩子似的饭都不会好好吃呢? 楠迪玛无奈地从水壶里倒了一碗凉茶递了过去。朱乐巴雅尔喝下一口，感觉稍微好了些。

"我们这吃的饺子和城里的不一样。尤其手工削肉做的饺子汁水更多。吃的时候先在饺子皮上咬出一个洞，吹凉了之后，先吸里面的汁水再吃饺子。你要是在我家住久了，自然会见识很多之前没见过的，吃到许多以前没吃过的美食呢。"说着格日勒巴图拿过一个饺子，"咻"地吸了汁水，为他亲身示范了一回。

朱乐巴雅尔板着脸反复用凉茶漱了口，之后蹲到矮桌旁，问："有没有醋和辣椒?"

楠迪玛不知道醋、辣椒是什么，愣住了，回答说："哦，我们家没有那些东西呢。"

朱乐巴雅尔接着问："有大蒜吗?"

"咳! 你说说，大蒜也没有。只有一些洋葱。"楠迪玛笑着说。

"洋葱那东西咋能生吃呢嘛!"格日勒巴图反驳。

"那有咸菜吗?"朱乐巴雅尔继续问。

楠迪玛拍着大腿笑道："你这年轻人想吃的东西好生奇怪，专门问一些没有的东西呢。有腌渍的沙葱，可以吗？"

"行。"朱乐巴雅尔非常爽快地答道。

"嗯，用这个就饺子合适。你说的其他调味品我们这里都很少用。不过已养成的习惯很难再改变，那些东西我会尽力给你找来的。今天你先凑合着吃一顿，你也试着调整一下自己，尽快适应新环境。只有这样我们才能从一个锅里吃饭，一起生活呢。"格日勒巴图从旁劝解着说。

楠迪玛给格日勒巴图使了个眼色，仿佛在说："差不多行了，别又把他的性子给勾起来了。刚刚消停了一会儿，见好就收吧……"之后又不放心似的，时不时瞄一眼朱乐巴雅尔。

只放了羊肉、羊油和洋葱的纯肉馅儿饺子，朱乐巴雅尔吃第一口的时候，总觉得味道浓烈且怪异。连吃了几个之后终于适应了下来。于是他挪动身体挨近了饺子，一口一个地吞着偌大的饺子。格日勒巴图看了不禁有些心疼："唉！从昨天起就没正经吃过饭，饿坏了吧。"

"等你吃完饭，咱俩就去把骆驼收回来吧？"格日勒巴图问。

"我不会骑骆驼，我不去。"朱乐巴雅尔果断拒绝。

"刚才你不是骑着骆驼回来的吗？没事儿，我牵着你走。在戈壁滩上要是会骑骆驼逍遥自在得很呢！尤其是下雪天，骑着骆驼在雪原上奔跑，别提多美了。现在你还无法理解，等日后亲自体验过后，就会明白的。"格日勒巴图想着法儿调动着朱乐巴雅尔的兴趣。

楠迪玛也想把朱乐巴雅尔打发出去，因此在旁边帮腔道："去吧，去吧！去几次就学会骑骆驼了。你们城里人想骑骆驼骑不着，在旅游景点花一百元，蹬着梯子爬上去体验呢。比起他们来，你在我们这骑骆驼多方便啊！"

在他们两个的怂恿下，朱乐巴雅尔果然有些动心：要不跟过去看看？学会骑骆驼确实很好呢……他被自己的想法牵动着，瞧着格日勒巴图咧嘴笑了。格日勒巴图看出了他的想法，刚打算起身，就被楠迪玛拦住，说："别着急，小伙子还没吃完呢！来，趁热再吃点。"又端上了一盘新出锅的饺子。

"你俩慢慢吃，我已经吃饱了。"格日勒巴图向后靠着行李坐了。

"别着急，吃这盘热乎的。"楠迪玛将饺子朝朱乐巴雅尔推了推。朱乐巴雅尔被烫怕了，从盘子里小心夹了一只，轻轻在饺子皮上咬了一个洞，将汁水在碗中滴尽后，慢慢吃着。

格日勒巴图用心观察着朱乐巴雅尔的变化，心里却不停地盘算着：看来说透了，他还是听劝的。再跟他沟通一定要注意方式方法。这个人的心已经被伤疤包裹硬了，所以才变得冷漠、乖戾。我得慢慢接近他，设法取得他的信任，让他把心里话说出来才是关键。这样才能打开他的心结，释放出他的天性。只有像爱自己的孩子一样，用无瑕的心去善待他，才能窥见他的真心。可是他的毒瘾一旦发作，一切努力就都白费了。以前挽救吃毒草的骆驼，都是给它们反复灌酸奶乳清。既然有效果何不也给他试着喝一喝呢？……

"他不能穿着这么薄的衣服出门。从来没骑过骆驼的人，坐在上面不敢动弹，会冻僵的。你把自己的袍子和靴子找出来，给小伙子穿上吧！"楠迪玛的声音将格日勒巴图从深沉的思绪中叫了回来。

"是呢，你提醒得太及时了。"格日勒巴图快速起身翻箱倒柜，找出了自己在那达慕的时候才穿的，有着长毛羔羊皮内里，绣有万字符的蓝绸长袍。之后他又问楠迪玛："老婆子，我那双带毡袜的香牛皮靴子在哪儿呢？"

"今年你都没穿过呢，应该在仓房里吧！"

"好，我去找出来给朱乐巴雅尔穿上。"格日勒巴图说着出了房门。

朱乐巴雅尔看他俩忙，不料一阵困意袭来，眼皮越发沉重，竟睡了过去。等格日勒巴图拿着一双袜筒用深红色粗呢滚边的黑色小香牛皮靴进屋时，楠迪玛笑着朝朱乐巴雅尔抬了抬下巴。格日勒巴图顺着她的指点看过去，发现他已经靠着被子睡着了。

格日勒巴图走近看了看，小声说："已经睡着了，怎么好叫醒呢？就让他踏实睡着吧，我自己去把骆驼收回来吧！"

"你还是叫醒他一起去吧，你的话他还听一听，别留在家里了，我害怕。或者你留在家里看着他，我去把骆驼收回来。"楠迪玛心有余悸地说。

"天太晚了，怎么放心让你去呢？这可咋整……"格日勒巴图犹豫着要不要叫醒朱乐巴雅尔。

"别犹豫了，快叫醒吧！"在楠迪玛的一再催促下，格日勒巴图无奈地叫道："朱乐巴雅尔，醒醒。咱俩去把骆驼收回来吧！"

朱乐巴雅尔吞了吞口水，哼哧着一翻身，脸朝墙壁睡去了。格日勒巴图看向楠迪玛，十分为难地说："叫不醒呢，就让他睡着吧！"

"再叫，无论如何带上他一起去吧。不然，你前脚刚走他又给跑了怎么办？我可管不住他。荒郊野地里万一跑丢了可就麻烦了。你尽量别让他离开视线才好。"楠迪玛坚决不肯依他。

"你干吗要这样排挤他呢？他跟你儿子一样还是个孩子啊！这么年轻就走错了路，你说可惜不可惜？就因为他性情不好，不思进取就放弃他吗？要是能改正，咱就帮他一把，岂不是更好？他如果是你儿子你会怎么样？不要总是表现得那么狭隘！"格日勒巴图将楠迪玛批评了一顿。

楠迪玛没再说话，赌气坐了一会儿就出去了。

"朱乐巴雅尔！"格日勒巴图摇着他的胳膊，大声叫道。对方一下子被惊醒，用恶狠狠的眼神盯着他。

"好了，醒醒。给你准备了衣服和鞋，你穿穿看。咱俩一起去把骆驼收回来。"朱乐巴雅尔总算清醒了一点，懒懒地坐起来，扯开下巴打着哈欠。

"朱乐巴雅尔，你穿这个。"格日勒巴图将皮靴举起来给他看。

朱乐巴雅尔好奇地看着那鞋，十分嫌弃地说："这是什么鞋？鞋尖那么丑，我可不穿。"

"这是咱的蒙古靴呀。你之前没见过吗？里面还有毡袜非常暖和呢。"格日勒巴图介绍着。

"我从来没见过这种鞋，真难看。这能穿吗？"朱乐巴雅尔表情十分不屑。

"骑骆驼的时候，再没有比它更适合的了。暖和更是没的说。只要穿上它绝对不会冻脚呢。而且穿着它踩驼镫不会磨脚踝，遇见危险的时候也容易脱镫呢。再说了，这荒原上谁会在乎你脚上的鞋呢？你先别管它样子丑不丑，只要不冻脚就赚了。今天你就穿出去体验体验，你会明白它的好处的。"格日勒巴图满口夸赞着他的皮靴。

楠迪玛刚好从外头抱着柴火进屋，也在一旁帮腔说："蒙古人不忍心踩破草皮，因此做鞋的时候特意将鞋尖做成翘的，因此也叫翘头靴。搏克①手们都爱穿这种靴子摔跤，也是有讲究的。一来轻便，二来稳当。此外由于鞋头上翘不小心踢到对方也不至于让对手受伤。你试一下就知道它的好了。"

在格日勒巴图和楠迪玛的劝说下，朱乐巴雅尔只好脱掉自己的鞋，穿上了蒙古靴。

"正合你的脚呢！将衣服也穿上吧。"格日勒巴图看着朱乐巴雅尔微笑。

"来来，我帮你穿。"楠迪玛拿过袍子来罩在朱乐巴雅尔身上，将扣子系好后，找来黄绸腰带结结实实地给他围了起来。

坐在一边的格日勒巴图，不禁夸赞道："这身衣服简直就像是给你量身定做的，太合身了。原来咱朱乐巴雅尔是个英俊的小伙子呢。这下成了真正的蒙古汉子了。"

"可不是，像画上的人似的。人常说'人靠衣服，马靠鞍'，果真是这样呢。"楠迪玛忙前忙后为朱乐巴雅尔整理衣服的同时，赞不绝口地夸奖着。

他俩的欣赏，让朱乐巴雅尔很是受用。他前前后后看着自己，脸上不由地显出了微笑。

"呀，我要领着咱的帅小伙儿收骆驼去咯！"格日勒巴图看着朱乐巴雅尔兴奋地说。

"打扮这么帅的小伙子，得有个好帽子才行。那顶泥匠帽似

———————

① 搏克：蒙古式摔跤、摔跤手。

的尖顶头套你就别戴了。"楠迪玛提醒道。

"果然，还少个帽子。"格日勒巴图快速起身，从箱子里翻出来一顶带有精致"算盘结"的光亮亮的水獭皮帽，戴在了朱乐巴雅尔的头上。

"这下真成了从歌中走出来的'云登哥哥'^①了。咱戈壁里的小姑娘们看了都要移不开眼睛了呀！"楠迪玛啧啧称赞。

"正是呢，戴上帽子越发英俊了。云登哥哥也许就长这样吧？云登哥哥来到咱们戈壁了。"格日勒巴图满心欢喜道。

朱乐巴雅尔被他俩夸得很不好意思，红着脸扭捏着，不知该如何是好。

"两位先生，还不出发吗？不要磨蹭了。太阳落山前把骆驼撵回来都圈好吧！"楠迪玛催促道。

"专心打扮咱的朱乐巴雅尔，竟把时间都给忘了。戈壁上来了云登哥哥，骆驼圈晚了也没事儿。朱乐巴雅尔一会儿出门你给巴萨尔拿些骨头吃，这样他就认下你了。"格日勒巴图说着从盆里翻出来些肋骨、肩胛骨、脊椎骨等给了朱乐巴雅尔。见他爽快地接了，又将他领到了巴萨尔跟前。见了主人的巴萨尔兴奋地扑向格日勒巴图，不停地舔着他的手指和手背。朱乐巴雅尔一时没敢靠近巴萨尔远远地站着。然而他越是害怕，巴萨尔就越朝他凶个不停，吓得他更加不敢接近。

"巴萨尔，安静！他以后是咱家的人了，你再也不能朝他吼了。知道了吗？"格日勒巴图训过狗之后，叫朱乐巴雅尔过去，让他亲自将骨头喂给巴萨尔。

---

① 云登哥哥：科尔沁民歌《云登哥哥》中的角色，英俊潇洒。

"它万一咬我的手怎么办？我害怕，还是你来喂吧！"朱乐巴雅尔说着将骨头扔给了格日勒巴图。

"我给有什么用啊？只有你亲自喂它，它才能认下你呢。你俩才能慢慢地培养起感情啊。"格日勒巴图连推带拉地把朱乐巴雅尔送到了巴萨尔跟前，抓着他的手给狗子丢了几块儿骨头。吃到骨头的巴萨尔立刻摇着尾巴亲切了许多。只见它上上下下闻着朱乐巴雅尔的衣服和鞋子，仿佛在认真记着他身上的气味。又或许是穿了他主人的衣服的缘故，巴萨尔再也没有朝朱乐巴雅尔耍威风。

"巴萨尔已经认下你了，再不会攻击你了。它来靠近你的时候你不要跑，跑了有可能会追你。巴萨尔对短褂比较陌生，因此你穿自己衣服的时候，多给他喂点骨头，让他慢慢习惯。摸它的头，挠它的脖子，它就会愿意亲近你。"说着格日勒巴图抚摸着巴萨尔的头，与它玩耍起来。见朱乐巴雅尔始终不敢伸手，格日勒巴图索性抓起他的手放在了巴萨尔的头上："没事，别担心，它不会咬你的。就这样多与它亲近些。狗是非常黏人的动物，尤其喜欢主人给它挠脖颈、肚皮、内胯等地方。等养成习惯后，一见你它就会跑过来躺在你跟前呢！"

朱乐巴雅尔在格日勒巴图的鼓励下，逐渐放松下来，伸手抚了抚巴萨尔硕大的脑袋以及宽大下垂的脖颈。巴萨尔果然很喜欢，亲昵地舔着他的手，欢快地摇着尾巴。

"好啦，你俩已经是朋友了，再没有隔阂了。咱俩赶紧收骆驼去吧！"格日勒巴图说着快步走向拴驼桩。被哄着带出来的朱乐巴雅尔，始终没什么动力，蔫嗒嗒地跟在后面。

"这匹大青驼最温顺，名字叫'白鼻'，你骑它吧。"格日勒巴图一边介绍着，一边叫长着白色长嘴的大青驼卧倒，扶着朱乐巴雅尔坐上，将驼镫套在了他脚上。朱乐巴雅尔很害怕，闭紧眼睛不敢出声，苍白的脸掺杂着土灰色，泥塑石雕一样一动不敢动。

"你能自己抓着缰绳走吗?"格日勒巴图问。

"不能，不能。我头晕得很。"朱乐巴雅尔依旧紧闭着眼睛回答。

"我牵着走吧。等骆驼跑起来的时候，你挺直上身，最好随着它的节奏调整身体。不然会被颠得很累，屁股也会疼呢。"格日勒巴图为朱乐巴雅尔传授着骑骆驼的诀窍。但是到了让骆驼起身的时候，依然吓得他像小猫一样紧缠着驼峰。格日勒巴图骑上了骆驼，身后牵着朱乐巴雅尔的骆驼。朱乐巴雅尔仿佛没有根基似的在驼背上摇晃着。

站在房门口看着他俩的楠迪玛，不由地思绪万千:哎呀，带着这么一位不会骑骆驼的人，他们两个什么时候才能把骆驼赶回来呢……常言道"知难而上，锲而不舍"，显然我们家老头子是要用自己的全部智慧，挽救这位年轻人呢。希望小伙子能听进去他的话，一天天好起来，也算是功德一件。老头子说的话也对着呢，他和我们的儿子又有什么区别呢? 都是父母的孩子呀。对做了父母的人而言，哪里还有比子女更珍贵的东西呢? 为人父母哪有不为孩子操心的呢? 如此说来，我老头子这样较劲是万般正确的呀……

被阴沉的云吞没的冬阳，刹那间从云缝里露了出来。楠迪玛手搭凉棚看了看太阳，心中惊奇:冬天即将落山的太阳竟然也会这般火红? 我以前怎么没有注意到呢? 多像早上刚升起来的太阳啊，真好看……她站了一会儿便清理驼圈去了。

楠迪玛在驼圈里清理冻硬的驼粪时，狗叫了起来。她用衣襟兜出一些驼粪，丢在驼圈旁的粪堆上，掸了掸衣襟往回走的时候，看见拴驼桩上来了个骑骆驼的人。巴萨尔像应付差事一样懒懒地叫了几声，便摇着尾巴前去迎接，显然来的是熟人。只见那人唤了一声"巴萨尔"，从裤兜里摸出两块儿干瘪的红枣喂给了它。巴萨尔越发高兴起来，摇着尾巴，歪着脑袋黏着不肯叫他走。

楠迪玛用手遮住太阳看了看，"噢？原来是朝克巴图啊。是来取让你哥捎来的东西的吧……"迎了过去。

来者是一位三十多岁的高大魁梧汉子，油亮亮古铜色面庞，身着蓝色褡裢布皮袍，腰围褪了色的黄缎腰带，脚踩用蹬带裹紧的脱皮泛白的轻革皮靴，大步向她走来问安道："楠迪玛姐姐您好！"

"好，好。您路途顺利吧？"楠迪玛回礼。

他俩互相见过礼之后进了屋。楠迪玛将炉火捅旺，为朝克巴图端上了茶水和点心。

"魁哥不在家吗？"朝克巴图接过茶杯的时候问道。

"去收骆驼了。"楠迪玛往炉子里添着柴火。

"哦，是吗？"

"捎的物品，你哥基本上都给买回来了。唯独把吸奶器给忘了。"楠迪玛说着将一包物品放在了朝克巴图面前。

"关键东西买回来就可以了，少一两样没关系呢。"朝克巴图解着包裹说道。包裹里是格日勒巴图和女儿转了好几家商店才买来的带有花纹的床单，小孩儿的衣服、帽子、隔尿垫、肚脐带、奶瓶、纸……等物品。

"从前，产妇们的奶水都好得很。从来没听说过喂不饱孩子的情况。倒是有很多人因为胀奶去喂别人家的孩子呢。现如今不知道怎么了，总有年轻妈妈说奶水不够喂不饱孩子呢。"楠迪玛拉开了话匣子。

"或许是以前的人吃的东西营养丰富更贴近自然的缘故吧！现在的食品纯净的东西越发少了，人工合成的、对健康不利的东西却越来越多。说不准是这个原因呢，谁知道呢？"朝克巴图清点好物品重新包裹着说。

"是啊，你说的有道理呢。恩和娜仁妹妹的预产期是什么时候？"楠迪玛给朝克巴图续着茶问。

"估摸着得到仲夏时候。"朝克巴图喝着茶回答。

"虽然月份还小，但也要小心啊，我看你们家那位还骑着马来回跑呢。当心摔咯！"楠迪玛提醒着。

"说了多少回也不听，稍没看住就去伺弄牛驼、挑水背柴了呢。生大儿子的时候，或许是第一胎的原因，还比较小心一些。如今怀了二胎，反倒万事不在意了，天天跟个爷们儿似的干活儿呢。听说皮实的人生出来的孩子也结实。我们那位倒是没啥毛病，好着呢。"朝克巴图说着自己爱人的情况。

"你们家的恩和娜仁历来像男子汉一样要强能干，一些小痛小痒她都不会放在心上。打算在哪里生呢？"楠迪玛继续问。

"我打算让她去医院生，怎奈她坚决不同意。说大儿子杭盖①的接生父亲和懂医术的老祖母都在身边，还去医院干吗？如今的医院动不动就要剖腹产怪吓人的。再说了，你要是带我去了医院，家里老小以及牛驼等都没人照料了，怎么行呢？因此哪也不去，就是要在家里生呢。"

----

① 杭盖：指水草茂盛的山林。此文中是指人名。

"老太太身体还好吧？"

"除了气力不如往常，耳朵有些背，没有其他毛病。每天和杭盖做伴，有说有笑的呢。"

"多亏老太太帮你们带大了小杭盖呢。老人家今年多大岁数了？"

"虚岁八十四，明年就是本命年了。不只帮我们带大了老大，说等老二出生了还要继续给我们带呢。"

"多有福的老太太呀。带大了几代人啊？"

"我儿子是她老人家的重孙辈儿呢。"

"八十多岁高龄没有病痛，身体真是好呢。老太太肯定能够长命百岁，福寿绵长呢！"

朝克巴图看了一眼床铺上的背包，问道："是青巴雅尔回来了吗？"

"没，没有。"楠迪玛支吾着，竟不知该怎么说。

朝克巴图十分好奇，又问了句："是青宝鲁尔吗？"

"不是哦。"楠迪玛为难地在座位上扭捏着，拿起火钳清理着炉灰。

朝克巴图越发狐疑，心想：家里究竟来了什么人，让楠迪玛姐姐如此难开口呢……他偷眼观察着。

楠迪玛犹豫再三后，终于开口说："你那魁哥呀，昨天带回来了一位奇怪的年轻人。"

朝克巴图越发来了兴致，急问："什么样的年轻人？"并目不转睛地盯着楠迪玛。

"带回来了一位刚从监狱释放的有毒瘾的人。说是他发小的儿子。"

"是吗？人呢？"朝克巴图瞪大眼睛左右搜寻着。

"你哥带出去了。"

"精神正常吧？"

"从外表看挺健康的，但时不时地会性情大变，一旦发作起来就跟疯子似的呢！那样子非常痛苦，许是毒瘾发作让他失去理智了。再一想也怪可怜的，被那种可怕的东西侵害到不能自主，怎能好受呢？"楠迪玛心疼道。

"是呢。听说一旦染上毒品，轻易戒不掉呢。不知道他会怎样？那人叫什么呀？"朝克巴图刨根问底道。

"名字非常好，叫朱乐巴雅尔。他的毒瘾应该还不是很大，中毒尚浅。你魁哥一门心思想给治好呢。我说了多少次叫他送回去，终是不肯。如今想，不如随他去吧！你哥那个人是不会听我劝的，一旦犟起来九头牛都拉不回来。"楠迪玛给朝克巴图碗里添着茶说道。

"我哥说了能治好，那就一定能治好。我哥历来是说话算数的，因为没有把握的话，他绝不会轻易吐口。不知道我哥要用什么法子治疗呢？"朝克巴图满怀信心地问。

"啊，我哪里懂得治疗的事儿呢？他说多吃驼奶饮食能解毒。此外还要给他喝带酸奶乳清的药祛毒。每天还要喝一碗新鲜的对乳稀释奶酪等等……你哥说，这种毒对人精神的损害比身体的损害更严重。身体里的毒尚可用药物、饮食去除，但精神的创伤、内心的悖逆、思想的邪谬却很难疗愈。"

"魁哥要怎么驱除他心里的邪魔呢？"

"谁知道呢，你哥自是有办法才把他带回来的吧！回头你问问他本人。"

"魁哥太了不起了，让这样一位非亲非故的危险人物住到自己家，需要多么大的勇气，多么纯粹的爱呀？需要常人没有的胆识和坚忍呢。他总是用充满慈悲的目光怜悯着身旁的万物，也正因此才将那么多小孩平安地接生到了这温暖的人间吧？"朝克巴图由衷地表达着自己的崇拜之情。

"你魁哥能够接生，应该感谢的是你家的老祖母啊。如果不是老人家收他为徒传授他本领，他哪里会这些呢？"

"老人家如今年龄虽然大了，但眼力依然强过旁人。那天她按了按恩和娜仁的肚子说，孩子体位正常。还通过我爱人的面色、行动以及肚子的形状判断，这胎怀的是女孩儿呢。"

"现在，再也找不到第二个像老太太这样的人了。难产几天的孩子，只要她老人家上手摸几下，煮茶的工夫就能生下来，这种神医圣手再去哪里找呢？所以凭她老人家的经验肯定错不了，老二一定是个女孩。以前咱这里谁人不知圣手达里苏呢？如今医院普及，医生也多了，因此大家都改去医院里生产了，甚至很多人都放弃了自己生，转而做剖腹产呢！"楠迪玛无法理解似的说道。

"这也是恩和娜仁想在家里生的一个原因，她很害怕医生给她开刀做手术。因此等魁哥得空的时候，想让他过去瞧一瞧呢。"朝克巴图从天窗看了眼天色，端起碗喝干了茶。

"等他回来后，我会转告给他的。"楠迪玛准备提壶续茶，却被朝克巴图拦住，道："不能再喝了，东拉西扯天色已经晚了。我得回去了。"说着拎起包袱出了门。

楠迪玛一路送到了拴驼桩边。

六

微红的斜阳下，被白雪覆盖的山脉在戈壁深处静卧着。峰峦围起的盆地里扬尘混沌。沿着梭梭树的背阴，驼群正四散开来，悠闲地咀嚼着牧草。

朱乐巴雅尔艰难地坐在驼背上，因害怕他浑身肌肉紧绷，后背不停地冒着冷汗。

格日勒巴图耐着性子慢悠悠地走着。许久后，他转过身说："要加快速度了，你抓好驼峰，脚上使点劲。"说罢催动骆驼奔跑起来。朱乐巴雅尔死死抱住驼峰，身体完全跟不上骆驼的步伐，颠着颠着膝关节就麻了。"喂，慢点！我要摔下去了。"被颠得七扭八歪的他，赶紧喊道。

格日勒巴图勒紧缰绳，来到他旁边说："你的动作没能顺着骆驼的步伐节奏，所以被颠得厉害。你看我是怎么用劲的。"说着向他示范，朱乐巴雅尔学了一会儿总算掌握了要领。于是他们两个就这样慢走一阵，快跑一阵的，总算赶在太阳落山前来到了驼群旁。

"我先去把走散的骆驼撵到一处。给，你自己抓好缰绳。白鼻认识回家的路，你放心坐稳，它会把你带回家的。"一看格日勒巴图要丢下他，朱乐巴雅尔着急道："不行，不行，我害怕。我要下去。"却苦于找不到下去的办法。

"你不能下去，咱家种公驼好追步行的人，更见不得陌生人。你老实骑在骆驼上，什么也不用管，随便骆驼怎么走，白鼻定会把你带回家的。你别看它不会说话，其实它啥都懂呢。你睡着了都没事，只要别摔下来就行。"格日勒巴图赶紧嘱咐他。

这使朱乐巴雅尔陷入了两难。下去吧担心被种公驼攻击，继续骑着又怕自己摔下来。正在他不知所措的时候，格日勒巴图将缰绳递到他手中，驰驼而去。"喂，喂！叔叔……"任朱乐巴雅尔怎么喊他都没有回头，像没听见似的径直走远了。朱乐巴雅尔气闷至极，无处发泄的火气找不到出口，统统化成泪水打湿了他的眼睛。他咬牙切齿地谩骂着。他原本可以跳下去，但始终害怕种公驼会吃了他。因此只好认命，决定严格按照格日勒巴图的嘱咐，将自己牢牢固定在驼背上。朱乐巴雅尔根本不知道缰绳该怎么用，因此只好信马由缰，任骆驼怎么走。此时的白鼻好像也忘了后背上驮着个活物，挨蹭着梭梭树的枝丫，在驼群里自由徜徉着。朱乐巴雅尔偶尔壮着胆子往地上看一眼，驼背的高度和不安稳都令他头晕眼花，五内翻腾很不好受。因此他只好看着远处的山脉，被漫无目的地遛来遛去。他像雕塑一样一动不动地坐着，没人管的白鼻难得自在，一味地伸长脖子够着高处的新鲜树叶。实在够不着嫩叶的时候，它干脆扯断枝条，美美地嚼着。看后背上的朱乐巴雅尔始终不管，它就越发恣意，想去哪儿就去哪儿。在树丛中乱穿的时候差点没把朱乐巴雅尔挂到树上。不受他控制的骆驼竟与散养的驼群一般无二。

格日勒巴图抽打着坐骑，奔驰在树丛和山岗之间，口里不停喊着"嘿，嗨……"收拢起散落在戈壁滩上的众骆驼，向家赶着。红美丽也协助主人聚合着那些成年母驼，并驱赶其他公驼不让它们靠近。从那些夹着尾巴、夺路狂奔的公驼的表现不难看出，它们受红美丽的教训已然不是一次两次了。虽说红美丽的口鼻之上套着笼头，系着绊绳，但见识过它咔啦啦磨牙，立起前肢霸气示威的众驼，谁也不敢接近它守护的驼群。几峰年长的母驼晓得归牧的时间，因此领在队伍前头向家走着。那些寸步不肯离的驼羔们簇拥着跟在后头。格日勒巴图挥动鞭鞘，呼啸着追赶骆驼时，白鼻也被裹进了驼群。众骆驼惊奇地看着身着绸袍，端坐在驼背上的朱乐巴雅尔，眼神仿佛在询问："这是从哪儿冒出来的陌生人？是活的吗？怎么像个布偶一动不动呢？……"只见它们时而上前好奇地闻着，时而又警惕地跑开。

再看朱乐巴雅尔，他把缰绳系在身前的驼峰上，两只手悠闲地插进衣袖里，身体跟随着白鼻的步伐在轻轻摇摆，显然他已经完全掌握了骑骆驼的要领。白鼻十分清楚红美丽的威势，因此非常识趣地和它保持着距离，安静地走在队伍的最后。这一举动倒让害怕种公驼的朱乐巴雅尔安心了许多。

格日勒巴图驱驼来到朱乐巴雅尔身边，打趣道："怎么样？骑骆驼的感觉好吧？"朱乐巴雅尔没有说话，转过脸去抽动嘴唇微微笑了笑。

"冷不冷？冷的话拿起缰绳，试着控制你的坐骑，马上就会暖和起来呢。"格日勒巴图解下他缠在驼峰上的缰绳，塞进了他手中。朱乐巴雅尔勉强接过缰绳，试着拉了一下。不想白鼻却甩开头强吃路边的梭梭树嫩枝，不肯轻易让他驾驭。

红美丽吐着白沫，张合着大嘴，跟在母驼们身后。格日勒巴图索性将朱乐巴雅尔和白鼻一同裹进驼群，往家赶去。

旷野深处，最后一缕白光也已隐没。黑夜如同伏击野兔的狸猫悄悄而来。牧人家的院落、圈舍在昏暗中半隐半现。炊烟从蒙古包的烟囱里升腾而出，使人从很远就能闻到火的温香。

楠迪玛在灶间备晚饭，正进进出出地忙碌着。巴萨尔倾听着四野里的声响，时不时低声吠叫着。楠迪玛循声而出，望着远处陷入思量：出去收拢骆驼的两位也该回来了吧？也不知道小伙子怎样折腾老头子呢！真是找了一副甩不掉的肉夹子。可怜我那当家的，别被累坏了呀……正在这时，从岗子那头传来了"嗨，嘿！"的驱赶骆驼的声音以及种公驼的磨牙声。楠迪玛进屋套上了罩袍。格日勒巴图跳下坐骑，解开种公驼的笼头和绊绳，将它拴到了桩子上。母驼和驼羔习惯了自己走进圈舍，朱乐巴雅尔仍然一动不动地骑着骆驼，站在围栏边上。

格日勒巴图走到朱乐巴雅尔身边，问他："不下来吗？"朱乐巴雅尔冻得发抖，哆嗦着说："下不去呢。这么高，怎么下呀？"

"下骆驼有两种方法，一种是先让骆驼卧倒，再下来；另一种适合你们年轻人，挨着骆驼的脖子直接顺下来即可。"格日勒巴图一边为他解说，一边指挥他的骆驼卧倒，协助他来到了地面。却不想全身僵硬的朱乐巴雅尔腿一软倒了下去。

"喂，怎么回事？"格日勒巴图急忙上前想要扶起，只听朱乐巴雅尔呻吟着说："哎哟哟！别碰我。"

"是不是抽筋了？来，我给你揉一揉。"格日勒巴图弯下腰轻轻为他揉搓着双腿。

"哎哟哟……"朱乐巴雅尔带着哭腔，越发叫得厉害。

"怎么回事？是哪里疼吗？快告诉我！"格日勒巴图紧张地问。

"两胯以下麻得没知觉了。"朱乐巴雅尔像一条被压扁了屁股的黑虫子一样，站也站不起来，坐在原地蠕动着。

"哦，是你腿麻了呀？起来活动活动自然就会好的。来，我扶你。你起来走走。"说着格日勒巴图将朱乐巴雅尔搀了起来。朱乐巴雅尔勉强站住后，靠着格日勒巴图走了两步。

"骑骆驼的时候，千万不能像木头人一样一动不动。而要放松身体，时时活动胳膊和腿，不然身体就会麻木。"听了格日勒巴图的讲解后，朱乐巴雅尔斩钉截铁地说："我再也不骑骆驼了。再没有比骑骆驼更痛苦的事儿了。"他神情厌倦仿佛想躲得远远的。

"那是你还没体会到骑骆驼的好处呢。等你完全学会以后，家里就待不住了呢。"格日勒巴图牵走白鼻，将它拴在了桩子上。

"屁股疼，没有一点好处。还浑身散发着臭味。"朱乐巴雅尔抱怨道。

"你俩做啥呢？还不过来？"听到楠迪玛叫他们两个，格日勒巴图对朱乐巴雅尔说："那边叫我过去帮忙挤驼奶了，你先回屋暖和去吧！"刚转身，朱乐巴雅尔就喊："喂，狗，狗！"

"巴萨尔你俩不是已经和好了吗？不会有事的。"格日勒巴图头也不回地走了。

"喂！你把狗拴起来吧！小伙子早上拿棍子撵狗，说不准被狗记恨上了，哪里说得准呢？还是以防万一吧！"楠迪玛站在驼圈里提醒道。

"好，你尽管走过来吧。"格日勒巴图牵着巴萨尔走回朱乐巴雅尔身边，对狗说："巴萨尔，你闻闻这衣服和鞋，气味是不是很熟悉？他是我们家人，你以后再也不能吼他、攻击他，知道了吧？"说完又让巴萨尔反复闻了几遍，领回去拴在了狗桩上。

朱乐巴雅尔扯着腿走进屋里，一股暖流扑面而来。他揉搓着自己冻僵的手，恢复知觉后脱掉了外袍和靴子。突然有一股从未闻过的香气钻进他的鼻子，朱乐巴雅尔走到灶台边掀开锅盖一看，里面正煮着一大锅的肉。他的内心莫名地有些触动，看来我挑剔饭食，刺激到人家了。中午刚做了饺子，晚上又在炖肉。要是被这样招待，似乎可以住一阵子呢……他想了一阵，把锅盖盖了回去。

走散的母驼和驼羔们，进圈以后伸长脖子呼唤着彼此。一只戴有护腰的幼小灰驼穿行在驼群里，被大驼厌恶驱赶着。它跌跌撞撞奔到楠迪玛身边围着她亲昵地转圈。它看见其他小骆驼都依偎在母亲身边吃奶，又馋又羡慕，忍不住挤过去也想加入，结果却被大骆驼无情地踢到一边。楠迪玛摘下母驼的乳罩忙活着挤奶，格日勒巴图在旁边拉住驼羔帮忙。

"那位没太折腾你吧？能顺顺利利地回来很不容易吧？"楠迪玛将脸贴在骆驼胯上，挤着奶问。

"比预想的顺利多了。扶上白鼻骆驼的后背，才发现他不会用缰绳控制骆驼。结果白鼻就像散放的骆驼一样到处闲走找吃的。索性我就把他们裹挟进驼群里，一起赶回来了。"格日勒巴图抚摸着小骆驼的鼻子说。

"把他放在驼群里'一视同仁'，倒是个好法子呢。"楠迪玛笑道。

"白鼻骆驼完全不听他的指挥。虽说朱乐巴雅尔骑着它，但它仍然想去哪儿就去哪儿，跟散放的骆驼一模一样。我打算从今往后就这样领着朱乐巴雅尔了。"

"荒郊野地万一他毒瘾犯了从骆驼上摔下来怎么办呢？一定要万分小心才是。将别人家的孩子带回来没照顾好，出个好歹可就没办法交代了。本是好心帮助人家的，别到头来害了人家。"

"今天白鼻总算将他平平安安地驮回来了。治疗他的痼疾，除了需要给他解毒，还需要给他疗愈心伤。如今他谁都不信任，用仇恨的目光看待所有人。但这不是他的错，是他生长的环境、交往的朋友将他伤得太深，从而严重破坏了他的性格、秉性。在他眼里，我俩也是不可信任的人呢。因此为了改变他的看法咱俩必须无条件地包容他，才能取得他的信任。如果咱俩不能像爱自己的孩子一样爱他、包容他，他同样会敌视我们的。因此，你稍微忍耐一下。与其跟他讲大道理，不如完全接纳他。我相信终有一天他会转变的。"格日勒巴图发自肺腑地说道。

楠迪玛安静地听着爱人的话，空旷的驼圈里唯有驼奶挤进桶里的簌簌声在回荡。

格日勒巴图和楠迪玛挤完奶后，将其他几头散放的母驼和驼羔分开关了起来。他们家挤奶的骆驼有二十多头。因此白天要给一半儿的母驼戴上乳罩，傍晚挤完奶后，将母驼和驼羔关在一起方便驼羔吃夜奶。另一半没给戴乳罩的骆驼夜里需要与驼羔分开，以便早晨挤奶。他俩忙完了外头的工作，提着奶桶往家走去。漫天的星斗闪闪烁烁，仿佛在看着他俩微笑。

这是朱乐巴雅尔有生以来第一次骑骆驼去野外，因此成了他终生难忘的经历。他走进温暖的屋子后全身暖和了起来，痉挛发紧的肌肉也渐渐舒展开，背靠着行李休息的他，竟不知不觉地在弥漫的肉香中睡了过去。

楠迪玛刚进门就捂着嘴懊恼："唉哟——坏了！"

"怎么啦？"格日勒巴图惊问。

"灶上还炖着肉呢，我竟给忘得一干二净。哎呀，这可毁了。我是真老了呀！"她急忙掀开锅盖一看，肉汤早已煮干，肉也差点煳了。

"忘事儿哪里分老少呢？没事，锅没有被烧裂已经是万幸了。"格日勒巴图安慰着。

想来炉火灭了有一会儿了，屋里不甚暖和。楠迪玛将肉拿出来装盘的时候，发现有一些粘在了锅底。

"今天怎么煮了肝肠？"格日勒巴图问。

"一直留着，想在天冷的时候吃的。如今小伙子来了，就拿出来煮了，想给他尝尝鲜。城里人想必没吃过吧。"

"咱这位，先不说他今天冷不冷，但看了没看过的东西，开了眼界是真的呢。你看他睡得多安稳？"格日勒巴图目光慈爱地看着朱乐巴雅尔。

"幸亏穿了你的棉袍和靴子，不然几个小时坐在驼背上不动，人会冻坏的。还好穿得暖和，手脚没有冻伤。以后带他出去的时候注意着点儿。好了，叫醒他吧！吃饭。"楠迪玛说着坐在了炉边。

格日勒巴图叫醒了朱乐巴雅尔，他揉着眼睛懒洋洋坐了起来。楠迪玛把盛好的肉放在格日勒巴图面前，又取来刀放在了旁边。

"坐过来，吃肉。"格日勒巴图将盘子朝朱乐巴雅尔推了推。朱乐巴雅尔睁开惺忪睡眼，往盘子里瞄了一眼，疑惑地问："这是什么肉？"

"牛肝肠，不知道你吃没吃过，来，我给你切一块儿。"格日勒巴图从盘子里给朱乐巴雅尔切了一小段儿。朱乐巴雅尔谨慎地左右看看，放在鼻子底下闻了闻，没敢往嘴里送，问："里面是什么东西？"

"这个叫肝儿肠，是把肝、肥肉和面粉混合后加葱调味，灌进牛肠做成的美食。你尝尝，绝对是割耳朵都忘了疼的美味。"格日勒巴图边介绍边切了一块儿肝儿肠递给了楠迪玛，之后又切了一块儿放进了自己口中。

朱乐巴雅尔一点一点尝着，把自己那块儿全吃完了。

"怎么样？好吃吧？来，再吃一块儿吧！"格日勒巴图又给朱乐巴雅尔切了一大截儿。朱乐巴雅尔没有拒绝，两口就吞了。

"你再尝尝这个。"格日勒巴图给他切了一小段滴油的肥肠。朱乐巴雅尔直接伸手从格日勒巴图手上捏了过来。

"跟别人要东西的时候，你不要像乌鸦一样伸手去叼，而应该伸出手掌恭敬地接。这是咱们蒙古人的礼节。"格日勒巴图用心教着，但朱乐巴雅尔完全没当回事。

"这又是啥？"他放在鼻子底下像狗一样闻了闻。

"这叫肥肠。老话说'吃了肥肠就想家'，因此也希望你吃一口肥肠，从此惦念家乡。"格日勒巴图看着朱乐巴雅尔笑道。朱乐巴雅尔却吃不下油大的东西，十分为难地在手中拿了一会儿，道："太肥了，我吃不下。"放回了盘子里。

"这点肥肉都吃不下呀？你这年轻人不行啊。那就尝尝这个吧！"格日勒巴图又递来了一截儿血肠。朱乐巴雅尔也不管是啥，拿碗接了。他盯着碗里的一弯血肠，别说吃了连碰一下都不敢，有些嫌弃地问："这弯弯曲曲的又是个啥？"

"这个叫血肠。是往羊血里面添加面粉和葱调味后，灌进羊小肠制作出来的美食。你们城里有猪血肠呢。你吃过吗？比起猪血肠，羊是只吃草的动物，可能更干净一些。你尝尝。"格日勒巴图给朱乐巴雅尔硬递了一些。

"不吃的人不要勉强，都说'牛不喝水强摁头'，你强迫人家干啥？"楠迪玛从旁阻止道。

"你从来没吃过动物内脏吗？"格日勒巴图问朱乐巴雅尔。

"没有，这是第一次吃。"朱乐巴雅尔薄薄地切了一片血肠尝了尝。

"哦，要是没吃过难免会觉得奇怪。吃不惯你就放一边吧！这一大盘子的肉，你尽管挑喜欢的吃。"格日勒巴图将肉盘推到朱乐巴雅尔跟前，擦了手退坐到了后面。

他看朱乐巴雅尔从肉盘里切着肝肠吃，便说："看来肝肠比较合你胃口。慢慢地你就会适应戈壁生活的。在我家住的这段时间，我会慢慢调整你的生活习惯。从今往后你每天都要跟着我去放骆驼，知道了吗？无论我走到哪里都会把你带在身边，我做的所有事情你都可以参与。我既然答应了你父母的请求，就会对你负责到底。我相信只要我们两个互相信任，一起努力就一定能够获得胜利。这期间你的身体可能会难受，但无论如何请你忍耐，不要到处乱跑让我俩也跟着遭罪。你楠迪玛阿姨会每天早上给你准备一碗驼奶，晚上睡前给你喝对乳稀释奶酪，你要听话按时喝下。此外每天还要吃三顿药，其中一顿要和酸奶乳清一起喝下。现在你是我们家的一员了，因此想吃什么喝什么你都随便些，不用拘谨。尤其多吃一些酸奶干儿等。驼奶制品能帮你解毒，对你的健康有好处。你要是认真仔细对待，药效就会更好地发挥，让你早些好起来。都说'人旺运道旺'，你要为自己负责，克制自己。我也会尽全力从旁协助你的。你看怎么样？"格日勒巴图苦口婆心说完，一看朱乐巴雅尔，对方正忙着吃肉，马马虎虎听着，将他的大部分话当成了耳旁风。但总算"嗯，嗯"地答应了两声。

格日勒巴图把目光移向楠迪玛，想听听她的意见。结果人家压根儿没有听他说的话，正专注地用勺子撇着汤上的浮油，自顾自地说着："这么好的汤，用来煮点大米粥吧！"格日勒巴图有些扫兴，但没有表现出来。说："不把沉渣捞起来，那粥的颜色能好看吗？"

"正要捞呢。恐怕又要做出朱乐巴雅尔没吃过的食物了呢。"楠迪玛感慨着，忍不住偷眼看了看朱乐巴雅尔的反应。

"没事的。俗话说'入乡随俗'，从吃喝、住宿开始你都要一一适应呢。之后我们才能相处成一家人。我们牧区的生活和你们城里的不一样。我们这里没办法天天洗热水澡，尤其冬天更加难。夏天的话还好一些，有太阳能热水器。但那东西冬天根本不管用，洗了恐怕会冻死呢。我把这些与你生活息息相关的事项，毫不隐瞒地跟你说了，希望你能理解。不要因为条件艰苦就灰心丧气才是。"格日勒巴图没忍住又说教了一回。

朱乐巴雅尔安静地倾听了片刻，突然十分生气道："洗澡都不能，我怎么在这里生活？饮食也都是我不习惯的。我不可能在这里待着。"他用力地将手里的刀摔进了盘子。

"啊——"楠迪玛吓得失声惊叫。

格日勒巴图狠狠盯住朱乐巴雅尔，捡起刀擦掉上面的油污，忍无可忍地训斥道："蹬鼻子上脸，你有点过分了啊。做人还是懂分寸的好。你是不是以为我怕你才巴结你呢？你错了！我是把你当成自己的孩子才事事顺着你的。'还没见着水就脱鞋，没到山根儿就掖袍角'。你刚在我们家住了一夜，装什么全知？动不动就拿回家吓唬人，我可不吃你那一套。你回去对我能有什么影响？吃亏的还不是你自己！你最好别再跟我提回家的事儿，我们没有条件天天洗热水澡，不也活得好好的？比起天天在自己家里拉屎撒尿、洗热水澡的你们城里人，我们差哪儿了？说不准我们身体比你们更加健康强壮呢！你少嫌弃我们牧区脏，我们这里的空气、水和植物比你那里干净多了！"见格日勒巴图真动了怒，朱乐巴雅尔反而垂头坐着，没敢吭一声。

楠迪玛担心这些话，会把朱乐巴雅尔刺激得当面跳脚，因此为了缓和气氛，战战兢兢地说了声："吃饭。"并快速给朱乐巴雅尔盛了一碗汤饭。

朱乐巴雅尔无声地接过饭碗，将其放到桌上后，去自己铺上坐了。

为了打破沉闷的气氛，楠迪玛刻意找着话题："汤的味道怎么样？我加了些水，不咸吧？"

"盐味刚好，非常美味的汤饭呢。"格日勒巴图擦着额头上的汗，缓缓吃着。

"朱乐巴雅尔，趁热吃饭吧，凉了就不好吃了。"楠迪玛轻声唤着。

朱乐巴雅尔沉默着，不知想了些什么，安静地端起了碗。

"放点酸奶吃吧！多吃酸奶对你身体好。驼奶做的酸奶具有极高的药用价值，不仅可以解毒，还能保养肠胃和肺脏。"格日勒巴图将盛在瓷罐里的酸奶朝朱乐巴雅尔推了推。

"你不要老是劝个没完，人家想吃的时候自己会拿。"楠迪玛从旁制止。

"我要是不说，他怎么了解酸奶的好处呢？"格日勒巴图为自己辩解。

朱乐巴雅尔看都没看那罐酸奶，无可奈何地拿着碗，勉强喝了一口汤。

楠迪玛在灶旁观察着朱乐巴雅尔，看他拿起碗才稍稍松了口气，心想：总算没有闹脾气，开始吃饭了。饮食不合胃口也难，可怜他要怎么一天天熬呢？唉！比起早上那阵倒是老实了不少，看样子他多少有些忌惮我家老头子。没有这么个人压着还真不行呢。同为男人他俩总会彼此了解的吧？我只管尽好本分，按时按点为他准备饭食、奶品、汤药吧……

等他们仨各自吃完，外面已是满天星斗，中旬的月亮明晃晃地挂在天上。

"你要去解手吗？我陪你出去吧！明天起你要自己出去呢，巴萨尔也已经认下你，不会攻击你的。"

"嗯，去。"朱乐巴雅尔小声回应。

他们两个来到前一天解手的地方，朱乐巴雅尔别过身，突然对他说："我想跟你提个要求。"

格日勒巴图愣了一下，心想这小子又憋什么坏招呢？便问："什么要求？"

"我想自己一个人住。跟你们一起睡非常不方便，对你俩而言也是如此吧？最起码脱换衣服都不自在。"

"你说得对，我也想过让你单独睡，但今天没来得及准备。明天我往平房里添炉加火，让你住进去。今晚你就再坚持一下，咱俩明天一起收拾平房怎么样？"朱乐巴雅尔勉强点了点头。他俩回屋的时候，楠迪玛已经在房子的东西两侧铺好了床铺。

朱乐巴雅尔沉重地坐到自己铺上，长长地叹了口气。沉默着坐了一会儿后脱衣睡下了。

格日勒巴图看他的情形，有些担心地问："怎么了？身上没难受吧？"朱乐巴雅尔没有搭理他，把头埋进了被子。楠迪玛从外头进来，看了看格日勒巴图，用下巴示意，询问他怎么了。

"心情有些郁闷吧！我挨着他睡，你回铺上去吧。"格日勒巴图低声说道。楠迪玛去东边的铺上脱衣睡了。格日勒巴图挨着朱乐巴雅尔的南侧展开毡褥打下地铺，随后关灯悄悄出了屋。

朱乐巴雅尔从被子里探出头来，四周漆黑一片没有任何声响，而此时他的心情正如这漆黑的夜沉重无比。

我就听他的话在这边住住看吧，也许真有意外收获也说不准呢。驼奶饮食真有格日勒巴图叔叔说的那种神奇效果吗？希望真的能让我摆脱毒瘾的折磨啊。老话说"虚妄的想法不切实际，毡制的荷包不衬服饰"，这话说得太对了。我原先只想摆脱父母的管教，却哪里晓得会来到这人迹罕至的荒凉戈壁呢？如今想逃离这里已经是不可能的了。那条大狗太可怕了，不可能有活物从它面前逃脱。叔叔答应明天让我住进平房，那样就会自由一些了。牧区人家老少几辈人住在一处，是咋行的呢？生活太粗陋了。他们的食物也像古人的吃食一样原始又怪异，我根本就咽不下去啊。唉，不过比起监狱里的食物倒也强出许多，慢慢地不知道能不能习惯。他们两口子说话却与别人都不同呢！我父母和狱警喜欢挂在嘴边的那些话，在他们这从来听不到。尤其是格日勒巴图叔叔的话，仿佛蕴含着某种力量，每次都能奇迹般戳中我内心。我从来是那种不听劝的叛逆性格，万事都只照自己的心意行事，结果到了现在的地步。如今倒有些奇怪，有时候竟然会不自觉地听从格日勒巴图叔叔的建议呢。这究竟是为什么呢？两年多的监狱生涯里，狱警的强硬管教都不曾让我认错悔改，现在怎么突然开始听话了呢？格日勒巴图叔叔果真跟别人不一样啊。我在这边乖乖住着，要是能完全摆脱毒瘾，吃点苦倒也值得。不然谁能忍受这种不能洗澡、没有朋友、没有通信的原始生活呢？格日勒巴图叔叔说，这荒凉的戈壁里有我不曾见过，甚至想都想不到的稀奇事物呢。我应该都去领略一遍。就像昨晚看到的那些星星，简直太美了。天上挂着那么多星星，我还是第一次见呢。难道我以前没有抬头望过夜空吗？那些满天闪烁的星星都在向我眨眼睛呢！听说那些星星都有自己的名字，格日勒巴图叔叔说好了要指给我认识呢……朱乐巴雅尔如此这般天马行空地想着想着进入了梦乡。

中旬的明月照耀着大地，万物寂静安详。牧人家的圈舍覆盖在深沉的睡意里，清悠悠，静悄悄……

格日勒巴图来到驼圈旁，红美丽听见主人的脚步声站了起来。"红美丽啊，趴得暖和和的，起来做什么呢？趴下，趴着吧！我只是过来看看你。"格日勒巴图从围栏边上探着头与自家的种公驼聊着。红美丽像听懂了一样，磨牙回应着。

格日勒巴图每天晚上睡觉前，都会过来看一眼他家的种公驼。他会通过种公驼的磨牙状、嘴里吐出的白沫，从它的咆哮、甩尿、蹭脖子等多种表现来预测天气、年景、驼群的繁衍等信息。他同往常一样观察了一阵，之后向屋后高大的沙梁走去。格日勒巴图心情不好的时候总爱来到沙梁上。但都是清晨的时候来，从来没有像今天这般晚上来过。显然他是为朱乐巴雅尔伤透了脑筋才来到了这里。格日勒巴图爬上丘顶，长长地吸了一口气，在什么也看不清的黑暗中安静地站了一会儿。抬起头夜空中是密密麻麻的星星，那些星星仿佛都在对着他微笑。格日勒巴图举起双手，低声呢喃着："大漠苍穹……"冬夜里的寒风划过面颊，让他的耳朵根一阵刺痛。格日勒巴图感觉衣服穿薄了，哆嗦着用双手抱胸，缓缓下了山。

"大好的青春年华，怎么能这样糟蹋呢？太可惜啦！要是这样白白地在人世间走一趟那就太遗憾了。老天爷，请您发发慈悲，帮助这位苦熬他父母的年轻人吧！"格日勒巴图一路祈祷着进了家门。他摸黑躺下压低呼吸细听，朱乐巴雅尔早已经睡沉。

"你去哪儿了？怎么穿那么薄出门呢？"楠迪玛轻声问道。

"你还没睡呀？我去了趟屋后的沙梁上。"格日勒巴图压低声音回答。

"你不在，我怎敢踏实睡呢。躺着一动不敢动呢。"楠迪玛用被角捂着嘴小声说。

"他早就睡沉了，没啥好怕的，赶紧睡吧，睡吧！"格日勒巴图安慰着。

"想起他早上的样子，没办法不害怕啊。我从来没见过这样的人，许是吓坏落下心病了。现在一看见他我就感觉浑身汗毛倒竖。"

"慢慢儿会好起来的，是渗进他身体里的那些毒让他发狂呢。他本身又有什么错呢，可怜的孩子……"

"或许是呢，没事的时候看着倒也正常些。他好像很听你的话。"

"跟我要求一个人住呢。明天我在平房里装炉子，你给准备床铺吧！他不习惯跟我们一起住，城里的孩子从小一个人习惯了。这样也挺好。"

"他要是住平房，我也能省点心。"

"你每天早上给他准备一碗热奶，晚上临睡前让他喝酸一些的对乳稀释奶酪。"

"好，好。"

他们两个如此小声聊着，没一会儿格日勒巴图打起呼噜睡着了。

希望小伙子能听进去我们的话，不再发疯，驼奶饮食对他的健康总会有帮助的！但是"陷进泥潭的牛关键靠自己"，但愿他有那个毅力。老头子绞尽脑汁在帮他，如果他们两个能够齐心协力，总会有好的结果的……楠迪玛心事重重地想着，最后也睡了过去。

浩渺的夜空，星星在闪烁。银河在天的中心划了一道弯。偶尔有流星滑落天际。巴萨尔不知听到了什么，打破夜的宁静低吠了几声，又陷入了沉寂。落单的小灰灰时不时哀鸣着，也不知是护腰薄了觉得冷，抑或是想起了妈妈……

七

红色落霞覆盖了群山怀抱中的冬牧场。驼圈的西北翼上并排坐落着大小两座蒙古包。缕缕青烟从瓜皮帽一样精巧的小蒙古包烟囱里袅袅而出，缓缓隐入天际。冬牧场的东南侧横着一条三度长胡杨木做的饮水槽，在它旁边的井口上一层一层的冰已然冻成了小山。离水井不远的几棵老榆树枝丫苍老遒劲，不难看出它们在这干旱缺水的戈壁滩上艰难生存了许多年。

由四个哈那组成的蒙古包的上首，摆放着非常老旧的、看起来像放糖的匣子一样的一对儿黑箱子。箱面的漆和花纹早已斑驳不堪，上面还布了一层灰尘。箱子的两侧搭着窄窄的两处木床。挨着木床前面铺了两块儿绗得细密的毡垫。右侧的毡垫上盖着一层狗舌头一样细长的蓝花色毯子；左侧长方形毡垫上铺了一块儿像骰子一样四四方方的用红色粗呢滚边的软垫。一位枯瘦的老太太正坐在那里纺线。而右侧的毯子上，却用绿绸布系着一位头顶两小撮乱蓬蓬蹿天小辫子的黄毛小儿。那小儿敞着开裆裤，玩着面前的玩具。这一老一小正是朝克巴图年近八旬的老祖母达里苏以及他三岁的儿子杭盖。小杭盖这会儿玩腻了玩具，正不耐烦地到处乱掷。

"杭盖呀，你把玩具都摔了，回头玩啥呢？不要乱丢了。"达里苏奶奶制止道。可是黄毛小娃根本不听老人的话，只要是能够到的东西，他仍然丢个不休。

"你要是把玩具摔坏了，以后爸爸就不给你买了。"达里苏老奶奶不厌其烦地道。

"这个不好，爸爸买新的。"小杭盖咿呀说着。

"呀！你这个小鬼头，想把玩具故意摔坏，换新的呢呀？"老奶奶说着，慢慢蹭向屋子上首的黑箱子。小家伙一看便像驼羔一样挣着系在身上的绿绸绳，撒娇着说："要糖糖……"

"你要是听话，不丢玩具了，老奶奶就给你拿糖。要是不听话继续扔，我就不给你拿了。"说着打开箱子，一阵糖果的甜香味飘了出来。老奶奶翻出袖筒般细长的花布口袋，摸索着从里面掏出了亮光光的几块儿糖，小杭盖赶紧伸出肉嘟嘟的小手一把抓了过去。

"哎哟，等等，老奶奶先把皮儿给你撕了。"老人好不容易才从小家伙手上夺过糖果，将外皮给撕掉。杭盖往嘴里含了一块儿，早把剩下的两块儿藏进了围嘴上的小小口袋里。小家伙吃了糖终于老实了一会儿。达里苏老奶奶往炉子里填了些干牛粪，问："杭盖，我的小宝贝，要不要尿尿？"

“嘘嘘……嘘嘘……”小家伙像是突然想起来的一样，爬到了老奶奶身边。

“你没哄我吧？老奶奶给你解开绳子。”小家伙嘴里含着糖没办法说话，紧摇脑袋证明自己没有说谎。小家伙人小鬼大，以前曾有几次撒谎尿尿，哄着老奶奶给他解了绳子，结果却跑出去不肯回来，把老奶奶急得够呛。从此她给小家伙解绳子的时候都格外小心。

杭盖走到门口的时候，老奶奶说：“外面冷，宝贝就在家里尿吧。”小家伙没有理会，径直走了出去。

“别跑远了啊！”达里苏老人不放心地嘱咐着。

只见杭盖走到离门口很远的地方，才解了手回家。

“我的宝贝真乖！来，让老奶奶亲一口。”小孩儿乖巧地扑进了老奶奶的怀里。

“咱们的小杭盖，如今都长成了懂事的大小伙子了呢！”达里苏老奶奶爱抚着夸奖道。小家伙越发开心地撒起了娇。

“我的宝贝该睡觉了，和老奶奶一起睡觉吧。”达里苏老人让小孩儿睡在西侧的铺上，自己则躺倒在东侧的铺上，并用手轻轻拍着自己。小家伙也学老奶奶的样子，用小手轻轻拍着自己的胸口，没一会儿就睡了。达里苏老奶奶从小就锻炼小孙子自己哄自己睡觉，如今早已习惯成自然。一老一小两个人又消磨了一天。

冷冷的冬阳，躲进了山的那头。蒙古包外传来公驼的磨牙声和女人“嗨，咴！”的赶驼声时，达里苏老人自言自语着：“姑娘把骆驼赶回来了，我得赶紧出去帮她把骆驼圈起来。”她戴好头巾，拄着拐杖出了门。

有半人高驼峰的红棕色公驼，将肚子吃得溜圆，乍一看像拉开的满弓一般。只见它将嘴里的白沫甩过头顶，牙咬得嘎嘣作响，立在驼群边上，威严地望着驼群。上百头的骆驼散在圈里、井边。一位用红色头巾裹紧头脸的妇女，骑在驼背上东奔西跑，挥动着鞭子，将骆驼们往驼圈里头撵。达里苏老人杵着拐杖，守住驼圈的一边，不叫骆驼们从她这边乱跑。那位妇女来到圈门边上，不等骆驼趴下就要下来。

"哎呀，姑娘，千万使不得。你肚子里的孩子怎么受得了呢？先让骆驼趴下你再下来！"达里苏老人急忙阻止道。

"没事儿，奶奶。我一直都是这样下的，啥事儿没有呢。"说这话的女人名叫恩和娜仁，是朝克巴图的爱人。如今肚子里怀着老二，仍忙碌着家里家外的工作。

恩和娜仁走进圈把棕色公驼拴在驼桩上，出来关了圈门。之后又挽着达里苏老人向家走去。"杭盖睡了吗？"她问。

"睡了有一会儿了，咱家的杭盖也是大孩子了，今天学会自己出门尿尿了呢。"

"知道自己要当哥哥了，所以越来越懂事了吧？"恩和娜仁开心地笑着。

"朝克巴图去哪儿了？怎么没见他一起回来？"达里苏老人问道。

"去魁哥家，拿进城捎的东西了。"

"哦，这样啊。也该叫你格日勒巴图哥哥过来瞧瞧身子了。天天和牛驼打交道，也不知道你肚子里的孩子怎样了？如今我的手没力气，不然早就给你看了。"达里苏老人担心着她孙媳妇的身体。

"我好着呢，身上没有不舒服的地方，您不要过于担心。奶奶在身边呢，我还怕什么呢？"恩和娜仁像小孩子一样将头靠在老人肩上撒娇。

"唉，我如今老了，不给你们添麻烦就不错了，哪里还帮得上我姑娘的忙呢？真是到了有心无力的年纪了。"达里苏老人抚摸着孙媳妇的头，在她头巾上轻轻亲了一口。她们两个相互倚靠着、搀扶着进了屋。

杭盖听到母亲的说话声醒了，只见他眨着玻璃珠子一样的大眼睛，正委屈地找妈妈。恩和娜仁摘下头巾："我儿子今天听老奶奶的话了吗？没去外面乱跑吧？"抱起儿子亲吻他的额头。小杭盖高兴地从小口袋里拿出藏起来的两块儿糖，给妈妈看了看，边说着"糖糖"边往妈妈嘴里送。

"谁给的糖啊？"恩和娜仁问。

"老……奶奶。"杭盖说着用小手指向达里苏老人。

"宝宝乖，不能坐在妈妈的肚子上。里面的小妹妹会疼呢。"达里苏老人说。杭盖立刻听话地下来，摸着妈妈的肚子，唤着"妹妹，妹妹"，俯身亲吻着。

"杭盖啊，你睡醒了还没尿尿呢，去尿个尿。我家宝贝长大了，学会自己出门尿尿了呢。不信看着。"老奶奶一半鼓励一半怂恿道。

恩和娜仁也从旁帮腔："我儿子这么厉害了吗？来，给妈妈看看。"小家伙想让妈妈夸奖，于是骨碌一下爬起来，独自出门尿尿去了。

"姑娘，冷了吧？快喝点热茶暖暖身子。"达里苏老人将装着热茶的壶递到了恩和娜仁跟前。

"还好，不怎么冷。我先去把那几只骆驼挤了。"恩和娜仁洗了手，提着奶桶就要出门。小杭盖见了，哭着也要跟出去。

"宝宝乖，你不能出去。大公驼万一'啊……呜'咬你，怎么办？宝宝跟老奶奶在家待着，妈妈挤完奶很快就进来了。"恩和娜仁哄着儿子。

"杭盖啊，你忘了种公驼是怎么追咬其他骆驼的了吗？它们嘴里吐什么来着？万一它也那样追着你咬怎么办？宝宝千万不能出去啊。"达里苏老人连哄带吓终于镇住了小家伙，他不再哭闹，转而惊奇地盯着妈妈，眼神好像在问："真会那样吗？"

"爸爸一会儿就回来了，还会给你带好玩的玩具呢。"恩和娜仁把孩子哄好后出了门。达里苏老人在她背后喊道："没烧火的冻屋子里，你们做饭得到啥时候呢？晚上就在我这儿吃吧！"恩和娜仁答应着走远了。

夜色朦胧中，一个人骑着骆驼来到了屋外。恩和娜仁蹲坐在地上，从来人的走姿认出了是自己的爱人。朝克巴图先进屋放了布袋褡裢，之后来到了驼圈。

正在挤驼奶的恩和娜仁关怀道："冻坏了吧？先去奶奶屋里暖和一会儿。"

"怎么忍心让你挺着大肚子挤奶呢？紧赶慢赶还是没赶上。快挤完了吗？你要是腿麻，让我来吧！"朝克巴图心疼地说道。

恩和娜仁说："没事，我刚开始挤。有两个母驼的奶罩子开了，奶水被驼羔吃了个干净。你帮我拉着驼羔吧！都要把奶桶挤掉地上了呢。路上有什么新奇见闻吗？魁哥他在家吗？"

"我到那儿的时候，魁哥去收拢骆驼了。只有楠迪玛姐姐一个人在家。她告诉我说魁哥从旗里带来了他朋友家的孩子。听说那人吸毒惹事坐过牢，还是个性格暴戾的可怕的人呢！楠迪玛姐姐被吓得没了魂儿。实在没招了，魁哥只好出门收骆驼的时候都把他领在身边呢。"朝克巴图将自己听闻的新鲜事儿一股脑儿讲给了爱人。

"魁哥怎么把那种人带回家了呢？"恩和娜仁不解地问。

"说是那人的父母想让孩子远离城市，避免他再沾染毒品，于是求了魁哥。你也知道魁哥那人从来都不会拒绝别人的请求，恐怕是出于好心，不管不顾地把那人给领回来了。"朝克巴图牵着驼羔说出了自己的猜想。

"那位年轻人，要在他家住多久啊？"恩和娜仁不由地替魁哥一家忧心道。

"魁哥有心要用驼奶食品、药物等帮助那人治疗呢。因此，无论去哪儿都寸步不离地带在身边。"

"驼奶食品能解那么可怕的毒瘾吗？听说那东西一旦沾染上就很难再摆脱掉呢？"

"听说驼奶食品对人的身体健康非常有帮助，而且还能祛毒。想必魁哥心里早有数，才做这事儿呢。我觉得魁哥肯定也有其他治疗的方子。"

"魁哥真是个大好人，换作别人谁会把那样一位不相干的疯子领回家呢？楠迪玛姐姐怎么看这件事呢？"恩和娜仁说着揉了揉蹲麻的腿。

"哎呀，我来挤吧，你腿都麻了。"朝克巴图说着就要来拿奶桶。恩和娜仁却不肯让："你手都没洗，怎么能挤奶呢？我来吧！"

"楠迪玛姐姐能说什么呢？终归是要随着哥哥的心意。也说了几次把那人送回去的话，可是咱那哥哥哪是听劝的人？恐怕都当了耳旁风了！"朝克巴图笑道。

"楠迪玛姐姐可是魁哥的贤内助呢！魁哥时常被人叫去接生，楠迪玛姐姐都是一个人看管那些骆驼。既要打水饮骆驼，还要抽空制作奶食、熟皮。也不知道是用什么时间完成那些千头万绪的工作的。换作是我恐怕早就累趴下了！楠迪玛姐姐真是个勤快的人啊。"恩和娜仁对楠迪玛充满了敬意。

"正是因为有了楠迪玛姐姐的协助，魁哥才当了一百多个孩子的接生父亲呢！"朝克巴图也在一旁夸赞。

他们两个挤奶的工夫嘴也没闲着，一直聊着远近见闻。

明月渐渐从天边探出头来，夜晚的宁静覆盖了大漠戈壁。

恩和娜仁挤完奶，提着奶桶回屋了。朝克巴图担心几个怀孕的母驼被骚扰，将几个不听话的年轻公驼赶出圈后关上了圈门。

恩和娜仁正在生火暖屋子的时候，朝克巴图也进了屋。问："你打算做什么吃的？我做吧！"

恩和娜仁说："奶奶说了，让我们过去她那儿吃。"

"是吗？那咱过去吃现成的吧！"朝克巴图因逃脱了一次做饭的"劳役"而感到高兴。

"你先过去吧！我煮好了奶再过去。"恩和娜仁说着热起了锅。

朝克巴图刚走进老奶奶的家，小杭盖便挣着系绳向爸爸扑来，嘴里说着："爸爸……车车……"小手指向一旁的玩具汽车。

"我儿子的汽车咋了？来，给爸爸看看。"朝克巴图坐到儿子身边，捡起伤痕累累的玩具汽车，"哎呀，你的车怎么都摔烂了呢？"他翻来覆去地看着。

"都是你儿子今天干的好事，扔来扔去的就给扔烂了呢。人家还叨咕着想要新汽车哩！不大点儿的人儿，不知道哪儿来的那么多心眼儿！"达里苏老人笑着在一边告状。

"哦——原来是你把汽车砸烂了想换新的呢呀？真是个调皮的小家伙呢！来，让爸爸给你解开捆绳吧！"朝克巴图抱起儿子亲吻着。

被爸爸抱起来的小杭盖高兴地咯咯乐出了声，他一会儿抠弄着爸爸的口鼻，一会儿又翻腾他的袍子，玩得不亦乐乎。

"你魁哥，把你嘱咐的东西都捎回来了吗？"达里苏老人边问边忙活着要和面。

"捎来了。您要和面吗？我来吧！"朝克巴图起身去洗手。

"我煮了些肉，想着往肉汤里下面吃呢。你要帮我和面，再好不过了。"达里苏老人如释重负般将面盆递给了朝克巴图。

"你魁哥忙啥呢？他们也都是闲不住的人儿。"

"我到那的时候，哥哥收拢骆驼去了。只有楠迪玛姐姐一个人在家。"朝克巴图边和面边答话。

"你跟你哥说了吗？让他抽空过来给恩和娜仁瞧瞧胎位。你那位对自己太大意了，今天还打算直接从骆驼上跳下来呢。平常看她骑骆驼跑得也太快，也不知道肚子里的孩子怎么样。"达里苏老人忧心地说。

"跟楠迪玛姐姐说了，但是我哥他最近可能有点走不开。听说我哥从旗里领回来一个小伙子，看管加照顾忙得很呢。"朝克巴图随声应付着。

"噢，难怪。格日勒巴图是个愿意为大家不辞劳苦的人。咱这戈壁里谁家有个急难事儿都要跑过去找他。如今名声在外，旗里都有人找他了呀？他也不容易呢！"达里苏老人无比心疼道。

"人们都说魁哥接生了一百多个孩子。您作为他的师父，接生了多少个孩子呢？记过数吗？"朝克巴图擀面的间隙问。

"早年的事儿了，谁会记这些呢。我三十几岁开始给人接生，那时候的医疗不像现如今这样发达，懂医的人少，医疗技术也落后，我能当接生员完全是矬子里拔将军的事儿。有一次，我们邻居家的媳妇突然要生把我叫了过去。那时候我除了生过俩孩子，还是个啥都不懂的生瓜蛋子呢。结果却赶上那孩子倒生，身体倾斜着，有脚先出来的危险。我当时非常着急，一个劲儿地给她按摩肚子，终于把胎位正了过来。那次我们忙活了一天一夜，才让母子二人平安渡过了危险。现在想来倒是有些后怕，但那时候年轻胆子大，放到现在我恐怕都不敢接近呢。从那之后，我凭着手感又接生了三五个孩子，便在乡里有了接生员、推拿师的名号。咱们乡里人口少，只有几个艾里①，口口相传中几乎所有人都知道了我。慢慢地，不管白天黑夜，总有相识的和不相识的人络绎不绝地来找我。因为那时候，还没有剖腹产的技术，所以我们这个行当非常受重视。难产几天几夜的、胎儿脐带绕颈的、胎位不正的、倒生的……等等，我也遇到过各种各样的困难呢。或许是那时候的人命硬吧！那么多的危险也不知道是怎么经历过来的。现在想来只能说是老天爷一直在庇佑我，不然我怎么可能无师自通，做好那些想都没想过的事情呢？"达里苏老人正说着往事的时候，恩和娜仁走了进来。

　　小杭盖一见妈妈进来便跑过去坐在了妈妈怀里，还不忘噘着小嘴跟妈妈撒娇。趁大家不注意小家伙早悄悄地把手伸进了妈妈衣服里，打着吃奶的主意。结果他的小心思却被老奶奶看在了眼里，故意逗他道："哎呀，咱们杭盖都这么大了，还要吃妈妈的

————————
① 艾里：牧户人家，村落。

奶吗？丢！丢！"小家伙好像真的害了羞，把头脸深深埋进了妈妈的腋窝下。

"我儿子长大了，才不想吃奶呢。是老奶奶在逗乐呢！"恩和娜仁忙为他遮羞。

"咱们杭盖多疼妹妹呀，肯定不会和妈妈肚子里的小妹妹抢奶喝的。是老奶奶看花眼了。"达里苏老人又给他铺了个台阶。小家伙这才不再害羞，掀开妈妈的衣服，亲昵地吻着她圆鼓鼓的肚皮。

"奶奶，这肉熟了吗？可以盛了吗？"朝克巴图掀开锅盖问。

"熟了，盛吧，盛吧！"达里苏老人坐在一边梳理着驼鬃在纺线。朝克巴图用盆盛了肉放在了老人跟前。达里苏老人却从中选了一块儿排骨放在杭盖手中，说："我克化不动了，你俩把这几块儿肉吃了吧！"并把盘子朝恩和娜仁推了推。

朝克巴图在一旁揪着面片儿，说："奶奶，你接着说刚才的故事吧！"

"罢了，不要在孕妇身旁胡诌了吧！"达里苏老人犹豫着不肯继续刚才的话题。

"奶奶，刚趁着我不在，你俩聊啥了？"恩和娜仁好奇地问。

"能聊啥呢？说了说年轻的时候接生的那些事儿。就是你魁哥如今在做的那些事儿，没啥新奇的。"达里苏老人仍继续纺着线。

"您手把手教的只有这么一位徒弟吗？"朝克巴图又问了一句。

"我哪里有能教人的本事呢！所谓的本事都是我自己琢磨出来的。你们魁哥是一位天生的接生员，手上有魔力的人。能做接生员的人必得有佛祖一般的慈悲心肠，还要有一颗乳汁一样洁白无瑕的心才行呢。你们魁哥刚好是那种人。他自己有悟性，什么事儿一打眼就能学会。在过去想做接生员的人，都要拿吞鼠的蛇做练习。只有通过抚摸和推拿将吞进蛇肚子里的鼠赶出来，才算是一个好的接生员呢。也有一些人能通过推拿手法解开绳结。如此种种有各种各样的练习方法。我从来没做过那些，倒是牛羊等骨折的时候，经我的手抚几下一包扎就能好呢。这么说，我手上恐怕是有一些老天爷赋予的魔力呢。你们的魁哥也从来没做过那些练习，如今却也成了远近闻名的推拿师和接生员，平安接生了那么多孩子呢。"达里苏老人说。

朝克巴图倾听着老奶奶讲的话，往锅里揪着面片。恩和娜仁从盘里找了一块儿胸椎肉，递给老人说："奶奶，您吃这块儿肉，软和。"

"奶奶克化不动了。但既是你给的，就先放这碗里吧。拒绝有孕之人给的东西会使其伤心的。"达里苏老人从旁拿过一只浸泡着酸奶干儿的落满锈斑的半大银碗接了。

朝克巴图以家主身份，盘腿坐到了房屋的上首位置。之后他拿过肩胛肉切分好，站起来说："老礼儿道'肩胛肉，众人食'，奶奶请您受下这块儿肉。"

"哎，好！祝你骏马成群，飞腾万里。"老人按礼俗说下祝福，张开手掌接过了肉。

朝克巴图又分给恩和娜仁一块儿，对方说着"感谢赐福"接了。朝克巴图转过来问："杭盖啊，你懂得什么是分食肩胛肉吗？给，我儿也吃一块儿。"小家伙懵懵懂懂地看了看母亲。恩和娜仁对儿子说："好儿子，站起来用双手接着。爸爸给你最好吃的肉呢。"小家伙听了立时站起来，翻出胖嘟嘟的手掌接了。朝克巴图欢喜地亲了亲儿子，给他手掌上郑重地放了块肉。

恩和娜仁起身给老奶奶和丈夫盛了面，他们老少几代人围着灶台，有说有笑地吃着饭。

"奶奶您是'老将'，给恩和娜仁检查检查胎儿吧！"朝克巴图剔着牙说道。

"我这老朽的手，哪里还有力气呢？但既然你们说了，我就摸摸看吧。"达里苏老人答应了。

"我身上好着呢，没觉得哪里不舒服。黑灯瞎火的劳动老奶奶做什么呢？"恩和娜仁不悦道。手里却洗刷了碗筷，又出门取烧火用的牛粪去了。

"你这大大咧咧的样子，小痛小痒的从来不当回事。还是一早儿瞧了有防备的好。你又不想去医院生产，咱这人烟稀少的荒僻地方，还是多加小心的好呢。"朝克巴图劝道。

"你爱人说得对着呢，姑娘。眼瞅着产期越来越近了，咱大意不得。再不能提水饮驼了，更不能骑着骆驼到处跑了。你也要多考虑考虑肚子里的小东西啊。"达里苏老人也在一旁劝解。恩和娜仁安静地听着，手里拨弄着坐在怀里的儿子的头发。小杭盖时不时地打着哈欠，揉着眼睛就要往妈妈怀里钻。恩和娜仁对爱人说："他困了，你先带他回去睡觉吧。"朝克巴图抱起儿子，答应着出了门。

"姑娘，来，躺这儿。让奶奶给你瞧瞧。"达里苏老人说着从床尾的黑色箱子里拿出了一瓶黄油，放在了灶台上。

恩和娜仁脱下外套躺到了床上。达里苏老人掀开衣服看了一眼她的肚子，不禁失声道："老天爷呀！"

原来，恩和娜仁的肚皮都撑裂了，一道道深紫色的纹路仿佛是用小刀划上去的一样。肚皮各处青筋暴突，犹如纵横交错的树枝。那样子好像能看见里面流动的血液一般骇人。达里苏老人挨近炉火将手烤暖，在她鼓得像皮球一样的肚皮上左右按了按，接着又把耳朵贴上去细细地听了片刻。

　　"胎位很正，稍稍下降了一些。胎心听起来清晰有力。你自己的身体倒是有些浮肿，平常有没有觉得乏力？要多吃肉补充营养。我给你涂点油按摩一下！"达里苏老人用筷子挑了一些黄油放在手心，在火上烤化后，给她的肚子做起了按摩。

　　"如今我老了，手上没了力气，按摩效果不是很理想。你记着每晚睡前在脚心里涂些黄油。自己够不着的话，让朝克巴图帮你涂。"嘱咐完，达里苏老人脱下恩和娜仁的袜子，给她脚底涂上了黄油。

　　"奶奶，我自己来吧。让您抓着臭脚怪不好意思的呢。"恩和娜仁有些难为情。

　　"怕什么？你也是奶奶的孩子啊。奶奶给你涂吧，现在你肚子大了，手都够不到脚了。你看你的两条腿肿得像馒头似的了。唉！你呀，怎么那么不爱惜自己呢。"达里苏老人心疼不已，不停地给她揉着脚。

　　"谢谢奶奶，您一整天都在帮我们带娃，结果这么晚了我还在麻烦您。我们几个不知道还要怎么叨扰您呢？您早些休息，我帮您把门窗关上吧！"恩和娜仁边穿衣服边说。

　　"奶奶还得出去一趟呢。"达里苏老人几乎爬行着来到床边坐了。

　　"我扶您出去，您先把外套穿上。"恩和娜仁帮奶奶穿好衣服后，搀扶着她一起出了门。

"月晕了，恐怕是要变天呢。"达里苏老人看着天空说道。

"是要变天的样子呢。明天起得把歪撇峰的棕色母驼和它的驼羔放在一起喂料了。"

"唉，我那可怜的撇棕驼，给咱家生了多少驼羔呢。是个有功的骆驼。你们多喂它一些草料，好好待它。我的孩子，要是细数它生过的驼羔，我竖起十根手指头都数不完呢。就像不能忘记有恩于咱们的人一样，为繁衍畜群出过大力的骆驼咱同样也要细心照料。"达里苏老人用心交代着。

"撇棕驼生过那么多驼羔呀？自从我嫁过来，记得它只生了三个。"

"若按人的年龄算，它如今都到了我这个岁数了。可怜的，如今也吃不得硬草了。它早期生下的那些驼羔如今也都开始老了。咱这驼群里头出类拔萃的暴脾气、绳结子、楔子峰等几头公驼都是撇棕驼的孩子。它生过的母驼有翎子、鹰子、白鼻翅等，也都下过好几拨羔子了。以前哪位母亲生的孩子多会受到表彰，照这理儿，撇棕驼早成了功勋母亲，胸前挂满勋章了呢。"达里苏老人风趣地说。

"那咱的撇棕驼绝对是功勋母亲了。"恩和娜仁大笑起来。

祖孙二人解手的工夫如此这般笑谈着。恩和娜仁将老人搀扶进屋，帮忙关上门窗后才回去。

头顶上刚还明晃晃的月亮，发出一圈月晕，暗淡了许多。夜空中的众多星星，像是你追我赶般游移闪烁着。有的眨着眼睛仿佛要和恩和娜仁窃窃私语。大漠深处牧人家的圈棚仿似在夜的寂静中进入了香甜的梦乡一般安详，唯有骆驼们的夜刍声轻轻地流淌在天地之间，犹如大自然绵长的呼吸。

恩和娜仁进屋的时候，灶火已经熄灭，屋里凉飕飕的。朝克巴图怀抱着儿子早已睡熟。听见恩和娜仁进屋的声音，朝克巴图醒了过来，轻声问："怎么样？检查过了吗？孩子还好吧？"

"孩子好得很，胎位也正，稍微需要注意的是位置往下降了一点。倒是说我身体虚呢，最近我的腿确实肿得厉害，难不成是身体虚的原因？让我每晚睡前往脚心里抹黄油呢。"

"说得对着呢，最近几个月都没能让你好好地喝上几口新鲜肉汤。来，让我看看你的腿。"朝克巴图从被窝里坐起来，撸起恩和娜仁的裤腿看了看，"哎呀！肿得鞋都要装不下了，你还不说，怎么这么大意呢？"他不住地摇着头。

"我能因为脚肿了就不干活，歇着吗？生老大的时候也肿了的，但好像没这么严重。"恩和娜仁仍有些不以为然。

"不能大意，明天起你待在家里，也不要挤驼奶了，腿都肿成这样了，再蹲着肯定是不行的。既是身子虚引起的，明天我去嘎勒巴图家抓一只羊回来，给我媳妇好好地喝一顿新鲜肉汤。唉！让你受苦啦，怎么就不懂爱惜自己呢！好了，早些睡吧。"朝克巴图在爱人唇上轻轻亲了一口。

嘎勒巴图是朝克巴图的胞弟，家里专养小畜。朝克巴图家的小畜由他弟弟代养，弟弟家的骆驼则放在朝克巴图家的畜群里。兄弟两个相互照应着在这戈壁滩上过活。

"不急，我先看看买来的东西。"恩和娜仁打开了包袱。

"魁哥可能以为咱要生的是女儿，买的都是女孩的衣服，连抱被都是女孩子的呢！"朝克巴图在一边说道。

"果然是呢，你看！"恩和娜仁拿起一件粉色花纹的小衫放在肚皮上，"来，我姑娘试试看，合不合身？"说着忍不住哈哈大笑起来，之后看了一眼睡在一旁的儿子，赶紧捂住了嘴。

"但愿如魁哥的祝福生个女儿呢。来，让我听听咱娃的动静。"朝克巴图将耳朵贴在爱人的肚皮上，闭眼听了片刻，"好有力的心跳声啊，不会是儿子吧？是儿子也好，长大后叫他们帮忙做屋里屋外的粗糙活计，倒也合适。"说着不由咧嘴笑了起来。

"希望是个女儿呢。要是女儿的话，一定要给她取一个独一无二的好听的名字。"恩和娜仁边脱衣服边说。

"嗬……你这叫，给没出生的孩子准备铁打的摇篮。千万不能提前起名字啊。"朝克巴图谨慎地说。

恩和娜仁意识到说错了话，像被大人训斥的孩子一样不再作声。朝克巴图钻进媳妇的被窝，"儿子、女儿哪个都好。平安生下之后再起名也不晚。别为这些费心反把觉给弄丢了。睡吧！"他搂住爱人，抚着她的肚皮轻声说着。

恩和娜仁像一只躲在岩石背风处的戈壁灰雀，陷在爱人宽阔温暖的臂弯里睡着了……

八

初春的早晨，冷风无定，天气犹寒。格日勒巴图躲在驼圈的背风处，为骆驼修剪长毛。楠迪玛走出屋子，从柴火垛上抱了一捆柴去了旁边的平房。朱乐巴雅尔缩在炕头，用红绸被子裹着脑袋睡着。楠迪玛进屋将灶火点着，须臾火便旺起来赶走了屋里的寒气。由于炉子连通着火炕，火炕也逐渐暖和了起来。

"朱乐巴雅尔，我的孩子！起床吧。小灰灰一直站在门口等着你呢。"

朱乐巴雅尔听见楠迪玛唤他，缩在被子里答应了一声"嗯"。

"洗脸水放在炉子上烧着呢，一会儿洗漱完去那边屋里吃早饭，顺便把今早的奶喝了吧！"楠迪玛连声嘱咐着出了门。

"好的，知道了。"朱乐巴雅尔答应着从被子里探出了头。

朱乐巴雅尔最爱睡懒觉，要是没人叫，他能一直躺到中午。楠迪玛和格日勒巴图两个怎么说都没用。一天早上，小灰灰跟着朱乐巴雅尔想喝奶，结果将他吓得一溜烟跑回了屋内。格日勒巴图刚好瞧见了这一幕，就想着让朱乐巴雅尔慢慢亲近小灰灰。于是他叫朱乐巴雅尔拿着奶瓶给小灰灰喂了几次奶。从那以后，朱乐巴雅尔不但不再害怕小灰灰，反而有了每天早上给它喂奶的习惯。小灰灰更像是朱乐巴雅尔的影子和小尾巴一样，无论他走到哪儿都要跟在他身旁。渐渐地朱乐巴雅尔也对小灰灰有了感情，经常能看见他爱抚小灰灰的鼻尖，为它擦拭眼泪和眼屎。一人一畜俨然成了形影不离的好朋友。比起格日勒巴图和楠迪玛，朱乐巴雅尔与小灰灰更亲近一些。于是格日勒巴图便拿每天早上要给小灰灰喂奶做借口，锻炼他早起，久而久之成了习惯。

朱乐巴雅尔起身朝窗外一看，小灰灰正在门口焦急地走来走去。他赶紧起身穿衣，套上鞋就出了门。小灰灰一见他出来，高兴得像孩子一样一蹦一跳起来，就连他去解手都一路跟着。

"小灰灰，你稍微忍耐一下，我洗了手就给你喂奶啊。"朱乐巴雅尔亲昵地在小灰灰鼻子上亲了一口。小灰灰嘴角挂着白沫，亦步亦趋地又跟着他回到了门口。朱乐巴雅尔走进平房，用壶里的热水胡乱洗了脸，便急忙赶到蒙古包里问："小灰灰的奶在哪儿？"

"那边奶瓶里的就是。"楠迪玛朝着装奶的饮料瓶抬了抬下巴。

朱乐巴雅尔拿上刚出门，小灰灰便扑了过来。毫无防备的朱乐巴雅尔被它撞得一趔趄。

"别撞了，我这就给你。"朱乐巴雅尔带着它稍稍走远了一点。小灰灰由于太过着急，奶瓶递过来的时候竟有些找不准奶嘴的位置，上下摸索着。朱乐巴雅尔很有耐心地帮它把奶嘴放进了嘴里。小灰灰真是饿坏了，咕嘟咕嘟大口吸着奶水，两颊上都洇出了白色的奶沫。朱乐巴雅尔看见小灰灰眼里打转的泪水无比心疼，轻轻地给它擦拭着。然而只一会儿工夫，小灰灰就把奶喝完了。它意犹未尽地盯着朱乐巴雅尔的手，仿佛在问："还有吗？……"

"都被你喝完了，还想要啊？我这也没有了。去吧，跟着驼群吃草去吧！"小灰灰像听懂了他的话，用嘴在他袖口闻了闻，跟着驼群快快离去了。朱乐巴雅尔看着它的背影不知想到了什么，长长地叹了口气，随后提着奶瓶往家走去。巴萨尔在半路接上了他，一到跟前就乖巧地躺下亮出了自己的肚皮。

"你又想让我挠痒痒呀？好吧，来，我给你挠一挠。"朱乐巴雅尔爽快地俯下身给它挠着肚皮和脖子。巴萨尔舔着他的手指、手背，不停地撒娇。他们两个如今能相处得这么好，完全归功于朱乐巴雅尔出入喂它好吃的。现在每当朱乐巴雅尔穿梭在水井和屋子之间，总能看见他和巴萨尔说话逗乐呢。

"巴萨尔，你今天跟我去放驼不？去我就给你好吃的。"巴萨尔听了高兴得恨不能把尾巴甩得跟蒲扇一般，围着他转圈儿跑个不停。朱乐巴雅尔赶紧进屋翻找能吃的东西。

"又在给你的巴萨尔找吃的呢吧？喏，给他这个吧！"楠迪玛从碗架上找了一些昨晚的剩饭给了他。等朱乐巴雅尔拿着粗瓷碗装着的剩饭走出来的时候，巴萨尔急不可耐地跳跃着。

"巴萨尔别着急，我给你放盆里去。"朱乐巴雅尔走到拴狗桩旁，将剩米饭倒进了巴萨尔的食盆。巴萨尔狼吞虎咽没一会儿就吃完了。舔了舔嘴又望向朱乐巴雅尔。

"这回我也没吃的了。"朱乐巴雅尔说着摊开双手给巴萨尔看了看。它也明白没有了，低头反复舔着自己的食盆。朱乐巴雅尔拿着粗瓷碗回来的时候，巴萨尔依旧跟到了门口。

"你吃了我的饭，要说话算话跟我去放驼啊！"朱乐巴雅尔笑着将粗瓷碗扣在了巴萨尔的脑袋上。巴萨尔耷拉着耳朵，目光柔和地看他，趴在了地上。

朱乐巴雅尔进屋的时候，楠迪玛正扬着热奶。

"洗漱了吗？"楠迪玛问。

"洗过了。"朱乐巴雅尔答道。

"奶给你盛好了，喝吧！"楠迪玛指了指房屋上首矮桌上的瓷碗。

"好。"朱乐巴雅尔答应着，曲腿坐到矮桌前，拿起瓷碗先用小拇指挑起薄纸一样的奶皮吃掉，接着一口喝掉了已经凉好的奶。

楠迪玛看了他一套行云流水的动作，心中不由地感慨：经过老头子几个月的不懈努力，比起刚来的时候，小伙子真是改观了不少。那样一个狂躁的人，如今竟也变得听话了。现在看他倒也坐有坐相，站有站相了。看来只要解开内心的结，医好心灵的疮疤，人的做派也会自然发生改变呢。小灰灰和巴萨尔也功不可没，难道是驼奶养人？刚来时候那副灰暗的脸色，如今白净许多不说，还有长肉的迹象了呢……

看朱乐巴雅尔喝完奶有些意犹未尽，楠迪玛忙问："再喝点不？"

"好！那就再喝一碗。"他爽快地将碗递了过来。楠迪玛给他盛了多半碗。

"这碗要喝加糖的。"朱乐巴雅尔自言自语着从碗架上拿了糖罐，往碗里加了两勺白糖，搅匀后美美地喝起来。

格日勒巴图忙完进屋，将手里的长柄剪刀别进蒙古包西侧的椽子里。他搓着冻僵的手，坐到了屋子上首的矮桌旁。

"老话说'春寒透骨'，果真是这样呢。给几峰骆驼剪鬃的工夫，差点就冻僵了。"格日勒巴图说着往炉边凑了凑。

"今天尤其冷，我刚挤了一会儿奶指尖就冻得刺痛呢。"楠迪玛给格日勒巴图的银碗里盛好奶茶后递给了他。

"每天早上一个两个的鼓捣着，公驼的鬃都剪得差不多了。现在只剩几个暴脾气没剪了。"格日勒巴图喝茶的间隙说道。

"那几个烈性子，你一个人可整不了。找朝克巴图来帮忙吧。"楠迪玛边发酵酸奶边说。

"家里有朱乐巴雅尔这么好的小伙子呢，干吗还要去求别人呢？"格日勒巴图微笑着看向朱乐巴雅尔。

"是呢，有朱乐巴雅尔在，咱也不缺人手了。"楠迪玛哈哈笑着向格日勒巴图使眼色。

朱乐巴雅尔十分紧张地说："我害怕那些凶人的骆驼，也从来没有用过长剪刀。千万别给我安排这么可怕的任务了。"他战战兢兢地看了一眼格日勒巴图。

"我不会安排那些工作为难你的，我们在逗你玩儿呢！你好好喝茶，之后咱俩放骆驼去。"格日勒巴图安慰朱乐巴雅尔道。

"你俩切点凉肉，泡着茶吃饱一点。开春了白天越来越长，一整天跟着骆驼不是件容易的事。"楠迪玛端了一盘肉放在了格日勒巴图面前。

"是啊，在驼群里消磨令人犯困的春日着实不容易呢！"说话间格日勒巴图为朱乐巴雅尔切了满满一碗肉。朱乐巴雅尔似乎习惯了格日勒巴图的照顾，非常自然地拿过切好的肉，往肉碗里倒上滚烫的热茶，呼噜噜地吃将起来。

"你俩今天可能会接今年的第一只驼羔。'戴胜鸟'从围栏里望着远方，眼中蓄泪，正坐卧不宁呢。说不准会离群出走，你们注意着点儿吧。"楠迪玛嘱咐道。

"噢，是吗？看来今天我俩要接上第一只驼羔，欢欢喜喜地回来呢。"说这话的时候格日勒巴图眼含光芒，开心的样子仿佛是他要有儿子了一样。

"这么说，今天我能看见骆驼生宝宝了？"朱乐巴雅尔也异常兴奋。

"骆驼下崽儿的时候，一般不让人发现。但说不准你有幸能看见呢。"

"离群出走是什么意思？"朱乐巴雅尔好奇地问。

"这个嘛，我该怎么给你解释呢？"格日勒巴图想了想说，"比方是人肚子疼得受不了的时候，会跑去没有人的僻静处一样的道理。"

楠迪玛哈哈笑道："你也太会解释了呢。"

"除了这么说，你说还能怎么解释？"格日勒巴图看着朱乐巴雅尔笑问，"这回你明白离群出走是怎么回事儿了吗？"

朱乐巴雅尔似懂非懂，勉强说："好像大概明白了点儿。"

"等你亲眼见过就都明白了。戴胜鸟今天就有可能离群呢。我告诉你哪个是戴胜鸟，你留意着就是。好了，穿上衣服，咱们出发吧！"格日勒巴图起身出门去了。朱乐巴雅尔放下碗刚要跟出去，被楠迪玛叫住："给，把这个拿上。一整天跟在驼群后面吃灰，对你来说会很艰苦的。肯定会又渴又饿，俗话说'有备无患'，你把这个带上。"说着给他手里塞了一兜儿东西。

"这是啥呀？"朱乐巴雅尔好奇地问。

"一些点心、奶干儿，还有壶茶。你挂在驼峰上，饿了就拿下来吃。"楠迪玛说完朝驼圈走去。

"哦，好。"朱乐巴雅尔心情愉快地走进平房，穿上格日勒巴图给的有内衬的青黑色雨衣出了门。他来这里有些日子了，因此基本习惯了这边的生活。朱乐巴雅尔不仅融入了牧区生活，还学会了与他人和睦相处。他如今会每天早起给小灰灰喂奶，之后跟着格日勒巴图去放牧。刚来的时候别说叫他骑骆驼，就连接近骆驼他都害怕。如今却已经是骑骆驼的老手。他的毒瘾似乎也祛除了不少，再也不会像以前那样摔东西，逃跑了。

楠迪玛也习惯了每天早上给朱乐巴雅尔喝热奶，每晚给他喝酸奶后再休息……

朱乐巴雅尔来到驼圈旁，往里瞧了瞧，问楠迪玛："今天我骑哪匹骆驼？"

"我不知道呢，问问你叔叔吧！"楠迪玛说完去驼群里查看怀孕的母畜。

格日勒巴图提着驼鞍来到围栏旁，楠迪玛对他说："有几个母驼这两天就要下羔了，个个乳房膨胀，腿根上的绒都脱落了。你看看戴胜鸟更与别个不同呢。"

"是啊，看样子就是今天下羔呢。我得看好了，千万不能让它走丢了。"格日勒巴图看了看长顶鬃的立峰红色母驼。

"哪个是戴胜鸟啊？"朱乐巴雅尔问。

"站在那边，头顶上长着像鸡冠一样绒毛的红色母驼就是戴胜鸟，你认准了。"格日勒巴图给他指了指。

"叔，我今天骑哪匹骆驼？"

"你想骑哪匹？还骑你的白鼻吗？"

"不想骑白鼻了。用鞭子抽都懒得往前走的家伙，见了树丛更是缠着不肯动窝呢。"朱乐巴雅尔有些嫌弃地说。

"那你想骑哪个？"格日勒巴图追问。

"想试试您时常夸赞跑得快的那匹尖峰大青驼。"说完朱乐巴雅尔有些不好意思地笑了。

"你能骑动它吗？那家伙脾气暴躁得很，不好驾驭啊。"格日勒巴图有些犹豫。

"应该没问题，您就让我试试吧！"看朱乐巴雅尔信心满满的样子，格日勒巴图也很受触动，不禁夸道："好，那咱就试试。我给你鞴鞍。咱家的朱乐巴雅尔越发像个汉子了呢！"

"是呢！咱们的朱乐巴雅尔如今每天早上都要给小灰灰喂奶，还要给巴萨尔投食。是个勤劳的小伙子了呢。以后还要给他物色一个牧人家的姑娘，让他成为真正的牧驼人呢。"楠迪玛在驼圈里说笑。

"就这么办，咱们得加把劲儿，努力把他留在咱的青山头儿底下。"格日勒巴图笑着走进了驼圈。

朱乐巴雅尔并没有听他俩刚才讲的话，满心里只想着骑尖峰大青驼的事儿呢。

格日勒巴图从圈里牵出了那匹剪过鬣毛却留着缨穗的威风凛凛的机峰①大青驼。朱乐巴雅尔迫不及待地拿起围栏上的驼鞍跑了过去。格日勒巴图大声喊着"索格、索格"，想让骆驼跪趴下来，怎奈大青驼嘴里吐着泡沫原地打转，压根儿不肯配合。

"近来一直没有骑乘，这家伙性子都野了。你多加小心。"格日勒巴图提醒着，给鞴好了鞍。

"嗯，知道了，没事的。"朱乐巴雅尔高兴地牵着尖峰大青驼走了。

格日勒巴图在他身后看着，心中不禁感慨万千。比起刚来的时候，总算有个人样了。你看白鼻都入不了他的眼了。就像城里的人想开豪车一样，牧人也会向往好的坐骑。朱乐巴雅尔能这样选骆驼对着呢。不惧烈驼，想征服最快的那个，说明他的精气神正在慢慢恢复，这个时候我更应该鼓励他。人在气闷的时候到外面吹吹风，可以疏散心情，纾解情绪。以此类推，像朱乐巴雅尔这般内心伤透、填满愁绪，生命中看不见任何光亮的人，见了自然万景至少可以暂时忘却郁闷，获得一时轻松。或许正因如此，朱乐巴雅尔跟着我放牧，得了阳光雨露的滋润，毒瘾发作的次数才会明显减少吧！接下来我应该想办法让他打开心扉，让他把深埋在心里多年的各种抱怨、仇恨、想法等都说出来，从而解开他的心结。这一步非常关键，我该怎么撬动他开口呢……格日勒巴图满怀心事来到了驼圈旁。

---

① 机峰：是指前峰向前弯曲，后峰挺拔直立的双峰驼。

楠迪玛看着朱乐巴雅尔离去的方向，不无担心地问："让他骑尖峰大青驼不会有事吧？"

"我也有些担心。但话说回来'千金难买我乐意'，自愿摔跤的人总不至于哭鼻子吧？保险起见，我还是过去牵着点吧。"格日勒巴图从远处观察着朱乐巴雅尔说。

"可不是，万一摔下来受了伤那就不好办了。怎么跟人家父母交代呀？"楠迪玛有些不安。

"朱乐巴雅尔和以前不可同日而语了。到了野外经常一个人骑着骆驼唱着歌，能把附近的骆驼都聚拢起来呢。"

"是吗？真是谢天谢地，希望他能越来越好。如今在家他也不挑食了，也不知道是不是经常吃奶食的原因，脸色也越来越好，有些发胖的迹象了呢。"

"这都是你精心照料的功劳，我替朱乐巴雅尔向你表示感谢。"格日勒巴图笑着说。

"哎哟，你什么时候变得嘴甜了呢？"楠迪玛笑着挖苦他。

他们两个聊了会儿关于朱乐巴雅尔的话题，打开圈门将骆驼们放了出去。

见格日勒巴图牵着坐骑朝水井走去，朱乐巴雅尔也拽着尖峰大青驼跟了过去。小灰灰不愿跟着驼群，反而走在朱乐巴雅尔的身后，成了他的小尾巴。

他们家的手摇机坏了，因此只能用水斗提水饮骆驼。格日勒巴图和楠迪玛轮流提水饮骆驼的时候，朱乐巴雅尔走过来朝井里看了一眼，不可思议地问："嚯！好深的井。这有多少米？"

"大概有五庹。你要不要试试？"格日勒巴图将拴着木柄的水斗递给了朱乐巴雅尔。

只见朱乐巴雅尔岔开双腿，在井口大开八字地站定，直接将水斗扔进了井里。还好格日勒巴图眼疾手快，探身向前抓住了木柄。不然水斗就要被丢进井里拿不出来了。

"哎哟喂！水斗不能这么扔，掉进去拿不出来了怎么办？再者这么扔的话很快就会坏掉的。你要这样慢慢放下去。"格日勒巴图给他示范了一遍。

结果朱乐巴雅尔学着放下去之后，水斗里总是装不满水，空提了好几次。格日勒巴图再次拿过水斗，对他说："水斗抵达水面之后，你先往旁边拉，让水斗倒下。这样水斗里才能灌满水。要是水斗一直立在水面，它怎么盛得了水呢？"他顺手盛了一斗水，交给朱乐巴雅尔拉。

朱乐巴雅尔不知道水斗有多重，攒足力气猛地一拉，差点被水斗带着，栽进井里一去不复返。

"原来这么沉啊！"朱乐巴雅尔定了定神，几乎使出吃奶的劲儿扯住木柄，一拃一拃地往外拉着。

"沉吗？年轻人应该几把就能拉出来呀！"格日勒巴图站在旁边笑道。

"他都快抓不住了，快帮他拉上来呀！"楠迪玛在一旁着急。

"没事，他又不是小孩子，怎么可能一斗水都拉不上来呢？使劲，使劲！"格日勒巴图在一边鼓劲儿。

朱乐巴雅尔憋着劲儿，拼尽全力才勉强把水拉了出来。

"照你这个进度，一时半会儿可饮不完骆驼。但也长进不少，以后慢慢练就行了。"格日勒巴图拿过了水斗。

清早空着肚子的骆驼们，有的在水槽上喝了几口便甩着脑袋走开了。只有那些怀孕的母驼和成年公驼将肚子灌得圆滚滚的才心满意足地离开。嘴里吐着白沫，将一口牙咬得噼啪作响，时常立在驼群边耀武扬威，用尾巴往后背甩尿的红美丽终于过了发情期，温顺了一些。想想日前，它还独自霸着群里的母驼，坚决不叫其他公驼靠近半步，将它们一个个追咬到不见踪影才肯罢休呢。如今却不见有任何骆驼惧怕它了。那些被它追咬过的公驼们此刻好像在宣示自己的不服气一样，直接从它侧旁扎进去抢水喝。红美丽的两只半人高的驼峰已经蔫儿了许多，消瘦后腿胯之间也出现了大大的空当。它被其他骆驼推挤着，水还没喝够就走了。

"都说'死去的种公驼可以震慑活着的幼驼'，这帮不知好歹的半大公驼如今都不惧怕活着的种公驼了呢！红美丽被它们挤得没喝好水就走了。"楠迪玛因心疼红美丽愤愤地说。

喝完水的骆驼们，奔着雾霭迷蒙的青山头徜徉远去。

格日勒巴图牵来两匹准备骑乘的骆驼，喂它们喝水的工夫，瞧着朱乐巴雅尔笑道："咱朱乐巴雅尔今天要骑着尖峰大青驼威风呢！"

朱乐巴雅尔手里拿着装着食物的兜儿，腼腆地笑了笑。

"你手里拿的是什么呀？"格日勒巴图好奇地问。

"这个吗？"朱乐巴雅尔没有回答，眼睛却看向了一旁的楠迪玛。

"一壶茶，还有一些点心和奶食。朱乐巴雅尔还小，在驼群旁苦熬漫长的春日不容易呢，所以给他带了点儿吃的喝的。"楠迪玛替朱乐巴雅尔做了回答。

"哦，那你把兜子给我吧。尖峰大青驼不让人在它驼峰上挂东西。"格日勒巴图说着拿过兜子挂在了自己的坐骑交峰黑驼的前峰之上。

朱乐巴雅尔想让他的坐骑趴下，试了几次，尖峰大青驼就是不肯配合，着急地盯着走远的驼群原地打转。

"这家伙许久没被骑，倒长了脾气。来，我帮你制服它！"格日勒巴图接过大青驼的缰绳，狠狠拽着它转了几圈，之后用力拽住缰绳，大喊了几声"索格、索格"，这匹庞然大物方才听话地跪了下来。

"你最好牵着它走吧，说不准就会发脾气呢！"楠迪玛一边盖着水井一边提醒格日勒巴图。

"好的。"格日勒巴图骑上骆驼，牵着朱乐巴雅尔的坐骑出发了……

九

暖春来到了戈壁，山上的冰雪渐渐融化。向阳处的山腰上点点小白蒿钻出了土壤。驼群循着融雪后变软的灌木丛和刚刚抽枝的红柳忙碌地进食，仿佛刚刚播下的种子四散在戈壁和山沟之间。

格日勒巴图牵着朱乐巴雅尔的坐骑，慢悠悠走了一阵，回头说："你骑的骆驼这会儿好像适应下来了，但也要注意。让它正常走着，不要叫它快跑，更不能鞭打。说不准它还会发飙呢。"嘱咐完他把缰绳交还给了朱乐巴雅尔。

"好的，知道了。"朱乐巴雅尔不免有些害怕，但毕竟是自己选的，怎么能退缩呢？只好谨慎地缩在驼背上，一动不动地坐着，随骆驼漫走。

格日勒巴图催动骆驼跑远了，朱乐巴雅尔只能落在他后面慢慢走着。格日勒巴图很快压住了四处乱跑的驼群阵脚，固定好后下了坐骑，只见朱乐巴雅尔也远远地追了过来。

　　"你也下来吧，咱俩把骆驼绊上，去那边的山头上，边晒太阳边看着驼群吧！"他俩从驼峰上拿下兜子，给骆驼上了绊子后，奔着远处的青山头走了过去。格日勒巴图朝着青山头山腰处形状像"草原帽"一样尖耸的棕红色岩石爬了过去。这座青山头南面坡缓，只要沿着山脊走很容易就能走上山顶。因为格日勒巴图经常上去，这里都被他走出了一条小径。格日勒巴图顺着小径不一会儿就到了山顶。朱乐巴雅尔却没那么顺利，他时不时被岩石绊到，跌跌撞撞爬到山顶的时候，早已经气喘吁吁，面如重枣。他勉强走到格日勒巴图身边，一屁股坐到了地上。

　　"怎么样？闻着青草味儿，眺望远处感觉不错吧？"格日勒巴图说着深深吸了口气。

　　朱乐巴雅尔张大嘴喘着，除了说"好，太好了"，便什么也说不出来了。

　　"你先休息一会儿，等你呼吸平稳后我带你看各种好东西。"格日勒巴图打开侧挎在身上的小匣子，拿出了望远镜。朱乐巴雅尔喘着粗气不可置信地看着格日勒巴图，眼神里写满疑问："这荒漠里你给我看什么呢？"

　　格日勒巴图拿着望远镜左右看了看，说："我们乡里管这座山叫'帽岳'，虽然叫岳但并不很高，主要是出于当地人的尊崇才这么叫的。从远处看，这座山的形状很像一顶倒扣的草原帽。刚才咱俩走上来的那处山脊是帽子的一边耳朵。最为神奇的是，这座帽岳虽然不高，但却能清楚地观察四周，看起来就像放在手心里一样明了。夸张点说山脚下跑出来一只无尾兔都能看得见呢。"

朱乐巴雅尔站起身来回看了看远处的风景，突然张开双臂惊天动地般"啊——嗬——啊——嗬——"地喊了几嗓子。

格日勒巴图被朱乐巴雅尔这个意外举动触动，心想："唉，可怜的孩子。看来是被高耸的山岳、广袤的戈壁震撼到心灵了。也难怪，这么多年一直压抑着，生活在地窖一样昏暗的环境里，如今突然身处大自然的辽阔怀抱，心情豁然开朗了吧？通过啸吼他的身心枷锁或许可以松动几分，精气神也能提升几分。人只有走进大自然的怀抱，才能彻底放下身上的担子使内心感到平静呢。如此想来人与自然之间的关系多么微妙，多么紧密……"

朱乐巴雅尔走到格日勒巴图身边，说："我想借您望远镜瞧一瞧。"

格日勒巴图拿给他后，他迫不及待地到处看着。

"看到啥了？"格日勒巴图坐在一块儿石头上问。

"除了山就是山，还有几峰骆驼。"朱乐巴雅尔有些失落地回答。

"见到那只要下羔子的戴胜鸟了吗？"格日勒巴图问。

"我哪里认得它！"朱乐巴雅尔回答得很不耐烦。格日勒巴图没再说话，心想："他怎么突然就不高兴了？刚还开怀大喊呢？不会又要犯毒瘾了吧？这个时候得顺着他，千万不能对着干，不然就是火上浇油了。得想办法将他安抚下来，之后再叫他说出憋在心里的怨气、仇恨，或许他心里能好受一些。他那样大喊大叫想必是心里苦闷，无处发泄呢……"

格日勒巴图起身看了一眼像播撒的荞麦籽儿一样四散的驼

群，说："来，把望远镜给我，我找找戴胜鸟在哪儿。"朱乐巴雅尔很不情愿地把望远镜还了回去。

格日勒巴图对好焦距观察了一阵，说："我看见戴胜鸟了，那边那个应该就是。独自站在驼群的最边上，啥都不吃呢。"

朱乐巴雅尔跟什么都没听见一样，坐在石头上眺望着远方。

"这座山里有几只盘羊，不知道今天会不会出来。"格日勒巴图兀自说道。

"盘羊是什么样的动物？"朱乐巴雅尔果然被吸引，好奇地问。

"长得像绵羊一样的动物，说白了就是野羊。你没见过盘羊吗？"格日勒巴图问道。

"从来没见过。城里怎么会有那种动物呢？"朱乐巴雅尔坐到了格日勒巴图身边。

"从前这山里头，经常有岩羊、盘羊、蟠羊成群结队地出入。后来被偷猎者猎杀殆尽，只剩下现在的几只了。"格日勒巴图目不转睛地盯着山前说。

"岩羊又是啥？跟盘羊不一样吗？"朱乐巴雅尔丈二和尚摸不着头脑，又追问了一句。

"一个是山羊，一个是绵羊，当然不一样了。所谓的岩羊就是野山羊。"

"哦，那你刚才说的蟠羊又是什么？"

"蟠羊说的是公盘羊，类似于种绵羊。"

"真希望它们今天能出来，我也想看看。"朱乐巴雅尔满心期待道。

"或许会出来呢。你瞧见远处长得像鼻子一样的岩石了吗？它旁边的隘口里有一处像壶嘴儿一样细的泉眼。它们经常到那里喝水。这座山里的活物，都靠着那处泉眼活命呢。"

"那我们去泉眼那儿等着吧！"朱乐巴雅尔说着就要起身。

"喂！千万不能去那里。要是咱俩过去了，那些动物就会躲得无影无踪了。咱们只能在这儿用望远镜看，我以前都是从这儿看的。"

"原来如此，那从这里看得清楚吗？"朱乐巴雅尔唯恐错过那些神奇的精灵。

"你可不要小看我的望远镜，它能把那些景象拉到你手掌上。会让你像走到了它们跟前一样看得清清楚楚呢。"格日勒巴图用望远镜对准鼻状岩隘口说。

朱乐巴雅尔看向格日勒巴图指点的方向，结果眼睛都看花了，却连半根羊毛都没看见。他不禁有些气馁："哎哟，算了。眼睛都花了，除了山石什么都看不见呢。"说着干脆揉着眼睛躺倒在了山石上。

格日勒巴图鼓励他说："今儿凉快，它们可能晚点才来喝水。你先吃点东西，喝着茶。再耐心等等，它们一会儿就会来。"

朱乐巴雅尔从兜里拿出茶咕嘟嘟喝了几大口。问："那些野生山羊、绵羊的肉可以吃吗？"

"当然能吃啦，味道着实鲜美呢。正因如此人们才会赶尽杀绝呀。"

"那你为啥不杀来吃肉呢？"

"就剩这么几只了，要是杀了吃肉，它们就要灭绝了。怎么能那样呢？想吃它们的人比这几只盘羊、岩羊多多了。在我看来它们几个跟我的命一样宝贵，保护都还来不及呢。近几年它们总算下了几个崽儿，稍微有了发展壮大的迹象，真是大自然的奇迹呢。它们有很多天敌，一不留神就会有偷猎者害它们；稍不注意就会有野兽豺狼吃它们；有时还会有猛禽皂雕来捉它们的幼羔。这种情况下，要是我也欲壑难填去害它们的话，它们还能有活路吗？"格日勒巴图望着远处的山巅语重心长道。

朱乐巴雅尔压根儿没有理会格日勒巴图说的话，拿着望远镜专心观察着鼻状岩那边的动静。突然他问："你们这儿有狼吗？"

"有呢，你见过狼吗？"

"没见过，这儿的狼吃人吗？"朱乐巴雅尔胆怯地瞪大眼问。

"我没听说过狼吃人的事儿，倒是会攻击家畜呢。"

"那些盘羊怎么还不出来呢？"朱乐巴雅尔等得有些不耐烦。

格日勒巴图瞅了眼太阳，说："几个岩羊就要来喝水了。来，让我看看。"他拿过望远镜搜索着目标。

朱乐巴雅尔吃着奶干儿眺望远方，又似乎想到了什么心事，陷入了沉思。

"出来了！犄角如剑的花脸公岩羊走在最前面。后面跟着三只岩羊，一只母岩羊下了羔子呢，领着两只青灰色的小羊羔。哎呀呀，太可爱啦。"格日勒巴图激动之情溢于言表。

朱乐巴雅尔一听猛地扑过来，一把从格日勒巴图手里夺过了望远镜。他调整了几次焦距都没看见岩羊，着急地问："在哪儿呢？我咋看不见？"

"你看的方向不对，来，我给你弄……"格日勒巴图帮他调整好了焦距和方向。

"哎，看见了，看见了。一、二、三、四、五，是五只山羊。领头的那只犄角好长啊！小羊羔在哪儿呢？怎么看不见呢？"朱乐巴雅尔完全沉浸在了新发现之中。

"是不是躲进岩石背阴里了？我刚看见两只长得一模一样的小羊羔跟在母羊后面呢！那只长犄角的是公岩羊，犄角又秃又细的是母岩羊。"格日勒巴图在一旁做着介绍。朱乐巴雅尔全神贯注地看了许久，看得眼睛酸痛不已。他用手背揉了揉眼睛，又左右瞟着歇眼睛。

格日勒巴图趁机拿过望远镜，远处、近处都找了一遍也没再看见小羊羔。"或许是跟着母羊跑累了，躲进岩石背阴里睡觉去了。"

"那只公岩羊的犄角不知道有多长，头上顶那么沉的东西，怎么受得了呀？"朱乐巴雅尔觉得十分不可思议。

"公岩羊的年龄可以通过它犄角上的横纹推算。比方说，它犄角上有五道横纹，那就说明它五岁。五岁的公岩羊我们这里叫作'黑膝盖'。"

"通过犄角推算年龄？太神奇了。岩羊的小羊羔可以捉来养吗？"朱乐巴雅尔恨不能跑去捉一只。

格日勒巴图笑道："你以为岩羊羔是山羊羔啊？它可没那么容易被你捉到。那可是一生下来就能站立，吃一口母乳即生出力气，可在山岩上飞奔的动物呢。像岩羊一样聪明又活泼，喜欢生活在悬崖峭壁上的动物非常少见。你快过来看！两只小羊羔出来了。"他把望远镜递给朱乐巴雅尔。

朱乐巴雅尔看了又看，瞧了又瞧，心痒难耐道："真可爱呀！太可爱了，你看它们蹦蹦跳跳的样子。真想跑过去捉一只呢。"

那群岩羊在岩石缝中喝饱了水，便你顶我、我顶你地玩将起来。有的在锋利的岩石上磨着犄角。玩累了它们便趴在泉眼周围的阴凉里休息。正在这时，从众岩羊身上掠过了一团黑影。刚刚还趴着的岩羊们打着响鼻，用闪电般的速度登上了岩顶。一只体型巨大的褐色的鹰收紧翅膀像箭一样从天空俯冲而下，说时迟那时快，两只小羊羔在妈妈的掩护下顺利躲进了岩石缝隙。只见那鹰钢铁般的硬爪陡然扑空，弯曲着细长的喙，目射寒光，盘旋着上升到了天空的最深处。两只小羊羔随即跟在母羊身后消失在了悬崖背后……

"感谢大漠苍穹庇佑！可爱的小羊羔差点就被叼走啦。你看见了吧？活在世上任何生物都会面临这样的凶险和厄运呢！即使是人类，生活中也难免会遭遇刚才那样的险情。但是我们必须要有战胜它的智慧和勇气。岩羊是怎么保护小羊羔的？我们也一样，要学会躲避这世间的各种危险。不然就会沦落成凶恶之物的食物。"格日勒巴图不遗余力地给朱乐巴雅尔讲着道理。

朱乐巴雅尔根本没听格日勒巴图说的话，他仍沉浸在刚刚在望远镜里看到的惊险一幕中。

"我担心坏了，以为那两只可爱的小羊羔要断送在鹰爪之下了。母羊太聪明了，那么危险的境况下安全地藏好了幼崽。母爱真伟大啊！如果小羊被老鹰抓走了会怎样呢？我肯定会痛哭的。要是我手里有枪，一定会打死那只老鹰，再跟着小羊去的。"朱乐巴雅尔动情地说着，声音都在颤抖。

格日勒巴图真切地看见朱乐巴雅尔的心在融化。爱的力量是伟大的。即使是坚硬如岩石的心，遇到爱也会像黄油一般融化。这位年轻人的心，因见了保护幼崽免遭老鹰屠戮的岩羊而震撼着。是动物为了保护幼崽直面死亡的勇气和爱感化了他。哽咽于动物的母爱，说明他的内心正萌发着爱意。"要是老鹰捉走了羊羔，我肯定会痛哭……"不难看出，多年来淤积在他内心深处的仇恨、埋怨、愤懑等，此时正在被爱感化，显然他那颗岩石般坚硬冷漠的心此刻正在融化。他那颗布满伤痕的心只有爱能够治愈。听说眼泪能够洗涤心灵的尘垢，如今一只动物都能让他心疼哽咽，说明他心里的尘垢正在被洗刷……格日勒巴图按捺住内心的欢喜，用望远镜眺望着远去的驼群。

朱乐巴雅尔望着老鹰消失的天空出了一会儿神，仍放心不下地问："不知道小羊羔现在在哪里，老鹰不会再去攻击它们吧？"

格日勒巴图吃惊地看向朱乐巴雅尔，安慰道："你还在担心岩羊的幼崽吗？再没有比岩羊羔更机灵的动物了。它轻易不会变成野兽的猎物呢。它会一天比一天强壮，最终会成为这片山岩的真正主人。青山头的雪山被这几只盘羊和岩羊主宰着。你不要太过担心它们了。"

"岩羊能活几岁？"

"岩羊的平均寿命是十四到十五岁。听老人们说，公岩羊年老的时候会承受不住自己犄角的重量，到那时它就会爬上山顶一跃而下，结束自己的生命。岩羊是个有大智慧的动物呢。"

"这是真的吗？您亲眼见过吗？"

"我不曾见过公岩羊跳崖殒命的场景，只是听一位老猎人那么讲过。想必是不想成为猎物悲惨地死去，才会那样决绝地跳下去的吧！怪可怜的。"

"我在监狱里的时候，也想过结束自己的生命。但最终没能像公岩羊那么勇敢……"朱乐巴雅尔苦涩地笑了笑。

"现在你还会有那种可怕的想法吗？"格日勒巴图毫不避讳地问道。

"现在再也没有那种想法了。"

"那样最好。这是你心中有了光的表现。人心里有光就安详平和不会恐惧，只有内心黑暗的人才会被恐惧虏获，被各种可怕的想法占据，甚至会结束自己的生命。人如果被内心的黑暗力量所控制，那么就会干出各种各样的坏事，开始失去自己的人性。一个母亲是不会孕育坏人的。谁见过刚出生的孩子身上有着长大后会成为敌人的标识呢？能毁掉一个人的思想、性情和内心，使其变得乖张暴戾的只有他内心深处的黑暗力量。人自己有了污点才会给黑暗力量大开方便之门，才会被它牢牢控制，被它支配着做尽坏事。曾经怂恿你戕害自己的那股黑暗力量，现在再也不能控制你了，因为你战胜了它。现在你的内心只有喜悦和平和。"格日勒巴图说出了一些深奥的道理。

"您怎么像走进过我的心里一样，知道得这么清楚呢？原先我确实非常害怕。曾经日夜折磨我的那种恐惧感，现在已经完全消失了。至于什么时候消失的，我自己也说不清楚。感知到的时候已然远离了它。"朱乐巴雅尔接着格日勒巴图的话说。

格日勒巴图没想到朱乐巴雅尔会和他如此坦诚地敞开心扉，有些喜出望外。于是接着说："人恐惧的时候，会将一切所见所闻都往坏处揣摩，会觉得自己周围永远是黑暗的。因此他会担心人人都要害他，从而想尽办法去逃离。被恐惧控制的人更愿意躲进没有人烟的地方，从此销声匿迹过与世隔绝的生活。而这一切并不是他本人的意愿，而是主宰他的黑暗力量强迫他，让他生出有悖于正常思维的想法的缘故。"

"您说得太对了，我以前正是那样的人呢。经常会无缘无故地生气，接着就会干出打人、骂人的事情来。很少有与人想法一致的时候，别人说往西，我就偏要往东。也从来不会心疼或感激别人，一副铁石心肠的模样。那时候我还厌恶憎恨所有人，因为在我看来，所有人都想害我算计我。于是天天都会被仇恨牵引着，想着要找人报仇呢。"朱乐巴雅尔毫无保留地剖析着自己以往的所作所为。

"你是因为什么接触毒品的？"格日勒巴图单刀直入地问道。

朱乐巴雅尔显然被问得很窘迫，沉默了一阵后说："我小时候学习不好，是个十分不争气的孩子。跟父母说去学校，结果拿上钱就和街里的小混混厮混，跟着他们抽烟、打游戏。后来甚至跟着他们去打架。之后又因为学习差，没考上大学，摆烂了几年。那段时间总是和街里的朋友们浪迹在各个夜店和游戏厅之间消磨时间，结果不小心染上了毒瘾。吸毒之后，我便再也听不进去父母的话，在我看来那连狗吠都算不上。还整夜整夜地不睡觉，听乱七八糟的音乐，看污秽不堪的电影；到了白天却要紧闭门窗睡大觉。从那之后，我的人生也如同黑白颠倒的生活般完全失去控制，最终到了离家出走的地步。脱离了父母的管束后，我为所欲为，到头来成了……"朱乐巴雅尔十分懊悔，叹了口气，低下头不再言语。

"唉！都已经过去了，何必雨后披斗篷折磨自己呢？都说男子汉大丈夫即使摔了七次跟头，第八次仍能重新站起来。你如今已经站起来了，小心别再摔跤就是！如果在你骗父母，与街里的小混混一起厮混的时候，有人管束你，你也到不了如今的地步。使你误入歧途的责任不单单在你，疏于管教的长辈们也难辞其咎。"格日勒巴图为了给朱乐巴雅尔疏解压力，刻意转移了话题。

"上小学的时候，我爸爸总是出差，一走就是十天二十天。我妈妈忙工作，也没时间管我。有时候中午也回不了家，就会给我留下钱自己买饭吃。那时候我又不懂事，就会拿上那些钱和朋友们出去玩电脑游戏。"

"那时候你还是个孩子，怎么能责怪你呢？主要还是大人没看顾好孩子，放纵的错。刚刚发芽的毒草，要是趁早斩断根系它就不会再生长。同样的道理，青少年的秉性、思想、行为等也需要大人时时刻刻观察和调教，不然就容易行差踏错。如果那时候，有人关注到你，将你从歧路上引回来，你今天的生活肯定会大不一样呢。但是你也不用气馁，俗话说'大象的脖子短，年轻人的路长'，现在仍然有大好的前程和光明的未来等着你呢。很快你就会有自己的伴侣，建立自己的家庭，会亲吻婴儿的额头为人父。老天爷用阳光照耀万物的时候总是一视同仁，因此它也会把爱均衡地分给大家。你要记住我们生活在如此仁慈又有力量的苍天庇佑之下呢！"格日勒巴图抬头望了望晴朗的蓝天。

"我的父母为了我，付出了生命以外的一切。可是我回报给他们的却只有痛苦。我父母拿我一点办法都没有，是我让他们费尽了心血，却仍然没有改变。但是自从来到你们家以后，我却觉得脾气在慢慢变好，我不明白是什么在影响我，终归有些奇怪呢。"

"到底是什么让你在几个月里有了这么大的变化，以后你总会悟出来的。现在就算我告诉你，你也不能明白。显然有一股看不见、摸不着的伟大力量在拯救优化你。你心里的伤会一天天好起来，你也会和别人一样得到无比幸福的生活。"格日勒巴图笑着拍了拍朱乐巴雅尔的肩膀。

"但愿您的祝福成真！"朱乐巴雅尔也笑着回应。

"幸福的生活自然会光临的，你不要再错过机会。因此从现在起，请你严格要求自己，摒弃一切不好的东西，只有这样才能早日到达幸福的彼岸。"格日勒巴图鼓励朱乐巴雅尔道。

"是呢，我会注意的。"朱乐巴雅尔平和地答应着，拿出茶水递给了格日勒巴图。

"咱俩光顾说话，都快忘了是出来放驼的了吧？要下羔的戴胜鸟不知怎样了。"格日勒巴图拿着望远镜起身道。

"您说的那个叫盘羊的动物怎么到现在还没出来？"朱乐巴雅尔沉浸在想看盘羊的心思里，坐在原地一动没动，眼睛仍然盯着泉眼的方向。

"那几只盘羊今天估计不来喝水了。若是来，早就来了。有时候它们会去那边的雪山上啃食冰雪，就不会下来喝水了。"

"那什么时候会再来呢？我很想看看。不会是我俩说话的工夫来过了吧？"朱乐巴雅尔不甘心地拿过望远镜朝泉水那边望着。

"没来。要是来了，咱俩早就看见了。在山腰活动的时候会到泉上喝水，要是去了山顶方向大概率不会过来了。以后有的是机会看呢！好了，拿上东西，咱俩该下山了。骆驼都走远啦。"格日勒巴图说着往山下走去。朱乐巴雅尔嘴里吃着点心，将兜子斜挎到肩膀上，走在了后边。

格日勒巴图踩着戴绊子的骆驼脚印，找到了二人的坐骑。

"接下来，咱俩去把驼群收拢一下。你不能像尾巴一样跟着我了，你也得去收拢骆驼。"格日勒巴图向朱乐巴雅尔发号施令说。

"我害怕一个人走呢。万一尖峰大青驼惊了怎么办？"朱乐巴雅尔有些胆怯。

"拽紧缰绳，没事的。你收拢着骆驼，我先去找找戴胜鸟。"格日勒巴图给朱乐巴雅尔交代着任务。

"啥？我一个人做不到啊。万一在这灌木丛里迷路了咋办？我还是跟着你吧！"朱乐巴雅尔如此推脱，其实是耍赖想去看骆驼下羔呢。

"唉！你可真是熄了火的炭团子，一点作用都没有呢。我还在这儿奢望你能帮我点忙呢！"格日勒巴图无奈地骑上了骆驼。朱乐巴雅尔也好歹让尖峰大青驼卧倒了，然而刚跨上驼镫，那畜生就猛地站了起来。好在朱乐巴雅尔使劲揪住了驼峰，才没被摔下去。

格日勒巴图挥鞭让坐骑快跑起来。朱乐巴雅尔拽紧缰绳将将能望见他远去时扬起的灰尘。格日勒巴图飞驼呼啸，一边收拢着骆驼一边寻找着戴胜鸟。朱乐巴雅尔沦落成了追驼人，勉强在后面跟着。格日勒巴图时不时地驰驼跑上高岗，用望远镜搜索着走散的骆驼。结果没多会儿朱乐巴雅尔就被跟丢了。朱乐巴雅尔担心被甩下，正催着骆驼拼命追赶时，在一处长满梭梭树的洼地里看见了格日勒巴图。此时的格日勒巴图已经下了骆驼，在来回踱着步。朱乐巴雅尔赶紧走过去，发现戴胜鸟已经生下了小驼羔。只见那只刚出生的小幼崽浑身是湿的，像烟袋杆儿一样细长的脖子无法承受硕大的脑袋，正摔摔打打努力学着站立。母驼身上还挂着胎盘，为幼崽舔舐着身上的黏液。它围着幼崽转来转去不许任何人靠近它的孩子。朱乐巴雅尔被这从未见过的情景震撼，呆坐在驼背上，甚至忘了下来。突然，不知他想到了什么，唰地跳下骆驼，不管不顾径直朝小驼羔跑了过去。母驼哪里肯让他接近？嘴里吐着白沫就来追咬他。毫无防备的朱乐巴雅尔被突如其来的袭击吓到反身便逃跑，不料却被树丛绊住狠狠地摔了一跤。幸亏站在旁边的格日勒巴图反应快，大声吆喝了几声，戴胜鸟才放弃了追赶，回到了幼崽身边。朱乐巴雅尔吓得丢了魂儿，脸色变得像纸一样煞白。

"喂，你可不能冒冒失失地靠近它！护崽心切的母驼会把你一脚踩烂在地上的。快躲远一点。"格日勒巴图提醒道。

"太可怕啦！差点被它给送走了。"朱乐巴雅尔站到了很远的地方。

戴胜鸟守着幼崽打转，不肯让任何人靠近。幼崽身上的黏液已经风干，蓬松的绒毛被风吹拂着煞是可爱。它几次三番想站起来，但都没有掌握好平衡。细长脖子支撑不起大脑袋，一个劲儿地杵着地，反复摔倒着。但是它并不气馁，刚摔倒就再次挣扎着起身。母驼为了给幼驼助力，尽量用吻扶着它幼小的身躯。戴胜鸟想给驼羔喂食第一口奶，它轻轻靠近幼崽后温柔地闻着、鼓励着。

格日勒巴图想上前帮忙，结果母驼低着头伸长脖子跑过来就要撞翻他。格日勒巴图只好快速跑到岗上去躲避。

"小驼羔怎么那么可爱呀？比小灰灰还可爱呢。如果可以，真想过去抱抱它呢。"无法靠近的朱乐巴雅尔站在远处羡慕地说。

"小灰灰小的时候也这么可爱。无论是何种动物的幼崽，都很可爱。哪怕是狼崽小时候都无比可爱呢！或许是自己养骆驼的缘故，我最喜欢的还是骆驼的幼崽。而且尤其喜欢小驼羔的鼻子，世上再也没有比它更柔软的东西了！"格日勒巴图看着驼羔说。

"是吗？我也想摸摸它的鼻子。您带我靠近一些吧！"朱乐巴雅尔扯着格日勒巴图的衣袖撒娇。

"现在可不行。你看它妈妈多生气？要是这会儿过去，它会毫不客气地用蹄子把咱俩踩扁的。你看它的眼睛，瞪得只剩白眼珠子了！这个时候为了幼崽，它随时准备着拼命呢。"格日勒巴图细细观察着戴胜鸟的一举一动。

朱乐巴雅尔又多了几分敬畏，张大着眼睛没再向前。

"咱俩去收拢骆驼吧！让它在这里安静地喂奶。回去的时候，咱们再过来把驼羔抱回去。"格日勒巴图走向坐骑，朱乐巴雅尔也默默地跟了上去。

温暖和煦的春日，散发着初乳般金黄色的光芒缓缓下坠，悬在了众山之巅。广袤的戈壁深处氤氲着的地气逐渐散去，远处的山影舒展到了戈壁深处。

高岗顶上的红柳丛披了一层银光，枝丫上冒出了一串串的新骨朵。追逐新草的骆驼群，忘我啃食着美味，不知不觉便在灌木丛中走散开去。格日勒巴图催动坐骑高声啸喊着，把一个个像蜱虫一样陷进梭梭树、红柳丛中的骆驼们赶回去收拢着。相比第一次被混在驼群里赶回去的情形，朱乐巴雅尔早已今非昔比。如今他也可以指挥坐骑，帮着收拢驼群了。他们两个这般追赶驼群的时候，几只识途的母驼，带领着驼群奔着家的方向快速走去。

当格日勒巴图和朱乐巴雅尔来到戴胜鸟生产的地方时，小驼羔正伸着稚嫩的吻，像刚学会走路的娃娃一样，在它母亲的肚子下方，摇摇晃晃地走着。显然它吃过母亲的初乳后增添了不少力气。只见它嘴角挂着洁白的奶沫，用无比柔和的目光打量着这世间的一切。俗话说"初生牛犊不怕虎"，这只幼驼也一样，它撑开红润稚嫩的脚掌，不惧跌倒，大胆摸索着这片热土的脉络。它的妈妈却无比担心，为了确保幼崽的安全，时刻警惕着，将它藏进自己的肚子底下。

格日勒巴图骑着骆驼过去，直接用套索困住戴胜鸟，在它鼻勒上系上了缰绳。之后他跳下骆驼，把戴胜鸟的缰绳系在了自己坐骑的脖子上。戴胜鸟因担心幼崽，不停地用前腿狠狠踩踏着土地，在飞起的尘土中令人心碎地哀鸣着。它用胸脯撞击着格日勒巴图的坐骑，但山一样高大的交峰大黑驼根本不是它能撼动的。

　　格日勒巴图去捉驼羔的时候，母驼的忿恨达到了顶峰，它跺着前蹄，恨不得将格日勒巴图一脚踩扁，把他牢牢地粘在地面上。可是又能奈何？它被拴住了鼻勒，再怎么生气也只能在原地暴跳，没有任何其他办法。

　　朱乐巴雅尔跳下坐骑，走过来道："您刚才说驼羔的鼻子像绸缎一样柔软，我想摸摸看，可以吗？"

　　"当然可以了。你自己过来看，多可爱呀。"格日勒巴图像抱小羊羔一样搂住驼羔的四条腿将它托了起来。

　　"驼羔不咬人吧？"朱乐巴雅尔有些不敢靠近，远远地伸出手来，战战兢兢地去够驼羔粉嫩的鼻子。

　　"刚生下来的小驼羔，哪里有牙咬你呢？跟你的小灰灰没啥区别。你大胆用手掌摸摸它的鼻子，真的像绸缎般丝滑柔软呢。"

　　朱乐巴雅尔这才敢走上前，轻轻抚了一下。"真的好软啊，哎哟哟！太可爱了。要是小灰灰的鼻子也这么软该多好呀！"他有些爱不释手地说道。

　　"好了，暂且忍一忍，等到家后你再跟它玩吧！咱们得赶紧追上驼群，不然过一会儿，它们又该走散了。"格日勒巴图说着骑上骆驼，让幼驼趴在了自己怀里。之后他解开了戴胜鸟的缰绳，那只母驼十分牵挂自己刚出生的孩子，一路追着格日勒巴图的坐骑，伸长脖子拼命跑着。

朱乐巴雅尔被这一景象深深震撼住了，他若有所思地骑上了骆驼。

格日勒巴图抱着驼羔，一路呼号着追撵驼群。但无论他跑去哪里，戴胜鸟都不肯落下半步，如影随形地跟在后面拼命奔跑着……

十

太阳似乎迫不及待地要升起来。启明星还在闪烁，晚退的星星未及隐没，远处的天际线却已经泛白。于是大漠深处牧人家的院落里落满了金色霞光。

朝克巴图刚睁开两眼，便起身穿戴好，脸都没洗便拿起剪刀出了门。他先去远处解了手，之后手握剪刀进了驼圈。

对养骆驼的人家来说，早春最辛苦的活计莫过于剪驼绒了。因为朝克巴图的爱人怀了孕，今年剪驼绒的事情无可避免地落在了他一个人的肩上。俗话说"长痛不如短痛"，显然朝克巴图深谙此间道理，于是便每天大清早的起来，铆着劲儿想多剪几只。

朝克巴图家有上百峰骆驼，每年会接二十多只驼羔。今年也和往常一样，怀孕了二十多只骆驼。不必说，今年春天他的任务会非常繁重。他需要在剪驼绒的间隙为骆驼接生，还要照顾好怀孕的妻子。虽然事情千头万绪，但他却没有一点焦急的模样。事情总要一件一件慢慢做，时间到了也就办成了。老话说"淹到鼻孔的狗子，自然学会游泳"，事到临头总会有办法……朝克巴图这样想着，步子迈得越发沉稳。由于朝克巴图身材魁梧，体型偏胖，动作也比别人慢一些。从来没人见过他慌慌张张的样子，他就像喝着水望着远方，悠闲赶着牛车的老车夫一样不急不躁。然而他的爱人恩和娜仁却是个急性子，每天风风火火的，像走在炭火上一样。有时在家里，恩和娜仁都已经着急得跳脚了，朝克巴图还咧嘴笑着，跟没事人一样端着碗优哉游哉呢。这样两个性格截然相反的人，也许只有老天爷能让他们相安无事地一起生活吧！说起来这似乎更符合世间的规律。为啥这样说呢？因为两个硬物容易互损，两个软物容易倒伏。所以老天爷为大家选择伴侣的时候，才会考虑软硬搭配呢。朝克巴图和恩和娜仁刚好符合了这个规律，他们两个在生活中彼此照应着，互相扶持着，像一对儿相处融洽的喜鹊般幸福地生活着……

朝克巴图吹着凉风，与初升的太阳比赛着，剪完了三匹大驼的驼绒。他卷起被子一样厚重的驼绒放到了驼圈旁。

恩和娜仁担心吵醒儿子杭盖，悄悄爬出被窝，披衣出了门。

大漠深处的地平线上，迸发着橙红色的万道霞光。像和妈妈玩捉迷藏的小娃娃，从房后露脸偷笑一样，太阳从广袤的天际里缓缓升了起来。

恩和娜仁解手后，来到了驼圈旁，探头问："你怎么起得那么早？好像比昨天还早一些呢。"

正蹲着剪驼毛的朝克巴图吓了一跳，抬头看了一眼恩和娜仁说："你啥时候过来的？我竟然一点都没发现。睡得好吗？"

"睡得太香了！现在觉多得都起不来了，你出来的时候我还迷迷糊糊的呢。你剪了几匹了？"

"加上这只一共四匹了。放出骆驼前争取再剪两匹。"朝克巴图说着来到了恩和娜仁身边。

"不要太劳累了，手会受不了的。来！让我看看你的手。"恩和娜仁将手从围栏上伸过去，刚想抓过朝克巴图的手，却被朝克巴图挡住说："没事的，没事呢！"

恩和娜仁趁他不注意，一把拉过了他的手。"还说没事，你看！都起水泡了呢！"她心疼不已。

"这算什么，用针挑破后，过几天就好了。"朝克巴图毫不在意地说。

"说啥呢？万一感染了怎么办？来，我给你包扎上吧！"

"好啦，没事。哪里那么娇贵呢？手上又不是没长过水泡。"朝克巴图说着将手抽了回来。

"这破剪刀，也太伤手了。"恩和娜仁给剪刀手柄上缠了一层柔软的驼绒。

"好了，你赶紧回吧！一会儿儿子该醒了。我还要再忙一会儿呢。"

"我去奶奶那煮茶，你忙好了直接去那边吧！"见恩和娜仁转身要走，朝克巴图忙提醒："不知道奶奶醒了没呢。"

"肯定起来了，奶奶总是比咱们起得早呢。"

"茶煮得浓一些。一会儿咱们和奶奶一起吃早茶。"朝克巴图在爱人身后嘱咐道。

从达里苏老人矮小的蒙古包烟囱里，升腾起了稀疏的炊烟。老人家想支起小铜锅，像蜗牛一样在碗架前慢悠悠地挪动着。

恩和娜仁一踏进门便问安道："奶奶，睡得可好？"

"噢，好着呢。我姑娘休息得怎么样？"达里苏老人留意着孙媳妇的大孕肚问道。

"我睡得可香呢。"恩和娜仁微笑着回答。

"那就好。你产期越近，奶奶就越发担心呢。都说人老了喜欢操心，可真说对了。年轻的时候产妇在身边喊叫我都不曾担惊受怕。如今别说看了，想都不敢想了呢！"达里苏老人打开了话匣子。

"奶奶，你不要太为我担心了。有魁哥在，总会平安顺产的。您放心好了。我过来是帮你煮茶的！"

"是吗？太好了。我还想着支锅呢。你魁哥什么时候过来呀？得让他好好给你看看。"老人家用慈母般的眼神望着自己的孙媳妇。

恩和娜仁麻利地洗了脸，便支起锅煮起了茶："前一阵您刚给我按摩过不是吗？不会有事的。"

"奶奶手劲儿小了，只能算简单检查了一下。胎位正着呢。如今又过了一些日子，不知道怎么样了呢。我看你走路的时候总是扯着右腿呢。你自己注意到了吗？"达里苏老人观察着孙媳妇的动作说。

"偶尔感觉腿沉一下，没别的不适。"恩和娜仁并不在意。

"从你背后看，是有一点儿呢。可能是胎儿偏移了。别大意，要多关注自己的身子。虽说累在你身上，但肚子里的孩子同样承受不起呢。一会儿把骆驼放出去之后，奶奶再给你摸摸看吧！"达里苏老人简单洗了脸和手，将稀薄的花白头发梳得平平整整裹了起来。

"好的，那我先去放骆驼。"恩和娜仁说着舀起金灿灿的放了炒米的香浓奶茶盛进了铜壶里。

"朝克巴图干啥呢？不会到现在都没起床吧？"达里苏老人从天窗里望了望天色。

"怎么会呢？一大早就起来了，在外面剪驼绒呢。奶奶你先喝着茶，我出去看一眼。"恩和娜仁说着就要出去。

"哦，那就好。我还以为他没起床呢。杭盖呢？"

"睡着呢！"恩和娜仁答应着出了门。

温暖的春日逐渐升高，驼群急着去吃草，迫不及待地在圈里打转。那些半大驼羔新奇地看着刚剪完驼毛的大驼，左闻闻右嗅嗅正闹得不可开交。

朝克巴图剪完驼毛后，找来了旧帐篷的半截苫布，正在往上面摞驼毛。"当家的今天果然得力。剪了几个？"恩和娜仁走过来问。

朝克巴图笑道："勉强剪了五个。有的已经开始脱毛了，所以剪起来比较容易。也有没脱毛的，里面掺了许多泥土，根本剪不动，既伤剪刀也伤手呢。"

"可不是！手疼了吧？"恩和娜仁拉过她爱人熊掌一样宽厚的手掌，心疼得吹了吹。

"还好，这点苦我还吃得了。儿子还没睡醒吗？"朝克巴图比起自己更关心着孩子。

"儿子还在睡呢。有几只蚊子老是围着孩子打转，所以我在他脸上盖上手绢出来了。"恩和娜仁从圈旁拿来拧驼毛的棍子，说道。

"你拧不动吧？给我吧，你负责抻。"

"我坐下后肚子挤得慌，不如站着拧方便呢。"

他俩正忙得时候，远处来了两个骑摩托车的人。那二人看见他俩在外面干活后，径直骑到了他们跟前。

"哎哟！原来是魁哥来了呀！"恩和娜仁开心地说道。

"你们好！阖家安康。"格日勒巴图上前问候。

"好！好！魁哥路上顺利！"朝克巴图和恩和娜仁像高山上的回声一样一齐问了安。

"顺利得很。你们两个起得真够早的，剪完骆驼都在拧驼毛了呢。来，给我拧吧！怀孕的人不能干这种活儿呢。"格日勒巴图不由分说地拿过了木棍。

"奶奶也不叫我拧驼毛呢，我倒是觉得没啥事儿。"恩和娜仁笑着说。

"相传怀孕的人要是拧驼毛、纺毛线，肚子里的孩子会被脐带缠绕。因此老人们非常忌讳。你倒是会找清闲，怎么让一个大肚子拧驼毛，自己却坐在那里抻绳子了呢？"格日勒巴图带着批评的语气对朝克巴图说。

"她说肚子挤坐不住，偏让我抻绳子呢。"朝克巴图解释了一番。

恩和娜仁看了一眼同格日勒巴图一起来的人，道了声："你好！"

不承想，对方只无精打采地回了一句"好"，便抓着脑袋如同雄鸡一样蹲坐在了驼圈旁的大石头上。

恩和娜仁好奇地看了看眼前这位用粉色女士纱巾裹着头的瘦白年轻人，又用充满疑问的眼神瞅了瞅格日勒巴图。

格日勒巴图这才介绍道："这位年轻人名叫朱乐巴雅尔，昨天从骆驼上摔下来，可能伤到了脑袋。现在一直恶心想吐，所以带过来想让老太太给看看。"

"哎呀，是吗？那赶紧进屋吧！"恩和娜仁邀请道。"这就是那位刚从监狱放出来，一犯毒瘾就疯狂砸东西、打人的那个人吧！这可怎么办？……"恩和娜仁心里打着鼓，非常警惕地不时瞄一眼朱乐巴雅尔。朝克巴图倒是没太在意，只扫了一眼，继续问着："魁哥你们家驼绒剪完了吗？母驼下了几个羔了？"

"没有崽的母驼基本剪完了。就剩下几个公驼和半大驼羔没有剪呢。我们家的母驼开始下羔了，你们开始接羔了吗？"格日勒巴图边拧边聊着。

"我们家已经下了几个了，今年您那里要接不少羔吧？"朝克巴图抖落着粘在驼毛上的泥土和干枝烂叶问道。

"还和以前差不多，估计有三十来头吧。今年春天你的任务挺重的呢！恩和娜仁你几月份生产啊？"格日勒巴图转头问恩和娜仁。

"还不到时候呢，且等呢。"恩和娜仁抚摸着大肚子说。

"我的任务是不轻，但想着有魁哥你们在身边，不至于有事呢！您今天来得正是时候，想让您给恩和娜仁瞧一瞧，我奶奶天天盼着您呢。"

"我很早就想过来了，怎奈一直没时间。"说话间看了一眼朱乐巴雅尔。

"听说您被事情绊着，连出门撒尿都不得空呢。"朝克巴图暗自瞅了一眼朱乐巴雅尔。

"是呢。比起刚来的时候，这人已经好多了，都能跟着我放骆驼去了。只是昨天骑烈性子骆驼时没留神摔下来了。"格日勒巴图小声说道。

"魁哥，我拧吧！你俩进屋去。这位小伙子好像难受得很呢。"恩和娜仁刚说完，就被格日勒巴图训了一顿："我不是刚说了，你不能拧驼毛吗？"

"她呀，就是这样，从来不听人劝呢！"朝克巴图从旁又给告了一状。格日勒巴图看着恩和娜仁苦笑道："老太太身体还好吧？"

"嗯，奶奶身体硬朗着呢。"恩和娜仁眯着眼笑道。

"儿子好像醒了，你赶紧回去吧！这点活儿我和魁哥一会儿就做完了。"朝克巴图想着法儿要支开恩和娜仁。

"那我先回去了。"恩和娜仁朝着屋子走去。

"您给她好好看看吧！也不知道孩子怎么样了。她呀从来不知道爱惜自己，小痛小痒的也从来不当回事儿。如今把所有希望都寄托在您身上，下定决心要在家里生了。"朝克巴图赶紧把心里话告诉了格日勒巴图。

"好的，我给看看。没啥大毛病的话，不会有事的。"格日勒巴图平静地答道。

……

他们两个聊着远近见闻，没多会儿便做完了手里的活计，将拧好的毛绳收到了架子上。

格日勒巴图这才带着朱乐巴雅尔来见达里苏老人。

"老太太您好呀！"格日勒巴图上前问安。

"好，好，你们好！"达里苏老人放下手中的茶，手搭凉棚艰难辨认来者，须臾才认出来，道："噢！原来是格日勒巴图呀。不服老不行啊，都快认不清人了呢。"

格日勒巴图拽了拽朱乐巴雅尔的衣襟，提醒他向老人问安。朱乐巴雅尔没办法勉强说了句："您好！"

"好！你也好啊？这是谁家的孩子呀？我看着眼生呢。"达里苏老人盯看了许久。朱乐巴雅尔没说话，径自去床上坐了。

"这是我同学家的孩子，名叫朱乐巴雅尔。目前在我家住着呢。"格日勒巴图在旁介绍说。

　　"哦，我听说你们家来了一位城里的孩子，就是这孩子吗？"达里苏老人洗了碗，端上了奶茶。

　　"老太太身体还硬朗吧？"格日勒巴图接过茶水问道。

　　"托老天爷的福，好着呢。如今别说帮人了，眼瞅着就要变成拖累了。为了照应我的两个孩子，磨着日子勉强活着呢。这段时间我天天盼你来，不想真把你盼来了。"达里苏老人非常高兴。

　　"我很早就想过来的，天天瞎忙耽搁到了现在。昨天小伙子跟我放骆驼的时候，灌木丛里蹿出一只兔子，骆驼受惊把他给摔下来了。现在他头晕恶心动不得，我想可能是脑浆偏移了，所以带来让您给瞧瞧。"格日勒巴图喝着茶说明来意。

　　"哎哟，是吗？赶紧坐过来让奶奶瞧瞧。"达里苏老人把朱乐巴雅尔叫到身边，转身从床头上拿下毡制的针线盒，从里头找出了一节细长的麻绳。她将麻绳两头对齐，在中间系扣做上标记，之后解下朱乐巴雅尔缠着脑袋的纱巾，按摩了片刻。又过了一会儿，只见她把麻绳系扣对准朱乐巴雅尔脑门正中，将绳子的两头拉到后脖颈的中间位置，测了测他头围两侧是否对称。结果确如达里苏老人预料，测出来的绳子一头长一头短。老人判断摔跤后朱乐巴雅尔的脑浆向左侧偏移了一些。

　　"果然偏移了。昨天从骆驼上摔下来后起不来，是我抱着回家的。夜里更是头疼呕吐一夜没睡，到现在都没吃过东西呢。所以我急忙带着他来找您了。"格日勒巴图说了朱乐巴雅尔的病程。

　　"你太大意了，竟然用摩托车驮着脑浆偏移的人走了这么远的路。我年轻时候也摔过脑袋，所以了解小伙子的痛苦。脑袋两侧刺痛着恶心呕吐不止，真是没法动弹呢。别说坐摩托了，哪怕有人在身边大声说话，都会觉得颅骨要震裂一样呢。再没有比这更难受的事儿了。这小伙子真有韧劲儿，竟然能从那么远的地方坐摩托过来，年轻人厉害呀！"达里苏老人甚是佩服。

"老太太，我当时看他难受得紧，所有没顾上许多，一心想着快点带他来见您。看他根本坐不住，所以干脆将他绑在自己身上骑过来的。路上他还下车吐了几次。"格日勒巴图当新奇事儿讲道。

"你也是心大，小伙子能承受住你这样的折腾，着实不容易。"达里苏老人拿上一只瓷碗，从床尾的黑箱子里舀出一碗小米，用筷子刮平后用包头巾裹紧握在手上，给朱乐巴雅尔按摩头部。

达里苏老人先是顺时针按摩，之后又逆时针转动，过一会儿拿下碗来一看，里面的米竟陷下去半指来深。她重新拿米将碗刮平，按之前的步骤按摩着。突然，老人对格日勒巴图说："来，你来按一会儿。我手上没劲儿了。"

"可是我从来没有按过，担心不会呢。"格日勒巴图有些犹豫。

"没啥难的，你学东西快，我一教你就会了。"在达里苏老人的指导和鼓励下，格日勒巴图认真操作起来。

过了好一阵，达里苏老人说："你拿下碗来看看，要是米陷下去了你就加上米继续按摩，一直按摩到米不再下陷，说明脑浆已经归位。"

"哦，好的。"格日勒巴图答应着拿下碗来一看，米下陷得确实比以前少了一些，只在碗口的一边陷下去两根火柴棍粗细的小坑。格日勒巴图根据达里苏老人的指导，重新加米按摩起来。

"小伙子的眼睛，眼瞅着一点一点亮起来了。看来快好了。"

达里苏老人在一边细细观察着。

"现在头还疼吗？身上有啥反应吗？"格日勒巴图问朱乐巴雅尔。

"头上开裂一样的疼痛缓和了一些，但还是恶心得很。"朱乐巴雅尔说着干呕起来。

"他从昨天到现在啥也没吃，加上吐了一晚上，肚子早已经空了。如今只是干呕着难受。"格日勒巴图扶着朱乐巴雅尔的额头，给他叩后背。

"可怜的，已经把胃都吐空了。等脑浆归位之后恶心就会好很多。"达里苏老人端了一碗茶送到了朱乐巴雅尔嘴边。

朱乐巴雅尔呕心抽肠般的干呕终于有所缓和，他喝了两口茶。

格日勒巴图想要继续按摩，却被达里苏老人叫住："来，让我看看碗里的米。"

格日勒巴图打开了包住碗的头巾。

"好了，脑浆已经完全归位了。现在你用头巾缠紧他的头，之后让他靠着被子躺一会儿！动作千万要轻，慢慢挪过去。"达里苏老人耐心指导着。

格日勒巴图按照她的嘱咐，为朱乐巴雅尔裹紧头，让他背靠着铺上叠放的被褥躺了下来。

"脑浆偏移这么容易就能治疗归位吗？这么说，今天我又学会了一项治疗疾病的技能了？"格日勒巴图笑着有些不可思议地问。

"治疗脑浆归位没什么难的，何况你学东西又快，看一眼就学会了。治疗脑浆归位的方法有很多。其中用小米按摩这个办法，对患者而言痛苦最小。因此我时常用这个办法。"达里苏老人说着喝了一口酽茶。

"除此之外还有哪些方法？您能教教我吗？"格日勒巴图央求道。

"据我所知，有一种是用细长的布条裹紧头，再将布条拧到脑后，拿擀面杖敲击布条；另一种是让患者横咬着筷子，再用另外两支筷子敲击咬着的那支筷子的两头；还有的人会让患者仰面平躺，对齐两只脚后在脚底固定一块儿木板，用锤子敲击木板。诸如此类还有很多种呢。"达里苏老人讲道。

"竟然有这么多种方法？有的我从来没听说过呢。"格日勒巴图无比震惊道。

"方法虽然多，关键在于选择适合自己的，而不能道听途说就去盲目模仿。不然有治坏的风险。治疗头脑这种重要且脆弱的器官时，更要万分谨慎。"达里苏老人强调。

"是呢。哪里有看一次就学会的道理？我要拜您为师！"格日勒巴图笑道。

"拜不拜师的不重要，重要的是你自己肯用心学。刚刚操作了一次，收获很大吧？"达里苏老人拨了拨火盆，将茶壶放了上去。她看一眼已然熟睡的朱乐巴雅尔，小声说："看来好一些了，可怜的，睡着了。"

格日勒巴图听着朱乐巴雅尔均匀的呼吸声，说："昨天晚上，他几乎一夜没合眼。看来这会儿头疼好了一些，总算可以休息一会儿了。"他把自己的外套轻轻盖在了朱乐巴雅尔身上。

"他是遭了罪了。一个城里长大的孩子能来咱们牧区放骆驼，多亲啊！"达里苏老人由衷感叹着。

"刚来的时候可不是这样，如今倒有个人样了。"格日勒巴图意味深长地看着朱乐巴雅尔说。

"怎么？之前不好相处吗？"达里苏老人有些难以置信。

"说什么好呢，刚来的时候简直就是敲鼓槌子、惹祸精。不像现在这么老实呢。您是不知道啊，那时候他时刻都有可能做出危险的事呢。"格日勒巴图的神情既疲惫又无奈。

"如今从外表看，任谁也不会相信他原来是那样的人了。有句话叫'知人知面不知心'，谁又能窥探他的内心呢？还遗留着一些老毛病也不好说。但话说回来他一直跟着你，自然就会受到你的言语、思想、秉性等的影响，因此从里到外，都会慢慢变好的。"达里苏老人鼓励道。

"为了让他回归正常人的生活，每天形影不离，去哪儿我都带着他呢。如今总算有些盼头儿了。"格日勒巴图充满慈爱地扫了一眼朱乐巴雅尔。

"不容易啊！不过这孩子是个有福的，走着走着竟遇见了像你这样有佛心的人。"他们正聊着的时候，朝克巴图和恩和娜仁抱着儿子走了进来。达里苏老人不大点的毡包一下子坐满了人。朝克巴图以家主的身份，抱着儿子直接走到毡包上首，盘腿坐了下来。恩和娜仁坐到了碗架旁的小凳子上。

"孩子们快喝茶！茶还热着呢。"达里苏老人刚要伸手从火盆上拿茶壶。"奶奶，我来。"恩和娜仁早一步起来，将茶摇匀，先为老太太和格日勒巴图续了茶，接着又给自己爱人倒了一碗。

"我喝好了，孩子。你们慢慢喝。"达里苏老人将装着点心的盘子和装着剩饭的盆儿往前推了推，自己向后坐了。

恩和娜仁就着昨晚的剩面喝着茶。

"奶奶，您不会是以治疗小伙子的名义，一棒子把他打晕了吧？"朝克巴图开玩笑说。

"奶奶哪有那力气哦！是你魁哥揉好的。"达里苏老人笑得前仰后合。

"什么？魁哥，你既然会治疗，干吗不在家里治疗，还要跑这么远来呢？"朝克巴图非常不解地看向格日勒巴图。

"我今天刚和老太太学的。"格日勒巴图笑着解释。

"那么容易就能学会吗？那我也学学。奶奶您愿意教我吗？"朝克巴图看着老人问。

"当然愿意了，只要你打心底里想学，我随时都可以教你。像我这般风烛残年的老人，将本事放在身上有什么用呢？无私地传承下去才更符合道理呀！"达里苏老人感慨道。

"这么说，过不了多久，我就是一个会治疗脑浆偏移的人了呢！以后有这方面的患者，你们都记得往我这边送啊！"朝克巴图逗得大家哈哈大笑起来。

"要是朝克巴图都能学会，恐怕我也能学得会呢！"恩和娜仁也在一边逗趣。

"像你们这样的年轻人，有啥学不会的呢？只要想学，没有学不会的。我在你们这个年纪的时候，从来都是水火不惧、雷厉风行，只要是经我手的事情都想做好做成呢！现在的年轻人和我们那时候不一样了，也不知是不是社会发展后，所有东西都变现成的原因，越来越懒了呢。竟然连自己家的几头骆驼都懒得挤，而去买奶喝呢。我家的这两个倒是被我唠叨着，没到那程度。"达里苏老人望着孙媳妇微笑着说。

"快瞅瞅，我奶奶开始夸自己了呢！太高的帽子戴起来不方便，说不准还会被大风刮跑呢！"朝克巴图接过话茬，逗老太太开心。

"如今，朝克巴图我俩能够成家立业，成为合格的养驼人，都是奶奶的功劳。我嫁到这里之前，别说养骆驼，放骆驼的次数都屈指可数。看见骆驼都怕得要命。嫁过来之后，奶奶教会了我挤驼奶、搓绳子等等与驼业相关的全部活计，之后我才成了合格的养驼人呢。"恩和娜仁充满感激地看着老人说。

"是呢，家里有老人如同有了百科全书。就像人们遇到不懂的东西，喜欢查找字典，咱们都是从老人处获得知识的传承呢。朝克巴图你俩是有福之人，正因家里有个老人时时指导，你俩才得以从年轻人中脱颖而出，成为了让大家敬佩的老练的牧人呢。老太太本身就是传承文化的壁画和史书。我们大家都是受教于老人并致力于创新的一群人啊！"格日勒巴图从旁点拨着两位年轻人。

在他们聊天的时候，小杭盖却在好奇地观察躺在西边铺上的朱乐巴雅尔。他扯了扯他妈妈的袖子叫了声："妈妈……"眼睛却死死盯着朱乐巴雅尔脚上的靴子，一副告状的模样！可是在座的谁都没在意他的话，于是他越发生气地扯着妈妈的袖子。

"小家伙在向我告状呢，示意我'这人为啥穿着鞋躺在床上？'哈哈，妈妈知道了，一会儿好好训一训这个大哥哥。"恩和娜仁抚摸着儿子的头开怀笑道。

"好厉害的小家伙，看来以后比父母更有成就呢！来，我给你个好东西，拿着！"格日勒巴图从靴筒里掏出钱来递给他。

小杭盖见了生人难免有些害羞，他没敢接钱，而是躲到了妈妈身后。恩和娜仁将他拉到身前教给他用双手接钱，他才大大方方地接了。

"我总是教育他不能穿着鞋上床，所以他在学我呢。听说小孩子长大了会随给他接生的人，要是我们家杭盖能随他的接生父亲，以后也是个顶天立地的人呢！或许是我俩天天在一起的缘故，他经常给我讲一些好玩的事情。有的我能懂，也有不理解的。相处下来总觉得小家伙无比聪明呢。"达里苏老人爱抚着杭盖，在他头上亲了一口。

"是呢，老人带的孩子更懂礼貌，而且懂事也早。孩子的品格培养和家教有不可分割的关联。再聪明的孩子，因没有好的引导，结果误入歧途、行差踏错的也不在少数。他就是活例子。"格日勒巴图朝朱乐巴雅尔努了努嘴。

"对着呢，虽说子女自有老天保佑，但正确培养孩子是每个父母不可推卸的责任。子女听从父母的教诲也是理所应当的。做父母的只有尽职尽责，才能领悟出人生的真谛。但要是违反了自己的天职，那他的人生列车就将面临脱轨的危险。你们年轻人的路还长着呢，因此一定要按照人生规律去生活，这样才能确保家庭和睦、母慈子孝。"达里苏老人给年轻人上了一课。

"您说得非常正确。如今那些家庭离散、子女叛逆，在外惹是生非的，全都属于您刚才说的生活列车脱轨的现象。任何事情，如果不肯遵循它应有的规律，最终都将走向失败。有些人无法悟透这一点，被自己的欲望牵引着，竟大白天的栽进坑里呢！"听格日勒巴图如是说，朝克巴图立刻接过话茬说道："无论什么事情，魁哥总能看清它的本质。跟我哥聊天的时候我总能明白很多道理。但是没办法，外面那群牲口正瞪着眼睛等我去喂它们呢。你们继续聊着，我先出去把它们撵到草场去。"他刚要起身出去，却被达里苏老人拦了下来。

她对格日勒巴图说道："孩子，你帮我检查一下恩和娜仁的情况吧！随着产期临近，我发现她走路的时候总是不经意地扯着右腿。我怀疑是胎位偏了，试着给她按摩了几次，但由于手上没劲儿，都没能扶正。"

"老太太，凭您的手感，还不是摸一下就能知道吗？您在这里呢，哪里用得着我？"格日勒巴图不敢班门弄斧。

"你就不要推托了！俗话说'先出的耳朵没有后出的犄角硬'，你是成长中的人，而我在走下坡路。咱俩怎么能比呢？如今岁数大了，我这两只手都不肯听话呢。真是有心无力啦！"达里苏老人无奈地说道。

格日勒巴图安静地坐了一会儿，对恩和娜仁说："你先回家去，我给看看。"

"你赶紧去烧火热一热屋子。朝克巴图把你儿子抱过来。别让他缠着妈妈了。"达里苏老人在一边催促道。

恩和娜仁无声地起来，按照老人的话将孩子递给丈夫后，转身出了门。

"来，你把我拉起来，我也过去看看。"达里苏老人让朝克巴图将她扶起来后，拿起一罐黄油，拄着拐棍蹒跚着跟了过去。

恩和娜仁重新拨动炉火，添了些柴，使屋子暖和了起来。

"来，你躺着，让我检查检查。"听了格日勒巴图的话，恩和娜仁十分不好意思，但也没办法，犹豫再三后脱掉外套躺下了。

随着恩和娜仁解开扣子，掀起衣服，像吹了气的皮球似的硕大肚子露了出来。显然她肚皮上的筋肉都断裂了，一条条青紫色的纹路触目惊心地布满了肚皮。

格日勒巴图将手烤暖后，在她肚子各处按了按，又将耳朵贴在她肚皮上听了胎心。

这时达里苏老人走了进来，问道："怎么样？孩子。胎儿位置正常吗？是不是偏向右边去了？最近总见她扯着右腿，还说膀胱酸痛呢。你自己把情况跟哥哥详细说一下，有啥可害羞隐瞒的？又不是第一次生孩子。我带来了黄油，孩子，你给她好好正一正胎位吧！"

"胎儿的胎心清晰有力呢，位置稍微往右偏了一些。"格日勒巴图用筷子挑了一些黄油到掌心，用火烤化后给恩和娜仁的肚子做起了按摩。

"这孩子呀，对自己身体总是太大意。骑骆驼、提水、背柴等等没有她不做的事儿，我拦也拦不住。真担心她疏忽大意伤到孩子呢。"达里苏老人忧心忡忡。

"老太太您放心，胎儿好着呢，没有任何脐带绕颈的迹象。离生产不远了，再不能大意，要加倍注意才是。你记着自己生产的日子吗？"格日勒巴图问道。

"大概知道，还没到日子呢。"恩和娜仁小声回答。

"也不知你数对了没有？我瞧着就在这几天的样子呢。"达里苏老人很是怀疑。

"奶奶，我心里有数呢。不要总把我当成啥也不懂的小孩子嘛。"恩和娜仁有些气恼地说。

"噢，你自己记清楚了就行。我见你总是在外面忙活，担心误了日子才提醒呢。"达里苏老人唯恐自己多嘴，惹了孕妇生气，暗暗自责了一阵。

"你是不是总用右手提重物？胎儿有些习惯性地右移呢。我刚刚给按摩矫正好了，但是切记不要再用右手提重物了。胎儿右移惯了之后，稍不留意又会移过去呢。你的腿脚肿得很厉害，像是身体虚造成的。记得多吃点肉，多喝些汤。你的脚有抽筋的现象吗？"格日勒巴图按了按恩和娜仁肿得穿不下鞋子的脚问道。

"近日来，时不时有点抽筋。以前没这样过。"

"每天往脚心上抹黄油，之后使劲揉，把各个穴位揉热揉通脚就不抽筋了。"说着格日勒巴图在恩和娜仁的脚心抹上黄油揉了起来。

"我没少跟她说往脚心上抹油。怎奈可怜的孩子，活儿多得恐怕是没顾上呢。"达里苏老人插话说。

"做了一家的主妇，每天忙里忙外也是难免的。牧区的妇女谁又能像城里人一样歇着待产呢，还不都是放牧着、劳作着直到生产的时候吗？但是你也要考虑腹内的孩子，尽量保养好自己才是。只有你爱惜自己才能确保孩子健康成长。现在你的孩子胎位正了，在他定型之前记得轻轻缠着点肚子，但千万不能勒得太紧，知道了吧？"格日勒巴图反复叮嘱完，才起身洗手去了。

"嗯，知道了。多谢哥哥！"恩和娜仁起身道谢。

"多亏你了。恩和娜仁打算在家生产，不想大老远地跑去医院折腾了。因此到时候还得再麻烦你呢！"达里苏老人为日后的劳烦铺着路。

"好呢，到时候让朝克巴图去叫我就行。"格日勒巴图擦着手应道。

"虽说能者多劳，但咱们戈壁里的这几家，一有什么事就都去找你，你也不容易。"达里苏老人心疼地看着格日勒巴图。

"这有什么呢？远亲不如近邻。大家互相帮忙，相互照应都是应该的。就像喜鹊搭窝一样，再也没有比乡里乡亲之间和睦相处更好的事儿了。老太太，我也该回去了，也不知道我们家那位年轻人怎么样了？"格日勒巴图说着就要出门。

"魁哥，您喝口茶再走吧！到了我家连口茶都不喝，那像什么话呢？"恩和娜仁匆忙系上衣扣，从老太太屋里端来茶壶，布下了茶水。

"你们这边忙完了的话，我去放骆驼了。今天有些晚了，几只骆驼困在圈里快饿成干儿了呢。"朝克巴图抱着儿子进屋说道。

"我家的年轻人睡醒了吗？"格日勒巴图问。

"没醒呢，一直睡着，许是太缺觉了。魁哥谢谢您了，我先忙去了，回去的路上您注意安全。"

格日勒巴图急忙拦住，说："不用谢，但是有件事需要嘱咐你呢。孩子出生前挤驼奶的事儿你自己做吧！你们家这位再也不能单脚蹲着挤驼奶了。"

"好的，没问题。但是还得麻烦您帮我多劝劝我家那位，她可不肯听我的劝呢。"朝克巴图趁机告了一状。

"马上就要生产的人了，干吗还不听话呢？听爱人劝也是为人妻者珍贵的品格之一呢！"格日勒巴图笑着对恩和娜仁说。朝克巴图听后跟打了胜仗一样，骄傲地向爱人挤眉弄眼一番，开心地出了门。

"我们家小伙子睡得够久了，但愿他头疼好了些，得叫他起来回去了。"格日勒巴图显然有些着急，大口大口喝着茶。

"回去的时候，车子尽量骑慢点、稳一点，不然还有可能呕吐呢。"达里苏老人有些不放心。

"我也正担心呢，只能将他的头裹得再紧一些。"格日勒巴图说着出了门，达里苏老人拄着拐杖，恩和娜仁牵着儿子跟在后面。

他们出来的时候，朝克巴图早已撵着骆驼走远了。

空旷的驼圈里，散发着青草发酵般的驼粪味。广袤的蓝天深处，大漠雄鹰在矫健地盘旋。井栏边的泥泞里，落了一群麻雀在叽叽喳喳地跳跃。围栏的东南空地上，几只被拴着的幼驼，嘴角挂着奶朝母驼远去的方向哀鸣着。

格日勒巴图走进达里苏老人的毡房时，朱乐巴雅尔仍香甜地睡着。格日勒巴图看着他踌躇了一阵，方才叫道："朱乐巴雅尔，醒醒！"朱乐巴雅尔困意浓重，吭哧了半天才勉强坐起来。

"头疼好点了没有？咱俩也该回去了。你先喝点茶吃点东西。"

朱乐巴雅尔轻轻晃了晃脑袋，头疼果然好了很多，基本恢复了行动能力。

"这孩子还饿着肚子呢，来，给盛点茶。"达里苏老人心疼地看着朱乐巴雅尔，恩和娜仁早就递来了一碗茶。

朱乐巴雅尔不言不语地从盘子里拿过点心，掰成小块儿泡进奶茶里吃着。连吃了两碗后，终于感觉恢复了一些力气。

"这孩子总算能睁开眼睛了，人也有了精神。既然好了，咱就走吧！"格日勒巴图起身说道。

朱乐巴雅尔刚要解下缠在脑袋上的头巾，就被达里苏老人拦住了："我的孩子，别摘头巾。路上车子颠簸担心复发呢！就算到家了，也不要着急拿下来。头痛完全恢复之前，先耐心缠上几天。"

格日勒巴图也从旁嘱咐："头巾不能拿下来，脑浆偏移过一次之后，很容易复发。等完全好了再摘吧！"

朱乐巴雅尔轻声答应着出了门。

格日勒巴图启动摩托，载着朱乐巴雅尔出发了。

达里苏老人和恩和娜仁、小杭盖站在门口目送，忍不住在身后喊："开慢点，让孩子坐稳喽！"

格日勒巴图回头摸了摸朱乐巴雅尔，说着："没事儿老太太，您放心吧！"走远了……

十一

青山头戈壁到了仲夏时节。梭梭树开始抽条，红柳开出了粉花。遗落在戈壁滩上的几棵胡杨树飘洒着絮毛，长出了新叶。一年四季被冰雪覆盖的青山头峰顶反射着夺目耀眼的强光。格日勒巴图家门口的胡杨树上布谷鸟在鸣叫，戴胜鸟在欢唱。

朱乐巴雅尔站在井边饮着三十多只驼羔。喝饱水的驼羔们聚在胡杨树下争抢着阴凉。水槽溅出的水洼里不怕人的彩色蜂鸟鹰蛾从容地起落着。

朱乐巴雅尔给水槽注满水后，坐在井边的枕木上观察着驼羔喝水。没多会儿调皮的小灰灰便跑来舔舐他的手指和面颊，向他祈求好吃的。开春时还在穿马甲的小灰灰，如今已经长出可爱的驼峰，都快认不出来了呢。

"喂，小灰灰，别闹了！痒痒。"朱乐巴雅尔赶紧把脸藏起来。结果小家伙却更加兴起，一会儿啃他脑袋，一会儿扯他衣服，时不时还要啃一下他的脚踝。朱乐巴雅尔推了几下根本推不开，只好败下阵来从裤兜里掏出两块儿奶干儿，掰碎后递到它嘴里。小灰灰不习惯奶干儿的酸味，龇牙咧嘴地甩着脑袋硬是吞了下去。

朱乐巴雅尔和小灰灰分享着奶干儿，玩耍了一阵。等所有驼羔都喝饱水后，他才盖紧井盖走向住处。

躲在平房阴影里，将舌头伸得老长的巴萨尔，看见朱乐巴雅尔走来，便起身伸了伸懒腰，颤动着胯下纠结得像毡子一样的长毛，小跑着过来迎接。

朱乐巴雅尔蹲下身道："巴萨尔，你过来干啥？是不是想让我帮你挠痒痒？来，我给你挠挠肚皮。"巴萨尔听懂了他的话，立刻躺倒在地上，亮出了自己的肚皮。朱乐巴雅尔找来了一截树枝，给巴萨尔搓着肚皮。只见它舒服得眯起眼睛，伸着腿，美得不得了。由于朱乐巴雅尔常常为巴萨尔梳理毛发，清理寄生虫，因此它也习惯了朱乐巴雅尔的陪伴，只要看见他的身影就会颠儿颠儿地跑过去。朱乐巴雅尔也十分喜欢它，不论去哪儿都领着。他们经常在一起奔跑玩耍。

朱乐巴雅尔正在和巴萨尔说着话，突然它竖起耳朵警觉起来，转而丢下朱乐巴雅尔飞快地跑了出去。朱乐巴雅尔不明所以地留在了原地。只见巴萨尔顺着驼群踩出的小路吼叫着隐进了山的那边，叫声逐渐远去直至完全消失。朱乐巴雅尔好奇巴萨尔听到了什么，刚走出几步，便看见从水井那边的小路尽头驶出一辆圆顶的宽大的黑色越野车，正扯着白烟儿向这边奔来。巴萨尔一路追赶着，气势汹汹地纠缠着。正在胡杨树下乘凉的众驼羔一见这架势，像见了鬼一样早已吓得四散而逃，无影无踪。

朱乐巴雅尔像从来没见过汽车的牧区孩子一样，缩着身体呆立在一边好奇地望着。

楠迪玛听见汽车声、狗吠声走出了蒙古包。那辆汽车没头没脑地狂奔着，停到了她家门口。楠迪玛喝住巴萨尔，心中不免狐疑："谁来了？"

正在这时从车上下来了一位下身穿着马兰花一样浅紫色裙子，上身穿了雪白衬衫的女孩。围着汽车恨不能活吞的巴萨尔，见了那女孩儿后立刻停止了叫唤，摇着尾巴跑向了她。

小姑娘唤了一声"巴萨尔！"，继而抚摸起它硕大的脑袋，巴萨尔更是高兴得忘乎所以，跳起来舔着她的手，横在面前舍不得叫她往前挪步呢！

楠迪玛一看见那女孩儿，高兴地叫了一声："哎呀！是我姑娘回来了呢！"伸出手就往前跑去，差点摔个跟头。

"妈妈！你好啊？"青宝鲁尔将手中的包一扔，跑去一把抱住了母亲。跟在青宝鲁尔身后，又下来一位穿着一身蓝色运动装的、像竹子一样挺拔的瘦白青年。问候道："妈妈，安好！"

"好！好！我儿子也回来了呢！"楠迪玛高兴地在他两边脸颊上轮番亲吻着。

这时候，从汽车的前门下来了两位五十来岁的男女。男的敞着白绸长衫的前襟，扁平的鼻子上架着一副太阳镜。那人长得身材矮短，如同斧头楔子一般，硕大溜圆的肚皮被裤腰紧紧勒着，勉强扣着挂钩。女的却有着超过实际年龄的美貌。只见她涂着口红，戴了一副遮掉半张脸的墨镜，上身穿了像纸一样薄的浅蓝色防晒服，下身穿着一件拖地的黑色长裙。

楠迪玛看见两个孩子，仿如心中升起了太阳，开满了鲜花，哪里顾得上其他。突然听见旁边有人问好，她才反应过来慌忙回了礼。

"爸爸不在家吗？"青宝鲁尔问道。

楠迪玛说："你爸放骆驼去了。"

"您可能不认识这二位。他们是朱乐巴雅尔哥哥的父母——宝音图叔叔和陶古斯阿姨。"青宝鲁尔向母亲介绍了来客。

"噢！原来是我家朱乐巴雅尔的父母啊！"楠迪玛微笑道。

站在爱人身后的陶古斯上前，和楠迪玛握手见了面。

当他们几个互相见礼热闹不已的时候，朱乐巴雅尔却远远看着，心想：好像是远方来的客人呢！会是谁呢？难道是他们的孩子放假回家了？

正在他不明所以的时候，听见楠迪玛招手喊他："朱乐巴雅尔，快过来！"

朱乐巴雅尔抱着捡来的柴火刚走近一些，就见从汽车旁向他跑过来两个人。

"朱乐！我的儿子，你还好吗？"陶古斯声音颤抖着一把抱住了儿子。宝音图也深一脚浅一脚地走过来，嘴里喊着"儿子"，一把搂住，抚摸着他的头，在他脸上深深亲了一口。

朱乐巴雅尔因没有任何心理准备，乍见父母竟有些不知所措，只顾木讷地说着"好，好"，嘴角不自在地笑着。

"我儿子好像胖了不少呢？来！让妈妈好好看看。"陶古斯用手掌夹着儿子的脸，视线不忍离开半毫。

"确实胖了一些。你看看他的肚子，都有些鼓起来了呢！"宝音图说着摸了摸儿子的肚皮。陶古斯从头到脚将儿子看了一遍，感叹道："这回真成了名副其实的戈壁黑小子了。你看看他的指甲和脖子！可怜的。"说着抠了抠朱乐巴雅尔像铲子一样长得吓人的指甲缝，搓了搓他脖子上的黑泥。

"好了，好了，这有什么呢？只要他心里的脏污清理干净了，身上的污泥又算什么呢？洗一洗总会洗掉的。"宝音图不以为意。

"你瞧瞧他的衣服！都成锅底似的了。"陶古斯扯出朱乐巴雅尔脏透了的白色衬衣给他爸爸看。

"他们家有洗澡的地方吗？"宝音图问道。

朱乐巴雅尔非常吃惊地看了看自己的父亲，不耐烦地回道："说是有呢，但没见用过。"

"那你洗过澡吗？"陶古斯满心怀疑地问。

"肯定洗过呀，怎么了？"朱乐巴雅尔瞪着眼反问。

"看你这脏兮兮的样子，绝对是没有沾过水的样子！"陶古斯直接反驳。

"那你是怎么洗澡的？"宝音图刨根问底不肯罢休。

"盆里打水后擦洗呢。格日勒巴图叔叔说，你们小时候都是这么洗的呢！难道不是吗？"朱乐巴雅尔向他父亲询问。

"确实是那样呢。我们小时候牧区哪有热水器？有时几个月都不洗一次澡呢。如今社会发展了，很多牧民也可以在家洗热水澡了呢。"宝音图说道。

"走，去车上吧！妈妈给你带了新衣服。"陶古斯想牵起儿子的手，却被他一把甩开了。

"来到人家不进屋，老在外面待着像啥呢？家主该说我们不懂事了。"宝音图说着走到最前面，直奔蒙古包而去……

"我的两个孩子，这么巧一起回来了呢？"楠迪玛抓着姑娘和儿子的手，怀着无比激动的心，反复亲吻着孩子们的额头。

"青巴雅尔到我那儿等了几天，我俩把东西都收拾好了，想着我一放假就一起回来。正在这个时候宝音图叔叔给我打了电话，说是想来咱们家，让我帮忙带路。因此我和弟弟搭上了顺风车，轻轻松松就回来了呢！"青宝鲁尔给母亲讲着事情的来龙去脉。

"妈妈做梦都没想到，你俩会坐着小轿车回来！你爸还说要去接你们呢，没想到你们自己搭伴回来了，真是太好了。你俩先进屋去吧！"楠迪玛安顿了孩子转身过来迎接客人，客气地说道："远道来的客人，请到屋里坐吧！"

宝音图和陶古斯一起答应道："好，好。"

"路上累坏了吧？"楠迪玛问候着。

"不累，因为有了好的向导，一路上顺利得很。"宝音图笑着说。

"不熟悉路况的人，来我们家确实难找。要是开汽车那就更难走了，我们这的路太破，一不留神还有在路上过夜的呢！"

"说得是呢，幸亏有你家两个孩子带路，不然我俩恐怕想来也来不了呢。都是偏僻又崎岖的路呢。"

"嗯，我们这边很少有车过来，因此也没有像样的路。"

在他们聊着路况的间隙，陶古斯想去车上给朱乐巴雅尔拿换洗的衣服和水果零食。

宝音图听了生气道："稍后给他不行吗？那么忙做什么呢？按老礼不得先进屋吗？在城里住了几年家乡的风俗习惯都忘了不成？"

陶古斯没说话，听从了丈夫的建议跟他一起进了屋。

朱乐巴雅尔没有跟他们进屋，一个人走到车旁打开了后备厢。后备厢里堆满了各种吃用物品，装在透明袋里的葡萄、梨、橘子、香蕉、枣、芒果等一下子吸引住了他。他干脆坐在车阴里吃了起来。巴萨尔注意到他在吃东西，立刻颠儿颠儿地跑过来摇着尾巴讨要。朱乐巴雅尔分了一块儿芒果给它，结果巴萨尔只闻了闻没有吃，倒像是给他做伴一样，舒舒展展地趴在了旁边。朱乐巴雅尔自从来到这里，几个月间别说吃水果了，连水果的影子都没见着过。因此，他就像跳进果园的猴子一样，狼吞虎咽着，将每样水果都品尝了一遍。

驼羔们自降生到这个世界上以来，还是第一次看见声音这么响，味道这么怪的"动物"。一时吓得它们都躲去了高岗的那边。直到车子熄火许久后，它们才三三两两地回到了水井边的胡杨树下。众驼羔受到惊吓逃跑的时候，小灰灰也被裹挟着不见了踪影。平常它是最恋家的，从来不会离开家门太远。朱乐巴雅尔走到哪儿它就像尾巴一样跟到哪儿。现在它因害怕汽车的陌生味道和庞大身躯，远远地站着不敢接近朱乐巴雅尔。

"小灰灰，过来！"朱乐巴雅尔叫道。可是小家伙只走了几步，就再不肯上前，像钉子一样立在当地一动也不动。朱乐巴雅尔只好走过去，给它喂了一块儿香蕉皮。小家伙只闻了闻便扭头躲开。

"因为是皮，你嫌弃不肯吃是吗？那尝尝这个吧！"朱乐巴雅尔给它递了一块儿香蕉肉。小灰灰谨慎地嗅了嗅仍不肯吃。朱乐巴雅尔干脆给它塞到嘴里，只见它摇头晃脑、龇牙咧嘴地嚼了嚼，勉强咽了下去。如此几次之后，小家伙终于尝到了味儿，又像小尾巴一样跟在了朱乐巴雅尔的身后。

"你不是不爱吃吗？干吗又跟着我了？"朱乐巴雅尔和它聊着，把手里的香蕉喂进它嘴里。

楠迪玛忙着煮茶、烙饼，招待客人。青宝鲁尔给妈妈打着下手。她出门来到车上，准备取买来的水果，却发现少了很多。她有些纳闷儿地环顾四周，看见朱乐巴雅尔正蹲在平房的阴影里，用梨和香蕉喂驼羔。"喂！你干吗呢？自己吃也就算了，干吗拿水果喂驼羔呢？……"青宝鲁尔差点脱口而出，但最后硬是把到嘴边的话压进了舌根底下。她无可奈何地拿上剩下的水果进了屋。朱乐巴雅尔压根儿没有注意到这些，依旧和小灰灰聊着。巴萨尔也凑在他们身边安详地躺着。

楠迪玛端来驼奶干、奶皮、奶渣饼、点心、水果、糖等在客人面前摆了一桌，又盛了两碗浓浓的驼奶茶双手递给宝音图和陶古斯，邀请他们慢慢享用。

"好，好。"宝音图客气地答应着，眼睛细细地扫了一遍屋子里的摆设、床铺被褥等。他的爱人看得更细致，连蒙古包毡壁上的花纹和走线都没有放过。她从盘子里拿了一块儿奶干，放进嘴脆蹦蹦嚼着，心里却似乱麻一般："在这么大点，连身子都转不开的蒙古包里，我儿子是怎么生活的呢？他们这儿，冬天会不会冻坏人啊？今晚恐怕睡不开呢！要不就睡车上？……"

"你俩也喝些茶吧！"楠迪玛刚要给一双儿女盛茶。"妈妈，我们自己来。"青宝鲁尔赶忙起身上前，先给弟弟盛了一碗，之后才给自己盛。

"朱乐巴雅尔怎么不进屋呢？太想父母的孩子，有时反而不敢亲近呢！我出去看看。"楠迪玛说着走了出去。

朱乐巴雅尔仍坐在平房的阴影里和小灰灰和巴萨尔说着话。

突然听见楠迪玛叫他："朱乐巴雅尔，进屋喝茶！"

"我不喝！"他赌气般回道，起身向水井走去。小灰灰和巴萨尔像影子似的跟在他身后。

楠迪玛跟着他来到井旁："你爸妈为了看你，从那么远过来，你不进去陪他们说话吗？"

"聊啥呀？我没啥可说的。"朱乐巴雅尔往水槽里打着水说。

"进屋去，和我俩孩子一起玩！都是年轻人多合得来！"

朱乐巴雅尔这才盖上井盖，跟着楠迪玛回去。

"叔叔怎么还不回来呢？他不在我觉得浑身不自在。他在的话，我也有个主心骨。"朱乐巴雅尔小声说着。

"你叔很快就回来。几个月来，除了我俩你几乎没见过别人，所以心里别扭呢。再说了，你父母又不是外人。我那两个孩子你也不用见外，都和气得很呢！我女儿小你两岁，青巴雅尔小你四岁。你是他俩的哥哥呢！"

"是吗？他俩比我小啊？"朱乐巴雅尔终于有了些符合自己年龄的表现。

楠迪玛带着朱乐巴雅尔进屋的时候，宝音图、陶古斯二人脱了外套，正清凉地坐着呢。

楠迪玛进屋就问："青宝鲁尔，你给叔叔阿姨续茶了吗？"

"续了，妈妈。"青宝鲁尔春风满面地答道。

"来！再喝点吧。"楠迪玛拿起茶壶来准备给客人倒茶。

"您出门的工夫，我俩差点吃净盘里的食物，喝空壶里的奶茶呢。"宝音图擦着秃脑壳上的汗珠开怀大笑道。

"多少年没吃过这么纯正的茶和奶食了，好不容易赶上一次也就没客气。驼奶美食真是什么都比不了呢！"陶古斯从包里拿出一把丝绸扇子猛摇着说道。

朱乐巴雅尔进屋后想就近坐在门口，楠迪玛拦住说道："朱乐巴雅尔，去上首坐！青巴雅尔给你哥让座。"青巴雅尔立刻起身挪到床尾，空出了床头位置。朱乐巴雅尔非常拘谨地坐了。

"来，喝茶。"楠迪玛给朱乐巴雅尔专用的瓷碗里倒了茶。

也不知是离开父母太久的原因，还是在同龄人面前害羞，朱乐巴雅尔像躲着雄鹰的兔子一样缩着身体。他如同小孩子般双手捧着茶碗，眼睛也不敢抬，一味地喝着茶。

"照顾驼羔饿坏了吧？来尝尝新做的奶渣饼。"楠迪玛给他拿了一碗油汪汪的奶渣饼。

朱乐巴雅尔用勺子挑起奶渣饼大口大口吃着，嘴角不禁流出了油。

陶古斯看了不禁惊奇："这人从来不吃油大的食物，如今竟然大口吃着滴油的奶渣饼呢！人要变起来，也真快啊……"

"驼羔们都喝过水了吗？"楠迪玛问。

"白色种公驼的那几只羔子起先没来喝水，刚才去看的时候已经来了。"朱乐巴雅尔边说边舔着瓷碗里的油。

"你中午的药还没喝呢。吃完药过一会儿再喝对乳稀释奶酪，已经盛在你的玻璃杯里了。要是酸了的话，加点白砂糖吧！"楠迪玛提醒道。

"药现在就吃吗？"朱乐巴雅尔问楠迪玛。

"喝吧！可以喝了。"

朱乐巴雅尔从房屋上首的柜子上，拿过一瓶药，抠一勺放进嘴里和水吞了下去。

"老话说'酸奶加奶茶，吓跑老尼姑'，不知道喝药之后喝酸奶会怎么样呢？安全起见你先把药消化消化，再喝对乳稀释奶酪吧！"楠迪玛笑着说。

"这么说，现在我肚子里更乱套了，完全不知道谁在追谁了，叽里咕噜叫个不停呢!"宝音图笑着说。

"多少年没接触过这些食物的肠胃,恐怕是有些不适应,正发出各种奇怪的声响呢。"陶古斯说着也大笑起来,笑声震得房梁上的细尘如烟般飘落着。

"因为骆驼奶做的酸奶有解毒的功效,所以偶然吃一两次驼奶食品,真会闹肚子呢。"楠迪玛说。

"怪不得呢,肠胃又响又扭得不成样子呢。我们这肚子是摆明了的化学品菜缸,看来刚吃的奶制品正给我清肠呢!"宝音图这么一说,大家都笑了起来。

"咱家朱乐巴雅尔刚来那几天,也没少往高岗那边跑呢!"楠迪玛看向朱乐巴雅尔,发现他终于有了一些笑意。

"魁哥啥时候回来?"宝音图等得有些不耐烦。

"得到骆驼回圈的时候呢。"楠迪玛坐在一边纺着驼绒绳。

宝音图小声对陶古斯说:"去把东西拿进来吧!"陶古斯想出去但又怕狗,站在门口没敢动。

"儿子,给阿姨看狗。"楠迪玛朝着青巴雅尔说。

"我去吧!"朱乐巴雅尔迅速起身道。

朱乐巴雅尔蹲在墙角,牵住巴萨尔的项圈,不停地抚摸着它的头。

"你千万抓好它啊!"陶古斯战战兢兢走去了车旁。

"妈,你不用那么害怕。巴萨尔特别乖,特别听话。"朱乐巴雅尔让巴萨尔仰躺着,给它挠着脖子和肚皮。

"你们两个倒成了亲密的伙伴了呢。"陶古斯说着从车后向朱乐巴雅尔招了招手。

"妈妈带了你最爱吃的汉堡包。"陶古斯从透明袋子里拿出了用纸盒装着的，由生菜、火腿、鸡蛋、面包等组成的厚实的饼。

"哇！"朱乐巴雅尔高兴得失声叫起来，拿起好吃的就要走开。

"儿子，你就站这儿吃吧！妈妈专门给你带的，一共只买了两个。"陶古斯小声说道。

朱乐巴雅尔根本没理会他妈妈的话，转身跑到门口，将纸盒包装的好吃的往楠迪玛手里塞了一个，高兴地说："阿姨，给！"

"哎？这是啥呀？"楠迪玛奇怪地问道。

"城里的点心，您尝尝。"朱乐巴雅尔又转过身去，给巴萨尔掰了一块儿，巴萨尔闻了闻没有吃，安静地趴在了他身边。

"汉堡包都不肯吃，你也太挑食了吧。"朱乐巴雅尔轻声数落着巴萨尔。

"你给我干啥呀？留着自己吃。"楠迪玛在屋里说道。

"我吃着呢。那个是给您的，您尝尝吧！"朱乐巴雅尔边吃边说。

眼看着自己的儿子不把自己的话放在耳边，还把带给他的汉堡包送给了别人，陶古斯又怨又气。但转念一想又开心得几乎脚不点地。"我的儿子成人了，开始学会关心别人了。只有心中有光的人才会愿意为了别人付出自己所拥有的。而只顾自己的人，除了自私还能有什么呢？比如说我，只想着将两个汉堡包拿给儿子吃，却从来没想过让别人也尝一尝呢。这么想来我太自私自利了呢。人家把我的儿子当成自己亲生的去疼爱，毫无保留付出了所有。我却在心疼一个夹了菜的面包！真是太丢人了。我本身这么愚昧，又怎能正确引导孩子，让他长成有教养的人呢？我儿子刚到这里几个月，就完全变了个人一样。显然他的内心被光照亮了，曾经束缚他思想和智慧的黑暗力量被光驱散了。所以他那乖张、暴戾、自私等坏的性情才有了改善，逐渐被正确的思想、教养取代了呢……"陶古斯越想越羞愧，深感无地自容。听了朱乐巴雅尔对巴萨尔说的话，她更是差点流下眼泪。

她急忙拉着手提箱来到屋里，将带来的礼物一一拿了出来。砖茶、绸缎、糖、银碗、两瓶酒以及一庹长的蓝色哈达，她把这些礼物转给丈夫，再由他献给主人。

"当家的不在家，就让我把礼品献给女主人吧！"宝音图郑重地向楠迪玛敬献了礼物。

楠迪玛客气了一番后，十分不好意思地放下衣袖，整肃了衣帽，双手接过礼物，小心地放在了旁边的铺上。

"感谢您把我的儿子当作自己的孩子一样关心照顾，使其恢复健康。请您收下我的一片心意。"陶古斯说着又递上了一份绸缎、糖、银碗、银镯子、哈达等物。

"刚刚已经收过一份了，怎么能再收呢？"楠迪玛不明所以地看向自己的女儿。

陶古斯解释道："刚才那份是给魁哥的，这份是给您的。"

"噢！这样啊？我都蒙了呢。谢谢您！"楠迪玛郑重地接过了礼物。

"我们两个该如何回报你们的恩情呢？我儿子变化太大了，像完全变了个人。"宝音图难掩激动地说道。

"是呢，在我俩身边的时候他是什么样的人呢？实实的一个活阎王啊！一点办法都没有了才关在家里的呢。"陶古斯争着说。

"刚刚几个月的工夫，跟脱胎换骨了一样，真是奇迹。我俩做梦都没想到，他的变化会这么大。又不是没有父母的孤儿怎能丢在这里就不管呢，所以把心捏在手心里战战兢兢过来的呢！"宝音图长长叹了口气。

"该怎样感谢您和魁哥呢？"陶古斯一再说着，恨不能给楠迪玛跪下磕头。

"不用谢我哟。是我们家老头子几个月来走哪儿都带在身边，才有了现在这样的改变呢。比起刚来的时候，如今真是变样了。刚来时确实折磨了我们一阵，实在没办法的时候，我还劝过老头子把他送回去呢！老头子却说：'小伙子跟我们儿子又有什么区别呢？无论如何都要帮他恢复健康……'他是下了极大的决心的，从那之后便开始配制解毒的药，喂食驼奶食物和饮品，绞尽脑汁废寝忘食才有了现在的成果呢。人只要有决心、有韧劲儿就会获得最后的成功，对于这一点，我在朱乐巴雅尔的康复过程中深有体会。"楠迪玛诚恳地说道。

"在我俩最无助的时候，是魁哥救了我们。那时候他的毒瘾一旦发作，就成了两条腿的魔鬼。您是不知道他是怎么折磨我们的！没能好好珍爱孩子，没能正确地教育孩子，我们如今品尝到的痛苦都是自己造孽的结果！"陶古斯眼中带泪，声音哽咽。

"不要再为过去的事难过啦。托二位如天的恩德，我们的孩子终于恢复了健康。为此，我再次向忘我付出的魁哥和楠迪玛姐表示衷心的感谢！"宝音图激动得无以复加。

"是呢，是呢。你说得对。"陶古斯悄悄拭去了眼泪。

"真是不容易啊！显然受的伤更甚于他们的儿子。如今见到儿子，那些伤又开始疼起来了吧……"楠迪玛对他们的遭遇感同身受，为了表示安慰，她重新为大家献了茶。

宝音图心里也很不好受，转移话题说："今年这边雨水怎么样？"

"开春以来，下了几次透雨呢。"楠迪玛搓着绳子回答。

"奶食产量怎么样？"

"五畜兴旺，除了自己日常吃的，还有些富余呢。"

"那太好了。我们家朱乐巴雅尔习惯奶食的味道吗？爱吃吗？"宝音图问道。

"他刚来那会儿，我家没有一样让他满意的东西呢。说蒙古包冷，饮食寡淡，家里没有卫生间，洗不了澡，有咬人的狗等等……稍有不如意就吵着要回家，还真跑了几回呢。酸奶、熟嗜酸奶等更不用说，说味道臭，压根儿就不往嘴里放。连每天喝的奶茶他都嫌苦呢！"楠迪玛诉说着朱乐巴雅尔刚来时的种种。

"他从小到大，从来没在牧区待过，对牧区生活感到陌生也不奇怪。如今能习惯下来确实不易。"宝音图显得很满意。

"刚开始我特别怕他，自己一个人的时候从来不敢跟他在一起。饭菜做好后，都是老头子负责让他吃。我一直想着跟他保持距离，所以老头子无论去哪儿都带着他。要是说起我们仨的故事两天两夜也说不完。现在好了，吃药、吃奶制品等再也不用人提醒啦！"楠迪玛将着绳子笑道。

"从小没尝过酸奶、熟嗜酸奶，吃不惯奶制品也情有可原呢。"陶古斯替儿子解释道。

"生长的环境不一样，也是没办法的事。如今完全不一样了，每天除了酸奶、奶酪等几乎不吃别的呢！"

在他们聊得火热的时候，朱乐巴雅尔走了进来，问："要拴驼羔不？母驼们快回来了。"

楠迪玛看了眼墙壁上的日影，说："哎呀，果然到时间了。

我光顾着说话把这事儿都给忘了。来，我那两个孩子，快帮着朱乐巴雅尔拴驼羔去。"在房影里帮爸爸妈妈洗衣服的青宝鲁尔和在一边看书的青巴雅尔连声答应着去了。

"朱乐巴雅尔，快把你那碗奶酪喝了，都放酸了。"楠迪玛提醒道。

"好的，我给忘了呢。"朱乐巴雅尔一口气喝完忙去了。

宝音图看着儿子，开心地说："我儿如今也成了戈壁里的养驼汉子了。"

"养骆驼多好啊！只要能完全戒掉毒瘾，做什么都行。年轻人手脚齐全，做什么不能养活自己？"考虑到儿子的将来，陶古斯不免有些担忧。

"既然有了这么大的改善，以后肯定会越来越好的。"宝音图信心满满。

"和心里受过伤的人相处，最主要的是要学会关爱。起初我不了解朱乐巴雅尔，总觉得身边多了个炸弹。每天小心翼翼不敢接近，用怀疑的目光看他。可是我家老头儿却完全不一样，就算朱乐巴雅尔无理取闹，他也从来不生气，每次都是温柔地安抚他。有时我在一边看着都气得不行，可是人家跟没事人一样不急不躁的，真能忍呢。换作是我恐怕早就和朱乐巴雅尔闹起来了。像格日勒巴图那样有耐心的人太少了，并不是我夸自家老头子，他确实有普通人没有的慈爱和宽谅。"楠迪玛毫不隐讳地表达着自己对格日勒巴图的崇敬之情。

"我俩作为他的亲生父母，经历了长时间的折磨后，都不免灰心，想眼不见为净呢。然而没有任何血缘关系的外人，却愿意视如己出般地照顾朱乐巴雅尔，那是怎样的博爱啊？不说现在的人自私，像我这样只顾自己的人，怎么可能为别人忘我付出呢？别说做了，想都想不到。魁哥我们三个不仅是老乡，还是同班同学。虽然现在我俩挣着工资过着体面的生活，但比起魁哥的作为和境界又算得了什么呢？想起来令人羞愧得很呢。"陶古斯自惭形秽道。

"咱魁哥历来心思缜密，看事情透彻。决定做一件事情的时候也不会像我们一样轻率。但下定决心要完成的事情，必然会坚持到底呢。"宝音图夸赞道。

"我们家的驼羔长期散养，性子都野了。也不知道他们三个能不能拴好，我去看看。"楠迪玛说着出了门。

"我俩也出去见见风。"宝音图也跟了出去。

"狗……"陶古斯提醒。

"哦，对呢。还有那么个吓人的家伙呢！"宝音图一激灵又退了回来。

"没事儿，别怕。我让孩子们把狗拴起来。"楠迪玛转身喊道："朱乐巴雅尔，将巴萨尔拴起来吧！"

正在驼圈里捉驼羔的朱乐巴雅尔，唤了几声"巴萨尔"，那家伙不知从哪儿冒了出来，摇着尾巴跑到他身边，乖乖地被拴在了桩上。

正午酷热的太阳逐渐偏西，软风吹拂着胡杨叶，送来了清凉。格日勒巴图家，每天都会把驼羔关进圈里拴起来。青宝鲁尔和青巴雅尔走进圈里帮忙，看见陌生人的驼羔们像见了狼一样伸着脖子纷纷躲避着。一群群左闪右躲怎么也抓不到。

"驼羔不认识你们，害怕呢！我来抓，你们再领去拴上。"朱乐巴雅尔说道。

"好的，好的。"青宝鲁尔连声答应。

朱乐巴雅尔悠闲地走在驼羔中间，小灰灰像小尾巴一样跟在后面。他走到立峰的白驼羔旁，牵着它的缰绳走过来，道："它叫小白驼，拴在从这边数第三个桩上。"

"好可爱的驼羔呀。"青宝鲁尔爱抚着牵走了。

朱乐巴雅尔再次走进群里，牵来噘着嘴口吐白沫，一看就是暴脾气的棕色驼羔，说道："它是戴胜鸟的孩子，因为生在野外，所以脾气暴得很。小心着点！拴在小白驼的这边。"说着交给了青巴雅尔。

"好吓人啊，不会一脚把我给踹了吧？"他小心翼翼地牵走了。

朱乐巴雅尔从容地将驼羔们牵来，"坏脑袋、卷毛黄、双鬃毛、褐眼珠、扁峰驼……"一一介绍完名字，交代着拴桩的位置。

看小灰灰一直跟在朱乐巴雅尔身后，青巴雅尔好奇地问："这只驼羔干吗一直跟着你呀？"

"它没有妈妈，一直由我喂养，所以习惯寸步不离地跟着我。小灰灰——"朱乐巴雅尔从兜里掏出碎饼喂到它嘴里，轻轻亲着它的鼻子。

"可怜的小家伙。小灰灰过来，我给你好吃的。"虽然看见青宝鲁尔在衣兜里翻找吃的，但小灰灰却只跟着朱乐巴雅尔，其他谁都不肯搭理。

在朱乐巴雅尔的带领下，他们三个终于拴好了驼羔。

"孩子们，拴得怎么样了？"楠迪玛走过来问。

"驼羔躲着我和弟弟，根本抓不住。多亏了朱乐巴雅尔哥哥才拴好了。每个驼羔他都认得清清楚楚，还给它们起了名字……"青宝鲁尔新奇道。

"咱们家的驼羔基本都有名字，大部分是朱乐巴雅尔给起的。他甚至还为驼羔写过诗呢。"楠迪玛看着朱乐巴雅尔笑道。

"是吗？太了不起了！"青巴雅尔向朱乐巴雅尔竖起了大拇指。

宝音图和陶古斯被桩上转圈鸣叫的驼羔吸引，也来到了围栏边。

"朱乐巴雅尔竟然会写诗？从小到大我还从来没见他写过。"陶古斯不可置信地望着朱乐巴雅尔。

"别说见他写诗了，这些年来我连他写字都很少见过。如今都能作诗了吗？看来人一旦换了环境，一切都会改变呢。听到朱乐巴雅尔写诗，简直难以置信。要不把你写过的诗给我们读一读怎么样？"宝音图不免有些轻视地笑了起来。

"对着呢，你给大家朗诵一下。我们大家竖着耳朵好好听一听。"陶古斯从旁帮腔。

青宝鲁尔、青巴雅尔两个也兴奋地鼓掌道："朱乐巴雅尔哥哥，我们也想听。"

朱乐巴雅尔没理他们，呆站着安静地抚摸了一会儿小灰灰后，离开他们径直走了。

"人家不愿意，你们老催促做什么呢？想读的时候不用催他自然会读的。"楠迪玛向他几个使了眼色，叫他们不要再催促。

宝音图无声地点了点头，转身同陶古斯说了会儿什么，二人并肩走向了屋后的沙梁……

日头西斜将胡杨树的影子拉得很长。傍晚的清凉打在戈壁滩上，使白昼晒蔫儿的草尖抖擞了起来。在桩上玩耍的驼羔们终于等到了母驼牧归的时辰，一声声呼唤母亲的长鸣令闻者动容。

格日勒巴图骑着褪了毛后像蜥蜴一样的骆驼来到屋外，第一眼便看见了停在门口的宽大的黑色越野车。开着汽车来我家的是哪个亲戚呢？是我的两个孩子租车回家了？应该是叫我帮忙接生的人家才对。车上蒙了一层厚厚的灰尘，想来路途很远。开这么好的车子，看来家里条件还不错……格日勒巴图打量着来到了车旁。

　　"您怎么这么晚才回来？我等您等了好久。"朱乐巴雅尔从车上下来说道。

　　"出什么事儿了？你还好吧？"格日勒巴图忙问。

　　"没事。但是您不在我心里就空落落的不踏实。"朱乐巴雅尔走过去牵住格日勒巴图的手撒娇一样说道。

　　"开车来的是什么人？"

　　"我父母，还有青宝鲁尔和青巴雅尔。"

　　"是吗？这么说你应该高兴得脚不着地才对呀！"

　　朱乐巴雅尔无声地笑了笑说："青宝鲁尔和青巴雅尔帮着我拴了驼羔。"

　　"在饲养骆驼这方面，你现在比他们强多了。他们两个总不在家，早不知道从哪儿下手了吧？"格日勒巴图无形中鼓励着朱乐巴雅尔。

　　"是有点，看他们俩的样子，很怕驼羔呢。"朱乐巴雅尔回答道。

　　"见到父母高兴坏了吧？"格日勒巴图问。

　　"嗯……"只见他咧嘴笑道，露出了玉米粒一样的满口黄牙。格日勒巴图心想：从来没见他笑得这么好看。可怜的孩子，看来见到父母果然开心得很呢。

在厨房里帮着妈妈准备客饭的青宝鲁尔，见到父亲回来，一把扔掉了手里的柴火，喊了声："青巴雅尔，爸爸回来了！"便朝她父亲跑了过去。

正在屋里和面的青巴雅尔听到喊声，也顾不上清理沾满面粉的手，转身跑了出去。

见姑娘、儿子双双向自己跑来，格日勒巴图上前抱住亲吻了他们的额头，顺便问候了路上是否顺利。

"我俩蹭朱乐巴雅尔他爸爸的车回来的。您身体还好吧？"青宝鲁尔抢先说道。

"我的身体好着呢。你俩倒是很方便地到家了。好了，好了。你妈在哪儿呢？"

青巴雅尔回答："在厨房呢。"

"走，咱也过去吧！"格日勒巴图说着走向厨房，两个孩子一人缠住了他的一只胳膊。

朱乐巴雅尔在他们身后跟了几步，之后转身去了井边……

"老伴儿，给客人准备什么好吃的呢？"格日勒巴图说着走进厨房来。

"家里也没啥可给城里人吃的好东西，煮了全羊。想着一会儿在汤里下点面呢。"楠迪玛坐在土灶旁的小马扎上说道。

"行呢，很好。对城里人来说，或许这更新鲜合胃口呢。咱朱乐巴雅尔见了父母什么反应？"格日勒巴图跟要钻进楠迪玛嘴里一样，挨着她坐在了旁边。

"他可能是太想父母了，或者像小孩一样有些害羞。见了父母也没表现得特别开心，反而有些不敢接近似的呢。"楠迪玛烧着火说。

"又不是铁石心肠，哪有不想父母的人呢？只是不能像健康人一样自如地打开心扉罢了！刚才我问他看见父母开不开心的时候，他露出了从来没有过的笑容。这么看来，不定他怎么开心呢。"

"一直打听你怎么还不回来呢！他把你当朋友，和你更亲近一些。现在你是他心里唯一的依靠。"楠迪玛揭开锅盖，翻了翻煮着的肉食。

"我刚下骆驼的时候，他第一个接上我了，说等了我好久，我不在的话他心里发慌呢。你说奇怪不奇怪？什么时候这样过？"格日勒巴图很不理解似的看着楠迪玛。

"其实也正常。以动物为例，自从朱乐巴雅尔喂养小灰灰开始，它就成了朱乐巴雅尔的尾巴，不再跟我了。以此类推，你恨不能每天把朱乐巴雅尔搂在怀里去照顾呢，他不跟你亲跟谁亲呢？"楠迪玛目光柔和地望了一眼格日勒巴图。

"宝音图和陶古斯去哪儿了？"

"到后沙梁上去了，应该快回来了。"

"他俩见了儿子说啥呢？"

"看见儿子的变化高兴坏了，说是做梦都没想到过会有这么大的改观。都有些不敢相信呢。我们仨聊了一会儿，都是善聊的人啊。"

"是啊，他俩说话从来都是直来直去的，而且还很幽默。我去见见他们两个。"格日勒巴图说着出了门。

宝音图和陶古斯手脚并用好不容易才爬上了后沙梁。他俩站在山顶上，遥望远处雾霭蒸腾的青山头，首先映入眼帘的是一年四季都盖着雪帽的姑娘峰。

"你看！那处山顶上闪闪发光的雪……"陶古斯失声叫道。

"那就是青山头终年积雪的崇山俊峰。这片山的风景多好，真是好地方呢！"宝音图沉浸在优美的自然风景里，敞开衣襟，张开双手，长长地吸了口气。

"太美了，像油彩画似的。这么热的天那山顶上的雪也不化吗？"陶古斯感觉有些累，坐在了柔软的沙子上。

"怎么可能化呢？从这看那山不怎么高似的，其实海拔有几千米呢！今天是大晴天，没有云雾，所以我们能清楚地看见山顶。要在平常，山顶都藏在云层里呢。"宝音图走到陶古斯身边仰躺在了沙子上。

"实际有多高呢？真想爬到山顶去看看。你上去过吗？"陶古斯抖着鞋里的沙子问。

"我十几岁的时候，跟着父亲追赶被夹伤的盘羊，到过它的山坡上。咱们普通人根本到不了山顶。"宝音图像孩子一样用手扬着沙子。

"那时候这边有很多猎物吗？"

"那还用说吗？据说以前，在这青山头的脚下，经常有成群的盘羊、岩羊、黄羊出入。我父亲背着夹子出去，有时候能捉回来一只盘羊或者一只黄羊呢！"

"如今那些动物还有吗？"

"你可真敢问，如今这熙熙攘攘的时代，怎么可能还有呢？或许早就猎杀殆尽了！"

"人类总是亲手毁掉大自然和野生动物，最后会为自己造的孽而覆灭吧！"

"要是还不悔悟，恐怕真会覆灭。"

"用所有的资源供养人类一代又一代，我们的星球多么无私呀！"

"现在大家都想着怎样索取，真正爱护的人太少了。这青山里头，听说有几只盘羊、岩羊，被魁哥像生命一样保护着呢。"

"是吗？魁哥真是有心人啊！对朱乐巴雅尔也是这样呢，要不是他每天带着去放骆驼，用大自然的新鲜空气和美景开启他的内心，咱们儿子的身体怎能有这么大的改善呢？"

"除此之外他还用驼奶食品进行食疗，用自己配的药做治疗，才有了如今的疗效。驼奶食品有解毒、净化身体的功效是被科学验证过的事实。要是我俩一直把他关到现在，怎么会有如今的成果呢？这都是魁哥的恩德，真不知道我们该如何报答。"

"总要报答的。这么大的恩怎能不回报？魁哥也不是那种斤斤计较的人。他给予他人的爱和智慧，不知道是从哪里来的。比如像我俩这样没有任何血缘亲情的朋友，他都能把我们吸毒成瘾的孩子带回来视如己出地关爱，你说又有几个人能做到呢？"

"做不到哦，我肯定做不到。别说是别人家的孩子了，就连自己的独生子都想过要藏起来呢。"

"朱乐巴雅尔万一要跟我们走，怎么办？"

"你说得是呢，他万一要求回家，咱们怎么办？带回去我俩能像魁哥那样细心照顾吗？他现在吃的奶食也要被迫中断了。"

"他们家的两个孩子看见妈妈后高兴得不得了，咱们娃看见我俩虽然没人家那么激动，但内心的欢喜还是很明显的，可是他偏要藏着不外露。难道是和我俩久不相见的缘故？总有些隔阂一样。没办法啊，咱俩从来没给过他什么好脸色，恐怕他心里很复杂吧？倒是和他们家的人亲近得很呢！"

"嗨！随他去吧。如果偏要回去那也只能带回去了。如今和他也能聊上几句了，回去后也总会有法子。"

"谁知道呢。最好还是让他继续留在这儿。回去后又和那帮狐朋狗友混在一起了怎么办？吸过毒的人自控力很差的，一旦又被那些人带坏，魁哥这么长时间的努力和付出就都白费了。因此尽可能地将他留在这儿是最好的选择。"

"你说得对，那我俩想想办法，怎么把他留在这儿吧！"

"这样最好！再说了把他留在这儿咱俩也省心些。"陶古斯微笑着看向爱人。

"你心眼儿真够多的。"宝音图斜睨着爱人揶揄道。

"我能有什么心眼儿？都是只看眼前的、自私自利的坏心眼儿。"

"如你这般机灵鬼，好主意坏主意都少不了的。"

"是吗？"陶古斯大笑道，笑声震得沙堆都在簌簌往下落。

"他们要以为咱俩迷路，出来找了。我们赶紧回去吧！"宝音图起身掸了掸身上的沙子。

"如果可以，真想在这细沙上铺上毡子睡一觉呢！这里的天空就像是铺开的蓝绸子一样，怎么会这么美呢？"陶古斯望着天空发了一会儿呆，之后起来穿上了鞋子……

十二

巨大火球似的红太阳落进了青山头那边，戈壁的黄昏悄悄来到了格日勒巴图的屋外。母驼、幼驼的呼唤声响彻山野犹如诗韵天成的交响乐。在这优美的乐声里，众沙岗、胡杨树的枝丫等都沉浸其中，不由自主地起舞摇曳。

对于养驼的人家，傍晚牧归时分是妇女们最忙碌的时候。她们就怕成群的母驼一起回来，届时挤奶挤不过来，着实让人犯愁。骆驼也跟人一样，各有各的脾气秉性。恋着驼羔的母驼会早一些回来；但也有不甚在乎幼崽半夜才回来的。因此女主人为了挤奶也有整夜等着的时候。

格日勒巴图、朱乐巴雅尔二人站在井边饮驼。在戈壁深处吃饱了草，干渴不已的骆驼们见到水槽便小跑着拥过来。

"母驼来了，快去叫你阿姨。"格日勒巴图说道。

"嗯！"朱乐巴雅尔快步跑向蒙古包，跑了一半不知是累了还是懒了，在路中央大喊："阿姨，母驼回来啦！"

在厨房里忙活的楠迪玛听到朱乐巴雅尔的喊声，赶紧洗了手，提起奶桶就往外走。临出门还不忘安排："青宝鲁尔看着火，青巴雅尔帮我拽驼羔。"

"妈，锅里的肉让它一直开着吗？"青宝鲁尔急问。

"别用大火烧，用小火慢慢炖着就行。一会儿你爸进来了，自然会装起来的。"楠迪玛说着出了门。青巴雅尔用两只水桶从井上挑水，灌满了水缸。回身喝了一碗凉茶跟着妈妈出了门。

宝音图和陶古斯悠闲地走到井边，看见格日勒巴图正用偌大的水斗提起满满一斗水，倒进水槽里饮驼。

"魁哥，你好呀！"宝音图高声打着招呼，远远地伸着手走了过来。

"好，你俩一路辛苦了！"格日勒巴图放下手里的水斗前去见礼。

"哥哥身体好啊？"陶古斯笑着双手握住了格日勒巴图的手。

"好，好，好得不得了呢！"格日勒巴图大笑着回应。

"非常感谢魁哥。真没想到您把我儿子治疗得这么好，已经判若两人了呢。我们两个见了简直有些不敢相信。现在我俩开心得双脚几乎都不着地了！"宝音图难掩激动之情，语无伦次道。

"是啊，现在我都想给恩人磕头呢。"陶古斯说着弯下膝盖。

"好了，不要发疯了。要磕你就去给老天爷磕头吧。"格日勒巴图十分不好意思。

"这一切老天爷自然都看着呢，但是您的恩情我们怎么可以不回报？来！我试试提几下！"宝音图站上井台，从格日勒巴图手上拿过了水斗。

"我们家的水井深，你那大肚子使得上劲儿吗？可别被水斗带下去了呀！"格日勒巴图开着玩笑。

"你也太小看我了，我也是牧人的儿子呢。小时候没少提水饮驼！"说着宝音图将水斗放了下去。

然而，刚提了几斗他就开始气喘吃力起来。

"你看，我说什么来着？筋骨都被抻长了吧？夏天饮驼可不是件容易的事啊。"格日勒巴图拿过水斗说。

"你们家的水井果然深，整整拉了四下还没拉上来呢。水斗也够大，一般人拉不动。这么深的井你怎么不安装电泵呢？"宝音图用手背擦去额头上渗出的汗珠，缓缓下了井台。

格日勒巴图笑道："你可真能打官腔。我们这儿连电都没有，哪儿来的电泵啊？"

"哦，对着呢。我还当自己在城里呢。"宝音图自我挖苦着笑了一回。

"之前我自己做了一个手摇机，前段时间不小心弄折了一边儿的支架，用不了了。想着什么时候带去旗里焊接呢。"

"是吗？那我明天带回去，焊好了，下次来的时候再捎回来。"

"哈，太好了。我那机子虽然简陋，但没坏之前帮我省了不少力气。现在可就难喽，天天在这儿抻筋骨呢。"

"可不是，从这么深的井里提水，饮一群渴干的骆驼，太不容易了。我刚提了几斗就气喘得不行呢！"宝音图夸张道。

"朱乐巴雅尔能用这大斗提水，饮骆驼吗？"坐在井栏上的陶古斯问。

"怎能不会呢。现在他可是我的好帮手呢。饲养驼羔、饮水、拴驼羔都是他的活儿。不仅如此，他还给所有驼羔起了名字，认得可清楚呢。挤驼奶的时候，他还帮我老伴儿拽驼羔呢。以前犯了毒瘾他没办法控制自己，经常像疯了一样乱发脾气。现在他的脾气缓和了许多，再不那样胡闹了。你们觉得他现在变化大吗？"格日勒巴图看着他们，很想听听他们的看法。

"我俩做梦都没想到他能有现在的改变，还一直担心他是不是仍在瞎胡闹呢！说真的，我俩是把心握在手里过来的呢。"陶古斯长长地叹了口气。

"朱乐巴雅尔原本是个非常聪明的孩子，只因碰了毒品的缘故才成了那样的人，那不是孩子本性。如今都过去了，男子汉总要历尽磨难才能真正自立。所以目前最主要的是，要给他树立信心，一点一点把他带进生活的正道。像他这种历经坎坷的人，最需要的就是爱。他那因受伤而扭曲的性格、冷漠的心，只有爱才能软化。"格日勒巴图提水的间隙说道。

"他见了我俩没有表现得特别开心，像有隔阂似的，总感觉他躲着我俩。"宝音图有些失落地说。

"他们这种心灵受伤、性情大变的人都有一个共同的特点，那就是和家庭产生隔阂，与父母闹矛盾。实际上他见了你们两个心里高兴着呢，只是不能像健康的人那样向外表露。这种情况下你们更要无条件地爱他，尽可能地接近他。哪怕他不与你们亲近，你们也要和蔼地待他，要设法以柔克刚。秉性暴烈的骆驼是怎么驯服的？还不是时常给它挠痒痒，使其慢慢温顺下来的吗？同样的道理，面对这种思维异常的人也要用爱和关怀去感化。"格日勒巴图提出了自己的看法。

宝音图非常认真地听取了格日勒巴图的建议，还时不时点头表示认同。他说："你说得非常对。这孩子走错路，我俩负有直接责任。在他上小学的时候，我俩经常轮流出差。尤其是我一走就是十几二十天，所以她有时会因忙于工作顾不上孩子，时常随手拿一些钱打发他。等我们发现问题的时候，他已经和城里的几个坏孩子混在一起，抽烟、打游戏了。那时候孩子经常拿了钱不去学校，一整天一整天地流连在网吧。当我们想起来要管的时候一切都已经晚了，他根本不再听我们的话了。随着他年龄越长胆子也越大，我俩的话对他来说连狗吠都不如了。就这样越来越难管，最后他接触了毒品那种可怕的东西。要是我俩从小就好好照顾他、教育他的话，他也到不了今天的地步。归根结底还是我们做父母的太愚蠢了。哪怕早一点干预也能比现在好一点！起初还以为自己给了多少钱就是多爱他，如今想来那都是害他呀！"宝音图后悔莫及。

"那时候或许是太年轻吧！刚开始工作，脑子里除了工作其他一概不想呢！还天真地以为，孩子只要生出来了就会自己长大呢！现在回头想想真是傻呀。就连鸟儿都懂得精心喂养自己的雏鸟，一直养到它们羽翼丰满。作为人母的我却对自己的孩子太不负责，太缺乏关心了。我的孩子受毒品的折磨，都是我们做父母的造的孽呀！"陶古斯痛苦地检讨着过去。

"'人虽聪明不点不通，纸虽单薄不捅不破'，你俩的忏悔老天爷听到后宽恕了。你们的儿子会恢复得越来越快，还会找到自己的另一半，让你们高兴呢！现在你们都要激动得脚不点地，到那时恐怕要飞起来吧？"格日勒巴图开解道。

"如果真有那么一天，真要飞呢！眼下都感觉要腾云驾雾似的呢……"陶古斯做出飞翔状，摆了摆两只胳膊。

"借您吉言，希望真有那样的时刻到来。到了那时候别说是我俩了，你和楠迪玛姐恐怕也要像天鹅一样飘飘欲飞了呢！"宝音图仿佛受到了极大的鼓舞，开心地说道。

"是呢，哪里还有比浪子回头、重新生活更让人感到开心的事儿呢！"格日勒巴图盖上了井盖儿。

"那一天我等了很久了。希望老天爷保佑！"陶古斯虔诚地向天祈祷道。

"像夜的黑总会被黎明驱赶一样，生活的阴霾也总有被阳光驱散的一天。我们需要的是耐心等待。好了，咱们到屋里坐。"格日勒巴图带着他俩向家走去。

"是呢，是呢。托您的福，我俩现在已经看到了黎明前的曙光了。"宝音图和格日勒巴图并排走着。

"你俩打算什么时候回去？"

"这边没啥特别的事儿，我俩明天就回去了。"

"干吗那么着急呢？要把儿子带回去吗？"

"不，不带。"

"那就在儿子身边多住几天啊？"

"他现在还不怎么搭理我们两个呢。"

"万一朱乐巴雅尔要跟你们走，怎么办？"

"这正是让我俩头疼的大问题。您看怎么办合适？"

"无论如何先问问他本人的意思，之后再做决定的好。"

"要是他死缠着要走怎么办？这是我最担心的。他回旗里后有可能继续找那些毒友，那可如何是好？"

"无论如何也不能带他回去。好不容易有了些改善，就让他继续在这里吧！回旗里之后，连最起码的驼奶食品都吃不到，怎么能断掉他戒毒的唯一指望呢？留在这里的话，不仅有奶食吃，还可以喝魁哥亲自研制的药。刚刚有了点人样，千万不能半途而废呀！"陶古斯用恳求的目光望着格日勒巴图说。

"是啊，魁哥的药还好说，可以拿回家喝。新鲜的驼奶食品去哪儿找呢？那可是个稀罕物啊！"宝音图无可奈何道。

"我配置的药，也不是随随便便可以拿去喝的，有许多禁忌呢！"格日勒巴图实话实说。

"哦？原先听说你已是著名的接生员，什么时候又成药王了？"宝音图玩笑着问。

"老话说'比起不懂方子的大夫，见过疾苦的尼姑更胜一筹'，我虽然不是什么著名的药王，但基本的药理还是知道的。"

"减轻药的毒性，也是您亲力亲为吗？"

"是呢。"

"吃您的药都有哪些禁忌？"

"要禁食烟酒、绿茶、咖啡、格瓦斯等，饮食要十分注意。除此之外还要戒食鱼虾、飞禽、猪肉、辣椒、葱、大蒜等等食物。"

"这些正是我们常吃、常喝的东西呢，想戒很难。"

"为了病人的健康着想，无论如何都要戒才行。"

"您用的是什么方子？"

"这个我怎么能告诉你呢？是我爷爷传下来的秘方。"

"你可真行，连人家的药方都要打听。只要能治好你儿子的毒瘾，用什么方子又有什么关系？"陶古斯批评了她的爱人。

宝音图没有理她，自顾自地说："要是长时间住在你家，对你们来说也是负担呢！"

"费用我们出。怎么能白吃白住，还让你们白搭工夫呢！"陶古斯果断截住了她爱人的话。

"你俩不用说那么多！最主要的是要让他恢复健康，这是我们共同的愿望。你们两个又不是让儿子在我这儿住院，说那些没用的干啥？"格日勒巴图有些气恼道。

"这是什么话？一个大小伙子又吃又喝的，一住就是几个月谈何容易？要是几天也就算了，厚着脸皮还说得过去。我们这位要住多久谁又说得好呢？我俩对你们家而言，连一斗水的贡献都没有呢。因此无论如何都要出点力才行。不然我俩怎能安心呢？"陶古斯说得非常干脆。

"这件事上，您无论如何听我们的吧！"宝音图哀求道。

"要这么说的话，我要认朱乐巴雅尔做儿子。以后我就有朱乐巴雅尔、青巴雅尔两个儿子了。"格日勒巴图看了看在驼圈里忙碌的朱乐巴雅尔，笑了。

"行，行。只要他能好，是谁的儿子又有什么关系呢？"陶古斯大声说道。

"你要是有了朱乐巴雅尔这个儿子，那我就有了青宝鲁尔这个女儿了。"宝音图看向格日勒巴图意味深长地笑了笑。

格日勒巴图不明所以地看着宝音图，心想："他说的是啥意思呢？……"须臾才问："你的意思是咱俩要交换子女吗？"

"有啥不行的呢！"宝音图面带微笑顺着他的话说。

"你想得真够远的呢。"

"老话说了'老狼的心思在远处的黄羊身上'嘛！"说着三人哈哈大笑起来。

"你们家今年接了几只驼羔？一、二、三……"陶古斯刚开始数，却被格日勒巴图拦了下来："喂，牧人家的驼羔不能数啊！"

"有什么讲究吗？"

"我们这儿忌讳数驼羔。"

"哦，知道了。又学了一项新的乡俗。"

"这种乡俗连你们都不知道了，所以孩子们不知道也不足为奇了。"

"我们守久了城市的死角，竟把所有风俗习惯都给忘了。"

"这边水草很好，山上郁郁葱葱的，想必即将到来的是个丰美的夏天呢。"宝音图自顾自地说道。

"因为雨水好，红柳丛、梭梭树都早早地抽枝长出了嫩芽，使驼群觅食方便了许多。"

"天空晴朗，远山朦胧，牧区着实美呢！魁哥你当牧人真是赚了。要是像我俩一样钻进了城里，哪里还会有这么宽敞的牧场，满圈的骆驼呢？"陶古斯羡慕地说道。

"何必这么说。老天爷为每人安排了合适的路，大家都是遵从了命运而已。你们两个也都当了领导，过得也不比任何人差嘛。"格日勒巴图慢悠悠地边走边说。

……

他们三个一直聊着进了屋。青宝鲁尔倒好茶端给了他们，并用眼神示意父亲出来一下。格日勒巴图快速撂下茶碗走了出来。

青宝鲁尔站在厨房门口向他招着手。

"怎么了？姑娘。"格日勒巴图快步走去。

"爸，你快看看这羊都快煮烂了吧？"青宝鲁尔揭开锅盖给父亲看。

"哦，这个呀？"格日勒巴图拿起火剪擦了擦，给羊翻了个面儿。

"还没到火候吗？"青宝鲁尔问。

"用小火，慢慢儿炖着。你妈还没挤完奶，咱等等她。"格日勒巴图交代完便出了门。

驼圈里众骆驼的鸣叫声、咆哮声、冲撞声，以及主人的呵斥声，打破了傍晚的宁静。

"朱乐巴雅尔，把小白驼的母亲放过来！"楠迪玛喊道。

由于母驼们一窝蜂回了圈，使得挤奶的活儿没了头绪。好在朱乐巴雅尔守在圈门口，拦住了它们，再一个一个地放进去，才叫楠迪玛腾出手来能够从容地挤奶。

暴烈性子的大白驼翩翩来到驼羔旁喂奶。楠迪玛提着奶桶在边上等下奶。青巴雅尔准备拽驼羔，站在母驼的左侧。突然大白驼啪的一下举起前腿，扯着嗓子嗥叫了起来。

"哎哟！它怎么突然发起威来了？"楠迪玛惊道。

大白驼甚至都不想再给驼羔喂奶，翻着嘴唇来回冲撞。

"它一向很配合挤奶，今天抽什么风呢？"楠迪玛抚摸着大白驼试图让它安静下来，但一切努力都无济于事，大白驼仍然又踩又踢，翻着白眼愤怒已极。

"今天恐怕是挤不成了，青巴雅尔你去和朱乐巴雅尔换一下，它好像有点认生呢。"

"我也觉得它是见不得我，我快些躲开吧！"青巴雅尔说罢朝朱乐巴雅尔跑了过去。

青巴雅尔刚走，大白驼便安静下来开始给幼崽喂奶。

"真是执拗的畜生啊！刚还又踢又踹的呢，一见你过来他就老实了。这么看来我家的骆驼真是习惯你的照料了。"楠迪玛挤着奶说。

朱乐巴雅尔亲了亲小白驼的鼻子，对它说："小白驼认识我呢。不仅你认识，你妈妈也认识我了，是吗？"

"我抓不住的那些驼羔，却不会躲着你。骆驼这种动物虽然看起来高大笨重，但却聪明着呢。"楠迪玛抚摸着大白驼的脖颈感慨。

"人啊，总是这么贪婪。连你的母乳都要被我们从中截取，希望你能谅解。赶紧吃奶去吧！"朱乐巴雅尔将小白驼放回了它母亲身边。

"青巴雅尔，把扁峰驼放进来！"楠迪玛喊道。

最后一只长着细矮驼峰的黄色母驼，貌似胀奶得厉害，小跑着来到了驼羔身边。这只黄驼是扁峰驼下的羔，所以还叫扁峰驼。由于是第一次下羔，所以非常护崽。它基本不让人近身，有踹人的恶习。朱乐巴雅尔仍以扁峰驼命名了它的幼崽。今天是第一次挤扁峰驼的奶，因此需要拴起来。绳子的一头系在圈栏上，另一头系在扁峰驼的右腿上，再往前牵着走两步，只要绳子抻直了，它就能老老实实地站着了。

朱乐巴雅尔牵来驼羔，挨着它母亲的脑袋站定。扁峰驼时不时地闻着自己的幼崽，安静地反刍着。幼崽只要离开它的视线，它就会踢蹿着发狂，完全不让主人挤奶。因此必须要保证幼崽一直在它的眼皮底下。

楠迪玛和朱乐巴雅尔费了九牛二虎之力，总算挤完了扁峰驼的奶。楠迪玛解开绳索，提着奶桶回了屋。

青巴雅尔来到朱乐巴雅尔身边，问："还有没回来的母驼吗？"

"还有几只没回来，有的可能要到半夜才回来。"朱乐巴雅尔很得体地回答道。

"要是半夜回来，你还起来给捜驼羔吗？"

"我不用起来，叔叔和阿姨他们俩就能挤。"

"你住我们家习惯吗？"

"刚来的时候很难熬，跑了几次都没成功。你爸爸真是个有智慧的厉害人物，我从心底里佩服他了。现在我基本习惯了这里的生活和环境了。"

"我爸爸哪里让您这么佩服他呢？"

"他爱护自己一样爱护他人的心令我感到佩服。人家待你如同'放嘴里怕化了，放手里怕丢了'一般，你还要怎样？再怎么铁石心肠的人也会被他的爱融化啊。你的爸爸是我最好的朋友，他能给我以力量。我的生活里要是没有他们会怎样？我完全不敢想。"朱乐巴雅尔激动地说道。

"这次你要跟你父母回去吗？"

"我要是回去了，会想叔叔和阿姨的，也会思念小灰灰和巴萨尔。我要是走了，小灰灰该有多孤独啊？我也会没办法再见那些可爱的驼羔、青山里的岩羊群、细泉边的盘羊等。放骆驼也只能是梦里的事儿了……"

"那您干吗还要回去呢？一直在这边住着多好啊！"

"不知道我爸妈会怎么说，他们要是想带我回去呢？"

"只要你说愿意在我家待着，他们总不会强行带你回家。他们肯定会尊重你的决定的。"

"青宝鲁尔你俩，在家住多久？"

"我们要待到开学才回去。"

"这么说可以在家住一个多月了？"

"是呢。"

"太好了，一个多月都有伴儿呢。"

……

朱乐巴雅尔和青巴雅尔互相熟悉了，一直聊着进了厨房。

格日勒巴图正从锅里盛出全羊肉。朱乐巴雅尔从小到大第一次见炖的整羊，站在旁边好奇地看了会儿，问："叔，你怎么把羊整个儿煮了呢？"

"你没见过煮全羊吗？全羊必须要整个儿地煮呢！"格日勒巴图盛着滚烫的肉，时不时吹着手指。

"我从来没见过煮全羊，今天是第一次见。"

"那就看好了，说不准以后你也要为客人献全羊呢！"

"这么大怎么盛啊？"朱乐巴雅尔刚要叼一口肉。

"喂，喂，不能随便把手伸到全羊上啊，等礼节结束后才能拿起来吃呢。这是献给客人的最高规格的餐食，因此必须要注意礼节，要是出了纰漏会遭人笑话的。哪怕是客人吃的时候也有讲究，不能随便撕扯的。"

"啊，这么麻烦啊！那您快告诉我，装盘要注意什么？"

"这装盘的讲究可大了，首先必须要按活羊的结构装盘。羊腿的前头横着放胸椎骨，胸脯要倒扣起来放在羊腿的右侧，其他肉都要将带骨的那头朝上，顺着羊腿的两边并排放起来。羊腿上面还要横着放四根长肋。你好好看看，就像现在这样，记住了吗？要做一家之主的人必须得学会才行，日后献全羊的时候，就要让你装盘了。"

"我现在都分不清这些肉的名称和头尾前后呢，得让您好好教一教才行。"

"你只要想学，这些又有什么难的？只要摆一次盘就能学会。"

"像我这样的人，哪些肉可以吃，哪些肉不能吃呢？不要吃错了才好。"

"没有不能吃的肉。但是要先让长辈先动手，之后才能吃。胸脯肉、胸椎、肩胛骨等尽量别碰。这些都有专人给分。背后蕴藏的内涵，我以后再细细讲给你听。现在准备入席去吧！后面的规矩你亲自看一看就明白了。"格日勒巴图端起托盘出了门。

"好，知道了。"朱乐巴雅尔答应着留在了原地。

青巴雅尔听了朱乐巴雅尔与父亲的对话，好奇地问："你从来没吃过全羊吗？"

"别说吃了，见都没见过呢。你是不是吃过很多次？"朱乐巴雅尔反问道。

"每年正月，我们这边都会给客人献全羊。但是像我们这样的年轻人和小孩，从来不碰全羊，都是长辈给拿什么就吃什么。"

"是吗？不能自己拿着吃吗？"

"行是行，但是按照我们这儿的习俗，年轻人和小孩很少有伸手碰全羊的。"

"吃全羊可真讲究啊！"

"叫我俩呢，走吧！"青巴雅尔领着朱乐巴雅尔出了门。

蒙古包上首的正中位置，摆下了一张紫檀色的桌案，桌案中间放着硕大肥美的全羊。蒙古包上首右侧坐着宝音图和陶古斯，格日勒巴图、楠迪玛、青宝鲁尔依次坐在左侧。

"朱乐巴雅尔坐你母亲旁边，青巴雅尔坐到你姐姐身旁吧！"见青巴雅尔和朱乐巴雅尔走进来，格日勒巴图为他俩安排了座位。接着他拿出了一个厚嘴圆肚的瓶子，层层剥去瓶封，揭开了塞在像鸭颈一样细长瓶口里的塞子。

格日勒巴图将瓶里的酒倒进银杯，起身说："这是我珍藏了几年的驼奶酒。从小在一个沙坑里玩到大的两位挚友，今日光临到家，使我十分开心。在此我向二位献上最尊贵的第一杯酒。"

"原本应该由我来敬献谢恩酒的，如今倒是让你……"宝音图起身接过酒杯，祭献过天地，轻轻抿了一口就要把酒杯放回原处，却被格日勒巴图拦住道："哎？干了吧！驼奶酒一般不好找，珍贵得很呢。喝了吧，别客气！"

"您这真可谓琼浆玉液了，劲儿可真大。要是一口闷了它，恐怕我也要醉了呢！"宝音图盛情难却闭着眼睛喝干了杯中酒。

"说什么琼浆玉液呢？放干了倒是有可能呢！"格日勒巴图重新斟满杯子，敬了陶古斯。陶古斯象征性地抿了一口放回了酒杯。

"给咱朱乐巴雅尔敬一杯。"格日勒巴图拿起酒杯。

"我可喝不了，不用给我了。"朱乐巴雅尔没接。

"给孩子喝酒干啥？"楠迪玛从旁拦了下来。

"那就不给仨孩子喝酒了。"格日勒巴图将酒杯放在了宝音图跟前。

"这么一来，是要我一人喝掉这杯酒吗？"宝音图笑道。

"连瓶交给你了，要怎么喝你俩看着办吧！见到儿子你俩高兴坏了吧？楠迪玛我俩见到孩子们到来高兴得不得了呢。我那俩孩子也许久没回家了，想必也很想家。我的朋友能把孩子们顺道带回家，让两家人相聚在一处，令我十分高兴，所以特意备下了这桌家乡菜。我们这里没有城里那种煎炒烹炸的条件，还请大家不要见怪。来！老宝，为我们大家分肉吧！"格日勒巴图从精巧的银鞘里抽出一把小刀，将刀把递给了宝音图。

"我不太懂分全羊的讲究，要怎么分？"宝音图接过刀，懵懂地看着格日勒巴图。

"你既然不会，还跟会似的把刀接过来做什么？快把刀还给魁哥让他分吧！"陶古斯不好意思地小声批评。

"您来分吧！我真不会呢。"宝音图将刀还回去的时候脸红到了耳朵根。

"哎！说的什么话？这全羊是专门为你俩准备的。家主怎么能自己上手呢？没有这样的道理啊！"格日勒巴图不肯接刀。

"那就请你代我分吧！求你了。"宝音图起身双手奉还了刀具。

"连全羊都没分过，你这领导是怎么当的？"格日勒巴图开着玩笑接过了小刀。只见他在全羊的两边腰侧各划了三刀，又在羊背上交叉运刀，在尾部划了一圈，将肉片下来之后放在了全羊的前端。

"来，大家都别客气，拿肉吃吧！"格日勒巴图擦了手向后坐了。

"虽然吃过全羊，但从来没分过羊呢。这回学会了。"宝音图拿过小刀，贴心地为每个人切着肉。

"女客人为大家分羊胸肉吧！"格日勒巴图将刀递给陶古斯。

"哎呀，这如何是好？"陶古斯急忙起身接过小刀，熟练地在胸脂上窄窄地片下四条，给每人分了一点。

"接着由您刮胸椎肉。"格日勒巴图从盘里拿了一块儿胸椎递给了宝音图。

"'胸椎肉要刮着吃，心里话要悄声说'，是吧？"宝音图说着给大家刮分了胸椎肉。

"为了吃肩胛肉，我们都望着你呢！"楠迪玛说道。

"哦哟哟，哪能往肩胛上伸手呢？不敢当，不敢当。"宝音图擦了嘴向后坐了。

"别往后坐啊，多吃肉。"格日勒巴图拿过刀给大家分着肉。

宝音图斟了一杯酒，道："酒虽是你的，但敬酒的手指却是我的。您对我儿子视如己出，细心照料使其恢复健康，是我们家的大恩人。为了表示感谢，由我敬您一杯！"

格日勒巴图褪下袖子，接酒抿了一口就要送还。宝音图赶紧劝道："魁哥，您就干了这杯吧！"

"你知道，我是不喝酒的。"格日勒巴图又抿了一口放下了酒杯。

宝音图重新斟满酒杯，向楠迪玛敬酒道："用慈母之心关爱我儿子的嫂子，我用万分感激的心向您敬献一杯酒，请您喝了吧！"

"哎哟，您请坐。"楠迪玛起身整理了衣服，浅浅喝了一口酒，递还了酒杯。

这时，陶古斯也起身，说着"我也要表达心意"，往杯子里斟起了酒……

因为多喝了几杯，宝音图面红如枣，眼神发直。他迷迷糊糊地看向朱乐巴雅尔，借着酒劲发问："儿子，爸妈明天一早回家。你是想回去，还是想留下？"

朱乐巴雅尔目光轮流扫向格日勒巴图和楠迪玛，犹豫了很久，才说："我要是回去了，小灰灰会孤单地哀鸣吧？我也会想念小灰灰和巴萨尔的。"说完便低下头不再言语。

"那你就留在这儿吧！对你来说这个决定再正确不过了。魁哥和楠迪玛姐姐待你如亲生儿子一样，你也没什么可担心的。往后也许成了像魁哥一样老练的养驼人呢！谁说得准呢？"正中下怀的宝音图顺着朱乐巴雅尔的话说道。

坐在一边将心提到嗓子眼儿的陶古斯，终于安下了心。

"朱乐巴雅尔从小喜欢猫狗，是个特别心软的孩子。如今也是这份儿心让他留在这里呢。关心他的驼羔和狗都超过我和他爸爸了。与其和处成朋友的小动物分开难过，不如守在一起呢！我儿子长大了也懂事了，你做了非常正确的选择。爸爸妈妈会时常过来看你的。"陶古斯激动地说道。脸上写满了"儿子终于肯留下"的释然。

"我也不希望朱乐巴雅尔回去。我俩的感情像父子一样呢。母驼下崽的时候，剪驼毛的时候，朱乐巴雅尔帮了我不少忙。如今更是谁也不用帮忙就能看顾好那群驼羔。这种不要工钱的劳动力，谁又想放走呢？是不是呀，老伴儿？"格日勒巴图笑着看向楠迪玛。

"是呢，是呢。现在我爱朱乐巴雅尔同青巴雅尔丝毫不差。朱乐巴雅尔除了负责给我拽驼羔，还会给我提水担柴，是我的得力帮手呢。这么好的儿子，怎么能轻易让他回去呢？"楠迪玛看着朱乐巴雅尔笑着说。

"你俩恐怕要失去儿子了。我们家现在有朱乐巴雅尔、青巴雅尔两个像山一样的儿子了！"格日勒巴图打趣道。

"做谁的儿子又有什么关系呢？最主要的是不让父母发愁，做对社会有用的人。来到世上做一回人，咱总要做一些对大家都有益的事儿。"陶古斯给儿子讲着做人的道理。

"对，对。你妈说得非常对！"已经大醉的宝音图扯着沉重的脑袋，点了点头。

青宝鲁尔给大家盛了肉汤面。大家吃完收拾停当后，铺床叠被忙乎着睡觉。

楠迪玛、陶古斯、青宝鲁尔住在了蒙古包。青巴雅尔和朱乐巴雅尔住平房。格日勒巴图和宝音图铺下毡垫决定睡在外头。

夜空里繁星闪烁，四周万籁俱寂。偶尔吹过一阵微风，向大自然递送着驼圈里的气息。

被烈酒灌得头昏眼花，恨不能坐着睡着的宝音图，一旦出门见了风更醉了三分，倒在毡垫上便昏睡了过去。

清凉的微风轻拂着脸颊，把格日勒巴图的觉给吹散了。他给宝音图披了披被子，陷入了沉思：小时候，我们两个经常睡在一床被子里，如今都成老头子了，竟然又像小时候一样睡在了一起。人生真是不可思议，同我比起来，他有文化、有思想、有头脑，然而却十分遗憾地没有教育好自己的独生子。看来做合格的父母，与一个人是否有文化修养，是干部还是牧民都没有关系。

只有父母说的话、做的事最能影响子女的成长呢。所谓种什么树结什么果，做父母的从言语、行为上给子女做出好的示范太重要了……格日勒巴图盯着银河里密密麻麻的星斗思绪万千，不知过了多久，才渐渐进入了梦乡。

这一晚，格日勒巴图一家被戈壁的安详覆盖着，甜睡了一夜……

宝音图醒来的时候天已大亮，睡在身旁的格日勒巴图早已不知去向，连被褥都收起来了。宝音图因宿醉未醒，在被窝里躺了一会儿。可是没多久其他人都起来了，人来人往的，他也只好起来。他伸着懒腰打了个长长的哈欠，等睁开眼望向四周，远处的拴驼桩上喜鹊在鸣叫。几只灰雀叽叽喳喳挤在台阶下，翻着泥土寻找着什么。格日勒巴图和楠迪玛在驼圈里拴着驼羔，解着母驼。陶古斯像是刚起床，蓬乱着头发准备洗漱，往厨房走去。朱乐巴雅尔和青巴雅尔在井上打了水，用扁担挑着朝自己这边走来。青宝鲁尔从厨房出来，抱了一捆柴火又返了回去。宝音图看着这一切，不禁想：都说在牧区长大的孩子朴实勤劳，看来真是如此呢！如果在旗里，朱乐巴雅尔这时候还在睡大觉呢，绝不可能大清早起来挑水啊。这家的姑娘和儿子也随了父母，既勤快又懂礼貌。真是龙生龙凤生凤啊。我儿子在这儿住着，哪怕不能像他们一样上进勤劳，只要不再和城里那帮坏朋友混在一处就烧高香了。谁又说得准呢？也许成了这家的女婿呢！像青宝鲁尔这般漂亮又能干的儿媳，陶古斯我俩打着灯笼也难找啊。要是能慢慢地处出感情，那真是佛爷保佑呢……他越想越高兴，猛地从被窝里跳了出来。

早晨金黄的阳光，洒满了房屋和圈舍。驼圈里的驼鸣和人声嘈杂了起来。

格日勒巴图给骆驼饮完水，将它们赶去草场后走进屋来。看见宝音图和陶古斯正准备着出发。

"喂，你俩这是打算回去了吗？喝茶了没有？我们这边就是这样，一早起来就要和骆驼打交道。"格日勒巴图说着，把手里拿着的骆驼鼻拴夹在了蒙古包的支架上。

"喝过了。泡着昨晚的剩肉，美美吃了一顿。该出发了，明天还得上班。给你们添麻烦啦！"宝音图穿着外套说道。

"没什么麻烦的。倒是没能好好招待你们，有些过意不去呢。下次来多住些日子！"格日勒巴图去上首坐了。

楠迪玛从外头拿着东西进来，给陶古斯塞了两大片奶皮、驼奶酪以及装在壶里的酸奶。

"这是干啥呀？我俩又吃又住的，临走还要拿东西呀？怪不好意思的，谢谢啦！"陶古斯推阻着客气了一番收下了。

"不用谢。咱们牧民家里也只有这些东西了，别客气。"楠迪玛转身从架子上拿了碗，又要倒茶。

"姐，你不用倒茶了。您在外头忙的工夫我俩已经喝过了。我俩路不熟，得早点赶路要紧呢！"

"就算喝过早茶了，不是还有出发前要喝的上马茶吗？"楠迪玛取下碗布下了奶茶。

"儿子就留下了，哥哥、姐姐请收下一点心意。"宝音图手托一度长的蓝色哈达，上面压了一个沉甸甸的紫色信封，献给格日勒巴图。

"你这是干啥？"格日勒巴图没接。

"这是我俩的一点点心意，您就收下吧！"陶古斯在旁恳求。

"你俩不要这样！朱乐巴雅尔能好好康复是我们两家人的幸事，是多少金钱都无法衡量的。现在更重要的是，我们大家要更加关心他，让他有信心战胜自己。因此还请你俩多来看望儿子。虽然目前还有点隔阂，但久而久之就会惦念父母的。对人类而言，除了父母哪儿还有更亲近的人呢？"格日勒巴图诚恳地说道。

"是呢。如今我俩认识了路，以后必然会经常过来的。我明白多少钱也回报不了您的恩情，但多少能给您的家庭提供些助力。"宝音图将钱同哈达一齐放到蒙古包上首的柜子上，与陶古斯一起出了门。

"喂，喂！你这是干什么……"格日勒巴图追出去，他俩却跟没听见似的，头也不回地径直走到车旁坐了进去。

格日勒巴图和楠迪玛跟到了车旁。"朱乐巴雅尔，快过来！你爸妈就要回去了。"听楠迪玛呼唤，在井上饮驼的朱乐巴雅尔、青巴雅尔、青宝鲁尔一齐跑了过来。

"来，儿子。在这里要好好听叔叔阿姨的话，给家里多出点力。爸爸妈妈很快会再来看你，你有什么要带的吗？"陶古斯问道。

"没啥要带的。"朱乐巴雅尔犹豫了片刻，又说，"我的书柜里有几本外国文学，下次帮我带过来吧！再给我带些纸和笔。"

"好的，知道了。我儿子真是出息了呢。"陶古斯轻轻吻了儿子的额头。

"来！让爸爸抱抱。"宝音图下车一把搂住了儿子，朱乐巴雅尔下意识地向后躲了躲。

"在你小时候，我总是这样把你举起来呢！"宝音图说着便使劲举儿子却没举起来。

"你现在哪里举得动？朱乐巴雅尔举你还差不多。"陶古斯在一旁笑道。

"以后你要给叔叔阿姨端茶倒水、盖被叠褥，好好孝敬他们啊！像他们这样对你恩重如山的人再也没有了，知道了吗？"宝意图嘱咐着儿子，瞟眼一瞧，他正望着格日勒巴图和楠迪玛微笑着点头。

"对了，你那要修的手摇机呢？差点给忘了。"宝音图问格日勒巴图。

"啊，对，在井上呢。去，你俩去把手摇机抬来。"格日勒巴图扭头吩咐朱乐巴雅尔和青巴雅尔。

"不用，我把车开过去拉上吧！"宝音图说。

"很大个东西呢，不知道你的车子能不能装下？不会把这么好的车子给划了吧？小心点！"格日勒巴图担心道。

"装肯定装得下，就是得找个东西垫一下。"宝音图启动车辆的工夫朱乐巴雅尔也坐进了车里。

格日勒巴图回屋从支架上拿了垫车子用的毡片，到了水井旁。楠迪玛带着两个孩子过来给客人送行。格日勒巴图小心翼翼地把手摇机放进车子的后备厢，用毡片垫得严严实实。

宝音图、陶古斯和他们一一握手之后拥抱道别。眼看着就要上车出发，朱乐巴雅尔却坐在后座上没有下车的意思。于是人们的脸色发生了各种变化。宝音图和陶古斯面面相觑，眼睛都快冲到头顶，满脸"怎么办？"的意味。格日勒巴图不禁疑惑："他怎么突然就转变心意了？"楠迪玛和她的两个孩子却完全没注意到这些，仍聊着八竿子打不着的话题。

宝音图无计可施，只好给格日勒巴图使眼色，让他把朱乐巴雅尔叫下车。

　　格日勒巴图打开车门，语气温和地说道："朱乐巴雅尔，你要跟着爸爸妈妈回去吗？要是不回去就下车吧。你爸妈着急赶路呢！"

　　朱乐巴雅尔沉默了一会儿，说："如果不是在您家，我肯定要跟回去。因为你和阿姨、小灰灰、巴萨尔都在这里，我实在舍不得离开。不然的话……"他非常不情愿地下了车。

　　朱乐巴雅尔刚下车，宝音图和陶古斯二人立刻关上车门，飞也似的疾驰而去。

　　格日勒巴图他们，挥手目送一直到看不见车影。

　　朱乐巴雅尔像一棵树一样，一动不动地朝着车子离去的方向望了许久，之后一个人向屋后的沙梁走了过去……

十三

　　绵绵细雨下了一夜终于停了，天边逐渐泛白升起了七色彩虹。这景象像极了刚刚哭过的小孩，在含泪微笑。

　　被雨淋湿的驼羔们犯了调皮劲儿，各个噘嘴吐沫，夹着尾巴，顺着沙岗欢快地奔跑跳跃着。

　　朱乐巴雅尔出去放驼羔的时候，青巴雅尔和青宝鲁尔也一起跟着他。他们三个一来到了格日勒巴图每天早上都要光顾的沙梁上。雨后的沙土结块儿变硬，在上面竟然都踩不出脚印。青巴雅尔脱掉鞋子，光脚跑在细沙上，他抬头望望深邃的天空，深深吸了一口气，拿起树枝在地上写下了"大漠苍穹"几个大字。之后他开始在沙子上挖坑，喊道："姐，你看！这雨差不多下了有半个胳膊深呢。"说着把手伸进沙坑里给他们看。

"哎呀，还真是呢。干旱的戈壁总算下了一场透雨，这下入秋之前都不用担心干旱了。"青宝鲁尔也脱掉鞋子高兴地奔跑了起来。

"朱乐巴雅尔哥哥，快过来！"青巴雅尔叫朱乐巴雅尔的时候，他正有样学样地在潮湿的沙子上写着"大漠孤驼"。

"干啥？"朱乐巴雅尔问。

"咱们三个从不同的方向挖沙子，看谁最先挖到我立起来的这个沙堆上。"他指着面前刚堆起来的湿乎乎的沙堆说。

"好呀！"青宝鲁尔答应着就要立即开挖。

"姐，你等一会儿。我们三个一起挖，看谁最先挖到。最后一名要背着第一名走一百步。你们同意吗？"青巴雅尔兴奋地问。

"行！"青宝鲁尔爽快答应道。

朱乐巴雅尔听得云里雾里的，不明所以。就听青巴雅尔再次问："朱乐巴雅尔哥哥，你同意吗？"

朱乐巴雅尔只好同意，并说："一定要保证距离相等。"

"好的，用我的前臂量两臂的长度。"青巴雅尔给每人量好，便喊道："预备！一、二、三，开挖！"

他们三个像旱獭一样蹲在原地挖呀挖，结果青巴雅尔得了第一，青宝鲁尔第二，朱乐巴雅尔落在了最后。

"我输了，我背你！"朱乐巴雅尔说着就要背起青巴雅尔。

青巴雅尔却犹豫道："算了，第一次就不让您背了。"

"男子汉说话算数，这还是你定的规矩呢。来！"朱乐巴雅尔直接站在了青巴雅尔的前面。

"那我就不客气了啊，您可别生气。"青巴雅尔高高兴兴跳上了朱乐巴雅尔的后背。

朱乐巴雅尔光着脚背着青巴雅尔，踩着潮湿的沙丘往下走。双脚陷进沙子里，每拨一次脚都要摇晃着差点摔跤。青宝鲁尔站在身后，看着他们滑稽的样子笑得前仰后合的。

他们三个玩了一阵，走到沙梁顶上休息。

青巴雅尔堆了一堆干燥的沙子，抚平后用两根手指按出痕迹，问："你俩猜猜，这像什么动物的脚印？"

"咦？这不是小驼羔的脚印吗？太像了。你是怎么做到的？"朱乐巴雅尔十分好奇道。为了示范，青巴雅尔抚平沙子，重新按了一次驼羔的脚印。

看朱乐巴雅尔在反复模仿，青宝鲁尔灵机一动，握着拳在沙堆上轻轻按出五个指头印，问："这像什么？"

"这是小孩子的脚印，哎呀，好可爱！"朱乐巴雅尔转而又模仿起了青宝鲁尔。

青宝鲁尔和青巴雅尔又做出骆驼、牛、马、羊、狗等的脚印给朱乐巴雅尔看。

也不知是从小到大第一次光脚踩在沙子上玩耍的缘故，还是有其他喜事，总之朱乐巴雅尔非常高兴。他一口气跑到了沙梁的最高处，张开双手惊起飞鸟，震山撼野地呼号了几番。

"姐，朱乐巴雅尔哥哥今天尤其高兴呢，不知道他因为什么事这样开心？"青巴雅尔微笑着说。

"是啊，在这么美的大自然怀抱里，无论是谁都会激动吧！你不也一样光脚乱跑呢吗？"青宝鲁尔似乎不高兴地怼了弟弟。

青巴雅尔看了看姐姐，心想："是不是问了不该问的事情惹姐姐生气了呢？"于是为了缓和气氛，又补了一句："真是让人心旷神怡的好天气呢！"

朱乐巴雅尔从沙梁上下来，坐到了青宝鲁尔和青巴雅尔身边。他看了看青巴雅尔，突然感慨："你可真是个幸福的人啊！"

青巴雅尔丈二和尚摸不着头脑，问："什么？"

"你有这么漂亮的姐姐。我要是像你一样……"朱乐巴雅尔话到一半，长长叹了口气。

"您是独生子吗？"

"是呢，我没有兄弟姐妹，孤家寡人一个。"

"您很快就会找到另一半，生下孩子，创建属于自己的美满家庭。"

"唉！我的另一半还不知道在哪儿呢！但无论如何希望你的祝福能成真呢！"朱乐巴雅尔说完偷偷扫了一眼青宝鲁尔。

青宝鲁尔并没有听他们的谈话，自顾自地坐在一边扬着沙子。

青巴雅尔试图转移沉重的话题，诚恳道："听说您写过一首叫《大漠孤驼》的诗，可不可以读给我俩听呀？"

"是呢，是呢！"青宝鲁尔也来了兴致。

"我哪会写诗呢？只不过是齐头并尾写了几句话而已，还成不了诗呢！"朱乐巴雅尔有些羞涩地扭捏着。

"您就不要推辞了，比起我们两个来，您最起码还会'齐头并尾'呢不是？我俩别说写诗了，连诗是什么都搞不懂呢！"青宝鲁尔在一旁鼓励。

"你们两个不要取笑我了。一个是学校的老师，一个是研究生，怎么会不知道诗歌呢？你教几年级的什么课程？"朱乐巴雅尔问青宝鲁尔。

"我教八九年级的数学。"

"青巴雅尔你读的是哪个方向的研究生？"

青巴雅尔无奈地笑了笑说："建筑方面。"

"您原先也写诗，写文章吗？"青宝鲁尔再次问道。

"没写过，只是爱读一些文学方面的书刊。"朱乐巴雅尔起身望了望散在四处悠闲进食的驼羔。

"开始读您的诗吧！"青巴雅尔仍不肯罢休。

"那你俩不许笑话我啊！"

"怎么会呢？自己啥都不会还去嘲笑别人，哪里会有这么没道德的人呢！"青宝鲁尔为自己辩护。

"好吧，那我就读一读那首《大漠孤驼》吧！"

轻轻柔柔的细雨

丝丝缕缕地飘洒

浅灰色的小骆驼

在夏营地上玩耍

头戴花斑的笼头

性情活泼又可爱

背隆高耸的驼峰

行动聪明又调皮

又黑又亮的眼睛

眨呀眨地在奔跑

又细又长的小腿
闪呀闪地在跳跃

绸缎一般的柔吻
摸摸索索着细嗅
短小精悍的尾巴
甩呀甩地在狂欢

巍峨雄伟的山峦
随它的奔跑迁移
天真无邪的驼羔
鸣呀鸣唤来盛夏

青宝鲁尔和青巴雅尔认认真真地听完，青巴雅尔拍手夸赞道："这首诗生动描绘了驼羔，给您贺喜了。"

"真可以吗？"朱乐巴雅尔将信将疑问道。

"可以呢！对不懂诗的我来说好得很呢！"青宝鲁尔也表示了认可。

"大学者，在你看来如何？"朱乐巴雅尔满怀期待地看向青巴雅尔。

"在我看来，这首诗都可以做儿歌了呢！希望您坚持写作，这样就会越来越熟练，越能掌握规律，说不准不久之后会成为大诗人呢！"

"你是在取笑我吧！"朱乐巴雅尔有些生气地说。

青巴雅尔急忙道："哥，您可不要误会！我没有小看您的意思。相信我，您只要坚持不懈地练习，总有一天会取得成功。"

青宝鲁尔见朱乐巴雅尔瞬间黑了脸色，心头不禁一凛，心想这可如何是好？思索片刻后轻声说道："您真是天生的诗才，第一首诗都能写得这么好，更何况来日练成之后的作品呢？青巴雅尔期盼您以后做一个大诗人呢！绝对没有挖苦您的意思，您不要误会才好。"朱乐巴雅尔听了青宝鲁尔的解释，慢慢平静了下来。

青巴雅尔看了一眼他姐姐，不再说话，只在心中寻思：无端地自作聪明，差点儿点燃火药桶。幸亏姐姐救我……

"做不做诗人对我而言没什么要紧的。我只是把那些触动心灵，使我开心的事物变成文字记录了下来。我再无其他目标和梦想，只是混日子哄自己呢。因为没有人教我，所以我不知道自己写得怎么样，也不想知道。自己写的东西只有自己看，好坏又有什么要紧的呢？"说罢，朱乐巴雅尔起身，看着远处的山岚出神。

青宝鲁尔看出了他内心的震动以及因自卑而产生的气馁，安慰道："俗话说'龙生九子，各有不同'，每个人的性格、才能都不一样。正因此每个人的指纹都不一样呢。您不能代替我去教数学，我也不能像您一样写诗。我俩谁也不能替代谁。最重要的是，您不要嫌弃自己，做好自己擅长的事。就像您写的《大漠孤驼》，换作其他任何人都写不出来。这是专属朱乐巴雅尔的文学作品。世上再也找不到同样的作品呢！"

青巴雅尔听了很激动，没忍住插话道："姐姐说的对，您无论如何都不能有自卑的情绪。您身体健全，哪里比别人差呢？哪怕是眼盲、手脚残废的人都满怀信心努力奋斗呢。您有啥不可以的呢？只要肯努力就没有办不成的事儿，我相信像您这样有天赋的人，总有一天会取得属于自己的成功。"

朱乐巴雅尔静静听着他俩的话，时不时点着头。

"到饮驼羔的时辰了，咱仨收拢驼羔回去吧？"青宝鲁尔看了看太阳的方位说道。

"是呢，快走吧！醉心聊天差点忘了饮驼了。"朱乐巴雅尔快速拿起鞋，跑下了沙梁。

青宝鲁尔和青巴雅尔也提起各自的鞋，在朱乐巴雅尔身后追了下去。由于雨后天气凉爽，驼羔们不是很渴，还扎在沙丘间竞相进食。朱乐巴雅尔领着姐弟二人，在牧场上奔跑着，终于将所有驼羔聚拢起来赶回了家。

朱乐巴雅尔如今不需要任何人的提醒和指导，也能按部就班地完成每天的工作。今天有青宝鲁尔和青巴雅尔一起帮着放驼饮驼更使他感到高兴。饮完驼羔还要等它们消化吸收，完全凉快下来再去拴起来。之后没多会儿就会到傍晚挤奶的时辰。牧人家的生活如此日复一日地重复着。

格日勒巴图一家结束了一天的挤奶工作进了屋。楠迪玛和青宝鲁尔进厨房烧奶去了。格日勒巴图在屋外铺毡子坐下，听着收音机。

青巴雅尔搬了凳子到离家稍远的地方，说道："朱乐巴雅尔哥哥，天黑之前我给您理个发吧！"

"啊，太好了。"朱乐巴雅尔非常高兴地走了过去。

"您的头发好长，多久没理了？"青巴雅尔捋着他几乎可以梳成辫子的头发问。

"来这里之后叔叔也给我剪短过几次，只是最近没腾出时间。"

"我的理发技术可能不太好呢。"

"没事，给我剪短点就行。"

"您想留什么发型？"

"像我这样的人，还要求什么发型呢？你给我剃光了都行。"

"哥，我有些担心自己剪不好呢。"

"没事儿，在这荒无人烟的戈壁滩上，又有谁会看我呢？剪坏了也没事，最主要的是要剪短一些，大热天头发长了太麻烦。"

"是呢，今天我看了你的头发，都觉得热呢。"

"人们在一起总会互相影响的。"

"这就是所谓的'近朱者赤近墨者黑'吧！"

"这话说得太对了，我就是跟'墨水'掺和变黑的典型例子。"

"再黑的墨水也能洗干净。"

"有了叔叔和阿姨的帮助，我现在也慢慢有了些人样了。"

"在我看来您已经完全康复了，您真是个有毅力的人。能把那么可怕的毒戒掉，可不是一般人能做到的。"

"能恢复到现在这样全赖吃了叔叔自制的药和驼奶食品。"

"我爸给您吃了什么药？"

"我哪能知道是什么药呢？每天早、中、晚喝三顿。睡前喝的是个猛药，只要一喝下去，就会口舌发麻，昏昏欲醉。这个药隔一晚喝一次，平常也不放在我这，可能是怕我乱吃吧，每次都是叔叔亲自拿过来给我吃。吃这些药的时候要戒食许多食物。"

"都说驼奶食品好，您觉得效果怎么样？"

"据说可以解毒。我自从来到你家，几乎不间断地食用驼奶、奶皮渣子、酸奶奶酪、对乳稀释奶酪以及用乳清和面制作的点心等。显然它们对我的康复起到了非常重要的作用。"

"驼奶食品要是好，您就多吃点，我家有的是。"

"刚来时不习惯吃，每次都让叔叔逼着，有时还会吵架呢。"

"那现在呢？"

"现在已经习惯了，基本到了没有鲜奶和酸奶，就吃不下饭的程度。"

"您打算在我家住多久？"

"只要你们不撵我走，我准备一直住着。"

"这样一来，我就有个哥哥了！"

"我也觉得自己成了你们家的一员了。"

"您看看，怎么样？需要修哪里您告诉我。"青巴雅尔递来镜子，朱乐巴雅尔前前后后照了照，说："行，行，好得很呢。"说着掸去了身上的碎头发。

"您洗一下头吧！我去给您拿水。"青巴雅尔向厨房跑去。

"喂，我自己弄吧！"朱乐巴雅尔在他身后喊，可青巴雅尔跟没听见似的，跑进屋提了水壶和洗脸盆走了过来。

青巴雅尔像给小孩子洗头一样，帮朱乐巴雅尔洗了头。

"谢谢弟弟，有弟弟的人果然享福呢！不仅让弟弟理了发还让弟弟帮着洗了头。"朱乐巴雅尔十分高兴，反复表示着感谢。

青巴雅尔却腼腆地说："没啥，只要您对发型满意就行。"

"怎能不满意呢！脑袋轻了不少，很舒服。"朱乐巴雅尔拍了拍青巴雅尔的肩膀。

待他俩忙活完的时候，天边最后一缕阳光也已经隐退，黑夜悄悄覆盖了戈壁。

格日勒巴图一家吃完晚饭后准备休息了。一到夏天，格日勒巴图就有到屋外睡觉的习惯。或许是每天早起怕吵到家人，抑或是男人的幸福在野外，他就是单纯地喜欢在外头睡觉。只见他又从架子上拿下卷好的被褥铺到了外面。

"今天我要挨着叔叔睡外面。"朱乐巴雅尔从平房抱来被褥铺在了格日勒巴图的身边。

"屋里怪热的，我也跟你们一起睡。"青巴雅尔也从屋里抱来被褥铺在了格日勒巴图的另一边。

夜空里，十五的月亮像银盘一样明晃晃的。天地像要相连，头顶上闪烁的星群仿佛伸手就可以抓到。偶尔划过的流星，恍如落到了不远处。圈里的驼群悠闲地反刍着。驼羔挨挤着母亲淘气，被母驼驱赶着。巴萨尔应是听到了从远处传来的某种声响，有一搭没一搭地慵懒吠着。

躺在格日勒巴图身边的两位年轻人安静地看着星星。突然，朱乐巴雅尔打破沉寂道："叔叔，您说过这些星星都有名字，现在您把它们的名字指给我吧！"

"我说过吗？"格日勒巴图诧异地问。

"我刚来那天晚上，咱俩一起解手的时候说的，您忘啦？"

"好像有这么回事，我给忘了。你的记性真好！"

"能不记得吗？那天晚上是我有生以来第一次看到满天星斗呢。"

"这么多的星星哪能一一命名呢，我只把自己知道的几个指给你吧！"

"嗯，好的。我好好记一下。"

"爸爸，我也不知道星星的名字。您怎么从来没有教过我呢？"青巴雅尔显然有些嫉妒。

"你们仁不睡，聊啥呢？我也来凑凑热闹。"青宝鲁尔也来到了他们身边。

青巴雅尔兴奋道："爸爸要讲故事呢。"

"是吗？"青宝鲁尔到他们头侧坐了。

"这满天闪烁的星斗应该都有名字，可惜我只能叫出几个。有的你们应该也听说过吧！"

"我在书上见过一些，但却和实物对不上号呢。今天好好记一下。"青宝鲁尔说道。

"在我们正上方的，像河流一样聚集的众多星星叫天河，也叫银汉。位于它北边的并排的三颗星星叫参宿三星。勺子形状的七颗星星叫作北斗七星、曲拐七星、七佛爷、七老头，有各种不同的叫法。"

"我知道有关七老爷和参宿三星的故事，你们想听吗？"青宝鲁尔说。

"好，好，快讲。"三人异口同声答应道。

"很久很久以前，参宿三星原本有四颗星星。但由于参宿三星让天气变得极寒，导致生灵冻毙。七佛爷看不下去，就悄悄偷走了其中一颗星星。从此之后寒暑获得了平衡，人间变得气候宜人。七佛爷随着季节迁移，据说是为了躲避参宿三星的追缉。"

"这个故事我没听过，不愧是读书人，知道的就是多呢！"格日勒巴图欣慰地看着女儿。

"这么多星星我一个都不认识，自从来到这里才看到天上有这么多星星。也不知道我从前是没有看天的习惯，还是星星被挡起来了，总之从来不知道有这么多星星呢！"朱乐巴雅尔毫不隐讳地说着自己的过去。

"最亮的那颗星星是北极星。"

"常听人说北极星，原来是这颗星啊？"青巴雅尔细细地看着。

"西北方向一闪一闪特别亮的那颗星星叫长庚星。有些地方管它叫'馋嘴尼姑'。太阳落山,天还没完全黑的时候,它总是最先出来。"

"太好笑了,为什么要叫馋嘴尼姑呢?"朱乐巴雅尔笑着问。

格日勒巴图道:"这里边儿还有个故事呢。说很久很久以前,有一位贪婪的老婆婆,见家里有一条白肉,她想吃得不得了,可是家里人却一直没给她煮,搬家的时候丢进灰堆忘了带走。从那以后老婆婆变成了馋嘴尼姑,每天傍晚人们吃饭的时候,她总是第一个跑出来,眼巴巴地看着。"

"好新奇的故事啊。爸爸您还认识哪些星星?"青巴雅尔问道。

"你们都听说过黎明的启明星和傍晚的启明星吧?黎明的时候东南方最亮的叫启明星,傍晚的时候西北方最亮的也叫启明星。"

"是吗?我只知道黎明的启明星,却没见过傍晚的启明星。哪个是?"青巴雅尔望向天边寻找。

"应该在西方啦,大概是那颗比较亮的星星。"格日勒巴图指着西北天边的一颗星星说道。

朱乐巴雅尔有些失落地说:"我连清晨的启明星都没见过。"

"我知道,明天早点起来,我指给你看!"青巴雅尔保证道。

"头顶正上方聚在一起的七颗星星叫昴星团,南边的那两颗上下斜着的叫水曜星。你们看现在右边的那颗微微下倾,说明要下雨。不下雨的时候它们两个是齐平的。"

"那下不下雨,以后观察这两颗星就知道了。"朱乐巴雅尔非常认真地辨认着它们所处的方位。

"西北方向一颗连着一颗的六个星星叫狮子星。孩子们我知道的星星只有这些了。要是你们想了解更多,就去书本上找吧!"格日勒巴图整理被子准备睡觉。

"认识了很多星星呢。我睡觉去了,妈妈估计早就睡了。你们仨也早些休息,做个好梦。"青宝鲁尔起身回了蒙古包。

"姑娘,你也好好休息。"格日勒巴图在她身后说道。

"谢谢你,教我认识了这么多星星。"朱乐巴雅尔十分礼貌地道谢。格日勒巴图听了简直不敢相信自己的耳朵。"他刚说了什么?"格日勒巴图不禁有些吃惊,心想:"我认识他这么久,还从来没听他说过'谢谢、感谢'之类的话语,今天怎么突然说起了这么奇怪的话?不过这话听着真让人舒心啊,谁不爱听好听的话呢。俗话说'鼓励摔倒的人,与其给糖不如打气',一句鼓励的话可以让一个人站起来,一句打击的话也可以使一个人倒下去。这么想来我们的话语里蕴藏着多么强大的力量啊……"

"几个月前随口说的话你都记得,记性真好,年轻就是好啊!在外面睡觉感觉如何?凉快吧?"格日勒巴图问道。

"凉快又舒服呢,只是我从来没在外面睡过,觉得有点害怕。"朱乐巴雅尔朝格日勒巴图挤了挤。

"除了昆虫,我们牧区没有什么可怕的东西。你放心睡吧!"格日勒巴图没多会儿就打起了呼噜。

朱乐巴雅尔唯恐从某个角落里突然蹿出来一只野兽,紧张的情绪使他汗毛倒竖。他用被子将头蒙起来,可是又憋闷得喘不过气,只好再把脑袋探出来。凉爽的风微微吹拂着,驼圈里传来轻微的反刍声。朱乐巴雅尔没有一点睡意,但听到沉睡中父子二人均匀的呼吸声，他的心安稳了许多。朱乐巴雅尔盯着深邃的夜空，口中不停重复着"天河、北极星、七佛爷、馋嘴尼姑……"等星宿的名称，像温习功课的孩子一样，想把它们牢牢记住。如此过了一阵，他不仅没困，反而更精神了。他在被子里辗转反侧，甚至想把被褥抱回平房里去睡，可是转身看见格日勒巴图父子两个睡得那么香，他又有些羡慕和不甘：人家可以睡，我有什么不能睡的呢？一直躺着总会睡着吧？要是一直不困，我干脆瞪眼到天亮，正好看一看启明星。他下定决心继续盯着夜空躺了很久，仍没有睡着，脑子里却莫名蹦出了许多不愿想的事。

　　我真的可以完全摆脱掉可恶的毒品吗？要是哪天碰见了城里那些朋友，我能躲开他们吗？肯定可以的。想想刚来时候的样子吧？毒瘾一发作，浑身骨节就会断裂了一般疼痛，鼻涕口水混在一起，全身肌肉痉挛，牙关锁紧，不就是个活死人吗？不仅如此心中还会升起万丈怒火，仇恨像烟瘴一样蒙蔽心智，恨不能毁灭掉身边的一切。在那样的时刻，是叔叔他豁出命来救我的呀。他们两口子真是被我折磨够了，他们二人那种为了他人宁愿牺牲自己的大爱是从哪里来的呢？我虽然在这里住得很舒服，但真的可以厚着脸皮一直住下去吗？总有一天会回去的，到了那时我该怎么办？做什么事养活自己呢？要让爸爸妈妈养我一辈子吗？那怎么可以呢……唉，算了，我从来不喜欢想这些事情。罢了、罢了，还是青巴雅尔说得对，我又不是缺胳膊少腿、眼盲耳聋的人。哪怕是有残疾的，不也有很多人建立了自己的家庭，生活得像健康人一样幸福吗？更何况我身体健全，又有啥不可以的呢？我一定要把浸满毒品的旧衣服完全摒弃掉，做一个崭新的人。那一天一定会到来的……朱乐巴雅尔这般胡思乱想着，终于睡了过去。

十四

天蒙蒙亮，格日勒巴图便起身穿衣将被褥卷起来，收到了架子上。之后他直接来到井边，在水槽里洗了脸，按习惯走向了屋后的沙梁。格日勒巴图顺着自己常走的路来到了沙梁顶上。清晨的金色霞光闪耀着揭去了夜幕。格日勒巴图不由自主地张开双臂，高声呼唤："大漠苍穹！"他闭上眼睛口中念念有词，许久才抬起眼帘望向了远处。在黎明金灿灿的阳光里，青山头的众山峦在雾霭中若隐若现。一阵潮湿的风迎面吹来，令格日勒巴图心旷神怡。他解开衣襟深深吸了口气。格日勒巴图沿着沙脊线悠闲地走着，又时不时站定放眼看一看远近左右。突然从家的方向传来了巴萨尔的吠叫声。格日勒巴图压住呼吸竖耳倾听，远处隐隐约约有摩托车的声音。他将信将疑把耳朵贴在地面上听了听，果然有摩托车从远处驶来。

大清早骑着摩托车来我家的会是谁呢？难道是朝克巴图？恩和娜仁的预产期就在这几天呢……想到这儿他快速走下沙梁，向家里奔去。

摩托声越近狗吠得越发厉害，惊起了圈里的骆驼，打破了清晨的宁静。还不等格日勒巴图走到家门口，骑摩托的人已然拖着一道白烟疾停在了门首。不等格日勒巴图迎上去，那人已经丢下车往这边跑了过来。

"魁哥好！"那人慌忙问安，来者果然是朝克巴图。只见他头脸、衣服上全是土，就像刚从地底下爬出来的一样无法辨认。

"好好，你路上还好？怎么这么早？出了什么事？"格日勒巴图担心之余连续发问。

"恩和娜仁的肚子开始疼了,奶奶说胎位有点偏,让我快些过来叫您过去呢。因此我半夜就出来了,结果路上车子坏了,一直耽误到现在。"朝克巴图气喘吁吁,断断续续地回答着。

"是吗?那赶紧走。"格日勒巴图说着跑进了屋子。

"爸爸,谁来了?出什么事了?"青宝鲁尔从被子里探出脑袋问。

"是你朝克哥哥,说他媳妇要生了,我得过去一趟,你帮着妈妈照看好骆驼。"他一边交代一边拿起药箱和医用服装出了门。

"知道了,您路上慢点!"青宝鲁尔在他身后喊道。

在厨房里忙碌的楠迪玛,出来见了朝克巴图,并把他邀进屋里递了茶。朝克巴图接过了热茶却坐立难安,哪里还有心思用茶?这时朱乐巴雅尔睡眼惺忪走进屋里问:"阿姨,叔叔要去这位哥哥家里吗?我可以跟着吗?"他像个小孩子一样揉着眼睛问。

"你朝克哥哥的爱人要生小孩,你叔叔要去接生。你跟着干啥呀?"楠迪玛显然不同意。

"我想去这位哥哥家里看看。"朱乐巴雅尔可怜巴巴地坚持要去。

"你不是去过一次吗?"

"那次别说看东西了,连眼睛都睁不开呢。"

"那你去问问你叔吧!看他能不能带你。"

"叔叔在哪儿?"朱乐巴雅尔高兴地蹦了出去。

"在仓库里给摩托车加油呢!人家媳妇生孩子,你去添什么乱呢?"楠迪玛无奈地摇了摇头。

朱乐巴雅尔刚到仓库门口，就见格日勒巴图推着摩托车走了出来。

　　"诶？今天你怎么起得这么早？"格日勒巴图惊奇地问。

　　"你们吵得我没法睡了，索性就起来了。我要跟着您一起去。"

　　"你说啥？"格日勒巴图以为自己听错了。

　　"我过来找您，是想跟着您一起去呢。"朱乐巴雅尔坚定地答道。

　　"你知道我要去干啥吗？"

　　"知道啊，阿姨告诉我了。"

　　"这可真是应了那句'下水的时候，狗子多余'的话呢！我去接生，你跟着干啥呀？"

　　"我以前不想跟着您的时候，您不是硬要领着我吗？今天就当是那个时候，您带着我吧！"朱乐巴雅尔坚定地表达了自己的想法。格日勒巴图听了之后没再啰嗦，直接说："那你赶紧去穿衣服，咱们现在就走。"

　　"哎！"朱乐巴雅尔高兴得像个孩子一样，转身跑了。

　　格日勒巴图推着摩托车来到厨房门口，喊了一声朝克巴图，对方一听到声音一跃跑了出来。

　　"喂，等等！喝一碗茶再走。我就知道你会这样，早给你凉了一碗茶。再把这块儿奶油饼吃了吧！"楠迪玛一手端着装满奶茶的银碗，一手拿着巴掌般大小滴着稀奶油的饼走了出来。她像喂小孩一样把食物递到格日勒巴图的嘴边，他接过后一口气喝干奶茶，又将奶油饼塞进嘴里，骑上了摩托车。

　　"朱乐巴雅尔说要跟你去呢！"楠迪玛提醒道。

　　"偏要去，那就领着吧！"格日勒巴图嘴里嚼着饼，含混不清地说。

"哎呀！那他也没吃东西，饿着肚子呢！"楠迪玛急忙跑回了厨房。

格日勒巴图启动了摩托，喊："朱乐巴雅尔，你去不去了？我要走了啊！"

"去！去！"朱乐巴雅尔穿着衣服从平房里跳了出来。

"朱乐巴雅尔，把药带上。这些你路上吃。"楠迪玛跑过来递上了用袋子装着的药品、几片酸奶干以及奶油饼。

朱乐巴雅尔快速跑过去拿上后，道了声："谢谢阿姨！"一跃坐上格日勒巴图的摩托，出发了。

"朱乐巴雅尔哥哥，你看见启明星了吗？"青巴雅尔刷着牙问。

"忘了，等回来后你指给我看。"

天空被火一样的霞光染得通红，金色的太阳正在冉冉升起。格日勒巴图和朝克巴图在朝阳下骑着摩托，喷吐着白烟疾驰而去。

楠迪玛领着姑娘和儿子，在他们身后祈祷着，一直到看不见才走进厨房。

朝克巴图家的屋外，被拴起来的母驼在桩上转圈，驼羔们在驼圈和水井之见来回奔跑着玩耍。驼栏里没有人影，仿佛像旷野一般冷冷清清。

达里苏老人拄着拐杖走出蒙古包，站在驼圈旁手搭凉棚，朝着线一样细长窄白的小路久久凝望。眼皮下垂几乎挡住大部分视线的干瘪的眼睛里早已蓄满了泪水。她一遍又一遍地用袖口擦去泪水，继续望着远方。她看了很久，仍不见朝克巴图回来，只好转身进了屋子。

房屋的西侧腾出一块儿空地，铺下干羊粪，上面垫了两层毡子。恩和娜仁正躺在那里打盹。在达里苏老人的床上，乱糟糟的棉被底下，小杭盖正探出驼粪蛋儿似的小脑袋在甜睡。

达里苏老人频频望向门口，倾听着外头的动静。摩托要是没出毛病，这会儿早该回来了。这种铁做的车子快是快，但一旦闹起毛病，还不如步行快呢。千万别出啥事儿啊！刚给她揉了揉，貌似疼痛缓和了一些。可怜的孩子，疼得一晚上没能安生。唉，就怕折腾太久，把力气都用光呢。这时候哪怕能睡上片刻也是好的。一会儿等她醒了给炖点肉汤喝喝。现在动锅铲恐怕会吵醒她呢！屋子有点冷，我往灶上多添点火吧，屋子暖和了，或许能让她多睡会儿……达里苏老人强压着自己忐忑不安的心，轻轻打开炉盖，加了两块儿干牛粪。

达里苏老人为了不吵醒睡着的母子二人，缩着身体一声不响地坐着，那样子像极了在雨中肃立的老马。

太阳光照射毡壁顶端的时候，突然传来了摩托车的声响。格日勒巴图和朝克巴图将摩托车远远停在了门口外边。他们一路听着屋里的动静疾行到了门口，发现没有任何声音，急忙进了屋。朱乐巴雅尔不明所以，跟在后面一齐进了屋。见恩和娜仁疼得翻来覆去，朝克巴图拽着朱乐巴雅尔的衣袖，把他带了出去。

"老太太好！"格日勒巴图轻声问安。

"好，路上顺利吧？"达里苏老人压低声音问。

"怎么样了？"格日勒巴图走近恩和娜仁问。

"疼得越来越厉害了。"恩和娜仁咬着牙勉强回答了他。

"她夜里遭了大罪，我看着胎位好像有一点点偏。黎明的时候我抹着油给稍微按摩了一下，才让她稍微睡了会儿。"达里苏老人详细汇报着情况，给格日勒巴图倒了一碗茶。

"我一路悬着心过来的，既然您给按过了，那胎位肯定就正过来了。"格日勒巴图稍感心安，端起瓷碗喝了一口茶。

"这一夜，我也是坐卧不宁。大部分孩子都是黎明时候出生，我担心她也在那时候生出来，让我手足无措呢。五更天的时候人的全身肌肉都会放松，是人体最柔软的时候。因此，大部分孩子都会在这时候出生。现在见你来，我就安心了。压在心头的大石头仿佛被人搬开了一样，透亮了许多。这一晚把我担心得够呛，心脏突突着，连茶都咽不下去了，唉……"达里苏老人长长出了一口气，抽动着没有牙齿的嘴唇，总算端起了装有奶茶的木碗。

恩和娜仁的嘴唇都已干透，脸憋得通红。见她挣扎着要起身，格日勒巴图上前一把扶了起来。

"你要出去解手吗？"格日勒巴图问道。恩和娜仁轻微地点了点头。格日勒巴图将她扶出门口，叫来朝克巴图，让他搀着去解手了。

格日勒巴图进屋后问："婴儿的褓褓、眼下要用的纸巾等都买全了吧？"

"都有了，恩和娜仁早就准备好了。你看，都在那儿呢！"达里苏老人指着一旁的包裹说道。

"不像第一次生娃抓瞎，恩和娜仁又是个细心的人，想必都已经买全了。"

"我这个孙媳妇想事情想得长远，是个耿直善良的好孩子啊。"

"人的性格也能预示产程，这一点老太太也知道吧？"

"确实有这么回事。有些急性子的人煮茶的工夫就能把孩子生下，有些慢性子的人会几天几夜地折腾呢。"

"恩和娜仁第一胎生杭盖的时候，好像也没受什么罪，很快就生了吧？"

"是呢，也是在我这儿生的。早上把骆驼放出去后开始疼的。那时候我气力还可以，勉强还能接生。但为求万全还是叫朝克巴图去请你了。记得那次她是半夜生下的杭盖。"

"恩和娜仁这一胎也会很轻松的，等她进来后我给看看。瞧她样子还不到时候呢，可能得到傍晚的时候，您不要太担心。"

"所谓出生知运道，八字定天命。都说生辰关乎小孩的命运，看来这一胎也是在等你接生呢。"

"要是真有这种缘分，那也是我的荣幸。再也没有比迎接新生命来到这个世界更美好的事了。"

"是啊，和新生命结缘不是谁都能有的幸运。所以也有人说，小孩长大后会随给他接生的人的性格呢！"达里苏老人喝着酽茶说道。

"我也听说过这种说法，是真的吗？"格日勒巴图一边问，一边为恩和娜仁整理着床铺，又给铺了一层隔尿垫。

"不是所有孩子都随，但偶尔也会有一两个。"

"老太太您接生了那么多小孩，有随您的吗？"

"有呢，有好几个父母跟我说过，他们家的孩子随了我的性格，从来不知道生气呢！"

"这么说来，或许也有小孩随了我的坏脾气呢！"

"怎么会挑不好的学呢？肯定会挑好的方面学的。"

……

反复袭来的阵痛，使得恩和娜仁连解开裤带的力气都没有了，她咬紧牙关死揪着丈夫。朝克巴图为自己不能分担爱人的痛苦而感到难过。无计可施的他，为了给爱人带来哪怕一丁点的安慰，用劲抱住她的肩膀，亲了亲她的后脑勺，可是恩和娜仁哪里还顾得上这些。朝克巴图像照顾小孩一样，半扶半搀着帮爱人解了手。之后依着爱人的方便一步一步挪到门口，用手扶着她的脚，一只一只迈过门槛，总算挨近床铺躺下了。她的嘴因为痛苦而变得又干又燥，两片唇像涂了墨一样黑紫不堪。

"唉！可怜的孩子嘴都干了，快把这个拿给她喝。"达里苏老人递给了朝克巴图一碗茶。

朝克巴图将爱人扶坐起来，喂了些茶。

"我煮了点肉汤，不知道能不能喝得下？"达里苏老人又给朝克巴图递了一碗肉汤。

恩和娜仁勉强喝了几口，全呕了出来。

"好像肉汤味让她反胃呢，吐多了反而会乏力。"格日勒巴图在旁说道。

"是啊，先不喝了。起反作用就麻烦了。"

格日勒巴图对朝克巴图说："你让她躺下，我看看。"

格日勒巴图戴上了接生的时候用的口罩以及像纸一样薄的医用手套，稍作检查后说："胎位很正，宫口开了两指。胎儿降下来很多了。羊水多的人生起来都比较容易，你的羊水也很多，会很容易生下来的。"

"太好了，懂的人总是大不一样呢。我就是瞎猜，哪能像你看自己掌纹一样说得清清楚楚呢。"达里苏老人终于松了口气。

"你爱人还不到生的时候，你既不能分担她的痛苦，坐在这儿也是干着急，不如去把骆驼放了，忙忙外面的事儿吧。"格日勒巴图对朝克巴图说。

"您来了，我就放心了。那我出去放骆驼。"朝克巴图说话间就要出门。

"有老太太在恩和娜仁身边守着就行，我和朱乐巴雅尔也去帮帮你。"格日勒巴图也和他一起出了门。

太阳已升得很高，驼圈里晒发的驼粪散发着刺鼻的味道。误了时辰还被关在圈里的骆驼，仿佛向主人诉苦般呦呦哀鸣着，急不可耐地在桩上打着转。

朝克巴图忙着抓驼羔，在驼圈里跑得汗流浃背。他们家今年接了二十多只驼羔。由于平常都是恩和娜仁负责挤奶、拴驼羔，因此有些认生的驼羔根本不让朝克巴图接近。朱乐巴雅尔为了协助他也在圈里拼命奔跑着。

"怎么样？驼羔都拴好了吗？"格日勒巴图来到围栏边问。

"有几个认生不听话的，不肯被我捉住呢！"朝克巴图郁闷地说。

"一旦没了女人帮忙，臭男人们就会这样奔波受罪呢！唉，去拿绊绳来，咱们合力把它套住！"

"追着这几个野畜，时间都给耽搁完了，不然母驼早就放出去了。拜它们所赐母驼都快饿成干儿了。"朝克巴图从圈栏上拿来绊绳，自己拿了一头，让格日勒巴图扯住另一头，连扯带拽地总算拴好了全部驼羔。母驼们一被解开都小跑着到了井上，胡乱喝了些水便朝牧场走去。

朱乐巴雅尔不知道该干啥，正无所事事在门外瞎晃。格日勒巴图看出他的无聊，叫道："朱乐巴雅尔，过来！"

朱乐巴雅尔开心地朝他走来，格日勒巴图说："你跟我来，还真来对了。"

朱乐巴雅尔愣了一下，问："为什么？"

"今天，这家人少了劳动力，恨不能拿木头当人使呢！我看你挺悠闲的，正好他们家没人放驼羔，干脆你领了这项任务怎么样？"

"朝克哥哥自己不放吗？我不认识他们家的驼羔，地方也不熟悉，没办法放啊？"他想推托掉。

"你没见朝克巴图的活儿比他头发还多吗？他哪里来得及？做人就是要互相帮助，才会有朋友啊。自私自利、只顾自己的人通常都不会合群呢！正所谓'雪中送炭'，关键时候才能看出一个人的品性。你看看你的朝克哥哥，是怎样被千头万绪的工作搅得焦头烂额的？他从昨晚到现在没合过眼、没吃过饭，要是这样的时候都不帮忙的话，做邻居有什么意义呢？再说了，他们家的驼羔比咱家的少，牧场应该也不远。你只要远远看着，不让驼羔和母驼跑到一起就好了。到了喝水的时候，这些驼羔自己就跑回来了。"看格日勒巴图态度坚决，朱乐巴雅尔也没敢再说什么，硬着头皮应下了差事。

格日勒巴图帮着解开了系在桩上不耐烦的驼羔，它们翻着脚掌狂奔，一会儿便不见了踪影。朱乐巴雅尔应付差事似的，慢悠悠跟在后面。格日勒巴图望着他的背影看了许久，坏笑着回了屋。

朝克巴图将母驼赶进草场回来，发现驼羔都不见了。他想：必是魁哥撵出去吃草了，真是个热心的人啊。如今的人都自顾自地在忙，只有我这位邻居大哥在为别人奔波呢！怎样才能像他那样为了他人，忘我付出呢？他寸步不离地照顾那位年轻人，已然让他步入了生活的正轨。朱乐巴雅尔再也不会被人小瞧了，如今都在帮助别人了呢。有时真的无法判断一个人的好坏，再不好的人也有如破鼻涕布一般被洗白的一天呢。老话说的'江山易改，本性难移'，或许也有不对的地方？由于魁哥死活不肯放弃，朱乐巴雅尔才有了现在的长进。要是换作别人会像魁哥这样吗？恐怕早就送回他父母那儿了。朱乐巴雅尔真如他的名字那样幸运呢！他要是没来这里，现在又会是什么样呢？我想只有魁哥能够开启他的心智，使他前途光明。像魁哥这样愿为他人付出一切的人太少了，对我也是山一样的依靠呢。今天魁哥要是没来，我又该怎么办呢？风烛残年的老人、咿呀学语的幼儿和我，要怎么给恩和娜仁安全接生呢？现在有哥哥在这里，我爱人肯定会平安顺产的。因此我也不能只顾着自己，一定要想办法回报这份恩情……他一路沉思来到了家门口。

达里苏老人扶着孙媳妇的额头，在给她擦汗。由于行动不便，她老人家用手撑着在来回移动。她看孙媳妇这般痛苦，心下不安，嘴里不停地念叨着什么。小杭盖走到妈妈身边，看到妈妈疼到扭曲的表情，不知是害怕还是心疼，抱着妈妈将小脸贴在妈妈汗透的面颊上哭了起来。

"哎哟宝宝！不能坐到妈妈肚子上，妈妈肚子疼呢！"达里苏老人拉过杭盖，用苍老的手指给他擦着眼泪。

这时格日勒巴图在一边招呼道："过来，来这边。我给你糖吃。"说着从衣兜里摸出了两块儿彩纸包装的糖果。杭盖奔着糖跑了过去。

朝克巴图一进门便询问："怎么样了？"他坐到爱人身边，

握住了她的手，帮爱人梳理了被汗水浸透的头发，为她擦拭着顺着脖颈向下流淌的汗珠。

"现在疼得越来越厉害了，宫口已经开了五指，胎儿已经完全降到了盆腔。你放宽心，要是你太过紧张也会影响到产妇。有平安顺产第一胎的经历，这次也不会有事的。"格日勒巴图尽力安慰着。

"听说城里人生孩子的时候会吃巧克力补充体力，我很早的时候也备下了一块儿，想着恩和娜仁生孩子的时候给她吃。您说在她最吃力的时候给她吃一口怎么样？会不会真有帮助呢？"朝克巴图说着从兜里掏出了一块儿用报纸层层包裹的巧克力。

"这个时候恐怕吃不下东西，不过你喂她嘴里试试吧！巧克力这东西一进嘴里就化了，也许有点用呢！"格日勒巴图说道。

朝克巴图掰了一小块儿巧克力放到了恩和娜仁嘴里。恩和娜仁却根本无暇理会，咬着牙拽扯着丈夫。

杭盖可能是想黏着母亲，抑或是母子连心感受到了她的痛苦，哭着就要钻进母亲怀里。格日勒巴图赶紧拦住抱了起来，结果却触到了小家伙的逆鳞，他张开嘴便大哭起来。

"孩子吓着了，你赶紧把他抱出去！"达里苏老人对朝克巴图说。

"儿子过来，跟爸爸骑摩托车去。"朝克巴图将儿子抱了出去。

恩和娜仁眼见更加痛苦了些，伴着一声声呻吟，脸像吹起来的皮球一样憋得通红。朝克巴图在屋外听到爱人痛苦的呻吟声，心肝被猫抓一样难受，差点没哭出来。杭盖却一心只想骑摩托，拉着父亲往外奔。

格日勒巴图跟出来，说："你给我找根绳子，我做禁止符挂起来。"

"哦，对。我只顾着忧心，把禁忌都给忘了。"朝克巴图从他处找来了钉子和缰绳。

格日勒巴图在门右侧的蒙布上系牢了缰绳的一端，将另一头抻直后绑在了插进地里的钉子上。这就是所谓的禁止符，禁止任何人进入屋内。

"朱乐巴雅尔放驼羔去了，回来后千万别让他进屋里来。他可不知道这些规矩，有可能直接跑进来呢。如今饮驼、拴驼羔他样样都学会了。今天偏要跟来，倒也帮了不少忙。真是'打蛇的时候递棍子'呢！"格日勒巴图笑道。

"是呢，现在的我恨不能用拴驼桩变个人出来帮我干活呢。没想到帮忙的人竟然自己来了，真是太好了！"朝克巴图无比感激道。

"恩和娜仁太能忍耐了，那身筋肉结实紧致，几乎全是肌肉。"格日勒巴图不禁惊奇道。

"一天到晚干重体力活的缘故吧！唉，可怜的。"朝克巴图很是心疼自己的爱人。

"好了，我得进去了。"格日勒巴图转身进了屋子。

火红炙热的太阳渐渐西斜，温热的风阵阵吹来，让人脸颊发烫。朝克巴图背着儿子在水井、驼圈、房屋之间来回奔波。他时不时到门口倾听，但除了他爱人的痛苦呻吟之外别无他声。朝克巴图实在不忍心再听这折磨人的声音，稍站片刻便蹙着眉头走开。

朱乐巴雅尔显然热坏了，只见他满脸疲惫，将外套搭在脑袋上，迈着沉重的步子回来了。朱乐巴雅尔舔着干燥的嘴唇，迫切地想喝一口凉茶，于是径直朝着达里苏老人的蒙古包闯了过去。

"喂，不能进那屋！"朝克巴图站在自己家门口喊道。

朱乐巴雅尔不知道为什么不能进，奇怪地愣在原地。

"那屋不能进，挂了禁止符。你来这边！"朝克巴图刚说完，从屋里传来了女人痛苦的叫喊声。朱乐巴雅尔猛然间听到这声音简直吓坏了，急忙离开门口来到了朝克巴图身边。

"您爱人到现在还没生吗？"朱乐巴雅尔简直不敢相信。

"还没有，好像快了。喊声越来越大了。"朝克巴图烦闷到了极点，根本无法站定，来回踱着步。

"您刚才说挂了禁止符，那是什么东西？"朱乐巴雅尔用探究的语气问。

"你看见那边蒙古包上系着的绊绳了吗？那就是禁止符。只要挂了这个，就说明外面的人不可以进去。城里的话是不是门上系块儿红布？"

"噢——挂根绳子原来是这个意思，我之前没听说过，这方法非常好。"

"以前我们这里别说女人生孩子了，哪怕是骆驼下羔也不让人乱走动呢。那种禁忌如今已经消失了。禁止人们乱走动是为了保护新生儿不受干扰和伤害。我们牧区类似这样的传统风俗有很多。"

"是，我来这边学了很多东西呢。请问你们家有水吗？我渴得嘴里快冒烟了。"朱乐巴雅尔说着跑进了屋子。

"今天出奇地热。"朝克巴图从壶里倒了一碗凉茶，朱乐巴雅尔像渴透的牛一样猛然喝下，却不料呛到肺眼，将茶从鼻孔里咳了出来。

"慢点喝，呛坏了可不得了。"朝克巴图为朱乐巴雅尔拍着后背说。

然而这边的动静，却惊醒了正在睡觉的小杭盖。小家伙哭哭啼啼的很不高兴，朝克巴图哄了半天，他也不肯再睡，一心想去老奶奶那边。

朝克巴图将儿子抱到腿上，喂着茶说："儿子，你和这位大哥哥一起玩。爸爸去给驼羔饮水怎么样？"小家伙却坚决不肯，抱着他的脖子绝不放手。

"杭盖，过来！"朱乐巴雅尔摊开双手叫他，小家伙因为认生，扭头就哭。

"唉，算了。那咱俩一起去吧！"朝克巴图无奈，只好抱着儿子一起去。

"我也过去吧！"朱乐巴雅尔也跟了出来。

正在这时，从那边屋子里传来了恩和娜仁可怕的叫喊声。朝克巴图担心吓到儿子，赶紧进屋关上了门。他用系在床腿上的绸带子拴住儿子，说："爸爸给你拿糖，你在家里玩一会儿。"说着从柜子里掏出一个铁盒子，从中拿出几颗糖塞给了儿子。之后把所有玩具摆在他面前出了门。杭盖早就习惯了自己一个人玩，所以不哭不闹。得了几块儿糖，更让他美得不得了。

朝克巴图实在听不得他爱人的痛苦哭喊，怀着乱糟糟的心情漫无目地瞎走了一阵，最后来到柴堆旁，拿起斧子劈起了树桩。

朱乐巴雅尔听见女主人针扎心头一般的号叫，吓得全身汗毛都起来了。他恨不得捂起自己的耳朵。他来到朝克巴图身边，坐在柴堆上问："您爱人太遭罪了。每个人生孩子都这么难受吗？还是只有您爱人这样？"

"你以为女人生孩子像小鸡下蛋一样容易吗？对她们而言这

是最可怕的劫。听说那种痛就像身体里的二十九根骨头同时断裂，除了下颌骨其他骨节都会脱臼呢！"朝克巴图郑重其事地说。

"啊？这么可怕？这么说我妈妈生我的时候也承受了全身骨节脱臼的痛苦啊？"朱乐巴雅尔难以置信。

"那是肯定的，说不准你让妈妈受了比这更大的苦呢！因此，你现在一定要好好回报你妈妈。都说，人穷尽一生也难回报母亲喂一次夜奶的恩情。这世上只有做父母的愿意为子女牺牲自己，并且毫无怨言。等以后你自己有了孩子就会明白了。"

朱乐巴雅尔听呆了，沉默了好一会儿，才颤抖着声音说："从今以后，我再也不让我母亲操心了，我要好好孝顺她。"

"母亲是最无私的，你我二人同样都是在母亲肚子里成形，通过吸收她的营养才成人的。最后出生了还要继续喝她们的奶水，才得以慢慢长大。因此大家都比喻女性是季节之春，植物之花，众水之源，众山之巅。"

他俩正聊着，就听屋里说："好，这回可以了。深呼吸！放松、放松。身体放松！别忘了用劲儿，呼气，往下使劲儿！好，再加把劲儿，使劲儿！……"与此同时传来恩和娜仁心被刀刮一样的尖锐叫声，使站在外面的两个人从脊梁根里惊出了一摊冷汗。

朝克巴图担心之余高举斧头，使劲劈砍着梭梭树的巨大树根。朱乐巴雅尔实在不忍再听屋里传来的令人心碎的声音，焦急地围着屋子转圈。

屋子里重又传来了"深呼吸，使劲，使劲！再加把劲！……好，好，就是这样，使劲，使劲……"的声音，转瞬又传来了小婴儿强有力的哭声。

朝克巴图揪着的心终于落地，他把斧子一把嵌在树根上，狠狠抓下帽子擦掉满额头的汗，长舒一口气欣慰地笑了。"好，好。多谢老天爷保佑！"朝克巴图反复念叨着。

"您爱人是不是生了？"朱乐巴雅尔走来问。

"生了，生了。你刚才听到婴儿的哭声了吗？"

"怎能听不见呢？给您道喜了！"朱乐巴雅尔抱着朝克巴图转了起来。

"谢谢，谢谢！"朝克巴图被由衷的喜悦激出了泪花。

"您听到婴儿的哭声有什么感受？"朱乐巴雅尔突然问道。

朝克巴图有些窘迫地回答："哪有比母子平安更高兴的事呢！虽然人们出生的时候都是哭着的，但却会给父母带来无尽的欢喜。我刚才听到孩子哭差点落泪。我的心情你现在还不能体会，只有日后自己当了父亲才会明白。"

格日勒巴图身着白大褂，面戴口罩走出门外，招呼朝克巴图："给！这是你女儿的胎盘。"继而又握住他的手，激动地说，"祝贺你添了一个白白胖胖的姑娘。"

"谢谢哥。女儿的胎盘我回头跟她哥哥的放一起。"朝克巴图接过后塞进了蒙古包的衬毡缝隙里。

"胎盘是啥样的东西？让我看看。"朱乐巴雅尔莽莽撞撞走了过去。

"不能看。"朝克巴图塞到了紧里边。

"不是啥都能看的，你可别多事！"格日勒巴图忍不住笑道。

"托承您的祝福，真生了女儿呢。当初您给捎来的都是女孩儿的衣服、褥褓，跟知道了似的。她妈妈怎么样？听声音受了大罪了。唉，可怜的。"朝克巴图不无担心地看向格日勒巴图。

"因为孩子又胖又大，母亲辛苦了些。多亏恩和娜仁皮实有韧劲，换作她人恐怕是难。孩子生出来后胎盘一直不脱落，费了点时间。"

"我们家那位，平日里总像个男子汉一样，能驯服烈性子的骆驼，给它们穿鼻勒呢。就差没给公驼去势①了。其他的没有她不能做的。托祖上的福母子平安，压在我心头的巨石被移开，心里总算敞亮了。"朝克巴图长舒了一口气。

"我知道你等得焦心，所以特意出来跟你说一声，里面的事情还没结束，我进去了。"格日勒巴图反身进了屋子。

"我去煮茶，等您忙完了过去喝茶。"朝克巴图像小孩子一样雀跃着回了自己家。杭盖拴在绸带子上，趴在玩具中间睡着了。

朝克巴图这才想起来，自己还有个孩子。"哎哟喂，我的儿子。爸爸光顾着为妈妈和妹妹担心，竟然忘了还有你这么个儿子。爸爸该打！我儿子真乖，为了不给爸爸添麻烦，自己睡了？"他亲着儿子的小红脸，解开绸带让他睡在了床上。

"婴儿出生的时候，原来会让母亲经历这么大的痛苦。想来我曾经也是让母亲受尽了折磨才来到这个世界的。今天出生的这个小孩长大后会记得让她妈妈受过的苦吗？以我为例，肯定是不记得的。如果今天我没来他们家，我又怎能晓得母亲当年生我时的辛苦呢？我从母亲的血肉中获得生命，至今却没有回报过母亲分毫，甚至都不曾好好疼爱过她。还时常将她视作眼中钉肉中刺，我还算是个人吗？如今都三十了，依然让父母操着心，想想真可耻啊！母亲她这次来看我的时候，连我爱吃的汉堡包都给带过来了。这么看来，'母亲爱子，子爱山'这句话果然是千真万

---

① 去势：阉割。

确的呢……"朱乐巴雅尔自己一个人呆坐在柴堆上想了良久，之后起身去了水井旁的几棵大榆树下。

太阳西斜，升起晚凉。见朝克巴图打算拴驼羔，朱乐巴雅尔赶紧上前帮忙。他们俩正追赶那几头顽劣的驼羔不可开交的时候，格日勒巴图来到了驼栏上。

"母女两个咋样？"朝克巴图迎上去问。

"挺好的。你去看看你女儿吧！这里交给我和朱乐巴雅尔。"格日勒巴图说道。

"您今天不回吧？住一晚再走吧！"朝克巴图仿佛非常担心他们今晚回去，用哀求的目光看着他。

"怎么忍心丢下你和老老小小回去呢？我们明天回，你放心去照顾她们母女吧！老太太一个人顾不过来。你赶紧去给你爱人做点吃的，外面的事交给我就行了。"

"感谢哥哥！"朝克巴图欢笑着向那边屋子跑去。

格日勒巴图用绳索套住那些烈驼后拴了起来。

像烈火一样炙烤戈壁滩的太阳，此时缓缓落下地平线，将云朵、山脉、沙梁等染得通红。干渴难耐的驼群小跑着来到井旁，格日勒巴图奋力拉起水斗给它们喂着水；落在后面的母驼从远处鸣叫着、呼唤着驼羔陆续归来时，格日勒巴图又像这家的女主人一般挎着奶桶挤着奶。他让朱乐巴雅尔拽着驼羔挤完奶，又拴起母驼松开了幼驼。他提着满满一桶奶走进屋时，朝克巴图正炖好肉等着他们。

"恩和娜仁怎么样？吃下饭了吗？"格日勒巴图进屋就问。

"硬叫她喝了点瘦肉汤，没啥食欲。"朝克巴图说着摆上来了一大盘肉。

"肠胃几乎都被翻了一遍，吃不下也是自然。小家伙怎么样？"

"她妈妈正忙着给喂奶呢。"

"既然不是头胎，自己应该能喂上吧！"

"有喂大儿子的经验，应该会呢。哥，你也累了，吃完早点休息。我去照顾她们几个了。"朝克巴图说着出了门。

格日勒巴图和朱乐巴雅尔吃完饭铺开床就睡下了……

黎明的亮光刚刚照进天窗，格日勒巴图便起了床。他叫了一声朱乐巴雅尔，对方陷在香甜的梦里完全没有起来的意思。

"你多睡会儿吧！一会儿起来后留在他家帮帮你朝克哥哥。我先回去了。"说着格日勒巴图就要出门。

"不要，不要。我要跟您回去。"刚还困倦的朱乐巴雅尔一下子从被窝里跳出来，穿好了衣服。

夜里，朝克巴图起来了好几次。几乎一夜没睡的他，眼皮肿胀，眼睛里布满了血丝。他早就煮好了茶，在桌上摆好了凉肉、点心、奶干以及新做的奶油。

格日勒巴图和朱乐巴雅尔洗漱喝完茶，刚拿了东西要出门的时候，朝克巴图走了进来。"非常感谢您为我们接生了女儿。为表谢意向您敬献一匹二岁的骆驼，请您无论如何收下。"说着用蓝色哈达托着银碗，献上了一碗鲜奶。

"你这是干啥呀？好吧，多谢了。"格日勒巴图推托不过，就着银碗喝了一口奶，又放回了原处。

"是恩和娜仁我俩的一点心意。您可是我儿子和女儿两个人的接生父亲呢，真是感激不尽。多亏您住在青山头戈壁，才使我们避免了鞍马劳顿跑去医院，在家里平安降下孩子呢！"朝克巴图反复表达着感激之情。

"正所谓'命运与共'。咱们戈壁里的几户人家理当守望相助。这段时间你肩上的担子重，我回去后叫青巴雅尔过来，让他开学前都在这边帮你忙。"

格日勒巴图喜出望外，道："那就太感谢了。我正犯愁要不要雇人呢！"

"这会儿哪有现成的人可以雇呢？"

"是呢，正是'用时鸦眼值千两'呢！"

……

格日勒巴图挎起褡裢出门，将其搭在了摩托车上，之后走进了达里苏老人的毡包。恩和娜仁头戴尖顶的针织帽在被子里躺着，身旁的蓝花褓褓里睡着刚出生的粉嘟嘟的小姑娘。

"你们几位休息得好吗？"格日勒巴图问安。

"睡得很好，你休息好了没有？"达里苏老人回礼问候。

"睡好了。老太太我要回去了。"

"这就要回去吗？也是没办法，你家里也有一堆活等着呢。"

"恩和娜仁，你要听从老太太的话好好坐月子。千万要爱护身体，不能忙着去水井上干活。有句话叫作'身体是革命的本钱'，知道了吧？"

"好的，我记下了。谢谢您魁哥！路上注意安全，我姑娘洗三礼①的时候您一定过来啊！"恩和娜仁虚弱地说道。

"好的，老太太您不必劳动。"格日勒巴图出了门。

"路上，慢点骑。"达里苏老人拄着拐杖，跟了出来。

"老太太，您出来干什么呀？"格日勒巴图赶紧阻止。"说的

---

① 洗三礼：民间生育习俗。婴儿出生第三天，亲友集聚为婴儿祈祥求福，洗涤污秽、消灾免难。

什么话？这么重要的恩人，怎能不送送呢！朝克巴图谢过你哥了吗？千万别让人家空手回去了。"达里苏老人提醒着晚辈。

"谢过了，奶奶。"听了朝克巴图的回话，她才放心道："好，好。在这青山头的山窝子里，你哥可是不遗余力照顾我们一家老小的菩萨心肠的人呢。多亏他来才使得产妇母女平安。老天爷都看着呢，它会保佑心地善良的人的。孩子路上慢点骑，来！让老太太亲了再走。"达里苏老人轻轻吻了格日勒巴图的两边脸颊。

"这都是您传授我经验技术的回报，您是助我走上这条路的老师和恩人。因此，该感谢的人是我才对。"格日勒巴图握着老人的手说。

"我教你的那点东西算得了什么呢？关键是你自己肯努力才有了今天的成就啊！"达里苏老人说这些的时候，枯井一样干瘪的眼窝里蓄满了泪水。

"魁哥，您给我女儿取个名字吧！"朝克巴图紧紧握住摩托车的手柄，恐怕他跑掉一样。

"我从昨天就在想，一直没想到满意的好名字。"格日勒巴图望着远方思索了片刻。

"您不给取名，就不让您走了。"朝克巴图不肯松手。

"既是咱戈壁的姑娘，就用戈壁的花'伊日桂①'命名吧！哥哥叫杭盖、妹妹叫伊日桂，多好？"格日勒巴图脱口说出了自己刹那间得来的名字。

"这正是我想不到的好名字呢！伊日桂，伊日桂……"朝克巴图反复叫了几遍。

---

① 伊日桂：指植物白头翁。

"给孩子取什么名，最后还得由父母决定。你和她妈妈好好商量之后再定吧！父母给的名字要跟着孩子一辈子，因此千万不能马虎。名字对人生有很大的影响呢。都说'出生的姓名父母给，立世的美名自己挣'，因此一定要反复斟酌，把最好的名字取给孩子。祝小宝贝好运傍身，快乐成长！"格日勒巴图送上祝福后启动了摩托。

"好的，听您的。还要感谢在毒日头底下帮我放驼羔的朱乐巴雅尔兄弟呢，谢谢你啊，常来玩儿！再见！"

见朝克巴图在向他们挥手，朱乐巴雅尔也高举手臂挥舞着："朝克哥哥您去忙吧，我会再来的。再见！"

格日勒巴图拧紧油门加快了速度，达里苏老人和朝克巴图挥着手，越来越远。

从大漠无边无际的地平线上，一轮红日冉冉升起。天与地相接的地方被金灿灿的霞光布了一层天幕。

晴朗明媚的山丘上，摩托车载着两个人，顺着细长的驼径飞沙溅石奋力疾驰着……

原载《花的原野》2019 年第 6 期至第 9 期

译于 2023 年

图书在版编目（CIP）数据

大漠苍穹 / 阿尤尔扎纳著；红英译 . -- 北京：作家
出版社，2025.7. --（优秀蒙古文文学作品翻译出版工程）.
ISBN 978 - 7 - 5212 - 3509 - 8

Ⅰ. I247.5

中国国家版本馆 CIP 数据核字第 202523QA04 号

大漠苍穹

作　　者：阿尤尔扎纳
译　　者：红英
特约编辑：陈晓帆
责任编辑：袁艺方
装帧设计：孙惟静
蒙古文题字：艺如乐图
出版发行：作家出版社有限公司
社　　址：北京农展馆南里 10 号　　　邮　　编：100125
电话传真：86 - 10 - 65067186（发行中心）
　　　　　86 - 10 - 65004079（总编室）
E - mail: zuojia@zuojia. net. cn
http: // www. haozuojia. com
印　　刷：唐山嘉德印刷有限公司
成品尺寸：152 × 230
字　　数：180 千
印　　张：15.75
版　　次：2025 年 7 月第 1 版
印　　次：2025 年 7 月第 1 次印刷
ISBN 978 - 7 - 5212 - 3509 - 8
定　　价：52.00 元
